山 西 省 统 计 局
国家统计局山西调查总队 编

Compiled by
Shanxi Provincial Bureau of Statistics
Survey Office of the National Bureau of Statistics in Shanxi

[总 第33期]

山西统计年鉴 2015

SHANXI STATISTICAL YEARBOOK

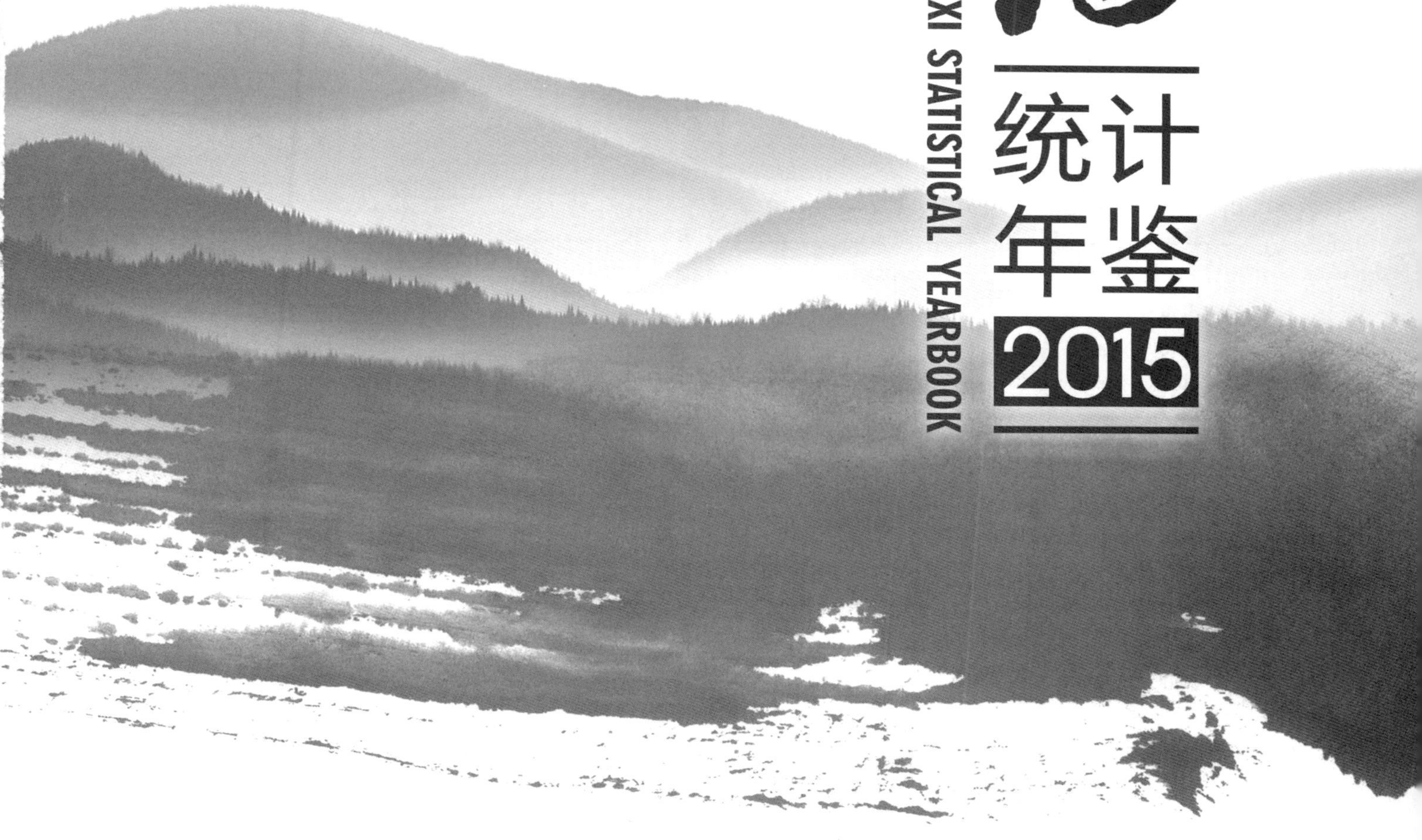

图书在版编目（CIP）数据

山西统计年鉴. 2015 : 汉英对照 / 山西省统计局，国家统计局山西调查总队编
—— 北京 : 中国统计出版社，2015.7
ISBN 978-7-5037-7479-9

Ⅰ. ① 山…
Ⅱ. ① 山… ② 国…
Ⅲ. ① 统计资料 - 山西省 - 2015 - 年鉴 - 汉、英
Ⅳ. ① C832.25-54

中国版本图书馆CIP数据核字(2015)第157208号

山西统计年鉴-2015

作　　者 / 山西省统计局　国家统计局山西调查总队
责任编辑 / 佘竞雄
责任校对 / 董晓玲 樊梅洁 李 静
装帧设计 / 太原大道设计有限公司
出版发行 / 中国统计出版社
地　　址 / 北京市丰台区西三环南路甲6号
邮政编码 / 100073
电　　话 / 邮购（010）63376909　　书店（010）68783171
网　　址 / http://www.zgtjcbs.com
印　　刷 / 山西臣功印刷包装有限公司
经　　销 / 新华书店
开　　本 / 890mm × 1240mm 1/16
字　　数 / 1595千字
印　　张 / 47.87
版　　别 / 2015年8月第1版
版　　次 / 2015年8月第1次印刷
定　　价 / 390.00 元

本书附同版本CD-ROM一张，光盘内容以书面文字为准。
如有印装差错，由本社发行部调换。

山西统计年鉴

2015

SHANXI STATISTICAL YEARBOOK 2015

编者说明

一、《山西统计年鉴－2015》收录了全省和各地市、县（市、区）有关部门2014年经济、社会、科技等方面的统计数据，以及多个重要历史年份和近年全国主要统计数据，是一部全面反映山西省国民经济和社会发展情况的资料性年刊。为便于国际交流，内文全部采用中英文对照。

二、全书共分20个篇章，1.综合；2.人口、劳动工资和社会保障；3.物价；4.人民生活；5.财政、金融和保险；6.能源；7.固定资产投资；8.对外经济贸易；9.农业；10.工业；11.建筑业；12.房地产；13.批发和零售业；14.住宿、餐饮业和旅游；15.交通运输、邮电通信业；16.教育、科技；17.文化、体育、卫生、环保；18.城市概况；19.地市篇；20.县（市、区）篇。为方便读者使用，各篇章前绘制了反映总体趋势的统计图，篇末附有《主要统计指标解释》，对主要统计指标的涵义、统计范围和统计方法以及历史沿革予以简要说明。

三、与《山西统计年鉴－2014》相比，本年鉴内容主要做了如下修订："综合"篇，补充了2013年法人单位、产业活动单位数及从业人数；"人民生活"篇，新增城乡收支分组情况；"教育、科技"篇，新增规模以上工业企业科技研发等情况；"地市"篇，新增主要城市空气质量情况；根据第三次经济普查结果，对部分指标的历史数据进行了相应调整。

四、本年鉴统计指标口径范围以国家现行统计报表制度为准。资料主要来源于统计年报，部分资料来自于抽样调查和有关部门。

五、为方便读者使用，对有变动的指标在表下作了简要注释。按照国际惯例，一些主要指标需要根据普查等进行定期核实修正，凡以前发表过的统计数字与本年鉴不一致的，请以本年鉴为准。

六、本年鉴所使用的度量衡单位，均采用国际统一标准计量单位。部分数据合计数或相对数由于单位取舍不同而产生的计算误差，均未作机械调整。

七、年鉴符号使用说明："空格"表示该项统计指标数据不足本表最小单位数、数据不详或无数据；"#"表示该指标其中的主要项。

COMPILER'S NOTES

Ⅰ. *Shanxi Statistical Yearbook 2015* is an annual statistics publication, which reflects comprehensively the national economic and social development of Shanxi province. It covers data for 2014 and key statistical data in recent years and some historically important years at the provincial level and the local levels of prefecture and county. To meet the need of international exchange, this yearbook is made in both Chinese and English.

Ⅱ. The yearbook contains the following twenty parts: 1. General Survey; 2. Population, Labor Wages and Social Security; 3. Price; 4. People's Livelihood; 5. Public Finance, Banking and Insurance; 6. Energy; 7. Investment in Fixed Assets; 8. Foreign Trade and Economic Cooperation; 9. Agriculture; 10. Industry; 11. Construction; 12. Real Estate; 13. Wholesale and Retail Trade; 14. Hotels, Catering Services and Tourism; 15. Transportation, Post and Telecommunication Services; 16. Education, Science and Technology; 17. Culture, Sports, Public Health and Environmental Protection; 18. General Survey of Cities; 19. Cities at Prefecture Level; 20. Counties, Cities and Districts at County Level. To facility readers, Statistical Charts reflecting total trend are attached at the beginning of each chapter, and Explanatory Notes on Main Statistical Indicators, a brief introduction about the meaning, data sources, statistical coverage, statistical methods and historical changes of main statistical indicators, are provided at the end of each chapter.

Ⅲ. Comparing with *Shanxi Statistical Yearbook 2014*, following revisions have been made in this new version: Data of corporation units, active units and employees of 2013 is added in the chapter of General Survey; grouped income and expenditure of urban and rural households are newly added in the chapter of People's Livelihood; research and development of science and technology of industrial enterprises above designated size is newly added in the chapter of Education, Science and Technology; air quality of major cities is added in the chapter of Cities at Prefecture Level; historical data of some indicators are adjusted according to the Third National Economic Census.

Ⅳ. The statistical coverage of indicators in this yearbook is the same as the current national statistical report system. The data in this yearbook are mainly obtained from annual statistical reports, and some are from sample surveys and related departments.

Ⅴ. For the convenience of the readers, brief notes concerning some indicators about their changes in meaning or coverage are given at the lower part of relevant tables. According to international practice, some main indicators need to check and revise regularly by statistical census. In case of some statistical data issued before being inconsistent with this publication, take the data in this publication as correction.

Ⅵ. The units of measurement used in this yearbook are international standard measurement units. Statistical discrepancies due to rounding are not adjusted in this yearbook.

Ⅶ. Notations used in this book: " (blank) " indicates that the figure is not large enough to be measured with the smallest unit in the table or is not available; " # " indicates the major items of the total.

目　　录

CONTENTS

一、综　合
GENERAL SURVEY

二、人口、劳动工资和社会保障
POPULATION, LABOR WAGES AND SOCIAL SECURITY

三、物 价
PRICE

四、人民生活
PEOPLE'S LIVELIHOOD

五、财政、金融和保险
PUBLIC FINANCE, BANKING AND INSURANCE

六、能　源
ENERGY

七、固定资产投资
INVESTMENT IN FIXED ASSETS

八、对外经济贸易
FOREIGN TRADE AND ECONOMIC COOPERATION

九、农 业
AGRICULTURE

十、工 业
INDUSTRY

十一、建筑业 CONSTRUCTION

十二、房地产 REAL ESTATE

十三、批发和零售业
WHOLESALE AND RETAIL TRADE

十四、住宿、餐饮业和旅游 HOTELS, CATERING SERVICES AND TOURISM

十五、交通运输、邮电通信业 TRANSPORTATION, POST AND TELECOMMUNICATION SERVICES

十六、教育、科技
EDUCATION, SCIENCE AND TECHNOLOGY

十七、文化、体育、卫生、环保 CULTURE, SPORTS, PUBLIC HEALTH AND ENVIRONMENTAL PROTECTION

十八、城市概况
GENERAL SURVEY OF CITIES

十九、地市篇
CITIES AT PREFECTURE LEVEL

二十、县(市、区)篇
COUNTIES, CITIES AND DISTRICTS AT COUNTY LEVEL

综　合

GENERAL SURVEY

01

PAGE

001—038

资料整理人员

樊梅洁　李　静　田　甜　师鼎雄　张淑虹

综 合

GENERAL SURVEY

地区生产总值	Gross Domestic Product	12761.5	亿元	(100 million yuan)
第一产业	Primary Industry	788.9	亿元	(100 million yuan)
第二产业	Secondary Industry	6293.9	亿元	(100 million yuan)
第三产业	Tertiary Industry	5678.7	亿元	(100 million yuan)

地区生产总值构成 (%)

Composition of Gross Domestic Product (%)

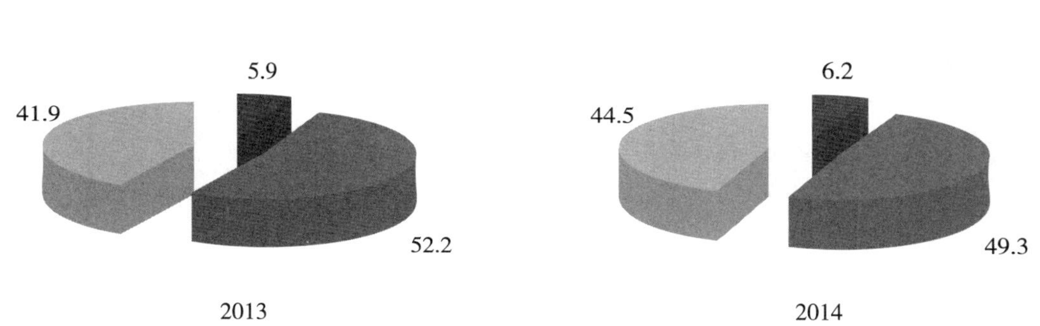

地区生产总值 (亿元)

Gross Domestic Product (100 million yuan)

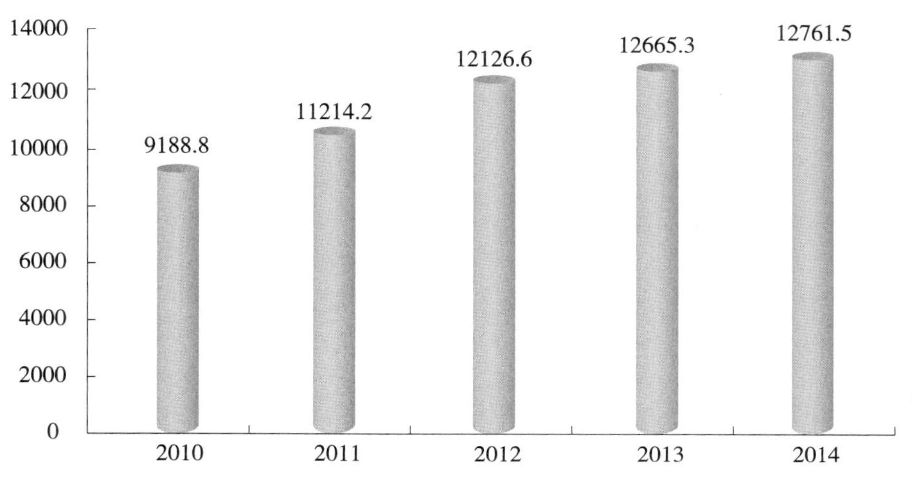

综　合

GENERAL SURVEY

人均地区生产总值	Per Capita Gross Domestic Product	35070	元	(yuan)
支出法地区生产总值	Gross Domestic Product by Expenditure Approach	12761.5	亿元	(100 million yuan)
最终消费	Final Consumption Expenditure	6365.6	亿元	(100 million yuan)
资本形成总额	Gross Capital Formation	9249.7	亿元	(100 million yuan)
货物和服务净出口	Net Export of Goods and Services	-2853.8	亿元	(100 million yuan)

支出法地区生产总值构成 (%)

Composition of Gross Domestic Product by Expenditure Approach (%)

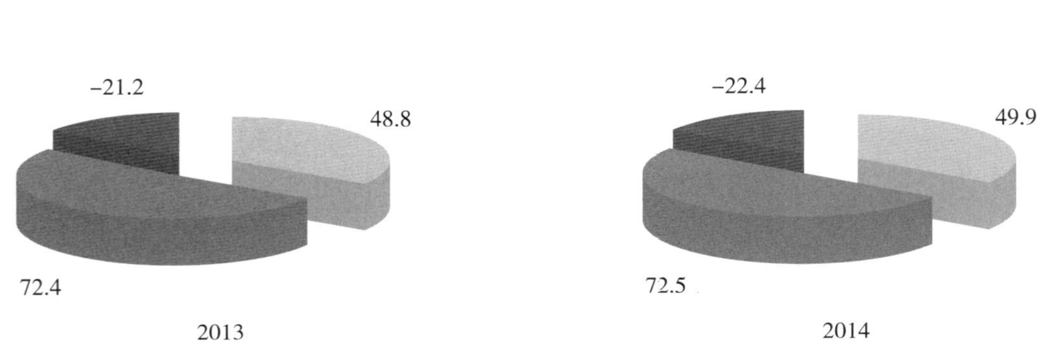

人均地区生产总值 (元)

Per Capita Gross Domestic Product (yuan)

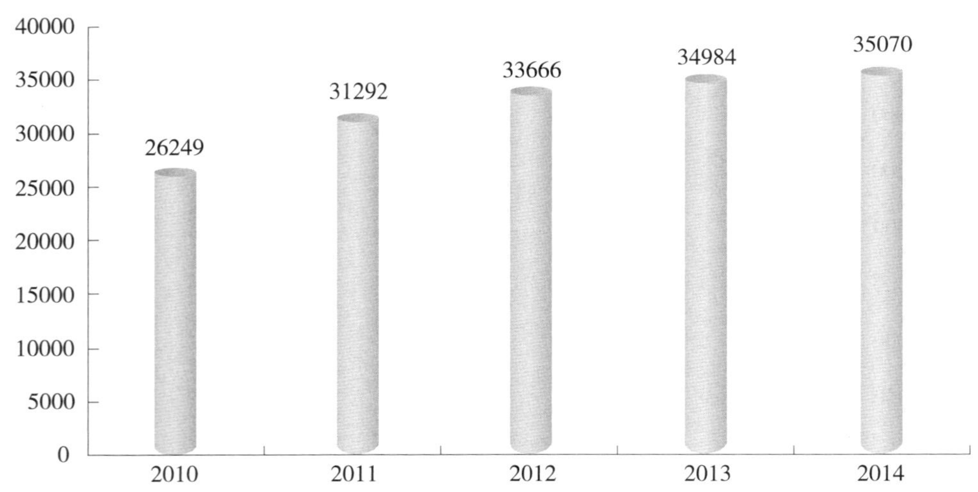

1-1 行政区划(2014年)

ADMINISTRATIVE DIVISION(2014)

市 名 City	城 市 City			市辖区 District under Jurisdiction of Cities	县 County	镇 Town	乡 Township	
	合 计 Total	地级市 City at Prefecture Level	县级市 City at County Level					
	22	11	11	23	85	564	632	
太原市 Taiyuan	小店区 Xiaodian	迎泽区 Yingze	杏花岭区 Xinghualing	尖草坪区 Jiancaoping	万柏林区 Wanbailin	晋源区 Jinyuan	清徐县 Qingxu	阳曲县 Yangqu
	娄烦县 Loufan	古交市 Gujiao						
大同市 Datong	城 区 Chengqu	矿 区 Kuangqu	南郊区 Nanjiao	新荣区 Xinrong	阳高县 Yanggao	天镇县 Tianzhen	广灵县 Guangling	灵丘县 Lingqiu
	浑源县 Hunyuan	左云县 Zuoyun	大同县 Datong					
阳泉市 Yangquan	城 区 Chengqu	矿 区 Kuangqu	郊 区 Jiaoqu	平定县 Pingding	盂 县 Yuxian			
长治市 Changzhi	城 区 Chengqu	郊 区 Jiaoqu	长治县 Changzhi	襄垣县 Xiangyuan	屯留县 Tunliu	平顺县 Pingshun	黎城县 Licheng	壶关县 Huguan
	长子县 Zhangzi	武乡县 Wuxiang	沁 县 Qinxian	沁源县 Qinyuan	潞城市 Lucheng			
晋城市 Jincheng	城 区 Chengqu	沁水县 Qinshui	阳城县 Yangcheng	陵川县 Lingchuan	泽州县 Zezhou	高平市 Gaoping		
朔州市 Shuozhou	朔城区 Shuocheng	平鲁区 Pinglu	山阴县 Shanyin	应 县 Yingxian	右玉县 Youyu	怀仁县 Huairen		
晋中市 Jinzhong	榆次区 Yuci	榆社县 Yushe	左权县 Zuoquan	和顺县 Heshun	昔阳县 Xiyang	寿阳县 Shouyang	太谷县 Taigu	
	祁 县 Qixian	平遥县 Pingyao	灵石县 Lingshi	介休市 Jiexiu				
运城市 Yuncheng	盐湖区 Yanhu	临猗县 Linyi	万荣县 Wanrong	闻喜县 Wenxi	稷山县 Jishan	新绛县 Xinjiang	绛 县 Jiangxian	垣曲县 Yuanqu
	夏 县 Xiaxian	平陆县 Pinglu	芮城县 Ruicheng	永济市 Yongji	河津市 Hejin			
忻州市 Xinzhou	忻府区 Xinfu	定襄县 Dingxiang	五台县 Wutai	代 县 Daixian	繁峙县 Fanshi	宁武县 Ningwu	静乐县 Jingle	神池县 Shenchi
	五寨县 Wuzhai	岢岚县 Kelan	河曲县 Hequ	保德县 Baode	偏关县 Pianguan	原平市 Yuanping		
临汾市 Linfen	尧都区 Yaodu	曲沃县 Quwo	翼城县 Yicheng	襄汾县 Xiangfen	洪洞县 Hongtong	古 县 Guxian	安泽县 Anze	浮山县 Fushan	吉 县 Jixian
	乡宁县 Xiangning	大宁县 Daning	隰 县 Xixian	永和县 Yonghe	蒲 县 Puxian	汾西县 Fenxi	侯马市 Houma	霍州市 Huozhou	
吕梁市 Lvliang	离石区 Lishi	文水县 Wenshui	交城县 Jiaocheng	兴 县 Xingxian	临 县 Linxian	柳林县 Liulin	石楼县 Shilou	岚 县 Lanxian	方山县 Fangshan
	中阳县 Zhongyang	交口县 Jiaokou	孝义市 Xiaoyi	汾阳市 Fenyang					

1-2 国民经济和社会发展总量与速度指标

指 标	Item	总量指标		
		1990	2000	2005
一、人口与从业人员（万人）	**Population and Employment (10 000 persons)**			
年末常住人口	Resident Population at Year-end	2899.0	3247.8	3355.2
全社会从业人员	Total Employees	1304.0	1392.4	1500.2
#非私营单位在岗职工人数	Fully Employed Staff and Workers in Non-private Units	438.7	370.2	352.1
二、国民经济核算（亿元）	**National Economic Accounting (100 million yuan)**			
地区生产总值	Gross Domestic Product	429.3	1868.1	4299.8
第一产业	Primary Industry	80.8	202.2	331.7
第二产业	Secondary Industry	210.1	858.4	2357.0
第三产业	Tertiary Industry	138.4	807.5	1611.1
三、物价总指数（上年=100）	**Price Indices (last year=100)**			
居民消费价格总指数	General Consumer Price Index	102.2	103.9	102.3
商品零售价格总指数	General Retail Price Index	102.1	97.1	100.3
四、财 政（亿元）	**Public Finance (100 million yuan)**			
公共财政收入	Public Finance Revenue	51.7	114.5	368.3
公共财政支出	Public Finance Expenditure	54.9	225.1	668.8
五、固定资产投资（亿元）	**Investment in Fixed Assets (100 million yuan)**			
全社会固定资产投资	Total Investment in Fixed Assets	123.4	625.2	1859.4
#住 宅	Residential Buildings	22.0	111.3	224.6
第一产业	Primary Industry	5.2	12.0	50.1
第二产业	Secondary Industry	75.6	289.6	1130.4
第三产业	Tertiary Industry	42.6	323.6	678.9
六、对外贸易（亿美元）	**Foreign Trade (USD 100 million)**			
海关进出口总额	Total Value of Exports and Imports of Customs	3.5	17.6	55.5
出 口	Total Value of Exports	2.6	12.4	35.3
进 口	Total Value of Imports	0.9	5.3	20.2
七、农 业	**Agriculture**			
主要农产品产量（万吨）	Output of Major Farm Products (10 000 tons)			
粮 食	Grain	969.0	853.4	978.0
油 料	Oil-bearing Crops	39.4	44.8	21.3
棉 花	Cotton	11.2	4.5	10.3
猪牛羊肉 （万吨）	Output of Pork, Beef and Mutton (10 000 tons)	29.3	59.2	81.0
猪年末存栏 （万头）	Hogs at Year-end (10 000 heads)	363.1	519.5	626.1
羊年末存栏 （万只）	Sheep and Goats at Year-end (10 000 heads)	709.6	1058.4	1196.4
八、房地产开发投资（亿元）	**Investment in Real Estate Development (100 million yuan)**			
本年完成投资	Investment Completed This Year	2.8	39.5	178.0
#住 宅	Residential Buildings	2.5	27.2	116.9

PRINCIPAL AGGREGATE INDICATORS ON NATIONAL ECONOMIC AND SOCIAL DEVELOPMENT AND GROWTH RATES

Aggregate Data		速 度 指 标 Indices and Growth Rates							
2010	2014	指数(2014为以下各年%) Index (2014 as percentage of the following years)				平均增长速度 (%) Average Annual Growth Rate (%)			
		1990	2000	2005	2010	1991–2014	2001–2014	2006–2014	2011–2014
3574.1	3648.0	125.8	112.3	108.7	102.1	1.0	0.8	0.9	0.5
1685.9	1862.3	142.8	133.7	124.1	110.5	1.5	2.1	2.4	2.5
384.5	434.7	99.1	117.4	123.5	113.1	–0.04	1.2	2.4	3.1
9188.8	12761.5	1187.8	452.1	242.1	142.0	10.9	11.4	10.3	9.2
554.5	788.9	215.5	170.6	147.4	124.0	3.3	3.9	4.4	5.5
5202.4	6293.9	1397.8	513.8	252.6	145.9	11.6	12.4	10.8	9.9
3432.0	5678.7	1392.7	463.9	244.5	139.0	11.6	11.6	10.4	8.6
103.0	101.7	303.7	141.3	132.7	113.1	4.7	2.5	3.2	3.1
102.3	100.6	218.6	126.9	125.3	109.4	3.3	1.7	2.5	2.3
969.7	1820.6	3518.2	1590.4	494.3	187.8	16.0	21.8	19.4	17.1
1931.4	3085.3	5620.2	1370.9	461.4	159.7	18.3	20.6	18.5	12.4
6352.6	12354.5	10010.7	1976.2	664.4	194.5	21.1	24.7	25.1	19.1
900.3	2004.5	9096.9	1800.3	892.7	222.6	20.2	22.9	30.1	24.0
281.3	946.2	18209.5	7908.2	1888.5	336.4	21.9	35.8	37.6	30.7
2628.1	5004.0	6616.3	1727.8	442.7	190.4	19.3	24.4	19.0	20.6
3443.2	6404.3	15038.8	1979.3	943.4	186.0	23.4	24.3	31.5	16.9
125.8	162.5	4642.4	920.9	293.0	129.2	17.3	17.2	12.7	6.6
47.1	89.4	3400.1	723.0	253.4	189.9	15.8	15.2	10.9	17.4
78.7	73.1	8398.1	1385.1	362.2	92.8	20.3	20.7	15.4	–1.8
1085.1	1330.8	137.3	155.9	136.1	122.6	1.3	3.2	3.5	5.2
17.6	17.3	44.0	38.6	81.5	98.5	–3.4	–6.6	–2.2	–0.4
6.9	2.4	21.1	52.6	22.9	34.0	–6.3	–4.5	–15.1	–23.6
63.6	76.7	262.0	129.5	94.7	120.6	4.1	1.9	–0.6	4.8
474.8	514.7	141.7	99.1	82.2	108.4	1.5	–0.1	–2.2	2.0
734.7	922.7	130.0	87.2	77.1	125.6	1.1	–1.0	–2.8	5.9
592.2	1403.6	49271.7	3557.3	788.5	237.0	30.4	30.6	27.1	27.5
457.4	1010.7	41026.6	3712.0	864.6	220.9	29.3	31.3	29.4	25.3

1-2 续表

指　标	Item	总量指标		
		1990	2000	2005
九、工　业	**Industry**			
主要工业产品产量(全社会)	Output of Major Industrial Products (Total Society)			
原　煤　(万吨)	Coal (10 000 tons)	28597	25152	55426
发电量　(亿千瓦小时)	Electricity (100 million kwh)	314.2	624.7	1316.5
粗　钢　(万吨)	Crude Steel (10 000 tons)	238.6	472.7	1654.7
钢　材　(万吨)	Steel Products (10 000 tons)	128.8	392.6	1368.6
水　泥　(万吨)	Cement (10 000 tons)	612.5	1434.0	2310.7
十、国内贸易 (亿元)	**Domestic Trade (100 million yuan)**			
社会消费品零售总额	Total Retail Sales of Consumer Goods	158.0	722.7	1410.7
十一、交通运输、邮电	**Transportation, Post and Telecommunication Services**			
货物运输量　(万吨)	Freight Traffic (10 000 tons)	50111	86624	125367
#铁　路	Railways	23332	28779	49067
旅客客运量　(万人)	Passenger Traffic (10 000 persons)	15960	31818	40209
#铁　路	Railways	3226	2953	3433
邮电业务总量　(亿元)	Business Volume of Post and Telecommunication Services (100 million yuan)			
移动电话用户　(万户)	Number of Mobile Telephone Subscribers (10 000 subscribers)		126	906
十二、教育、科技、文化、卫生	**Education, Science and Technology, Culture and Public Health**			
教　育	**Education**			
高等学校数(所)	Number of Institutions of Higher Education (unit)	26	24	59
高等学校在校学生数 (万人)	Student Enrollment of Institutions of Higher Education (10 000 persons)	5.1	12.6	40.7
普通中学在校学生数 (万人)	Student Enrollment of Regular Secondary Schools (10 000 persons)	145.1	199.8	261.2
小学在校学生数 (万人)	Student Enrollment of Primary Schools (10 000 persons)	297.4	343.6	350.3
科　技	**Science and Technology**			
自然科学技术人员数 (万人)	Personnels of Natural Science and Technology (10 000 persons)	32.4	32.9	37.6
文　化	**Culture**			
图书总印数　(万册)	Total Printed Copies of Books (10 000 copies)	12166	10105	10081
期刊总印数　(万份)	Total Printed Copies of Magazines (10 000 copies)	2815	2657	5914
报纸总印数　(万份)	Total Printed Copies of Newspapers (10 000 copies)	54361	58825	329713
卫　生	**Public Health**			
医　院　(个)	Number of Hospitals (unit)		716	885
执业(助理)医师　(人)	Number of Licensed (Assitant) Docotors (person)	60185	64900	58617

continued

Aggregate Data		速 度 指 标 Indices and Growth Rates							
2010	2014	指数(2014为以下各年%) Index (2014 as percentage of the following years)				平均增长速度 (%) Average Annual Growth Rate (%)			
		1990	2000	2005	2010	1991-2014	2001-2014	2006-2014	2011-2014
74096	92794	324.5	368.9	167.4	125.2	5.0	9.8	5.9	5.8
2150.6	2647.0	842.6	423.7	201.1	123.1	9.3	10.9	8.1	5.3
3048.8	4325.4	1813.0	915.0	261.4	141.9	12.8	17.1	11.3	9.1
2866.4	4701.0	3650.4	1197.4	343.5	164.0	16.2	19.4	14.7	13.2
3670.3	4802.0	784.0	334.9	207.8	130.8	9.0	9.0	8.5	6.9
3318.2	5717.9	3618.0	791.2	405.3	172.3	16.1	15.9	16.8	14.6
124677	164924	329.1	190.4	131.6	132.3	5.1	4.7	3.1	7.2
63836	76411	327.5	265.5	155.7	119.7	5.1	7.2	5.0	4.6
39059	34040	213.3	107.0	84.7	87.2	3.2	0.5	-1.8	-3.4
5746	6949	215.4	235.3	202.4	120.9	3.2	6.3	8.2	4.9
260	431				165.8				13.5
2225	3332		2640.3	367.7	149.8		26.3	15.6	10.6
65	71	273.1	295.8	120.3	109.2	4.3	8.1	2.1	2.2
56.3	71.3	1390.0	567.5	175.2	126.7	11.6	13.2	6.4	6.1
253.7	204.7	141.1	102.5	78.4	80.7	1.4	0.2	-2.7	-5.2
291.1	224.5	75.5	65.3	64.1	77.1	-1.2	-3.0	-4.8	-6.3
42.7	46.0	142.1	139.9	122.5	107.8	1.5	2.4	2.3	1.9
13183	12866	105.8	127.3	127.6	97.6	0.2	1.7	2.7	-0.6
4000	2930	104.1	110.3	49.5	73.3	0.2	0.7	-7.5	-7.5
206698	214620	394.8	364.8	65.1	103.8	5.9	9.7	-4.7	0.9
1201	1234		172.3	139.4	102.7		4.0	3.8	0.7
85376	89852	149.3	138.4	153.3	105.2	1.7	2.4	4.9	1.3

1-3 山西省水资源总量(2013年)
TOTAL VOLUME OF WATER RESOURCES(2013)

单位：亿立方米 (100 million cu.m)

市名 City		水资源总量 Water Resources	地表水资源量 Surface Water Resources	地下水资源量 Ground Water Resources	重复计算量 Repetition Statistical Amount	年降水量 Annual Precipitation
全省	**Total**	**126.55**	**81.05**	**96.87**	**51.37**	**919.31**
太原市	Taiyuan	4.66	1.61	4.46	1.41	36.67
大同市	Datong	8.57	4.24	7.06	2.73	71.41
阳泉市	Yangquan	4.25	4.80	3.72	4.28	26.82
长治市	Changzhi	17.00	12.91	10.28	6.18	91.23
晋城市	Jincheng	11.32	8.20	8.19	5.06	53.83
朔州市	Shuozhou	6.58	1.83	6.39	1.65	55.68
晋中市	Jinzhong	15.22	10.31	10.85	5.94	102.14
运城市	Yuncheng	10.02	3.74	9.50	3.23	70.76
忻州市	Xinzhou	18.89	11.26	15.54	7.91	143.77
临汾市	Linfen	15.91	12.17	10.19	6.44	131.39
吕梁市	Lvliang	14.13	9.98	10.69	6.54	135.62

1-4 山西省实际用水量(2013年)
ACTUAL CONSUMPTION OF WATER(2013)

单位：亿立方米 (100 million cu.m)

市名 City		总计 Total	农田灌溉 Farmland Irrigation	工业 Industry	城镇生活 Urban Living	农村生活 Rural Living	林牧渔畜 Forestry, Animal Husbandry Fishery and Livestock	生态 Ecological Utilization
全省	**Total**	**74.85**	**40.75**	**15.72**	**9.06**	**3.12**	**2.65**	**3.54**
太原市	Taiyuan	7.52	1.88	2.12	2.45	0.23	0.11	0.73
大同市	Datong	6.62	3.41	1.55	0.79	0.29	0.20	0.37
阳泉市	Yangquan	2.25	0.40	0.99	0.51	0.13	0.07	0.16
长治市	Changzhi	6.30	2.50	2.15	0.73	0.31	0.33	0.27
晋城市	Jincheng	4.81	1.44	1.91	0.80	0.22	0.31	0.13
朔州市	Shuozhou	5.34	3.38	1.13	0.37	0.16	0.18	0.13
晋中市	Jinzhong	7.19	4.19	1.23	0.65	0.35	0.35	0.41
运城市	Yuncheng	15.25	12.03	1.42	0.92	0.48	0.33	0.06
忻州市	Xinzhou	6.37	4.08	0.90	0.41	0.26	0.30	0.44
临汾市	Linfen	7.48	4.63	1.16	0.80	0.33	0.27	0.30
吕梁市	LvLiang	5.73	2.81	1.17	0.63	0.37	0.21	0.55

1-5 平均每天主要社会经济活动
MAJOR INDICATORS OF AVERAGE DAILY SOCIAL AND ECONOMIC ACTIVITIES

指 标	Item	2005	2010	2014
地区生产总值(万元)	Gross Domestic Product (10 000 yuan)	117804	251749	349630
全社会固定资产投资额(万元)	Total Investment in Fixed Assets (10 000 yuan)	50942	174044	338480
社会消费品零售总额(万元)	Total Retail Sales of Consumer Goods (10 000 yuan)	38648	90908	156654
海关进出口总额(万美元)	Total Value of Exports and Imports of Customs (USD 10 000)	1519	3446	4452
公共财政收入(万元)	Public Finance Revenue (10 000 yuan)	10092	26566	49880
公共财政支出(万元)	Public Finance Expenditure (10 000 yuan)	18322	52914	84528
主要农产品产量(吨)	Output of Major Farm Products (ton)			
粮 食	Grain	26795	29729	36460
油 料	Oil-bearing Crops	583	482	475
棉 花	Cotton	282	190	65
主要工业产品产量(全社会)	Output of Major Industrial Products (Total Society)			
原 煤 (万吨)	Coal (10 000 tons)	152	203	254
发电量 (万千瓦小时)	Electricity (10 000 kwh)	36068	58919	72522
钢 材 (吨)	Steel Products (ton)	37496	78530	128795
焦 炭 (万吨)	Coke (10 000 tons)	22	23	24
水 泥 (吨)	Cement (ton)	63306	100556	131561
货运量(万吨)	Freight Traffic (10 000 tons)	343	342	452
客运量(万人)	Passenger Traffic (10 000 persons)	110	107	93
图书出版 (万册)	Books Published (10 000 copies)	27.62	36.12	35.25
期刊出版 (万份)	Magazines Issued (10 000 copies)	16.20	10.96	8.03
报纸出版 (万份)	Newspapers Issued (10 000 copies)	903.32	566.30	588.00
函 件 (万件)	Letters Delivered (10 000 copies)	25.46	21.18	9.77
出 生 (人)	Births (person)	1102	1043	1089
死 亡 (人)	Deaths (person)	550	525	591
结 婚 (对)	Marriages (couple)	520	988	961
离 婚 (对)	Divorces (couple)	48	73	131

1-6 社会经济主要指标人均水平
MAJOR PER CAPITA INDICATORS OF SOCIETY AND ECONOMY

指　标	Item	2005	2010	2014
一、地区生产总值 (元)	**Gross Domestic Product (yuan)**	**12854**	**26249**	**35070**
二、主要农产品产量 (公斤)	**Output of Major Farm Products (kg)**			
粮　食	Grain	292	310	366
棉　花	Cotton	6.4	5.0	4.8
油　料	Oil-bearing Crops	3.1	2.0	0.6
棉　花	Cotton	1.2	6.4	2.2
蔬　菜	Vegetables	269.5	259.7	349.4
猪牛羊肉	Pork, Beef and Mutton	24.2	18.2	21.1
三、主要工业产品产量 (全社会)	**Output of Major Industrial Products (Total Society)**			
原　煤　(吨)	Coal (ton)	16.57	21.17	25.50
发电量　(千瓦小时)	Electricity (kwh)	3935.6	6143.2	7274.3
粗　钢　(公斤)	Crude Steel (kg)	494.7	870.9	1188.7
钢　材　(公斤)	Steel Products (kg)	409.1	818.8	1291.9
焦　炭　(吨)	Coke (ton)	2.39	2.43	2.40
水　泥　(公斤)	Cement (kg)	690.8	1048.4	1319.6
布　(米)	Cloth (m)	10.8	2.1	2.2
四、社会消费品零售额 (元)	**Total Retail Sales of Consumer Goods (yuan)**	**4217**	**9478**	**15713**
五、人民生活 (元)	**People's Livelihood (yuan)**			
在岗职工平均工资	Average Wage of Fully Employed Staff and Workers	15645	33544	49984
国　有	State-owned Units	16027	33119	47001
集　体	Collective-owned Units	10157	21993	39887
城镇居民可支配收入	Disposable Income of Urban Residents	8914	15648	24069
城镇居民消费支出	Living Expenditure of Urban Residents	6343	9793	14637
农村居民可支配收入	Disposible Income of Rural Residents	2891	4736	8809
农村居民消费支出	Living Expenditure of Rural Residents	1878	3664	6992
城乡居民储蓄存款年末余额	Balance of Saving Deposits of Urban and Rural Residents at Year-end	12315	26346	38872

1-7 国民经济与社会发展结构指标

MAJOR COMPOSITION INDICATORS ON NATIONAL ECONOMIC AND SOCIAL DEVELOPMENT

单位：%　　(%)

指　　标	Item	2005	2010	2014
男女人口比例	**Sex Ratio**			
男　性	Male	51.2	51.4	51.3
女　性	Female	48.8	48.6	48.7
人口抚养比	**Dependency Ratio of Population**			
总抚养比	Gross Dependency Ratio	39.8	32.8	32.2
少儿抚养比	Children Dependency Ratio	29.8	22.7	20.7
老年抚养比	Old People Dependency Ratio	10.0	10.1	11.5
地区生产总值构成	**Composition of GDP**			
第一产业	Primary Industry	7.7	6.0	6.2
第二产业	Secondary Industry	54.8	56.6	49.3
第三产业	Tertiary Industry	37.5	37.3	44.5
支出法地区生产总值构成	**Compositon of GDP by Expenditure Approach**			
最终消费	Final Consumption		44.9	49.9
资本形成总额	Cross Capital Formation		67.8	72.5
货物和服务净出口	Net Export of Goods and Services		−12.7	−22.4
公共财政支出构成	**Compositon of Public Finance Expenditure**			
#教　育	Education	15.3	17.0	16.4
社会保障和就业	Social Security and Employment	8.4	14.2	14.6
医疗卫生与计划生育	Expenditure for Medical and Health Care and Family Planning	4.2	5.9	7.9
能源使用比例	**Structure of Energy Consumption**			
第一产业	Primary Industry	3.0	2.4	1.9
第二产业	Secondary Industry	81.1	75.9	77.8
第三产业	Tertiary Industry	7.6	12.0	11.2
人民生活	People's Livelihood	8.3	9.6	9.1
全社会固定资产投资构成	**Composition of Total Investment in Fixed Assets**			
第一产业	Primary Industry	2.7	4.4	7.7
第二产业	Secondary Industry	60.8	41.4	40.5
第三产业	Tertiary Industry	36.5	54.2	51.8
工业增加值构成	**Composition of Value Added of Industry**			
轻工业	Light Industry	6.1	4.9	6.7
重工业	Heavy Industry	93.9	95.1	93.3
城乡居民人均收入比(农民=1)	**Ratio of Per Capita Income of Urban and Rural Households(rural income=1)**	**3.08**	**3.30**	**2.73**

1-8 人民物质文化生活情况
CONDITIONS OF PEOPLE'S MATERIAL AND CULTURAL LIFE

指 标	Item	2005	2010	2014
一、城乡居民收入 (元)	**Income of Urban and Rural Residents (yuan)**			
城镇居民人均可支配收入	Per Capita Disposable Income of Urban Residents	8914	15648	24069
农村居民人均可支配收入	Per Capita Disposable Income of Rural Residents	2891	4736	8809
在岗职工平均工资	Average Wage of Fully Employed Staff and Workers	15645	33544	49984
二、平均每人住房面积 (平方米)	**Per Capita Floor Space of Residential Buildings (sq.m)**			
城镇居民建筑面积	Urban Residents	25.6	28.0	29.4
农村居民住房面积	Rural residents	24.2	28.7	32.9
三、生活、文化、教育、卫生	**Livelihood, Culture, Education and Public Health**			
每百户拥有 (抽 样)	Number of Durable Consumer Goods Owned Per 100 Households by Sample			
彩色电视机 (台)	Color Television Sets (unit)			
城镇居民	Urban Residents	113.7	111.8	107.2
农 民	Rural Residents	82.3	109.0	105.2
洗衣机(台)	Washing Machines (unit)			
城镇居民	Urban Residents	99.8	100.7	97.9
农村居民	Rural Residents	69.3	81.0	80.7
移动电话 (部)	Mobile Telephones (unit)			
城镇居民	Urban Residents	109.7	146.6	216.7
农村居民	Rural Residents	27.5	107.7	190.9
每人每年拥有期刊 (份)	Number of Magazines per Person per Year (copy)	1.8	1.1	0.8
每百人每天拥有报纸 (份)	Newspapers per 100 Persons per Day (copy)	27.0	16.2	16.2
每万人拥有在校大学生 (人)	Number of Enrollment Students of Regular Institutions of Higher Education per 10 000 Persons (person)	121.7	160.8	196.0
每千人拥有医院床位数 (张)	Number of Hospital Beds per 1 000 persons (unit)	2.4	3.1	3.7
每千人拥有卫生技术人员 (人)	Number of Medical Technical Personnels Per 1 000 Persons (person)	3.9	5.5	5.6
四、储 蓄	**Savings Deposit**			
城乡居民储蓄存款年末余额 (亿元)	Balance of Savings Deposit of Urban and Rural Residents at Year-end (100 million yuan)	4119.7	9223.0	14145.2
平均每人储蓄存款余额 (元)	Per Capita Balance of Saving Deposit (yuan)	12315	26346	38872

1-9 主要年份地区生产总值
GROSS DOMESTIC PRODUCT IN MAJOR YEARS

按当年价格计算 (at current prices)

年 份 Year	地区生产总值 (万元) Gross Domestic Product (10 000 yuan)	第一产业 Primary Industry	第二产业 Secondary Industry	工 业 Industry	建筑业 Construction	第三产业 Tertiary Industry	人均地区生产总值 (元) Per Capita GDP (yuan)
1952	159978	93831	27484	23447	4037	38663	116
1957	291594	115415	93994	71745	22249	82185	186
1962	324083	110666	121848	109126	12722	91569	188
1965	439158	127041	205199	185889	19310	106918	238
1970	576900	151931	302600	279549	23051	122369	277
1975	698101	208009	346700	321978	24722	143392	301
1978	879946	182040	514685	481225	33460	183221	365
1980	1087619	206348	635098	582107	52991	246173	442
1985	2189896	422629	1200573	1021192	179381	566694	838
1990	4292736	808080	2100746	1866110	234636	1383910	1528
1991	4685100	687700	2362800	2108100	254700	1634600	1592
1992	5511200	829400	2702800	2404400	298400	1979000	1862
1993	6804100	972700	3350300	2960100	390200	2481100	2271
1994	8266600	1238400	3965700	3471800	493900	3062500	2729
1995	10760300	1686900	4944500	4385000	559500	4128900	3515
1996	12968122	2029822	6002100	5327300	674800	4936200	4193
1997	14852068	2010468	7075800	6263600	812200	5765800	4753
1998	16261771	2223471	7612500	6585500	1027000	6425800	5152
1999	16828221	1756821	7854700	6845500	1009200	7216700	5279
2000	18680826	2022226	8583700	7486500	1097200	8074900	5791
2001	20553640	1969240	9560100	8324500	1235600	9024300	6305
2002	23600662	2330662	11343100	9914400	1428700	9926900	7189
2003	28995998	2595698	14633800	12919400	1714400	11766500	8775
2004	36362566	3411866	19194000	17113000	2081000	13756700	10936
2005	42998417	3317317	23570400	21176800	2393600	16110700	12854
2006	49600091	3581691	27556600	24850600	2706000	18461800	14739
2007	61257757	4132957	34544900	31418900	3126000	22579900	18104
2008	74271005	4252805	42423600	38685400	3738200	27594600	21834
2009	73563828	4775900	39819711	35052137	4767574	28968217	21516
2010	91888284	5544800	52023556	46218598	5804958	34319928	26249
2011	112141991	6414200	65739573	58907889	6831684	39988219	31292
2012	121265818	6983200	66495493	59305186	7190306	47787126	33666
2013	126652500	7410100	66130600	58421400	7745000	53111800	34984
2014	127614900	7888900	62939100	54710100	8269500	56786900	35070

注：1.根据第三次经济普查结果，对历史数据进行了相应调整；2.2013年起采用了新的三次产业划分标准，后同。

Note: 1. Related historical data are adjusted according to the Third National Economic Census. 2.New division of three industry has been used since 2013. The same applies to the following.

1-10 主要年份地区生产总值构成
COMPOSITION OF GROSS DOMESTIC PRODUCT IN MAJOR YEARS

单位：%　　　　(%)

年 份 Year	地区生产总值 Gross Domestic Product	第一产业 Primary Industry	第二产业 Secondary Industry			第三产业 Tertiary Industry
				工 业 Industry	建筑业 Construction	
1952	100.0	58.6	17.2	14.6	2.5	24.2
1957	100.0	39.6	32.2	24.6	7.6	28.2
1962	100.0	34.2	37.6	33.7	3.9	28.3
1965	100.0	28.9	46.7	42.3	4.4	24.3
1970	100.0	26.3	52.5	48.4	4.0	21.2
1975	100.0	29.8	49.7	46.1	3.5	20.5
1978	100.0	20.7	58.5	54.7	3.8	20.8
1980	100.0	19.0	58.4	53.5	4.9	22.6
1985	100.0	19.3	54.8	46.6	8.2	25.9
1990	100.0	18.8	48.9	43.5	5.5	32.3
1991	100.0	14.7	50.4	45.0	5.4	34.9
1992	100.0	15.0	49.0	43.6	5.4	35.9
1993	100.0	14.3	49.2	43.5	5.7	36.5
1994	100.0	15.0	48.0	42.0	6.0	37.0
1995	100.0	15.7	46.0	40.8	5.2	38.4
1996	100.0	15.7	46.3	41.1	5.2	38.1
1997	100.0	13.5	47.6	42.2	5.5	38.8
1998	100.0	13.7	46.8	40.5	6.3	39.5
1999	100.0	10.4	46.7	40.7	6.0	42.9
2000	100.0	10.8	45.9	40.1	5.9	43.2
2001	100.0	9.6	46.5	40.5	6.0	43.9
2002	100.0	9.9	48.1	42.0	6.1	42.1
2003	100.0	9.0	50.5	44.6	5.9	40.6
2004	100.0	9.4	52.8	47.1	5.7	37.8
2005	100.0	7.7	54.8	49.3	5.6	37.5
2006	100.0	7.2	55.6	50.1	5.5	37.2
2007	100.0	6.7	56.4	51.3	5.1	36.9
2008	100.0	5.7	57.1	52.1	5.0	37.2
2009	100.0	6.5	54.1	47.6	6.5	39.4
2010	100.0	6.0	56.6	50.3	6.3	37.3
2011	100.0	5.7	58.6	52.5	6.1	35.7
2012	100.0	5.8	54.8	48.9	5.9	39.4
2013	100.0	5.9	52.2	46.1	6.1	41.9
2014	100.0	6.2	49.3	42.9	6.5	44.5

1-11 主要年份地区生产总值指数
INDICES OF GROSS DOMESTIC PRODUCT IN MAJOR YEARS

1952年=100 (year of 1952=100)

年 份 Year	地区生产总值 Gross Domestic Product	第一产业 Primary Industry	第二产业 Secondary Industry	工 业 Industry	建筑业 Construction	第三产业 Tertiary Industry
1952	100.0	100.0	100.0	100.0	100.0	100.0
1957	174.0	106.1	371.3	326.7	629.9	198.2
1962	169.2	92.7	404.4	411.5	335.5	194.3
1965	248.5	123.3	705.2	725.5	538.1	251.0
1970	304.2	129.3	982.4	1026.3	648.5	291.6
1975	378.4	160.0	1264.7	1348.3	636.2	334.6
1978	485.1	131.7	1893.0	2034.9	821.4	434.3
1980	543.3	124.4	2117.4	2241.3	1169.7	555.9
1985	939.1	188.3	3565.9	3519.2	3454.5	1119.2
1990	1252.9	220.3	4689.7	4850.7	3266.6	1651.7
1991	1305.5	192.6	4985.2	5185.4	3309.1	1831.7
1992	1468.7	217.4	5453.8	5698.8	3355.4	2090.0
1993	1660.5	237.2	6149.5	6463.6	3605.5	2371.3
1994	1831.2	247.9	6857.3	7220.4	4006.0	2612.8
1995	2051.6	257.3	7776.8	8225.8	4257.2	2939.8
1996	2292.8	287.7	8659.5	9106.0	5087.5	3289.7
1997	2552.8	273.3	9813.2	10282.3	5999.4	3732.8
1998	2805.9	302.0	10714.2	11071.8	7664.6	4112.8
1999	3009.6	251.5	11771.9	12115.6	8691.0	4508.7
2000	3292.0	278.4	12757.1	13197.9	9084.2	4957.9
2001	3624.7	268.4	14133.6	14631.4	10045.3	5580.6
2002	4091.7	304.9	16248.1	16836.0	11437.4	6206.4
2003	4700.1	326.0	18963.8	19648.8	13171.2	7168.1
2004	5416.1	340.6	22291.8	23157.7	15011.5	8304.3
2005	6147.2	322.2	25947.7	27071.3	16797.9	9408.8
2006	6934.1	338.7	29995.5	31402.7	18830.4	10349.7
2007	8036.6	338.0	35154.8	37118.0	20449.8	12036.7
2008	8719.7	346.5	37404.7	39679.1	20613.4	13553.3
2009	9197.6	361.0	38098.2	39248.4	26839.0	15084.7
2010	10481.0	383.0	44915.2	46719.6	29394.7	16549.1
2011	11830.3	407.4	52168.1	54686.2	32026.2	18040.0
2012	13027.7	433.2	57615.8	60876.1	32969.3	19880.0
2013	14187.2	453.6	63274.3	67085.0	35066.0	21477.3
2014	14882.3	474.9	65552.2	69231.7	37555.7	23002.2

1–12 主要年份地区生产总值指数
INDICES OF GROSS DOMESTIC PRODUCT IN MAJOR YEARS

上年=100 (last year=100)

年份 Year	地区生产总值 Gross Domestic Product	第一产业 Primary Industry	第二产业 Secondary Industry	工业 Industry	建筑业 Construction	第三产业 Tertiary Industry
1953	116.7	105.6	125.7	124.6	132.0	137.2
1957	107.6	89.6	133.0	122.2	181.5	108.4
1962	91.3	105.7	85.2	84.2	93.9	84.7
1965	118.8	103.1	135.2	136.6	124.5	117.4
1970	124.4	99.2	147.0	150.5	120.0	121.7
1975	107.9	108.1	112.0	113.4	93.0	97.9
1978	117.6	89.8	131.2	130.7	140.9	109.9
1980	102.0	87.6	102.9	104.6	82.6	111.1
1985	107.1	82.2	113.1	110.2	133.3	115.8
1990	105.0	112.6	101.4	100.4	110.7	108.6
1991	104.2	87.4	106.3	106.9	101.3	110.9
1992	112.5	112.9	109.4	109.9	101.4	114.1
1993	113.1	109.1	112.8	113.4	107.5	113.5
1994	110.3	104.5	111.5	111.7	111.1	110.2
1995	112.0	103.8	113.4	113.9	106.3	112.5
1996	111.8	111.8	111.4	110.7	119.5	111.9
1997	111.3	95.0	113.3	112.9	117.9	113.5
1998	109.9	110.5	109.2	107.7	127.8	110.2
1999	107.3	83.3	109.9	109.4	113.4	109.6
2000	109.4	110.7	108.4	108.9	104.5	110.0
2001	110.1	96.4	110.8	110.9	110.6	112.6
2002	112.9	113.6	115.0	115.1	113.9	111.2
2003	114.9	106.9	116.7	116.7	115.2	115.5
2004	115.2	104.5	117.5	117.9	114.0	115.9
2005	113.5	94.6	116.4	116.9	111.9	113.3
2006	112.8	105.1	115.6	116.0	112.1	110.0
2007	115.9	99.8	117.2	118.2	108.6	116.3
2008	108.5	102.5	106.4	106.9	100.8	112.6
2009	105.5	104.2	101.9	98.9	130.2	111.3
2010	114.0	106.1	117.9	119.0	109.5	109.7
2011	112.9	106.4	116.1	117.1	109.0	109.0
2012	110.1	106.3	110.4	111.3	102.9	110.2
2013	108.9	104.7	109.8	110.2	106.4	108.0
2014	104.9	104.7	103.6	103.2	107.1	107.1

1-13 支出法地区生产总值
GROSS DOMESTIC PRODUCT BY EXPENDITURE APPROACH

单位：万元 (10 000 yuan)

指 标	Item	按当年价格计算 at Current Prices		2014年为2013年% 2014 as Percentage of 2013
		2013	2014	
总 计	**Total**	**126652500**	**127614900**	**104.9**
一、最终消费	Final Consumption Expenditure	61827900	63655600	102.3
居民消费	Residents Consumption Expenditure	43726900	45696600	105.5
农村居民	Rural Residents	13014400	13390300	104.6
城镇居民	Urban Residents	30712500	32306300	105.8
政府消费	Government Consumption Expenditure	18101000	17959000	95.3
二、资本形成总额	Gross Capital Formation	91689600	92497400	101.7
固定资本形成总额	Gross Fixed Capital Formation	86935100	88185100	102.2
存货增加	Changes in Inventories	4754500	4312300	93.8
三、货物和服务净出口	Net Export of Goods and Services	-26865000	-28538100	

1-14 支出法地区生产总值构成
COMPOSITION OF GROSS DOMESTIC PRODUCT BY EXPENDITURE APPROACH

单位：% (%)

指 标	Item	按当年价格计算 at Current Prices	
		2013	2014
总 计	**Total**	**100.0**	**100.0**
一、最终消费	Final Consumption Expenditure	48.8	49.9
居民消费	Residents Consumption Expenditure	34.5	35.8
农村居民	Rural Residents	10.3	10.5
城镇居民	Urban Residents	24.2	25.3
政府消费	Government Consumption Expenditure	14.3	14.1
二、资本形成总额	Gross Capital Formation	72.4	72.5
固定资本形成总额	Gross Fixed Capital Formation	68.6	69.1
存货增加	Changes in Inventories	3.8	3.4
三、货物和服务净出口	Net Export of Goods and Services	-21.2	-22.4

1-15 总产出
TOTAL OUTPUT

单位：万元 (10 000 yuan)

指　　标	Item	按当年价格计算 at Current Prices	
		2013	2014
总　　计	**Total**	**329592700**	**344239100**
第一产业	Primary Industry	13705100	14469000
第二产业	Secondary Industry	226497600	234937500
工　业	Industry	189720600	192852100
建筑业	Construction	36881200	42191100
第三产业	Tertiary Industry	89390000	94832600
#交通运输、仓储和邮政业	Transportation, Storage and Post	17169400	17490600
批发和零售业	Wholesale and Retail Trade	13107400	13357100

1-16 资本形成总额
GROSS CAPITAL FORMATION

单位：万元 (10 000 yuan)

指　　标	Item	2013	2014
总　　计	**Total**	**91689600**	**92497400**
固定资本形成总额	Gross Fixed Capital Formation	86935100	88185100
住　宅	Residential Buildings	10276000	10825000
非住宅建筑物	Nonresidential Buildings	43645000	44018600
机器和设备	Machinery and Equipment	20564000	21003800
其　他	Others	12450100	12337700
存货增加	Changes in Inventories	4754500	4312300
第一产业	Primary Industry	266300	276100
第二产业	Secondary Industry	3034100	2780700
第三产业	Tertiary Industry	1454100	1255500

1-17 地区生产总值构成项目(2014年)
COMPONENTS OF GROSS DOMESTIC PRODUCT(2014)

单位：万元 (10 000 yuan)

指　标	Item	总计 Total	劳动者报酬 Compensation of Employees	生产税净额 Net Taxes on Production	固定资产折旧 Depreciation of Fixed Assets	营业盈余 Operating Surplus
地区生产总值	**Gross Domestic Product**	**127614900**	**59912200**	**21538600**	**22611200**	**23552900**
第一产业	**Primary Industry**	**7888900**	**6137900**	**–585200**	**700300**	**1635900**
农、林、牧、渔业	Farming, Forestry, Animal Husbandry and Fishery	8282000	6433300	–582200	742100	1688800
第二产业	**Secondary Industry**	**62939100**	**27494600**	**15547400**	**12830200**	**7066900**
工　业	Industry	54710100	23231600	13772000	12282400	5424100
建筑业	Construction	8269500	4291600	1782300	550000	1645600
第三产业	**Tertiary Industry**	**56786900**	**26279700**	**6576400**	**9080700**	**14850100**
农、林、牧、渔服务业	Farming, Forestry, Animal Husbandry and Fishery Service	393100	295400	3000	41800	52900
金属制品、机械和设备修理业	Metal products, Machinery and Equipment Repair	40500	28600	6900	2200	2800
批发和零售业	Wholesale and Retail Trade	9900400	2613400	2930800	880500	3475700
交通运输、仓储和邮政业	Transport, Storage and Post	7971300	3670400	452700	1209100	2639100
住宿和餐饮业	Hotels and Catering Services	2991600	1015700	289000	250800	1436100
信息传输、软件和信息技术服务业	Information Transmission, Software and Information Technology Services	3402200	1382500	205800	905200	908700
金融业	Financial Industry	8972600	3758200	1116800	386900	3710700
房地产业	Real Estate	5980700	756300	1189900	3718200	316300
租赁和商务服务业	Lease and Business Affairs Services	1678800	688900	129700	318500	541700
科学研究和技术服务业	Scientific Research and Technical Services	873100	542500	71200	106100	153300
水利、环境和公共设施管理业	Water, Environmental Protection and Public Facility Management	349900	253400	8600	87100	800
居民服务、修理和其他服务业	Resident Services, Repair and Other Services	2309800	1161100	76100	82100	990500
教　育	Education	3459300	3031400	9300	300700	117900
卫生和社会工作	Health Care and Social Work	1516200	1079500	13600	131200	291900
文化、体育和娱乐业	Culture, Sports and Recreation	1056600	670500	56500	145600	184000
公共管理、社会保障和社会组织	Public Management, Social Security and Social Organization	5890800	5331900	16500	514700	27700

1-18 按三次产业、行业(门类)划分的法人单位数、产业活动单位数及从业人数(2013年)

项　目	Item	单位数 (个) Number of Units (unit)
总　计	**Total**	**258920**
按三次产业划分	**By Industry**	
第一产业	Primary Industry	51815
第二产业	Secondary Industry	34178
第三产业	Tertiary Industry	172927
按行业(门类)划分	**By Sector**	
农、林、牧、渔业	Farming , Forestry , Animal Husbandry and Fishery	56803
采矿业	Ming	5567
制造业	Manufacturing	21628
电力、热力、燃气及水生产和供应业	Production and Supply of Electricity, Heat, Gas and Water	1211
建筑业	Construction	6192
批发和零售业	Wholesale and Retail Trade	45404
交通运输、仓储和邮政业	Transport, Storage and Post	5328
住宿和餐饮业	Hotels and Catering Services	3411
信息传输、软件和信息技术服务业	Information Transmission, Software and Information Technology Services	1744
金融业	Financial Industry	1865
房地产业	Real Estate	6747
租赁和商务服务业	Lease and Business Affairs Services	12053
科学研究和技术服务业	Scientific Reseach and Technical Services	6911
水利、环境和公共设施管理业	Management of Water Conservancy, Environment and Public Facilities	2583
居民服务、修理和其他服务业	Resident Services, Repair and Other Services	2801
教　育	Education	10068
卫生和社会工作	Health Care and Social Work	5321
文化、体育和娱乐业	Culture, Sports and Recreation	5601
公共管理、社会保障和社会组织	Public Management, Social Security and Social Organization	57682

NUMBER OF CORPORATION UNITS, ACTIVE UNITS AND EMPLOYEES BY TYPE OF INDUSTRY AND SECTOR(2013)

法人单位 Corporation Units			产业活动单位 Active Units		
单产业法人 Single Industry	多产业法人 Multi-industry	从业人数 (人) Employees (person)	单位数 (个) Number of Units (unit)	#多产业法人所属的产业活动单位 Units Belong to Multi-industry Corporation	从业人数 (人) Employees (person)
236147	**22773**	**8251157**	**345722**	**109575**	**8857244**
51743	72	656942	52001	258	659547
32963	1215	3664436	38686	5723	3742760
151441	21486	3929779	255035	103594	4454937
56716	87	715003	57081	365	720886
5428	139	1265945	5959	531	1162290
21070	558	1583856	23041	1971	1680842
1116	95	115215	2135	1019	197669
5752	440	717886	8085	2333	743121
43055	2349	691946	58395	15340	742356
5034	294	334811	7970	2936	387955
3224	187	173948	4270	1046	191873
1640	104	76837	3948	2308	91701
1438	427	68219	9847	8409	227131
6361	386	159051	7654	1293	177153
11607	446	204560	14320	2713	246376
6654	257	139325	9095	2441	157500
2503	80	98590	3381	878	107552
2717	84	51948	3305	588	64367
8948	1120	595525	19787	10839	651439
4605	716	226273	28518	23913	280881
5498	103	79939	6203	705	83856
42781	14901	952280	72728	29947	942296

1-19 按三次产业、行业(门类)划分的法人单位数、产业活动单位数及从业人数(2014年)

项　　目	Item	单位数 (个) Number of Units (unit)
总　　计	**Total**	**304889**
按三次产业划分	**By Industry**	
第一产业	Primary Industry	61120
第二产业	Secondary Industry	39550
第三产业	Tertiary Industry	204219
按行业(门类)划分	**By Sector**	
农、林、牧、渔业	Farming , Forestry , Animal Husbandry and Fishery	66666
采矿业	Ming	5938
制造业	Manufacturing	23769
电力、热力、燃气及水生产和供应业	Production and Supply of Electricity, Heat, Gas and Water	1552
建筑业	Construction	8750
批发和零售业	Wholesale and Retail Trade	62599
交通运输、仓储和邮政业	Transport, Storage and Post	6731
住宿和餐饮业	Hotels and Catering Services	3885
信息传输、软件和信息技术服务业	Information Transmission, Software and Information Technology Services	2955
金融业	Financial Industry	2133
房地产业	Real Estate	8035
租赁和商务服务业	Lease and Business Affairs Services	16412
科学研究和技术服务业	Scientific Reseach and Technical Services	7966
水利、环境和公共设施管理业	Management of Water Conservancy, Environment and Public Facilities	2705
居民服务、修理和其他服务业	Resident Services, Repair and Other Services	4778
教　育	Education	10345
卫生和社会工作	Health Care and Social Work	5487
文化、体育和娱乐业	Culture, Sports and Recreation	6073
公共管理、社会保障和社会组织	Public Management, Social Security and Social Organization	58110

NUMBER OF CORPORATION UNITS, ACTIVE UNITS AND EMPLOYEES BY TYPE OF INDUSTRY AND SECTOR(2014)

法人单位 Corporation Units			产业活动单位 Active Units		
单产业法人 Single Industry	多产业法人 Multi-industry	从业人数 (人) Employees (person)	单位数 (个) Number of Units (unit)	#多产业法人所属的产业活动单位 Units Belong to Multi-industry Corporation	从业人数 (人) Employees (person)
281160	**23729**	**8704183**	**392428**	**111268**	**9043567**
61027	93	739508	61371	344	742565
38152	1398	3696395	43785	5633	3701230
181981	22238	4268280	287272	105291	4599772
66555	111	799950	67016	461	806298
5786	152	1276407	6308	522	1147924
23112	657	1578357	25019	1907	1650838
1439	113	130150	2386	947	198304
8256	494	732256	10636	2380	746696
59973	2626	794546	75905	15932	857239
6383	348	412127	9469	3086	368706
3677	208	168125	4733	1056	189013
2834	121	91152	5253	2419	104577
1674	459	151130	10207	8533	236329
7556	479	180887	8893	1337	202319
15874	538	236948	18748	2874	251734
7662	304	143917	10067	2405	157813
2615	90	96159	3495	880	102845
4671	107	58869	5363	692	72326
9197	1148	594586	20183	10986	648569
4759	728	227389	28733	23974	279211
5964	109	82133	6674	710	85718
43173	14937	949095	73340	30167	937108

1-20 按登记注册类型划分的法人单位数、产业活动单位数及从业人数(2013年)

项　目	Item	单位数(个) Number of Units (unit)
总　计	**Total**	**258920**
一、内　资	**Civil Funded Enterprises**	**258461**
国　有	State-owned Enterprises	43808
集　体	Collective Owned Enterprises	5310
股份合作	Share Cooperative Enterprises	399
国有联营	State-owned Joint Owned Enterprises	90
集体联营	Collective-owned Joint Owned Enterprises	101
国有与集体联营	State-owned and Collective-owned Joint Owned Enterprises	18
其他联营	Other Joint Owned Enterprises	42
国有独资公司	Company Exclusively with Investment from State	564
其他有限责任公司	Other Limited Responsibility Company	17606
股份有限公司	Share Holding Limited Company	1960
私营独资	Enterprise Exclusively with Investment from Private	20527
私营合伙	Private Partner Enterprises	2122
私营有限责任公司	Privately Owned Limited Responsibility Company	70220
私营股份有限公司	Privately Owned Share Holding Limited Company	2516
其　他	Others	93178
二、港澳台商投资	**Enterprises Funded by HongKong, Macao and Taiwan**	**179**
与港澳台商合资经营	Joint Venture	97
与港澳台商合作经营	Cooperative Enterprise	4
港澳台商独资	Ventures Exclusively with HongKong，Macao and Taiwan Investment	65
港澳台商投资股份有限公司	Share Holding Limited Company	8
其他港澳台商投资	Others	5
三、外商投资	**Foreign Funded Enterprises**	**280**
中外合资经营	Joint Venture	157
中外合作经营	Cooperative Enterprises	18
外资企业	Enterprises Funded By Foreign Investments	71
外商投资股份有限公司	Limited Company Funded by Foreign Investment	16
其他外商投资	Others	18

NUMBER OF CORPORATION UNITS, ACTIVE UNITS AND EMPLOYEES BY REGISTRATION STATUS(2013)

法人单位 Corporation Units			产业活动单位 Active Units		
单产业法人 Single Industry	多产业法人 Multi-industry	从业人数 (人) Employees (person)	单位数 (个) Number of Units (unit)	#多产业法人所属的产业活动单位 Units Belong to Multi-industry Corporation	从业人数 (人) Employees (person)
236147	**22773**	**8251157**	**345722**	**109575**	**8857244**
235753	**22708**	**8031059**	**344332**	**108579**	**8635591**
37144	6664	1989650	79558	42414	2614386
4374	936	238544	18465	14091	275392
369	30	18025	771	402	21355
80	10	6344	232	152	12697
92	9	3068	163	71	3282
15	3	587	38	23	3406
42		1681	74	32	1945
444	120	337428	745	301	234458
16575	1031	1748941	22140	5565	1517209
1609	351	374916	7259	5650	524714
20307	220	296592	22002	1695	311542
2101	21	34660	2276	175	35957
67861	2359	1841727	77034	9173	1888274
2426	90	92657	2943	517	94518
82314	10864	1046239	110632	28318	1096456
147	**32**	**110972**	**583**	**436**	**109024**
87	10	55257	169	82	56476
2	2	1955	16	14	2210
48	17	46413	353	305	44379
6	2	5932	36	30	5120
4	1	1415	9	5	839
247	**33**	**109126**	**807**	**560**	**112629**
141	16	54137	230	89	55156
16	2	7541	27	11	8553
65	6	38784	449	384	43322
8	8	4341	70	62	2077
17	1	4323	31	14	3521

1-21 按登记注册类型划分的法人单位数、产业活动单位数及从业人数(2014年)

项　目	Item	单位数(个) Number of Units (unit)
总　计	**Total**	**304889**
一、内　资	**Civil Funded Enterprises**	**304409**
国　有	State-owned Enterprises	44015
集　体	Collective Owned Enterprises	5345
股份合作	Share Cooperative Enterprises	416
国有联营	State-owned Joint Owned Enterprises	85
集体联营	Collective-owned Joint Owned Enterprises	104
国有与集体联营	State-owned and Collective-owned Joint Owned Enterprises	19
其他联营	Other Joint Owned Enterprises	44
国有独资公司	Company Exclusively with Investment from State	636
其他有限责任公司	Other Limited Responsibility Company	21573
股份有限公司	Share Holding Limited Company	2099
私营独资	Enterprise Exclusively with Investment from Private	23626
私营合伙	Private Partner Enterprises	2397
私营有限责任公司	Privately Owned Limited Responsibility Company	97374
私营股份有限公司	Privately Owned Share Holding Limited Company	3385
其　他	Others	103291
二、港澳台商投资	**Enterprises Funded by HongKong, Macao and Taiwan**	**190**
与港澳台商合资经营	Joint Venture	101
与港澳台商合作经营	Cooperative Enterprise	5
港澳台商独资	Ventures Exclusively with HongKong，Macao and Taiwan Investment	69
港澳台商投资股份有限公司	Share Holding Limited Company	9
其他港澳台商投资	Others	6
三、外商投资	**Foreign Funded Enterprises**	**290**
中外合资经营	Joint Venture	166
中外合作经营	Cooperative Enterprises	20
外资企业	Enterprises Funded By Foreign Investments	71
外商投资股份有限公司	Limited Company Funded by Foreign Investment	15
其他外商投资	Others	18

NUMBER OF CORPORATION UNITS, ACTIVE UNITS AND EMPLOYEES BY REGISTRATION STATUS(2014)

法人单位 Corporation Units			产业活动单位 Active Units		
单产业法人 Single Industry	多产业法人 Multi-industry	从业人数 (人) Employees (person)	单位数 (个) Number of Units (unit)	#多产业法人所属的产业活动单位 Units Belong to Multi-industry Corporation	从业人数 (人) Employees (person)
281160	**23729**	**8704183**	**392428**	**111268**	**9043567**
280753	**23656**	**8481789**	**390978**	**110225**	**8817884**
37272	6743	2069558	80004	42732	2530276
4383	962	238060	18569	14186	276296
386	30	17266	790	404	21692
76	9	5941	225	149	11809
94	10	3187	153	59	3298
15	4	804	37	22	3435
43	1	1687	74	31	1242
504	132	325247	818	314	225028
20382	1191	1776594	25960	5578	1503458
1710	389	392746	7435	5725	508472
23344	282	316379	25232	1888	330583
2364	33	34983	2551	187	36286
94494	2880	2061305	104531	10037	2077583
3282	103	95450	3827	545	100775
92404	10887	1142582	120772	28368	1187651
158	**32**	**113496**	**598**	**440**	**111081**
90	11	53898	174	84	55082
3	2	1409	18	15	1673
53	16	51858	363	310	48935
7	2	4906	33	26	4542
5	1	1425	10	5	849
249	**41**	**108898**	**852**	**603**	**114602**
146	20	51774	252	106	54122
17	3	8561	26	9	9273
63	8	40242	457	394	44929
7	8	4256	86	79	1851
16	2	4065	31	15	4427

1-22 按登记注册类型、从业人数组距划分的法人单位数(2013年)

单位：个

项目	Item	9人以下 9 Persons Below
总计	**Total**	**153471**
一、内资	**Civil Funded Enterprises**	**153387**
国有	State-owned Enterprises	16275
集体	Collective Owned Enterprises	2165
股份合作	Share Cooperative Enterprises	183
国有联营	State-owned Joint Owned Enterprises	31
集体联营	Collective-owned Joint Owned Enterprises	45
国有与集体联营	State-owned and Collective-owned Joint Owned Enterprises	8
其他联营	Other Joint Owned Enterprises	17
国有独资公司	Company Exclusively with Investment from State	116
其他有限责任公司	Other Limited Responsibility Company	8767
股份有限公司	Share Holding Limited Company	669
私营独资	Enterprise Exclusively with Investment from Private	13332
私营合伙	Private Partner Enterprises	1213
私营有限责任公司	Privately Owned Limited Responsibility Company	40781
私营股份有限公司	Privately Owned Share Holding Limited Company	1273
其他	Others	68512
二、港澳台商投资	**Enterprises Funded by HongKong, Macao and Taiwan**	**29**
与港澳台商合资经营	Joint Venture	15
与港澳台商合作经营	Cooperative Enterprise	1
港澳台商独资	Ventures Exclusively with HongKong,Macao and Taiwan Investment	9
港澳台商投资股份有限公司	Share Holding Limited Company	
其他港澳台商投资	Others	4
三、外商投资	**Foreign Funded Enterprises**	**55**
中外合资经营	Joint Venture	21
中外合作经营	Cooperative Enterprises	2
外资企业	Enterprises Funded By Foreign Investments	18
外商投资股份有限公司	Limited Company Funded by Foreign Investment	5
其他外商投资	Others	9

注：2013年是第三次全国经济普查年份，由于金融业从业人员以金融部门的普查数据为准，故本表以从业人员为计算标准的单位总数略低于其他表。

Note: Because of the 3rd National Economic Census carried out in 2013 and in which the financial industry employee data are from the financial department, the total number of corporation units, which calculated by the employees, is slightly less than data in other tables.

NUMBER OF CORPORATION UNITS BY REGISTRATION STATUS AND QUANTITY OF EMPLOYEES(2013)

(unit)

10–49人 10–49 Persons	50–99人 50–99 Persons	100–299人 100–299 Persons	300–499人 300–499 Persons	500–999人 500–999 Persons	1000–4999人 1000–4999 Persons	5000人以上 5000 Persons Above
78793	**14090**	**8882**	**1540**	**1021**	**637**	**70**
78671	**14028**	**8797**	**1507**	**1000**	**604**	**64**
18000	5300	3332	457	235	135	2
2229	476	308	79	35	16	2
139	30	33	8	5		
32	12	9	4	2		
38	11	6		1		
7	1	2				
15	7	2		1		
190	69	76	29	31	40	13
5485	1292	1097	341	327	233	30
608	122	130	46	53	44	10
6067	697	407	15	9		
760	114	34	1			
22693	3705	2235	417	254	120	5
902	181	115	25	10	3	2
21506	2011	1011	85	37	13	
60	**18**	**37**	**11**	**11**	**11**	**2**
30	10	23	9	7	2	1
		2			1	
27	7	11	2	3	5	1
3	1	1		1	2	
					1	
62	**44**	**48**	**22**	**10**	**22**	**4**
35	27	34	13	5	13	2
4	6	3			3	
18	9	8	9	4	1	2
1		2		1	3	
4	2	1			2	

1-23 按登记注册类型、从业人数组距划分的法人单位数(2014年)

单位：个

项　目	Item	9人以下 9 Persons Below
总　计	**Total**	**188150**
一、内　资	**Civil Funded Enterprises**	**188061**
国　有	State-owned Enterprises	16444
集　体	Collective Owned Enterprises	2157
股份合作	Share Cooperative Enterprises	199
国有联营	State-owned Joint Owned Enterprises	32
集体联营	Collective-owned Joint Owned Enterprises	46
国有与集体联营	State-owned and Collective-owned Joint Owned Enterprises	7
其他联营	Other Joint Owned Enterprises	19
国有独资公司	Company Exclusively with Investment from State	133
其他有限责任公司	Other Limited Responsibility Company	11264
股份有限公司	Share Holding Limited Company	753
私营独资	Enterprise Exclusively with Investment from Private	15776
私营合伙	Private Partner Enterprises	1424
私营有限责任公司	Privately Owned Limited Responsibility Company	62295
私营股份有限公司	Privately Owned Share Holding Limited Company	1935
其　他	Others	75577
二、港澳台商投资	**Enterprises Funded by HongKong, Macao and Taiwan**	**31**
与港澳台商合资经营	Joint Venture	17
与港澳台商合作经营	Cooperative Enterprise	1
港澳台商独资	Ventures Exclusively with HongKong,Macao and Taiwan Investment	9
港澳台商投资股份有限公司	Share Holding Limited Company	
其他港澳台商投资	Others	4
三、外商投资	**Foreign Funded Enterprises**	**58**
中外合资经营	Joint Venture	23
中外合作经营	Cooperative Enterprises	3
外资企业	Enterprises Funded By Foreign Investments	18
外商投资股份有限公司	Limited Company Funded by Foreign Investment	5
其他外商投资	Others	9

NUMBER OF CORPORATION UNITS BY REGISTRATION STATUS AND QUANTITY OF EMPLOYEES(2014)

(unit)

10-49人 10-49 Persons	50-99人 50-99 Persons	100-299人 100-299 Persons	300-499人 300-499 Persons	500-999人 500-999 Persons	1000-4999人 1000-4999 Persons	5000人以上 5000 Persons Above
89596	**14691**	**9080**	**1583**	**1089**	**634**	**66**
89458	**14626**	**8982**	**1555**	**1062**	**604**	**61**
18155	5279	3312	461	247	113	4
2274	482	306	74	31	19	2
143	27	38	4	5		
31	9	6	4	3		
39	12	6		1		
9	1	1	1			
15	7	2		1		
213	85	90	34	29	40	12
6826	1378	1140	349	353	236	27
761	179	196	68	78	54	10
6719	709	396	16	10		
838	107	27	1			
27920	4043	2295	438	254	125	4
1130	176	108	17	14	3	2
24385	2132	1059	88	36	14	
66	**19**	**41**	**8**	**13**	**10**	**2**
32	9	25	8	8	1	1
1		2			1	
29	9	12		3	6	1
3	1	2		2	1	
1					1	
72	**46**	**57**	**20**	**14**	**20**	**3**
42	29	39	12	8	12	1
3	6	5			3	
19	9	10	8	3	2	2
4		2		3	1	
4	2	1			2	

主要统计指标解释

地区生产总值　是按市场价格计算的一个地区所有常住单位在一定时期内生产活动的最终成果。地区生产总值有三种表现形态，即价值形态、收入形态和产品形态。从价值形态看，它是所有常住单位在一定时期内所生产的全部货物和服务价值超过同期投入的全部非固定资产货物和服务价值的差额，即所有常住单位的增加值之和；从收入形态看，它是所有常住单位在一定时期内所创造并分配给常住单位和非常住单位的初次分配收入之和；从产品形态看，它是最终使用的货物和服务减去进口货物和服务。在核算中，地区生产总值的三种表现形态表现为三种计算方法，即生产法、收入法和支出法。三种方法分别从不同的方面反映地区生产总值及其构成。

三次产业　我国的三次产业划分是：

第一产业是指农、林、牧、渔业（不含农、林、牧、渔服务业）。

第二产业是指采矿业（不含开采辅助活动），制造业（不含金属制品、机械和设备修理业），电力、热力、燃气及水生产和供应业，建筑业。

第三产业即服务业，是指除第一产业、第二产业以外的其他行业。第三产业包括：批发和零售业，交通运输、仓储和邮政业，住宿和餐饮业，信息传输、软件和信息技术服务业，金融业，房地产业，租赁和商务服务业，科学研究和技术服务业，水利、环境和公共设施管理业，居民服务、修理和其他服务业，教育，卫生和社会工作，文化、体育和娱乐业，公共管理、社会保障和社会组织，国际组织，以及农、林、牧、渔业中的农、林、牧、渔服务业，采矿业中的开采辅助活动，制造业中的金属制品、机械和设备修理业。

总产出　指一定时期内一个地区常住单位生产的所有货物和服务的价值，既包括新增价值，也包括被消耗的货物和服务价值以及固定资产的转移价值。总产出按生产者价格计算，它反映常住单位生产活动的总规模。

中间投入　指常住单位在生产或提供货物与服务过程中，消耗和使用的所有非固定资产货物和服务的价值。中间投入也称为中间消耗，一般按购买者价格计算。

增加值　指常住单位生产过程创造的新增价值和固定资产的转移价值。它可以按生产法计算，也可以按收入法计算，按生产法计算，它等于总产出减去中间投入；按收入法计算，它等于劳动者报酬、生产税净额、固定资产折旧和营业盈余之和。

劳动者报酬　指劳动者因从事生产活动所获得的全部报酬。包括劳动者获得的各种形式的工资、奖金和津贴，既有货币形式的，也有实物形式的，还包括劳动者所享受的公费医疗和医药卫生费、上下班交通补贴、单位支付的社会保险费、住房公积金等。对于个体经济来说，其所有者所获得的劳动报酬和经营利润不易区分，这两部分统一作为劳动者报酬处理。

生产税净额　指生产税减生产补贴后的差额。生产税指政府对生产单位从事生产、销售和经营活动以及因从事生产活动使用某些生产要素（如固定资产、土地、劳动力）所征收的各种税、附加费和规费。生产补贴与生产税相反，指政府对生产单位的单方面转移支付，因此视为负生产税，包括政策性亏损补贴、价格补贴等。

固定资产折旧　指一定时期内为弥补固定资产损耗按照规定的固定资产折旧率提取的固定资产折旧，或按国民经济核算统一规定的折旧率虚拟计算的固定资产折旧。它反映了固定资产在当期生产中的转移价值。各类企业和企业化管理的事业单位的固定资产折旧是指实际计提的折旧费；不计提折旧的政府机关、非企业化管理的事业单位和居民住房的固定资产折旧是按照统一规定的折旧率和固定资产原值计算的虚拟折旧。原则上，固定资产折旧应按固定资产的重置价值计算，但是目前我国尚不具备对全社会固定资产进行重估价的基础，所以暂时还不能采用这种办法。

营业盈余　指常住单位创造的增加值扣除劳动者报酬、生产税净额和固定资产折旧后的余额。它相当于企业的营业利润加上生产补贴，但要扣除从利润中开支的工资和福利等。

支出法地区生产总值　指一个地区所有常住单位在一定时期内用于最终消费、资本形成总额，以及货物和服务净出口的总额，它反映本期生产的地区生产总值的使用情况。

最终消费　指常住单位在一定时期内对于货物和服务的全部最终消费支出，也就是说常住单位为满足物质、文化和精神生活的需要，从本地区经济领土和地区外购买的货物和服务的支出，不包括非常住单位在本地区经济领土内的消费支出。最终消费分为居民消费和政府消费。

居民消费　指常住住户对货物和服务的全部最终消费支出。它除了常住住户直接以货币形式购买货物和服务的消费之外，还包括以其他方式获得的货物和服务的消费，即单位以实物报酬及实物转移的形式提供给劳动者的货物和服务；住户生产并由住户自己消费的货物和服务，其中的服务仅指住户的自有住房服务和付酬的家庭服务；金融机构提供的金融媒介服务；保险公司提供的保险服务。

政府消费 指政府部门为全社会提供公共服务的消费支出和免费或以较低价格向住户提供的货物消费和服务的净支出。前者等于政府服务的产出价值减去政府单位所获得的经营收入后的价值,政府服务的产出价值等于它的经常性业务支出加上固定资产折旧;后者等于政府部门免费或以较低价格向住户提供的货物和服务的市场价值减去向住户收取的价值。

资本形成总额 指常住单位在一定时期内获得的减去处置的固定资产加存货的净变动额,包括固定资本形成总额和存货增加。

固定资本形成总额 指生产者在一定的时期内获得的固定资产减处置的固定资产的价值总额。固定资产是通过生产活动生产出来的,其使用年限在一年以上,单位价值在规定标准以上的资产,不包括自然资产。固定资本形成总额分有形固定资本形成总额和无形固定资本形成总额。有形固定资本形成总额包括一定时期内完成的建筑工程、安装工程、设备工器具购置(减处置)价值以及土地改良、新增役、种、奶、毛、娱乐用牲畜和新增经济林木价值。无形固定资本形成总额包括矿藏的勘探、计算机软件等获得减处置。

存货增加 指常住单位存货实物量变动的市场价值,即期末价值减期初价值的差额,再扣除当期由于价格变动而产生的持有收益。存货增加可以是正值,也可以是负值;正值表示存货增加,负值表示存货减少。它包括生产单位购进的原材料、燃料和储备物资等存货,以及生产单位生产的产成品、在制品存货等。

货物和服务净出口 指货物和服务出口减货物和服务进口的差额。出口包括常住单位向非常住单位出售或无偿转让的各种货物和服务的价值;进口包括常住单位从非常住单位购买或无偿得到的各种货物和服务的价值。由于服务活动的提供与使用同时发生,因此服务的进出口业务并不发生出入境现象,一般把常住单位从国外得到的服务作为进口,常住单位向国外提供的服务作为出口。

法人单位 指有权拥有资产、承担负债,并独立从事社会经济活动(或与其他单位进行交易)的组织。

产业活动单位 指位于一个地点,从事一种或主要从事一种社会经济活动的组织或组织的一部分。

Explanatory Notes on Main Statistical Indicators

Gross Domestic Product refers to the final products of all resident units calculated at market prices, in a region during a certain period of time. Gross domestic product is expressed in three different forms i.e. value, income and products respectively. The form of value refers to the total value of all products and services produced by all resident units during a certain period of time minus total value of intermediate input of materials and services of the nature of non-fixed assets or the summation of the value-added of all resident units; the form of income includes all the income created by all resident units and distributed primarily to all resident and non-resident units; the form of products refers to the value of all final goods and services for final use by all resident units plus the value of net exports of goods and services during given period of time. In the practice of national accounting, gross domestic product is calculated with three approaches, i.e. production approach, income approach, and expenditure approach, which reflect gross domestic product and its composition from different aspects.

Three Industries Industry in China comprises:

Primary industry refers to farming, forestry, animal husbandry and fishery, excluding services supported these industries.

Secondary industry refers to mining (excluding auxiliary activities), manufacturing (excluding repair of metal products, machinery and equipment), production and supply of electricity, heat, gas and water, construction.

Tertiary industry refers to all other industries not included in primary or secondary industry. It includes wholesale and retail trade, transport, storage and post, hotels and catering services, information transmission, software and information technology services, financial industry, real estate, lease and business affairs services, scientific research and technical services, management of water conservancy, environment and public facilities, residents services, repair and other services, education, health care and social work, culture, sports and recreation, public management, social security and social organization, international organization, services of farming, forestry, animal husbandry and fishery, auxiliary activities of mining, repair of metal products, machinery and equipment of manufacturing.

Total Output refers to value of all goods and services produced by resident units in a certain period of time, including new increasing value, also including value of goods and services consumed and transfer value of fixed assets. It is calculated at producer price, reflecting total production scale of resident units.

Intermediate Input refers to total non-fixed assets goods and services consumed and used by resident units during producing or supplying goods and services. Intermediate input is also called intermediate consumption, calculated at price of buyer.

Value Added refers to new increasing value and transfer value of fixed assets created by resident units during production. It is calculated in production way, also in income way. It equals total output minus intermediate consume when in production way. It equals compensation of laborers plus net tax on production, depreciation of fixed assets and operating surplus when in income way.

Laborers' Remuneration refers to the whole payment of various forms earned by the laborers from the productive activities they are engaged in. It includes wages, bonuses and allowances the laborers earned in monetary form and in kind. It also includes the free medical services provided to the laborers and the medicine expenses, traffic subsidies and social insurance fee paid by the laborers working units for them. As the individual economy is concerned, since the laborers remuneration is not easily distinguished from the operating profit, both are treated as laborers remuneration.

Net Taxes on Production refers to the residual of the taxes on production minus the subsidies on production. The taxes on production refers to the various taxes, extra charges and fees levied on the production units on their production, sale and business activities as well as on some factors pf production, such as fixed assets, land and labor force, used in the production activities they are engaged in. In contrast to the taxes on production, the subsidies on production refer to the unilateral transfer of part of the government's revenue to the production units and is therefore regarded as negative taxes on production. They include subsidies on the loss due to implementation of government policies and price subsidies etc.

Depreciation of Fixed Assets refers to the depreciation of fixed assets of a given period, drawn in accordance with the stipulated depreciation rate for the purpose of compensating the wear loss of the fixed assets of the depreciation of fixed assets calculated in a fictitious way in accordance with the stipulated unified depreciation rate in the national economic accounting It reflects the value of transfer of the fixed assets in the production of the current period. The depreciation of fixed assets in various enterprises and institutions managed as enterprises which do not drawn and calculated as part of the cost. In government agencies and institution not managed as enterprises which do not draw the depreciation expenses, as well as for the houses of residents, the depreciation of fixed assets is the imputed depreciation, which is calculated in accordance with the stipulated unified depreciation rate. In principle, the depreciation of fixed assets should be calculated on the basis of the repurchased value of the fixed assets.

However, there is no actual condition to reevaluate all the fixed assets in China. Therefore, the method can't be adopted temporarily at present.

Operating Surplus refers to the balance of the value added created by the resident units deducting the laborers remuneration, net taxes on production and the depreciation of fixed assets. It is equivalent to the business profit of the enterprises plus subsidies on production, but the wages and welfare expenses paid from the profits should be deducted.

GDP Calculated by Expenditure Approach refers to total expenditure on final consumption, total capital formation and net export of goods and services by resident units of a region in a certain period of time. It reflects the composition of GDP by its use.

Final Consumption refers to the total expenditure of resident units on final consumption of goods and services in a certain period, namely the expenditure of the resident units for purchases of goods and services from domestic economic territory and other regions to meet the requirements of material, cultural and spiritual life. It excludes the expenditure of non-resident units on consumption in the economic territory. The final consumption is classified into household consumption and government consumption.

Households Consumption refers to the total expenditure of resident households on the final consumption of goods and services. In addition to the consumption of goods and services bought by the households directly with money, the expenditure on goods and services obtained by the households in other ways, i.e. the so-called imputed expenditure on consumption, is also include in the households consumption. The imputation expenditure of the households on consumption includes the following types: (a) the goods and services provided to the households themselves, in the form of payment in kind and transfer in kind; (b) the goods and services produced and consumed by the households themselves, in which the services refer only to the services provided by the residential buildings owned by the households; (c) the services of financial intermediary provided by the financial institutions; (d) the insurance services provided by the insurance companies.

Government Consumption refers to the expenditure on the consumption of the public services provided by the government to the whole society and the net expenditure on the goods and services provided by the government to the households at free charge or lower prices. The former equals to the output value of the government services minus the value of operating income obtained by the government departments.(The output value of the government services equals to its current operating expenditure plus depreciation of fixed assets). The latter equals to the market value of the goods and services provided by the government free of charge or at low prices to the households minus the value received by the government from the households.

Total Capital Formation refers to the fixed assets acquired minus those disposed and the change in inventory, including the total fixed assets formation and the increase in inventory.

Total Fixed Capital Formation refers to the value of fixed assets purchased, transferred in by the resident units and those produced and used by themselves deducting the value of fixed assets sold and transferred out. It can be classified into total tangible assets formation and total intangible assets formation. The total tangible assets formation include the value of the construction projects, installation projects completed and the equipment, apparatus and instruments purchased as well as the value of land improved, the value of draught animals, breeding stock, milk, wool and recreational animals and the newly increased economic forest in a certain period. The total intangible assets formation includes the prospecting of minerals, the acquisition of computer software, the originals of recreational works and works of literature and arts minus the disposal of them.

Increase in Inventory refers to the market value of the charge in inventory, i.e. the difference of value between the beginning and the end of the period. The increase in inventory can be positive or negative. A positive value indicates the increase in inventory while negative value indicates the decrease in stock. The inventory includes the raw materials, fuels, reserve materials purchased by the production units as well as the inventory of finished products, semi-finished products, work-in-progress, etc.

Net Export of Goods and Services refers to the difference of the exports of goods and services minus the imports of goods and services. The imports include the value of various goods and services sold or gratuitously transferred by the resident units to the non-resident units. The imports include the value of various goods and services purchased or gratuitously acquisition by the resident units from the non-resident units. Because the provision of services and the use of them happen simultaneously, the import and export of services do not appear to have the phenomena of crossing the border of country. The acquisition of services by the resident units from abroad is usually treated as import while the acquisition of services by non-resident units in this country is usually treated as export.

Corporation Units refer to organizations which are entitled to possess assets, assume liabilities and carry out social economic activities (or can trade with other units) independently.

Active Units refer to organizations or a part of it which carry out one or mainly one social economic activities in certain places.

人口、劳动工资和社会保障

POPULATION, LABOR WAGES AND SOCIAL SECURITY

02

PAGE

039—062

资料整理人员

周俊英　栗金荣

人　口
POPULATION

总户数	Number of Households	1313.35	万户	(10 000 households)
常住人口	Resident Population	3647.96	万人	(10 000 persons)
男　性	Male	1872.97	万人	(10 000 persons)
女　性	Female	1774.99	万人	(10 000 persons)
出生人口	Birth Population	39.74	万人	(10 000 persons)
死亡人口	Death Population	21.58	万人	(10 000 persons)

人口城乡构成 (%)

Composition of Urban and Rural Population (%)

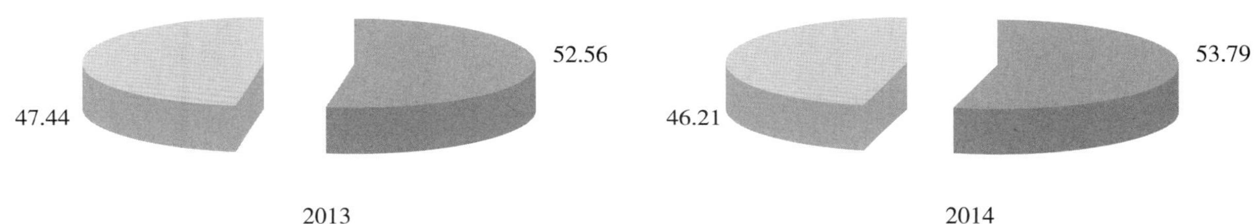

人口出生率、死亡率、自然增长率 (‰)

Birth Rate, Death Rate and Natural Growth Rate of Population (‰)

出生率　死亡率　自然增长率

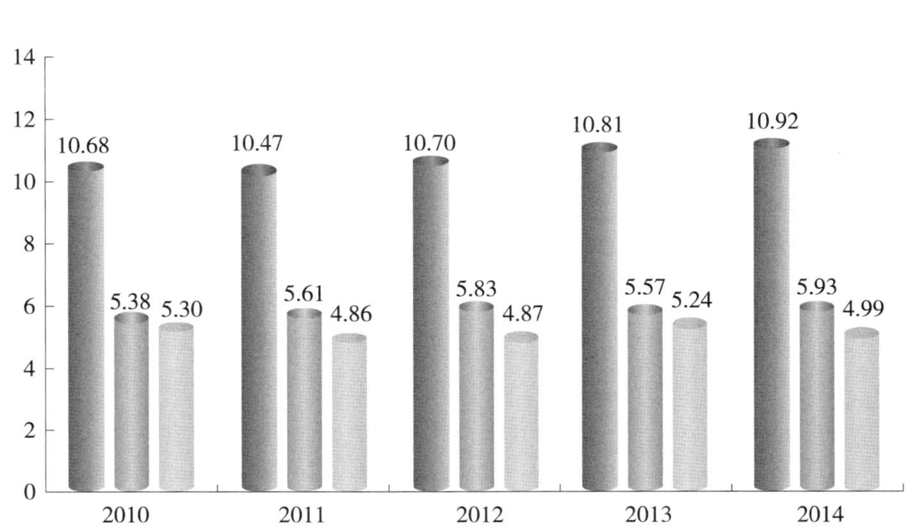

全社会从业人员和劳动报酬

TOTAL EMPLOYEES AND PAYMENT

全社会从业人员	Total Employees	1862.3	万人	(10 000 persons)
第一产业	Primary Industry	662.1	万人	(10 000 persons)
第二产业	Secondary Industry	505.3	万人	(10 000 persons)
第三产业	Tertiary Industry	694.9	万人	(10 000 persons)

全社会从业人员和在岗职工人数（万人）

Number of Total Employees and Fully Employed Staff and Workers (10 000 persons)

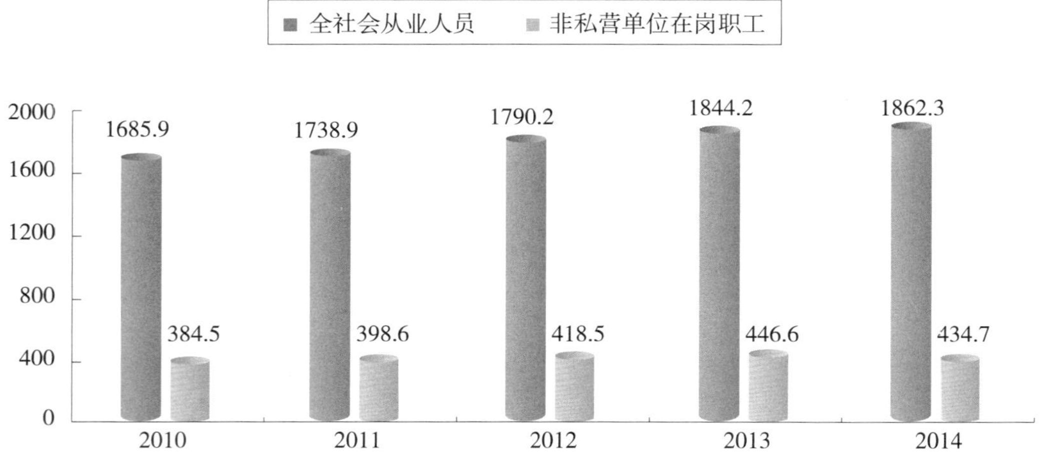

非私营单位在岗职工平均工资（元）

Average Wage of Fully Employed Staff and Workers in Non-private Units (yuan)

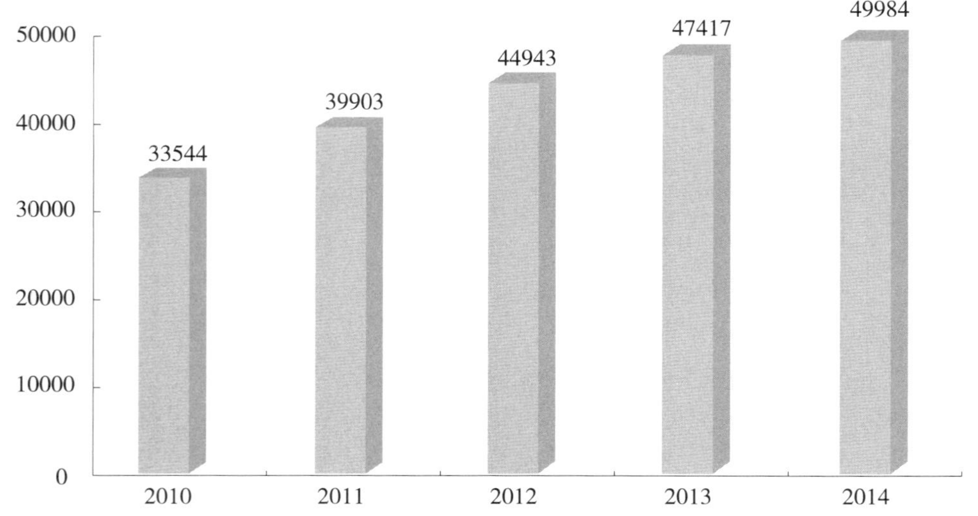

2-1 主要年份总户数、常住人口数
TOTAL HOUSEHOLD AND RESIDENT POPULATION IN MAJOR YEARS

单位：万人 (10 000 persons)

年 份 Year	总户数(万户) Number of Households (10 000 Households)	常住人口 Resident Population	按性别分 By Sex		按农业非农业分 By Registered Residence	
			男 性 Male	女 性 Famle	非农业人口 Non-agriculture	农业人口 Agriculture
1978	558.01	2423.60	1273.07	1150.53	393.79	2029.81
1980	579.71	2476.46	1299.32	1177.14	439.81	2036.65
1985	631.69	2673.51	1403.33	1270.18	536.84	2136.67
1990	740.63	2898.96	1508.62	1390.34	639.22	2259.74
1995	815.23	3077.28	1606.34	1470.94	748.39	2328.89
2000	885.55	3247.80	1680.91	1566.89	861.84	2334.34
2005	1008.04	3355.21	1719.33	1635.88	1010.46	2283.97
2006	1051.49	3374.55	1725.49	1649.06	1047.15	2292.73
2007	1094.72	3392.58	1735.34	1657.24	1078.65	2313.69
2008	1118.31	3410.64	1750.20	1660.44	1103.50	2319.60
2009	1159.14	3427.36	1758.13	1669.23	1124.16	2334.48
2010	1188.84	3574.11	1835.37	1738.75	1144.45	2329.18
2011	1233.13	3593.28	1843.75	1749.52	1162.44	2334.79
2012	1282.40	3610.83	1850.96	1759.87	1171.99	2326.73
2013	1313.25	3629.80	1865.40	1764.40	1189.51	2333.93
2014	1313.35	3647.96	1872.97	1774.99	1192.72	2329.46

注：本表2000年及以后年份农业、非农业人口和2005年及以后年份总户数为公安年报数。

Note: Data of agriculture and non-agriculture population since 2000 and number of households since 2005 are all from public security department.

2-2 主要年份人口自然变动
NATURAL CHANGE OF POPULATION IN MAJOR YEARS

单位：万人 (10 000 persons)

年 份 Year	出 生 Birth		死 亡 Death		自然增长 Natural Growth	
	人 数 Population	出生率 (‰) Birth Rate	人 数 Population	死亡率 (‰) Death Rate	人 数 Population	增长率 (‰) Natural Growth Rate
1978	37.76	15.66	15.80	6.55	21.96	9.11
1980	41.74	16.95	15.98	6.49	25.76	10.46
1985	56.65	21.36	16.87	6.36	39.78	15.00
1990	64.82	22.54	18.87	6.56	45.95	15.98
1995	50.82	16.60	18.73	6.12	32.09	10.48
2000	42.72	13.25	18.59	5.77	24.13	7.48
2005	40.21	12.02	20.07	6.00	20.14	6.02
2006	38.63	11.48	19.28	5.73	19.35	5.75
2007	38.26	11.31	20.23	5.98	18.03	5.33
2008	38.51	11.32	20.44	6.01	18.06	5.31
2009	37.16	10.87	20.45	5.98	16.71	4.89
2010	38.06	10.68	19.18	5.38	18.88	5.30
2011	37.50	10.47	20.10	5.61	17.41	4.86
2012	38.53	10.70	20.99	5.83	17.55	4.87
2013	39.15	10.81	20.17	5.57	18.98	5.24
2014	39.74	10.92	21.58	5.93	18.16	4.99

2-3 主要年份城乡人口数
URBAN AND RURAL POPULATION IN MAJOR YEARS

单位：万人 (10 000 persons)

年份 Year	城镇 Urban Area		乡村 Rural Area	
	人口数 Population	比重(%) Proportion	人口数 Population	比重(%) Proportion
1978	464.85	19.18	1958.75	80.82
1980	502.72	20.30	1973.74	79.70
1985	645.65	24.15	2027.86	75.85
1990	837.80	28.90	2061.16	71.10
1995	926.57	30.11	2150.71	69.89
2000	1165.31	35.88	2082.49	64.12
2005	1412.81	42.11	1942.40	57.89
2006	1451.39	43.01	1923.16	56.99
2007	1493.75	44.03	1898.83	55.97
2008	1538.58	45.11	1872.06	54.89
2009	1576.09	45.99	1851.27	54.01
2010	1717.43	48.05	1856.68	51.95
2011	1785.31	49.68	1807.97	50.32
2012	1851.08	51.26	1759.75	48.74
2013	1907.92	52.56	1721.88	47.44
2014	1962.32	53.79	1685.64	46.21

2-4 各年龄组受教育程度人口占6岁及以上人口比重(2014年)
PROPORTION OF EDUCATIONAL ATTAINMENT POPULATION BY AGE IN POPULATION AGED 6 AND OVER(2014)

单位：% (%)

年龄组	Age	未上过学 No-schooling	小学 Primary School	初中 Junior Secondary School	高中 Senior Seconary School	大学专科及以上 Junior College and Above
合计	**Total**	**3.64**	**22.84**	**45.25**	**18.80**	**9.47**
6-9岁	Age 6-9	10.90	87.91	1.05	0.14	0.00
10-14岁	Age 10-14	1.65	53.03	43.41	1.86	0.05
15-19岁	Age 15-19	0.50	2.15	24.79	67.00	5.55
20-24岁	Age 20-24	0.38	2.87	44.97	28.28	23.50
25-29岁	Age 25-29	0.69	3.45	51.77	21.15	22.94
30-34岁	Age 30-34	0.61	5.25	57.43	17.29	19.43
35-39岁	Age 35-39	0.62	7.70	62.82	15.90	12.96
40-44岁	Age 40-44	0.97	11.52	64.04	14.69	8.78
45-49岁	Age 45-49	0.87	16.50	61.07	12.88	8.67
50-54岁	Age 50-54	1.40	19.46	53.62	18.50	7.02
55-59岁	Age 55-59	3.26	31.81	45.24	15.63	4.07
60-64岁	Age 60-64	4.44	46.72	38.43	6.62	3.79
65岁及以上	Age 65 and Over	20.81	48.40	22.07	6.09	2.63

注：本表根据人口抽样调查数据计算。

Note: Data in this table are caculated according to the Sample Survey of Population.

2-5 主要年份人口年龄构成和抚养比
AGE COMPOSITION AND DEPENDENCY RATIO OF POPULATION IN MAJOR YEARS

单位：%　　　　(%)

年　份 Year	年龄构成 Age Composition			抚养比 Dependency Ratio		
	0—14岁 Age 0-14	15—64岁 Age 15-64	65岁及以上 Age 65 and Over	总抚养比 Gross Dependency Ratio	少儿抚养比 Children Dependency Ratio	老年抚养比 Old People Dependency Ratio
1953	33.89	61.37	4.74	62.95	55.22	7.72
1964	40.43	55.22	4.35	81.09	73.22	7.88
1982	33.36	61.65	4.99	62.21	54.11	8.09
1990	28.15	66.46	5.39	50.47	42.36	8.11
2000	25.73	67.94	6.33	47.19	37.87	9.32
2005	21.30	71.55	7.15	39.76	29.77	9.99
2006	20.20	72.60	7.20	37.74	27.82	9.92
2007	19.64	73.02	7.34	36.95	26.90	10.05
2008	18.35	73.75	7.90	35.59	24.88	10.71
2009	17.32	74.60	8.08	34.05	23.22	10.83
2010	17.10	75.33	7.58	32.75	22.70	10.06
2011	16.47	75.62	7.91	32.24	21.78	10.46
2012	16.44	75.59	7.97	32.29	21.75	10.54
2013	15.83	75.80	8.37	31.93	20.88	11.04
2014	15.67	75.65	8.68	32.19	20.71	11.47

注：1953、1964、1982、1990、2000、2010年为六次人口普查数据，其余年份为人口抽样调查推算数。

Note: Data of 1953,1964,1982,1990,2000 and 2010 in this table are obtained from six National Population Census, and the rest are caculated from the Sample Survey of Population .

2-6 主要年份全社会从业人员年末人数
TOTAL EMPLOYEES AT YEAR-END IN MAJOR YEARS

单位：万人　　　　(10 000 persons)

年　份 Year	从业人员合计 Total Employees	在岗职工 Fully Employed Staff and Workers	国有单位 State-Owned Units	城镇集体单位 Urban Collective-Owned Units	其他单位 Other-Owned Units	其他从业人员 Other Employees	城镇私营企业及个体 Urban Private Enterprises and Self-employed Individuals	农村及乡镇企业 Rural, Township and Village Enterprises
1978	965.23	268.30	227.34	40.96			0.12	696.81
1980	1002.64	298.98	246.24	52.74			1.08	702.58
1985	1154.11	377.09	291.49	85.27	0.33		8.18	768.84
1990	1304.01	438.68	340.94	97.41	0.33		11.84	853.49
1995	1424.52	463.51	370.14	88.14	5.23	15.41	34.48	911.12
2000	1392.40	370.16	276.62	48.24	45.30	11.64	48.66	961.94
2005	1500.20	352.11	247.50	29.83	74.78	8.38	80.15	1059.56
2006	1561.16	357.17	249.15	28.81	79.21	8.38	115.68	1079.93
2007	1595.65	366.73	248.20	28.06	90.47	8.52	137.40	1083.00
2008	1614.10	365.70	249.79	26.87	89.04	9.48	164.02	1074.90
2009	1630.60	376.09	240.85	23.39	111.85	9.71	162.01	1082.79
2010	1685.90	384.48	231.90	22.79	129.79	9.93	171.50	1100.01
2011	1738.89	398.62	237.25	23.72	137.65	11.07	199.66	1129.53
2012	1790.17	418.48	232.44	23.75	162.29	17.52	216.47	1137.70
2013	1844.20	446.56	201.36	20.35	224.85	17.48	233.45	1146.71
2014	1862.29	434.72	197.32	18.61	218.79	17.37	250.20	1160.00

2-7 全社会劳动力资源配置情况
LABOR RESOURCES ALLOCATION IN THE WHOLE SOCIETY

单位：万人 (10 000 persons)

指　标	Item	2013	2014
年末劳动力资源总数	**Labor Resources at Year-end**	**2744.4**	**2760.0**
年末劳动力配置	**Labor Allocation at Year-end**		
一、从业人员	**Number of Employees**	**1844.2**	**1862.3**
按经济类型分	**By Ownership**		
1.国有经济	State-Owned Economy	212.4	203.8
2.集体经济	Colletive-Owned Economy	975.5	953.0
3.私营经济	Private Economy	216.1	232.5
4.个体经济	Indivdual Economy	209.1	242.8
5.联营经济	Joint-Owned Economy	0.4	0.3
6.股份制经济	Share Holding Ecnonmy	28.8	27.5
7.外商投资经济	Foreign Funded Economy	10.6	10.8
8.港、澳、台投资经济	Economy Funded By Entrepreneurs from Hongkong, Macao and Taiwan	10.8	10.2
9.其他经济	Other Types of Ownership	180.5	181.3
按国民经济行业分	**By Sector**		
1.农、林、牧、渔业	Farming, Forestry, Animal Husbandry and Fishery	650.6	662.1
2.采矿业	Mining	183.3	178.1
3.制造业	Manufacturing	176.4	172.2
4.电力、热力、燃气及水生产和供应业	Production and Supply of Electricity, Heat, Gas and Water	12.3	11.9
5.建筑业	Construction	147.1	143.1
6.批发和零售业	Wholesale and Retail Trade	196.5	205.4
7.交通运输、仓储和邮政业	Transport, Storage and Post	98.8	100.4
8.住宿和餐饮业	Hotels and Catering Services	59.7	65.5
9.信息传输、软件和信息技术服务业	Information Transmission, Software and Information Technology Services	24.8	25.6
10.金融业	Financial Industry	18.9	18.6
11.房地产业	Real Estate Trade	7.8	8.0
12.租赁和商务服务业	Lease and Business Services	16.3	16.8
13.科学研究和技术服务业	Scientific Reseach and Technical Services	9.4	9.5
14.水利、环境和公共设施管理业	Water, Environmental Protection and Public Facility Management	10.8	11.4
15.居民服务、修理和其他服务业	Resident Services, Repair and Other Services	16.4	17.9
16.教　育	Education	52.5	52.9
17.卫生和社会工作	Health Care and Social Work	19.9	20.7
18.文化、体育和娱乐业	Culture, Sports and Recreation	6.5	7.0
19.公共管理、社会保障和社会组织	Public Management, Social Security and Social Organization	60.1	58.5
20.其他行业	Others	76.2	76.8
按三次产业分	**By Type of Industry**		
1.第一产业	Primary Industry	650.6	662.1
2.第二产业	Secondry Industry	519.1	505.3
3.第三产业	Tertiary Industry	674.5	694.9
二、城镇登记失业人员	**Urban Unemployed Registered**	**22.3**	**24.6**
三、16岁以上在校学生	**Student Enrollment Over Age 16**	**188.8**	**207.9**
四、其他劳动者	**Others**	**689.2**	**665.2**

2-8 非私营单位从业人员(2014年)
NUMBER OF EMPLOYEES IN NON-PRIVATE UNITS(2014)

单位：人 (person)

项目	Item	从业人员 Number of Employees	#女性 Female	在岗职工 Fully Employed	其他从业人员 Other Employees
总计	**Total**	**4520946**	**1526578**	**4347200**	**173746**
一、按企业、事业、机关分组	**Grouped By Enterprises, Institutions and Government Agencies**				
#1.企业	Enterprises	2992415	805299	2883909	108506
2.事业	Institutions	1060921	573644	1010338	50583
3.机关	Government Agencies	457512	142717	443320	14192
二、按国民经济行业分组	**Grouped By Sector**				
1.农、林、牧、渔业	Farming, Forestry, Animal Husbandry and Fishery	20227	6064	20037	190
2.采矿业	Mining	985224	169308	972265	12959
3.制造业	Manufacturing	691336	221538	681824	9512
4.电力、热力、燃气及水生产和供应业	Production and Supply of Electricity, Heat, Gas and Water	118489	36169	115093	3396
5.建筑业	Construction	355429	51823	324342	31087
6.批发和零售业	Wholesale and Retail Trade	190499	76180	184170	6329
7.交通运输、仓储和邮政业	Transport, Storage and Post	245916	59224	239693	6223
8.住宿和餐饮业	Hotels and Catering Services	50174	28264	47961	2213
9.信息传输、软件和信息技术服务业	Information Transmission, Software and Information Technology Services	54986	25796	50993	3993
10.金融业	Financial Industry	156207	83353	135981	20226
11.房地产业	Real Estate	35868	13416	31914	3954
12.租赁和商务服务业	Lease and Business Services	79542	22297	74458	5084
13.科学研究和技术服务业	Scientific Reseach and Technial Services	73264	23657	69124	4140
14.水利、环境和公共设施管理业	Water, Environmental Protection and Public Facility Management	93770	42193	82876	10894
15.居民服务、修理和其它服务业	Resident Services, Repair and Other Services	13606	6804	13088	518
16.教育	Education	527124	326715	511883	15241
17.卫生和社会工作	Health Care and Social Work	195108	124696	184120	10988
18.文化、体育和娱乐业	Culture, Sports and Recreation	48777	22318	46433	2344
19.公共管理、社会保障和社会组织	Public Management, Social Security and Social Organization	585400	186763	560945	24455
总计中:国有控股	**Share Controlled by State**	**2145432**	**540265**	**2068988**	**76444**

注：在岗职工包含劳务派遣工，后同。

Note: Dispatching workers are included in fully employed workers. The same applies to the tables following.

2-9 非私营单位从业人员劳动报酬(2014年)
REWARD OF EMPLOYEES IN NON-PRIVATE UNITS(2014)

单位：万元 (10 000 yuan)

项　　目	Item	从业人员劳动报酬 Total Reward of Employees	在岗职工工资总额 Wages of Fully Employed	其他从业人员劳动报酬 Reward of Other Employees	在岗职工平均工资(元) Average Wages of Fully Employed (yuan)
总　计	**Total**	**22209172**	**21800387**	**408785**	**49984**
一、按企业、事业、机关分组	**Grouped By Enterprises, Institutions and Government Agencies**				
#1.企　业	Enterprises	15927180	15626108	301071	53789
2.事　业	Institutions	4368205	4282960	85245	42619
3.机　关	Government Agencies	1886632	1865626	21006	42213
二、按国民经济行业分组	**Grouped By Sector**				
1.农、林、牧、渔业	Farming, Forestry, Animal Husbandry and Fishery	69330	68857	473	34380
2.采矿业	Mining	6481810	6454209	27600	66516
3.制造业	Manufacturing	2764876	2739284	25592	40066
4.电力、热力、燃气及水生产和供应业	Production and Supply of Electricity, Heat, Gas and Water	789546	782670	6876	69354
5.建筑业	Construction	1543016	1438901	104116	41207
6.批发和零售业	Wholesale and Retail Trade	717238	699449	17788	38089
7.交通运输、仓储和邮政业	Transport, Storage and Post	1474286	1453707	20579	60893
8.住宿和餐饮业	Hotels and Catering Services	123261	118420	4841	24205
9.信息传输、软件和信息技术服务业	Information Transmission, Software and Information Technology Services	311533	298174	13359	57910
10.金融业	Financial Industry	1156456	1110084	46372	82126
11.房地产业	Real Estate	135051	127657	7394	40338
12.租赁和商务服务业	Lease and Business Services	275862	263313	12549	35147
13.科学研究和技术服务业	Scientific Reseach and Technial Services	383238	367852	15386	52918
14.水利、环境和公共设施管理业	Water, Environmental Protection and Public Facility Management	226628	214729	11899	26099
15.居民服务、修理和其它服务业	Resident Services, Repair and Other Services	41902	40726	1176	30825
16.教　育	Education	2397946	2374729	23217	46598
17.卫生和社会工作	Health Care and Social Work	761065	738769	22296	40772
18.文化、体育和娱乐业	Culture, Sports and Recreation	194535	188976	5559	40957
19.公共管理、社会保障和社会组织	Public Management, Social Security and Social Organization	2361593	2319879	41714	41504
总计中:国有控股	**Share Controlled by State**	**12557755**	**12337499**	**220256**	**58989**

2-10 国有单位从业人员(2014年)
NUMBER OF EMPLOYEES IN STATE-OWNED UNITS(2014)

单位：人 (person)

项 目	Item	从业人员 Number of Employees	#女性 Female	在岗职工 Fully Employed	其他从业人员 Other Employees
总 计	**Total**	**2060208**	**860662**	**1973188**	**87020**
一、按隶属关系分组	**Grouped By Administrative Relationship**				
1.中 央	Central Government	264710	66966	260500	4210
2.省、自治区、直辖市	Province	336331	124042	323751	12580
3.地 区	Prefecture	369070	156352	346390	22680
4.县及县以下	County and Below	1090097	513302	1042547	47550
二、按企业、事业、机关分组	**Grouped By Enterprises, Institutions and Government Agencies**				
#1.企 业	Enterprises	575578	163444	552347	23231
#地 方	Local	336516	105197	317217	19299
2.事 业	Institutions	1025707	553925	976120	49587
#地 方	Local	1015202	550594	965723	49479
3.机 关	Government Agencies	456606	142340	442463	14143
#地 方	Local	441657	136983	427684	13973
三、按国民经济行业分组	**Grouped By Sector**				
1.农、林、牧、渔业	Farming, Forestry, Animal Husbandry and Fishery	18008	5431	17818	190
2.采矿业	Mining	43032	8047	42308	724
3.制造业	Manufacturing	39897	12581	38375	1522
4.电力、热力、燃气及水生产和供应业	Production and Supply of Electricity, Heat, Gas and Water	61911	19391	59456	2455
5.建筑业	Construction	70908	13863	66111	4797
6.批发和零售业	Wholesale and Retail Trade	53535	17859	51713	1822
7.交通运输、仓储和邮政业	Transport, Storage and Post	186257	40801	183744	2513
8.住宿和餐饮业	Hotels and Catering Services	16903	9136	15932	971
9.信息传输、软件和信息技术服务业	Information Transmission, Software and Information Technology Services	9727	3602	8934	793
10.金融业	Financial Industry	51150	25339	48980	2170
11.房地产业	Real Estate	8976	3363	8531	445
12.租赁和商务服务业	Lease and Business Services	47391	10524	43785	3606
13.科学研究和技术服务业	Scientific Reseach and Technial Services	59809	20016	56809	3000
14.水利、环境和公共设施管理业	Water, Environmental Protection and Public Facility Management	81915	37728	71238	10677
15.居民服务、修理和其它服务业	Resident Services, Repair and Other Services	3470	1195	3414	56
16.教 育	Education	508544	316220	493943	14601
17.卫生和社会工作	Health Care and Social Work	171011	109772	160700	10311
18.文化、体育和娱乐业	Culture, Sports and Recreation	42543	19148	40628	1915
19.公共管理、社会保障和社会组织	Public Management, Social Security and Social Organization	585221	186646	560769	24452

2-11 国有单位从业人员劳动报酬(2014年)
REWARD OF EMPLOYEES IN STATE-OWNED UNITS(2014)

单位：万元 (10 000 yuan)

项　目	Item	从业人员劳动报酬 Total Reward of Employees	在岗职工工资总额 Wages of Fully Employed	其他从业人员劳动报酬 Reward of Other Employees	在岗职工平均工资(元) Average Wages of Fully Employed (yuan)
总　计	**Total**	**9403907**	**9237384**	**166524**	**47001**
一、按隶属关系分组	**Grouped By Administrative Relationship**				
1.中　央	Central Government	2040354	2028503	11851	77577
2.省、自治区、直辖市	Province	1783575	1749880	33696	54003
3.地　区	Prefecture	1472449	1423699	48750	41428
4.县及县以下	County and Below	4107529	4035302	72228	38947
二、按企业、事业、机关分组	**Grouped By Enterprises, Institutions and Government Agencies**				
#1.企　业	Enterprises	3257973	3196073	61900	57973
#地　方	Local	1333316	1282727	50589	40700
2.事　业	Institutions	4253873	4170184	83690	42959
#地　方	Local	4201942	4118575	83367	42886
3.机　关	Government Agencies	1884486	1863616	20870	42250
#地　方	Local	1822196	1801544	20652	42258
三、按国民经济行业分组	**Grouped By Sector**				
1.农、林、牧、渔业	Farming, Forestry, Animal Husbandry and Fishery	63554	63082	473	35535
2.采矿业	Mining	314731	313653	1079	74052
3.制造业	Manufacturing	123551	121356	2196	32069
4.电力、热力、燃气及水生产和供应业	Production and Supply of Electricity, Heat, Gas and Water	436203	431212	4991	74279
5.建筑业	Construction	240422	227097	13324	33730
6.批发和零售业	Wholesale and Retail Trade	232275	228814	3461	44188
7.交通运输、仓储和邮政业	Transport, Storage and Post	1248623	1239884	8738	67424
8.住宿和餐饮业	Hotels and Catering Services	42808	40495	2313	25090
9.信息传输、软件和信息技术服务业	Information Transmission, Software and Information Technology Services	57912	54767	3145	61835
10.金融业	Financial Industry	394962	389000	5962	79625
11.房地产业	Real Estate	26133	25570	563	30357
12.租赁和商务服务业	Lease and Business Services	145423	136605	8818	31468
13.科学研究和技术服务业	Scientific Reseach and Technial Services	302688	292162	10525	50867
14.水利、环境和公共设施管理业	Water, Environmental Protection and Public Facility Management	200383	189225	11158	26742
15.居民服务、修理和其它服务业	Resident Services, Repair and Other Services	12431	12317	113	35869
16.教　育	Education	2343332	2321317	22016	47201
17.卫生和社会工作	Health Care and Social Work	680168	659077	21091	41720
18.文化、体育和娱乐业	Culture, Sports and Recreation	177950	173097	4853	42736
19.公共管理、社会保障和社会组织	Public Management, Social Security and Social Organization	2360359	2318655	41704	41495

2-12 城镇集体单位从业人员(2014年)
NUMBER OF EMPLOYEES IN URBAN COLLECTIVE-OWNED UNITS(2014)

单位：人 (person)

项　目	Item	从业人员 Number of Employees	#女性 Female	在岗职工 Fully Employed	其他从业人员 Other Employees
总　计	**Total**	**195633**	**82251**	**186125**	**9508**
一、按企业、事业、机关分组	**Grouped By Enterprises, Institutions and Government Agencies**				
#1.企　业	Enterprises	165350	65380	156734	8616
2.事　业	Institutions	29335	16340	28443	892
3.机　关	Government Agencies	457	274	457	
二、按国民经济行业分组	**Grouped By Sector**				
1.农、林、牧、渔业	Farming, Forestry, Animal Husbandry and Fishery	756	221	756	
2.采矿业	Mining	11090	2224	10959	131
3.制造业	Manufacturing	43660	22100	42702	958
4.电力、热力、燃气及水生产和供应业	Production and Supply of Electricity, Heat, Gas and Water	361	154	359	2
5.建筑业	Construction	25377	4861	21700	3677
6.批发和零售业	Wholesale and Retail Trade	30046	10766	29105	941
7.交通运输、仓储和邮政业	Transport, Storage and Post	3696	1121	3585	111
8.住宿和餐饮业	Hotels and Catering Services	2517	1503	2480	37
9.信息传输、软件和信息技术服务业	Information Transmission, Software and Information Technology Services	187	76	184	3
10.金融业	Financial Industry	39514	19682	37348	2166
11.房地产业	Real Estate	1483	551	1182	301
12.租赁和商务服务业	Lease and Business Services	4970	1927	4801	169
13.科学研究和技术服务业	Scientific Reseach and Technial Services	813	319	732	81
14.水利、环境和公共设施管理业	Water, Environmental Protection and Public Facility Management	5883	2110	5851	32
15.居民服务、修理和其它服务业	Resident Services, Repair and Other Services	1525	736	1408	117
16.教　育	Education	3920	1929	3774	146
17.卫生和社会工作	Health Care and Social Work	18304	11245	17709	595
18.文化、体育和娱乐业	Culture, Sports and Recreation	1501	708	1463	38
19.公共管理、社会保障和社会组织	Public Management, Social Security and Social Organization	30	18	27	3

2-13 城镇集体单位从业人员劳动报酬(2014年)
REWARD OF EMPLOYEES IN URBAN COLLECTIVE-OWNED UNITS(2014)

单位：万元 (10 000 yuan)

项目	Item	从业人员劳动报酬 Total Reward of Employees	在岗职工工资总额 Wages of Fully Employed	其他从业人员劳动报酬 Reward of Other Employees	在岗职工平均工资(元) Average Wages of Fully Employed (yuan)
总计	**Total**	**757018**	**737260**	**19759**	**39887**
一、按企业、事业、机关分组	**Grouped By Enterprises, Institutions and Government Agencies**				
#1.企业	Enterprises	660854	642529	18325	41331
2.事业	Institutions	93647	92214	1433	32435
3.机关	Government Agencies	992	992		21705
二、按国民经济行业分组	**Grouped By Sector**				
1.农、林、牧、渔业	Farming, Forestry, Animal Husbandry and Fishery	2528	2528		33574
2.采矿业	Mining	71654	71551	103	65619
3.制造业	Manufacturing	137282	134425	2857	31632
4.电力、热力、燃气及水生产和供应业	Production and Supply of Electricity, Heat, Gas and Water	938	934	4	26387
5.建筑业	Construction	73764	65514	8250	30781
6.批发和零售业	Wholesale and Retail Trade	62515	61468	1048	21343
7.交通运输、仓储和邮政业	Transport, Storage and Post	8262	8076	186	22924
8.住宿和餐饮业	Hotels and Catering Services	5781	5740	40	23063
9.信息传输、软件和信息技术服务业	Information Transmission, Software and Information Technology Services	457	447	10	24283
10.金融业	Financial Industry	279699	274680	5019	73696
11.房地产业	Real Estate	2716	2351	365	20750
12.租赁和商务服务业	Lease and Business Services	16183	15819	364	32664
13.科学研究和技术服务业	Scientific Reseach and Technial Services	2034	1922	112	26255
14.水利、环境和公共设施管理业	Water, Environmental Protection and Public Facility Management	11493	11458	35	19711
15.居民服务、修理和其它服务业	Resident Services, Repair and Other Services	2928	2801	127	19794
16.教育	Education	13674	13442	233	35930
17.卫生和社会工作	Health Care and Social Work	61899	60970	929	34597
18.文化、体育和娱乐业	Culture, Sports and Recreation	3092	3025	67	20876
19.公共管理、社会保障和社会组织	Public Management, Social Security and Social Organization	119	109	10	40556

2-14 其他单位从业人员(2014年)

NUMBER OF EMPLOYEES IN OTHER-OWNED UNITS(2014)

单位：人 (person)

项目	Item	从业人员 Number of Employees	#女性 Female	在岗职工 Fully Employed	其他人员 Other Employees
总计	Total	2265105	583665	2187887	77218
一、按登记注册类型分组	Grouped by Registered Kind				
内资	Civil Funded Enterprises	2051017	505433	1977087	73930
1.股份合作	Share Cooperative Enterprises	8094	3864	7802	292
2.联营	Joint Owned Enterprises	3384	926	3259	125
#国有联营	State-owned Joint Owned Enterprises	1058	99	1003	55
集体联营	Collective-owned Joint Owned Enterprises	1469	588	1399	70
3.有限责任公司	Limited Liability Company	1738106	390798	1691499	46607
#国有独资	Company Exclusively with Investment from State	305220	77983	295743	9477
4.股份有限公司	Share Holding Limited Company	278821	97452	252761	26060
5.其他	Others	22612	12393	21766	846
港、澳、台商投资	Enterprises Funded by HongKong, Macao and Taiwan	111182	47137	109246	1936
外商投资	Foreign Funded Enterprises	102906	31095	101554	1352
二、按企业、事业、机关分组	Grouped By Enterprises, Institutions and Government Agencies				
#1.企业	Enterprises	2251487	576475	2174828	76659
2.事业	Institutions	5879	3379	5775	104
三、按国民经济行业分组	Grouped By Sector				
1.农、林、牧、渔业	Farming, Forestry, Animal Husbandry and Fishery	1463	412	1463	
2.采矿业	Mining	931102	159037	918998	12104
3.制造业	Manufacturing	607779	186857	600747	7032
4.电力、热力、燃气及水生产和供应业	Production and Supply of Electricity, Heat, Gas and Water	56217	16624	55278	939
5.建筑业	Construction	259144	33099	236531	22613
6.批发和零售业	Wholesale and Retail Trade	106918	47555	103352	3566
7.交通运输、仓储和邮政业	Transport, Storage and Post	55963	17302	52364	3599
8.住宿和餐饮业	Hotels and Catering Services	30754	17625	29549	1205
9.信息传输、软件和信息技术服务业	Information Transmission, Software and Information Technology Services	45072	22118	41875	3197
10.金融业	Financial Industry	65543	38332	49653	15890
11.房地产业	Real Estate	25409	9502	22201	3208
12.租赁和商务服务业	Lease and Business Services	27181	9846	25872	1309
13.科学研究和技术服务业	Scientific Reseach and Technial Services	12642	3322	11583	1059
14.水利、环境和公共设施管理业	Water, Environmental Protection and Public Facility Management	5972	2355	5787	185
15.居民服务、修理和其它服务业	Resident Services, Repair and Other Services	8611	4873	8266	345
16.教育	Education	14660	8566	14166	494
17.卫生和社会工作	Health Care and Social Work	5793	3679	5711	82
18.文化、体育和娱乐业	Culture, Sports and Recreation	4733	2462	4342	391
19.公共管理、社会保障和社会组织	Public Management, Social Security and Social Organization	149	99	149	

2-15 其他单位从业人员劳动报酬(2014年)

REWARD OF EMPLOYEES IN OTHER-OWNED UNITS(2014)

单位：万元 (10 000 yuan)

项目	Item	从业人员劳动报酬 Total Reward of Employees	在岗职工工资总额 Wages of Fully Employed	其他从业人员劳动报酬 Reward of Other Employees	在岗职工平均工资(元) Average Wages of Fully Employed (yuan)
总计	**Total**	**12048247**	**11825744**	**222503**	**53479**
一、按登记注册类型分组	**Grouped by Registered Kind**				
内资	Civil Funded Enterprises	11086530	10874002	212528	54302
1.股份合作	Share Cooperative Enterprises	41580	41317	262	53764
2.联营	Joint Owned Enterprises	12949	12406	544	38889
#国有联营	State-owned Joint Owned Enterprises	4865	4730	135	45966
集体联营	Collective-owned Joint Owned Enterprises	5412	5074	338	38294
3.有限责任公司	Limited Liability Company	9323672	9190179	133493	53558
#国有独资	Company Exclusively with Investment from State	1761037	1731804	29233	58081
4. 股份有限公司	Share Holding Limited Company	1641348	1564646	76702	61499
5. 其他	Others	66982	65454	1528	30759
港、澳、台商投资	Enterprises Funded by HongKong, Macao and Taiwan	465463	461545	3917	42548
外商投资	Foreign Funded Enterprises	496253	490196	6057	48856
二、按企业、事业、机关分组	**Grouped By Enterprises, Institutions and Government Agencies**				
#1.企业	Enterprises	12008353	11787507	220846	53620
2.事业	Institutions	20684	20562	122	35563
三、按国民经济行业分组	**Grouped By Sector**				
1.农、林、牧、渔业	Farming, Forestry, Animal Husbandry and Fishery	3247	3247		21322
2.采矿业	Mining	6095424	6069006	26419	66178
3.制造业	Manufacturing	2504043	2483503	20539	41161
4.电力、热力、燃气及水生产和供应业	Production and Supply of Electricity, Heat, Gas and Water	352405	350524	1881	64381
5.建筑业	Construction	1228831	1146290	82541	43991
6.批发和零售业	Wholesale and Retail Trade	422447	409168	13280	39705
7.交通运输、仓储和邮政业	Transport, Storage and Post	217402	205747	11655	40094
8.住宿和餐饮业	Hotels and Catering Services	74672	72185	2487	23828
9.信息传输、软件和信息技术服务业	Information Transmission, Software and Information Technology Services	253164	242960	10203	57237
10.金融业	Financial Industry	481796	446405	35391	91025
11.房地产业	Real Estate	106202	99736	6466	45148
12.租赁和商务服务业	Lease and Business Services	114256	110888	3368	41587
13.科学研究和技术服务业	Scientific Reseach and Technial Services	78517	73768	4749	65022
14.水利、环境和公共设施管理业	Water, Environmental Protection and Public Facility Management	14752	14046	705	24630
15.居民服务、修理和其它服务业	Resident Services, Repair and Other Services	26542	25607	935	30620
16.教育	Education	40940	39971	968	28389
17.卫生和社会工作	Health Care and Social Work	18998	18722	276	33457
18.文化、体育和娱乐业	Culture, Sports and Recreation	13494	12855	640	30701
19.公共管理、社会保障和社会组织	Public Management, Social Security and Social Organization	1115	1115		74347

2-16 私营单位从业人员和劳动报酬(2014年)
NUMBER AND REWARD OF EMPLOYEES IN PRIVATE UNITS(2014)

单位：人 (person)

项　　目	Item	从　业 人　员 Number of Employees	劳动报酬 总　　额 (万元) Total Reward of Employees (10 000 yuan)	平均劳动 报　　酬 (元) Average Reward of Employees (yuan)
总　计	**Total**	**2056704**	**6079793**	**29203**
按国民经济行业分组	**Grouped By Sector**			
1.农、林、牧、渔业	Farming, Forestry, Animal Husbandry and Fishery	48367	113524	22824
2.采矿业	Mining	180201	655838	34356
3.制造业	Manufacturing	656215	1985940	29299
4.电力、热力、燃气及水生产和供应业	Production and Supply of Electricity, Heat, Gas and Water	16535	45284	28725
5.建筑业	Construction	326837	1094175	32634
6.批发和零售业	Wholesale and Retail Trade	311707	796454	25477
7.交通运输、仓储和邮政业	Transport, Storage and Post	68637	188936	27181
8.住宿和餐饮业	Hotels and Catering Services	108434	310052	29154
9.信息传输、软件和信息技术服务业	Information Transmission, Software and Information Technology Services	31020	93242	29876
10.金融业	Financial Industry	9690	28847	30471
11.房地产业	Real Estate	117585	303701	30192
12.租赁和商务服务业	Lease and Business Services	54976	138045	25036
13.科学研究和技术服务业	Scientific Reseach and Technical Services	28708	90466	32023
14.水利、环境和公共设施管理业	Water, Environmental Protection and Public Facility Management	15289	37725	22476
15.居民服务、修理和其他服务业	Resident Services, Repair and Other Services	27071	56417	20913
16.教　育	Education	25522	65020	25464
17.卫生和社会工作	Health Care and Social Work	16425	45237	27729
18.文化、体育和娱乐业	Culture, Sports and Recreation	12930	28358	21787

2-17 主要年份在岗职工平均工资及指数

AVERAGE WAGE AND RELATED INDICES OF FULLY EMPLOYED STAFF AND WORKERS IN MAJOR YEARS

单位：元 (yuan)

年 份 Year	在岗职工平均工资 Average Wage of Fully Employed	指 数 (1952年＝100) Indices (year of 1952=100)		国有单位平均工资 Average Wage of State-owned Units
		货币工资 Money Wage	实际工资 Real Wage	
1952	375	100.0	100.0	394
1978	632	168.5	145.8	655
1980	754	201.1	163.2	795
1985	1122	299.2	201.9	1200
1990	2111	562.9	228.3	2263
1995	4721	1258.9	258.2	5094
2000	6918	1844.8	323.5	7249
2005	15645	4172.0	702.3	16027
2006	18300	4880.0	807.0	18719
2007	21525	5740.0	911.0	22309
2008	25828	6887.5	1021.6	26557
2009	28469	7591.7	1130.5	29266
2010	33544	8945.1	1301.2	33119
2011	39903	10640.8	1470.0	37164
2012	44943	11984.8	1616.7	41561
2013	47417	12644.5	1655.3	43228
2014	49984	13329.1	1717.4	47001

年 份 Year	指 数 (1952年＝100) Indices (year of 1952=100)		集体单位平均工资 Average Wage of Collective -owned Units	指 数(1952年＝100) Indices (year of 1952=100)	
	货币工资 Money Wage	实际工资 Real Wage		货币工资 Money Wage	实际工资 Real Wage
1952	100.0	100.0	307	100.0	100.0
1978	166.2	143.8	519	169.1	146.2
1980	201.8	163.8	581	189.3	153.6
1985	304.6	205.5	856	278.8	188.1
1990	574.4	232.9	1565	509.8	206.7
1995	1292.9	265.2	3108	1012.4	207.6
2000	1839.8	322.7	4193	1365.8	239.5
2005	4067.8	684.7	10157	3308.4	556.9
2006	4751.0	785.7	12162	3961.6	655.1
2007	5662.2	898.6	14141	4606.2	731.0
2008	6740.4	999.8	16947	5520.2	818.8
2009	7427.9	1106.1	18367	5982.7	890.9
2010	8405.8	1222.7	21993	7163.8	1046.1
2011	9432.5	1303.0	27669	9012.7	1245.0
2012	10548.5	1423.0	33355	10864.8	1465.6
2013	10971.6	1436.3	37152	12101.2	1584.2
2014	11929.2	1537.0	39887	12992.5	1674.4

2-18 城镇职工社会保障基本情况
BASIC SOCIAL SECURITY OF STAFF AND WORKERS IN URBAN UNITS

年 份 Year	参加保险人数(万人) Active Contributors (10 000 persons)				基金收入(亿元) Fund Revenue(100 million yuan)		
	城镇在岗职工养老保险 Basic Pension Insurance of Fully Employed		失业保险 Unemployment Insurance	医疗保险 Basic Medical Insurance	城镇在岗职工养老保险 Basic Pension Insurance of Fully Employed		失业保险 Unemployment Insurance
	企 业 Enterprises	机关事业 Government Agencies and Institutions			企 业 Enterprises	机关事业 Government Agencies and Institutions	
2000	358.81		254.80		53.87		2.43
2001	365.57		286.10	156.00	58.05		2.94
2002	361.24		278.90	217.00	75.91		3.42
2003	364.42	67.13	284.10	272.00	86.27	7.09	3.80
2004	376.08	68.71	286.50	295.00	109.30	9.04	4.22
2005	383.43	80.08	288.50	325.00	118.90	11.96	5.53
2006	404.25	82.58	295.93	354.00	168.93	19.64	6.22
2007	418.84	87.83	298.97	461.00	203.67	27.89	10.05
2008	450.62	88.80	312.15	594.00	253.97	35.56	12.75
2009	471.70	92.40	293.30	879.30	290.30	42.20	11.90
2010	494.92	96.11	305.05	935.00	357.13	48.24	13.52
2011	523.93	99.84	309.35	1005.06	516.78	56.93	18.62
2012	548.67	100.02	380.88	1055.90	602.26	64.68	25.05
2013	570.21	102.22	400.98	1086.30	563.51	75.53	34.13
2014	588.73	103.30	407.68	1100.70	580.56	83.35	36.07

年 份 Year		基金支出(亿元) Fund Expenditure(100 million yuan)				城镇低保人数(万人) Persons Receiving Lowest Cost of Living (10 000 persons)	新型合作医疗参合率(%) Participation Rate of New Cooperative Medical Care
	医疗保险 Basic Medical Insurance	城镇在岗职工养老保险 Basic Pension Insurance of Fully Employed		失业保险 Unemployment Insurance	医疗保险 Basic Medical Insurance		
		企 业 Enterprises	机关事业 Government Agencies and Institutions				
2000		50.62		1.34		3.06	
2001	1.32	51.22		1.49	0.68	28.53	
2002	4.13	60.32		2.12	1.53	62.21	
2003	10.19	65.18	8.19	3.17	4.80	84.21	
2004	17.88	76.30	12.40	2.58	10.98	84.86	87.32
2005	25.60	78.37	14.75	2.78	15.75	84.97	80.92
2006	32.22	96.78	16.65	2.59	21.00	86.98	86.11
2007	44.95	126.11	24.11	3.27	29.16	89.95	87.54
2008	64.65	159.34	31.12	4.66	42.79	91.90	90.42
2009	64.80	184.30	36.80	6.20	46.00	94.44	91.43
2010	86.74	226.81	43.61	6.56	69.65	91.51	96.61
2011	106.32	367.39	51.79	5.64	84.07	91.69	98.45
2012	141.04	437.23	58.24	4.96	104.24	89.04	98.94
2013	160.93	411.31	66.49	5.22	128.25	85.03	99.30
2014	163.22	480.56	75.36	13.44	146.54	72.60	99.40

主要统计指标解释

人口数 指一定时点、一定地区范围内有生命的个人总和。

年度统计的年末人口数指每年12月31日24时的常住人口数。

常住人口 包括：1、住本乡（镇）街道，户口登记地在本乡（镇）街道；2、住本乡（镇）街道半年以上，户口登记地在其他乡（镇）街道；3、住本乡（镇）街道不满半年，但是已离开户口登记地半年以上；4、户口登记地在本乡（镇）街道，离开不满半年；5、住本乡（镇）街道，户口待定。6、户口登记地在本乡（镇）街道，现居住国外。

城镇人口和乡村人口 城镇人口是指居住在城镇范围内的全部常住人口；乡村人口是除上述人口以外的全部人口。

城镇包括城区和镇区。城区是指在市辖区和不设区的市中，街道办事处所辖的居民委员会地域；城市公共设施、居住设施等连接到的其他居民委员会地域和村民委员会地域。

镇区是指在城区以外的镇和其他区域，其包括镇所辖的居民委员会地域；镇的公共设施、居住设施等连接到的村民委员会地域。

出生率（又称粗出生率） 指在一定时期内（通常为一年）一定地区的出生人数与同期内平均人数（或期中人数）之比，用千分率表示。本资料中的出生率指年出生率，其计算公式为：

出生率=年出生人数/年平均人数×1000‰

式中：出生人数指活产婴儿，即胎儿脱离母体时（不管怀孕月数），有过呼吸或其他生命现象。年平均人数指年初、年底人口数的平均数，也可用年中人口数代替。

死亡率（又称粗死亡率） 指在一定时期内（通常为一年）一定地区的死亡人数与同期内平均人数（或期中人数）之比，用千分率表示。本资料中的死亡率指年死亡率，其计算公式为：

死亡率=年死亡人数/年平均人数×1000‰

人口自然增长率 指在一定时期内（通常为一年）人口自然增加数（出生人数减死亡人数）与该时期内平均人数（或期中人数）之比，用千分率表示。计算公式为：

人口自然增长率=（本年出生人数-本年死亡人数）/年平均人数×1000‰=人口出生率-人口死亡率

总抚养比 也称总负担系数。指人口总体中非劳动年龄人口数与劳动年龄人口数之比。通常用百分比表示。用以表明每100名劳动年龄人口大致要负担多少名非劳动年龄人口。用于从人口角度反映人口与经济发展的基本关系。计算公式为：

$$GDR=(P_{0-14}+P_{65}^{+})/P_{15-64}\times 100\%$$

其中：GDR为总抚养比；

P_{0-14} 为0–14岁少年儿童人口数；

P_{15-64} 为15–64岁的劳动年龄人口数；

P_{65}^{+} 为65岁及65岁以上的老年人口数。

老年人口抚养比 也称老年人口抚养系数。指某一人口中老年人口数与劳动年龄人口数之比。通常用百分比表示。用以表明每100名劳动年龄人口要负担多少名老年人。老年人口抚养比是从经济角度反映人口老龄化社会后果的指标之一。计算公式为：

$$ODR=P_{65}^{+}/P_{15-64}\times 100\%$$

其中：ODR为老年人口抚养比；

P_{15-64} 为15–64岁的劳动年龄人口数；

P_{65}^{+} 为65岁及65岁以上的老年人口数。

少年儿童抚养比 也称少年儿童抚养系数。指某一人口中少年儿童人口数与劳动年龄人口数之比。通常用百分比表示。以反映每100名劳动年龄人口要负担多少名少年儿童。计算公式为：

$$CDR=P_{0-14}/P_{15-64}\times 100\%$$

其中：CDR为少年儿童抚养比；

P_{0-14} 为0–14岁少年儿童人口数；

P_{15-64} 为15–64岁的劳动年龄人口数。

劳动力资源总数 指在劳动年龄内，具有劳动能力，在正常情况下，可能或实际参加社会劳动的人口数。劳动力资源的范围为：劳动年龄内（16周岁以上），有劳动能力，实际参加社会劳动和未参加社会劳动的人员。劳动力资源也可划分为经济活动人口和非经济活动人口。劳动力资源不包括下列人员：

(1)在押犯人；

(2)劳动年龄内丧失劳动能力的人员；

(3)16 岁以下实际参加社会劳动的人员。

从业人员期末人数 指报告期末最后一日 24 时在本单位工作，并取得工资或其他形式劳动报酬的人员数。该指标为时点指标，不包括最后一日当天及以前已经与单位解除劳动合同关系的人员，是在岗职工、劳务派遣人员及其他从业人员之和。从业人员不包括：

(1)离开本单位仍保留劳动关系，并定期领取生活费的人员；

(2)利用课余时间打工的学生及在本单位实习的各类在校学生；

(3)本单位因劳务外包而使用的人员，如：建筑业整建制使用的人员。

私营企业和个体从业人员 指在私营企业或个体经营者所经营的机构中劳动，并领取劳动报酬的人员，包括在私营或个体经营机构中劳动的帮工、学徒、雇用人员。

在岗职工 指在本单位工作且与本单位签订劳动合同，并由单位支付各项工资和社会保险、住房公积金的人员，以及上述人员中由于学习、病伤、产假等原因暂未工作仍由单位支付工资的人员。在岗职工还包括：

(1)应订立劳动合同而未订立劳动合同人员（如使用的农村户籍人员）；

(2)处于试用期人员；

(3)编制外招用的人员，如临时人员；

(4)派往外单位工作，但工资仍由本单位发放的人员（如挂职锻炼、外派工作等情况）。

在岗职工不包括：

(1)本单位使用的且由本单位直接支付工资的劳务派遣人员，应统计在本单位“劳务派遣人员”指标中；

(2)本单位因劳务外包而使用的人员，由承包劳务的单位统计为在岗职工。

在岗职工工资总额 指本单位在报告期内直接支付给本单位全部在岗职工的劳动报酬总额。在岗职工工资总额由基本工资、绩效工资、工资性津贴和补贴、其他工资四部分组成。工资总额不包括病假、事假等情况的扣款。

各单位在填报在岗职工工资总额四项构成时，应根据实际情况调整对应项目；如不能确定调整项，可扣减基本工资项。

在岗职工平均工资 指本单位在岗职工在报告期内平均每人所得的工资额。计算公式为：

$$\text{在岗职工平均工资}=\frac{\text{在岗职工工资总额}}{\text{在岗职工平均人数}}$$

在岗职工平均实际工资 指扣除物价变动因素后的在岗职工平均工资。计算公式为：

$$\text{在岗职工平均实际工资}=\frac{\text{报告期在岗职工平均工资}}{\text{报告期职工生活费价格指数}}\times100\%$$

在岗职工平均工资指数 指报告期平均工资与基础平均工资的比率，是反映不同时期职工货币工资水平变动情况的相对数。它表明报告期平均工资比基期平均工资提高或降低的程度。计算公式为：

$$\text{在岗职工平均工资指数}=\frac{\text{报告期在岗职工平均工资}}{\text{基期在岗职工平均工资}}\times100\%$$

城镇登记失业人员 指有非农业户口，在劳动年龄内（16 周岁至退休年龄），有劳动能力，无业而要求就业，并在当地劳动保障部门进行失业登记的人员。

城镇登记失业率 指城镇期末实有登记失业人数与城镇期末就业人员总数加城镇期末实有登记失业人数之比。计算公式为：

$$\text{城镇登记失业率}=\frac{\text{城镇期末实有登记失业人数}}{\text{城镇期末就业人员总数}+\text{城镇期末实有登记失业人数}}\times100\%$$

Explanatory Notes on Main Statistical Indicators

Total Population refers to the total number of people alive at a certain point of time within a given area.

The annual statistics on total population is taken at midnight, the 31st of December.

Resident Population includes (1) population residing in the township or sub-district office area with residence registered here, (2) population residing in the township or sub-district office area more than half a year with residence registered in other places, (3) population residing in the township or sub-district office area less than half a year, but having left place of residence registration more than half a year, (4) population having left the place for less than half a year with residence registered in the township or sub-district office, (5) population residing in the township or sub-district office area with pending residence registration, (6) population now residing in foreign countries with residence registered in the township or sub-district office.

Urban Population and Rural Population Urban population refer to all people residing in cities and towns, while rural population refer to population other than urban population.

City and town include city area and town area. City area refers to the area of residence committees ruled by sub-district office in municipal district or cities with no district, and area of other residence committees which joined by urban public establishment and residence establishment.

Town area refers to the area of township and other areas besides the city zone, including the area of residence committees ruled by town government, and the area of villager's committees which joined by township public establishment and residence establishment.

Birth Rate (Crude Birth Rate) refers to the ratio of the number of birth to the average population (or mid-period population) during a certain period of time (usually a year), expressed in ‰. Birth rate in the chapter refers to annual birth rate. The following formula is used:

Birth Rate=(Number of Births/Average Number of Population)*1000‰

Number of births in the formula refers to live births, i.e. when a baby has breathed or shown any vital phenomena regardless of the length of pregnancy. Annual average number of population is the average of the beginning of the year and that at the end of the year. Sometimes it is substituted by the mid-year population.

Death Rate (Crude Death Rate) refers to the ratio of the number of deaths to the average population (or mid-period population) during a certain period of time (usually a year), expressed in ‰. Death rate in the chapter refers to annual death rate. The following formula is used:

Death Rate=(Number of Deaths/Annual Average Number of Population)*1000‰.

Natural Growth Rate of Population refers to the ratio of natural increase in population (number of births minus number of deaths) in a certain period of time (usually a year) to the average population (or mid-period population) of the same period, expressed in ‰. The following formula is applied:

Natural Growth Rate of Population=[(Number of Birth-Number of Death)/Average Number of Population]*1000‰=Birth Rate-Death Rate

Gross Dependency Ratio also called gross dependency coefficient, refers to the ratio of non-working-age population to the working-age population, express in ‰. Describing in general the number of non-working-age population that every 100 people at working ages will take care of, this indicator reflects the basic relation between population and economic development from the demographic perspective. The gross dependency ratio is calculated with the following formula:

$GDR=P_{0-14}+P_{65}^{+}/P_{15-64}\times 100\%$

Where: GDR is the gross dependency ratio;

P_{0-14} is the population of children aged 0-14;

P_{15-64} is the working-age population aged 15-64;

P_{65}^{+} is the elderly population aged 65 and over.

Old Dependency Ratio also called old dependency coefficient, refers to the ratio of the elderly population to the working-age population, express in ‰. It describes the number of the elderly population that every 100 people at working ages will take care of.

Old dependency ratio is one of the indicators reflecting the social implication of population aging from the economic perspective. The old dependency ratio is calculated with the following formula:

$ODR=P_{65}^{+}/P_{15\text{-}64}\times 100\%$

Where: ODR is the old dependency ratio;

$P_{15\text{-}64}$ is the working-age population aged 15-64;

P_{65}^{+} is the elderly population aged 65 and over.

Children Dependency Ratio also called children dependency coefficient, refers to the ratio of the children population to the working-age population, express in ‰. It describes the number of children population that every 100 people at working ages will take care of. The children dependency ratio is calculated with the following formula:

$CDR=P_{0\text{-}14}/P_{15\text{-}64}\times 100\%$

Where: CDR is the children dependency ratio;

$P_{0\text{-}14}$ is the children population aged 0-14;

$P_{15\text{-}64}$ is the working-age population aged 15-64.

Labor Resources refer to the persons, under normal condition, who are capable to labor within age of the total population. The coverage of labor resources includes: laborers within the working age (16 and over 16) and those who are capable to labor, and actually engaged in or not engaged in social labor. Labor resources also may be divided into economically active population and non-economically active population.

The following persons are not included in the labor resources;

(1)Prisoners in custody;

(2)Persons with the working age but disabled;

(3)Persons actually engaged in social labor under aged 16.

Employed Persons at the End of Period refer to the number of employees working and receiving wages or other form of payments in the units. It is a point data, which doesn't include the number of employees who dissolve labor contract relationship in the last day and before. It equals to the sum of the number of employed staff and workers, labor dispatch persons and other employed persons.

The following persons cannot be included:

(1)Staff and workers who get living expenses regularly from the units, while left the unit and retain labor relation;

(2)Students and undergraduate trainees who work in the units in their spare time;

(3) Labor outsourcing persons working in the units.

Private Enterprises and Self-employed Individuals refer to the persons work in and receive payment from the private enterprises and individual agencies including self-employed persons as well as helper and hired laborers.

Fully Employed Staff and Workers refer to persons who work in, and receive wages, social insurance and housing funds from their working units, as well as persons who have their work posts, but are temporarily absent from work for reasons of study or on sick, injury or maternal leave and still receive wages from their working units. Fully Employed Staff and Workers also include:

(1)Persons who should have signed the labor contracts but not, such as persons with rural household registration;

(2)Employees on probation;

(3)Employees beyond the staffing quota;

(4)Employees who are sent to other working units but still receive wages from the original units. (Situations like on-the-job placement, expatriated assignment, etc.)

Fully Employed Staff and Workers do not include:

(1)Dispatched persons who work and are paid directly by the working units should be counted into "labor dispatch persons" of the units;

(2)Persons through labor outsourcing who should be counted into fully employed staff and workers by the contracted units.

Total Wages of Fully Employed Staff and Workers refer to the total remuneration payment paid directly to the fully employed staff and workers by the units during a certain period of time. Total wages include four parts which include base wages, performance wages, allowances and subsidies and other wages. Total Wages do not include leave deductions.

Units can adjust the wage composition in according to the actual situation while filling the forms of total wages. When it doesn't confirm the adjustment items, the units can deduct the base wages.

Average Wages of Fully Employed Staff and Workers refers to the average wage in money terms per person during a certain period of time for fully employed staff and workers in enterprises, institutions and government agencies, which reflects the general level of wage income during a certain period of time and is calculated as follows:

$$\text{Average Wages of Fully Employed Staff and Workers} = \frac{\text{Total Wages of Fully Employed Staff and Workers}}{\text{Average Number of Fully Employed Staff and Workers}}$$

Average Real Wage of Fully Employed Staff and Workers refers to average wage of staff and workers after removing the effects of price changes, which is calculated as follows:

Average Real Wage of Fully Employed Staff and Workers

$$= \frac{\text{Average Wage of Fully Employed Staff and Workers in Reference Period}}{\text{Consumer Price Index of Urban Residents in Reference Period}} \times 100\%$$

Average Wage Indices of Fully Employed Staff and Workers refers to the ratio of average wage of stuff and workers at reference period to that at base period, which reflects the change of wage of staff and workers at different period and shows the increasing or decreasing level of average wage. It is calculated as follows:

Average Wage Indices of Fully Employed Staff and Workers

$$= \frac{\text{Average Wage of Fully Employed Staff and Workers in Reference Period}}{\text{Average Wage of Fully Employed Staff and Workers in Base Period}} \times 100\%$$

Registered Unemployed Persons in Urban Areas refer to the persons with non-agricultural household registration at certain working ages (16 years old to retirement age), who are capable of working, unemployed and willing to work, and have been registered at the local employment service agencies to apply for a job.

Registered Unemployment Rate in Urban Areas refers to the ratio of the number of the registered unemployed persons to the sum of the number of the registered unemployed persons and the number of registered employed persons in urban areas.

The formula is as follows:

Registered Unemployment Rate in Urban Areas

$$= \frac{\text{Number of Registered Urban Unemployed Persons}}{\text{Number of Registered Urban Employed Persons + Number of Registered Urban Unemployed Persons}} \times 100\%$$

物 价

PRICE

03

PAGE
063—078

资料整理人员

朱　军　陈　中　张慧琴

物 价
PRICE

居民消费价格总指数	General Residents Consumer Price Index	101.7
城　镇	General Urban Residents Consumer Price Index	101.8
农　村	General Rural Residents Consumer Price Index	101.4
商品零售价格总指数	General Retail Price Index	100.6
工业生产者出厂价格指数	Ex-factory Price Index of Industrial Producer	91.4
工业生产者购进价格指数	Purchasing Price Index of Industrial Producer	96.2

物价总指数（上年=100）

General Price Index (last year=100)

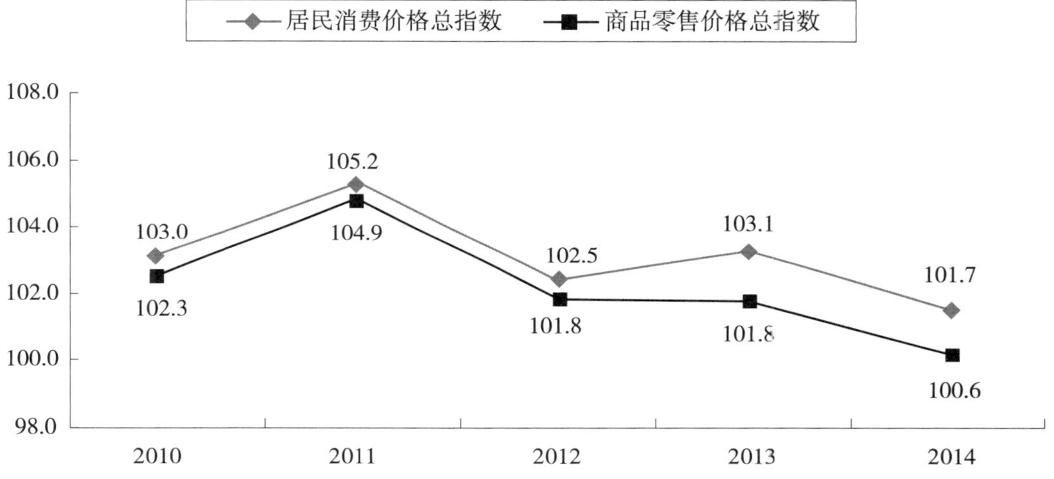

工业生产者价格指数（上年=100）

Price Index of Industrial Producer (last year=100)

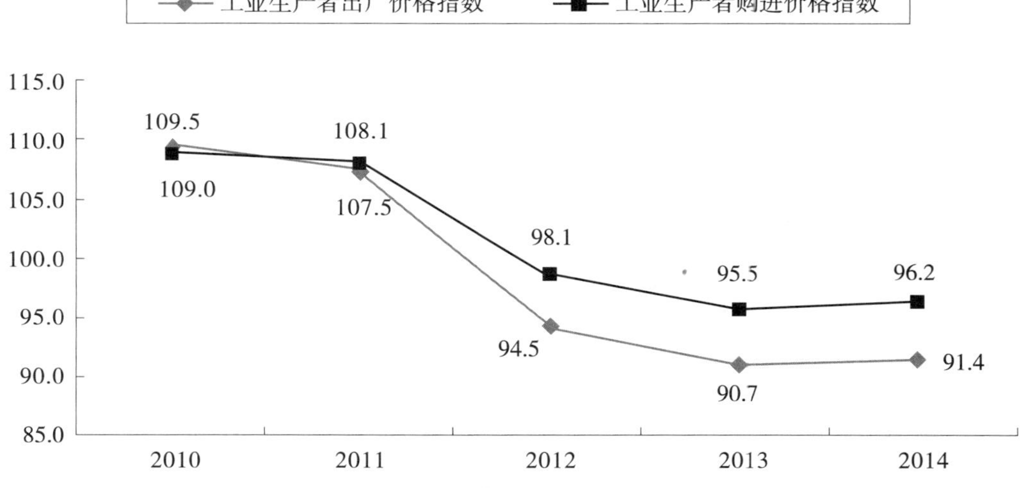

3-1 主要年份各类物价总指数
GENERAL PRICE INDICES IN MAJOR YEARS

上年=100 (last year=100)

年 份 Year	全省居民消费价格总指数 General Residents Consumer Price Index	城市居民消费价格总指数 General Urban Residents Consumer Price Index	农村居民消费价格总指数 General Rural Residents Consumer Price Index	全省商品零售价格总指数 General Retail Price Index
1978		100.0		100.0
1980	103.4	105.5	101.3	103.5
1985	108.5	109.1	107.8	107.6
1990	102.2	101.5	103.0	102.1
1995	116.9	116.7	117.2	115.6
2000	103.9	104.7	103.0	97.1
2005	102.3	101.7	103.7	100.3
2006	102.0	101.8	102.5	101.2
2007	104.6	104.2	105.7	104.2
2008	107.2	107.0	107.7	107.2
2009	99.6	99.0	100.9	99.1
2010	103.0	103.1	102.8	102.3
2011	105.2	105.1	105.4	104.9
2012	102.5	102.4	102.6	101.8
2013	103.1	103.0	103.2	101.8
2014	101.7	101.8	101.4	100.6

3-1 续表 continued

1978年=100 (year of 1978=100)

年 份 Year	全省居民消费价格总指数 Ceneral Residents Consumer Price Index	城市居民消费价格总指数 General Urban Residents Consumer Price Index	农村居民消费价格总指数 General Rural Residents Consumer Price Index	全省商品零售价格总指数 General Retail Price Index
1978	100.0	100.0	100.0	100.0
1980	104.0	106.6	101.5	104.0
1985	123.4	128.2	118.4	122.0
1990	206.6	213.4	200.5	203.2
1995	391.3	421.6	354.6	356.7
2000	444.2	488.5	391.6	349.9
2005	472.9	508.9	437.4	354.3
2006	482.4	518.1	448.3	358.6
2007	504.6	539.9	473.9	373.7
2008	540.9	577.7	510.4	400.6
2009	538.7	571.9	515.0	397.0
2010	554.9	589.6	529.4	406.1
2011	583.8	619.7	558.0	426.0
2012	598.4	634.8	572.6	433.7
2013	617.0	653.8	590.9	441.5
2014	627.5	665.6	599.2	444.1

3-2 主要年份城市居民消费价格总指数
GENERAL URBAN RESIDENTS CONSUMER PRICE INDICES IN MAJOR YEARS

年 份 Year	1950年价格=100 Year of 1950=100	1957年价格=100 Year of 1957=100	1965年价格=100 Year of 1965=100	1970年价格=100 Year of 1970=100	1978年价格=100 Year of 1978=100	1980年价格=100 Year of 1980=100	1985年价格=100 Year of 1985=100	1990年价格=100 Year of 1990=100	上年=100 Last Year=100
1978	141.3	104.1	98.6	100.0	100.0				100.0
1980	150.6	110.9	102.1	106.5	106.6	100.0			105.5
1985	181.1	133.5	123.0	128.2	128.2	120.3	100.0		109.1
1990	301.4	222.2	204.7	213.4	213.4	200.2	166.4	100.0	101.5
1995	595.6	439.3	404.6	421.6	421.6	395.8	328.9	197.6	116.7
2000	690.0	508.8	468.7	488.5	488.5	458.6	380.9	229.0	104.7
2005	718.8	530.1	488.3	508.9	508.9	477.7	396.8	238.7	101.7
2006	731.7	539.6	497.1	518.1	518.1	486.3	403.9	243.0	101.8
2007	762.4	562.3	518.0	539.9	539.9	506.7	420.9	253.2	104.2
2008	815.8	601.7	554.3	577.7	577.7	542.2	450.4	270.9	107.0
2009	807.6	595.7	548.8	571.9	571.9	536.8	445.9	268.2	99.0
2010	832.6	614.2	565.8	589.6	589.6	553.4	459.7	276.5	103.1
2011	875.1	645.5	594.7	619.7	619.7	581.6	483.1	290.6	105.1
2012	896.5	661.3	609.2	634.8	634.8	595.8	494.9	297.7	102.4
2013	923.4	681.1	627.5	653.9	653.8	613.7	509.7	306.6	103.0
2014	940.0	693.4	638.8	665.7	665.6	624.7	518.9	312.1	101.8

3-3 主要年份商品零售价格总指数
GENERAL RETAIL PRICE INDICES IN MAJOR YEARS

年 份 Year	1950年价格=100 Year of 1950=100	1957年价格=100 Year of 1957=100	1965年价格=100 Year of 1965=100	1970年价格=100 Year of 1970=100	1978年价格=100 Year of 1978=100	1980年价格=100 Year of 1980=100	1985年价格=100 Year of 1985=100	1990年价格=100 Year of 1990=100	上年=100 Last Year=100
1978	143.1	104.2	95.4	99.6	100.0				100.0
1980	148.8	108.4	99.3	103.6	104.0	100.0			103.5
1985	174.5	127.0	116.3	121.5	122.0	117.3	100.0		107.6
1990	290.6	211.5	193.8	202.4	203.2	195.4	166.6	100.0	102.1
1995	510.1	371.3	340.3	355.5	356.7	343.1	292.5	175.6	115.6
2000	500.5	364.1	333.7	348.6	349.9	336.5	286.8	172.2	97.1
2005	506.8	368.8	337.9	353.0	354.3	340.6	290.3	174.3	100.3
2006	512.9	373.2	342.0	357.2	358.6	344.7	293.8	176.4	101.2
2007	534.4	388.9	356.4	372.2	373.7	359.2	306.1	183.8	104.2
2008	572.9	416.9	382.1	399.0	400.6	385.1	328.1	197.0	107.2
2009	567.7	413.1	378.7	395.4	397.0	381.6	325.1	195.2	99.1
2010	580.8	422.6	387.4	404.5	406.1	390.4	332.6	199.7	102.3
2011	609.3	443.3	406.4	424.3	426.0	409.5	348.9	209.5	104.9
2012	620.3	451.3	413.7	431.9	433.7	416.9	355.2	213.3	101.8
2013	631.5	459.4	421.1	439.7	441.5	424.4	361.6	217.1	101.8
2014	635.3	462.2	423.6	442.3	444.1	426.9	363.8	218.4	100.6

3-4 居民消费价格分类指数(2014年)
GENERAL RESIDENTS CONSUMER PRICE INDICES BY CATEGORY OF COMMODITIES(2014)

上年=100 (last year=100)

指　　标	Item	全　省 Total Province Indices	城　市 Urban Indices	农　村 Rural Indices
居民消费价格总指数	**General Residents Consumer Price Index**	**101.7**	**101.8**	**101.4**
一、食　品	Food	102.8	103.0	102.3
1.粮　食	Grain	104.6	104.8	104.3
2.淀粉及制品	Starches and Its Products	101.4	100.5	103.4
3.干豆类及豆制品	Bean and Its Products	104.6	104.0	106.7
4.油　脂	Oil or Fat	95.8	95.4	96.1
5.肉禽及其制品	Meat and Poultry	98.8	98.7	99.1
食用畜肉及副产品	Poultry Meat and By-product	98.0	97.6	99.0
禽	Poultry	98.2	99.6	95.2
加工肉禽	Processed Poultry Product	101.2	101.7	100.3
6.蛋	Eggs	113.2	114.3	111.5
7.水产品	Aquatic Products	104.8	106.2	98.6
鱼	Fish	101.7	102.9	98.1
其　他	Others	112.5	113.0	104.1
8.菜	Vegetables	92.2	92.0	92.5
鲜　菜	Fresh Vegetables	91.0	90.7	91.4
干菜及菜制品	Dried Vegetables and Its Products	105.7	107.1	102.1
9.调味品	Condiments	106.5	105.7	107.6
10.糖	Sugar	100.2	101.0	98.5
11.茶及饮料	Tea and Beverages	101.2	101.5	100.3
茶　叶	Tea	101.1	101.4	99.9
饮　料	Beverages	101.3	101.6	100.5
12.干鲜瓜果	Fresh and Dried Fruits	114.7	115.4	111.9
鲜瓜果	Fresh Fruits	118.3	119.7	113.8
干(坚)果	Dried Fruits	105.3	105.7	102.5
13.糕点饼干面包	Cake, Biscuit and Bread	103.8	104.2	101.9
14.液体乳及乳制品	Milk and Its Products	111.6	112.0	110.7
15.在外用膳食品	Food Eating out	103.6	103.1	104.7
主　食	Staple Food	103.5	102.1	106.0
炒　菜	Fried Dishes	100.4	100.2	100.8
地方小吃	Local Snack	110.5	110.0	111.5
16.其他食品	Other Food	101.1	101.0	101.2
二、烟　酒	Tobacco and Liquor	100.1	100.5	99.7
1.烟　草	Tobacco	100.1	100.4	99.8
2.酒	Liquor	100.2	100.6	99.5
三、衣　着	Clothing	102.4	102.4	102.6
1.服　装	Garments	102.4	102.4	102.4
男式服装	Man's Garments	102.7	102.5	103.4
女式服装	Woman's Garments	102.6	102.6	102.6
儿童服装	Children's Garments	100.8	101.1	100.4
2.衣着材料	Clothing Material	101.2	100.2	103.7
3.鞋袜帽	Shoes, Socks and Stockings, Hats	102.4	102.1	103.3
鞋	Shoes	102.8	102.3	104.1
袜　子	Socks and Stockings	100.9	101.4	99.9
帽　子	Hats	101.4	100.6	102.9
4.衣着加工服务	Colthing Processing	103.8	103.7	103.9

3-4 续表 continued

上年=100 (last year=100)

指 标	Item	全 省 Total Province Indices	城 市 Urban Indices	农 村 Rural Indices
四、家庭设备用品及维修服务	Household Facilities and Maintenance Services	101.4	101.7	100.6
1.耐用消费品	Durable Consumer Goods	100.7	100.9	99.9
家 具	Furniture	102.0	102.6	100.2
家庭设备	Household Facilities	99.6	99.6	99.6
2.室内装饰品	Interior Decorations	100.5	99.8	102.8
3.床上用品	Bed Articles	100.8	100.9	100.5
4.家庭日用杂品	Daily Use Household Articles	100.5	100.5	100.5
5.家庭服务及加工维修服务	Household Service, Processing and Maintenance Services	111.0	112.3	106.0
五、医疗保健和个人用品	Health Care and Personal Articles	100.9	100.8	101.1
1.医疗保健	Health Care	100.9	100.8	101.2
医疗器具及用品	Medical Appliances and Articles	100.0	100.3	99.5
中药材及中成药	Traditional Chinese Medicine	102.4	101.8	104.0
西 药	Western Medicine	101.0	101.0	101.0
保健器具及用品	Health Care Equipment	100.8	101.0	100.2
医疗保健服务	Medical and Health Care Services	100.6	100.3	101.0
2.个人用品及服务	Personal Articles and Services	100.8	100.9	100.7
化妆美容用品	Cosmetics	100.9	101.0	100.2
清洁类化妆品	Hairdressing Cleaning Cosmetics	100.4	100.5	100.2
个人饰品	Personal Decorations	96.4	96.9	94.8
个人服务	Personal Service	105.5	105.6	105.5
六、交通和通信	Transportation and Communication	99.8	99.8	99.8
1.交 通	Transportation	100.3	100.3	100.5
交通工具	Means of Transportation	99.2	98.9	100.0
车用燃料及零配件	Fuel and Parts of Transportation	99.3	99.5	99.0
车辆使用及维修	Use and Repairment of Traffic Means	106.7	107.0	105.8
市区公共交通	Urban Public Transportation	101.8	101.1	103.4
城市间交通	Transportation Between Cities	99.0	98.6	100.0
2.通 信	Communication	99.2	99.3	98.9
通信工具	Means of Communication	87.9	86.1	90.6
通信服务	Service of Communication	100.2	100.3	99.9
七、娱乐教育文化用品及服务	Recreation, Education and Culture Articles and Services	101.8	101.9	101.7
1.文娱用耐用消费品及服务	Durable Consumer Goods and Service for Cultural Recreational Use	95.9	95.0	98.3
2.教 育	Education	102.8	103.5	100.6
教材及参考书	Teaching Materials and Reference Books	103.2	103.3	102.9
教育服务	Education Service	102.7	103.6	100.4
3.文化娱乐类	Culturel and Recreation	99.7	99.1	101.1
文化娱乐用品	Cultural and Recreational Articles	100.5	99.7	101.4
书报杂志	Newspapers and Magazines	100.8	101.3	100.1
文娱费	Recreational Fees	98.6	98.2	101.8
4.旅 游	Tourism	104.7	103.0	110.5
八、居 住	Residence	100.8	100.8	100.7
1.建房及装修材料	Housing Building and Decorations	99.1	99.3	98.7
2.住房租金	Rent for Housing	104.6	103.7	106.1
3.自有住房	Private House	102.2	101.9	102.9
4.水、电、燃料	Water, Electricity and Fuels	98.3	98.7	97.7

3-5 商品零售价格分类指数(2014年)

GENERAL RETAIL PRICE INDICES BY CATEGORY OF COMMODITIES(2014)

上年=100 (last year=100)

指 标	Item	全 省 Total Province Indices	城 市 Urban Indices	农 村 Rural Indices
商品零售价格总指数	**General Retail Price Indices**	**100.6**	**100.7**	**100.5**
一、食 品	Food	102.7	103.1	102.2
1.粮 食	Grain	103.8	104.8	102.6
2.淀粉及制品	Starches and Its Products	101.6	100.4	103.7
3.干豆类及豆制品	Bean and Its Prodrcts	104.9	104.2	106.8
4.油 脂	Oil or Fat	96.4	95.9	96.9
5.肉禽及其制品	Meat, Poultry and their Products	99.1	98.9	99.4
6.蛋	Eggs	113.1	114.3	111.5
7.水产品	Aquatic Products	104.3	106.0	98.1
8.菜	Vegetables	92.3	92.0	92.7
9.调味品	Condiments	106.8	105.6	108.3
10.糖	Sugar	100.3	101.2	98.6
11.干鲜瓜果	Fresh and Dried Fruits	114.3	115.0	111.9
12.糕点饼干面包	Cake, Biscuit and Bread	104.1	104.7	101.9
13.液体乳及乳制品	Milk and Its Products	112.0	112.7	110.6
14.在外用膳食品	Food Eating out	103.5	103.0	104.6
15.其 他	Others	101.2	100.8	101.8
二、饮料、烟酒	Drinking, Tobacco and Liquor	100.4	100.8	99.9
1.茶及饮料	Tea and Drinking	101.4	101.7	100.8
2.烟 草	Tobacco	100.2	100.5	99.7
3.酒	Liquor	100.3	100.6	99.8
三、服装、鞋帽	Garments, Shoes and Hats	102.1	102.1	102.1
1.服 装	Garments	102.1	102.2	101.9
2.鞋袜帽	Shoes, Socks and Stockings, Hats	102.2	101.7	103.1
3.其 他	Others	100.2	100.0	100.5
四、纺织品	Textiles	101.2	101.1	101.4
1.衣着材料	Clothing Material	101.5	100.2	102.7
2.床上用品	Bed Articles	101.1	101.2	100.8
五、家用电器及音像器材	Household Appliances and Audiovisual Equipment	98.5	98.0	99.3
1.家庭设备	Household Facilities	99.4	99.3	99.5
2.文娱用耐用消费品	Durable Consumer Goods for Cultural and Recreational Use	96.5	93.6	99.1
3.专业音像器材	Professional Audiovisual Equipment	98.8	98.8	

3–5　续表　continued

上年=100　　(last year=100)

指　　标	Item	全　省 Total Province Indices	城　市 Urban Indices	农　村 Rural Indices
六、文化办公用品	Culture and Office Articles	98.4	97.9	99.6
七、日用品	Daily Use Articles	100.3	99.9	101.0
1.日用百货	Daily Use Articles	100.3	100.1	100.6
2.日用杂品	Daily Use Sundry Goods	100.6	100.5	100.7
3.洗涤用品	Washing Goods	99.9	99.4	101.2
4.其　他	Others	100.9	100.5	101.5
八、体育娱乐用品	Sports and Recreational Articles	100.8	101.1	100.3
1.体育用品	Sports Articles	100.6	100.9	100.0
2.娱乐用品	Recreational Articles	101.0	101.3	100.5
九、交通、通信用品	Transportation and Communication Appliances	98.7	98.9	98.0
1.交通运输机械	Transportation Machinery	99.8	99.8	99.9
2.通讯器材	Communication Equipment	93.6	93.9	93.1
十、家　具	Furniture	102.5	103.6	100.4
十一、化妆品	Cosmetics	100.6	100.8	100.1
十二、金银珠宝	Gold, Silver and Jewelry	91.5	91.7	90.9
十三、中西药品及医疗保健用品	Traditional, Western Medicines and Health Care Products	101.2	101.1	101.4
1.医疗器具及用品	Medical Appliances and Articles	100.0	100.3	99.4
2.中药材及中成药	Traditional Chinese Medicine	102.6	102.1	103.9
3.西　药	Western Medicine	101.0	100.9	101.1
4.保健器具及用品	Health Care Equipment and Articles	100.7	100.9	100.0
十四、书报杂志及电子出版物	Newspapers, Magazines and Electronic Publication	101.6	101.9	101.1
1.教材及参考书	Teaching Materials and Reference Books	103.4	103.6	103.0
2.书报杂志	Newspapers and Magazines	100.9	101.3	100.2
3.电子音像制品	Electronic Audiovisual Products	99.8	99.7	99.9
十五、燃　料	Fuels	97.2	97.4	96.5
1.煤炭及制品	Coal and Coal Products	92.0	91.5	92.8
2.石油及制品	Petroleum and its Products	98.9	99.1	98.3
十六、建筑材料及五金电料	Building Materials, Hardware and Electrical Materials	98.5	98.4	98.7
1.建筑装璜材料	Decoration Materials	98.0	98.0	98.1
2.五金电料	Hardware and Electrical Materials	100.7	100.2	101.5

3-6 农业生产资料价格分类指数
INDICES OF AGRICULTURAL PRODUCTIVE MATERIALS BY CATEGORY OF COMMODITIES

上年=100 (last year=100)

类 别	Category	2005	2010	2014
农业生产资料价格指数	**Price Indices of Agricultural Pruductive Materials**	**113.3**	**102.0**	**99.2**
一、农用手工工具	Manipulative Tools for Agruiculture	125.8	103.3	102.9
二、饲 料	Forage	109.0	109.7	102.7
三、产品畜	Commodity Animals	114.0	96.1	93.8
四、半机械化农具	Semi-mechanized Farm Implements	101.8	100.0	100.0
五、机械化农具	Mechanized Farm Implements	101.4	99.6	99.9
六、化学肥料	Chemical Fertilizer	115.9	94.7	94.0
七、农药及农药械	Pesticide and Its Appliances	129.7	101.3	100.5
化学农药	Chemical Pesticide	133.2	101.1	99.8
农药器械	Chemical Pesticide Appliances	116.0	102.2	102.7
八、农用机油	Oil for Farm Machinery	109.5	109.8	98.4
九、其他农业生产资料	Other Agricultural Pruductive Material	116.4	105.7	101.0
十、农业生产服务	Agricultural Pruductive Service		107.2	103.8

3-7 调查市县居民消费价格指数(2014年)
RESIDENTS CONSUMER PRICE INDICES IN CITIES AND COUNTIES SURVEYED(2014)

上年=100 (last year=100)

市 县	Region	居民消费价格总指数 General Index	食 品 Food	烟 酒 Tobacco and Liquor	衣 着 Clothing	家庭设备用品及维修服务 Household Appliances and Maintenance Services	医疗保健和个人用品 Health Care and Personal Articles	交通和通 信 Transportation and Communication	娱乐教育文化用品及服务 Recreation, Education and Cultural Articles and Services	居 住 Residence
全 省	**Total**	**101.7**	**102.8**	**100.1**	**102.4**	**101.4**	**100.9**	**99.8**	**101.8**	**100.8**
太原市	Taiyuan	102.2	103.2	100.4	102.5	104.4	100.7	100.5	102.2	101.4
大同市	Datong	101.7	103.6	100.7	102.9	100.2	101.0	99.7	101.9	99.2
阳泉市	Yangquan	101.3	101.8	100.1	103.5	100.0	100.6	100.1	101.5	100.4
长治市	Changzhi	101.5	102.2	100.0	103.0	101.6	100.1	99.2	103.2	100.5
晋城市	Jincheng	102.0	102.9	99.5	100.2	102.9	101.6	100.2	101.0	103.3
朔州市	Shuozhou	101.9	103.6	99.2	102.1	100.8	101.6	99.5	102.6	100.5
晋中市	Jinzhong	101.6	102.6	100.0	102.3	100.5	100.7	99.8	100.6	102.3
运城市	Yuncheng	101.8	105.2	100.1	100.0	100.7	100.6	100.2	100.0	100.3
忻州市	Xinzhou	101.1	102.2	100.2	101.4	99.5	101.1	96.8	102.2	101.4
临汾市	Linfen	101.7	101.9	104.0	102.6	101.9	102.3	100.6	100.6	101.6
吕梁市	Lvliang	101.7	102.2	99.8	100.8	99.7	101.7	100.6	103.9	101.7
汾阳市	Fenyang	102.1	102.3	99.6	103.4	99.5	101.4	100.5	104.8	101.9
永济市	Yongji	101.8	104.8	100.0	100.7	101.9	100.5	99.9	102.4	98.8
平遥县	Pingyao	101.0	101.0	99.5	102.3	101.4	101.2	100.9	100.1	101.0
浑源县	Hunyuan	102.0	102.1	99.8	104.9	101.4	101.0	100.4	101.9	102.3
兴 县	Xingxian	101.7	101.7	98.8	105.0	99.8	101.9	100.2	100.0	102.5
洪洞县	Hongtong	101.4	102.2	100.1	103.0	100.1	100.0	99.7	102.1	100.9

3-8 调查市县商品零售价格指数(2014年)
RETAIL PRICE INDICES IN CITIES AND COUNTIES SURVEYED(2014)

上年=100 (last year=100)

市 县 Region		商品零售价格指数 General Index	食品 Food	服装鞋帽 Garments, Shoes and Hats	纺织品 Textiles	家用电器及音像器材 Household Appliances and Audiovisual Equipment	日用品 Daily Use Articles	中西药品及医疗保健用品类 Traditional, Western Medecines and Health Care Products	燃料 Fuels	建筑材料及五金电料 Building Materials, Hardware and Electrical Materials
全 省	**Total**	**100.6**	**102.7**	**102.1**	**101.2**	**98.5**	**100.3**	**101.2**	**97.2**	**98.5**
太原市	Taiyuan	100.7	103.3	102.5	102.2	96.3	99.8	100.6	98.2	98.6
大同市	Datong	100.8	103.6	102.9	99.6	97.7	99.9	101.5	96.6	99.6
阳泉市	Yangquan	100.3	101.7	103.5	98.2	98.4	100.1	101.8	94.4	100.6
长治市	Changzhi	100.5	102.3	102.9	100.3	98.6	100.4	99.4	97.7	99.6
晋城市	Jincheng	100.8	102.7	100.1	99.7	96.8	99.3	105.2	99.0	98.0
朔州市	Shuozhou	101.4	103.7	102.1	100.6	99.8	100.7	99.8	102.1	99.8
晋中市	Jinzhong	100.7	102.9	102.4	104.3	97.3	102.0	100.8	94.2	99.7
运城市	Yuncheng	101.0	105.5	100.0	104.2	96.5	99.8	102.2	95.2	97.5
忻州市	Xinzhou	99.0	102.1	101.5	100.1	85.3	99.3	100.7	97.9	98.2
临汾市	Linfen	101.2	101.9	102.5	100.3	99.9	100.2	104.2	98.1	98.9
吕梁市	Lvliang	100.4	102.2	100.8	96.2	97.9	100.6	102.2	100.7	99.0
汾阳市	Fenyang	101.0	103.1	103.2	101.3	98.4	100.1	103.5	97.1	99.5
永济市	Yongji	101.1	104.8	100.9	101.0	99.9	101.9	102.2	96.0	98.3
平遥县	Pingyao	99.5	101.1	102.1	105.1	100.5	100.4	101.9	92.6	99.4
浑源县	Hunyuan	101.2	102.2	103.4	100.5	99.7	102.4	100.1	97.6	100.2
兴 县	Xingxian	100.4	101.8	105.1	100.7	98.0	99.9	100.4	96.9	99.4
洪洞县	Hongtong	100.9	102.5	102.7	99.6	99.3	100.7	102.0	99.2	99.9

3-9 工业生产者购进价格指数
PURCHASING PRICE INDICES OF INDUSTRIAL PRODUCER

上年=100 (last year=100)

名 称	Item	2005	2010	2014
总 指 数	**Total Price Index**	**108.2**	**109.0**	**96.2**
一、燃料动力类	Fuels	113.2	104.9	94.3
二、黑色金属材料类	Ferrous Metal Materials	105.5	110.1	96.2
钢 材	Steel	107.0	103.6	96.3
其 他	Others	104.5	115.7	96.1
三、有色金属材料和电线类	Non-ferrous Metals	115.8	119.9	97.5
四、化工原料类	Chemical Raw Materials	107.8	112.2	96.5
五、木材及纸浆类	Timber and Paper Pulp	104.5	103.5	100.4
六、建筑材料及非金属矿类	Building Materials and Non-metal Mineral	105.1	98.2	98.0
七、其他工业原材料及半成品类	Other Industrial Raw Materials and Half-products	104.6	102.5	100.0
八、农副产品类	Farm Products	105.0	118.8	99.6
九、纺织原料类	Textile Raw Materials	101.8	111.4	96.6

3-10 工业生产者出厂价格指数
EX-FACTORY PRICE INDICES OF INDUSTRIAL PRODUCER

上年=100 (last year=100)

指　标	Item	2005	2010	2014
全部工业品	**Total Industrial Products**	**110.2**	**109.5**	**91.4**
1.轻工业	Light Industry	102.4	101.8	101.2
以农产品为原料	Using Farm Products as Raw Materials	100.4	106.7	101.5
以非农产品为原料	Using Non-farm Products as Raw Materials	103.9	98.4	100.3
重工业	Heavy Industry	111.3	110.2	91.0
采掘工业	Ming and Quarrying	127.3	112.1	83.1
原料工业	Raw Material Industry	106.4	109.8	89.7
加工工业	Manufacturing Industry	104.4	109.6	97.0
2.生产资料	Productive Materials	110.6	109.7	91.0
采掘工业	Ming and Quarrying	127.1	110.7	83.1
原料工业	Raw Material Industry	104.7	110.1	89.7
加工工业	Manufacturing Industry	103.7	107.9	97.0
生活资料	Living Materials	102.8	104.9	101.3
食　品	Food	102.1	105.0	102.0
衣　着	Clothing	100.6	104.9	99.9
一般日用品	Daily Articles	105.6	105.2	99.4
耐用消费品	Duriable Consumer	105.9	101.7	101.2
按工业部门分	**By Department of Industry**			
1.冶金工业	Metallurgical Industry	104.6	114.3	95.8
2.电力工业	Power Industry	105.3	105.7	99.7
3.煤炭及炼焦工业	Coal and Coking Industry	119.3	110.5	85.1
4.石油工业	Petroleum Industry	102.6	101.2	101.6
5.化学工业	Chemical Industry	111.2	102.8	96.8
6.机械工业	Machine Industry	103.6	98.9	97.7
7.建筑材料工业	Building Materials Industry	103.9	98.5	94.8
8.森林工业	Forestry Industry	102.7	104.8	100.2
9.食品工业	Food Industry	102.6	105.4	101.8
10.纺织工业	Textile Industry	90.9	116.9	99.7
11.缝纫工业	Tailoring Industry	100.3	104.9	99.9
12.皮革工业	Leather Industry	108.2	104.2	86.4
13.造纸工业	Paper Making Industry	103.0	105.5	99.1
14.文教艺术用品工业	Cultural, Education & Handicrafts Article	104.5	101.8	99.6
15.其他工业	Other Industry	104.7	102.5	99.7

3-11 工业生产者分行业出厂价格指数
EX-FACTORY PRICE INDICES OF INDUSTRIAL PRODUCER BY SECTOR

上年=100 (last year=100)

指 标	Item	2013	2014
煤炭开采和洗选业	Coal Mining and Dressing	85.4	86.2
石油和天然气开采业	Petroleum and Natural Gas Extraction	100.9	103.8
黑色金属矿采选业	Ferrous Metals Mining and Dressing	95.6	94.9
有色金属矿采选业	Non-ferrous Metals Mining and Dressing	89.2	93.0
非金属矿采选业	Non-metal Minerals Mining and Dressing	97.5	97.6
其他采矿业	Other Minings		
农副食品加工业	Farm Products Processing	102.6	99.9
食品制造业	Food Manufacturing	103.8	106.0
饮料制造业	Beverage Manufacturing	101.1	101.5
烟草制品业	Tobacco Products	100.5	101.9
纺织业	Textile Industrial	100.6	99.6
纺织服装、鞋、帽制造业	Garments, Shoes and Hats Manufacturing	100.8	100.0
皮革、毛皮、羽毛(绒)及其制品业	Leather, Furs, Down and Related Products	115.2	86.4
木材加工及木、竹、藤、棕、草制品业	Timber Processing, Bamboo, Cane, Plam, Fiber and Straw Products	97.7	100.0
家具制造业	Furniture Manufacturing	100.2	101.1
造纸及纸制品业	Papermaking and Paper Products	97.1	99.1
印刷业和记录媒介的复制	Printing and Record Medium Reproduction	97.5	98.8
文教体育用品制造业	Cultural, Educational and Sports Goods	100.0	101.6
石油加工、炼焦及核燃料加工业	Petroleum Processing, Coking and Nuclear Fuel Processing	85.1	81.8
化学原料及化学制品制造业	Raw Chemical Materials and Chemical Products	95.3	96.2
医药制造业	Medical and Pharmaceutical Products	102.8	99.5
化学纤维制造业	Chemical Fiber	98.0	100.1
橡胶制品业	Rubber Products	93.0	95.9
塑料制品业	Plastic Products	100.4	100.1
非金属矿物制品业	Non-metal Mineral Products	96.1	95.8
黑色金属冶炼及压延加工业	Smelting and Pressing of Ferrous Metals	90.7	96.0
有色金属冶炼及压延加工业	Smelting and Pressing of Non-ferrous Metals	95.1	94.6
金属制品业	Metal Prodcuts	99.4	96.8
通用设备制造业	Ordinary Machinery Manufacturing	98.4	98.3
专用设备制造业	Special Purpose Equipment Manufacturing	98.7	98.3
交通运输设备制造业	Transport Equipment Manufacturing	97.4	95.8
电气机械及器材制造业	Electric Equipment and Machinery	99.0	98.8
通信设备、计算机及其他电子设备制造业	Telecommunications Equipments , Computer and Other Electronic Equipments Manufacturing	95.9	96.4
仪器仪表及文化、办公用机械制造业	Instrument, Meters, Cultural and Office Machinery Manufacturing	98.7	100.0
工艺品及其他制造业	Handicraft Articles and Others Manfacturing	99.4	101.3
废弃资源和废旧材料回收加工业	Resources Discarded & Waste Materials Recovering and Processing		
电力、热力的生产和供应业	Production & Supply of Electric Power and Heating Power	99.7	99.7
燃气生产和供应业	Production and Supply of Gas	100.1	105.2
水的生产和供应业	Production and Supply of Water	101.0	103.4

3-12 固定资产投资价格指数
PRICE INDICES OF INVESTMENT IN FIXED ASSETS

上年=100 (last year=100)

指　标	Item	2005	2010	2014
固定资产投资	**Investment in Fixed Assets**	**103.0**	**103.7**	**99.6**
建筑安装、装饰工程	**Construction, Installation and Decoration**	**102.7**	**105.5**	**99.5**
人工费	Labour	106.9	109.1	102.9
工程管理人员	Manager	105.8	109.6	102.6
工程技术人员	Engineer	106.4	107.2	104.1
普通工人	Ordinary Labour	107.2	109.4	102.7
材料费	Material	101.7	104.5	97.5
钢　材	Steel	100.1	105.0	95.6
木　材	Timber	101.4	102.4	101.3
水　泥	Cement	102.3	104.9	96.9
地方建筑材料	Local Construction Material	104.8	104.1	99.0
化工材料	Chemical Material	106.5	104.4	99.9
电　料	Electric Material	98.7	104.4	99.8
其他材料	Others	103.7	104.4	101.1
机械费	Machinery	102.9	104.9	101.6
土石方及筑路机械	Earthwork and Road Building Machinery	103.6	104.4	102.1
打桩机械	Piling	100.2	103.1	104.9
起重机械	Hoist	104.1	102.9	100.6
运输机械	Transporting	103.0	107.7	101.4
混凝土及砂浆机械	Concrete and Sand Starch	102.4	104.2	101.3
加工机械	Processing	100.8	102.7	101.6
泵类机械	Pumping	100.6	102.3	101.4
船舶机械	Shipping	95.2		100.0
其他机械	Others	101.6	105.6	99.6
设备、工器具购置	**Purchase of Equipment, Tools and Instruments**	**104.3**	**100.3**	**99.7**
其他费用	**Others**	**102.5**	**100.9**	**100.2**
土地取得费	Land Obtaining	101.5	100.3	100.1
前期工程费	Prophase Project	102.2	100.1	99.9
施工工作费	Construction	103.7	101.8	100.1
建设单位其他费用	Other fees of Construction Unit	102.6	101.3	100.7

主要统计指标解释

居民消费价格指数 反映居民生活消费品及服务项目价格变动趋势和变动程度的相对数，采用链式拉斯贝尔公式，加权平均计算。根据抽样调查方法在全省抽取 17 个调查市、县为填报单位。

商品零售价格指数 反映市场商品零售价格变动趋势和变动程度的相对数，计算方法及样本单位同上。

农业生产资料价格指数 反映农业生产资料价格变动趋势和变动程度的相对数，计算方法同上，根据抽样调查方法在全省抽取 6 个县、市为填报单位。

工业生产者出厂价格指数 是反映全部工业产品出厂价格总水平的变动趋势和程度的相对数，根据全省部分重点企业的产品出厂价格的定期调查资料，按加权算术平均公式计算。

工业生产者购进价格指数 是反映工业企业购进主要原材料、燃料、动力价格水平变动趋势和程度的相对数。根据全省部分重点企业主要原材料、燃料、动力购进价格的定期调查资料，按加权算术平均公式计算。

Explanatory Notes on Main Statistical Indicators

Residents Consumer Price Indices reflect the trend and degree of changes in prices of consumer goods and services purchased by urban and rural residents. They are calculated by the weighted arithmetic mean, using Byes formula. According to sampling survey, draw 17 survey cities and counties in total Province as report units.

Retail Price Indices reflect the general change and degree in retail prices of market commodities. The calculating method and sample unit are the same as above.

Indices of Agricultural Productive Materials refer the trend and degree of changes in price of agricultural productive materials. The calculating method is same as above, and drawing 6 survey cities and counties as report units.

Ex-factory Price Indices of Industrial Producer reflect the trend and degree of changes in ex-factory prices of all industrial products. They are calculated by the weighted arithmetic mean, according to regular survey data of ex-factory price in part of important enterprises in the province.

Purchasing Price Indices of Industrial Producer reflect the trend and degree of changes in prices of industrial enterprises purchasing raw materials and fuels. They are calculated by the weighted arithmetic mean, according to regular survey data of major raw materials and fuels purchasing price in part of important enterprises in the province.

人民生活

PEOPLE'S LIVELIHOOD

04

PAGE

079—124

资料整理人员

刘　琳

人民生活
PEOPLE´S LIVELIHOOD

城镇居民人均可支配收入	Per Capita Disposable Income of Urban Households	24069.4	元 (yuan)
城镇居民人均消费支出	Per Capita Living Expenditure of Urban Households	14636.9	元 (yuan)
农民居民人均可支配收入	Per Capita Disposable Income of Rural Households	8809.4	元 (yuan)
农村居民人均消费支出	Per Capita Living Expenditure of Rural Households	6991.7	元 (yuan)

城乡居民恩格尔系数 (%)

Engel's Coefficient of Urban and Rural Households (%)

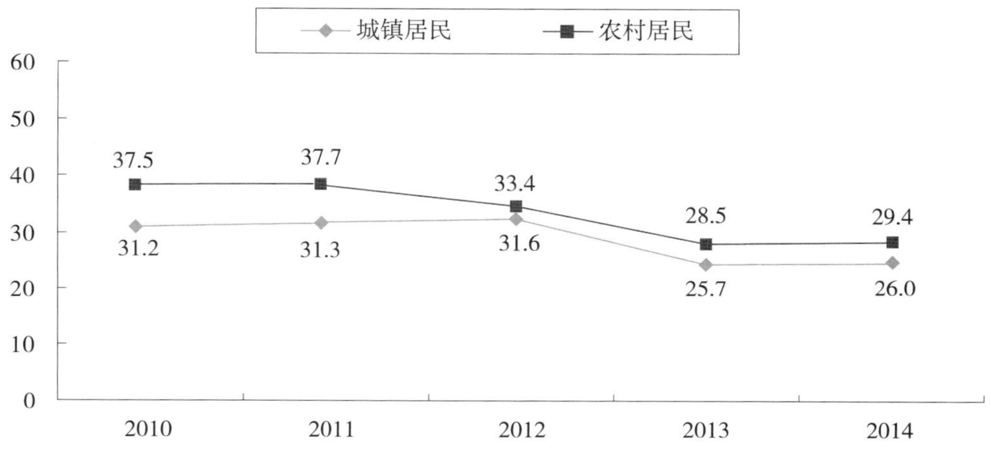

城乡居民家庭人均收入 (元)

Per Capita Disposable Income of Urban Households and Rural Households (yuan)

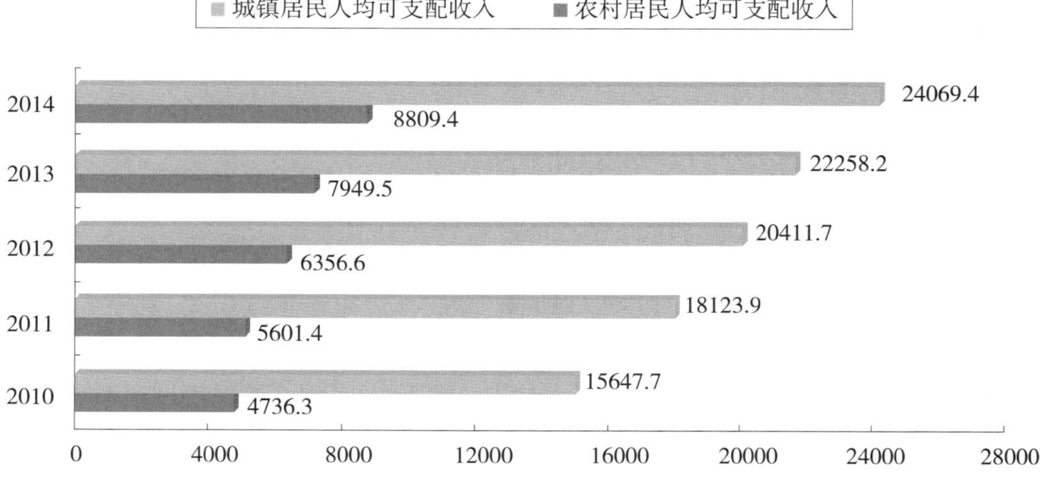

4-1 全省居民家庭生活基本情况
BASIC LIVING CONDITIONS OF THE PROVINCIAL HOUSEHOLDS

指　标	Item	2013	2014
一、调查户数 (户)	Number of Households Surveyed (household)	4509	4493
二、调查户常住人口(人)	Number of Resident Population Surveyed (person)	14000	13704
三、平均每户常住人口数 (人)	Average Number of Resident Population per Household (person)	3.10	3.05
四、平均每户从业人口 (人)	Average Number of Employees per Household (person)	1.69	1.70
五、平均每一从业者负担人数 (人)	Average Number of Persons Supported by Each Employee (person)	1.84	1.80
六、平均每人全年可支配收入 (元)	Per Capita Annual Disposable Income (yuan)	15120	16538
七、平均每人全年消费支出 (元)	Per Capita Annual Living Expenditure (yuan)	10118	10864

注：2013年起，国家统计局实施城乡一体化住户调查改革，居民收支相关指标采用新口径。

Note: The NBS has conducted the integrated household survey reform and related indicators of household income and expenditure have adopted a new coverage since 2013.

4-2 城镇居民家庭生活基本情况
BASIC LIVING CONDITIONS OF URBAN HOUSEHOLDS

指　标	Item	2013	2014
一、调查户数 (户)	Number of Households Surveyed (household)	2271	2293
二、调查户常住人口(人)	Number of Resident Population Surveyed (person)	6946	6915
三、平均每户常住人口数 (人)	Average Number of Resident Population per Household (person)	3.06	3.02
四、平均每户从业人口数 (人)	Average Number of Employees per Household (person)	1.47	1.52
五、平均每一从业者负担人数 (人)	Average Number of Persons Supported by Each Employee (person)	2.08	1.99
六、平均每人全年可支配收入 (元)	Per Capita Annual Disposable Income (yuan)	22258	24069
七、平均每人全年消费支出 (元)	Per Capita Annual Living Expenditure (yuan)	13763	14637
八、平均每人期末住房面积 (平方米)	Per Capita Living Space at Year-end (sq.m)	27.84	29.35

4-3 城镇家庭人口状况
POPULATION CONDITIONS OF URBAN HOUSEHOLDS

指　标	Item	2013	2014
一、调查户数 (户)	**Number of Households Surveyed (household)**	**2271**	**2293**
二、调查户常住人口(人)	**Number of Resident Population Surveyed (person)**	**6946**	**6915**
#劳动力数	Labors	4813	4864
#从业人数	Employees	3334	3482
#在校学生	Students Enrollment	1388	1393
按年龄分组	**Grouped by Age**		
5岁及以下	Aged 5 and Under	329	270
6–15岁	Aged 6–15	788	764
16–19岁	Aged 16–19	443	408
20–24岁	Aged 20–24	509	539
25–29岁	Aged 25–29	459	439
30–34岁	Aged 30–34	469	460
35–40岁	Aged 35–40	706	676
41–50岁	Aged 41–50	1464	1445
51–60岁	Aged 51–60	959	1053
61–65岁	Aged 61–65	311	341
66岁及以上	Aged 66 and Above	454	490

4-4 城镇家庭劳动力状况
LABOR FORCE OF URBAN HOUSEHOLDS

单位：人 (person)

指 标	Item	2013	2014
一、劳动力文化状况	**Cultural Level of Labor Force**		
未上过学	Illiteracy or little literacy	46	45
小 学	Level of Primary School	418	415
初 中	Level of Junior Middle School	1951	1971
高 中	Level of Senior Middle School	1191	1190
大学专科	Level of Specialized Secondary School	728	756
大学本科	Level of Undergraduate	449	456
研究生	Level of Master and Doctor	30	31
二、劳动力从业情况	**Employment of Labor Force**		
(一)第一产业	Primary Industry	269	266
(二)第二产业	Secondary Industry	953	962
采矿业	Mining	347	364
制造业	Manufacturing	338	324
电力、热力、燃气及水生产供应业	Production and Supply of Power, Heat, Gas and Water	85	78
建筑业	Construction	183	196
(三)第三产业	Tertiary Industry	2112	2254
批发和零售业	Wholesale and Retail Trade	378	403
交通运输、仓储和邮政业	Transportation, Storage and Post	266	276
住宿和餐饮业	Hotels and Catering Services	107	160
信息传输、软件业和信息技术服务业	Information Transmission, Software and Information Technology	43	53
金融业	Financial Industry	69	75
房地产业	Real Estate	15	16
租赁和商务服务业	Leasing and Business Services	66	62
科学研究和技术服务业	Scientific Research and Technical Services	8	9
水利、环境和公共设施管理业	Management of Water Conservancy, Environment and Public Facilities	23	30
居民服务、修理和其他服务业	Services to Households, Repair and Other Services	380	412
教 育	Education	238	240
卫生和社会工作	Health and Social Service	130	129
文化、体育和娱乐业	Culture, Sports and Entertainment	49	47
公共管理、社会保障和社会组织	Public Management, Social Security and Social Organization	340	342
国际组织	International Organization		

4-5 城镇居民家庭人均全年总收入

PER CAPITA ANNUAL INCOME OF URBAN HOUSEHOLDS

单位：元 (yuan)

指　标	Item	2013	2014
总收入	**Total Income**	**24011.32**	**26032.96**
一、工资性收入	Income of Wages and Salaries	14674.23	15623.72
二、经营性收入	Business Income	3039.33	3325.86
(一)第一产业	Primary Industry	307.04	368.46
农　业	Farming	148.86	155.70
林　业	Forestry	8.95	6.66
牧　业	Animal Husbandry	147.78	206.10
渔　业	Fishery		
(二)第二产业	Secondary Industry	200.18	224.92
采矿业	Mining	3.29	1.87
制造业	Manufacturing	30.04	35.18
电力、热力、燃气及水生产和供应业	Production and Supply of Power, Heat, Gas and Water	0.01	
建筑业	Construction	166.84	187.87
(三)第三产业	Tertiary Industry	2532.11	2732.48
批发和零售业	Wholesale and Retail Trade	1814.18	1835.88
交通运输、仓储和邮政业	Transportation, Storage and Post	233.04	214.17
住宿和餐饮业	Hotels and Catering Services	158.81	230.68
房地产业	Real Estate	3.29	0.01
租赁和商务服务业	Leasing and Business Services	22.59	23.86
居民服务、修理和其他服务业	Resident Services, Repair and Other Services	187.32	310.35
农林牧渔服务业	Services of Agriculture, Forestry, Animal Husbandry and Fishery	12.43	14.84
其　他	Others	100.46	102.70
三、财产性收入	Property Income	1390.39	1762.11
#利息收入	Interest	69.09	117.77
红利收入	Dividend and Bonus	179.18	254.27
储蓄性保险净收益	Net Savings Insurance	6.13	11.45
出租房屋财产性净收入	Net Income of Property Rental	343.78	433.92
四、转移性收入	Transfer Income	4907.37	5321.26
#养老金或离退休金	Pension or Retirement Payments	4059.89	4555.29
社会救济和补助	Social Relief and Subsidy	68.91	61.89
政策性生活补贴	Policy Living Allowances	109.96	42.64
赡养收入	Old Alimony	211.38	154.55
报销医疗费	Reimbursement of Medical Expenses	106.55	260.21
从政府和组织得到的实物产品和服务折价	Goods and Services Discount Received from Governments and Organizations	36.93	41.68
现金政策性惠农补贴	Cash Benefits Policy of Aagricultural Subsidies	15.90	9.88

4-6 城镇居民家庭人均全年总支出
PER CAPITA ANNUAL EXPENDITURE OF URBAN HOUSEHOLDS

单位：元 (yuan)

项 目	Item	2013	2014
总支出	**Total Expenditure**	**23776.17**	**22051.71**
#通过互联网购买的商品和服务	Commodities and Services Purchased by the Internet	86.72	125.37
一、消费支出	Living Expenditure	13762.70	14636.88
二、生产经营费用支出	Production and Operation Expenses	365.46	459.70
(一)第一产业	Primary Industry	141.44	163.84
农 业	Farming	40.71	49.15
林 业	Forestry	1.63	0.64
牧 业	Animal Husbandry	97.87	114.05
渔 业	Fishery		
(二)第二产业	Secondary Industry	27.90	63.20
采矿业	Mining	1.05	0.86
制造业	Manufacturing	3.02	2.38
电力、热力、燃气及水生产和供应业	Production and Supply of Power, Heat, Gas and Water	0.01	
建筑业	Construction	23.83	59.96
(三)第三产业	Tertiary Industry	196.11	232.67
批发和零售业	Wholesale and Retail Trade	106.28	132.62
交通运输、仓储和邮政业	Transportation, Storage and Post	55.02	35.74
住宿和餐饮业	Hotels and Catering Services	10.57	16.98
房地产业	Real Estate	3.99	0.01
租赁和商务服务业	Leasing and Business Services	0.10	0.11
居民服务、修理和其他服务业	Resident Services, Repair and Other Services	16.23	38.56
农林牧渔服务业	Services of Agriculture, Forestry, Animal Husbandry and Fishery		3.92
其 他	Others	3.93	4.73
三、财产性支出	Property Expenditure	14.75	33.20
生活贷款利息支出	Living Loans Interest Expense	13.74	26.35
其他财产性支出	Other Property Expenditure	1.01	6.86
四、转移性支出	Transfer Expenditure	1173.10	1303.58
个人所得税	Individual Income Tax	61.40	72.54
社会保障支出	Social Security Expenditures	901.28	995.30
外来从业人员寄给家人的支出	Expenses of Foreign Employees Sent to The Family	1.73	24.50
赡养支出	Alimony Expenses	109.69	111.75
其他转移性支出	Other Property Expenditure	99.00	99.48
五、部分商业保险支出	Part of the Commercial Insurance Expenses	99.75	99.23
六、购置资产及非经常性转移支出	Acquisition of Assets and Non-recurring Transfer Expenditures	2446.18	3353.89
七、借贷性支出	Borrowing Expenditure	5914.24	2165.23

4-7 城镇居民家庭人均可支配收入及构成
PER CAPITA DISPOSABLE INCOME AND COMPOSITION OF URBAN HOUSEHOLDS

指　标	Item	2013	2014
可支配收入(元)	**Disposable Income (yuan)**	**22258.20**	**24069.43**
一、工资性收入	Income of Wages and Salaries	14674.34	15623.72
二、经营净收入	Net Business Income	2485.94	2701.11
三、财产净收入	Net Property Income	1363.86	1727.15
四、转移净收入	Net Transfer Income	3734.05	4017.45
可支配收入构成(%)	**Composition of Disposable Income (%)**	**100.00**	**100.00**
一、工资性收入	Income of Wages and Salaries	65.93	64.91
二、经营净收入	Net Business Income	11.17	11.22
三、财产净收入	Net Property Income	6.13	7.18
四、转移净收入	Net Transfer Income	16.78	16.69

4-8 城镇居民家庭人均消费支出及构成
PER CAPITA LIVING EXPENDITURE AND COMPOSITION OF URBAN HOUSEHOLDS

项　目	Item	2013	2014
消费支出(元)	**Living Expenditure (yuan)**	**13762.70**	**14636.88**
一、食品烟酒	Food, Tobacco and Liquor	3541.24	3804.01
二、衣　着	Clothing	1497.58	1616.03
三、居　住	Residence	2924.50	2898.83
四、生活用品及服务	Household Living Facilities, Articles and Services	877.27	887.90
五、交通通信	Transportation and Communication	1587.33	1709.82
六、教育文化娱乐服务	Education, Culture and Recreation Services	1916.90	2026.52
七、医疗保健	Health Care	1023.94	1240.86
八、其他商品和服务	Other Commodities and Services	393.94	452.90
消费支出构成 (%)	**Composition of Living Expenditure (%)**	**100.00**	**100.00**
一、食品烟酒	Food, Tobacco and Liquor	25.73	25.99
二、衣　着	Clothing	10.88	11.04
三、居　住	Residence	21.25	19.80
四、生活用品及服务	Household Living Facilities, Articles and Services	6.37	6.07
五、交通通信	Transportation and Communication	11.53	11.68
六、教育文化娱乐服务	Education, Culture and Recreation Services	13.93	13.85
七、医疗保健	Health Care	7.44	8.48
八、其他商品和服务	Other Commodities and Services	2.86	3.09

4-9 城镇家庭平均每人家庭经营净收入
PER CAPITA NET INCOME FROM HOUSEHOLD BUSINESS OF URBAN HOUSEHOLDS

单位：元 (yuan)

指　标	Item	2013	2014
家庭经营净收入	**Net Income from Household Business**	**2485.94**	**2701.11**
农　业	Farming	102.46	100.73
林　业	Forestry	7.32	6.02
牧　业	Animal Husbandry	39.98	81.11
渔　业	Fishery		
采矿业	Mining	1.10	0.24
制造业	Manufacturing	25.25	28.24
电力、热力、燃气及水生产和供应业	Production and Supply of Power, Heat, Gas and Water		-0.96
建筑业	Construction	106.91	122.63
批发和零售业	Wholesale and Retail Trade	1620.19	1609.26
交通运输、仓储和邮政业	Transportation, Storage and Post	151.65	155.08
住宿和餐饮业	Hotels and Catering Services	140.12	207.07
房地产业	Real Estate	-0.70	
租赁和商务服务业	Leasing and Business Services	22.49	23.75
居民服务、修理和其他服务业	Resident Services, Repair and Other Services	162.14	264.20
农林牧渔服务业	Services of Agriculture, Forestry, Animal Husbandry and Fishery	12.03	10.87
其　他	Others	94.99	92.88

4-10 主要年份城镇居民人均可支配收入增长情况
PER CAPITA DISPOSABLE INCOME GROWTH OF URBAN HOUSEHOLDS IN MAJOR YEARS

单位：元 (yuan)

年 份 Year	可支配收入 Disposable Income	比上年增加额 Increase Value over Last Year	比上年增长(%) Increase Rate over Last Year	城镇居民消费价格指数(上年=100) Consumer Price Index of Urban Residents (last year=100)	扣除物价上涨因素后 Deducting Price Rising	
					实际收入 Real Income	比上年增长% Increase Rate over Last Year
1978	301.4					
1980	379.7			105.5	359.9	
1985	595.3	78.4	15.2	109.1	545.6	5.6
1990	1290.9	114.8	9.8	101.5	1271.8	8.2
1995	3301.9	736.2	28.7	116.7	2829.4	10.3
2000	4724.1	381.5	8.8	104.7	4512.0	3.9
2005	8913.9	1011.0	12.8	101.7	8764.9	10.9
2010	15647.7	1651.1	11.8	103.1	15177.2	8.4
2011	18123.9	2476.2	15.8	105.1	17244.4	10.2
2012	20411.7	2287.8	12.6	102.4	19933.3	10.0
2013	22455.6	2043.9	10.0	103.0	21801.6	6.8
2013(新口径)	22258.2			103.0	21609.9	
2014	24069.4	1811.2	8.1	101.8	23643.8	6.2

4-11 主要年份城镇居民人均消费支出增长情况
PER CAPITA LIVING EXPENDITURE GROWTH OF URBAN HOUSEHOLDS IN MAJOR YEARS

单位：元 (yuan)

年 份 Year	消费支出 Living Expenditure	比上年增加额 Increase Value over Last Year	比上年增长(%) Increase Rate over Last Year	城镇居民消费价格指数(上年 = 100) Consumer Price Index of Urban Residents (last year=100)	扣除物价上涨因素后 Deducting Price Rising	
					实际支出 Real Expenditure	比上年增长% Increase Rate over Last Year
1978	275.4					
1980	356.6	51.8	17.0	105.5	338.0	10.8
1985	533.4	100.1	23.1	109.1	488.9	12.8
1990	1047.7	54.2	5.5	101.5	1032.2	3.9
1995	2640.7	597.4	29.2	116.7	2262.8	10.7
2000	3941.9	448.9	12.9	104.7	3764.9	7.8
2005	6342.6	688.4	12.2	101.7	6236.6	10.3
2010	9792.7	437.6	4.7	103.1	9498.2	1.5
2011	11354.3	1561.7	15.9	105.1	10803.3	10.3
2012	12211.5	857.2	7.6	102.4	11925.3	5.0
2013	13166.2	954.7	7.8	103.0	12782.7	4.7
2013(新口径)	13762.7			103.0	13361.8	
2014	14636.9	874.2	6.4	101.8	14378.1	4.5

4-12 城镇居民家庭平均每人食品消费量
PER CAPITA FOOD CONSUMPTION OF URBAN HOUSEHOLDS

单位：公斤 (kg)

指　标	Item	2013	2014
粮　食	Grain	113.55	109.24
油脂类	Oil or Fat	7.70	9.54
蔬菜及菜制品	Vegetables and Processed Products	87.85	86.26
肉　类	Meat	15.88	16.24
禽　类	Poultry	1.68	2.54
水产品	Aquatic Product	2.87	2.95
蛋类及蛋制品	Eggs and Processed Products	10.04	10.00
奶和奶制品	Milk and Processed Products	19.35	19.71
干鲜瓜果类	Fresh and Dried Fruits	51.64	56.14
糖果糕点类	Sweets and Pastry	5.81	5.87
饮　料	Beverage	0.12	0.14
酒	Liquor	3.57	3.70

4-13 城镇居民家庭平均每百户年末耐用消费品拥有量
DURABLE CONSUMER GOODS OWNED PER 100 URBAN HOUSEHOLDS AT YEAR-END

名　称	Item	2013	2014
家用汽车(辆)	Automobile (unit)	20.72	24.24
摩托车(辆)	Motorcycle (unit)	21.52	23.48
洗衣机(台)	Washing Machine (set)	95.99	97.87
电冰箱(台)	Refrigerator (set)	85.15	87.68
微波炉(台)	Microwave oven (set)	33.30	32.98
彩色电视机(台)	Color Television (set)	105.63	107.25
空　调(台)	Air conditioner (set)	27.87	29.64
固定电话(部)	Fixed Telephone (set)	44.13	49.00
移动电话(部)	Mobile Telephone (set)	203.95	216.72
#接入互联网	Mobile Telephone with Internet Access	90.44	101.67
计算机(台)	Computer (set)	63.84	68.62
#接入互联网	Computer with Internet Access	55.09	57.97
照相机(台)	Camera (set)	21.93	21.91
组合音响(套)	Hi-Fi Stereo Componet System (set)	4.09	4.28

4-14 城镇居民家庭年末居住情况
LIVING CONDITIONS OF URBAN HOUSEHOLDS AT YEAR-END

单位：% (%)

指 标	Item	2013	2014
一、居住空间样式	Style of Residential Space	100.0	100.0
单栋楼房	Dependent Resident	10.4	10.3
单栋平房	Dependent Bungalow	22.0	22.2
四居室及以上单元房	Apartment with Four and More Bedrooms	1.4	1.3
三居室单元房	Apartment with Three Bedrooms	22.5	23.2
二居室单元房	Apartment with Two Bedrooms	32.6	32.1
一居室单元房	Apartment with One Bedrooms	2.5	2.5
筒子楼或连片平房	Tube-Shaped Apartment or Contiguous Bungalow	7.7	7.4
其 他	Others	1.0	1.0
二、主要建筑材料	Major Building Materials	100.0	100.0
钢筋混凝土	Reinforced Concrete	20.4	21.2
砖混材料	Brick and Concrete Material	65.5	64.1
砖瓦砖木	Tile and Brick	13.2	13.8
竹草土坯	Bamboo, Grass and Adobe	0.4	0.4
其 他	Others	0.5	0.4
三、现住房房屋来源	Current Housing Sources	100.0	100.0
租赁公房	Rent Public Houses	3.2	2.7
租赁私房	Rent Private Houses	10.2	10.3
自建住房	Self-Build Housing	31.0	31.7
购买商品房	Purchased Commercial Housing	27.7	27.2
购买房改住房	Purchased Housing-Reform Houses	18.0	17.8
购买保障性住房	Purchased Security Housing	3.8	3.7
拆迁安置房	Resettlement Housing	1.8	2.2
继承或获赠住房	Inherited or receive Housing	0.7	0.8
免费借用房	Free Rental Housing	1.4	1.1
雇主提供免费住房	Employer-Provided Free Housing	0.3	0.3
其他来源	Other Sources	2.0	2.2

4-14 续表1 continued

单位：% (%)

指　标	Item	2013	2014
四、现住房建筑面积	Current Housing Construction Area	100.0	100.0
10平方米以内	Within 10 sq. m	0.4	
10-20平方米	10 – 20 sq. m	2.4	2.0
20-30平方米	20 – 30 sq. m	3.3	2.9
30-60平方米	30 – 60 sq. m	21.7	21.3
60-90平方米	60 – 90 sq. m	29.8	29.8
90-120平方米	90 – 120 sq. m	24.1	25.1
120-200平方米	120 – 200 sq. m	15.4	16.0
200平方米以上	Above 200 sq. m	3.0	2.9
五、住宅外道路路面情况	Road Conditions Outside Houses	100.0	100.0
水泥或柏油路面	Cement or Asphalt Road	89.4	89.2
沙石或石板等硬质路面	Sand, Stone and Other Hard Surfacing Road	8.1	8.2
其　他	Others	2.5	2.5
六、住宅有管道供水情况	House Water Supply	100.0	100.0
管道供水入户	Piped Water Supply Inlet	96.0	96.9
管道供水至公共取水点	Piped Water Supply to Public Water Draw-off	2.2	1.4
没有管道设施	No Pipeline Facilities	1.8	1.7
七、住户主要饮用水来源情况	Major Sources of Drinking Water for Households	100.0	100.0
经过净化处理的自来水	Purified Running Water	81.8	81.0
受保护的井水和泉水	Protected Wells and Springs	15.5	15.4
不受保护的井水和泉水	Unprotected Wells and Springs	1.3	2.1
江河湖泊水	River and Lake Water	0.1	0.1
收集雨水	Collected rainwater		
桶装水	Bottled water	0.7	1.0
其他水源	Other Water sources	0.5	0.4
八、住户厕所类型	Household Toilet Type	100.0	100.0
水冲式卫生厕所	Clean Flush Toilets	67.7	67.6
水冲式非卫生厕所	Non-clean Flush Toilets	0.4	0.5
卫生旱厕	Clean Pit Latrines	4.4	4.4
普通旱厕	General Pit Latrines	24.4	24.6
无厕所	No Toilet	3.1	2.9

4-14 续表2 continued

单位：% (%)

指 标	Item	2013	2014
九、住户主要取暖设备状况	Major Heating Equipments for Households	100.0	100.0
由市政或小区集中供暖	Central Heating Supplied by Municipal or Residential Area	66.0	66.3
自行供暖	Self Heating	32.5	32.1
无取暖设备	No Heating Equipments	1.5	1.7
十、住户主要取暖用能源状况	Major Heating Energy for Households	100.0	100.0
柴 草	Firewood	0.5	1.1
煤 炭	Coal	82.2	28.0
罐装液化石油气	Bottled Liquefied Petroleum Gas	0.4	0.1
管道液化石油气	Pipelined Liquefied Petroleum Gas	0.4	
管道煤气	Pipelined Gas	3.4	3.1
管道天然气	Pipelined Natural Gas	3.4	1.7
电	Electricity	2.0	0.9
燃料用油	Fuel oil		
沼 气	Biogas		
其 他	Others	6.9	10.1
无取暖行为	None	0.6	55.0
十一、主要炊用能源状况	Major Cooking Energy	100.0	100.0
柴 草	Firewood	0.7	0.9
煤 炭	Coal	20.6	16.4
罐装液化石油气	Bottled Liquefied Petroleum Gas	8.4	7.4
管道液化石油气	Pipelined Liquefied Petroleum Gas	0.4	0.3
管道煤气	Pipelined Gas	21.5	17.1
管道天然气	Pipelined Natural Gas	29.9	35.5
电	Electricity	17.2	21.3
燃料用油	Fuel oil		
沼 气	Biogas		
其 他	Others	0.8	1.2
无炊用行为	None	0.5	

4-15 城镇居民家庭五等分分组基本情况(2013年)

按可支配收入分组

指　标	Item	低收入户 (20%) Low Income Households
一、调查户数 (户)	Number of Households Surveyed (household)	456.08
二、调查户常住人口(人)	Number of Resident Population Surveyed (person)	1634.42
三、劳动力数(人)	Number of Labors	1036.67
#从业人数	Number of Employees	701.42
四、人均期末住房面积 (平方米)	Per Capia Housing Area at the Year-end (sq.m)	27.96
五、期末耐用品拥有量	Durable Goods at the Year-end	
家用汽车(辆)	Automobile (unit)	53.25
摩托车(辆)	Motorcycle (unit)	153.25
洗衣机(台)	Washing Machine (set)	416.33
电冰箱(台)	Refrigerator (set)	317.58
微波炉(台)	Microwave Oven (set)	49.92
彩色电视机(台)	Color Television (set)	481.08
空　调(台)	Air Conditioner (set)	60.25
固定电话(部)	Fixed Telephone (set)	130.00
移动电话(部)	Mobile Telephone (set)	927.83
#接入互联网	Mobile Telephone with Internet Access	377.33
计算机(台)	Computer (set)	199.00
#接入互联网	Computer with Internet Access	177.00
照相机(台)	Camera (set)	24.25
组合音响(套)	Hi-Fi Stereo Componet System (set)	6.58
六、食品消费情况 (公斤)	Food Consumption (kg)	
粮　食	Grain	193695.89
油脂类	Oil and Fat	11601.68
蔬菜及菜制品	Vegetables and Processed Products	113487.31
肉　类	Meat	16165.39
禽　类	Poultry	2123.51
水产品	Aquatic Product	2323.79
蛋类及蛋制品	Eggs and Processed Products	11576.93
奶和奶制品	Milk and Processed Products	17567.90
干鲜瓜果类	Fresh and Dried Fruits	50897.83
糖果糕点类	Sweets and Pastry	6080.32
饮　料	Beverage	107.23
烟　叶	Tobacco Leaves	37080.10
酒	Liquor	4356.62

BASIC CONDITIONS OF URBAN HOUSEHOLDS BY INCOME QUINTILE(2013)

(by the group of disposible income)

中低收入户 (20%) Lower Middle Income Households	中等收入户 (20%) Middle Income Households	中高收入户 (20%) Higher Middle Income Households	高收入户 (20%) High Income Households
456.75	454.75	453.83	449.00
1522.58	1378.83	1279.75	1130.94
1012.58	968.67	926.83	868.92
700.67	654.92	652.42	623.50
27.56	29.30	31.40	40.07
66.17	84.67	117.08	149.42
125.50	100.33	78.67	31.00
434.75	450.25	439.83	438.75
368.58	411.00	410.83	425.75
94.83	140.00	184.25	251.92
473.75	479.00	483.08	481.83
78.75	127.42	176.67	189.75
172.00	206.25	232.33	261.58
935.33	929.75	936.33	902.42
376.33	426.33	438.75	435.08
256.75	299.00	335.92	359.08
218.83	262.33	281.08	311.75
45.00	86.33	150.33	192.00
9.50	19.00	25.67	32.17
180248.54	160357.45	141520.24	127849.69
11562.95	10932.65	11740.84	8505.76
112912.95	118253.56	118259.95	118629.25
20875.40	21628.12	22421.88	24302.80
2599.81	2379.44	2232.29	2259.72
3262.65	3738.18	4337.71	4898.78
14104.78	13939.93	13428.48	13147.23
24870.98	25418.75	27376.51	28888.64
65958.02	71677.42	72809.97	85804.97
7279.08	8015.31	8266.77	8879.73
139.00	132.52	163.00	167.74
39105.20	37662.40	33761.40	35133.50
6460.60	4805.22	4966.11	5045.72

4-16 城镇居民家庭五等分分组基本情况(2014年)

按可支配收入分组

指　　标	Item	低收入户 (20%) Low Income Households
一、调查户数 (户)	Number of Households Surveyed (household)	460.17
二、调查户常住人口(人)	Number of Resident Population Surveyed (person)	1637.42
三、劳动力数(人)	Number of Labors	1023.33
#从业人数	Number of Employees	716.33
四、人均期末住房面积 (平方米)	Per Capia Housing Area at the Year-end (sq.m)	28.55
五、期末耐用品拥有量	Durable Goods at the Year-end	
家用汽车(辆)	Automobile (unit)	58.58
摩托车(辆)	Motorcycle (unit)	187.17
洗衣机(台)	Washing Machine (set)	431.17
电冰箱(台)	Refrigerator (set)	338.08
微波炉(台)	Microwave Oven (set)	56.75
彩色电视机(台)	Color Television (set)	485.92
空　调(台)	Air Conditioner (set)	60.58
固定电话(部)	Fixed Telephone (set)	161.75
移动电话(部)	Mobile Telephone (set)	944.42
#接入互联网	Mobile Telephone with Internet Access	417.00
计算机(台)	Computer (set)	221.67
#接入互联网	Computer with Internet Access	176.75
照相机(台)	Camera (set)	21.75
组合音响(套)	Hi-Fi Stereo Componet System (set)	7.00
六、食品消费情况 (公斤)	Food Consumption (kg)	
粮　食	Grain	180876.00
油脂类	Oil and Fat	11555.44
蔬菜及菜制品	Vegetables and Processed Products	107262.43
肉　类	Meat	15471.93
禽　类	Poultry	2308.17
水产品	Aquatic Product	2044.67
蛋类及蛋制品	Eggs and Processed Products	11733.27
奶和奶制品	Milk and Processed Products	18469.43
干鲜瓜果类	Fresh and Dried Fruits	53107.37
糖果糕点类	Sweets and Pastry	5742.82
饮　料	Beverage	141.82
烟　叶	Tobacco Leaves	34174.84
酒	Liquor	4509.17

BASIC CONDITIONS OF URBAN HOUSEHOLDS BY INCOME QUINTILE(2014)

(by the group of disposible income)

中低收入户 (20%) Lower Middle Income Households	中等收入户 (20%) Middle Income Households	中高收入户 (20%) Higher Middle Income Households	高收入户 (20%) High Income Households
457.00	459.00	458.17	459.08
1490.54	1401.56	1258.46	1127.18
1029.25	1022.75	920.83	867.83
764.00	728.33	645.50	628.67
28.28	31.04	32.05	44.97
84.75	105.50	129.42	177.58
134.75	86.83	83.58	46.00
444.00	457.00	455.50	456.58
385.50	421.00	428.33	437.58
94.33	144.75	196.75	263.75
487.75	489.75	498.25	497.50
80.92	153.08	188.67	196.50
194.92	224.75	262.42	279.83
1004.25	1037.50	1006.83	976.42
407.50	489.75	502.08	515.00
273.58	329.58	362.33	386.25
231.58	277.58	317.83	325.50
42.17	95.58	141.58	201.42
10.00	23.00	24.33	33.92
158092.92	151232.46	134294.78	130102.81
13697.01	11730.64	12320.78	12239.58
105550.04	115891.82	111501.51	120316.66
19415.64	22394.15	23460.85	25158.48
3534.22	3522.85	3354.77	3810.50
2917.99	3882.51	4000.44	5267.66
12617.51	13203.49	13998.61	13623.89
22232.21	26781.19	30015.92	29002.65
65675.69	76320.42	80049.89	83464.71
7615.18	7951.74	8514.59	9133.19
141.49	140.17	177.32	213.73
41415.43	36667.38	36562.00	36535.55
5528.07	5268.15	5082.21	5180.44

4-17 城镇居民家庭五等分分组人均收支情况(2013年)

按可支配收入分组

指　标	Item	低收入户(20%) Low Income Households
一、总收入(元)	**Total Income (yuan)**	**9768.19**
(一)工资性收入	Income of Wages and Salaries	6005.44
(二)经营性收入	Business Income	1649.49
第一产业	Primary Industry	355.74
第二产业	Secondary Industry	89.44
第三产业	Tertiary Industry	1204.30
(三)财产性收入	Property Income	470.00
#利息收入	Interest	11.86
红利收入	Dividend and Bonus	6.79
储蓄性保险净收益	Net Savings Insurance	0.53
出租房屋财产性净收入	Net Income of Property Rental	111.54
(四)转移性收入	Transfer Income	1643.27
#养老金或离退休金	Pension or Retirement Payments	956.63
社会救济和补助	Social Relief and Subsidy	152.25
政策性生活补贴	Policy Living Allowances	22.19
赡养收入	Old Alimony	143.25
报销医疗费	Reimbursement of Medical Expenses	15.00
从政府和组织得到的实物产品和服务折价	Goods and Services Discount Received from Governments and Organizations	56.82
现金政策性惠农补贴	Cash Benefits Policy of Aagricultural Subsidies	21.54
二、总支出(元)	**Total Expenditure (yuan)**	**11033.49**
(一)消费支出	Living Expenditure	7682.35
食品烟酒	Food, Tobacco and Liquor	2259.69
衣　着	Clothing	760.72
居　住	Residence	1668.46
生活用品及服务	Household Living Facilities,Articles and Services	388.44
交通通信	Transportation and Communication	671.81
教育文化娱乐服务	Education, Culture and Recreation Services	1171.40
医疗保健	Health Care	576.55
其他商品和服务	Other Commodities and Services	185.28
(二)生产经营费用支出	Production and Operation Expenses	333.49
第一产业	Primary Industry	123.27
第二产业	Secondary Industry	17.27
第三产业	Tertiary Industry	192.94
(三)财产性支出	Property Expenditure	2.59
(四)转移性支出	Transfer Expenditure	456.34
(五)部分商业保险支出	Part of the Commercial Insurance Expenses	49.37
(六)购置资产及非经常性转移支出	Acquisition of Assets and Non-recurring Transfer Expenditures	1267.75
(七)借贷性支出	Borrowing Expenditure	1241.60
三、可支配收入(元)	**Disposable Income (yuan)**	**8696.40**

PER CAPITA INCOME AND EXPENDITURE OF URBAN HOUSEHOLDS BY INCOME QUINTILE(2013)

(by the group of disposible income)

中低收入户 (20%) Lower Middle Income Households	中等收入户 (20%) Middle Income Households	中高收入户 (20%) Higher Middle Income Households	高收入户 (20%) High Income Households
16423.54	**22234.97**	**29932.72**	**50213.12**
10476.69	13639.17	19684.02	27928.14
1899.74	2132.54	1706.63	9059.22
636.33	303.79	92.16	130.35
29.29	45.69	254.29	695.95
1234.12	1783.06	1360.18	8232.92
953.21	1451.24	1962.49	3478.36
20.95	66.95	99.33	178.74
54.15	38.28	351.33	553.30
8.28	1.45	16.35	5.28
182.47	286.46	279.00	1010.10
3093.90	5012.02	6579.59	9747.40
2276.85	4367.29	5635.44	8507.16
84.56	52.37	22.90	5.08
58.84	86.55	201.63	222.53
224.39	149.55	159.93	418.09
39.10	80.03	124.11	331.14
36.58	28.96	27.65	29.84
19.91	7.37	2.20	28.27
16476.33	**21392.12**	**29532.59**	**47119.05**
10522.28	13322.62	17180.08	23018.17
2977.88	3483.95	4216.39	5345.28
1159.25	1470.01	1856.85	2579.16
2298.12	2880.32	3452.22	4922.81
609.79	768.56	1103.57	1770.90
1017.40	1492.04	2224.75	2985.35
1519.20	1901.06	2485.45	2841.43
727.26	949.92	1375.71	1718.53
213.39	376.77	465.15	854.72
553.07	124.76	138.13	703.49
405.95	71.74	18.01	43.52
1.78	0.01	6.34	133.15
145.34	53.01	113.79	526.82
11.20	40.29	8.89	12.20
730.30	1120.63	1539.69	2383.62
52.11	87.75	134.53	206.07
1720.37	2279.72	3297.41	4253.39
2887.00	4416.35	7233.86	16542.11
15013.49	**20757.96**	**27967.64**	**46898.11**

4-18 城镇居民家庭五等分分组人均收支情况(2014年)

按可支配收入分组

指　标	Item	低收入户 (20%) Low Income Households
一、总收入(元)	**Total Income (yuan)**	**10375.97**
(一)工资性收入	Income of Wages and Salaries	7152.67
(二)经营性收入	Business Income	1296.66
第一产业	Primary Industry	408.95
第二产业	Secondary Industry	56.63
第三产业	Tertiary Industry	831.08
(三)财产性收入	Property Income	529.94
#利息收入	Interest	20.40
红利收入	Dividend and Bonus	9.71
储蓄性保险净收益	Net Savings Insurance	1.46
出租房屋财产性净收入	Net Income of Property Rental	67.40
(四)转移性收入	Transfer Income	1396.71
#养老金或离退休金	Pension or Retirement Payments	912.58
社会救济和补助	Social Relief and Subsidy	96.60
政策性生活补贴	Policy Living Allowances	22.05
赡养收入	Old Alimony	78.16
报销医疗费	Reimbursement of Medical Expenses	66.67
从政府和组织得到的实物产品和服务折价	Goods and Services Discount Received from Governments and Organizations	56.57
现金政策性惠农补贴	Cash Benefits Policy of Aagricultural Subsidies	23.27
二、总支出(元)	**Total Expenditure (yuan)**	**10209.36**
(一)生活消费支出	Living Expenditure	7571.70
食品烟酒	Food, Tobacco and Liquor	2170.35
衣　着	Clothing	811.07
居　住	Residence	1607.53
生活用品及服务	Household Living Facilities,Articles and Services	416.31
交通通信	Transportation and Communication	676.42
教育文化娱乐服务	Education, Culture and Recreation Services	1213.62
医疗保健	Health Care	507.36
其他商品和服务	Other Commodities and Services	169.06
(二)生产经营费用支出	Production and Operation Expenses	291.49
第一产业	Primary Industry	129.07
第二产业	Secondary Industry	9.96
第三产业	Tertiary Industry	152.46
(三)财产性支出	Property Expenditure	9.60
(四)转移性支出	Transfer Expenditure	477.88
(五)部分商业保险支出	Part of the Commercial Insurance Expenses	59.22
(六)购置资产及非经常性转移支出	Acquisition of Assets and Non-recurring Transfer Expenditures	1421.68
(七)借贷性支出	Borrowing Expenditure	377.79
三、可支配收入(元)	**Disposable Income (yuan)**	**9486.75**

PER CAPITA INCOME AND EXPENDITURE OF URBAN HOUSEHOLDS BY INCOME QUINTILE(2014)

(by the group of disposible income)

中低收入户 (20%) Lower Middle Income Households	中等收入户 (20%) Middle Income Households	中高收入户 (20%) Higher Middle Income Households	高收入户 (20%) High Income Households
18071.51	**24431.20**	**32597.57**	**52933.42**
11376.53	16493.42	19500.29	27636.84
2326.35	1519.31	2432.95	10618.55
602.22	68.00	238.77	528.11
52.27	22.03	106.78	1053.61
1671.87	1429.27	2087.40	9036.83
1008.84	1398.27	2084.29	4537.46
67.09	89.37	231.85	229.05
4.41	62.71	459.57	920.59
	1.94	58.60	
122.65	257.14	256.56	1748.84
3359.78	5020.21	8580.05	10140.58
2733.80	4317.29	7832.67	8703.70
56.91	52.03	16.17	80.58
44.75	44.93	48.16	60.47
162.87	162.16	157.38	240.43
72.10	135.76	394.94	772.79
34.62	29.21	29.93	57.24
14.50	4.90	1.15	0.69
16146.14	**22185.63**	**27797.53**	**39766.40**
11528.28	14592.31	18629.22	24227.56
3180.71	3700.63	4625.52	6127.28
1269.14	1631.50	2032.35	2716.73
2412.66	2982.40	3476.24	4604.56
677.11	901.45	1116.25	1553.64
1180.73	1534.44	2668.83	3001.31
1720.36	2088.84	2396.00	3082.10
813.24	1191.56	1856.03	2202.12
274.32	561.49	458.01	939.82
629.01	155.41	211.46	1129.61
350.09	38.26	81.02	225.41
5.13	0.81	4.01	351.23
273.79	116.34	126.44	552.97
36.76	75.43	25.65	19.18
843.50	1484.81	1698.44	2395.79
85.07	84.49	99.81	190.95
2190.71	4103.90	3755.35	6190.31
832.80	1689.28	3377.59	5613.02
16397.56	**22544.01**	**30566.46**	**49065.70**

4-19 农村居民家庭生活基本情况
BASIC LIVING CONDITIONS OF RURAL HOUSEHOLDS

指　　标	Item	2013	2014
一、调查户数(户)	Number of Households Surveyed (household)	2238	2200
二、调查户常住人口（人）	Number of Resident Population Surveyed (person)	7054	6789
三、平均每户常住人口数(人)	Average Number of Resident Population per Household (person)	3.15	3.09
四、平均每户从业人口数(人)	Average Number of Employees per Household (person)	1.91	1.88
五、平均每一从业者负担人数(人)	Average Number of Persons Supported by Each Employee (person)	1.65	1.64
六、平均每人全年可支配收入(元)	Per Capita Annual Disposable Income (yuan)	7949	8809
七、平均每人全年消费支出(元)	Per Capita Annual Living Expenditure (yuan)	6458	6992
八、人均期末住房面积(平方米)	Per Capita Living Space at Year-end (sq.m)	31.89	32.90

4-20 农村家庭人口状况
POPULATION CONDITIONS OF RURAL HOUSEHOLDS

指　　标	Item	2013	2014
一、调查户数(户)	**Number of Households Surveyed (household)**	**2238**	**2200**
二、调查户常住人口(人)	**Number of Resident Population Surveyed (person)**	**7054**	**6789**
#劳动力数	Labors	5050	4830
#从业人数	Employees	4276	4143
#在校学生	Students Enrollment	1273	1241
按年龄分组	**Grouped by Age**		
5岁及以下	Aged 5 and Under	289	234
6-15岁	Aged 6-15	712	665
16-19岁	Aged 16-19	510	446
20-24岁	Aged 20-24	633	564
25-29岁	Aged 25-29	431	415
30-34岁	Aged 30-34	320	318
35-40岁	Aged 35-40	462	423
41-50岁	Aged 41-50	1405	1269
51-60岁	Aged 51-60	1283	1322
61-65岁	Aged 61-65	455	495
66岁及以上	Aged 66 and Above	523	550

4-21 农民家庭劳动力状况
LABOR FORCE OF RURAL HOUSEHOLDS

单位：人 (person)

指 标	Item	2013	2014
一、劳动力文化状况	**Cultural Level of Labor Force**		
未上过学	Illiteracy or little literacy	147	134
小 学	Level of Primary School	1235	1183
初 中	Level of Junior Middle School	2889	2747
高 中	Level of Senior Middle School	578	581
大学专科	Level of Specialized Secondary School	156	142
大学本科	Level of Undergraduate	44	39
研究生	Level of Master and Doctor	1	4
二、劳动力从业情况	**Employment of Labor Force**		
(一)第一产业	Primary Industry	2350	2252
(二)第二产业	Secondary Industry	773	751
采矿业	Mining	173	178
制造业	Manufacturing	235	266
电力、热力、燃气及水生产供应业	Production and Supply of Power, Heat, Gas and Water	37	34
建筑业	Construction	328	273
(三)第三产业	Tertiary Industry	1153	1140
批发和零售业	Wholesale and Retail Trade	183	189
交通运输、仓储和邮政业	Transportation, Storage and Post	227	235
住宿和餐饮业	Hotels and Catering Services	120	118
信息传输、软件业和信息技术服务业	Information Transmission, Software and Information Technology	23	18
金融业	Financial Industry	12	14
房地产业	Real Estate	7	
租赁和商务服务业	Leasing and Business Services	24	22
科学研究和技术服务业	Scientific Research and Technical Services	2	2
水利、环境和公共设施管理业	Management of Water Conservancy, Environment and Public Facilities	24	29
居民服务、修理和其他服务业	Services to Households, Repair and Other Services	372	361
教 育	Education	60	60
卫生和社会工作	Health and Social Service	35	36
文化、体育和娱乐业	Culture, Sports and Entertainment	15	8
公共管理、社会保障和社会组织	Public Management, Social Security and Social Organization	49	48
国际组织	International Organization		

4-22 农村居民家庭人均全年总收入
PER CAPITA ANNUAL INCOME OF RURAL HOUSEHOLDS

单位：元 (yuan)

指　　标	Item	2013	2014
总收入	**Total Income**	**9679.30**	**10767.80**
一、工资性收入	Income of Wages and Salaries	4150.23	4569.57
二、经营性收入	Business Income	3697.05	4197.61
(一)第一产业	Primary Industry	2817.21	3271.89
农　业	Farming	2239.25	2534.63
林　业	Forestry	65.27	122.45
牧　业	Animal Husbandry	508.77	614.66
渔　业	Fishery		0.15
(二)第二产业	Secondary Industry	105.24	40.19
采矿业	Mining	2.15	0.12
制造业	Manufacturing	4.61	12.37
电力、热力、燃气及水生产和供应业	Production and Supply of Power, Heat, Gas and Water	0.03	13.36
建筑业	Construction	98.45	14.35
(三)第三产业	Tertiary Industry	774.61	885.52
批发和零售业	Wholesale and Retail Trade	190.04	257.85
交通运输、仓储和邮政业	Transportation, Storage and Post	263.23	321.53
住宿和餐饮业	Hotels and Catering Services	16.35	26.21
房地产业	Real Estate		
租赁和商务服务业	Leasing and Business Services	5.83	20.66
居民服务、修理和其他服务业	Resident Services, Repair and Other Services	127.35	110.14
农林牧渔服务业	Services of Agriculture, Forestry, Animal Husbandry and Fishery	143.35	129.45
其　他	Others	28.45	19.68
三、财产性收入	Property Income	115.34	136.31
#利息收入	Interest	24.56	24.25
红利收入	Dividend and Bonus	21.15	31.01
储蓄性保险净收益	Net Savings Insurance	0.10	2.36
出租房屋财产性净收入	Net Income of Property Rental	28.82	31.56
四、转移性收入	Transfer Income	1716.69	1864.31
#养老金或离退休金	Pension or Retirement Payments	442.99	546.54
社会救济和补助	Social Relief and Subsidy	76.76	84.69
政策性生活补贴	Policy Living Allowances	41.65	41.73
赡养收入	Old Alimony	147.01	176.21
报销医疗费	Reimbursement of Medical Expenses	84.65	212.44
从政府和组织得到的实物产品和服务折价	Goods and Services Discount Received from Governments and Organizations	126.05	104.77
现金政策性惠农补贴	Cash Benefits Policy of Aagricultural Subsidies	155.43	162.39

4-23 农村居民家庭人均全年总支出

PER CAPITA ANNUAL EXPENDITURE OF RURAL HOUSEHOLDS

单位：元 (yuan)

项　目	Item	2013	2014
总支出	**Total Expenditure**	**11309.44**	**10958.34**
#通过互联网购买的商品和服务	Commodities and Services Purchased by the Internet	7.22	8.18
一、消费支出	Living Expenditure	6457.75	6991.69
二、生产经营费用支出	Production and Operation Expenses	1309.48	1506.62
(一)第一产业	Primary Industry	1134.99	1300.68
农　业	Farming	746.57	890.82
林　业	Forestry	15.53	19.20
牧　业	Animal Husbandry	332.66	390.56
渔　业	Fishery		0.10
(二)第二产业	Secondary Industry	18.34	5.04
采矿业	Mining	0.08	0.07
制造业	Manufacturing		3.52
电力、热力、燃气及水生产和供应业	Production and Supply of Power, Heat, Gas and Water		0.96
建筑业	Construction	18.27	0.49
(三)第三产业	Tertiary Industry	156.15	200.89
批发和零售业	Wholesale and Retail Trade	27.86	44.41
交通运输、仓储和邮政业	Transportation, Storage and Post	86.90	81.73
住宿和餐饮业	Hotels and Catering Services	6.74	4.17
房地产业	Real Estate		15.93
租赁和商务服务业	Leasing and Business Services	0.21	0.05
居民服务、修理和其他服务业	Resident Services, Repair and Other Services	29.20	14.58
农林牧渔服务业	Services of Agriculture, Forestry, Animal Husbandry and Fishery		37.08
其　他	Others	5.25	2.94
三、财产性支出	Property Expenditure	7.25	5.69
生活贷款利息支出	Living Loans Interest Expense	5.66	3.51
其他财产性支出	Other Property Expenditure	1.59	2.18
四、转移性支出	Transfer Expenditure	220.42	229.87
个人所得税	Individual Income Tax	2.52	3.81
社会保障支出	Social Security Expenditures	180.85	187.39
外来从业人员寄给家人的支出	Expenses of Foreign Employees Sent to The Family	0.23	
赡养支出	Alimony Expenses	17.91	15.18
其他转移性支出	Other Property Expenditure	18.92	23.49
五、部分商业保险支出	Part of the Commercial Insurance Expenses	30.05	26.17
六、购置资产及非经常性转移支出	Acquisition of Assets and Non-recurring Transfer Expenditures	1707.08	1674.87
七、借贷性支出	Borrowing Expenditure	1577.42	523.41

4-24 农民家庭平均每户土地经营情况
LAND MANAGEMENT OF RURAL HOUSEHOLDS

单位：亩 (mu)

指 标	Item	2013	2014
一、期初实际经营土地面积	**Land Area Under Real Management at the Beginning of the Period**	**9.22**	**8.61**
耕 地	Cultivated Land	7.62	7.60
#有效灌溉面积	Effective Irrigated Area	2.27	2.42
林 地	Forest Land	1.07	0.51
园 地	Gardern Plot	0.51	0.49
二、期末实际经营土地面积	**Land Area Under Real Management at the End of the Period**	**8.93**	**8.80**
耕 地	Cultivated Land	7.39	7.81
#有效灌溉面积	Effective Irrigated Area	2.26	2.40
林 地	Forest Land	0.98	0.48
园 地	Orchards	0.54	0.50
三、期内主要粮食播种面积	**Sown Area of Major Crops within the Period**	**6.08**	**5.90**
小 麦	Wheat	1.01	0.86
水 稻	Rice	0.02	
玉 米	Corn	4.18	4.31
大 豆	Soybean	0.33	0.21
薯 类	Rubers	0.53	0.52
四、期内主要经济作物播种面积	**Sown Area of Major Commercial Crops within the Period**	**1.08**	**1.01**
棉 花	Cotton	0.01	0.01
油 料	Oil-bearing Plants	0.50	0.48
糖料作物	Sugar-yileding Crops	0.04	0.01
蔬 菜	Vegetables	0.14	0.17
#设施蔬菜	Greenhouse Vegetables	0.01	0.02
水 果	Fruit	0.40	0.34
#设施水果	Greenhouse Fruit	0.01	0.01
五、农业生产技术应用情况	**Application of Agriculture Production Technology**		
机耕面积	Area Cultivated by Machine	5.31	5.42
机播面积	Area Sown by Machine	4.36	4.37
机收面积	Area Harvested by Machine	2.16	2.20
机电灌溉面积	Area Irrigated by Machine	1.67	1.69

4-25 农村居民家庭人均可支配收入及构成
PER CAPITA DISPOSABLE INCOME AND COMPOSITION OF RURAL HOUSEHOLDS

指　　标	Item	2013	2014
可支配收入(元)	**Disposable Income (yuan)**	**7949.47**	**8809.44**
一、工资性收入	Income of Wages and Salaries	4150.22	4569.57
二、经营净收入	Net Business Income	2190.02	2482.26
三、财产净收入	Net Property Income	111.28	123.17
四、转移净收入	Net Transfer Income	1497.95	1634.44
可支配收入构成(%)	**Composition of Disposable Income (%)**	**100.00**	**100.00**
一、工资性收入	Income of Wages and Salaries	52.21	51.87
二、经营净收入	Net Business Income	27.55	28.18
三、财产净收入	Net Property Income	1.40	1.40
四、转移净收入	Net Transfer Income	18.84	18.55

4-26 农村居民家庭人均消费支出及构成
PER CAPITA LIVING EXPENDITURE AND COMPOSITION OF RURAL HOUSEHOLDS

项　　目	Item	2013	2014
消费支出(元)	**Living Expenditure (yuan)**	**6457.75**	**6991.69**
一、食品烟酒	Food, Tobacco and Liquor	1838.81	2054.29
二、衣　着	Clothing	497.89	539.69
三、居　住	Residence	1419.81	1480.46
四、生活用品及服务	Household Living Facilities, Articles and Services	339.59	343.87
五、交通通信	Transportation and Communication	701.63	706.50
六、教育文化娱乐服务	Education, Culture and Recreation Services	842.71	928.48
七、医疗保健	Health Care	646.95	770.21
八、其他商品和服务	Other Commodities and Services	170.36	168.18
消费支出构成 (%)	**Composition of Living Expenditure (%)**	**100.00**	**100.00**
一、食品烟酒	Food, Tobacco and Liquor	28.47	29.38
二、衣　着	Clothing	7.71	7.72
三、居　住	Residence	21.99	21.17
四、生活用品及服务	Household Living Facilities, Articles and Services	5.26	4.92
五、交通通信	Transportation and Communication	10.86	10.10
六、教育文化娱乐服务	Education, Culture and Recreation Services	13.05	13.28
七、医疗保健	Health Care	10.02	11.02
八、其他商品和服务	Other Commodities and Services	2.64	2.41

4–27 农民家庭平均每人家庭经营净收入
PER CAPITA NET INCOME FROM HOUSEHOLD BUSINESS OF RURAL HOUSEHOLDS

单位：元 (yuan)

指　标	Item	2013	2014
家庭经营净收入	**Net Income from Household Business**	**2190.02**	**2482.26**
农　业	Farming	1416.74	1561.11
林　业	Forestry	49.73	103.25
牧　业	Animal Husbandry	140.83	198.13
渔　业	Fishery		0.04
采矿业	Mining	2.04	0.05
制造业	Manufacturing	4.34	8.51
电力、热力、燃气及水生产和供应业	Production and Supply of Power, Heat, Gas and Water	0.03	12.23
建筑业	Construction	75.05	11.56
批发和零售业	Wholesale and Retail Trade	146.78	186.96
交通运输、仓储和邮政业	Transportation, Storage and Post	130.03	190.68
住宿和餐饮业	Hotels and Catering Services	7.16	19.29
房地产业	Real Estate		-15.93
租赁和商务服务业	Leasing and Business Services	5.62	20.61
居民服务、修理和其他服务业	Resident Services, Repair and Other Services	87.20	79.66
农林牧渔服务业	Services of Agriculture, Forestry, Animal Husbandry and Fishery	104.66	90.60
其　他	Others	19.82	15.51

4-28 主要年份农村居民人均可支配收入增长情况
PER CAPITA DISPOSABLE INCOME GROWTH OF RURAL HOUSEHOLDS IN MAJOR YEARS

单位：元 (yuan)

年 份 Year	可支配收入 Disposable Income	比上年增加额 Increase Value over Last Year	比上年增长(%) Increase Rate over Last Year	农村居民消费价格指数(上年=100) Consumer Price Index of Rural Residents (last year=100)	扣除物价上涨因素后 Deducting Price Rising	
					实际收入 Real Income	比上年增长% Increase Rate over Last Year
1978	101.6	8.0	8.6			
1980	155.8	10.4	7.1	101.3	153.8	5.8
1985	358.3	19.5	5.8	107.8	332.4	-1.9
1990	603.5	89.6	17.4	103.0	585.9	14.0
1995	1208.3	324.1	36.7	117.2	1031.0	16.6
2000	1905.6	133.0	7.5	103.0	1850.1	4.4
2005	2890.7	301.1	11.6	103.7	2787.5	7.6
2010	4736.2	492.2	11.6	102.8	4607.2	8.6
2011	5601.4	865.2	18.3	105.4	5314.4	12.2
2012	6356.6	755.2	13.5	102.6	6194.3	10.6
2013	7153.5	796.9	12.5	103.2	6931.7	9.0
2013(新口径)	7949.5			103.2	7703.0	
2014	8809.4	860.0	10.8	101.4	8685.4	9.2

4-29 主要年份农村居民人均消费支出增长情况
PER CAPITA LIVING EXPENDITURE GROWTH OF RURAL HOUSEHOLDS IN MAJOR YEARS

单位：元 (yuan)

年 份 Year	消费支出 Living Expenditure	比上年增加额 Increase Value over Last Year	比上年增长(%) Increase Rate over Last Year	农村居民消费价格指数(上年=100) Consumer Price Index of Rural Residents (last year=100)	扣除物价上涨因素后 Deducting Price Rising	
					实际支出 Real Expenditure	比上年增长% Increase Rate over Last Year
1978	90.6					
1980	134.4	16.1	13.6	101.3	132.7	12.1
1985	272.7	48.4	21.6	107.8	253.0	12.8
1990	487.7	78.4	19.2	103.0	473.4	15.7
1995	928.0	254.4	37.8	117.2	791.8	17.5
2000	1149.0	101.8	9.7	103.0	1115.5	6.5
2005	1877.7	241.2	14.7	103.7	1810.7	10.6
2010	3663.9	359.1	10.9	102.8	3564.1	7.8
2011	4587.0	923.1	25.2	105.4	4352.0	18.8
2012	5566.2	979.2	21.3	102.6	5424.0	18.2
2013	6017.1	450.9	8.1	103.2	5830.5	4.7
2013(新口径)	6457.8			103.2	6257.6	
2014	6991.7	534.0	8.3	101.4	6895.2	6.8

4-30 农村居民家庭平均每人食品消费量
PER CAPITA FOOD CONSUMPTION OF RURAL HOUSEHOLDS

单位：公斤 (kg)

指　标	Item	2013	2014
粮　食	Grain	170.11	145.91
油脂类	Oil and Fat	8.24	12.56
蔬菜及菜制品	Vegetables and Processed Products	70.70	58.42
肉　类	Meat	8.92	9.34
禽　类	Poultry	1.05	1.36
水产品	Aquatic Product	1.07	1.09
蛋类及蛋制品	Eggs and Processed Products	7.70	7.58
奶和奶制品	Milk and Processed Products	8.82	9.14
干鲜瓜果类	Fresh and Dried Fruits	27.58	33.90
糖果糕点类	Sweets and Pastry	2.93	3.25
饮　料	Beverage	0.12	0.11
酒	Liquor	4.41	4.24

4-31 农民家庭平均每百户耐用消费品拥有量
DURABLE CONSUMER GOODS OWNED PER 100 RURAL HOUSEHOLDS

名　称	Item	2013	2014
家用汽车(辆)	Automobile (unit)	9.64	10.63
摩托车(辆)	Motorcycle (unit)	51.93	55.94
洗衣机(台)	Washing Machine (set)	78.87	80.74
电冰箱(台)	Refrigerator (set)	51.37	54.41
微波炉(台)	Microwave Oven (set)	6.88	7.00
彩色电视机(台)	Color Television (set)	103.74	105.20
空　调(台)	Air Conditioner (set)	8.37	9.13
固定电话(部)	Fixed Telephone (set)	30.25	31.28
移动电话(部)	Mobile Telephone (set)	174.20	190.89
#接入互联网	Mobile Telephone with Internet Access	59.34	68.47
计算机(台)	Computer (set)	23.50	26.03
#接入互联网	Computer with Internet Access	18.54	18.49
照相机(台)	Camera (set)	2.68	2.81
组合音响(套)	Hi-Fi Stereo Componet System (set)	1.39	1.91

4-32 农村居民家庭年末居住情况
LIVING CONDITIONS OF RURAL HOUSEHOLDS AT YEAR-END

单位：% (%)

指　　标	Item	2013	2014
一、居住空间样式	Style of Residential Space	100.0	100.0
单栋楼房	Dependent Resident	11.6	11.1
单栋平房	Dependent Bungalow	70.0	70.3
四居室及以上单元房	Apartment with Four and More Bedrooms	0.3	0.2
三居室单元房	Apartment with Three Bedrooms	1.9	1.5
二居室单元房	Apartment with Two Bedrooms	0.2	0.2
一居室单元房	Apartment with One Bedrooms		
筒子楼或连片平房	Tube-Shaped Apartment or Contiguous Bungalow	7.1	7.3
其　他	Others	8.9	9.5
二、主要建筑材料	Major Building Materials	100.0	100.0
钢筋混凝土	Reinforced Concrete	6.1	6.1
砖混材料	Brick and Concrete Material	33.2	33.2
砖瓦砖木	Tile and Brick	47.1	47.1
竹草土坯	Bamboo, Grass and Adobe	6.8	6.3
其　他	Others	6.8	7.3
三、现住房房屋来源	Current Housing Sources	100.0	100.0
租赁公房	Rent Public Houses	0.1	0.1
租赁私房	Rent Private Houses	1.6	2.8
自建住房	Self-Build Housing	92.0	91.4
购买商品房	Purchased Commercial Housing	1.9	1.9
购买房改住房	Purchased Housing-Reform Houses	0.4	0.3
购买保障性住房	Purchased Security Housing		
拆迁安置房	Resettlement Housing	0.8	0.5
继承或获赠住房	Inherited or receive Housing	0.9	0.9
免费借用房	Free Rental Housing	1.0	1.0
雇主提供免费住房	Employer-Provided Free Housing	1.0	0.9
其他来源	Other Sources	0.3	0.2

4-32 续表1 continued

单位：% (%)

指　标	Item	2013	2014
四、现住房建筑面积	Current Housing Construction Area	100.0	100.0
10平方米以内	Within 10 sq. m		
10-20平方米	10 – 20 sq. m	2.4	2.1
20-30平方米	20 – 30 sq. m	2.5	2.5
30-60平方米	30 – 60 sq. m	24.2	24.0
60-90平方米	60 – 90 sq. m	25.6	26.0
90-120平方米	90 – 120 sq. m	23.6	23.3
120-200平方米	120 – 200 sq. m	16.5	16.9
200平方米以上	Above 200 sq. m	5.2	5.3
五、住宅外道路路面情况	Road Conditions Outside Houses	100.0	100.0
水泥或柏油路面	Cement or Asphalt Road	84.2	85.5
沙石或石板等硬质路面	Sand, Stone and Other Hard Surfacing Road	9.0	8.1
其　他	Others	6.8	6.4
六、住宅有管道供水情况	House Water Supply	100.0	100.0
管道供水入户	Piped Water Supply Inlet	78.7	79.3
管道供水至公共取水点	Piped Water Supply to Public Water Draw-off	4.2	4.4
没有管道设施	No Pipeline Facilities	17.1	16.4
七、住户主要饮用水来源情况	Major Sources of Drinking Water for Households	100.0	100.0
经过净化处理的自来水	Purified Running Water	38.9	38.8
受保护的井水和泉水	Protected Wells and Springs	46.5	47.1
不受保护的井水和泉水	Unprotected Wells and Springs	8.2	7.5
江河湖泊水	River and Lake Water	0.5	0.5
收集雨水	Collected rainwater	3.1	3.6
桶装水	Bottled water	0.4	
其他水源	Other Water sources	2.4	2.6
八、住户厕所类型	Household Toilet Type	100.0	100.0
水冲式卫生厕所	Clean Flush Toilets	4.3	3.5
水冲式非卫生厕所	Non-clean Flush Toilets	0.1	0.2
卫生旱厕	Clean Pit Latrines	11.4	11.0
普通旱厕	General Pit Latrines	83.6	84.6
无厕所	No Toilet	0.6	0.6

4-32 续表2 continued

单位：% (%)

指　　标	Item	2013	2014
九、住户主要取暖设备状况	Major Heating Equipments for Households	100.0	100.0
由市政或小区集中供暖	Central Heating Supplied by Municipal or Residential Area	3.8	3.5
自行供暖	Self Heating	89.8	90.4
无取暖设备	No Heating Equipments	6.4	6.1
十、住户主要取暖用能源状况	Major Heating Energy for Households	100.0	100.0
柴　草	Firewood	6.9	9.4
煤　炭	Coal	87.6	79.4
罐装液化石油气	Bottled Liquefied Petroleum Gas	0.1	
管道液化石油气	Pipelined Liquefied Petroleum Gas		
管道煤气	Pipelined Gas	1.5	1.0
管道天然气	Pipelined Natural Gas		
电	Electricity	0.5	1.4
燃料用油	Fuel oil		
沼　气	Biogas		
其　他	Others	1.5	3.5
无取暖行为	None	1.8	5.1
十一、主要炊用能源状况	Major Cooking Energy	100.0	100.0
柴　草	Firewood	23.0	22.6
煤　炭	Coal	56.1	55.6
罐装液化石油气	Bottled Liquefied Petroleum Gas	3.0	2.5
管道液化石油气	Pipelined Liquefied Petroleum Gas		
管道煤气	Pipelined Gas	2.2	1.9
管道天然气	Pipelined Natural Gas	0.4	0.5
电	Electricity	13.8	14.4
燃料用油	Fuel oil		
沼　气	Biogas	0.1	0.2
其　他	Others	1.3	2.2
无炊用行为	None		

4-33 农村居民家庭五等分分组基本情况(2013年)

按可支配收入分组

指　　标	Item	低收入户 (20%) Low Income Households
一、调查户数 (户)	Number of Households Surveyed (household)	449
二、调查户常住人口(人)	Number of Resident Population Surveyed (person)	1461
三、劳动力数	Number of Labors	956
#从业人数	Number of Employees	846
四、人均期末住房面积 (平方米)	Per Capia Housing Area at the Year-end (sq.m)	26.88
五、户均期末经营土地面积(亩)	Average Land Area under Management at the End of the Period (mu)	10.26
六、期末耐用品拥有量	Durable Goods at the Year-end	
家用汽车(辆)	Automobile (unit)	26
摩托车(辆)	Motorcycle (unit)	205
洗衣机(台)	Washing Machine (set)	294
电冰箱(台)	Refrigerator (set)	152
微波炉(台)	Microwave Oven (set)	17
彩色电视机(台)	Color Television (set)	446
空　调(台)	Air Conditioner (set)	19
固定电话(部)	Fixed Telephone (set)	124
移动电话(部)	Mobile Telephone (set)	607
#接入互联网	Mobile Telephone with Internet Access	200
计算机(台)	Computer (set)	59
#接入互联网	Computer with Internet Access	47
照相机(台)	Camera (set)	3
组合音响(套)	Hi-Fi Stereo Componet System (set)	2
七、食品消费情况 (公斤)	Food Consumption (kg)	
粮　食	Grain	241710
油脂类	Oil and Fat	11290
蔬菜及菜制品	Vegetables and Processed Products	87567
肉　类	Meat	10964
禽　类	Poultry	1640
水产品	Aquatic Product	1104
蛋类及蛋制品	Eggs and Processed Products	8664
奶和奶制品	Milk and Processed Products	7799
干鲜瓜果类	Fresh and Dried Fruits	28531
糖果糕点类	Sweets and Pastry	3555
饮　料	Beverage	66
烟　叶	Tobacco Leaves	41218
酒	Liquor	5330

BASIC CONDITIONS OF RURAL HOUSEHOLDS BY INCOME QUINTILE(2013)

(by the group of disposible income)

中低收入户 (20%) Lower Middle Income Households	中等收入户 (20%) Middle Income Households	中高收入户 (20%) Higher Middle Income Households	高收入户 (20%) High Income Households
450	445	448	447
1517	1473	1387	1217
1063	1029	1024	978
892	881	843	814
28.78	31.99	33.79	41.08
9.41	8.36	8.03	8.56
35	41	42	72
230	241	244	244
344	365	381	381
198	228	265	307
17	24	33	65
467	470	477	462
21	30	49	69
131	132	134	157
741	811	868	871
214	274	332	308
70	86	129	182
52	68	102	146
5	9	14	29
3	4	8	14
243255	228057	232910	223115
12344	12801	12315	10752
91857	100470	120175	104767
12341	13209	14953	16117
1750	1734	1862	1963
1450	1599	2082	2283
9997	11351	12107	12085
10193	12020	15697	14867
36698	38189	45684	54039
4132	4576	4764	5022
85	175	176	218
49299	56531	57819	62707
5878	7237	7349	9256

4-34 农村居民家庭五等分分组基本情况(2014年)

按可支配收入分组

指　　标	Item	低收入户 (20%) Low Income Households
一、调查户数 (户)	Number of Households Surveyed (household)	439
二、调查户常住人口(人)	Number of Resident Population Surveyed (person)	1403
三、劳动力数	Number of Labors	937
#从业人数	Number of Employees	827
四、人均期末住房面积 (平方米)	Per Capia Housing Area at the Year-end (sq.m)	26.65
五、户均期末经营土地面积(亩)	Average Land Area under Management at the End of the Period (mu)	10.64
六、期末耐用品拥有量	Durable Goods at the Year-end	
家用汽车(辆)	Automobile (unit)	28
摩托车(辆)	Motorcycle (unit)	211
洗衣机(台)	Washing Machine (set)	318
电冰箱(台)	Refrigerator (set)	162
微波炉(台)	Microwave Oven (set)	12
彩色电视机(台)	Color Television (set)	447
空　调(台)	Air Conditioner (set)	13
固定电话(部)	Fixed Telephone (set)	118
移动电话(部)	Mobile Telephone (set)	707
#接入互联网	Mobile Telephone with Internet Access	235
计算机(台)	Computer (set)	59
#接入互联网	Computer with Internet Access	38
照相机(台)	Camera (set)	4
组合音响(套)	Hi-Fi Stereo Componet System (set)	2
七、食品消费情况 (公斤)	Food Consumption (kg)	
粮　食	Grain	202384
油脂类	Oil and Fat	11531
蔬菜及菜制品	Vegetables and Processed Products	72697
肉　类	Meat	11166
禽　类	Poultry	1810
水产品	Aquatic Product	1168
蛋类及蛋制品	Eggs and Processed Products	8778
奶和奶制品	Milk and Processed Products	6873
干鲜瓜果类	Fresh and Dried Fruits	29758
糖果糕点类	Sweets and Pastry	3692
饮　料	Beverage	125
烟　叶	Tobacco Leaves	45152
酒	Liquor	5499

BASIC CONDITIONS OF RURAL HOUSEHOLDS BY INCOME QUINTILE(2014)

(by the group of disposible income)

中低收入户 (20%) Lower Middle Income Households	中等收入户 (20%) Middle Income Households	中高收入户 (20%) Higher Middle Income Households	高收入户 (20%) High Income Households
442	441	440	438
1433	1449	1368	1137
956	1015	989	932
833	866	841	776
29.72	31.45	35.86	43.62
9.18	8.02	8.04	8.10
35	46	64	61
237	278	263	242
334	360	385	379
205	249	283	298
18	25	42	57
465	462	479	462
33	33	51	71
126	148	134	163
785	883	940	885
256	350	345	320
92	117	148	156
65	85	95	123
4	4	25	25
6	8	11	15
210048	199316	189824	181568
11119	14433	15522	15701
76420	79124	88764	87573
12080	13160	14552	16486
2088	2167	2346	2658
1323	2012	1736	2080
9758	10568	11009	11394
10979	11184	14985	15271
37391	45621	49700	57732
4253	4379	5446	4891
127	144	126	152
44356	55101	55824	56481
5976	6431	7445	7132

4-35 农村居民家庭五等分分组人均收支情况(2013年)

按可支配收入分组

指　标	Item	低收入户 (20%) Low Income Households
一、总收入(元)	**Total Income (yuan)**	**4049.63**
(一)工资性收入	Income of Wages and Salaries	1010.28
(二)经营性收入	Business Income	2096.01
第一产业	Primary Industry	1955.28
第二产业	Secondary Industry	4.53
第三产业	Tertiary Industry	136.20
(三)财产性收入	Property Income	26.60
#利息收入	Interest	-0.23
红利收入	Dividend and Bonus	3.69
储蓄性保险净收益	Net Savings Insurance	
出租房屋财产性净收入	Net Income of Property Rental	14.50
(四)转移性收入	Transfer Income	916.74
#养老金或离退休金	Pension or Retirement Payments	128.20
社会救济和补助	Social Relief and Subsidy	98.10
政策性生活补贴	Policy Living Allowances	19.66
赡养收入	Old Alimony	139.88
报销医疗费	Reimbursement of Medical Expenses	13.88
从政府和组织得到的实物产品和服务折价	Goods and Services Discount Received from Governments and Organizations	116.65
现金政策性惠农补贴	Cash Benefits Policy of Aagricultural Subsidies	155.31
二、总支出(元)	**Total Expenditure (yuan)**	**7035.19**
(一)消费支出	Living Expenditure	4277.04
食品烟酒	Food, Tobacco and Liquor	1434.89
衣　着	Clothing	300.19
居　住	Residence	831.79
生活用品及服务	Household Living Facilities,Articles and Services	174.73
交通通信	Transportation and Communication	380.92
教育文化娱乐服务	Education, Culture and Recreation Services	571.14
医疗保健	Health Care	499.19
其他商品和服务	Other Commodities and Services	84.18
(二)生产经营费用支出	Production and Operation Expenses	888.81
第一产业	Primary Industry	859.30
第二产业	Secondary Industry	0.08
第三产业	Tertiary Industry	29.43
(三)财产性支出	Property Expenditure	7.46
(四)转移性支出	Transfer Expenditure	212.39
(五)部分商业保险支出	Part of the Commercial Insurance Expenses	15.26
(六)购置资产及非经常性转移支出	Acquisition of Assets and Non-recurring Transfer Expenditures	1022.62
(七)借贷性支出	Borrowing Expenditure	611.61
三、可支配收入(元)	**Disposable Income (yuan)**	**2398.14**

PER CAPITA INCOME AND EXPENDITURE OF RURAL HOUSEHOLDS BY INCOME QUINTILE(2013)

(by the group of disposible income)

中低收入户 (20%) Lower Middle Income Households	中等收入户 (20%) Middle Income Households	中高收入户 (20%) Higher Middle Income Households	高收入户 (20%) High Income Households
6468.96	**8540.38**	**11491.14**	**19887.46**
2439.16	3846.14	5495.45	8519.64
2587.36	3257.31	3868.24	6887.03
2154.58	2511.59	3300.21	4924.45
83.74	18.90	8.20	455.70
349.04	726.83	559.83	1506.87
81.70	54.64	111.51	335.12
6.13	5.78	17.69	105.48
10.70	14.74	22.21	60.50
0.01	0.48		
30.78	5.08	26.79	73.50
1360.74	1382.29	2015.94	4145.67
250.73	204.56	591.96	2163.30
101.30	72.77	46.76	59.59
24.79	41.06	56.37	72.25
111.12	146.89	138.75	208.15
34.49	37.66	116.52	248.92
120.65	127.42	141.26	125.28
151.64	118.67	169.85	188.61
8064.09	**9256.16**	**12432.23**	**21078.06**
5001.97	5912.68	7154.35	10636.34
1565.77	1692.96	2022.81	2611.14
403.35	483.33	578.32	770.43
1128.29	1296.05	1583.31	2421.66
217.93	288.20	384.80	689.93
472.35	505.40	826.53	1449.47
665.23	1021.12	895.14	1100.46
431.86	488.08	705.17	1206.61
117.20	137.54	158.27	386.63
900.75	1012.30	1330.70	2280.64
795.97	828.04	1204.64	1813.82
21.74			77.00
83.03	184.26	126.05	389.82
5.57	1.06	7.72	15.98
148.01	216.66	228.99	313.33
26.33	16.74	35.04	62.09
1051.67	1022.51	1868.56	3938.63
929.80	1074.22	1806.89	3831.05
5287.31	**7116.48**	**9744.52**	**16969.71**

4-36 农村居民家庭五等分分组人均收支情况(2014年)

按可支配收入分组

指　标	Item	低收入户 (20%) Low Income Households
一、总收入(元)	**Total Income (yuan)**	**5523.97**
(一)工资性收入	Income of Wages and Salaries	1212.07
(二)经营性收入	Business Income	3308.05
第一产业	Primary Industry	2906.65
第二产业	Secondary Industry	4.50
第三产业	Tertiary Industry	396.90
(三)财产性收入	Property Income	70.61
#利息收入	Interest	25.86
红利收入	Dividend and Bonus	8.10
储蓄性保险净收益	Net Savings Insurance	
出租房屋财产性净收入	Net Income of Property Rental	8.60
(四)转移性收入	Transfer Income	933.23
#养老金或离退休金	Pension or Retirement Payments	162.20
社会救济和补助	Social Relief and Subsidy	99.06
政策性生活补贴	Policy Living Allowances	18.98
赡养收入	Old Alimony	87.64
报销医疗费	Reimbursement of Medical Expenses	42.76
从政府和组织得到的实物产品和服务折价	Goods and Services Discount Received from Governments and Organizations	93.19
现金政策性惠农补贴	Cash Benefits Policy of Aagricultural Subsidies	153.46
二、总支出(元)	**Total Expenditure (yuan)**	**8946.78**
(一)消费支出	Living Expenditure	5068.14
食品烟酒	Food, Tobacco and Liquor	1619.99
衣　着	Clothing	326.02
居　住	Residence	1065.32
生活用品及服务	Household Living Facilities,Articles and Services	192.71
交通通信	Transportation and Communication	487.29
教育文化娱乐服务	Education, Culture and Recreation Services	780.51
医疗保健	Health Care	505.00
其他商品和服务	Other Commodities and Services	91.30
(二)生产经营费用支出	Production and Operation Expenses	2236.26
第一产业	Primary Industry	2024.14
第二产业	Secondary Industry	
第三产业	Tertiary Industry	212.11
(三)财产性支出	Property Expenditure	4.91
(四)转移性支出	Transfer Expenditure	145.62
(五)部分商业保险支出	Part of the Commercial Insurance Expenses	16.92
(六)购置资产及非经常性转移支出	Acquisition of Assets and Non-recurring Transfer Expenditures	1143.21
(七)借贷性支出	Borrowing Expenditure	331.73
三、可支配收入(元)	**Disposable Income (yuan)**	**2719.10**

PER CAPITA INCOME AND EXPENDITURE OF RURAL HOUSEHOLDS BY INCOME QUINTILE(2014)

(by the group of disposible income)

中低收入户 (20%) Lower Middle Income Households	中等收入户 (20%) Middle Income Households	中高收入户 (20%) Higher Middle Income Households	高收入户 (20%) High Income Households
7162.45	**9151.51**	**12276.63**	**21646.76**
3153.51	4750.71	6410.82	7870.54
2889.65	3001.16	4021.44	8566.96
2326.92	2412.30	3014.43	6245.76
0.05	59.11	34.80	114.22
562.68	529.75	972.21	2206.98
65.39	82.28	163.31	336.53
6.31	7.33	25.89	63.33
20.23	25.86	48.58	56.93
			13.84
17.87	23.53	36.68	79.67
1053.90	1317.36	1681.05	4872.73
193.80	226.51	432.13	1975.90
102.25	102.81	72.68	37.82
31.18	39.81	40.14	86.14
132.72	116.83	110.92	488.76
96.99	127.60	195.54	683.17
98.03	105.86	114.47	113.76
149.73	142.34	168.85	205.90
8252.06	**9251.01**	**11869.60**	**17699.22**
5579.95	6398.90	7895.98	10667.31
1753.76	1885.03	2233.40	2937.04
453.50	505.51	653.72	806.45
1134.24	1353.75	1834.34	2131.14
250.14	276.77	428.49	621.45
470.87	657.00	794.51	1210.99
838.28	995.32	978.87	1070.37
544.96	578.04	777.51	1594.57
134.20	147.48	195.14	295.31
1013.10	890.86	1168.39	2408.63
854.88	774.37	976.44	2022.91
	12.95	3.66	8.91
158.22	103.55	188.29	376.80
2.97	11.87	4.30	3.80
163.99	190.15	243.80	444.02
9.01	22.66	17.89	72.42
1109.12	1433.32	2026.32	2878.43
373.92	303.24	512.92	1224.62
5852.35	**7950.91**	**10715.18**	**18490.40**

主要统计指标解释

可支配收入 指住户在调查期内获得的、可用于最终消费支出和储蓄的总和，即调查户可以用来自由支配的收入。可支配收入既包括现金，也包括实物收入。按照收入的来源，可支配收入包含四项，分别为：工资性收入、经营净收入、财产净收入和转移净收入。计算公式为：

可支配收入 = 工资性收入 + 经营净收入 + 财产净收入 + 转移净收入

工资性收入 指就业人员通过各种途径得到的全部劳动报酬和各种福利，包括受雇于单位或个人、从事各种自由职业、兼职和零星劳动得到的全部劳动报酬和福利。

经营净收入 指住户或住户成员从事生产经营活动所获得的净收入，是全部经营收入中扣除经营费用、生产性固定资产折旧和生产税之后得到的净收入。计算公式具体为：

经营净收入 = 经营收入 - 经营费用 - 生产性固定资产折旧 - 生产税

财产净收入 指住户或住户成员将其所拥有的金融资产、住房等非金融资产和自然资源交由其他机构单位、住户或个人支配而获得的回报并扣除相关的费用之后得到的净收入。财产净收入包括利息净收入、红利收入、储蓄性保险净收益、转让承包土地经营权租金净收入、出租房屋净收入、出租其他资产净收入和自有住房折算净租金等。

转移净收入 计算公式为：转移净收入 = 转移性收入 - 转移性支出

转移性收入 指国家、单位、社会团体对住户的各种经常性转移支付和住户之间的经常性收入转移。包括政府、非行政事业单位、社会团体对居民转移的养老金或退休金、社会救济和补助、惠农补贴、政策性生活补贴、救灾款、经常性捐赠和赔偿以及报销医疗费等；住户之间的赡养收入、经常性捐赠和赔偿以及农村地区（村委会）在外（含国外）工作的本住户非常住成员寄回带回的收入等。

转移性支出 指住户对国家、单位、住户或个人的经常性或义务性转移支付。包括缴纳的税款、各项社会保障支出、赡养支出、经常性捐赠和赔偿支出以及其他经常转移支出等。

消费支出 指住户用于满足家庭日常生活消费需要的全部支出，包括用于消费品的支出和用于服务性消费的支出。根据用途不同，消费支出可划分为食品烟酒、衣着、居住、生活用品及服务、交通通信、教育文化娱乐服务、医疗保健、其他商品及服务八大类。

Explanatory Notes on Main Statistical Indicators

Disposable Income refers to the disposable income of households which obtained during the survey period, and can be used for final consumption and savings. It includes cash and physical income. It can be divided into four categories, including income of wages and salaries, net business income, net property income and net transfer income by the sources of income. The formula is as follows:

Disposable Income = Income of Wages and Salaries + Net Business Income + Net Property Income + Net Transfer Income

Income of Wages and Salaries refers to total labor rewards and welfare employees received through various channels, including employed by units or individuals, engaged in free occupations, part-time jobs and sporadic jobs.

Net Business Income refers to net income the households or their members received through production and operation activities. It equals to total business income minus business expenses, depreciation of productive fixed assets and production taxes. The formula is as follows:

Net Business Income = Business Income – Business Expenses – Depreciation of Productive Fixed Assets – Production Taxes

Net Property Income refers to net income received as returns deducting related expenses by the households or their members, who owns the financial assets, non-financial assets such as housing and natural resources, by providing them to other institutional units, households or individuals. It includes net interest income, dividend and bonus, net savings insurance, net rental income from transferring management right of contracted land, net rental income from houses, net rental income from other assets, imputed net rental from owner occupied housing and etc.

Net Transfer Income is calculated by the following formula:

Net Transfer Income = Transfer Income – Transfer Expenditure

Transfer income refers to current transfer payment the state, units, social organizations pay to households and current transfer income among households. It includes pensions or retirement payments, social relief and subsidies, agricultural subsidies, policy living allowances, relief funds, regular donations and compensations and reimbursement of medical expenses, which the government, non-administrative institutions, social organizations transferring to households. It also includes old alimony, regular donations and compensations and incomes that non-resident household members who work away from home including abroad sending or bringing back to the rural area, which transferring among households.

Transfer Expenditure refers to current or compulsory transfer payment households pay to the state, units, households and individuals. It includes taxes, social security expenditures, alimony payments, regular donations and compensations and other current transfer expenditures.

Living Expenditure refers to total expenditure households used to satisfy daily life consumption, which includes consumer goods and services expenditure. It can be classified into eight categories, including expenditure on food, tobacco and liquor, clothing, residence, living articles and services, transportation and communication, education, culture and recreation services, health care, other commodities and services.

财政、金融和保险

PUBLIC FINANCE, BANKING AND INSURANCE

05

PAGE

125—146

资料整理人员

安爱萍　张艳君

财政、金融和保险

PUBLIC FINANCE, BANKING AND INSURANCE

公共财政收入	Public Finance Revenue	1820.6	亿元	(100 million yuan)
公共财政支出	Public Finance Expenditure	3085.3	亿元	(100 million yuan)
城乡居民人民币储蓄存款余额	Saving Deposits in RMB of Urban and Rural Residents	14145.2	亿元	(100 million yuan)
原保险保费收入	Income of Premiums	465.4	亿元	(100 million yuan)

城乡居民人民币储蓄存款余额(亿元)

Saving Deposits in RMB of Urban and Rural Residents (100 million yuan)

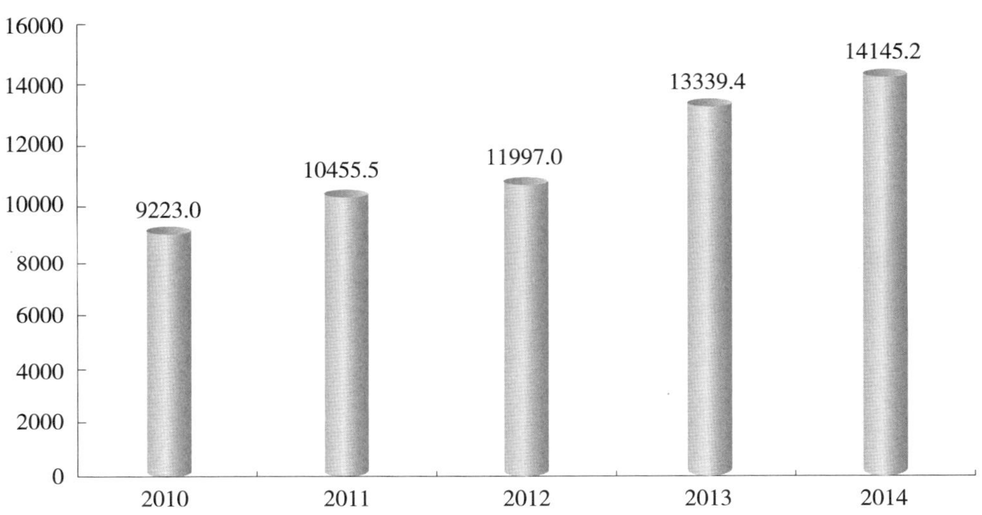

公共财政收入(亿元)

Public Finance Revenue (100 million yuan)

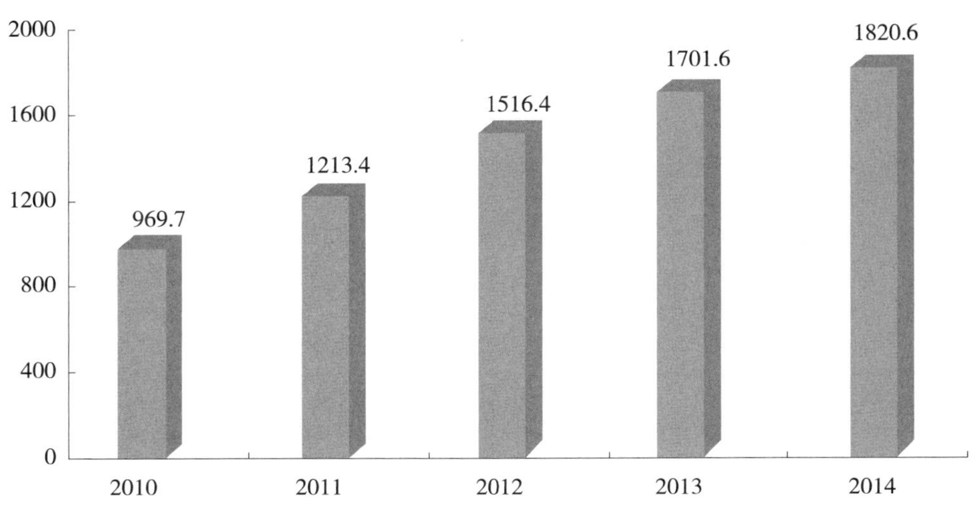

5-1 主要年份财政收支总额
FINANCIAL REVENUE AND EXPENDITURE IN MAJOR YEARS

单位：万元 (10 000 yuan)

年 份 Year	财 政 总收入 Overall Revenue	公共财政 收 入 Public Finance Revenue	公共财政 支 出 Public Finance Expenditure	公共财政 收支差额 Public Finance Balance	公共财政收支指数(上年=100) Public Finance Revenue and Expenditure Indices (last year=100)	
					收 入 Revenue	支 出 Expenditure
1952	18276	18276	10913	7362	138	185
1957	35230	35230	28832	6398	109	95
1962	54001	54001	36423	17578	79	50
1965	68571	68571	51064	17507	115	103
1970	92081	92081	94164	-2083	181	150
1975	123934	123934	149779	-25845	113	98
1978	196419	196419	211118	-14699	148	129
1980	209555	209555	196099	13456	103	95
1985	249905	249906	355483	-105577	92	119
1990	517495	517495	548962	-31467	107	108
1995	1293837	722064	1128924	-406860	134	127
2000	1945545	1144762	2250554	-1105792	105	121
2005	7581168	3683437	6687508	-3004071	144	129
2006	10481656	5833752	9155698	-3321946	158	137
2007	12005356	5978870	10499228	-4520358	102	115
2008	15187825	7480047	13150175	-5670128	125	125
2009	15380230	8058279	15617047	-7558768	108	119
2010	18101830	9696652	19313641	-9616989	120	124
2011	22605379	12134340	23638476	-11504136	125	122
2012	26503326	15163780	27594582	-12430802	125	117
2013		17016227	30301263	-13285036	112	110
2014		18206350	30852826	-12646476	107	102

注：1994年以前一般预算收支为财政收支；2013年起，财政总收入取消，一般预算收支改为公共财政收支，统计口径不变。

Note: General budget revenue and expenditure refer to financial revenue and expenditure before 1994. Overall finance revenue has been canceled and general budget revenue and expenditure have been changed to public finance revenue and expenditure, with the same statistical coverage, since 2013.

5-2 财政专户管理资金收支额(2014年)
REVENUE AND EXPENDITURE OF SPECIAL FINANCIAL ACCOUNT(2014)

单位：万元 (10 000 yuan)

项　目	Item	金　额 Value
收入合计	**Total Revenue**	**721979**
一、行政事业性收费收入	Revenue from Administrative and Institutional Fees	626391
二、其他收入	Other Revenue	95588
#彩票发行机构和彩票销售机构的业务费用	Business Expenses from Lottery Agencies and Lottery Sale Agencies	40537
支出合计	**Total Expenditure**	**628453**
一、一般公共服务	Expenditure for General Public Services	1036
二、国　防	Expenditure for National Defence	
三、公共安全	Expenditure for Public Security	766
四、教　育	Expenditure for Education	510673
五、科学技术	Expenditure for Science and Technology	
六、文化体育与传媒	Expenditure for Culture, Sports and Media	2049
七、社会保障和就业	Expenditure for Social Security and Employment	5464
八、医疗卫生与计划生育	Expenditure for Medical and Health Care, Family Planning	8147
九、节能环保	Expenditure for Energy Conservation and Environmental Protection	
十、城乡社区	Expenditure for Urban and Rural Community	9752
十一、农林水	Expenditure for Agriculture, Forestry and Water Conservancy	40
十二、交通运输	Expenditure for Transportation	5727
十三、资源勘探信息等	Expenditure for Resources Exploration and Information	1642
十四、商业服务业等	Expenditure for Business and Services	6779
十五、金　融	Expenditure for Finance	
十六、国土海洋气象等	Expenditure for Land, Ocean and Weather	610
十七、住房保障支出	Expenditure for Housing Security	530
十八、粮油物资储备	Expenditure for Cereals, Oils and Material Reserves	
十九、其他支出	Other Expenditures	75238

5-3 公共财政收入(2014年)
PUBLIC FINANCE REVENUE(2014)

单位：万元 (10 000 yuan)

项　目	Item	金　额 Value
收入总计	**Total Revenue**	**18206350**
一、税收收入	**Total taxes**	**11343425**
增值税	Value-added Taxes	2383303
营业税	Operation Taxes	3458230
企业所得税	Enterprises Income Taxes	1673837
个人所得税	Individual Income Taxes	472035
资源税	Resource Taxes	588972
城市维护建设税	Taxes on Urban Construction and Maintenance	672631
房产税	House Property Taxes	342896
印花税	Stamp Taxes	222545
城镇土地使用税	Taxes on Use of Urban Land	403968
土地增值税	Land Value-added Taxes	309238
车船税	Taxes on Use of Vehicles and vessels	142201
耕地占用税	Taxes on Occuping Cultivated Land	203032
契　税	Contract Taxes	468230
烟叶税	Tobacco Taxes	2307
二、非税收入	**Non-tax Revenue**	**6862925**
专项收入	Special Incomes	4442123
行政事业性收费收入	Incomes from Administrative Fees	975636
罚款收入	Penalty Incomes	609354
国有资本经营收入	Business Revenue of State-owned Properties	251467
国有资源(资产)有偿使用收入	Incomes from State-owned Resource Utilization	341649
其他收入	Other Incomes	242696

5-4 公共财政支出(2014年)
PUBLIC FINANCE EXPENDITURE(2014)

单位：万元 (10 000 yuan)

项　　目	Item	金　额 Value
支出总计	**Total Expenditure**	**30852826**
一、一般公共服务	Expenditure for General Public Services	2379414
二、国　防	Expenditure for National Defence	54444
三、公共安全	Expenditure for Public Security	1608037
四、教　育	Expenditure for Education	5072806
五、科学技术	Expenditure for Science and Technology	542635
六、文化体育与传媒	Expenditure for Culture, Sports and Media	639515
七、社会保障和就业	Expenditure for Social Security and Employment	4507152
八、医疗卫生与计划生育	Expenditure for Medical and Health Care and Family Planning	2439413
九、节能环保	Expenditure for Energy Conservation and Environmental Protection	952555
十、城乡社区	Expenditure for Urban and Rural Community	2190533
十一、农林水	Expenditure for Agriculture, Forestry and Water Conservancy	3278530
十二、交通运输	Expenditure for Transportation	1703539
十三、资源勘探信息等	Expenditure for Resources Exploration and Information	495982
十四、商业服务业等	Expenditure for Business and Services	139501
十五、金　融	Expenditure for Finance	29142
十六、援助其他地区	Expenditure for Other Regional Assistance	23663
十七、国土海洋气象等	Expenditure for Land, Ocean and Weather	3197137
十八、住房保障	Expenditure for Housing Security	933768
十九、粮油物资储备	Expenditure for Cereals, Oils and Material Reserves	190705
二十、国债还本付息	Expenditure for Goverment and Public Bonds and Its Interest	93040
二十一、其　他	Other Expenditures	381315

5-5 税收分经济类型情况(2014年)

单位：万元

项　目	Item	合 计 Total	内　资 国有企业 Stated -owned Enterprise	集体企业 Collective -owned Enterprise	股份合作企业 Share Cooperative Enterprise	联营企业 Joint Enterprise
税收(地税)	**Local Taxes Revenue**	**9821323**	**816833**	**142197**	**16009**	**4472**
#营业税	Operation Taxes	3452491	272687	82725	8774	801
企业所得税	Enterprises Income Taxes	1838437	181877	22432	796	1368
个人所得税	Individual Income Taxes	1179873	111440	9898	3890	486
资源税	Resource Taxes	588968	42450	1900	35	1394
城市维护建设税	Taxes on Urban Construction and Maintenance	667134	78561	8774	666	152
房产税	House Property Taxes	342898	36319	6940	814	120
印花税	Stamp Taxes	222541	20775	2769	289	18
城镇土地使用税	Taxes on Use of Urban Land	403970	44986	4062	223	84
土地增值税	Land Value-added Taxes	309241	3350	625		
车船税	Taxes on Use of Vehicles and vessels	142201	11466	363	69	
#烟叶税	Tobacco Taxes	2307	2302			
耕地占用税	Taxes on Occuping Cultivated Land	203032	6279	467	38	48
契　税	Contract Taxes	468230	4341	1242	415	1
税收(国税)	**National Taxes Revenue**	**11222521**	**1717153**	**129902**	**39155**	**2098**
增值税	Value-added Taxes	7976050	1367443	67890	10504	2079
#一般纳税人	General Taxpayers	7265627	970637	65957	9799	2063
小规模纳税人	Small-scale Taxpayers	423028	109411	1933	705	16
消费税	Consumption Taxes	438254	172192	106	755	
企业所得税	Income Taxes of Enterprises	2147221	174551	60891	27812	16
个人所得税	Individual Income Taxes	200				
车辆购置税	Vehicle Purchase Taxes	660796	2967	1015	84	3

TAXES REVENUE BY FORM OF OWNERSHIP(2014)

(10 000 yuan)

Civil Funded Enterprises				港澳台投资企业 Enterprise Funded by Hongkong, Macao and Taiwan	外商投资企业 Foreign Funded Enterprise	个体经营 Individual
股份公司 Share Holding Limited Company	#国有控股 State Controlling Share	私营企业 Private Enterprise	其他企业 Other Enterprise			
7361420	**5174164**	**232009**	**525572**	**62530**	**147492**	**512789**
2665752	1688061	89335	131318	20588	49340	131171
1552689	1210734	30147	49128			
671588	529803	33903	69303	7341	25590	246434
517618	382147	8920	3068	1164	10651	1768
496492	353007	12458	21254	10458	28664	9655
234103	183967	6288	21387	8175	13221	15531
178267	134922	4473	4921	4995	3757	2277
311126	231522	13619	11105	7889	10034	842
274115	202812	14572	10035	312	3216	3016
69165	36082	1467	57826	16	406	1423
5	5					
130108	64399	3878	58145	420	1119	2530
260392	156703	12949	88082	1172	1494	98142
6852059	**1365092**	**695371**	**21833**	**299489**	**668820**	**796641**
5111354	691036	576892	10356	220013	386726	222793
5035146	691036	542005	8059	219687	386390	25884
76208		34887	2297	326	336	196909
238458	213928	19869		735	5607	532
1447282	459934	81584	711	78232	276142	
						200
54965	194	17026	10766	509	345	573116

5-6 金融机构信贷收支余额(2014年)
BALANCE OF CREDIT FUNDS OF FINANCIAL INSTITUTIONS(2014)

单位：亿元 (100 million yuan)

项　目	Item	本外币 RMB and Foreign Currency	人民币 RMB
一、各项存款	**Deposits**	**26942.93**	**26779.47**
单位存款	Corporate Deposits	10979.18	10870.03
个人存款	Personal Deposits	14493.80	14441.37
#储蓄存款	Saving Deposits	14193.85	14145.18
财政性存款	Fiscal Deposits	1272.95	1272.95
临时性存款	Temporary Deposits	23.55	22.22
委托存款	Entrusted Deposits	59.66	59.46
其他存款	Other Deposits	113.89	113.43
二、所有者权益	**Creditors' Equity**	**938.96**	**942.18**
#实收资本	Actual Received Capital	458.46	458.01
三、各项贷款	**Loans**	**16559.41**	**16432.75**
境内贷款	Domestic Loans	16559.09	16432.61
短期贷款	Short-term Loans	6479.08	6371.56
中长期贷款	Medium-term and Long-term Loans	8774.58	8758.92
融资租赁	Lease Loans	28.07	28.07
票据融资	Bill Finance	1211.43	1211.43
各项垫款	Advances	65.94	62.64
境外贷款	Foreign Loans	0.31	0.13
四、有价证券	**Securities**	**823.96**	**823.96**

5-7 金融机构人民币各项存款和贷款余额
BALANCE OF DEPOSITS AND LOANS IN RENMINBI OF FINANCIAL INSTITUTIONS

单位：万元 (10 000 yuan)

年份 Year	各项存款合计 Balance of Deposits	#企事业存款 Corporate Deposits	#城乡居民储蓄存款 Saving Deposits of Urban and Rural Residents	各项贷款合计 Balance of Loans	#短期贷款 Short-term	#中长期贷款 Medium and Long-term	#基本建设贷款 Capital Construction
1980	392088	125522	128705	591107	578830	12277	
1981	447477	147220	166949	650669	631246	19189	
1982	543771	160023	219636	712125	684031	27712	
1983	673990	194255	288045	801843	767329	32372	4396
1984	877119	269620	405322	1092897	1012969	68283	24425
1985	1050817	401574	529220	1512441	1185224	247760	153465
1986	1333530	496555	704837	1837204	1406768	347628	225095
1987	1640576	562031	944179	2150614	1643114	403385	257429
1988	1933480	642254	1244252	2382519	1995685	340744	171753
1989	2480443	745858	1719554	2809278	2371858	397300	216001
1990	3141354	847362	2313378	3569045	2877047	571351	345202
1991	3809523	1034918	2915655	4328291	3262954	943164	651641
1992	4607404	1224459	3636711	5148408	3712448	1274798	880818
1993	5702498	1414515	4603533	6381035	4400154	1778957	1312393
1994	6854272	2062932	6159495	8020557	5081106	2756760	1511248
1995	12882737	2833481	8444641	12231107	7744271	3210760	1496840
1996	15699109	3681447	10738217	14201114	9259966	3910686	1462002
1997	17923626	4474154	12368354	15249840	11782869	2965442	1581365
1998	20811147	4948038	14370605	17417903	13022710	3360439	1909731
1999	23572121	5643636	16143945	19092096	13767722	3740309	2099969
2000	26283900	6772936	17484210	24531452	14224781	8212709	5287303
2001	30907287	8219315	19797268	24084029	14317608	7687055	4647358
2002	37087186	9602764	23073176	29031751	16331829	9587870	6114549
2003	46815142	12594164	27815374	35522883	19343085	12138826	7056561
2004	58116546	15579954	33423062	40161240	20362341	14893336	8913409
2005	70886971	17489745	41196865	42289987	21082074	16994250	9532519
2006	85774569	22553297	47961838	47885141	23096219	20234188	11378604
2007	100418455	26614242	54223930	53944680	26792518	22980302	12447994
2008	127667183	32744816	70486087	59603272	27912981	27300364	14554047
2009	156984678	42390374	80994287	78147390	33337917	39118456	18084104
2010	185756526	53338036	92229697	96343196	37425196	54092971	
2011	209204319	93395109	104554604	111693542	42314059	63877414	
2012	240505805	107851389	119970319	131062060	51960561	71455443	
2013	261053489	111639664	133393743	148875306	59772430	80157833	
2014	267794699	108700270	141451816	164327453	63715573	87589237	

注：2010年起，取消基本建设贷款。

Note: Capital construction loan is canceled in 2010.

5-8 金融机构法定存款利率
OFFICIAL INTEREST RATES OF DEPOSITS OF FINANCIAL INSITITUTIONS

单位：年利率%　　(annual interest rate %)

项　目	Item	2007.7.21 Jul.21,2007	2007.8.22 Aug.22,2007	2007.9.15 Sep.15,2007	2007.12.21 Dec.21,2007
城乡居民和单位存款	**Deposits of Urban and Rural Residents and Units**				
活　期	Demand Savings	0.81	0.81	0.81	0.72
定　期	Time Savings				
整存整取	Lump-sum Deposit and Withdrawing				
三个月	3 Months	2.34	2.61	2.88	3.33
半　年	6 Months	2.88	3.15	3.42	3.78
一　年	1 Year	3.33	3.60	3.87	4.14
二　年	2 Years	3.96	4.23	4.50	4.68
三　年	3 Years	4.68	4.95	5.22	5.40
五　年	5 Years	5.22	5.49	5.76	5.85
零存整取、整存零取、存本取息	Small Savings for Lump-sum Withdrawal, Big Money Saving and Small Withdrawing, Interest Withdrawal on a Principal Deposited				
一　年	1 Year	2.34	2.61	2.88	3.33
三　年	3 Years	2.88	3.15	3.42	3.78
五　年	5 Years	3.33	3.60	3.87	4.14
定活两便	Time-demand Optional Deposit				

项　目	Item	2008.10.9 Oct.9,2008	2008.10.30 Oct.30,2008	2008.11.27 Nov.27,2008	2008.12.23 Dec.23,2008
城乡居民和单位存款	**Deposits of Urban and Rural Residents and Units**				
活　期	Demand Savings	0.72	0.72	0.36	0.36
定　期	Time Savings				
整存整取	Lump-sum Deposit and Withdrawing				
三个月	3 Months	3.15	2.88	1.98	1.71
半　年	6 Months	3.51	3.24	2.25	1.98
一　年	1 Year	3.87	3.60	2.52	2.25
二　年	2 Years	4.41	4.14	3.06	2.79
三　年	3 Years	5.13	4.77	3.60	3.33
五　年	5 Years	5.58	5.13	3.87	3.60
零存整取、整存零取、存本取息	Small Savings for Lump-sum Withdrawal, Big Money Saving and Small Withdrawing, Interest Withdrawal on a Principal Deposited				
一　年	1 Year	3.15	2.88	1.98	1.71
三　年	3 Years	3.51	3.24	2.25	1.98
五　年	5 Years	3.87	3.60	2.52	2.25
定活两便	Time-demand Optional Deposit				

注：定活两便存款按一年期以内定期整存整取同档次利率打六折执行；2014年起不再公布5年期存款基准利率。

Note: Time-demand optional deposit enjoys a 60% preferential interest rate of lump-sum deposit and withdrawing in a year. Five-year benchmark deposit rate doesn't be announced from 2014.

5-8 续表 continued

单位：年利率% (annual interest rate %)

项　　目	Item	2010.10.20 Oct.20,2010	2010.12.26 Dec.26,2010	2011.2.9 Feb.9,2011	2011.4.6 Apr.6,2011
城乡居民和单位存款	**Deposits of Urban and Rural Residents and Units**				
活　期	Demand Savings	0.36	0.36	0.40	0.50
定　期	Time Savings				
整存整取	Lump-sum Deposit and Withdrawing				
三个月	3 Months	1.91	2.25	2.60	2.85
半　年	6 Months	2.20	2.50	2.80	3.05
一　年	1 Year	2.50	2.75	3.00	3.25
二　年	2 Years	3.25	3.55	3.90	4.15
三　年	3 Years	3.85	4.15	4.50	4.75
五　年	5 Years	4.20	4.55	5.00	5.25
零存整取、整存零取、存本取息	Small Savings for Lump-sum Withdrawal, Big Money Saving and Small Withdrawing, Interest Withdrawal on a Principal Deposited				
一　年	1 Year	1.91	2.25	2.60	2.85
三　年	3 Years	2.30	2.50	2.80	3.05
五　年	5 Years	2.50	2.75	3.00	3.25
定活两便	Time-demand Optional Deposit				

项　　目	Item	2011.7.7 Jul.7,2011	2012.6.8 Jun.8,2012	2012.7.6 Jul.6,2012	2014.11.22 Nov.22,2014
城乡居民和单位存款	**Deposits of Urban and Rural Residents and Units**				
活　期	Demand Savings	0.50	0.40	0.35	0.35
定　期	Time Savings				
整存整取	Lump-sum Deposit and Withdrawing				
三个月	3 Months	3.10	2.85	2.60	2.35
半　年	6 Months	3.30	3.05	2.80	2.55
一　年	1 Year	3.50	3.25	3.00	2.75
二　年	2 Years	4.40	4.10	3.75	3.35
三　年	3 Years	5.00	4.65	4.25	4.00
五　年	5 Years	5.50	5.10	4.75	
零存整取、整存零取、存本取息	Small Savings for Lump-sum Withdrawal, Big Money Saving and Small Withdrawing, Interest Withdrawal on a Principal Deposited				
一　年	1 Year	3.10	2.85	2.60	2.35
三　年	3 Years	3.30	3.05	2.80	2.55
五　年	5 Years	3.50	3.25	3.00	
定活两便	Time-demand Optional Deposit				

5-9 保险业基本情况(分险种)
BASIC STATISTICS ON INSURANCE BUSINESS BY TYPE

单位：万元 (10 000 yuan)

项　目	Item	2013	2014
原保险保费收入	**Income of Premiums**	**4123840**	**4653746**
财产险	Property Insurance	1445459	1560274
企业财产保险	Enterprise Property Insurance	87438	86657
家庭财产保险	Family Property Insurance	2583	2336
机动车辆保险	Motor Vehicle Insurance	1205390	1308654
工程保险	Project Insurance	12664	9458
责任保险	Liability Insurance	64925	57468
信用保险	Credit Insurance	5251	5568
保证保险	Guarantee Insurance	5637	18139
船舶保险	Hull Insurance	685	124
货物运输保险	Cargo Transportation Insurance	12942	13026
特殊风险保险	Special Risk Insurance	591	800
农业保险	Agriculture Insurance	47272	57375
其他险	Other Insurance	79	667
人身险	Personal Insurance	2678382	3093472
意外险	Accident Insurance	79713	87207
健康险	Health Insurance	201637	287043
寿　险	Life Insurance	2397032	2719221
普通寿险	Traditional Life Insurance	455318	1115025
分红寿险	Participating Life Insurance	1923918	1584579
投资连结保险	Investment-linked Life Insurance	191	194
万能寿险	Universal Life Insurance	17605	19423
赔款及给付	**Claim and Payment**	**1693188**	**1824737**
财产险	Property Insurance	831613	835647
人身险	Personal Insurance	861575	989090
意外险	Accident Insurance	20085	26845
健康险	Health Insurance	61850	86082
寿　险	Life Insurance	779640	876163

5-10 原保险保费收入情况(山西分公司)
BASIC STATISTICS ON INCOME OF PREMIUMS BY COMPANY(SHANXI BRANCH)

单位：万元 (10 000 yuan)

公司名称	Name of Company	2013	2014
合　计	**Total**	**4123840**	**4653746**
财产险公司	**Property Insurance Company**	**1496297**	**1628146**
中国人民财产保险股份有限公司	PICC Property and Casualty Insurance Co., Ltd	625754	616482
中国太平洋财产保险股份有限公司	China Pacific Property Insurance Co.,Ltd	134050	137300
永安财产保险股份有限公司	Yong An Property Insurance Co.,Ltd	32441	21527
中国平安财产保险股份有限公司	Ping An Property & Casualty Insurance Company of China,Ltd	185355	216210
天安保险股份有限公司	Tian An Insurance Company Limited of China	14743	20486
中国大地财产保险股份有限公司	China Continent Property & Casualty Insurance Co.,Ltd	62381	62779
太平财产保险有限公司	Taiping General Insurance Co.,Ltd	29558	35730
华安财产保险股份有限公司	Sinosafe General Insurance Co.,Ltd	12440	15668
安邦财产保险股份有限公司	AB Property & Casualty Insurance Co., Ltd	2055	3129
永诚财产保险股份有限公司	Alltrust Insurance Co., Ltd	14412	13643
阳光财产保险股份有限公司	Sunshine Property & Casualty Insurance Co., Ltd	28295	36130
中国人寿财产保险股份有限公司	China Life Property and Casualty Insurance Share Co.,Ltd	222563	260620
渤海财产保险股份有限公司	Bohai Property Insurance Co., Ltd	1931	2737
都邦财产保险股份有限公司	Du-bang Property & Casualty Insurance Co., Ltd	5518	5823
华泰财产保险有限公司	Huatai Insurance Company of China,Ltd	16611	19353
中国出口信用保险公司	China Export & Credit Insurance Corporation	3423	4270
天平汽车保险股份有限公司	Tianping Auto Insurance Co., Ltd	14079	21117
安诚财产保险股份有限公司	Ancheng Property & Casualty Insurance Co., Ltd	2797	2450
信达财产保险股份有限公司	Cinda Property and Casualty Insurance Co., Ltd	9051	10476
中银保险有限公司	Bank of China Insurance Co., Ltd	4763	6123
中煤财产保险股份有限公司	China Coal Insurance Co., Ltd	47653	74883
英大泰和财产保险股份有限公司	Yingda Taihe Property Insurance Co., Ltd	18188	16578
紫金财产保险股份有限公司	Zking Property & Casualty Insurance Co., Ltd	4675	7286
中华联合财产保险股份有限公司	China United Property Insurance Co., Ltd	3550	16609
众安在线财产保险股份有限公司	ZhongAn Online Property Insurance Co., Ltd	11	737

5-10 续表 continued

单位：万元 (10 000 yuan)

公司名称	Name of Company	2013	2014
人身险公司	**Life Insurance Company**	**2627544**	**3025600**
中国人寿保险股份有限公司	China Life Insurance Co.,Ltd	993270	1000694
中国太平洋人寿保险股份有限公司	China Pacific Life Insurance Co.,Ltd	451551	470325
中国平安人寿保险股份有限公司	Ping An Life Insurance Company of China,Ltd	192629	243408
新华人寿保险股份有限公司	New China Life Insurance Co.,Ltd	298139	306159
泰康人寿保险股份有限公司	Taikang Life Insurance Co.,Ltd	129932	188985
平安养老保险股份有限公司	Ping An Annuity Insurance Co.,Ltd	6042	6848
太平人寿保险有限公司	Taiping Life Insurance Co.,Ltd	98534	139483
中国人民人寿保险股份有限公司	PICC Life Insurance Co.,Ltd	311815	313429
农银人寿保险股份有限公司	ABC Life Insurance Co.,Ltd	35687	38643
中国人民健康保险股份有限公司	PICC Health Insurance Co.,Ltd	24039	42412
英大泰和人寿保险股份有限公司	Yingda Taihe Life Insurance Co.,Ltd	4227	6586
合众人寿保险股份有限公司	Union Life Insurance Co.,Ltd	10086	23616
民生人寿保险股份有限公司	Minsheng Life Insurance Co.,Ltd	16580	26398
阳光人寿保险股份有限公司	Sunshine Life Insurance Co.,Ltd	20480	41994
生命人寿保险股份有限公司	Sino Life Insurance Co.,Ltd	16418	66988
光大永明人寿保险有限公司	Sun Life Everbright Life Insurance Co.,Ltd	7167	8119
国华人寿保险股份有限公司	Guohua Life Insurance Co.,Ltd	4453	79867
幸福人寿保险股份有限公司	Happy Life Insurance Co.,Ltd	5758	19572
泰康养老保险股份有限公司	Taikang Pension Insurance Co.,Ltd	737	1848
信诚人寿保险股份有限公司	Xincheng Life Co.,Ltd		221
安邦人寿保险股份有限公司	Anbang Life Insurance Co.,Ltd		5

5-11 证券业基本情况
BASIC STATISTICS ON SECURITY

年份 Year	境内上市公司(家) Number of Listed Companies in Mainland (unit)	上交所 Shanghai Stock Exchange	深交所 Shenzhen Stock Exchange	股票总发行股本(万股) Issued Capital (10 000 shares)	股票发行量(万股) Issued Share (10 000 shares)	#A股 A Shares
2000	17	7	10	663761	206471	188391
2001	18	8	10	714403	228688	210608
2002	19	9	10	733432	240216	222136
2003	21	12	9	809114	267920	249840
2004	22	13	9	907871	271920	253840
2005	22	13	9	907871	271920	253840
2006	25	16	9	2570003	761526	743446
2007	26	16	10	2734756	807626	789546
2008	27	16	11	3343555	851495	833415
2009	28	17	11	3483585	873895	855815
2010	31	18	13	4314023	1119875	898926
2011	34	18	16	4623996	1128522	907573
2012	34	18	16	4983495	1315198	1083249
2013	34	18	16	5268694	1514809	1282860
2014	35	19	16	5624837	1533841	1301892

年份 Year	股票筹资额(万元) Raised Capital (10 000 yuan)	#A股 A Shares	保险公司保费收入(万元) Premium Income of Insurance Companies (10 000 yuan)	保险公司赔款及给付(万元) Indemnity Expenditure and Payment of Insurance Companies (10 000 yuan)
2000	1092835	1070061	283300	104200
2001	1234761	1211987	374100	104200
2002	1306661	1283887	694621	121023
2003	1505721	1482947	905101	156993
2004	1531281	1508507	1041413	197050
2005	1531281	1508507	1218039	200781
2006	4036272	4013498	1409766	252664
2007	4387204	4364430	1803611	525335
2008	4869204	4846430	2608864	735782
2009	5051201	5028427	2892495	785454
2010	8411601	7358740	3652983	798544
2011	8638229	7585368	3646684	1035325
2012	9168729	8111468	3846491	1193251
2013	9873152	8815892	4123840	1693188
2014	10451202	9393942	4653746	1824737

主要统计指标解释

公共财政收入 指按照现行财政体制规定列入地方预算，直接缴入地方金库的财政收入。具体由两部分组成：一是税收收入，包括增值税、企业所得税、个人所得税的地方分享部分，营业税、资源税、城市维护建设税、房产税、印花税、城镇土地使用税、土地增值税、车船税、契税、耕地占用税等；二是非税收入，包括专项收入、行政事业性收费收入、罚没收入、国有资本经营收入、国有资源（资产）有偿使用收入、其他收入等。

上划中央收入 指实行分税制财政体制后，增值税的75%部分和消费税划为中央收入，以及从2002年起实行所得税分享改革后，所得税（包括企业所得税、个人所得税）由中央分享部分，这部分收入直接缴入中央金库。根据《预算法》和财政体制规定，上划中央收入属于列入中央预算范围的收入，地方总预算中不予包括。

税收收入 反映政府税收收入。包括：增值税、营业税、企业所得税、个人所得税、城市维护建设税、房产税、印花税、城镇土地使用税、土地增值税、车船税、耕地占用税、契税、烟叶税以及其他税收收入等。

非税收入 反映政府非税收入。包括：专项收入、行政事业性收入、罚没收入、国有资本经营收入、国有资源（资产）有偿使用收入以及其他收入等。

公共财政支出 是指列入地方预算的财政支出，包括：一般公共服务支出、国防支出、公共安全支出、教育支出、科学技术支出、文化体育与传媒支出、社会保障和就业支出、医疗卫生与计划生育支出、节能环保支出、城乡社区支出、农林水支出、交通运输支出、资源勘探信息等支出、商业服务业等支出、金融支出、国土海洋气象等支出、住房保障支出、粮油物资储备支出、国债还本付息支出及其他支出等。其资金来源包括用地方当年财力安排的支出、上年结余、调入资金和中央一般性及专项转移支付补助收入安排的支出。

一般公共服务 反映政府提供一般公共服务的支出。具体包括人大、政协、政府办公厅（室）及相关机构、发展与改革、统计信息、财政、税收、审计、海关、人事、纪检监察、人口与计划生育、商贸、知识产权、工商行政管理、质量技术监督与检验检疫、民族、宗教、港澳台侨、档案、民主党派及工商联、群众团体事务、党委办公厅（室）其相关机构事务、组织事务、宣传事务、统战事务、对外联盟、其它共产党事务支出、其它一般公共服务支出。

公共安全支出 反映政府维护社会公共安全方面的支出。有关事务包括：武装警察、公安、国家安全、法院、司法、强制隔离戒毒、国家保密、缉私警察等。

教育支出 反映政府教育事务支出。有关事务包括：教育管理事务、学前教育、小学教育、初中教育、高中教育、高等教育、初等职业教育、中专教育、技校教育、职业高中教育、高等职业教育、成人教育、广播电视教育、留学生教育、特殊教育、进修及培训等。

科学技术支出 反映科学技术方面的支出。有关事务包括：科学技术管理事务、基础研究、应用研究、技术研究与开发、科技条件与服务、社会科学、科学技术普及、科技交流与合作等。

文化体育与传媒支出 反映政府在文化、文物、体育、广播影视、新闻出版等方面的支出。

社会保障和就业支出 反映政府在社会保障与就业方面的支出。有关事务包括：人力资源和社会保障管理事务、民政管理事务、财政对社会保险基金的补助、补充全国社会保障基金、行政事业单位离退休、企业改革补助、就业补助、抚恤、退役安置、社会福利、残疾人事业、城市居民最低生活保障、其他城市生活救助、自然灾害生活救助、农村最低生活保障、红十字事务等。

医疗卫生与计划生育支出 反映政府医疗卫生方面的支出。有关事务包括：医疗卫生管理事务、公立医院、公共卫生、基层医疗卫生机构、医疗保障、中医药、人口与计划生育事务、食品和药品监督管理事务等。

节能环保支出 反映政府节能环保支出。有关事务包括：环境保护管理事务、环境监测与监察、污染防治、自然生态保护、天然林保护、退耕还林、风沙荒漠治理、退牧还草、已垦草原退耕还草、能源节约利用、污染减排、可再生能源和资源综合利用等支出等。

城乡社区支出 反映政府城乡社区事务支出。有关事务包括：城乡社会管理事务、城乡社区规划与管理、城乡社区公共设施、城乡社区环境卫生、建设市场管理与监督等。

农林水支出 反映政府农林水事务支出。有关事务包括：农业、林业、水利、扶贫、农业综合开发等。

交通运输支出 反映交通运输和邮政业方面的支出。有关事务包括：公路水路运输、铁路运输、民用航空运输等。

资源勘探信息等支出 反映用于资源勘探、制造业、建筑业、信息等方面的支出。有关事务包括：资源勘探、制造业、建筑业、工业和信息产业监管、安全生产监管、国有资产监管、支持中小企业发展和管理支出等。

粮油物资储备支出 反映政府用于粮油物资储备方面的支出。有关事务包括：粮油事务、物资事务、能源储备、重要商品储备等。

金融支出 反映金融方面的支出。有关事务包括：金融部门行政支出、金融部门监管支出、金融发展支出、金融调控支出等。

国土海洋气象支出 反映政府用于国土资源、海洋、测绘、地震、气象等公益服务事务方面的支出。

商业服务业等支出 反映商业服务业等方面的支出。有关事务包括：商业流通事务、旅游业管理与服务支出、涉外发展服务支出等。

其他支出 反映不能划分到上述功能科目的其他政府支出。包括年初预留和其他支出。

当年可用财力 是指按照现行财政体制规定，在预算年度内可统筹安排使用的预算内资金，其来源包括当年公共财政收入、税收返还收入、下级上解收入、一般性转移支付补助，并从中扣减上解上级及补助下级的资金。当年可用财力不包括上年结余资金及中央专项转移支付补助。根据《预算法》的规定，当年支出预算应当小于或等于当年地方可用财力。

存款 企业、机关、团体或居民根据可以收回的原则，把货币资金存入银行或其他信用机构保管并取得一定利息的一种信用活动形式。根据存款对象的不同可划分：企业存款、财政存款、机关团体存款、城镇居民储蓄存款、农村存款等项目。

贷款 银行或其他信用机构根据必须归还的原则，按一定利率，为企业、个人等提供资金的一种信用活动形式。我国银行贷款，分流动资金贷款、农业贷款、固定资产贷款等科目。

城乡居民储蓄年末余额 包括城镇居民储蓄和农民个人储蓄两部分的年末余额。不包括工矿企业、部队、机关团体等集体存款。

保费收入 指投保人依据保险合同的约定向保险人缴付的保险费。

赔付支出 指保险人根据保险合同的约定，向被保险人或受益人支付的赔款、死伤医疗给付、满期给付和年金给付。

Explanatory Notes on Main Statistical Indicators

Public Finance Revenue refers to financial revenue arranged to regional budget and directly paid to local treasury according to the current regulation of financial system. It consists of tax revenue and non-tax revenue. Tax revenue includes value-added tax, enterprise income tax, local share of individual income tax, operation tax, resource tax, urban construction and maintenance tax, house property tax, stamp tax, tax on use of urban land, land value-added tax, tax on use of vehicles and vessels, contract tax, tax on occupying cultivated land and etc. And non-tax revenue includes special incomes, incomes from administrative fees, penalty incomes, business revenue of state-owned properties, incomes from state-owned resource utilization and other incomes.

Revenue Turned Over to the State refers to 75 percent of value added tax and consumption tax turned over to the state after implement financial system of tax distribution, and part of income tax shared by state and directly paid to central treasury after implement reform of income tax share from 2002. According to budget law and rule of financial system, revenue turned over to the state belongs to state budget, excluded in local budget.

Tax Revenue reflects to the government's tax revenue, including value-added tax, operation tax, enterprise income tax, individual income tax, urban maintenance and construction tax, house property tax, stamp tax, tax on use of urban land, urban land value-added tax, tax on use of vehicles and vessels, tax on occupying cultivated land, contract tax, tobacco tax and etc.

Non-tax Revenue reflects to the government's non-tax revenue, including special revenue, incomes from administrative fees, penalty incomes, business revenue of state-owned properties, incomes form state-owned resource utilization and other incomes.

Public Finance Expenditure refers to financial expenditure arranged to local budget, including expenditure for public services, national defence, public safety, education, science and technology, culture, sports and media, social security and employment, medical and health care, family planning, energy conservation and environmental protection, urban and rural community, agriculture, forest and water conservancy, transportation, resources exploration and information, business and services, finance, land, ocean and weather, housing security, cereals, oils and material reserves, government bond and its interest and other expenditures. The sources of funds include expenditure arranged from local disposable financial resources of the year, surplus of last year, funds transferred and subsides of general and special transfer payment from central government.

General Public Services reflect the government's provision of general public service expenditures, specifically including the NPC and CPPCC, government offices and related agencies, development and reform, statistics, finance, taxation, auditing, customs, personnel, discipline inspection and supervision, population and family planning, commerce, intellectual property rights, industrial and commercial administration, quality and technical supervision, inspection and quarantine, land and natural resources, marine management, surveying and mapping, earthquakes, weather, ethnic, religious, Hong Kong, Macao oversea Chinese affairs, files, democratic parties and the federation of industry and commerce, mass organizations, party committee offices and related agencies, organization affairs, publicity affairs, united front affairs, external alliances, other CPC affairs and other affairs.

Expenditure for Public Safety reflects the expenditure of government maintaining social public safety. Related affairs include armed police, public security, national security, justice, compulsory isolation for drug rehabilitation, state secrecy, anti-smuggling police, etc.

Expenditure for Education reflects the government's education expenditure. Related affairs include education administration affairs, pre-primary education, primary education, secondary education, high school education, higher education, primary vocational education, secondary education, technical school education, vocational high school education and higher vocational education, adult education, radio and television education, the international education, special education, further education and training.

Expenditure for Science and Technology reflects the expenditure used for science and technology. It includes science and technology management services, basic research, applied research, technology research and development, science and technology and service conditions, social science, science and technology popularization, scientific and technological exchanges and cooperation.

Expenditure for Culture, Sports and Media reflects the expenditures government used for culture, heritage, sports, radio, film and television, press, publishing and other aspects.

Expenditure for Social Security and Employment reflects expenditures government used in the aspects of employment and social security. Related affairs include human resources and social security management affairs, civil administration affairs, the financial allowance for social security fund, addition of the national social security fund, retirement of administrative and institution units, subsidies for enterprises reform, employment subsidies, pension, retirement and placement, social welfare, disabled cause, the minimum living guarantee for urban residents, other urban life assistance, life assistance for natural disaster, rural minimum living guarantee, the Red Cross affairs and so on.

Expenditure for Medical and Health Care, Family Planning, reflects expenditures government used in the aspects of medical and health care. Related affairs include management affairs of medical and health care, public hospitals, public health care, primary medical and health care institutions, medical security, traditional Chinese medicine, population and family planning affairs, supervision and management affairs of food and drugs.

Expenditure for Energy Conservation and Environmental Protection reflects government's expenditure on energy conservation and environmental protection, including expenditures on management of environmental protection, environmental monitoring and supervision, pollution control, natural and ecological protection, natural forests protection, returning farmland to forests, desertification control, restoring grassland from over-grazing and cultivating, energy conservation and utilization, pollution reduction, comprehensive utilization of renewable energy and resources.

Expenditure for Urban and Rural Community reflects the government's expenditure on urban and rural community affairs, including urban and rural social management affairs, planning and management of urban and rural communities, public facilities in rural and urban communities, urban and rural community sanitation, management and supervision of the construction market and so on.

Expenditure for Agriculture, Forestry and Water Conservancy reflects the government's expenditure on agriculture, forestry and water conservancy affairs. Related affairs include agriculture, forestry, water conservancy, poverty alleviation, comprehensive agricultural development, etc.

Expenditure for Transportation reflects transport and post expenditure. Related affairs include highway and waterway transport, railway transport and civil aviation transport, etc.

Expenditure for Resources Exploration and Information reflects the expenditure used on resources exploration, manufacture, construction and information. Related affairs include resources exploration, manufacture, construction, supervision of industry and information, supervision of safety production, supervision of national assets, development and management on supporting small and medium-sized enterprises, etc.

Expenditure for Cereals, Oils and Material Reserves reflects the government expenditure on the aspects of cereals, oils, and material reserves. Related affairs include cereals and oils affairs, materials affairs, energy reserves, critical commodities reserves, etc.

Expenditure for Finance reflects expenditure in banking areas. Related Affairs include administrative expenditure of financial department, supervision of financial department, financial development expenditure, financial regulation expenditure, etc.

Expenditure for Land, Ocean and Weather reflects expenditure used on the public service affairs, such as land resources, oceans, surveying and mapping, earthquake and weather affairs.

Expenditure for Business and Services reflects expenditure on business and services aspects. Related affairs include expenditure on commercial circulation affairs, management and service of tourism, foreign developing service and so on.

Other Expenditures reflect other government expenditures that cannot be subjected to the above mentioned functions, including reserve expenditures at the beginning of the year and other expenses.

Disposable Financial Resources in the Year refer to budgetary funds which can be overall arranged and used in the budget year according to current regulation of financial system. The sources of funds include public finance revenue, return revenue of taxes, revenue turned over from lower authorities, subsides of general transfer payment, deducing funds turning over to higher authorities and subsides to lower authorities. It excludes surplus of last year and subsides of transfer payment from special central funds. According to regulation of budgetary law, budget expenditure should be less than or equal to the local disposable financial resources of the year.

Deposit is a form of credit activities by which enterprises, institutions, organizations or households can put money into banks and other credit institutions for sake keeping and interest earning under the principle of free withdrawal. According to different depositors, deposits are divided into enterprise deposits, fiscal deposits, government agencies and institutions deposits, saving deposits of urban and rural residents, rural deposits and etc.

Loan is a form of credit activities by which banks and other credit institutions provide funds at certain interest rate to enterprises and individuals in the light of the principle of unconditional repayment. Loans from Chinese banks include circulating capital loans, agriculture loans, fixed assets loans, etc.

Saving Deposits of Urban and Rural Residents include the saving deposits balance of urban and rural residents at end of the year. The deposits of industrial and mining enterprises, military units, government agencies and institutions are not included.

Income of Premiums refers to the fees paid by the insurant to the insurer according to contract agreed terms.

Indemnity Expenditure refers to the indemnity, payment for death, injury and medical treatment, payment at maturity and annuity payment that the insurer paid to the insurant according to the contract agreed terms.

能 源

ENERGY

06

PAGE

147—168

资料整理人员

焦有梅　郭骞嬖　武鹏程
吕　洁　康秀芳　张晓瑞

能　源

ENERGY

能源消费总量	Total Energy Consumption	19862.8	万吨标准煤	(10 000 tons of SCE)
全社会发电装机容量	Total Installed Electricity Capacity	6306	万千瓦	(10 000 kw)
#6000千瓦及以上火电	Thermal Power of 6000 Kilowatt and Above	6274	万千瓦	(10 000 kw)
全社会用电量	Total Electricity Consumption	1822.6	亿千瓦小时	(100 million kwh)

全社会用电量（亿千瓦小时）

Total Electricity Consumption (100 million kwh)

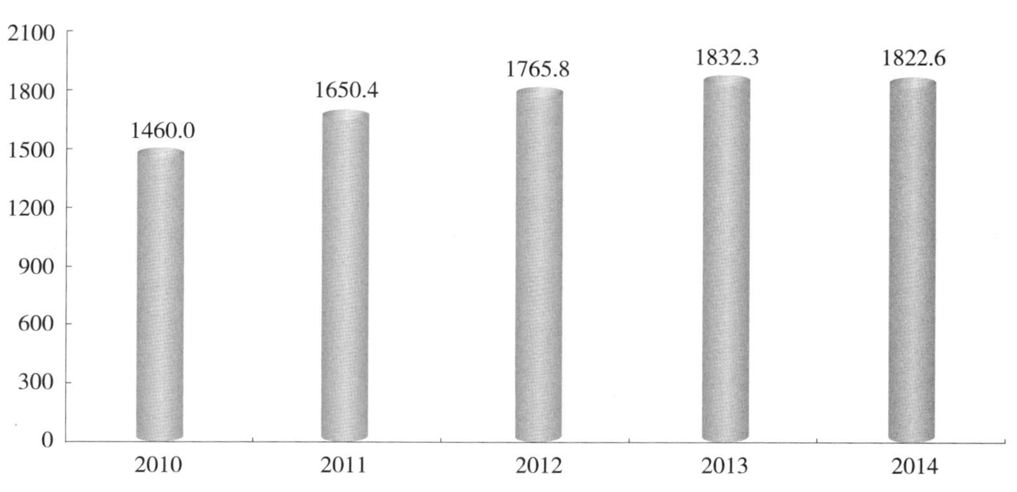

电力外调量（亿千瓦小时）

Electricity Transferred to the Other Provinces and Exported (100 million kwh)

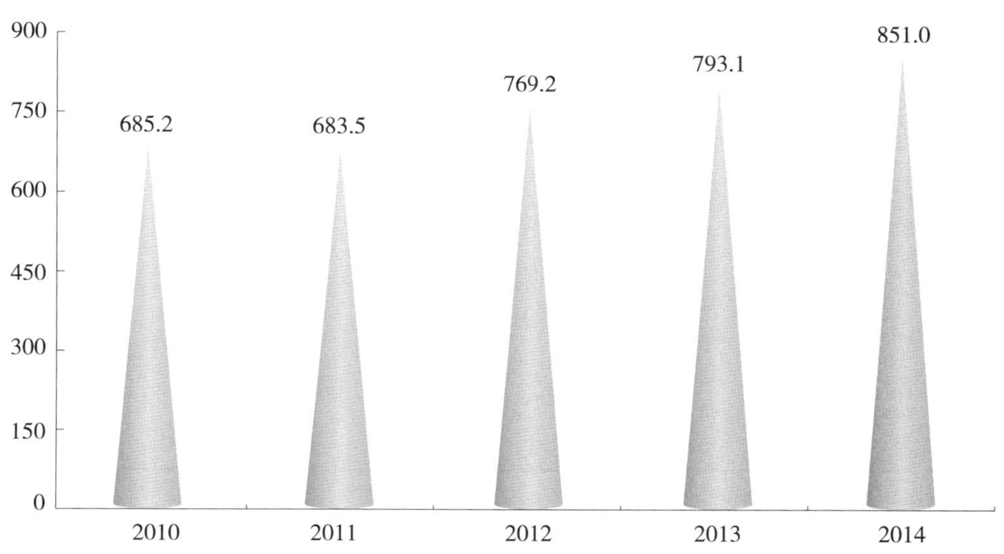

6-1 能源生产、外调、使用平衡表

BALANCE SHEET OF ENERGY PRODUCTION, TRANSFER AND USE

单位：万吨标准煤 (10 000 tons of SCE)

项　　目	Item	2005	2010	2014
一、资　源	Resources	43839.94	65274.19	78689.66
年初库存	Stock of Year Beginning	2826.26	3377.39	6083.04
一次能源生产量	Primary Energy Output	39767.60	56098.74	64724.71
外省市调入量	Transfer from Other Provinces	917.70	5466.26	7141.04
回收能	Recvery of Energy	328.38	331.80	740.88
二、加工转换投入产出差数	Margin of Input and Output for Conversion	2001.22	2734.44	3964.02
加工转换投入量	Input for Conversion	25291.10	34471.73	64247.14
加工转换产出量	Output for Conversion	23289.88	31737.29	60283.12
三、外调出省、出口	Transfer to Other Provinces and Export	37847.16	45730.99	52087.30
调给外省市	Transfer to Other Provinces	34911.29	45268.31	52087.30
供应外贸出口	Export	2935.87	462.68	
四、终端消费	Final Consumption	10117.06	13820.47	16325.19
(一)第一产业	Primary Industry	299.45	337.65	309.16
农林牧渔业	Farming, Forestry, Animal Husbandry And Fishery	299.45	337.65	309.16
(二)第二产业	Secondry Industry	8209.93	10489.37	12695.46
工　业	Industry	8127.39	10343.91	12537.22
轻工业	Light Industry	238.96	202.37	241.50
重工业	Heavy Industry	7888.43	10141.54	12295.72
建筑业	Construction	82.54	145.46	158.24
(三)第三产业	Tertiary Industry	772.15	1661.76	1827.09
交通运输、仓储和邮政业	Transport, Storage and Post	452.48	887.83	1010.79
批发、零售业和住宿、餐饮业	Wholesale and Retail Trade, Hotels and Catering Services	167.87	339.74	364.26
其　他	Others	151.80	434.19	452.05
(四)人民生活	Residential Consumption	835.53	1331.69	1493.49
城　镇	Cities and Towns	443.55	774.12	922.09
乡　村	Rural Areas	391.98	557.57	571.40
五、损失量	Losses	193.61	253.12	314.42
#运输变电损失	Losses in Transmission	192.82	253.12	314.42
六、年末库存量	Stock of Year End	2474.59	3956.72	5998.70

注：2005-2007年部分数据未做调整，与2008年之后数据不可比，后同。

Note：Part of the data from 2005 to 2007 isn't adjusted,which isn't comparable with the data since 2008. The same applies to the following.

6-2 煤炭生产、外调、使用平衡表
BALANCE SHEET OF COAL PRODUCTION, TRANSFER AND USE

单位：万吨 (10 000 tons)

项 目	Item	2005	2010	2014
一、资 源	Resources	59351.76	83330.02	109587.13
年初库存	Stock of Year Beginning	3436.18	3226.07	7743.65
一次能源生产量	Primary Energy Product	55426.00	74096.00	92793.60
外省市调入量	Transfer from Other Provinces	489.58	6007.95	9049.88
二、加工转换投入产出差数	Margin of Input and Output for Conversion	21418.35	24186.40	30568.19
加工转换投入量	Input for Conversion	33021.72	42727.04	91272.28
加工转换产出量	Output for Conversion	11603.37	18540.64	60704.09
三、外调出省、出口	Transfer to Other Provinces and Export	43277.00	51197.64	63187.08
调给外省市	Transfer to Other Provinces	39983.00	50714.22	63187.08
供应外贸出口	Export	3294.00	483.42	
四、终端消费	Final Consumption	4262.59	5678.70	7019.24
(一)第一产业	Primary Industry	140.00	175.55	186.35
农林牧渔业	Farming, Forestry, Animal Husbandry And Fishery	140.00	175.55	186.35
(二)第二产业	Secondry Industry	3136.92	3921.41	5399.76
工 业	Industry	3091.12	3849.34	5333.10
轻工业	Light Industry	168.42	146.91	208.79
重工业	Heavy Industry	2922.70	3702.43	5124.31
建筑业	Construction	45.80	72.07	66.66
(三)第三产业	Tertiary Industry	165.00	499.28	455.52
交通运输、仓储和邮政业	Transport, Storage and Post	68.00	54.94	56.45
批发、零售业和住宿、餐饮业	Wholesale and Retail Trade, Hotels and Catering services	52.00	219.19	183.50
其 他	Others	45.00	225.15	215.57
(四)人民生活	Residential Consumption	820.67	1082.46	977.61
城 镇	Cities and Towns	246.50	421.46	338.90
乡 村	Rural Areas	574.17	661.00	638.71
五、损失量	Losses			
#运输变电损失	Losses in Transmission			
六、年末库存量	Stock of Year End	2393.82	4267.28	8812.62

6-3 焦炭生产、外调、使用平衡表
BALANCE SHEET OF COKE PRODUCTION, TRANSFER AND USE

单位：万吨 (10 000 tons)

项　目	Item	2005	2010	2014
一、资　源	Resources	324.52	916.71	769.11
年初库存	Stock of Year Beginning	324.52	916.71	769.11
二、加工转换投入产出差数	Margin of Input and Output for Conversion	7981.04	8476.44	8765.84
加工转换投入量	Input for Conversion			
加工转换产出量	Output for Conversion	7981.04	8476.44	8765.84
三、外调出省、出口	Transfer to Other Provinces and Export	5474.00	6121.00	7281.18
调给外省市	Transfer to Other Provinces	4877.60	5954.93	7281.18
供应外贸出口	Export	596.40	166.07	
四、终端消费	Final Consumption	2139.90	2589.22	2177.69
(一)第一产业	Primary Industry	20.00		
农林牧渔业	Farming, Forestry, Animal Husbandry And Fishery	20.00		
(二)第二产业	Secondry Industry	2049.40	2586.93	2177.23
工　业	Industry	2040.50	2586.73	2177.20
轻工业	Light Industry	0.51	0.24	0.02
重工业	Heavy Industry	2039.99	2586.48	2177.18
建筑业	Construction	8.90	0.20	0.03
(三)第三产业	Tertiary Industry	45.50	1.11	0.46
交通运输、仓储和邮政业	Transport, Storage and Post			
批发、零售业和住宿、餐饮业	Wholesale and Retail Trade, Hotels and Catering services	45.50	1.11	0.46
其　他	Others			
(四)人民生活	Residential Consumption	25.00	1.18	
城　镇	Cities and Towns	10.00	1.10	
乡　村	Rural Areas	15.00	0.08	
五、损失量	Losses			
运输变电损失	Losses in Transmission			
六、年末库存量	Stock of Year End	691.66	682.93	76.08

6-4 电力生产、外调、使用平衡表
BALANCE SHEET OF ELECTRICITY PRODUCTION, TRANSFER AND USE

单位：万千瓦小时 (10 000 kwh)

项　　目	Item	2005	2010	2014
一、资　源	Resources	239300	915400	1318000
一次能源生产量	Primary Energy Output	203200	462100	1010300
外省市调入量	Transfer from Other Provinces	36100	453300	307700
二、加工转换投入产出差数	Margin of Input and Output for Conversion	12916500	21043500	25460100
加工转换投入量	Input for Conversion			
加工转换产出量	Output for Conversion	12916500	21043500	25460100
三、外调出省、出口	Transfer to Other Provinces and Export	3692600	7358400	8509500
调给外省市	Transfer to Other Provinces	3692600	7358400	8509500
四、终端消费	Final Consumption	8924600	13812500	17261400
(一)第一产业	Primary Industry	356400	351400	378500
农林牧渔业	Farming, Forestry, Animal Husbandry And Fishery	356400	351400	378500
(二)第二产业	Secondry Industry	7384400	11273900	13749800
工　业	Industry	7334900	11112100	13556500
轻工业	Light Industry	322700	284300	238100
重工业	Heavy Industry	7012200	10827800	13318400
建筑业	Construction	49500	161800	193300
(三)第三产业	Tertiary Industry	724100	1132400	1600500
交通运输、仓储和邮政业	Transport, Storage and Post	310700	456300	587900
批发、零售业和住宿、餐饮业	Wholesale and Retail Trade, Hotels and Catering services	154900	201700	318600
其　他	Others	258500	474400	694000
(四)人民生活	Residential Consumption	459700	1054800	1532600
城　镇	Cities and Towns	281000	641200	962500
乡　村	Rural Areas	178700	413600	570100
五、损失量	Losses	538600	788000	1007200
运输变电损失	Losses in Transmission	538600	788000	1007200

6-5 石油制品生产、外调、使用平衡表
BALANCE SHEET OF PETROLEUM PRODUCTS PRODUCTION, TRANSFER AND USE

单位：万吨标准煤 (10 000 tons SCE)

项　　目	Item	2005	2010	2014
一、资　源	Resources	601.72	1183.83	1167.49
年初库存	Stock of Year Beginning	47.19	64.27	73.45
外省市调入量	Transfer from Other Provinces	554.53	1119.56	1094.04
二、加工转换投入产出差数	Margin of Input and Output for Conversion			
加工转换投入量	Input for Conversion			
加工转换产出量	Output for Conversion			
三、外调出省、出口	Transfer to Other Provinces and Export	1.35		
调给外省市	Transfer to Other Provinces	1.35		
四、终端消费	Final Consumption	537.46	1103.77	1092.99
(一)第一产业	Primary Industry	52.43	100.14	58.34
农林牧渔业	Farming, Forestry, Animal Husbandry And Fishery	52.43	100.14	58.34
(二)第二产业	Secondry Industry	140.59	172.23	200.79
工　业	Industry	124.27	131.31	155.52
轻工业	Light Industry	2.32	2.39	1.49
重工业	Heavy Industry	121.95	128.91	154.03
建筑业	Construction	16.32	40.92	45.27
(三)第三产业	Tertiary Industry	329.95	743.48	754.61
交通运输、仓储和邮政业	Transport, Storage and Post	292.67	643.12	712.23
批发、零售业和住宿、餐饮业	Wholesale and Retail Trade, Hotels and Catering services	10.17	47.06	16.07
其　他	Others	27.11	53.30	26.31
(四)人民生活	Residential Consumption	14.49	87.92	79.25
城　镇	Cities and Towns	10.30	54.25	38.20
乡　村	Rural Areas	4.19	33.68	41.05
五、损失量	Losses	0.79	1.76	1.74
运输变电损失及仓储	Losses in Transmission and Storage	0.79	1.76	1.74
六、年末库存量	Stock of Year End	62.12	78.30	72.76

6-6 主要年份一、二次能源生产量及构成
PRODUCTION AND COMPOSITION OF PRIMARY AND SECONDARY ENERGY IN MAJOR YEARS

年 份 Year	一次能源产量(万吨标准煤) Primary Energy Production (10 000 tons of SCE)	占能源产量(%) Percentage			加工转换能源占一次能源产量(%) Conversion As Percentage of Primary Energy(%)			
		原 煤 Coal	水电和风电 Hydro Power and Wind Power	瓦 斯 Gas		火 电 Thermal Power	洗精煤 Washed Coal	焦 炭 Coke
1980	10310.32	99.71	0.18	0.04	11.28	4.68	3.02	3.57
1985	18237.45	99.82	0.16	0.02	8.85	4.06	2.23	2.56
1990	24341.19	99.86	0.13	0.01	17.08	5.37	5.29	6.42
1995	29760.94	99.88	0.10	0.02	38.73	6.77	14.67	17.29
2000	21457.60	99.63	0.31	0.06	53.72	11.44	19.79	22.50
2005	47233.52	99.74	0.17	0.09	47.04	11.05	19.58	16.41
2006	49590.18	99.66	0.19	0.15	52.50	12.24	22.23	18.03
2007	53755.77	99.65	0.19	0.16	56.00	13.04	25.07	17.89
2008	55902.23	99.71	0.17	0.12	50.02	12.81	22.65	14.56
2009	52526.52	99.58	0.19	0.23	50.91	14.22	22.44	14.25
2010	63326.74	99.45	0.23	0.32	47.20	13.43	20.77	13.00
2011	74481.77	99.55	0.26	0.19	45.31	12.46	21.05	11.80
2012	78182.88	99.30	0.47	0.23	45.89	12.62	22.57	10.70
2013	68925.26	98.95	0.45	0.60	70.36	11.44	46.13	12.79
2014	68426.78	98.83	0.52	0.65	71.69	11.54	47.71	12.44

注：2013年、2014年能源相关指标为三经普调整数据，后同。

Note: Energy data of 2013 and 2014 have been adjusted according to the Third Economic Census. The same applies to the following.

6-7 主要年份煤炭消费量
COAL CONSUMPTION IN MAJOR YEARS

单位：万吨 (10 000 tons)

年 份 Year	总 计 Total	生产建设消费 Production and Construction Consumption	#发 电 Electricity Generation	#炼 焦 Coking	生活用 Living Consumption
1980	4326	3378	727	642	948
1985	5566	4539	1028	1169	1027
1990	7292	6451	1692	2383	841
1995	13373	12757	2717	7264	616
2000	12704	12179	3128	6298	525
2005	22631	21811	6550	11208	820
2006	25514	24671	7340	13094	842
2007	27772	26953	7989	13800	819
2008	26879	25855	8469	11662	1024
2009	26149	25030	8610	10757	1119
2010	28180	27098	9968	11640	1082
2011	30896	29702	10980	12498	1194
2012	31085	29840	11547	11800	1245
2013	33062	32043	12271	12334	1019
2014	32056	31078	11597	11971	978

注：本表煤炭消费量包括终端消费量和用于加工转换消费量。

Note: Data of coal consumption in this table includes end-use consumption and consumption during the process of energy conversion.

6-8 主要年份石油制品、焦炭消费量
PETROLEUM PRODUCTS AND COKE CONSUMPTION IN MAJOR YEARS

单位：吨 (ton)

年 份 Year	石油制品(标准煤) Petroleum Products (SCE)	#工业交通 Industry And Transportation	#农 业 Agriculture	焦 炭 Coke	#工业生产 Industry	#建 筑 Construction
1980	1084440	684270	351519	2995572	2553669	9840
1985	1582990	913600	462500	3698900	3118000	17500
1990	1987500	1481400	380400	8326800	7611200	12100
1995	2581000	1828700	449300	12764800	10114700	40800
2000	2751900	1988800	455100	12769000	10103000	62000
2005	5374600	4169400	524300	21399000	20405000	89000
2006	5990500	4583200	652800	24169000	23189000	70000
2007	6347400	4805500	702800	25263700	24521700	62000
2008	9197600	6895200	689800	23587600	23577600	
2009	12119700	8483000	959500	24383900	24353600	1700
2010	11037700	7744300	1001400	25892200	25867300	2000
2011	11105000	8238700	1004700	25585500	25546900	1500
2012	11296100	8331900	1068700	29385500	29344200	1600
2013	11481700	8876600	597500	21455900	21435500	300
2014	10929900	8677400	583400	21776900	21772000	300

6-9 主要年份社会用电量
TOTAL ELECTRICITY CONSUMPTION IN MAJOR YEARS

单位：万千瓦小时 (10 000 kwh)

年 份 Year	社会用电量 Total Consumption	#农 业 Agriculture	#工 业 Industry	#电力工业 Electricity	#化学工业 Chemistry	#煤炭工业 Coal	#黑色金属 Ferrous Metal	#交通运输 Transportation	#市政生活 Civicism
1980	1185877	171092	962483	248288	218915	146197	131800	5502	46798
1985	1634743	159100	1343101	321440	268079	232152	173668	37281	85000
1990	2552179	146279	2127321	480095	403856	386180	272555	89230	157301
1995	3782338	232387	3280436	809643	547112	553580	391889	121693	298126
2000	5020917	261338	4114046	939969	684945	603963	493088	147750	392327
2005	9463268	356384	7873556	1704567	1380229	1101659	1223916	310704	701698
2006	10976771	332557	9226217	2002767	1347675	1236806	1434010	373158	797896
2007	13488115	283769	11555987	2446779	1559778	1480152	1901101	419210	983014
2008	13143332	273224	11027563	2435403	1466808	1495149	1718484	406581	1163913
2009	12675376	320375	10277414	2393917	1257705	1508344	1799597	411778	1346817
2010	14600467	351399	11900099	2725517	1323372	1718512	2096358	456362	1482910
2011	16504098	387461	13451317	2933961	1500490	1943094	2223308	507130	1651314
2012	17657848	373888	14340495	3261393	1646993	2129660	2491088	519249	1659972
2013	18323479	378267	14755243	3252894	1676244	2347403	2624159	557756	1824445
2014	18226274	378518	14521438	3416360	1548017	2339848	2543894	587914	1926674

6-10 主要年份能源生产弹性系数
ELASTICITY RATIO OF ENERGY PRODUCTION IN MAJOR YEARS

单位：% (%)

年 份 Year	能源生产比上年增长 Growth Rate of Energy Production Over Preceding Year	电力生产比上年增长 Growth Rate of Electricity Over Preceding Year	地区生产总值比上年增长 Growth Rate of Gross Domestic Product Over Preceding Year	能源生产弹性系数 Elasticity Ratio of Energy Production	电力生产弹性系数 Elasticity Ratio of Electricity Production
1980	11.10	5.38	2.00	5.55	2.69
1985	14.46	10.18	7.10	2.04	1.43
1990	3.96	3.64	5.00	0.79	0.73
1995	5.26	10.73	12.00	0.44	0.89
2000	1.12	9.62	9.40	0.12	1.02
2005	10.85	21.59	13.50	0.80	1.60
2006	4.43	16.34	12.80	0.35	1.28
2007	12.72	15.34	15.90	0.80	0.96
2008	1.79	2.01	8.50	0.21	0.24
2009	−5.72	−5.65	5.50	−1.04	−1.03
2010	24.87	14.97	14.00	1.78	1.07
2011	15.75	9.01	12.90	1.22	0.70
2012	4.94	8.13	10.10	0.49	0.80
2013	5.62	3.57	8.90	0.63	0.40
2014	−3.22	0.22	4.90	−0.66	0.04

注：本表2014年为三经普调整后数据，下表同。

Note：Data of 2014 have been dajusted according to the Third Economic Census. The same applies to the following.

6-11 主要年份能源消费弹性系数
ELASTICITY RATIO OF ENERGY CONSUMPTION IN MAJOR YEARS

单位：% (%)

年 份 Year	能源消费比上年增长 Growth Rate of Energy Consumption Over Preceding Year	煤炭消费比上年增长 Growth Rate of Coal Consum-ption Over Preceding Year	电力消费比上年增长 Growth Rate of Electricity Consumption Over Preceding Year	地区生产总值比上年增长 Growth Rate of Gross Domestic Product Over Preceding Year	能源消费弹性系数 Elasticity Ratio of Energy Consumption	煤炭消费弹性系数 Elasticity Ratio of Coal Consumption	电力消费弹性系数 Elasticity Ratio of Electricity Consumption
1980	3.92	8.31	−4.22	2.00	1.96	4.16	−2.11
1985	10.25	7.20	14.85	7.10	1.44	1.01	2.09
1990	−0.19	−12.57	2.98	5.00	−0.04	−2.51	0.60
1995	10.03	5.85	10.82	12.00	0.84	0.49	0.90
2000	3.60	2.44	11.61	9.40	0.38	0.26	1.24
2005	8.61	3.30	14.24	13.50	0.64	0.24	1.05
2006	9.62	5.75	16.09	12.80	0.75	0.45	1.26
2007	8.32	13.37	22.55	15.90	0.52	0.84	1.42
2008	0.30	7.57	−2.48	8.50	0.04	0.89	−0.29
2009	3.32	6.07	−2.49	5.50	0.60	1.10	−0.45
2010	7.91	−3.22	15.47	14.00	0.57	−0.23	1.11
2011	8.97	9.77	14.12	12.90	0.70	0.76	1.09
2012	5.57	3.03	6.10	10.10	0.55	0.30	0.60
2013	4.85	7.69	3.53	8.90	0.54	0.86	0.40
2014	0.51	−3.04	−0.31	4.90	0.10	−0.62	−0.06

6-12 主要年份能源加工转换投入产出情况
EFFICIENCY OF ENERGY CONVERSION IN MAJOR YEARS

年 份 Year	投入及转换总效率 Total Efficiency		发电及供热投入原煤 (万吨) Coal Input in Electricity And Heat (10 000 tons)	洗选加工投入原煤 (万吨) Coal Input in Washing (10 000 tons)
	投入总量 (万吨标准煤) Total Input (10 000 tons of SCE)	投入产出总效率(%) Efficiency(%)		
1980	1512.30	54.35	727.18	617.16
1985	2214.09	61.77	1108.00	802.00
1990	4792.46	73.22	1812.74	2162.71
1995	13076.80	82.56	2946.49	6864.89
2000	12867.25	81.44	3127.88	6958.75
2005	25291.10	79.72	6597.20	14652.96
2006	29328.52	81.22	7423.29	17175.78
2007	33682.00	82.02	8061.21	19648.54
2008	30901.52	82.03	8393.23	18479.56
2009	30047.10	79.09	8540.95	18034.44
2010	34407.94	80.18	9977.89	20225.00
2011	39760.22	80.86	11085.49	24827.28
2012	42285.31	81.08	11742.37	28952.95
2013	63122.88	86.20	12566.48	62776.72
2014	62427.14	86.40	12029.82	66236.01

年 份 Year	炼焦投入量 Input in Coking		制气投入原 煤 (万吨) Coal Input in Making Gas (10 000 tons)	产出总量 (万吨标准煤) Total Output (10 000 tons of SCE)
	原 煤 (万吨) Coal (10 000 tons)	洗精煤 (万吨) Cleaned Coal (10 000 tons)		
1980	474.00	168.00		821.90
1985	834.00	234.74		1367.69
1990	1772.80	610.24	72.59	3509.20
1995	3964.26	3298.52	63.97	10796.47
2000	3250.02	3045.74	58.03	10478.69
2005	2633.60	8571.16	136.14	20161.30
2006	2595.72	10498.75	36.33	23820.89
2007	1227.37	12556.60	15.24	27624.47
2008	599.30	11048.78	38.76	25349.81
2009	435.41	10318.22	33.53	23763.43
2010	223.61	11414.74	33.76	27587.12
2011	297.20	12180.33	55.57	32149.49
2012	67.32	11732.62	55.09	34283.93
2013	25.27	12309.16	52.79	54410.16
2014	26.23	11943.36	42.99	55508.26

注：本表炼焦产出的焦炉煤气从2005年起包括了加热炼焦炉用气；2013年以前洗精煤为炼焦洗精煤，以后为炼焦洗精煤加动力洗精煤。

Note: The gas output of coking in this table includes the gas used to heat up the coke ovens from 2005. Cleaned coal refers to coking coal and power coal after 2013, while it refers to coking coal in the previous years.

6-12 续表 continued

年 份 Year	发电及供热产出 Output of Electricity And Heat		炼焦产出 Output of Coking	
	电 力 (万千瓦小时) Electricity (10 000 kwh)	热 力 (万百万千焦) Heat (10 billion kilo-joule)	焦 炭 (万吨) Coke (10 000 tons)	焦炉煤气 (万立方米) Gas (10 000 cu.m)
1980	1156600		320.95	
1985	1777200	1297.88	568.66	55634
1990	3068800	2324.00	1586.57	81600
1995	4988500	3930.40	5294.97	159800
2000	6087300	2367.70	4967.22	179900
2005	12916500	6020.60	7981.04	1440000
2006	15025400	7410.87	9202.18	1714000
2007	17347600	9068.98	9897.29	1777600
2008	17727600	10067.00	8376.50	1728100
2009	18487600	9804.65	7705.83	1485200
2010	21043500	12089.93	8476.44	1607200
2011	22964500	14472.47	9047.91	1868200
2012	24429600	16014.55	8612.66	1674300
2013	25513000	17916.84	9022.40	1780300
2014	25460100	19810.66	8765.84	1709900

年 份 Year	洗选煤产出 Output of Washed Coal		制气产出 Output of Making Gas	
	洗精煤 (万吨) Cleaned Coal (10 000 tons)	其他洗煤 (万吨) Others (10 000 tons)	焦炉煤气 (万立方米) Coke Gas (10 000 cu.m)	其他煤气 (万立方米) Others (10 000 cu.m)
1980	409.00			
1985	518.55	158.91		
1990	1429.65	366.30	9400	136400
1995	4850.20	710.59	1100	230000
2000	4818.21	590.05		191800
2005	10275.88	1327.49		417900
2006	12249.46	2054.58		108000
2007	14975.82	3255.20		110600
2008	14069.18	3022.46		94100
2009	13095.28	3180.80		81200
2010	14863.17	3537.38		101600
2011	17426.68	4652.97		168300
2012	19604.71	5698.09		156000
2013	34615.00	24428.00		117900
2014	35974.94	24563.82		84600

6-13 终端能源消费量和构成(2014年)

单位：万吨标准煤

项 目	Ietm	合 计 Total
消费总计	**Total Consumption**	**16325.19**
一、第一产业	Primary Industry	309.16
农林牧渔业	Farming, Forestry, Animal Husbandry And Fishery	309.16
二、第二产业	Secondry Industry	12695.46
工 业	Industry	12537.22
轻工业	Light Industry	241.50
重工业	Heavy Industry	12295.79
建筑业	Construction	158.24
三、第三产业	Tertiary Industry	1827.09
交通运输、仓储及邮电通讯业	Transport, Storage, Post and Telecommunication	1010.79
批发、零售业和住宿、餐饮业	Wholesale and Retail Trade, Hotels and Catering Services	364.26
其 他	Others	452.05
四、人民生活	Residential Consumption	1493.49
部门构成 (%)	**Composition of Department(%)**	
消费总计	**Total Consumption**	**100.00**
一、第一产业	Primary Industry	1.89
农林牧渔业	Farming, Forestry, Animal Husbandry And Fishery	1.89
二、第二产业	Secondry Industry	77.77
工 业	Industry	76.80
轻工业	Light Industry	1.48
重工业	Heavy Industry	75.32
建筑业	Construction	0.97
三、第三产业	Tertiary Industry	11.19
交通运输、仓储及邮电通讯业	Transport, Storage, Post and Telecommunication	6.19
批发、零售业和住宿、餐饮业	Wholesale and Retail Trade, Hotels and Catering Services	2.23
其 他	Others	2.77
四、人民生活	Residential Consumption	9.15
品种构成 (%)	**Composition of Variety(%)**	
消费总计	**Total Consumption**	**100.00**
一、第一产业	Primary Industry	100.00
农林牧渔业	Farming,Forestry,Animal Husbandry And Fishery	100.00
二、第二产业	Secondry Industry	100.00
工 业	Industry	100.00
轻工业	Light Industry	100.00
重工业	Heavy Industry	100.00
建筑业	Construction	100.00
三、第三产业	Tertiary Industry	100.00
交通运输、仓储和邮政业	Transport,Storage and Post	100.00
批发、零售业和住宿、餐饮业	Wholesale and Retail Trade, Hotels and Catering Services	100.00
其 他	Others	100.00
四、人民生活	Residential Consumption	100.00

CONSUMPTION AND COMPOSITION OF TERMINAL ENERGY(2014)

(10 000 tons of SCE)

原 煤 Coal	洗精煤及其他洗煤 Washed Coal and Others	焦 炭 Coke	石油制品 Petroleum Products	电 力 Electricity	天然气煤气及其他 Natural Gas, Gas and Others
4246.82	**615.40**	**2115.41**	**1092.99**	**5358.68**	**2895.90**
133.19			58.34	117.50	0.12
133.19			58.34	117.50	0.12
3482.52	437.32	2114.96	200.79	4268.53	2191.34
3434.87	437.32	2114.93	155.51	4208.52	2186.06
145.72	2.16	0.02	1.49	73.94	18.17
3289.15	435.16	2114.92	154.03	4134.60	2167.95
47.64		0.03	45.27	60.01	5.28
325.58		0.45	754.61	496.86	249.59
40.35			712.23	182.51	75.70
131.15		0.45	16.07	98.91	117.68
154.08			26.31	215.45	56.21
305.53	178.08		79.25	475.78	454.85
100.00	**100.00**	**100.00**	**100.00**	**100.00**	**100.00**
3.14			5.34	2.19	
3.14			5.34	2.19	
82.00	71.06	99.98	18.37	79.66	75.67
80.88	71.06	99.98	14.23	78.54	75.49
3.43	0.35		0.14	1.38	0.63
77.45	70.71	99.98	14.09	77.16	74.86
1.12			4.14	1.12	0.18
7.67		0.02	69.04	9.27	8.62
0.95			65.16	3.41	2.61
3.09		0.02	1.47	1.85	4.06
3.63			2.41	4.02	1.94
7.19	28.94		7.25	8.88	15.71
26.01	**3.77**	**12.96**	**6.70**	**32.82**	**17.74**
43.08			18.87	38.01	0.04
43.08			18.87	38.01	0.04
27.43	3.44	16.66	1.58	33.62	17.26
27.40	3.49	16.87	1.24	33.57	17.44
60.34	0.89	0.01	0.62	30.62	7.52
26.75	3.54	17.20	1.25	33.63	17.63
30.11		0.02	28.61	37.92	3.34
17.82		0.02	41.30	27.19	13.66
3.99			70.46	18.06	7.49
36.01		0.12	4.41	27.15	32.31
34.08			5.82	47.66	12.43
20.46	11.92		5.31	31.86	30.46

6-14 分行业能源消费总量(2014年)

单位：万吨标准煤

行　业	Sector	能源消费总量 Total Energy Consumption
消费总计	**Total**	**19862.84**
农、林、牧、渔业	**Farming, Forestry, Animal Husbandry And Fishery**	**309.16**
工　业	**Industry**	**16073.12**
轻工业	Light Industry	250.93
重工业	Heavy Industry	15822.19
按工业行业分	Grouped by Industry Sector	
采矿业	Mining	4631.38
煤炭开采和洗选业	Coal Mining and Dressing	4401.53
石油和天然气开采业	Petroleum and Natural Gas Extraction	23.07
黑色金属矿采选业	Ferrous Metals Mining and Dressing	174.88
有色金属矿采选业	Nonferrous Metals Mining and Dressing	29.56
非金属矿采选业	Nonmetal Minerals Mining and Dressing	2.33
开采辅助活动	Mining Auxiliary Activities	
其他采矿业	Other Minerals Mining	
制造业	Manufacturing	10145.98
农副食品加工业	Farm and Sideline Food Processing	40.34
食品制造业	Food Manufacturing	31.13
酒、饮料和精制茶制造业	Alcohol, Beverage and Refined Tea Manufacturing	30.63
烟草制品业	Tobacoo Manufaturing	0.84
纺织业	Textile Industry	22.09
纺织服装、服饰业	Manufacture of Garments and Accessories	1.74
皮革、毛皮、羽毛及其制品和制鞋业	Manufacture of Leather, Fur, Feather and their Products and Footwear	0.26
木材加工和木、竹、藤、棕、草制品业	Processing of Timber, Manufacture of Wood, Bamboo, Rattan, Palm, and Straw Products	0.86
家具制造业	Manufacture of Funiture	0.27
造纸和纸制品业	Manufacture of Paper and Paper Products	18.64
印刷和记录媒介复制业	Printing and Record Medium Reproduction	2.54
文教、工美、体育和娱乐用品制造业	Manufacture of Articles For Culture, Education and Sport Activity	1.89

TOTAL ENERGY CONSUMPTION BY SECTOR(2014)

(10 000 tons of SCE)

煤 炭 (万吨) Coal (10 000 tons)	电 力 (亿千瓦小时) Electricity (100 million kwh)	焦 炭 (万吨) Coke (10 000 tons)	汽 油 (万吨) Gasoline (10 000 tons)	柴 油 (万吨) Diesel Oil (10 000 tons)
32055.50	**1826.87**	**2177.69**	**201.78**	**496.90**
186.35	**37.85**		**18.47**	**21.39**
30369.36	**1456.37**	**2177.20**	**13.30**	**81.35**
465.39	23.82	0.02	0.64	0.37
29903.98	1432.56	2177.18	12.66	80.97
2412.45	315.82	36.74	9.03	65.13
2336.44	263.31	26.99	8.69	55.47
	7.28		0.28	0.04
38.20	41.46	9.75	0.06	8.31
37.32	3.39			0.93
0.50	0.38			0.38
17454.79	760.97	2140.47	3.89	15.11
37.96	3.92		0.10	0.04
32.21	1.69	0.02	0.19	0.02
24.86	2.01		0.08	0.02
0.55	0.11			
17.69	2.97		0.02	0.01
0.87	0.16		0.02	
0.15	0.05			
0.38	0.17			
0.01	0.08		0.02	
17.85	1.42		0.04	0.05
1.45	0.36		0.05	0.09
1.27	0.12		0.02	0.01

6-14 续表

单位：万吨标准煤

行　　业	Sector	能源消费总量 Total Energy Consumption
石油加工、炼焦和核燃料加工业	Petroleum Processing ,Coking and Nuclear Fuel Processing	1580.83
化学原料和化学制品制造业	Manufacture Raw Chemical Materials and Chemical Products	2234.28
医药制造业	Manufacture of Medical Products	90.24
化学纤维制造业	Manufacture of Chemical Fibers	
橡胶和塑料制品业	Manufacture of Rubber and Plastic Products	16.10
非金属矿物制品业	Manufacture of Nonmetals Mineral Products	935.00
黑色金属冶炼和压延加工业	Smelting and Pressing of Ferrous Metals	3765.67
有色金属冶炼和压延加工业	Smelting and Pressing of Nonferrous Metals	1193.24
金属制品业	Manufacture of Metal Products	48.77
通用设备制造业	Manufacture of Universal Purpose Equipment	12.40
专用设备制造业	Manufacture of Special Purpose Equipment	37.87
汽车制造业	Manufacture of Motor Vehicles	13.66
铁路、船舶、航空航天和其他运输设备制造业	Manufacture of Railways, Ships, Aviation, Aircrafts and Other Transportation Equipments	12.21
电气机械和器材制造业	Manufacture of Electrical Equipment and Machinery	9.17
通信设备、计算机和其他电子设备制造业	Manufacture of Computer, Telecommunication and Other Electronic Equipments	33.53
仪器仪表制造业	Manufacture of Measuring Instrument and Machinery	0.41
其他制造业	Other Manufacturing	10.30
废弃资源综合利用业	Comprehensive Utilization of Waste	0.93
金属制品、机械和设备修理业	Repair of Metal Products, Machinery and Equipment	0.14
电力、热力、燃气及水生产和供应业	Production and Supply of Electricity, Heat, Gas and Water	1295.76
电力、热力生产和供应业	Production and Supply of Electricity and Heat	1280.99
燃气生产和供应业	Production and Supply of Gas	2.66
水的生产和供应业	Production and Supply of Water	12.11
建筑业	**Construction**	**158.24**
交通运输、仓储和邮政业	**Transport, Storage and Post**	**1012.54**
批发、零售业和住宿、餐饮业	**Wholesale and Retail Trade, Hotels and Catering Services**	**364.26**
人民生活及其他	**Residential Consumption and Others**	**1945.53**

continued

(10 000 tons of SCE)

煤 炭 (万吨) Coal (10 000 tons)	电 力 (亿千瓦小时) Electricity (100 million kwh)	焦 炭 (万吨) Coke (10 000 tons)	汽 油 (万吨) Gasoline (10 000 tons)	柴 油 (万吨) Diesel Oil (10 000 tons)
11055.28	59.52	42.79	0.70	4.35
1962.19	173.16	49.12	0.42	0.90
75.36	10.65		0.12	0.08
2.20	3.25		0.09	0.07
875.74	54.45	7.18	0.32	3.46
2033.93	271.62	2028.82	0.45	4.50
1012.52	145.48	7.22	0.03	0.81
23.40	5.05	4.52	0.19	0.19
3.00	2.76	0.60	0.27	0.07
9.49	5.49	0.17	0.40	0.19
3.61	3.30	0.01	0.04	0.09
4.57	1.99	0.01	0.14	0.04
0.79	1.89		0.10	0.02
1.32	8.80		0.06	0.02
	0.12		0.01	
256.13	0.06		0.01	0.01
	0.28			0.05
	0.04			0.02
10502.12	379.58		0.38	1.10
10501.33	375.14		0.19	1.08
	0.79		0.07	
0.79	3.65		0.13	0.02
66.66	**19.33**	**0.03**	**11.87**	**18.54**
56.45	**58.79**		**109.23**	**358.59**
183.50	**31.86**	**0.46**	**4.24**	**5.01**
1193.18	**222.66**		**44.67**	**12.02**

主要统计指标解释

能源资源 指报告期全省各种能源资源总量。能源品种包括原煤、洗精煤、焦炭、原油、汽油、柴油、煤油、燃料油、天然气、焦炉煤气、其他煤气、其他焦化制品、热力、电力等品种。能源资源组成包括三部分：

1.期初、期末库存量是指一定时点各种能源的库存量，其中包括产成品库存量，各种能源库存量。

2.一次能源生产量是指报告期一次能源的生产量，其中包括原煤、水电、风电、天然气（煤矿瓦斯）的生产量。由一次能源加工转换产出的二次能源产量不包括在内。

3.外省市调入量是指报告期调入的各种能源数量。我省从外省市调入的能源主要是石油制品：汽油、柴油、煤油、燃料油及电网交界处输入部分电力和相邻省调入的部分煤炭。

能源消费总量 是指报告期全省用于生产、生活的各种能源消费量的总和。能源消费总量按标准煤折算。能源消费总量中包括：原煤、原油及其制品、天然气、电力，不包括生物能和太阳能等的利用。能源消费总量包括三部分：

1.能源终端消费量 指报告期全省物质生产部门、非物质生产部门的各种能源消费量。不包括加工转换损失量和运输、管理中的损失量。

2.能源加工转换损失量 指全省投入加工转换的各种能源数量和与产出能源及制品之和的差数，是能源加工转换过程的消费量，也称加工转换损失量。

3.损失量 指能源的运输、储存中发生的经营管理损失量，包括煤炭库存中的水冲、自燃等损失量。

能源生产弹性系数 是研究能源生产量的增长与国民经济增长之间关系的指标。国民经济年平均增长速度，可根据不同目的的需要，用工农业总产值、国内生产总值等指标来计算，本资料是采用国内生产总值指标计算的。其计算公式为：

$$\text{能源生产弹性系数}=\frac{\text{能源生产量年平均增长速度}}{\text{国内生产总值年平均增长速度}}\times 100\%$$

电力生产弹性系数 是研究电力生产的增长与国民经济增长之间关系的指标。其计算公式为：

$$\text{电力生产弹性系数}=\frac{\text{电力生产量年平均增长速度}}{\text{国内生产总值年平均增长速度}}\times 100\%$$

能源消费弹性系数 是反映能源消费增长速度与国民经济增长速度之间比例关系的指标。其计算公式为：

$$\text{能源消费弹性系数}=\frac{\text{能源消费年平均增长速度}}{\text{国内生产总值年平均增长速度}}\times 100\%$$

电力消费弹性系数 是反映电力消费增长速度与国民经济增长速度之间比例关系的指标。其计算公式为：

$$\text{电力消费弹性系数}=\frac{\text{电力消费年平均增长速度}}{\text{国内生产总值年平均增长速度}}\times 100\%$$

能源加工转换效率 是指报告期内一次能源产品经过加工转换后，产出的各种能源产品及其制品的数量，与同期投入加工转换的各种一次能源数量的比率。它是观察能源加工转换装置和生产工艺先进与落后、管理水平高低等的重要指标。

Explanatory Notes on Main Statistical Indicators

Energy Resources refers to total resources of all energy in the province in the reference period. It includes coal, washed coal, coke, crude oil, gasoline, diesel oil, kerosene, fuel oil, natural gas, gas and other gas, other coking products, heat and electricity, etc. It includes three parts:

1. Stock in the beginning and end of the year refers to stock of all kind of energy at a certain point of time, including products stock and energy stock.

2. Primary Energy Production refers to the total production of primary energy in the reference period, including production of coal, hydropower, wind power and gas, excluding secondary energy converted from the primary energy.

3. Energy Quantity Transferred from other Province refers to energy quantity transferred in a given period of time. Energy transferred from other province mostly is crude oil product including gasoline, diesel oil, kerosene, fuel oil, some electricity input in the juncture of electricity nets and some coals.

Total Energy Consumption refers to the total consumption of various kinds by production and households in the province in a given period of time. It is converted by SCE. The total energy includes that of coal, crude oil and their products, natural gas and electricity. It excludes bioenergy and solar energy. It can be divided into three parts:

1. Final energy consumption refers to total energy consumption by material production sectors, non-material production sectors in the province in a given period of time, but excludes the loss in the conversion and transportation.

2. Loss during the Process of Energy Conversion refers to the total input of various kinds of energy for conversion, minus total output of various kinds of energy in the province in a given period of time. It is energy consumption during the process of energy conversion, also called loss of energy conversation.

3. Loss refers to the loss of energy during the course of energy transportation and storage, include coal loss caused by washed away by the water and self-ignite in the storage.

Elasticity Ratio of Energy Production refers to indicators to show the relationship between the growth rate of energy production and the growth rate of the national economy. Average annual growth rate of national economy can be shown by the gross domestic product, gross output value of industry and agriculture, depending upon the purposes or need. The gross domestic product is used in calculation of the indicator in this chapter. The formula is:

$$\text{Elasticity Ratio of Energy Production} = \frac{\text{Average Annual Growth Rate of Energy Production}}{\text{Average Annual Growth Rate of Gross Demestic Product}} \times 100\%$$

Elasticity Ratio of Electricity Production refers to indicators to show the relationship between the growth rate of electricity production and the growth rate of the national economy. The formula is:

$$\text{Elasticity Ratio of Electricity Production} = \frac{\text{Average Annual Growth Rate of Electricity Production}}{\text{Average Annual Growth Rate of Gross Demestic Product}} \times 100\%$$

Elasticity Ratio of Energy Consumption refers to indicators to show the relationship between the growth rate of energy consumption and the growth rate of the national economy. The formula is:

$$\text{Elasticity Ratio of Energy Consumption} = \frac{\text{Average Annual Growth Rate of Energy Consumption}}{\text{Average Annual Growth Rate of Gross Demestic Product}} \times 100\%$$

Elasticity Ratio of Electricity Consumption refers to indicators to show the relationship between the growth rate of electricity consumption and the growth rate of the national economy. The formula is:

$$\text{Elasticity Ratio of Electricity Consumption} = \frac{\text{Average Annual Growth Rate of Electricity Consumption}}{\text{Average Annual Growth Rate of Gross Demestic Product}} \times 100\%$$

Efficiency of Energy Processing and Conversion refers to the ratio of the total output of energy products of various kinds after processing and conversion and the total input of energy of various kinds for processing and conversion in the same reference period. It is an important indicator to show the current conditions of energy processing and conversion equipment, production technique and management.

固定资产投资

INVESTMENT IN FIXED ASSETS

PAGE

169—240

资料整理人员

杨艳文　邱慧东　任启龙

固定资产投资

INVESTMENT IN FIXED ASSETS

全社会固定资产投资	Total Investment in Fixed Assets	12354.5	亿元 (100 million yuan)
第一产业	Primary Industry	946.2	亿元 (100 million yuan)
第二产业	Secondary Industry	5004.0	亿元 (100 million yuan)
第三产业	Tertiary Industry	6404.3	亿元 (100 million yuan)
全社会竣工房屋面积	Total Floor Space of Completed Buildings	8328	万平方米 (10 000 sq.m)
#住　宅	Residential Buildings	5920	万平方米 (10 000 sq.m)

全社会固定资产投资总额构成 (%)

Composition of Total Investment in Fixed Assets (%)

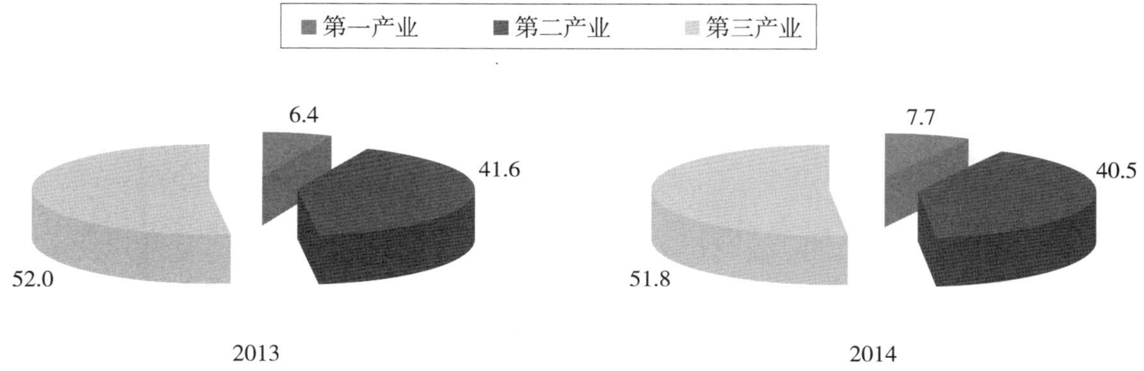

全社会固定资产投资 (亿元)

Total Investment in Fixed Assets (100 million yuan)

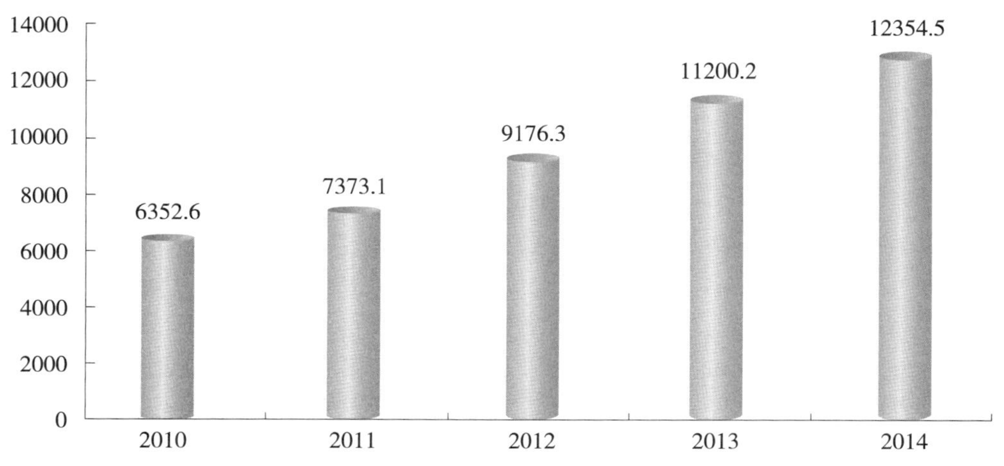

7-1 全社会固定资产投资主要指标
MAJOR INDICATORS OF TOTAL INVESTMENT IN FIXED ASSETS

单位：万元 (10 000 yuan)

指　标	Item	2013	2014
一、投资总额	**Total**	**112002376**	**123545298**
#房地产开发投资	Real Estate Investment	13086275	14035549
#农户投资	Rural Households Investment	2865426	3190738
#住　宅	Residential Buildings	16889560	20045373
按登记注册类型分	Grouped by Type of Registration Status		
内　资	Domestic-funded Enterprises	110673259	121775544
港、澳、台商投资	Enterprises with Investment from Hong Kong, Macao and Taiwan	724651	1099802
外商投资	Enterprises with Foreign Investment	604466	669952
按构成分	Grouped by Composition		
建筑工程	Construction	69338120	76001692
安装工程	Installation	10099182	11974035
设备工器具购置	Purchase of Equipment and Instruments	20409818	23296501
其他费用	Other Expenses	12155255	12273070
按三次产业分	Grouped by Type of Industry		
第一产业	Primary Industry	7140003	9462029
第二产业	Secondary Industry	46579278	50040489
第三产业	Tertiary Industry	58283095	64042780
二、新增固定资产	**Newly Increased Fixed Assets**	**65082762**	**91304483**
三、房屋建筑面积(万平方米)	**Floor Space of Buildings (10 000 sq.m)**		
本年施工房屋面积	Floor Space of Buildings Under Construction	29494	32645
#住　宅	Residential Buildings	17922	19819
本年竣工房屋面积	Floor Space of Buildings Completed This Year	8308	8328
#住　宅	Residential Buildings	5514	5920
本年竣工房屋价值(万元)	Value of Buildings Completed This Year (10 000 yuan)	14203798	15891841
#住　宅	Residential Buildings	8679751	10632232
四、本年资金来源小计	**Total Sources of Funds This Year**	**100161445**	**106646764**
国家预算内资金	State Budgetary Appropriation	6471198	6251812
国内贷款	Domestic Loans	7991687	8336935
利用外资	Foreign Investment	294197	435884
自筹资金	Self-Raised Funds	76421063	83298273
#企事业单位自有资金	Own Funds of Enterprises and Institutions	27718800	24750625
其　他	Others	8983299	8323861

7-2 全社会固定资产投资
TOTAL INVESTMENT IN FIXED ASSETS

单位：万元 (10 000 yuan)

年 份 Year	总 计 Total	#房地产开发 Real Estate Development	#农 户 Rural Households	#住 宅 Residential Buildings	第一产业 Primary Industry	第二产业 Secondary Industry	第三产业 Tertiary Industry
1978	214935		11313	15006	1645	132080	81210
1979	232713		14940	38261	10752	131838	90123
1980	281960		21173	59117	17560	162157	102243
1981	254719		38452	76511	13723	129473	111523
1982	345486		38244	95144	20698	186438	138350
1983	448347		57569	96277	26159	257200	164988
1984	688991		63475	114800	15352	384594	289045
1985	916918		87387	158060	11443	554744	350731
1986	970247		106473	176525	22578	600777	346892
1987	1062371	6207	136987	193745	25621	597032	439718
1988	1076779	5421	141201	169236	33359	662277	381143
1989	1079587	2370	136709	184680	28614	668424	382549
1990	1234137	28486	164556	220354	51962	756324	425851
1991	1495206	32642	202269	238231	56159	934621	504426
1992	1727858	51869	119330	240328	48795	1079071	599992
1993	2512628	129685	191765	415095	84534	1424294	1003800
1994	2909041	116512	201153	464303	63897	1427878	1417266
1995	2955570	150886	188798	456871	76160	1401945	1477465
1996	3334714	147893	302383	666374	90324	1587144	1657246
1997	3983959	181736	317673	708704	104368	2008130	1871461
1998	5346852	278653	331200	920980	83706	2135036	3128110
1999	5753507	350458	245781	1083149	103046	2261965	3388496
2000	6251628	394556	344392	1113447	119648	2896273	3235707
2001	7083468	466464	399594	1021534	205239	3090533	3787696
2002	8382683	674331	462572	1173468	334467	3793232	4254984
2003	11163486	950740	533216	1210898	359529	6127825	4676132
2004	14776985	1449898	621851	1551521	362856	8697815	5716314
2005	18593969	1779937	757098	2245567	501034	11304223	6788712
2006	23214735	2086231	933279	3503467	651894	13463726	9099115
2007	29271653	2589251	1157947	4619967	838947	16171517	12261189
2008	36351396	3279807	1443268	5651842	1119701	18688907	16542788
2009	50335333	4772748	1785790	7600820	2203844	21636020	26495469
2010	63526011	5922376	2179375	9003350	2812813	26281280	34431918
2011	73730582	7901982	2353725	11877169	2712048	33485814	37532720
2012	91763142	10104513	2784109	14670489	3660868	41354020	46748254
2013	112002376	13086275	2865426	16889560	7140003	46579278	58283095
2014	123545298	14035549	3190738	20045373	9462029	50040489	64042780

7-3 按登记注册类型和控股情况分全社会固定资产投资
TOTAL INVESTMENT IN FIXED ASSETS BY REGISTRATION STATUS AND SHARE HOLDING

单位：万元 (10 000 yuan)

指 标	Item	2013	2014
总 计	**Total**	**112002376**	**123545298**
按登记注册类型分	**Grouped by Type of Registration Status**		
内 资	Domestic-Funded Enterprises	110673259	121775544
国 有	State-owned Enterprises	41916496	39154101
集 体	Collective-owned Enterprises	5456690	7869965
股份合作	Share Cooperative Enterprises	696018	593113
国有联营	State Joint Ownership Enterprises	279731	231365
集体联营	Collective Joint Ownership Enterprises	40874	37022
国有与集体联营	Joint State-collective Enterprises	76274	71220
其他联营	Other Joint Ownership Enterprises	64240	25584
国有独资公司	State-funded Corporations	1240650	1360195
其他有限责任公司	Other Limited Liability Corporations	24974440	26929053
股份有限公司	Share-holding Corporations Ltd.	6731322	5677133
私 营	Private Enterprises	21538081	29774999
个体户	Self-employed Individuals	3148489	3507602
个人合伙	Individual Partnership Enterprises	328381	282329
其 他	Others	4181573	6261863
港澳台投资	Enterprises with Investment from Hong Kong, Macao and Taiwan	724651	1099802
港澳台合资经营	Joint-venture Enterprises	198933	568787
港澳台合作经营	Cooperative Enterprises	2500	
港澳台独资	Enterprises with Sole Investment	415699	509439
港澳台股份有限	Share-holding Corporations Ltd.	68443	21576
其他港、澳、台商投资企业	Others	39076	
外商投资	Enterprises with Foreign Investment	604466	669952
外商合资经营	Joint-venture Enterprises	93361	126954
外商合作经营	Cooperative Enterprises	187718	255640
外商独资	Enterprises with Sole Foreign Investment	232331	161582
外商股份有限	Share Corporations Ltd.	65421	76925
其他外商投资企业	Others	25635	48851
按控股情况分	**Grouped by Share Holding**		
国有控股	State-owned Enterprises	50351409	50006528
集体控股	Collective-owned Enterprises	8320664	9914781
私人控股	Private Enterprises	45540056	53826593
港澳台商控股	Enterprises with Investment from Hong Kong, Macao and Taiwan	548057	926453
外商控股	Enterprises with Foreign Investment	434343	452156
其 他	Others	6807847	8418787

7-4 按国民经济行业分全社会固定资产投资(2014年)
TOTAL INVESTMENT IN FIXED ASSETS BY ECONOMIC SECTOR(2014)

单位：万元 (10 000 yuan)

行业	Sector	全社会固定资产投资 Total Investment in Fixed Assets	#农户投资 Rural Households Investment
总计	**Total**	**123545298**	**3190738**
农、林、牧、渔业	Farming, Forestry, Animal Husbandry and Fishery	9977316	589729
采矿业	Mining	14148170	
制造业	Manufacturing	26782782	2830
电力、热力、燃气及水生产和供应业	Production and Supply of Electricity, Heat, Gas and Water	9596642	
建筑业	Construction	59861	7555
批发和零售业	Wholesale and Retail Trade	2544922	50114
交通运输、仓储和邮政业	Transport, Storage and Post	8556871	311201
住宿和餐饮业	Hotels and Catering Services	567941	22393
信息传输、软件和信息技术服务业	Information Transmission, Software and Information Technology Services	586062	
金融业	Banking and Insurance	23384	
房地产业	Real Estate Trade	30394079	2135592
租赁和商务服务业	Lease and Business Affairs Services	788409	21269
科学研究和技术服务业	Scientific Reseach and Technical Services	458089	
水利、环境和公共设施管理业	Management of Water Conservancy, Environmental and Public Facilities	14169148	
居民服务、修理和其他服务业	Resident Services, Repair and Other Services	528353	28985
教育	Education	1407036	13846
卫生和社会工作	Health Care and Social Work	694520	4123
文化、体育和娱乐业	Culture, Sports and Recreation	1713428	1440
公共管理、社会保障和社会组织	Public Management, Social Security and Social Organization	548285	1661

7-5 固定资产投资

单位：万元

年 份 Year	施工项目(个) Number of Projects Under Construction (unit)	新开工项目(个) Number of Newly Started Projects (unit)	建成投产项目(个) Number of Projects Completed (unit)	固定资产投资 Investment in Fixed Assets	#住 宅 Residential Buildings
1978	4477	548	2424	197409	11507
1979	2282	509	841	203476	21911
1980	3253	878	1204	227885	34960
1981	3398	878	1290	186890	33669
1982	4848	989	2172	263473	49408
1983	4354	848	2015	331972	46070
1984	4049	1216	1913	523864	51023
1985	5249	1656	2250	728498	68621
1986	4335	1063	2053	789593	98173
1987	4173	1071	1981	859390	94857
1988	4219	942	1863	861514	83192
1989	3618	542	1695	873928	90315
1990	3017	582	1401	981331	113872
1991	3417	582	1628	1187970	113389
1992	3702	819	1867	1490073	185171
1993	3833	841	1902	2144908	324911
1994	4124	2043	2043	2546950	341533
1995	3815	892	2004	2550276	367761
1996	4416	2713	2539	2859217	470490
1997	5718	3781	3678	3488553	508095
1998	4011	1481	1896	4812052	695634
1999	4497	2679	2627	5273575	885847
2000	4937	3343	3107	5518198	847573
2001	4851	3464	3148	6325861	751015
2002	5542	4264	3584	7526897	859174
2003	5419	4076	2948	10143163	898601
2004	5060	3323	2663	13490264	1302098
2005	5090	3764	2975	16992979	1723145
2006	5846	3902	3331	21214238	2741836
2007	6558	4336	3972	26659240	3525849
2008	6803	4571	3898	32985514	4435275
2009	9656	7389	6097	45999284	6112434
2010	12861	9425	8031	58160325	7316208
2011	9941	6621	6494	71376857	10348491
2012	10777	7285	6593	88979033	12810088
2013	12689	8458	8286	109136950	14982702
2014	12818	8444	9173	120354560	17909781

注：2010年以前为城镇固定资产投资，下同。
Note: Data coverage in the table is urban investment in fixed assets before 2010. The same applies to the following.

INVESTMENT IN FIXED ASSETS

(10 000 yuan)

第一产业 Primary Industry	第二产业 Secondary Industry	第三产业 Tertiary Industry	工业 Industry	轻工业 Light Industry	重工业 Heavy Industry	#能源工业 Energy Industry
1592	130133	65684	130534	3573	126961	66664
3392	127372	72712	127800	44571	83229	74156
4038	152567	71280	158672	10202	148470	88460
1891	119232	65767	118886	8224	110662	73167
2744	173884	86845	168500	12998	155502	98593
4167	236887	90918	235600	11440	224160	140591
3227	359278	161359	361794	16198	345596	214490
4961	506000	217537	503455	23596	479859	257108
5351	565154	219088	536314	31439	504875	330956
4993	566917	287480	544004	33077	510927	347642
4966	613805	242743	605667	43721	561946	381904
5146	628569	240213	621684	40844	580840	415226
7880	708513	264938	704105	25287	678818	489747
6740	876223	305007	868290	32581	835709	602208
6879	1017443	465751	1007817	38803	969014	638782
8971	1305601	830336	1292477	55174	1237303	733737
6515	1371463	1168972	1287314	34898	1252416	699372
7003	1300878	1242395	1259735	71793	1187942	727468
10983	1513878	1334356	1490037	87527	1402510	919671
45001	1918423	1525129	1811050	38473	1772577	1262414
21302	2015391	2775359	1974814	84854	1889960	1378520
33087	2194339	3046149	2143590	134705	2008885	1508720
72412	2593464	2852322	2532148	165447	2366701	1706272
103986	2836651	3385224	2766524	228006	2538518	1661777
215901	3577905	3733091	3527500	397139	3130361	1826431
235450	5833360	4074353	5795798	584801	5210997	3046474
192183	8306909	4991172	8269361	664565	7604796	4930625
253784	10701927	6037268	10660374	541604	10118770	6027304
353720	12846351	8014167	12782402	857080	11925322	6856405
485984	15443603	10729653	15348518	1162724	14185794	8627639
671437	17628300	14685777	17459436	836878	16622558	10231350
1477215	20640157	23881912	20423626	1286480	19137146	12194046
1609380	25367665	31183280	25201300	1990317	23210983	15207315
2227834	33478939	35670084	33389789	3228708	30161081	19190472
3134957	41348398	44495678	41296706	5416452	35880254	21126315
6599858	46567723	55969369	47004222	7089092	39915130	20978446
8872300	50030104	61452156	50524764	7941544	42583220	23133511

7-6 工业固定资产投资

单位：万元

年 份 Year	工业合计 Total Industry	煤炭工业 Coal Industry	食品工业 Food Industry	纺织工业 Textile Industry	炼焦工业 Coking Industry	医药工业 Medical Industry
1978	130534	42326	595	3731	2452	
1979	127800	44571	1273	3672	3159	301
1980	158672	61543	2700	6663	2584	1451
1981	118886	56227	1134	5417	1928	920
1982	168500	71532	3074	8297	1529	1534
1983	235600	98328	4601	7646	3615	1502
1984	361794	153277	9504	9122	6228	1609
1985	503455	179652	10790	14680	1856	4808
1986	536314	244082	9891	11892	1437	1044
1987	544004	250597	11898	9956	1465	2566
1988	605667	257214	7945	10549	3639	3879
1989	621684	270039	4871	11630	4321	2695
1990	704105	324577	10867	7944	1681	3281
1991	868290	377988	6560	11377	1201	2689
1992	1007817	407803	11047	16381	1874	3373
1993	1292477	435372	20448	30578	3728	4621
1994	1287314	405070	20562	14013	9622	4206
1995	1259735	473255	10174	29886	21173	7312
1996	1490037	598324	36195	26176	25246	8213
1997	1811050	671205	35400	17395	46370	8462
1998	1974814	480879	24755	8534	32066	6540
1999	2143590	421932	29734	9428	67568	13885
2000	2532148	365536	42995	15450	118894	15977
2001	2766524	466135	35928	13640	227631	57351
2002	3527500	674181	103161	33102	266173	97095
2003	5795798	903602	228361	26114	761553	119907
2004	8269361	1523924	237363	31665	1231811	217946
2005	10660374	2587510	234051	36801	940325	119171
2006	12782402	3056054	448909	60892	744919	114432
2007	15348518	3639235	630765	51605	923172	82769
2008	17459436	4640781	480582	44382	1014761	116958
2009	20423626	5986723	638705	136310	1025476	213235
2010	25201300	9295058	844184	87951	964168	266805
2011	33389789	12402352	1408809	159945	922900	560131
2012	41296706	13522238	2292109	214322	965519	618691
2013	47004222	11579546	2628882	297289	1135629	908555
2014	50524764	10780765	3544405	203606	643261	760721

INDUSTRY INVESTMENT IN FIXED ASSETS

(10 000 yuan)

化学工业 Chemical Industry	建材工业 Building Materials Industry	冶金工业 Metallurgical Industry	机械工业 Machinery Industry	电力工业 Power Industry	其他工业 Others
14665	2827	19577	19225	21886	3250
7974	3366	11823	18336	26426	6899
8790	4402	12983	17229	24333	15994
7194	2010	7041	13131	15012	8872
12055	4397	18899	19895	25532	1756
12089	4569	20637	20584	38648	23381
41986	8416	29405	16561	54985	30701
75494	14595	59590	34519	70424	37047
58768	18490	55891	33104	80994	20721
32144	30402	66666	33664	87301	17345
37512	24226	77954	39492	112286	30971
36350	18079	80367	29048	136334	27950
46013	15541	69476	39446	154818	30461
68093	24920	94526	32441	206166	42329
66447	35103	150136	47118	200365	68170
39808	65250	264320	40015	273695	114642
32096	75502	355916	56577	266244	47506
54248	83759	228823	68076	213791	69238
88097	57404	228823	84496	264519	72544
27638	42921	179755	108587	524099	149218
92894	80906	228381	109525	823699	86635
78552	50793	234689	119146	933944	183919
125360	59112	359334	136555	1155472	137463
195203	95932	433812	143919	917135	179838
224754	159615	797834	135082	819672	216831
417828	266663	1411434	184932	1243865	231539
361725	258973	1558100	547290	1993540	307024
551373	311073	2565294	707231	2351865	255680
854895	399107	2834415	1049695	2859992	359092
1168096	575193	2383560	1533976	3559634	800513
1669419	795012	2402164	1379377	3860768	1055232
1356876	1350349	2167187	1826408	4084562	1637795
1301352	1823683	2514715	2299351	3628893	2175140
1987466	1989882	3516824	3762369	3973930	2705181
2720478	3435742	4756524	4747496	3826177	4197410
3287996	4048065	5229945	7175055	4201362	6511898
4865070	4613278	4457474	6652858	7089819	6913507

7-7 按国民经济行业分固定资产投资
INVESTMENT IN FIXED ASSETS BY ECONOMIC SECTOR

单位：万元 (10 000 yuan)

行　业	Sector	2013	2014
总　计	**Total**	**109136950**	**120354560**
农、林、牧、渔业	Farming, Forestry, Animal Husbandry and Fishery	7121412	9387587
农　业	Farming	2415184	3437366
林　业	Forestry	1368112	1421087
畜牧业	Animal Husbandry	2729424	3927726
渔　业	Fishery	87138	86121
农、林、牧、渔服务业	Farming, Forestry, Animal Husbandry and Fishery Services	521554	515287
采矿业	Mining	14750100	14148170
煤炭开采和洗选业	Coal Mining and Washsing	11579546	10780765
石油和天然气开采业	Extraction of Petroleum and Natural Gas	1116311	1406378
黑色金属矿采选业	Mining and Dressing of Ferrous Metals	1015657	726968
有色金属矿采选业	Mining and Dressing of Nonferrous Metals	237266	318790
非金属矿采选业	Mining and Dressing of Nonmetal Ores	257208	365690
开采辅助活动	Mining Auxiliary Activities	515326	533619
其他采矿业	Others	28786	15960
制造业	Manufacturing	25384366	26779952
农副食品加工业	Farm and Sideline Food Processing	1473019	2083205
食品制造业	Food Manufacturing	622140	783626
酒、饮料和精制茶制造业	Alcohol, Beverage and Refined Tea Manufacturing	528514	671250
烟草制品业	Tobacoo Manufaturing	5209	6324
纺织业	Textile Industry	214557	190678
纺织服装、服饰业	Manufacture of Garments and Accessories	99879	49176
皮革、毛皮、羽毛及其制品和制鞋业	Manufacture of Leather, Fur, Feather and their Products and Footwear	15748	5963
木材加工和木、竹、藤、棕、草制品业	Processing of Timber, Manufacture of Wood, Bamboo, Rattan, Palm, and Straw Products	204746	353772
家具制造业	Manufacture of Funiture	84670	99807
造纸和纸制品业	Manufacture of Paper and Paper Products	372280	246962
印刷和记录媒介复制业	Printing and Record Medium Reproduction	42911	94270
文教、工美、体育和娱乐用品制造业	Manufacture of Articles For Culture, Education and Sport Activity	66686	102383
石油加工、炼焦和核燃料加工业	Petroleum Processing ,Coking and Nuclear Fuel Processing	1971335	1702167
化学原料和化学制品制造业	Manufacture Raw Chemical Materials and Chemical Products	2737760	4262132
医药制造业	Manufacture of Medical Products	908555	760721
化学纤维制造业	Manufacture of Chemical Fibers	82732	12928
橡胶和塑料制品业	Manufacture of Rubber and Plastic Products	550236	602938
非金属矿物制品业	Manufacture of Nonmetals Mineral Products	3790857	4247588
黑色金属冶炼和压延加工业	Smelting and Pressing of Ferrous Metals	1939202	1053329
有色金属冶炼和压延加工业	Smelting and Pressing of Nonferrous Metals	2037820	2358387
金属制品业	Manufacture of Metal Products	934962	981246
通用设备制造业	Manufacture of Universal Purpose Equipment	944956	945873
专用设备制造业	Manufacture of Special Purpose Equipment	1307256	1101657
汽车制造业	Manufacture of Motor Vehicles	1250391	952336

7–7 续表1 continued

单位：万元 (10 000 yuan)

行　业	Sector	2013	2014
铁路、船舶、航空航天和其他运输设备制造业	Manufacture of Railways, Ships, Aviation, Aircrafts and Other Transportation Equipments	802577	668384
电气机械和器材制造业	Manufacture of Electrical Equipment and Machinery	1200910	858374
计算机、通信和其他电子设备制造业	Manufacture of Computer, Telecommunication and Other Electronic Equipments	540705	1065670
仪器仪表制造业	Manufacture of Measuring Instrument and Machinery	193298	79318
其他制造业	Other Manufacturing	59350	68005
废弃资源综合利用业	Comprehensive Utilization of Waste	371364	358136
金属制品、机械和设备修理业	Repair of Metal Products, Machinery and Equipment	29741	13347
电力、热力、燃气及水生产和供应业	Production and Supply of Electricity, Heat, Gas and Water	6869756	9596642
电力、热力生产和供应业	Production and Supply of Electricity and Heat	5508374	8284753
燃气生产和供应业	Production and Supply of Gas	802880	959448
水的生产和供应业	Production and Supply of Water	558502	352441
建筑业	Construction	108568	52306
房屋建筑业	Buildings Construction	55031	10004
土木工程建筑业	Civil Engineering	43503	33311
建筑安装业	Building Installation		4662
建筑装饰和其他建筑业	Building Decoration and Other Construction	10034	4329
批发和零售业	Wholesale and Retail Trade	2444612	2494808
批发业	Wholesale Trade	1243841	1193922
零售业	Retail Trade	1200771	1300886
交通运输、仓储和邮政业	Transport, Storage and Post	10970229	8245670
铁路运输业	Railway Transport	3695216	2211132
道路运输业	Highway Transport	5896424	4029999
航空运输业	Air Transport	65799	98600
管道运输业	Transport Via Pipelines	62160	104908
装卸搬运和运输代理业	Loading, Unloading and Other Transport Services	300374	218121
仓储业	Storage	949736	1566399
邮政业	Post	520	16511
住宿和餐饮业	Hotels and Catering Services	802093	545548
住宿业	Hotels	587312	460981
餐饮业	Catering Services	214781	84567
信息传输、软件和信息技术服务业	Information Transmission, Software and Information Technology Services	632708	586062
电信、广播电视和卫星传输服务	Transimission Services of Telecommunication, Broadcast, Television and Satellite	210458	194949
互联网和相关服务	Internet and Relative Services	97035	79039
软件和信息技术服务业	Software and Information Technology Services	325215	312074
金融业	Banking and Insurance	39215	23384
货币金融服务	Monetary Banking	36190	21994

7-7 续表2 continued

单位：万元 (10 000 yuan)

行　　业	Sector	2013	2014
资本市场服务	Capital Market		
保险业	Insurance		
其他金融业	Other Financial Activities	3025	1390
房地产业	Real Estate Trade	22900335	28258487
房地产业	Real Estate Trade	22900335	28258487
租赁和商务服务业	Lease and Business Affairs Services	562837	767140
租赁业	Leasing	11649	2080
商务服务业	Business Affairs Services	551188	765060
科学研究和技术服务业	Scientific Reseach and Technical Services	392826	458089
研究和试验发展	Reserch and Experimental Development	68548	147299
专业技术服务业	Professional Technical Services	145969	116828
科技推广和应用服务业	Services of Science and Technology Exchanges and Promotion	178309	193962
水利、环境和公共设施管理业	Management of Water Conservancy, Environment and Public Facilities	12465668	14169148
水利管理业	Water Conservancy	1301863	1398798
生态保护和环境治理业	Ecological Protection and Environmental Management	1154534	994045
公共设施管理业	Public Facilities	10009271	11776305
居民服务、修理和其他服务业	Resident Services, Repair and Other Services	205441	499368
居民服务业	Residence Services	164518	265671
机动车、电子产品和日用产品修理业	Repair of Motor Vehicles, Electronic Products and Daily Products	31890	94343
其他服务业	Other Services	9033	139354
教　育	Education	1522196	1393190
教　育	Education	1522196	1393190
卫生和社会工作	Health Care and Social Work	552181	690397
卫　生	Health Care	419612	498198
社会工作	Social Work	132569	192199
文化、体育和娱乐业	Culture, Sports and Recreation	863987	1711988
新闻和出版业	Journalism and Publishing Activities	8543	12016
广播、电视、电影和影视录音制作业	Broadcasting, Movies, Televisions and Audiovisual Activities	9371	13050
文化艺术业	Culture and Arts Activities	440987	838575
体　育	Sports Activities	253785	300427
娱乐业	Entertainment	151301	547920
公共管理、社会保障和社会组织	Public Management, Social Security and Social Organization	548420	546624
中国共产党机关	Organs of CPC	21496	
国家机构	Government Agencies	440409	387863
社会保障	Social Security	12772	10598
群众团体、社会团体和其他成员组织	Mass Organizations, Social Organizations and Other Member Organizations	13414	118896
基层群众自治组织	Grass Roots Self-governing Organizations	60329	29267

7-8 固定资产投资主要指标
MAJOR INDICATORS OF INVESTMENT IN FIXED ASSETS

单位：万元 (10 000 yuan)

指　　标	Item	2013	2014
一、投资总额	**Total Investment**	**109136950**	**120354560**
#国有经济控股	State-Controlled Share Holding	50351409	50006528
#住　宅	Residential Buildings	14982702	17909781
按隶属关系分	Grouped by Administrative Relationship		
中　央	Central Investment	6488574	6232607
地　方	Local Investment	102648376	114121953
按登记注册类型分	Grouped by Type of Registration Status		
内　资	Domestic-Funded Enterprises	107807833	118584806
港、澳、台商投资	Enterprises with Investment from Hong Kong, Macao and Taiwan	724651	1099802
外商投资	Enterprises with Foreign Investment	604466	669952
按构成分	Grouped by Composition		
建筑工程	Construction	67344869	73770724
安装工程	Installation	10099182	11974035
设备工器具购置	Purchase of Equipment and Instruments	19682179	22491166
其他费用	Others	12010720	12118635
按建设性质分(不含房地产投资)	Grouped by Type of Construction		
新　建	New Construction	57760609	70523151
扩　建	Expansion	19045287	17415761
改建和技术改造	Reconstruction and Technical Reformation	13765083	10912238
单纯建造生活设施	Construction of Living Facilities	4525800	6055143
其　他	Others	953896	1412718
按三次产业分	Grouped by Type of Industry		
第一产业	Primary Industry	6599858	8872300
第二产业	Secondary Industry	46567723	50030104
第三产业	Tertiary Industry	55969369	61452156
二、新增固定资产	**Newly Increased Fixed Assets**	**62293323**	**88257466**
三、建设项目(个)	**Construction Projects (unit)**		
施工项目	Projects Under Construction	12689	12818
#本年新开工	Projects Newly Started This Year	8458	8444
本年投产项目	Projects Put into Use This Yesr	8286	9173
四、房屋建筑面积(万平方米)	**Floor Space of Buildings (10 000 sq.m)**		
本年施工房屋面积	Floor Space Under Construction	26793.3	29772.5
#住　宅	Residential Buildings	15390.6	17062.7
本年竣工房屋面积	Floor Space Completed	5943.0	5740.2
#住　宅	Residential Buildings	3250.6	3415.1
本年竣工房屋价值(万元)	Value of Buildings Completed (10 000yuan)	12295892	13830380
#住　宅	Residential Buildings	6847359	8612507
五、投资资金来源合计	**Grouped by Source of Funds**	**103249262**	**109783009**
上年结余资金	Balance of Funds Last Year	5953243	6326983
本年资金来源小计	Subtotal Source of Funds This Year	97296019	103456026
国家预算内资金	State-budgetary Appropriation	6471198	6251812
国内贷款	Domestic Loans	7758516	7988429
利用外资	Foreign Investment	294197	435884
自筹资金	Self-raised Funds	73900846	80484640
#企事业单位自有资金	Own Funds of Enterprises and Institutions	27718800	24750625
其　他	Others	8871262	8295261

7-9 固定资产投资规模(2014年)

单位：万元

指　　标	Item	计划总投资 Total Planned Investment	自开始建设至本年底累计完成投资 Accumulated Investment Completed This Year
总　计	**Total**	**282286170**	**204973049**
#本年新开工项目	Projects Newly Started This Year	93535852	59212393
#本年投产项目	Projects Put into Use This Year	98791599	95775050
按隶属关系分	Grouped By Administrative Relationship		
中　央	Central Investment	30931435	25788966
地　方	Local Investment	251354735	179184083
按登记注册类型分	Grouped by Type of Registration Status		
内　资	Domestic-Funded Enterprises	277397370	201921362
港、澳、台商投资	Enterprises with Investment from Hong Kong, Macao and Taiwan	3274477	1910047
外商投资	Enterprises with Foreign Investment	1614323	1141640
按建设性质分	Grouped by Type of Construction		
新　建	New Construction	197234158	137908027
扩　建	Expansion	45170498	33910393
改建和技术改造	Reconstruction and Technical Reforming	24571376	20926429
单纯建造生活设施	Construction of Living Facilities	13093357	10337615
其　他	Others	2216781	1890585
按控股情况分	Grouped by Share Holding		
国有控股	State-owned Enterprises	150795149	110667138
集体控股	Collective-owned Enterprises	19457008	14705815
私人控股	Private Enterprises	92823475	66125598
港澳台商控股	Enterprises with Investment from Hong Kong, Macao and Taiwan	3009902	1706016
外商控股	Enterprises with Foreign Investment	1210219	773570
其　他	Others	14990417	10994912
按三次产业分	Grouped by Type of Industry		
第一产业	Primary Industry	13126804	10979890
第二产业	Secondary Industry	144269093	100340885
第三产业	Tertiary Industry	124890273	93652274
按投资总规模分	Grouped by Scale of Investment		
500－5000万元	5 million-50 million yuan	13663213	13094062
5000万元－1亿元	50 million-100 million yuan	25103778	23178044
1亿元－5亿元	100 million-500 million yuan	69592068	56428206
5亿元－10亿元	500 million-1 billion yuan	28193076	20619420
10亿元以上	1 billion yuan and Above	145734035	91653317

注：本表不含房地产开发投资。

Note：Data in this table excludes investment in real estate development.

SCALE OF FIXED ASSETS INVESTMENT(2014)

(10 000 yuan)

#本年完成投资 Investment Completed This Year	本年新增固定资产 Newly Increased Fixed Assets This Year	施工项目(个) Number of Projects under Construction (unit)	#本年新开工 Newly Started This Year	本年投产项目(个) Number of Projects Put into Use This Year (unit)
106319011	**81092020**	**12818**	**8444**	**9173**
59106319	36776400	8444	8444	6234
55595258	79106164	9173	6234	9173
5550472	5949371	297	146	192
100768539	75142649	12521	8298	8981
104722185	80372939	12738	8397	9125
995180	334034	34	21	16
601646	385047	46	26	32
70523151	50058554	8131	5461	5738
17415761	14441318	2332	1555	1723
10912238	10631955	1554	1029	1187
6055143	5257764	732	361	483
1412718	702429	69	38	42
47117969	36666945	5205	3185	3574
9779473	8379912	1221	843	948
40562194	29742418	5226	3593	3763
874831	241529	21	10	6
383850	243991	22	12	14
7600694	5817225	1123	801	868
8872300	7662643	2046	1647	1724
50030104	36331647	4423	2727	2969
47416607	37097730	6349	4070	4480
11253226	11323727	6011	4714	5117
18169203	17333065	3263	2140	2449
37827543	29862194	2686	1409	1410
8864756	4582268	410	84	104
30204283	17990766	448	97	93

7-10 按登记注册类型分固定资产投资(2014年)

单位：万元

行 业	Sector	总 计 Total
总 计	**Total**	**120354560**
农、林、牧、渔业	Farming, Forestry, Animal Husbandry and Fishery	9387587
农 业	Farming	3437366
林 业	Forestry	1421087
畜牧业	Animal Husbandry	3927726
渔 业	Fishery	86121
农、林、牧、渔服务业	Farming, Forestry, Animal Husbandry and Fishery Services	515287
采矿业	Mining	14148170
煤炭开采和洗选业	Coal Mining and Washsing	10780765
石油和天然气开采业	Extraction of Petroleum and Natural Gas	1406378
黑色金属矿采选业	Mining and Dressing of Ferrous Metals	726968
有色金属矿采选业	Mining and Dressing of Nonferrous Metals	318790
非金属矿采选业	Mining and Dressing of Nonmetal Ores	365690
开采辅助活动	Mining Auxiliary Activities	533619
其他采矿业	Others	15960
制造业	Manufacturing	26779952
农副食品加工业	Farm and Sideline Food Processing	2083205
食品制造业	Food Manufacturing	783626
酒、饮料和精制茶制造业	Alcohol, Beverage and Refined Tea Manufacturing	671250
烟草制品业	Tobacoo Manufaturing	6324
纺织业	Textile Industry	190678
纺织服装、服饰业	Manufacture of Garments and Accessories	49176
皮革、毛皮、羽毛及其制品和制鞋业	Manufacture of Leather, Fur, Feather and their Products and Footwear	5963
木材加工和木、竹、藤、棕、草制品业	Processing of Timber, Manufacture of Wood, Bamboo, Rattan, Palm, and Straw Products	353772
家具制造业	Manufacture of Funiture	99807
造纸和纸制品业	Manufacture of Paper and Paper Products	246962
印刷和记录媒介复制业	Printing and Record Medium Reproduction	94270
文教、工美、体育和娱乐用品制造业	Manufacture of Articles For Culture, Education and Sport Activity	102383
石油加工、炼焦和核燃料加工业	Petroleum Processing ,Coking and Nuclear Fuel Processing	1702167
化学原料和化学制品制造业	Manufacture Raw Chemical Materials and Chemical Products	4262132
医药制造业	Manufacture of Medical Products	760721
化学纤维制造业	Manufacture of Chemical Fibers	12928
橡胶和塑料制品业	Manufacture of Rubber and Plastic Products	602938
非金属矿物制品业	Manufacture of Nonmetals Mineral Products	4247588
黑色金属冶炼和压延加工业	Smelting and Pressing of Ferrous Metals	1053329
有色金属冶炼和压延加工业	Smelting and Pressing of Nonferrous Metals	2358387
金属制品业	Manufacture of Metal Products	981246
通用设备制造业	Manufacture of Universal Purpose Equipment	945873

INVESTMENT IN FIXED ASSETS BY REGISTRATION STATUS(2014)

(10 000 yuan)

内 资 Domestic-Funded Enterprises	国 有 State-owned Enterprises	集 体 Collective-owned Enterprises	股份合作 Share Cooperative Enterprises	国有联营 State Joint Ownership Enterprises	集体联营 Collective Joint Ownership Enterprises	国有与集体联营 Joint State-collective Enterprises	其他联营 Other Joint Ownership Enterprises
118584806	**39154101**	**7869965**	**593113**	**231365**	**37022**	**71220**	**25584**
9324654	1291733	280110	154013		3680		5554
3435162	426515	180328	44909		3680		
1421087	587343	9790	28949				
3866997	180308	49449	80155				294
86121		5207					
515287	97567	35336					5260
13901660	5590174	155325	37410	70867	622	876	
10759499	4569391	65431	37410	70867	622	876	
1182946	616928						
726968	29952						
318790	10417						
363878	11434	8000					
533619	352052	81894					
15960							
25932567	3803462	200985	339493		20000		8880
2074055	61798	26686	2380				
783626	38575	2611					
646257			7100				
6324	2474	3850					
190678							4800
49176	2436						
5963	1728						
353772							
99807		3530					
246962							
94270	2597	11984					
102383	8110	8900	651				
1690366	980305		106565				
4261751	1383151	73307	6020				
758278	9716	1536					
12928							
597781	11478		142238				
4215102	145518	31633	29668				4080
1049108	398749	21858					
2352650	126704		17529				
896148	36029						
945873	103513	8140	14582		20000		

7-10 续表1

单位：万元

行　业	Sector	总　计 Total
专用设备制造业	Manufacture of Special Purpose Equipment	1101657
汽车制造业	Manufacture of Motor Vehicles	952336
铁路、船舶、航空航天和其他运输设备制造业	Manufacture of Railways, Ships, Aviation, Aircrafts and Other Transportation Equipments	668384
电气机械和器材制造业	Manufacture of Electrical Equipment and Machinery	858374
计算机、通信和其他电子设备制造业	Manufacture of Computer, Telecommunication and Other Electronic Equipments	1065670
仪器仪表制造业	Manufacture of Measuring Instrument and Machinery	79318
其他制造业	Other Manufacturing	68005
废弃资源综合利用业	Comprehensive Utilization of Waste	358136
金属制品、机械和设备修理业	Repair of Metal Products, Machinery and Equipment	13347
电力、热力、燃气及水生产和供应业	Production and Supply of Electricity, Heat, Gas and Water	9596642
电力、热力生产和供应业	Production and Supply of Electricity and Heat	8284753
燃气生产和供应业	Production and Supply of Gas	959448
水的生产和供应业	Production and Supply of Water	352441
建筑业	Construction	52306
房屋建筑业	Buildings Construction	10004
土木工程建筑业	Civil Engineering	33311
建筑安装业	Building Installation	4662
建筑装饰和其他建筑业	Building Decoration and Other Construction	4329
批发和零售业	Wholesale and Retail Trade	2494808
批发业	Wholesale Trade	1193922
零售业	Retail Trade	1300886
交通运输、仓储和邮政业	Transport, Storage and Post	8245670
铁路运输业	Railway Transport	2211132
道路运输业	Highway Transport	4029999
水上运输业	Water Transport	
航空运输业	Air Transport	98600
管道运输业	Transport Via Pipelines	104908
装卸搬运和运输代理业	Loading, Unloading and Other Transport Services	218121
仓储业	Storage	1566399
邮政业	Post	16511
住宿和餐饮业	Hotels and Catering Services	545548
住宿业	Hotels	460981
餐饮业	Catering Services	84567
信息传输、软件和信息技术服务业	Information Transmission, Software and Information Technology Services	586062
电信、广播电视和卫星传输服务	Transimission Services of Telecommunication, Broadcast, Television and Satellite	194949
互联网和相关服务	Internet and Relative Services	79039
软件和信息技术服务业	Software and Information Technology Services	312074

continued

(10 000 yuan)

内　资 Domestic-Funded Enterprises	国　有 State-owned Enterprises	集　体 Collective-owned Enterprises	股份合作 Share Cooperative Enterprises	国有联营 State Joint Ownership Enterprises	集体联营 Collective Joint Ownership Enterprises	国有与集体联营 Joint State-collective Enterprises	其他联营 Other Joint Ownership Enterprises
1087753	97302	4800	7520				
952336	151141						
668384	40142						
855504	44873		5240				
419651	5173						
79318							
68005	6179	2150					
355011	143424						
13347	2347						
9376664	5168965	72622	10199	135217		13364	
8097173	4771576	25820	3499	134486		8500	
927050	219537	17996	6700			4864	
352441	177852	28806		731			
52306	39032						
10004	8289						
33311	27161						
4662	3582						
4329							
2478386	174980	139270	30017		2920		
1193922	79703	64717			2920		
1284464	95277	74553	30017				
8245456	5257747	201433	4696	15600			
2211132	1527227			15600			
4029999	3396426	149140					
98600	98600						
104908	94908						
218121		9827					
1566185	134365	42466	4696				
16511	6221						
522867	73132	28537					
438300	71731	9582					
84567	1401	18955					
488742	138395	3355	1668				
192485	97111						
12670	7980						
283587	33304	3355	1668				

7-10 续表2

单位：万元

行　　业	Sector	总　计 Total
金融业	Banking and Insurance	23384
货币金融服务	Monetary Banking	21994
资本市场服务	Capital Market	
保险业	Insurance	
其他金融业	Other Financial Activities	1390
房地产业	Real Estate Trade	28258487
房地产业	Real Estate Trade	28258487
租赁和商务服务业	Lease and Business Affairs Services	767140
租赁业	Leasing	2080
商务服务业	Business Affairs Services	765060
科学研究和技术服务业	Scientific Reseach and Technical Services	458089
研究和试验发展	Reserch and Experimental Development	147299
专业技术服务业	Professional Technical Services	116828
科技推广和应用服务业	Services of Science and Technology Exchanges and Promotion	193962
水利、环境和公共设施管理业	Management of Water Conservancy, Environment and Public Facilities	14169148
水利管理业	Water Conservancy	1398798
生态保护和环境治理业	Ecological Protection and Environmental Management	994045
公共设施管理业	Public Facilities	11776305
居民服务、修理和其他服务业	Resident Services, Repair and Other Services	499368
居民服务业	Residence Services	265671
机动车、电子产品和日用产品修理业	Repair of Motor Vehicles, Electronic Products and Daily Products	94343
其他服务业	Other Services	139354
教　育	Education	1393190
教　育	Education	1393190
卫生和社会工作	Health Care and Social Work	690397
卫　生	Health Care	498198
社会工作	Social Work	192199
文化、体育和娱乐业	Culture, Sports and Recreation	1711988
新闻和出版业	Journalism and Publishing Activities	12016
广播、电视、电影和影视录音制作业	Broadcasting, Movies, Televisions and Audiovisual Activities	13050
文化艺术业	Culture and Arts Activities	838575
体　育	Sports Activities	300427
娱乐业	Entertainment	547920
公共管理、社会保障和社会组织	Public Management, Social Security and Social Organization	546624
中国共产党机关	Organs of CPC	
国家机构	Government Agencies	387863
人民政协、民主党派	PPCC and Democratic Parties	
社会保障	Social Security	10598
群众团体、社会团体和其他成员组织	Mass Organizations, Social Organizations and Other Member Organizations	118896
基层群众自治组织	Grass Roots Self-governing Organizations	29267

continued

(10 000 yuan)

内 资 Domestic-Funded Enterprises	国 有 State-owned Enterprises	集 体 Collective -owned Enterprises	股份合作 Share Cooperative Enterprises	国有联营 State Joint Ownership Enterprises	集体联营 Collective Joint Ownership Enterprises	国有与集体联 营 Joint State-collective Enterprises	其他联营 Other Joint Ownership Enterprises
23384	8190	2407					
21994	8190	1017					
1390		1390					
28085559	5405411	5158932	15514	2750	9800		9270
28085559	5405411	5158932	15514	2750	9800		9270
767140	127513	355093					
2080							
765060	127513	355093					
457969	218714	9752					
147179	74490						
116828	81711						
193962	62513	9752					
14085885	9473180	929170	103	6931		56980	1880
1398798	1162883	50355		1531			
958695	232094	7638		5400			
11728392	8078203	871177	103			56980	1880
499368	157693	27734					
265671	117170	27231					
94343	88						
139354	40435	503					
1393190	909443	109825					
1393190	909443	109825					
690397	443507	47980					
498198	402254	16267					
192199	41253	31713					
1711988	459601	137879					
12016	9936						
13050	11970						
838575	340484	78386					
300427	82367	19583					
547920	14844	39910					
546624	413229	9556					
387863	360504	3306					
10598	10147						
118896	42450	6250					
29267	128						

7-10 续表3

单位：万元

行　业	Sector	国有独资公司 State-funded Corporations
总　计	**Total**	**1360195**
农、林、牧、渔业	Farming, Forestry, Animal Husbandry and Fishery	6091
农　业	Farming	
林　业	Forestry	
畜牧业	Animal Husbandry	6091
渔　业	Fishery	
农、林、牧、渔服务业	Farming, Forestry, Animal Husbandry and Fishery Services	
采矿业	Mining	516547
煤炭开采和洗选业	Coal Mining and Washsing	186441
石油和天然气开采业	Extraction of Petroleum and Natural Gas	181213
黑色金属矿采选业	Mining and Dressing of Ferrous Metals	63235
有色金属矿采选业	Mining and Dressing of Nonferrous Metals	
非金属矿采选业	Mining and Dressing of Nonmetal Ores	
开采辅助活动	Mining Auxiliary Activities	85658
其他采矿业	Others	
制造业	Manufacturing	41036
农副食品加工业	Farm and Sideline Food Processing	
食品制造业	Food Manufacturing	2813
酒、饮料和精制茶制造业	Alcohol, Beverage and Refined Tea Manufacturing	
烟草制品业	Tobacoo Manufaturing	
纺织业	Textile Industry	
纺织服装、服饰业	Manufacture of Garments and Accessories	
皮革、毛皮、羽毛及其制品和制鞋业	Manufacture of Leather, Fur, Feather and their Products and Footwear	
木材加工和木、竹、藤、棕、草制品业	Processing of Timber, Manufacture of Wood, Bamboo, Rattan, Palm, and Straw Products	
家具制造业	Manufacture of Funiture	
造纸和纸制品业	Manufacture of Paper and Paper Products	
印刷和记录媒介复制业	Printing and Record Medium Reproduction	
文教、工美、体育和娱乐用品制造业	Manufacture of Articles For Culture, Education and Sport Activity	
石油加工、炼焦和核燃料加工业	Petroleum Processing ,Coking and Nuclear Fuel Processing	2168
化学原料和化学制品制造业	Manufacture Raw Chemical Materials and Chemical Products	
医药制造业	Manufacture of Medical Products	
化学纤维制造业	Manufacture of Chemical Fibers	
橡胶和塑料制品业	Manufacture of Rubber and Plastic Products	
非金属矿物制品业	Manufacture of Nonmetals Mineral Products	
黑色金属冶炼和压延加工业	Smelting and Pressing of Ferrous Metals	
有色金属冶炼和压延加工业	Smelting and Pressing of Nonferrous Metals	9298
金属制品业	Manufacture of Metal Products	
通用设备制造业	Manufacture of Universal Purpose Equipment	1478

continued

(10 000 yuan)

其他有限责任公司 Other Limited Liability Corporations	股份有限公司 Share Co. Ltd.	私营 Private Enterprises	个体户 Self-employed Individuals	个体合伙 Individual Partnership Enterprises	其他 Others	港澳台商投资 Enterprises with Investment from HongKong, Macao and Taiwan	外商投资 Enterprises with Foreign Investment
26929053	**5677133**	**29774999**	**316864**	**282329**	**6261863**	**1099802**	**669952**
1534088	60277	3589455	141634	191286	2066733	204	62729
673115	30670	1164261	13434	88138	810112	204	2000
226515	10876	300643	6188	560	250223		
569572	18731	1862759	101665	95358	902615		60729
11880		57707	1400		9927		
53006		204085	18947	7230	93856		
4696108	705499	2008846	7800	19260	92326	13443	233067
4166403	649292	968461		9460	34845	12416	8850
231070	3675	150060				1027	222405
128315	20996	469070			15400		
68881	13033	224949			1510		
88528	17543	180202	7800	9800	40571		1812
12911		1104					
	960	15000					
9491304	2638015	8477121	90510	37732	784029	693938	153447
433430	77936	1325649	32538	12899	100739		9150
343094	111247	268180	4686	2130	10290		
250245	123097	250708			15107	16109	8884
121887	1045	62946					
17950		28790					
3200		1035					
263459	2610	85703	2000				
19296	15249	58772			2960		
95220	4850	132637			14255		
56410	3464	19815					
8419		64714			11589		
296365	164639	140324				11801	
1683382	404158	610562	2350		98821	381	
197007	133082	369331	16123	3280	28203		2443
7128		5800					
219478	71466	134381			18740	5157	
1761802	208091	1823694	32813	19423	158380	7198	25288
251073	16653	335575			25200		4221
1394126	275522	506571			22900	937	4800
192432	108341	534376			24970	9571	75527
439730	22196	313176			23058		

7-10 续表4

单位：万元

行　业	Sector	国有独资公　司 State-funded Corporations
专用设备制造业	Manufacture of Special Purpose Equipment	25279
汽车制造业	Manufacture of Motor Vehicles	
铁路、船舶、航空航天和其他运输设备制造业	Manufacture of Railways, Ships, Aviation, Aircrafts and Other Transportation Equipments	
电气机械和器材制造业	Manufacture of Electrical Equipment and Machinery	
计算机、通信和其他电子设备制造业	Manufacture of Computer, Telecommunication and Other Electronic Equipments	
仪器仪表制造业	Manufacture of Measuring Instrument and Machinery	
其他制造业	Other Manufacturing	
废弃资源综合利用业	Comprehensive Utilization of Waste	
金属制品、机械和设备修理业	Repair of Metal Products, Machinery and Equipment	
电力、热力、燃气及水生产和供应业	Production and Supply of Electricity, Heat, Gas and Water	56960
电力、热力生产和供应业	Production and Supply of Electricity and Heat	19222
燃气生产和供应业	Production and Supply of Gas	25118
水的生产和供应业	Production and Supply of Water	12620
建筑业	Construction	
房屋建筑业	Buildings Construction	
土木工程建筑业	Civil Engineering	
建筑安装业	Building Installation	
建筑装饰和其他建筑业	Building Decoration and Other Construction	
批发和零售业	Wholesale and Retail Trade	500
批发业	Wholesale Trade	500
零售业	Retail Trade	
交通运输、仓储和邮政业	Transport, Storage and Post	
铁路运输业	Railway Transport	
道路运输业	Highway Transport	
水上运输业	Water Transport	
航空运输业	Air Transport	
管道运输业	Transport Via Pipelines	
装卸搬运和运输代理业	Loading, Unloading and Other Transport Services	
仓储业	Storage	
邮政业	Post	
住宿和餐饮业	Hotels and Catering Services	
住宿业	Hotels	
餐饮业	Catering Services	
信息传输、软件和信息技术服务业	Information Transmission, Software and Information Technology Services	
电信、广播电视和卫星传输服务	Transimission Services of Telecommunication, Broadcast, Television and Satellite	
互联网和相关服务	Internet and Relative Services	
软件和信息技术服务业	Software and Information Technology Services	

continued

(10 000 yuan)

其他有限责任公司 Other Limited Liability Corporations	股份有限公司 Share Co. Ltd.	私营 Private Enterprises	个体户 Self-employed Individuals	个体合伙 Individual Partnership Enterprises	其他 Others	港澳台商投资 Enterprises with Investment from HongKong, Macao and Taiwan	外商投资 Enterprises with Foreign Investment
187340	195279	486219			84014		13904
374072	214788	210438			1897		
57550	430333	40417			99942		
518686	37469	239856			9380		2870
148509	500	265469				642784	3235
16253	16000	20204			26861		
9000		50676					
121461		83403			6723		3125
3300		7700					
2029510	730469	1084878	1249		73231	149767	70211
1600975	643787	836121	1249		51938	117369	70211
320345	86682	231051			14757	32398	
108190		17706			6536		
3977		9297					
215		1500					
		6150					
1080							
2682		1647					
684511	125810	1234677	16189		69512	16422	
338605	17773	643778	1586		44340		
345906	108037	590899	14603		25172	16422	
1098493	281843	1290828	5390	5160	84266		214
415776	33672	218857					
165136	36999	254671			27627		
10000							
90995	30537	86762					
416586	180635	720248	5390	5160	56639		214
		10290					
192781	22187	180112	17828	300	7990		22681
178038	14883	138258	17828	300	7680		22681
14743	7304	41854			310		
237356	41411	19257			47300	94856	2464
54577	40797						2464
		4690				66369	
182779	614	14567			47300	28487	

7-10 续表5

单位：万元

行 业	Sector	国有独资公司 State-funded Corporations
金融业	Banking and Insurance	
货币金融服务	Monetary Banking	
资本市场服务	Capital Market	
保险业	Insurance	
其他金融业	Other Financial Activities	
房地产业	Real Estate Trade	482508
房地产业	Real Estate Trade	482508
租赁和商务服务业	Lease and Business Affairs Services	7515
租赁业	Leasing	
商务服务业	Business Affairs Services	7515
科学研究和技术服务业	Scientific Reseach and Technical Services	
研究和试验发展	Reserch and Experimental Development	
专业技术服务业	Professional Technical Services	
科技推广和应用服务业	Services of Science and Technology Exchanges and Promotion	
水利、环境和公共设施管理业	Management of Water Conservancy, Environment and Public Facilities	239917
水利管理业	Water Conservancy	
生态保护和环境治理业	Ecological Protection and Environmental Management	21050
公共设施管理业	Public Facilities	218867
居民服务、修理和其他服务业	Resident Services, Repair and Other Services	
居民服务业	Residence Services	
机动车、电子产品和日用产品修理业	Repair of Motor Vehicles, Electronic Products and Daily Products	
其他服务业	Other Services	
教 育	Education	850
教 育	Education	850
卫生和社会工作	Health Care and Social Work	500
卫 生	Health Care	500
社会工作	Social Work	
文化、体育和娱乐业	Culture, Sports and Recreation	7771
新闻和出版业	Journalism and Publishing Activities	
广播、电视、电影和影视录音制作业	Broadcasting, Movies, Televisions and Audiovisual Activities	
文化艺术业	Culture and Arts Activities	7771
体 育	Sports Activities	
娱乐业	Entertainment	
公共管理、社会保障和社会组织	Public Management, Social Security and Social Organization	
中国共产党机关	Organs of CPC	
国家机构	Government Agencies	
人民政协、民主党派	PPCC and Democratic Parties	
社会保障	Social Security	
群众团体、社会团体和其他成员组织	Mass Organizations, Social Organizations and Other Member Organizations	
基层群众自治组织	Grass Roots Self-governing Organizations	

continued

(10 000 yuan)

其他有限责任公司 Other Limited Liability Corporations	股份有限公司 Share Co. Ltd.	私营 Private Enterprises	个体户 Self-employed Individuals	个体合伙 Individual Partnership Enterprises	其他 Others	港澳台商投资 Enterprises with Investment from HongKong, Macao and Taiwan	外商投资 Enterprises with Foreign Investment
10667	2120						
10667	2120						
5079555	373451	9522512	5121		2020735	104622	68306
5079555	373451	9522512	5121		2020735	104622	68306
59937	29374	185628		2080			
				2080			
59937	29374	185628					
62255	45807	97357			24084		120
20093		40901			11695		120
13200	5000	16917					
28962	40807	39539			12389		
1182287	373544	1322951	22250	24181	452511	26550	56713
62735	92344	12796	4500		11654		
414146	33385	138106			106876	26550	8800
705406	247815	1172049	17750	24181	333981		47913
153064	13529	116729	4660		25959		
81825	1284	16727			21434		
15539	8006	61525	4660		4525		
55700	4239	38477					
64548	8311	104064	3300		192849		
64548	8311	104064	3300		192849		
68677	12141	87764	933	900	27995		
3270	9518	54849			11540		
65407	2623	32915	933	900	16455		
276087	213345	443523		1430	172352		
250					1830		
		1080					
115357	23390	194021			79166		
71189	50976	6952			69360		
89291	138979	241470		1430	21996		
3848					119991		
3848					20205		
					451		
					70196		
					29139		

7-11 按构成分固定资产投资(2014年)

单位：万元

行　业	Sector	本年完成投资 Investment Completed This Year
总　计	**Total**	**120354560**
农、林、牧、渔业	Farming, Forestry, Animal Husbandry and Fishery	9387587
农　业	Farming	3437366
林　业	Forestry	1421087
畜牧业	Animal Husbandry	3927726
渔　业	Fishery	86121
农、林、牧、渔服务业	Farming, Forestry, Animal Husbandry and Fishery Services	515287
采矿业	Mining	14148170
煤炭开采和洗选业	Coal Mining and Washsing	10780765
石油和天然气开采业	Extraction of Petroleum and Natural Gas	1406378
黑色金属矿采选业	Mining and Dressing of Ferrous Metals	726968
有色金属矿采选业	Mining and Dressing of Nonferrous Metals	318790
非金属矿采选业	Mining and Dressing of Nonmetal Ores	365690
开采辅助活动	Mining Auxiliary Activities	533619
其他采矿业	Others	15960
制造业	Manufacturing	26779952
农副食品加工业	Farm and Sideline Food Processing	2083205
食品制造业	Food Manufacturing	783626
酒、饮料和精制茶制造业	Alcohol, Beverage and Refined Tea Manufacturing	671250
烟草制品业	Tobacoo Manufaturing	6324
纺织业	Textile Industry	190678
纺织服装、服饰业	Manufacture of Garments and Accessories	49176
皮革、毛皮、羽毛及其制品和制鞋业	Manufacture of Leather, Fur, Feather and their Products and Footwear	5963
木材加工和木、竹、藤、棕、草制品业	Processing of Timber, Manufacture of Wood, Bamboo, Rattan, Palm, and Straw Products	353772
家具制造业	Manufacture of Funiture	99807
造纸和纸制品业	Manufacture of Paper and Paper Products	246962
印刷和记录媒介复制业	Printing and Record Medium Reproduction	94270
文教、工美、体育和娱乐用品制造业	Manufacture of Articles For Culture, Education and Sport Activity	102383
石油加工、炼焦和核燃料加工业	Petroleum Processing ,Coking and Nuclear Fuel Processing	1702167
化学原料和化学制品制造业	Manufacture Raw Chemical Materials and Chemical Products	4262132
医药制造业	Manufacture of Medical Products	760721
化学纤维制造业	Manufacture of Chemical Fibers	12928
橡胶和塑料制品业	Manufacture of Rubber and Plastic Products	602938
非金属矿物制品业	Manufacture of Nonmetals Mineral Products	4247588
黑色金属冶炼和压延加工业	Smelting and Pressing of Ferrous Metals	1053329
有色金属冶炼和压延加工业	Smelting and Pressing of Nonferrous Metals	2358387
金属制品业	Manufacture of Metal Products	981246
通用设备制造业	Manufacture of Universal Purpose Equipment	945873

INVESTMENT IN FIXED ASSETS BY COMPOSITION(2014)

(10 000 yuan)

#住　宅 Residential Buildings	建筑工程 Construction	安装工程 Installation	设备工器具购置 Purchase of Equipment and Instruments	其他费用 Others
17909781	**73770724**	**11974035**	**22491166**	**12118635**
11891	6579088	580370	1211699	1016430
1612	2449081	214498	360744	413043
2622	940341	67189	156312	257245
7257	2774350	243654	609094	300628
	64040	4520	11213	6348
400	351276	50509	74336	39166
19295	6860553	1950531	3883039	1454047
5126	5030250	1474215	3029264	1247036
	1005382	87689	219610	93697
	405989	72980	189281	58718
13033	98629	61857	128061	30243
1136	228253	33832	92611	10994
	76440	219958	224212	13009
	15610			350
19422	11398801	3364403	10738444	1278304
1464	1374366	155945	466642	86252
5313	420299	79453	250475	33399
	426789	39545	190842	14074
	3550		2774	
	79272	22907	81847	6652
	23716	3969	19018	2473
	1448	1043	2798	674
12	73800	20742	257838	1392
	59241	12136	17201	11229
	99940	36378	91468	19176
	45201	18114	29455	1500
	62042	7890	24925	7526
	569502	268889	784712	79064
4870	1523622	584347	1773126	381037
4023	533308	70278	135513	21622
	7382	825	4091	630
	248262	85603	250240	18833
1430	1828198	524657	1730100	164633
1400	393445	187521	407844	64519
	633173	442709	1240447	42058
	408208	89322	443763	39953
	443077	66482	382577	53737

7-11 续表1

单位：万元

行　业	Sector	本年完成投资 Investment Completed This Year
专用设备制造业	Manufacture of Special Purpose Equipment	1101657
汽车制造业	Manufacture of Motor Vehicles	952336
铁路、船舶、航空航天和其他运输设备制造业	Manufacture of Railways, Ships, Aviation, Aircrafts and Other Transportation Equipments	668384
电气机械和器材制造业	Manufacture of Electrical Equipment and Machinery	858374
计算机、通信和其他电子设备制造业	Manufacture of Computer, Telecommunication and Other Electronic Equipments	1065670
仪器仪表制造业	Manufacture of Measuring Instrument and Machinery	79318
其他制造业	Other Manufacturing	68005
废弃资源综合利用业	Comprehensive Utilization of Waste	358136
金属制品、机械和设备修理业	Repair of Metal Products, Machinery and Equipment	13347
电力、热力、燃气及水生产和供应业	Production and Supply of Electricity, Heat, Gas and Water	9596642
电力、热力生产和供应业	Production and Supply of Electricity and Heat	8284753
燃气生产和供应业	Production and Supply of Gas	959448
水的生产和供应业	Production and Supply of Water	352441
建筑业	Construction	52306
房屋建筑业	Buildings Construction	10004
土木工程建筑业	Civil Engineering	33311
建筑安装业	Building Installation	4662
建筑装饰和其他建筑业	Building Decoration and Other Construction	4329
批发和零售业	Wholesale and Retail Trade	2494808
批发业	Wholesale Trade	1193922
零售业	Retail Trade	1300886
交通运输、仓储和邮政业	Transport, Storage and Post	8245670
铁路运输业	Railway Transport	2211132
道路运输业	Highway Transport	4029999
水上运输业	Water Transport	
航空运输业	Air Transport	98600
管道运输业	Transport Via Pipelines	104908
装卸搬运和运输代理业	Loading, Unloading and Other Transport Services	218121
仓储业	Storage	1566399
邮政业	Post	16511
住宿和餐饮业	Hotels and Catering Services	545548
住宿业	Hotels	460981
餐饮业	Catering Services	84567
信息传输、软件和信息技术服务业	Information Transmission, Software and Information Technology Services	586062
电信、广播电视和卫星传输服务	Transimission Services of Telecommunication, Broadcast, Television and Satellite	194949
互联网和相关服务	Internet and Relative Services	79039
软件和信息技术服务业	Software and Information Technology Services	312074

continued

(10 000 yuan)

#住　宅 Residential Buildings	建筑工程 Construction	安装工程 Installation	设备工器具购置 Purchase of Equipment and Instruments	其他费用 Others
	630947	103932	324826	41952
620	368160	135128	395872	53176
	260307	133256	247052	27769
	447473	78407	284015	48479
290	203272	128347	730559	3492
	36310	11481	23478	8049
	41857	11803	11227	3118
	146489	43084	129572	38991
	6145	210	4147	2845
300	3616458	1756945	3626055	597184
200	2846239	1519630	3358438	560446
100	540935	182910	207062	28541
	229284	54405	60555	8197
	12154	2203	31274	6675
	6086	728	3190	
	3206	961	24477	4667
	2662			2000
	200	514	3607	8
3390	1784534	159941	255519	294814
380	852414	60219	124167	157122
3010	932120	99722	131352	137692
5350	6475634	283454	596196	890386
	1609939	54697	137741	408755
400	3506864	68337	140117	314681
	75816	17987	2300	2497
	91778	4570	8560	
	177029	19136	12049	9907
4950	1010558	112177	289118	154546
	3650	6550	6311	
	437968	33423	17861	56296
	366070	30098	11367	53446
	71898	3325	6494	2850
	248424	113705	186990	36943
	38560	46329	99895	10165
	16652	6304	31605	24478
	193212	61072	55490	2300

7-11 续表2

单位：万元

行 业	Sector	本年完成投资 Investment Completed This Year
金融业	Banking and Insurance	23384
货币金融服务	Monetary Banking	21994
资本市场服务	Capital Market	
保险业	Insurance	
其他金融业	Other Financial Activities	1390
房地产业	Real Estate Trade	28258487
房地产业	Real Estate Trade	28258487
租赁和商务服务业	Lease and Business Affairs Services	767140
租赁业	Leasing	2080
商务服务业	Business Affairs Services	765060
科学研究和技术服务业	Scientific Reseach and Technical Services	458089
研究和试验发展	Reserch and Experimental Development	147299
专业技术服务业	Professional Technical Services	116828
科技推广和应用服务业	Services of Science and Technology Exchanges and Promotion	193962
水利、环境和公共设施管理业	Management of Water Conservancy, Environment and Public Facilities	14169148
水利管理业	Water Conservancy	1398798
生态保护和环境治理业	Ecological Protection and Environmental Management	994045
公共设施管理业	Public Facilities	11776305
居民服务、修理和其他服务业	Resident Services, Repair and Other Services	499368
居民服务业	Residence Services	265671
机动车、电子产品和日用产品修理业	Repair of Motor Vehicles, Electronic Products and Daily Products	94343
其他服务业	Other Services	139354
教 育	Education	1393190
教 育	Education	1393190
卫生和社会工作	Health Care and Social Work	690397
卫 生	Health Care	498198
社会工作	Social Work	192199
文化、体育和娱乐业	Culture, Sports and Recreation	1711988
新闻和出版业	Journalism and Publishing Activities	12016
广播、电视、电影和影视录音制作业	Broadcasting, Movies, Televisions and Audiovisual Activities	13050
文化艺术业	Culture and Arts Activities	838575
体 育	Sports Activities	300427
娱乐业	Entertainment	547920
公共管理、社会保障和社会组织	Public Management, Social Security and Social Organization	546624
中国共产党机关	Organs of CPC	
国家机构	Government Agencies	387863
人民政协、民主党派	PPCC and Democratic Parties	
社会保障	Social Security	10598
群众团体、社会团体和其他成员组织	Mass Organizations, Social Organizations and Other Member Organizations	118896
基层群众自治组织	Grass Roots Self-governing Organizations	29267

continued

(10 000 yuan)

#住　宅 Residential Buildings	建筑工程 Construction	安装工程 Installation	设备工器具购置 Purchase of Equipment and Instruments	其他费用 Others
	22813	206		365
	21423	206		365
	1390			
17678833	21046033	2768465	548382	3895607
17678833	21046033	2768465	548382	3895607
556	527808	57035	124961	57336
	1230	850		
556	526578	56185	124961	57336
1500	240070	44801	130286	42932
	43903	17620	62781	22995
	75833	7768	24074	9153
1500	120334	19413	43431	10784
43008	10878133	497517	685923	2107575
	1187535	47809	89762	73692
100	742376	34646	134202	82821
42908	8948222	415062	461959	1951062
1144	377147	60373	46199	15649
	222330	3380	24999	14962
1144	57690	20791	15678	184
	97127	36202	5522	503
16204	1024707	110703	106425	151355
16204	1024707	110703	106425	151355
63740	507566	42669	90005	50157
3808	363415	25749	68156	40878
59932	144151	16920	21849	9279
25002	1334187	90378	141967	145456
	8785	3231		
	10654	171	1220	1005
25002	680676	38606	67225	52068
	230419	23143	17541	29324
	403653	25227	55981	63059
20146	398646	56913	69941	21124
20116	254443	48347	65293	19780
	7603	696	2150	149
	107461	7742	2498	1195
30	29139	128		

7-12 按建设性质分固定资产投资(2014年)

单位：万元

行　业	Sector	新　建 New Construction
总　计	**Total**	**70523151**
农、林、牧、渔业	Farming, Forestry, Animal Husbandry and Fishery	7459425
农　业	Farming	2502551
林　业	Forestry	1154969
畜牧业	Animal Husbandry	3309870
渔　业	Fishery	60421
农、林、牧、渔服务业	Farming, Forestry, Animal Husbandry and Fishery Services	431614
采矿业	Mining	5925313
煤炭开采和洗选业	Coal Mining and Washsing	3753033
石油和天然气开采业	Extraction of Petroleum and Natural Gas	1221094
黑色金属矿采选业	Mining and Dressing of Ferrous Metals	246135
有色金属矿采选业	Mining and Dressing of Nonferrous Metals	128587
非金属矿采选业	Mining and Dressing of Nonmetal Ores	284592
开采辅助活动	Mining Auxiliary Activities	275912
其他采矿业	Others	15960
制造业	Manufacturing	18823567
农副食品加工业	Farm and Sideline Food Processing	1699812
食品制造业	Food Manufacturing	663077
酒、饮料和精制茶制造业	Alcohol, Beverage and Refined Tea Manufacturing	245605
烟草制品业	Tobacoo Manufaturing	3850
纺织业	Textile Industry	159603
纺织服装、服饰业	Manufacture of Garments and Accessories	32150
皮革、毛皮、羽毛及其制品和制鞋业	Manufacture of Leather, Fur, Feather and their Products and Footwear	4928
木材加工和木、竹、藤、棕、草制品业	Processing of Timber, Manufacture of Wood, Bamboo, Rattan, Palm, and Straw Products	318606
家具制造业	Manufacture of Funiture	69691
造纸和纸制品业	Manufacture of Paper and Paper Products	201555
印刷和记录媒介复制业	Printing and Record Medium Reproduction	77318
文教、工美、体育和娱乐用品制造业	Manufacture of Articles For Culture, Education and Sport Activity	93408
石油加工、炼焦和核燃料加工业	Petroleum Processing ,Coking and Nuclear Fuel Processing	1221495
化学原料和化学制品制造业	Manufacture Raw Chemical Materials and Chemical Products	3039694
医药制造业	Manufacture of Medical Products	532224
化学纤维制造业	Manufacture of Chemical Fibers	12928
橡胶和塑料制品业	Manufacture of Rubber and Plastic Products	342758
非金属矿物制品业	Manufacture of Nonmetals Mineral Products	2733032
黑色金属冶炼和压延加工业	Smelting and Pressing of Ferrous Metals	386046
有色金属冶炼和压延加工业	Smelting and Pressing of Nonferrous Metals	1142602
金属制品业	Manufacture of Metal Products	708032
通用设备制造业	Manufacture of Universal Purpose Equipment	667849

注：本表不含房地产开发投资。
Note: Investment in this table doesn't include investment in real estate development.

INVESTMENT IN FIXED ASSETS BY TYPE OF CONSTRUCTION(2014)

(10 000 yuan)

扩 建 Expansion	改建和技术改造 Reconstruction and Technical Reformation	单纯建造生活设施 Construction of Living Facilities	迁 建 Movement Construction	恢 复 Resumption Construction	单纯购置 Purchase of Equipment and Instruments
17415761	**10912238**	**6055143**	**561153**	**154020**	**697545**
1840791	77581		4125	1210	4455
911279	23536				
247027	15486		3605		
605946	11390		520		
25700					
50839	27169			1210	4455
4151604	3693924	15249		5200	356880
3493200	3166532	6947		5200	355853
181810	2447				1027
244015	236818				
162061	28142				
70518	10580				
	249405	8302			
5242855	2169499	2150	465078		76803
340416	34747		1415		6815
90374	30175				
331113	27730		66802		
	614				1860
10645	20430				
17026					
1035					
27741	7425				
22846	7270				
39936	5471				
11697					5255
8975					
340784	131766				8122
529417	382953		301154		8914
133240	49357		45900		
246923	8100				5157
1256139	209072		36325		13020
251531	411022				4730
777371	438414				
144220	121263		4070		3661
163229	98760		8912		7123

7-12 续表1

单位：万元

行业	Sector	新建 New Construction
专用设备制造业	Manufacture of Special Purpose Equipment	926018
汽车制造业	Manufacture of Motor Vehicles	651363
铁路、船舶、航空航天和其他运输设备制造业	Manufacture of Railways, Ships, Aviation, Aircrafts and Other Transportation Equipments	611533
电气机械和器材制造业	Manufacture of Electrical Equipment and Machinery	794894
计算机、通信和其他电子设备制造业	Manufacture of Computer, Telecommunication and Other Electronic Equipments	1057677
仪器仪表制造业	Manufacture of Measuring Instrument and Machinery	59974
其他制造业	Other Manufacturing	29149
废弃资源综合利用业	Comprehensive Utilization of Waste	323349
金属制品、机械和设备修理业	Repair of Metal Products, Machinery and Equipment	13347
电力、热力、燃气及水生产和供应业	Production and Supply of Electricity, Heat, Gas and Water	7008439
电力、热力生产和供应业	Production and Supply of Electricity and Heat	6048711
燃气生产和供应业	Production and Supply of Gas	705328
水的生产和供应业	Production and Supply of Water	254400
建筑业	Construction	24164
房屋建筑业	Buildings Construction	7336
土木工程建筑业	Civil Engineering	9564
建筑安装业	Building Installation	3582
建筑装饰和其他建筑业	Building Decoration and Other Construction	3682
批发和零售业	Wholesale and Retail Trade	2171278
批发业	Wholesale Trade	1043765
零售业	Retail Trade	1127513
交通运输、仓储和邮政业	Transport, Storage and Post	5987698
铁路运输业	Railway Transport	2153388
道路运输业	Highway Transport	2482483
水上运输业	Water Transport	
航空运输业	Air Transport	15049
管道运输业	Transport Via Pipelines	35368
装卸搬运和运输代理业	Loading, Unloading and Other Transport Services	194786
仓储业	Storage	1096334
邮政业	Post	10290
住宿和餐饮业	Hotels and Catering Services	392250
住宿业	Hotels	324479
餐饮业	Catering Services	67771
信息传输、软件和信息技术服务业	Information Transmission, Software and Information Technology Services	493468
电信、广播电视和卫星传输服务	Transimission Services of Telecommunication, Broadcast, Television and Satellite	111543
互联网和相关服务	Internet and Relative Services	71059
软件和信息技术服务业	Software and Information Technology Services	310866

continued

(10 000 yuan)

扩　建 Expansion	改建和技术改造 Reconstruction and Technical Reformation	单纯建造生活设施 Construction of Living Facilities	迁　建 Movement Construction	恢　复 Resumption Construction	单纯购置 Purchase of Equipment and Instruments
103758	71881				
246459	54514				
40339	16512				
41437	10482				11561
5958	950		500		585
12204	7140				
22065	14641	2150			
25977	8810				
1758997	826870		2336		
1525406	708300		2336		
162834	91286				
70757	27284				
1080					27062
					2668
					23747
1080					
					647
226901	95829		800		
85354	64803				
141547	31026		800		
937578	1239174	22601	4500	2469	51650
55206	2538				
484969	987434	22601	4500	2469	45543
46551	37000				
69540					
23335					
255177	212202				2686
2800					3421
147531	5767				
134562	1940				
12969	3827				
65242	12428				14924
65242	4448				13716
	7980				
					1208

7-12 续表2

单位：万元

行业	Sector	新建 New Construction
金融业	Banking and Insurance	17065
货币金融服务	Monetary Banking	17065
资本市场服务	Capital Market	
其他金融业	Other Financial Activities	
房地产业	Real Estate Trade	7727717
房地产业	Real Estate Trade	7727717
租赁和商务服务业	Lease and Business Affairs Services	733174
租赁业	Leasing	2080
商务服务业	Business Affairs Services	731094
科学研究和技术服务业	Scientific Reseach and Technical Services	338944
研究和试验发展	Reserch and Experimental Development	83931
专业技术服务业	Professional Technical Services	92584
科技推广和应用服务业	Services of Science and Technology Exchanges and Promotion	162429
水利、环境和公共设施管理业	Management of Water Conservancy, Environment and Public Facilities	9720800
水利管理业	Water Conservancy	839312
生态保护和环境治理业	Ecological Protection and Environmental Management	800613
公共设施管理业	Public Facilities	8080875
居民服务、修理和其他服务业	Resident Services, Repair and Other Services	467853
居民服务业	Residence Services	238816
机动车、电子产品和日用产品修理业	Repair of Motor Vehicles, Electronic Products and Daily Products	89683
其他服务业	Other Services	139354
教　育	Education	963132
教　育	Education	963132
卫生和社会工作	Health Care and Social Work	479572
卫　生	Health Care	309871
社会工作	Social Work	169701
文化、体育和娱乐业	Culture, Sports and Recreation	1420416
新闻和出版业	Journalism and Publishing Activities	12016
广播、电视、电影和影视录音制作业	Broadcasting, Movies, Televisions and Audiovisual Activities	12830
文化艺术业	Culture and Arts Activities	610813
体　育	Sports Activities	259891
娱乐业	Entertainment	524866
公共管理、社会保障和社会组织	Public Management, Social Security and Social Organization	368876
中国共产党机关	Organs of CPC	
国家机构	Government Agencies	262197
人民政协、民主党派	PPCC and Democratic Parties	
社会保障	Social Security	8033
群众团体、社会团体和其他成员组织	Mass Organizations, Social Organizations and Other Member Organizations	69379
基层群众自治组织	Grass Roots Self-governing Organizations	29267

continued

(10 000 yuan)

扩　建 Expansion	改建和技术改造 Reconstruction and Technical Reformation	单纯建造生活设施 Construction of Living Facilities	迁　建 Movement Construction	恢　复 Resumption Construction	单纯购置 Purchase of Equipment and Instruments
6319					
4929					
1390					
362872	181137	5912309	38903		
362872	181137	5912309	38903		
33966					
33966					
41425	29190		2500		46030
	15598		2500		45270
13592	9892				760
27833	3700				
1780463	2457240	62778		124467	23400
176397	379044	2155		1890	
91373	102059				
1512693	1976137	60623		122577	23400
21195	1544	8776			
17095	984	8776			
4100	560				
329272	42933	6880	20394		30579
329272	42933	6880	20394		30579
152045	734		14430		43616
131247	734		12730		43616
20798			1700		
196879	45693	24400		20674	3926
220					
146313	36375	24400		20674	
27818	9318				3400
22528					526
118746	32695		8087		18220
73464	25895		8087		18220
2565					
42717	6800				

7-13 按控股情况分固定资产投资(2014年)

单位：万元

行　业	Sector	本年完成投　资 Investment Completed This Year
总　计	**Total**	**120354560**
农、林、牧、渔业	Farming, Forestry, Animal Husbandry and Fishery	9387587
农　业	Farming	3437366
林　业	Forestry	1421087
畜牧业	Animal Husbandry	3927726
渔　业	Fishery	86121
农、林、牧、渔服务业	Farming, Forestry, Animal Husbandry and Fishery Services	515287
采矿业	Mining	14148170
煤炭开采和洗选业	Coal Mining and Washsing	10780765
石油和天然气开采业	Extraction of Petroleum and Natural Gas	1406378
黑色金属矿采选业	Mining and Dressing of Ferrous Metals	726968
有色金属矿采选业	Mining and Dressing of Nonferrous Metals	318790
非金属矿采选业	Mining and Dressing of Nonmetal Ores	365690
开采辅助活动	Mining Auxiliary Activities	533619
其他采矿业	Others	15960
制造业	Manufacturing	26779952
农副食品加工业	Farm and Sideline Food Processing	2083205
食品制造业	Food Manufacturing	783626
酒、饮料和精制茶制造业	Alcohol, Beverage and Refined Tea Manufacturing	671250
烟草制品业	Tobacoo Manufaturing	6324
纺织业	Textile Industry	190678
纺织服装、服饰业	Manufacture of Garments and Accessories	49176
皮革、毛皮、羽毛及其制品和制鞋业	Manufacture of Leather, Fur, Feather and their Products and Footwear	5963
木材加工和木、竹、藤、棕、草制品业	Processing of Timber, Manufacture of Wood, Bamboo, Rattan, Palm, and Straw Products	353772
家具制造业	Manufacture of Funiture	99807
造纸和纸制品业	Manufacture of Paper and Paper Products	246962
印刷和记录媒介复制业	Printing and Record Medium Reproduction	94270
文教、工美、体育和娱乐用品制造业	Manufacture of Articles For Culture, Education and Sport Activity	102383
石油加工、炼焦和核燃料加工业	Petroleum Processing ,Coking and Nuclear Fuel Processing	1702167
化学原料和化学制品制造业	Manufacture Raw Chemical Materials and Chemical Products	4262132
医药制造业	Manufacture of Medical Products	760721
化学纤维制造业	Manufacture of Chemical Fibers	12928
橡胶和塑料制品业	Manufacture of Rubber and Plastic Products	602938
非金属矿物制品业	Manufacture of Nonmetals Mineral Products	4247588
黑色金属冶炼和压延加工业	Smelting and Pressing of Ferrous Metals	1053329
有色金属冶炼和压延加工业	Smelting and Pressing of Nonferrous Metals	2358387
金属制品业	Manufacture of Metal Products	981246
通用设备制造业	Manufacture of Universal Purpose Equipment	945873

INVESTMENT IN FIXED ASSETS BY SHARE HOLDING(2014)

(10 000 yuan)

国有控股 State-owned	集体控股 Collective-owned	私人控股 Private	港澳台商控股 Investment from Hong Kong, Mcao and Taiwan	外商控股 Foreign Investment	其 他 Others
50006528	**9914781**	**50635855**	**926453**	**452156**	**8418787**
1327737	599816	5654648		50742	1754644
451649	261683	2000147			723887
587343	52069	549855			231820
191178	240766	2718520		50742	726520
	7567	68627			9927
97567	37731	317499			62490
8810816	613521	3693663	1027	243243	785900
7405454	514055	2303807		19026	538423
852614	1506	223091	1027	222405	105735
93187		559238			74543
10417		305379			2994
11434	11850	277742		1812	62852
437710	86110	9406			393
		15000			960
5530885	785364	18743070	693001	52133	975499
66418	42098	1813353			161336
53275	2611	720744			6996
90854	14451	527862	16109	8884	13090
2474	3850				
		185878			4800
2436		46740			
1728		4235			
		353772			
	3530	89777			6500
		239007			7955
2597	11984	76225			3464
8110	9551	84722			
1010765	106565	573036	11801		
2413019	100756	1607210	381		140766
20276	31522	619179			89744
4318		8610			
11478	142238	432705	5157		11360
216638	72699	3752689	7198	21550	176814
413028	41358	568262			30681
154249	39829	2137575		4800	21934
40099		890681	9571		40895
105935	42722	739108			58108

7-13 续表1

单位：万元

行　　业	Sector	本年完成投资 Investment Completed This Year
专用设备制造业	Manufacture of Special Purpose Equipment	1101657
汽车制造业	Manufacture of Motor Vehicles	952336
铁路、船舶、航空航天和其他运输设备制造业	Manufacture of Railways, Ships, Aviation, Aircrafts and Other Transportation Equipments	668384
电气机械和器材制造业	Manufacture of Electrical Equipment and Machinery	858374
计算机、通信和其他电子设备制造业	Manufacture of Computer, Telecommunication and Other Electronic Equipments	1065670
仪器仪表制造业	Manufacture of Measuring Instrument and Machinery	79318
其他制造业	Other Manufacturing	68005
废弃资源综合利用业	Comprehensive Utilization of Waste	358136
金属制品、机械和设备修理业	Repair of Metal Products, Machinery and Equipment	13347
电力、热力、燃气及水生产和供应业	Production and Supply of Electricity, Heat, Gas and Water	9596642
电力、热力生产和供应业	Production and Supply of Electricity and Heat	8284753
燃气生产和供应业	Production and Supply of Gas	959448
水的生产和供应业	Production and Supply of Water	352441
建筑业	Construction	52306
房屋建筑业	Buildings Construction	10004
土木工程建筑业	Civil Engineering	33311
建筑安装业	Building Installation	4662
建筑装饰和其他建筑业	Building Decoration and Other Construction	4329
批发和零售业	Wholesale and Retail Trade	2494808
批发业	Wholesale Trade	1193922
零售业	Retail Trade	1300886
交通运输、仓储和邮政业	Transport, Storage and Post	8245670
铁路运输业	Railway Transport	2211132
道路运输业	Highway Transport	4029999
水上运输业	Water Transport	
航空运输业	Air Transport	98600
管道运输业	Transport Via Pipelines	104908
装卸搬运和运输代理业	Loading, Unloading and Other Transport Services	218121
仓储业	Storage	1566399
邮政业	Post	16511
住宿和餐饮业	Hotels and Catering Services	545548
住宿业	Hotels	460981
餐饮业	Catering Services	84567
信息传输、软件和信息技术服务业	Information Transmission, Software and Information Technology Services	586062
电信、广播电视和卫星传输服务	Transimission Services of Telecommunication, Broadcast, Television and Satellite	194949
互联网和相关服务	Internet and Relative Services	79039
软件和信息技术服务业	Software and Information Technology Services	312074

continued

(10 000 yuan)

国有控股 State-owned	集体控股 Collective-owned	私人控股 Private	港澳台商控股 Investment from Hong Kong, Mcao and Taiwan	外商控股 Foreign Investment	其　他 Others
214899	15403	769877		13904	87574
160066		783269			9001
80142		583591			4651
181916	102047	514151		2870	57390
108215		314671	642784		
16000		27199			36119
6179	2150	59676			
143424		208266		125	6321
2347		11000			
7080992	218014	1968616	98012	3787	227221
6435651	161012	1426831	68201		193058
429631	28196	440396	29811	3787	27627
215710	28806	101389			6536
39032		12194			1080
8289		1715			
27161		6150			
3582					1080
		4329			
185692	210823	1956853	16422		125018
85588	69168	941252			97914
100104	141655	1015601	16422		27104
5662135	213391	2233902			136242
1767395		443737			
3446143	151402	404834			27620
98600					
94908		10000			
	9827	201827			6467
248868	52162	1163214			102155
6221		10290			
78616	33407	265285		22681	145559
77215	14452	217157		22681	129476
1401	18955	48128			16083
323448	5023	93131	66369	2464	95627
192485				2464	
7980		4690	66369		
122983	5023	88441			95627

7-13 续表2

单位：万元

行　业	Sector	本年完成投资 Investment Completed This Year
金融业	Banking and Insurance	23384
货币金融服务	Monetary Banking	21994
资本市场服务	Capital Market	
其他金融业	Other Financial Activities	1390
房地产业	Real Estate Trade	28258487
房地产业	Real Estate Trade	28258487
租赁和商务服务业	Lease and Business Affairs Services	767140
租赁业	Leasing	2080
商务服务业	Business Affairs Services	765060
科学研究和技术服务业	Scientific Reseach and Technical Services	458089
研究和试验发展	Reserch and Experimental Development	147299
专业技术服务业	Professional Technical Services	116828
科技推广和应用服务业	Services of Science and Technology Exchanges and Promotion	193962
水利、环境和公共设施管理业	Management of Water Conservancy, Environment and Public Facilities	14169148
水利管理业	Water Conservancy	1398798
生态保护和环境治理业	Ecological Protection and Environmental Management	994045
公共设施管理业	Public Facilities	11776305
居民服务、修理和其他服务业	Resident Services, Repair and Other Services	499368
居民服务业	Residence Services	265671
机动车、电子产品和日用产品修理业	Repair of Motor Vehicles, Electronic Products and Daily Products	94343
其他服务业	Other Services	139354
教　育	Education	1393190
教　育	Education	1393190
卫生和社会工作	Health Care and Social Work	690397
卫　生	Health Care	498198
社会工作	Social Work	192199
文化、体育和娱乐业	Culture, Sports and Recreation	1711988
新闻和出版业	Journalism and Publishing Activities	12016
广播、电视、电影和影视录音制作业	Broadcasting, Movies, Televisions and Audiovisual Activities	13050
文化艺术业	Culture and Arts Activities	838575
体　育	Sports Activities	300427
娱乐业	Entertainment	547920
公共管理、社会保障和社会组织	Public Management, Social Security and Social Organization	546624
中国共产党机关	Organs of CPC	
国家机构	Government Agencies	387863
人民政协、民主党派	PPCC and Democratic Parties	
社会保障	Social Security	10598
群众团体、社会团体和其他成员组织	Mass Organizations, Social Organizations and Other Member Organizations	118896
基层群众自治组织	Grass Roots Self-governing Organizations	29267

continued

(10 000 yuan)

国有控股 State-owned	集体控股 Collective-owned	私人控股 Private	港澳台商控股 Investment from Hong Kong, Mcao and Taiwan	外商控股 Foreign Investment	其　他 Others
10310	2407				10667
10310	1017				10667
	1390				
8143201	5430353	11664596	51622	68306	2900409
8143201	5430353	11664596	51622	68306	2900409
138556	355671	261414			11499
		2080			
138556	355671	259334			11499
218714	13102	177257			49016
74490		47582			25227
81711		23717			11400
62513	13102	105958			12389
9860448	1059171	2545504		8800	695225
1197979	136228	43249			21342
322708	28275	497655		8800	136607
8339761	894668	2004600			537276
168362	27734	227831			75441
118454	27231	51795			68191
5234		81859			7250
44674	503	94177			
919557	110850	165864			196919
919557	110850	165864			196919
444007	47980	181103			17307
402754	16267	67637			11540
41253	31713	113466			5767
646943	149459	790924			124662
10186					1830
11970		1080			
410969	78386	296284			52936
198974	31163	19941			50349
14844	39910	473619			19547
417077	38695				90852
364352	3306				20205
10147					451
42450	6250				70196
128	29139				

7-14 按资金来源分固定资产投资(2014年)

单位：万元

行　业	Sector	本年资金来源小计 Total Source of Funds
总　计	**Total**	**103456026**
农、林、牧、渔业	Farming, Forestry, Animal Husbandry and Fishery	8397460
农　业	Farming	3047821
林　业	Forestry	1255571
畜牧业	Animal Husbandry	3559537
渔　业	Fishery	84821
农、林、牧、渔服务业	Farming, Forestry, Animal Husbandry and Fishery Services	449710
采矿业	Mining	12169003
煤炭开采和洗选业	Coal Mining and Washsing	9280150
石油和天然气开采业	Extraction of Petroleum and Natural Gas	1131238
黑色金属矿采选业	Mining and Dressing of Ferrous Metals	657500
有色金属矿采选业	Mining and Dressing of Nonferrous Metals	239535
非金属矿采选业	Mining and Dressing of Nonmetal Ores	351269
开采辅助活动	Mining Auxiliary Activities	493500
其他采矿业	Others	15811
制造业	Manufacturing	22412958
农副食品加工业	Farm and Sideline Food Processing	1615337
食品制造业	Food Manufacturing	741660
酒、饮料和精制茶制造业	Alcohol, Beverage and Refined Tea Manufacturing	580227
烟草制品业	Tobacoo Manufaturing	6324
纺织业	Textile Industry	117619
纺织服装、服饰业	Manufacture of Garments and Accessories	34437
皮革、毛皮、羽毛及其制品和制鞋业	Manufacture of Leather, Fur, Feather and their Products and Footwear	4928
木材加工和木、竹、藤、棕、草制品业	Processing of Timber, Manufacture of Wood, Bamboo, Rattan, Palm, and Straw Products	348590
家具制造业	Manufacture of Funiture	90834
造纸和纸制品业	Manufacture of Paper and Paper Products	162993
印刷和记录媒介复制业	Printing and Record Medium Reproduction	93191
文教、工美、体育和娱乐用品制造业	Manufacture of Articles For Culture, Education and Sport Activity	79838
石油加工、炼焦和核燃料加工业	Petroleum Processing ,Coking and Nuclear Fuel Processing	1439743
化学原料和化学制品制造业	Manufacture Raw Chemical Materials and Chemical Products	3019697
医药制造业	Manufacture of Medical Products	691343
化学纤维制造业	Manufacture of Chemical Fibers	13150
橡胶和塑料制品业	Manufacture of Rubber and Plastic Products	449896
非金属矿物制品业	Manufacture of Nonmetals Mineral Products	3445948
黑色金属冶炼和压延加工业	Smelting and Pressing of Ferrous Metals	1017513
有色金属冶炼和压延加工业	Smelting and Pressing of Nonferrous Metals	1781959
金属制品业	Manufacture of Metal Products	988827
通用设备制造业	Manufacture of Universal Purpose Equipment	872855

INVESTMENT IN FIXED ASSETS BY SOURCE OF FUNDS(2014)

(10 000 yuan)

国家预算内资金 State Budgetary Appropriation	国内贷款 Domestic Loans	利用外资 Foreign Investment	自筹资金 Self-raised Funds	#企业事业单位自有资金 Own Funds of Enterprises and Institutions	其他资金 Others
6251812	**7988429**	**435884**	**80484640**	**24750625**	**8295261**
372978	411359	1090	7385117	1465171	226916
45123	113330	1090	2784529	613765	103749
252933	91370		840302	158243	70966
22698	189079		3299974	615132	47786
	1000		83821	15175	
52224	16580		376491	62856	4415
112287	910390	70929	10981853	3659600	93544
12287	770276		8421993	2941602	75594
100000	3600	70929	940299	404532	16410
	109880		547620	47680	
	7074		232461	148851	
	8260		341469	103632	1540
	11300		482200	13303	
			15811		
17434	1103543	330000	20749671	8031252	212310
4075	104632		1500160	368255	6470
2796	37650		654804	134009	46410
	18320		539622	245706	22285
			6324	6324	
	23500		90832	20138	3287
	2500		31937	8600	
	290		4638		
	1100		347490	28124	
	3300		87534	18172	
	700		159578	51540	2715
	7601		85590	1500	
			79438	28003	400
	11200		1428543	1246503	
	233411		2769486	1374275	16800
3900	27680		652423	237589	7340
	4350		8800		
	20000		426596	140883	3300
500	119535		3310111	949405	15802
	79800		937713	169531	
800	80390		1678194	819318	22575
1800	64530		921197	426866	1300
273	64000		806082	319798	2500

7-14 续表1

单位：万元

行　业	Sector	本年资金来源小计 Total Source of Funds
专用设备制造业	Manufacture of Special Purpose Equipment	964856
汽车制造业	Manufacture of Motor Vehicles	933215
铁路、船舶、航空航天和其他运输设备制造业	Manufacture of Railways, Ships, Aviation, Aircrafts and Other Transportation Equipments	618420
电气机械和器材制造业	Manufacture of Electrical Equipment and Machinery	779156
计算机、通信和其他电子设备制造业	Manufacture of Computer, Telecommunication and Other Electronic Equipments	1035124
仪器仪表制造业	Manufacture of Measuring Instrument and Machinery	77622
其他制造业	Other Manufacturing	64362
废弃资源综合利用业	Comprehensive Utilization of Waste	329747
金属制品、机械和设备修理业	Repair of Metal Products, Machinery and Equipment	13547
电力、热力、燃气及水生产和供应业	Production and Supply of Electricity, Heat, Gas and Water	8616886
电力、热力生产和供应业	Production and Supply of Electricity and Heat	7489538
燃气生产和供应业	Production and Supply of Gas	827609
水的生产和供应业	Production and Supply of Water	299739
建筑业	Construction	55655
房屋建筑业	Buildings Construction	9789
土木工程建筑业	Civil Engineering	37161
建筑安装业	Building Installation	4368
建筑装饰和其他建筑业	Building Decoration and Other Construction	4337
批发和零售业	Wholesale and Retail Trade	2042863
批发业	Wholesale Trade	965132
零售业	Retail Trade	1077731
交通运输、仓储和邮政业	Transport, Storage and Post	7178683
铁路运输业	Railway Transport	2315860
道路运输业	Highway Transport	3057738
水上运输业	Water Transport	
航空运输业	Air Transport	82465
管道运输业	Transport Via Pipelines	102504
装卸搬运和运输代理业	Loading, Unloading and Other Transport Services	193170
仓储业	Storage	1413235
邮政业	Post	13711
住宿和餐饮业	Hotels and Catering Services	490350
住宿业	Hotels	412254
餐饮业	Catering Services	78096
信息传输、软件和信息技术服务业	Information Transmission, Software and Information Technology Services	540636
电信、广播电视和卫星传输服务	Transimission Services of Telecommunication, Broadcast, Television and Satellite	194553
互联网和相关服务	Internet and Relative Services	77980
软件和信息技术服务业	Software and Information Technology Services	268103

continued

(10 000 yuan)

国家预算内资金 State Budgetary Appropriation	国内贷款 Domestic Loans	利用外资 Foreign Investment	自筹资金 Self-raised Funds	#企事业单位自有资金 Own Funds of Enterprises and Instiutions	其他资金 Others
3290	40354		904768	234661	16444
	3200		922715	405477	7300
	18700		596916	31686	2804
	28200		735974	329022	14982
	95250	330000	609874	339489	
	5800		57126	28876	14696
	1350		62212	28601	800
	2000		323647	35601	4100
	4200		9347	3300	
535441	1564737		6276955	1635814	239753
452499	1467462		5367320	1265220	202257
6640	79374		708849	302747	32746
76302	17901		200786	67847	4750
500	3000		52155	8400	
500			9289	3400	
	3000		34161	5000	
			4368		
			4337		
1502	86022		1942235	466303	13104
700	35316		922501	190902	6615
802	50706		1019734	275401	6489
1070701	1855351		3814834	883126	437797
73600	1197214		748256	214862	296790
962982	608588		1407376	335559	78792
30849			23200		28416
	3500		99004	7262	
370	3600		186310	51523	2890
2900	42449		1336977	273920	30909
			13711		
	3000		486030	53608	1320
	3000		409254	24885	
			76776	28723	1320
15130	1900		519306	313652	4300
7150			183303	106503	4100
7980			70000		
	1900		266003	207149	200

7-14 续表2

单位：万元

行　业	Sector	本年资金来源小计 Total Source of Funds
金融业	Banking and Insurance	22940
货币金融服务	Monetary Banking	21940
其他金融服务	Other Financial Activities	1000
房地产业	Real Estate Trade	25989118
房地产业	Real Estate Trade	25989118
租赁和商务服务业	Lease and Business Affairs Services	602756
租赁业	Leasing	1
商务服务业	Business Affairs Services	602755
科学研究和技术服务业	Scientific Reseach and Technical Services	427303
研究和试验发展	Reserch and Experimental Development	131749
专业技术服务业	Professional Technical Services	111335
科技推广和应用服务业	Services of Science and Technology Exchanges and Promotion	184219
水利、环境和公共设施管理业	Management of Water Conservancy, Environment and Public Facilities	10340021
水利管理业	Water Conservancy	1156596
生态保护和环境治理业	Ecological Protection and Environmental Management	835551
公共设施管理业	Public Facilities	8347874
居民服务、修理和其他服务业	Resident Services, Repair and Other Services	488468
居民服务业	Residence Services	263294
机动车、电子产品和日用产品修理业	Repair of Motor Vehicles, Electronic Products and Daily Products	93545
其他服务业	Other Services	131629
教　育	Education	1101246
教　育	Education	1101246
卫生和社会工作	Health Care and Social Work	595210
卫　生	Health Care	417933
社会工作	Social Work	177277
文化、体育和娱乐业	Culture, Sports and Recreation	1483204
新闻和出版业	Journalism and Publishing Activities	12016
广播、电视、电影和影视录音制作业	Broadcasting, Movies, Televisions and Audiovisual Activities	5950
文化艺术业	Culture and Arts Activities	722357
体　育	Sports Activities	272277
娱乐业	Entertainment	470604
公共管理、社会保障和社会组织	Public Management, Social Security and Social Organization	501266
中国共产党机关	Organs of CPC	
国家机构	Government Agencies	355719
人民政协、民主党派	PPCC and Democratic Parties	
社会保障	Social Security	8990
群众团体、社会团体和其他成员组织	Mass Organizations, Social Organizations and Other Member Organizations	107290
基层群众自治组织	Grass Roots Self-governing Organizations	29267

continued

(10 000 yuan)

国家预算内资金 State Budgetary Appropriation	国内贷款 Domestic Loans	利用外资 Foreign Investment	自筹资金 Self-raisied Funds	#企事业单位自有资金 Own Funds of Enterprises and Instiutions	其他资金 Others
3920			19020	11667	
3920			18020	11667	
			1000		
603713	1389012		17962584	5927882	6033809
603713	1389012		17962584	5927882	6033809
48255	21500		498784	128165	34217
			1		
48255	21500		498783	128165	34217
64475	9900		340534	79067	12394
1400	4000		126344	46484	5
28952	5000		77383	13200	
34123	900		136807	19383	12389
2594424	441713	12515	6525907	1286178	765462
441630	16803		578657	64719	119506
45771	32492		706274	140853	51014
2107023	392418	12515	5240976	1080606	594942
77041	36195		330303	65125	44929
41041	2500		174824	38900	44929
	200		93345	7435	
36000	33495		62134	18790	
278286	122535		665635	337822	34790
278286	122535		665635	337822	34790
99971	3335	21350	447841	104249	22713
90001	3335	21350	296617	77300	6630
9970			151224	26949	16083
153687	23337		1265830	272732	40350
			12016	250	
2500			3450		
129945	13037		571620	88240	7755
19012			225670	126517	27595
2230	10300		453074	57725	5000
202067	1600		220046	20812	77553
195411			142148	20557	18160
6656			1849	255	485
	1600		75921		29769
			128		29139

7-15 固定资产投资规模及新增生产能力(2014年)

生产能力(或效益)名称		Item	建设规模 Construction Scale
原煤开采	(万吨/年)	Coal Mining (10 000 tons/year)	46113
洗　煤	(万吨/年)	Coal Washing (10 000 tons/year)	29075
焦　炭	(万吨/年)	Coke (10 000 tons/year)	2751
天然气开采	(亿立方米/年)	Extraction of Natural Gas(100 million cu.m/year)	103
铁矿开采(原矿)	(万吨/年)	Iron-Ore Mining (10 000 tons/year)	1116
铁矿选矿处理量	(万吨/年)	Iron Ore Dressing (10 000 tons/year)	1694
生　铁	(万吨/年)	Pig Iron (10 000 tons/year)	175
粗　钢	(万吨/年)	Crude Steel (10 000 tons/year)	149
铁合金	(折标吨/年)	Iron Alloy (10 000 tons /year)	570000
钢　材	(万吨/年)	Rolled Steel (10 000 tons /year)	177
铜采矿(原矿)	(万吨/年)	Copper Ore Mining (10 000 tons/year)	970
铜选矿：处理原矿	(吨/年)	Copper Ore Dressing: Crude Ore Dressing (ton/year)	725
铜含量	(吨/年)	Copper Content (ton/year)	30890
镍冶炼	(吨/年)	Nickel Smelting (10 000 tons/year)	1500000
氧化铝	(吨/年)	Oxide Aluminium (ton/year)	5000000
电解铝	(吨/年)	Electrolytic Aluminium (ton/year)	150000
铝加工	(吨/年)	Aluminium Fabrication (ton/year)	3288000
铜加工材	(吨/年)	Copper Manufacturing Materials (ton/year)	50000
黄　金	(公斤/年)	Gold (kg/year)	83
银选矿：处理原矿	(吨/年)	Silver Ore Dressing: Crude Ore Dressing (ton/year)	60
发电机组容量	(万千瓦)	Capacity of Power Generating Sets (10 000 kw)	4556
水力发电	(万千瓦)	Hydraulic Power(10 000 kw)	27
火力发电	(万千瓦)	Fire Power (10 000 kw)	2189
风力发电	(万千瓦)	Wind Power (10 000 kw)	595
太阳能发电	(万千瓦)	Solar Power (10 000 kw)	105
其　他	(万千瓦)	Others (10 000 kw)	384
输电线路长度(11万伏及以上)	(公里)	Length of Power Transmission Line (≥110 kv) (km)	5753
水　泥	(万吨/年)	Cement (10 000 tons/year)	1941
平板玻璃	(万重量箱/年)	Plate Glass (10 000 weight cases/year)	12
农用氮、磷、钾化学肥料	(吨/年)	Chemical Fertilizers (ton/year)	1432800
氮　肥	(吨/年)	Nitrogen Fertilizers (ton/year)	1264300
磷　肥	(吨/年)	Phosphate Fertilizers (ton/year)	90000
钾　肥	(吨/年)	Potash Fertilizers (ton/year)	78500

SCALE OF INVESTMENT IN FIXED ASSETS AND NEWLY INCREASED PRODUCTION CAPACITY(2014)

本年施工规模 Construction Scale This Year	#本年新开工 Newly Started This Year	累计新增生产能力 Accumulated Newly Increased Production Capacity	#本年新增 Newly Increased This Year
33275	7807	19547	9117
26906	17771	18080	16491
2440	339	1195	1114
57	31	18	16
874	201	516	274
1158	1063	599	594
168	18	45	38
13	13	28	13
570000	410000	460000	460000
174	4	7	4
970	280	910	910
666	15	725	666
30890		30890	30890
1500000		1500000	
3800000		1600000	1600000
150000	150000	150000	150000
2692000	1305000	1468000	1305000
50000			
83	83	83	83
60	60	60	60
3986	1475	2584	983
6	1	3	2
1729	819	673	357
516	391	238	216
103	102	49	47
375	162	364	361
5242	4043	4967	4519
1738	253	1495	1297
12		12	12
1324950	1110250	863250	863250
1183700	1029000	732000	732000
90000	40000	90000	90000
51250	41250	41250	41250

7-15 续表

生产能力(或效益)名称		Item	建设规模 Construction Scale
塑料树脂及共聚物	(吨／年)	Plastics (ton/year)	1140500
合成橡胶	(吨／年)	Synthetic Rubber (ton/year)	7300
客车制造	(辆／年)	Passenger Motor Vehicles (unit/year)	5000
化学纤维	(吨／年)	Chemical Fibre (ton/year)	8000
酒	(万吨／年)	Alcoholic Drink (10 000 tons/year)	52
#啤　酒	(万吨／年)	Beer (10 000 tons/year)	26
白　酒	(万吨／年)	White Spirit(10 000 tons/year)	12
其他酒	(万吨／年)	Other Alcohols (10 000 tons/year)	14
家用洗衣机	(万台／年)	Household Washing Machines (10 000 units/year)	100
程控交换机 (指安装能力)	(万线／年)	Program-controlled Telephone Switching Machines (10 000 lines/year)	345
新建铁路投产里程	(公里)	Operating Length of Newly Built Railways (km)	672
复线里程	(公里)	Length of Mutiple Line (km)	94
新建公路	(公里)	Length of Newly Built Highways (km)	2705
#高速公路	(公里)	Express Way (km)	1163
一级公路	(公里)	First Class (km)	191
二级公路	(公里)	Second Class (km)	272
改建公路	(公里)	Reconstructed Highways (km)	4204
#高速公路	(公里)	Express Way (km)	56
一级公路	(公里)	First Class (km)	162
二级公路	(公里)	Second Class (km)	1525
新建独立公路桥梁	(延长米)	Length of Newly Built Highway Bridges (extended m)	7541
新建独立公路桥梁	(座)	Number of Newly Built Highway Bridges (unit)	17
新(扩)建公路客、货运站	(个)	Highway Passenger and Freight Station of Newly Built or Extended (unit)	22
新(扩)建公路客、货运站	(平方米)	Highway Passenger and Freight Station of Newly Built or Extended (sq.m)	746032
民航机场跑道	(条)	Runways of Civil Aviation Airport (unit)	4
民航机场跑道	(米)	Runways of Civil Aviation Airport (meter)	6700
候机楼	(座)	Terminal Buildings (unit)	3
候机楼	(延长米)	Terminal Buildings (extended m)	24740
城市自来水供水能力	(万吨／日)	City Tap Water Supply Capacity (10 000 tons/day)	42
城市污水处理能力	(万吨／日)	City Sewage Treatment Capacity (10 000 tons/day)	61

continued

本年施工规模 Construction Scale This Year	#本年新开工 Newly Started This Year	累计新增生产能力 Accumulated Newly Increased Production Capacity	#本年新增 Newly Increased This Year
1136951	17951	18000	15551
3800	3500	3500	3300
500		500	500
3000	3000	3900	3000
26	3	29	3
		26	
12	1	2	2
14	3	1	1
70	30	70	70
345	345	345	345
625	116	16	10
80		3	3
1808	758	1867	1200
717	8	766	292
136	35	59	48
255	141	206	199
4050	2916	3113	3024
56	54	2	2
162	14	153	153
1485	1057	982	982
5937	4095	5330	3726
14	9	13	10
19	12	12	11
738232	129261	172332	169032
4	1	1	1
6700	2600	2600	2600
3	1	1	1
24740	13340	4200	4200
38	8	12	10
26	18	44	25

7-16 固定资产投资总规模及新增固定资产(2014年)

单位：万元

行　业	Sector	计划总投资 Total Planned Investment
总　计	**Total**	**351984152**
农、林、牧、渔业	Farming, Forestry, Animal Husbandry and Fishery	14093236
农　业	Farming	5733060
林　业	Forestry	1878445
畜牧业	Animal Husbandry	5420988
渔　业	Fishery	94311
农、林、牧、渔服务业	Farming, Forestry, Animal Husbandry and Fishery Services	966432
采矿业	Mining	45448044
煤炭开采和洗选业	Coal Mining and Washsing	36138651
石油和天然气开采业	Extraction of Petroleum and Natural Gas	4337037
黑色金属矿采选业	Mining and Dressing of Ferrous Metals	2512211
有色金属矿采选业	Mining and Dressing of Nonferrous Metals	1172027
非金属矿采选业	Mining and Dressing of Nonmetal Ores	462823
开采辅助活动	Mining Auxiliary Activities	727576
其他采矿业	Others	97719
制造业	Manufacturing	74693308
农副食品加工业	Farm and Sideline Food Processing	3767456
食品制造业	Food Manufacturing	1584605
酒、饮料和精制茶制造业	Alcohol, Beverage and Refined Tea Manufacturing	1927980
烟草制品业	Tobacoo Manufaturing	11969
纺织业	Textile Industry	513372
纺织服装、服饰业	Manufacture of Garments and Accessories	257753
皮革、毛皮、羽毛及其制品和制鞋业	Manufacture of Leather, Fur, Feather and their Products and Footwear	36238
木材加工和木、竹、藤、棕、草制品业	Processing of Timber, Manufacture of Wood, Bamboo, Rattan, Palm, and Straw Products	563106
家具制造业	Manufacture of Funiture	130442
造纸和纸制品业	Manufacture of Paper and Paper Products	686437
印刷和记录媒介复制业	Printing and Record Medium Reproduction	120963
文教、工美、体育和娱乐用品制造业	Manufacture of Articles For Culture, Education and Sport Activity	163818
石油加工、炼焦和核燃料加工业	Petroleum Processing ,Coking and Nuclear Fuel Processing	5410704
化学原料和化学制品制造业	Manufacture Raw Chemical Materials and Chemical Products	12745342
医药制造业	Manufacture of Medical Products	1536507
化学纤维制造业	Manufacture of Chemical Fibers	78668
橡胶和塑料制品业	Manufacture of Rubber and Plastic Products	1197621
非金属矿物制品业	Manufacture of Nonmetals Mineral Products	7398530
黑色金属冶炼和压延加工业	Smelting and Pressing of Ferrous Metals	4110421
有色金属冶炼和压延加工业	Smelting and Pressing of Nonferrous Metals	6549711
金属制品业	Manufacture of Metal Products	1953711
通用设备制造业	Manufacture of Universal Purpose Equipment	2284056

注：本表项目个数不含房地产开发投资。
Note: Number of projects in this table doesn't include investment in real estate development.

SCALE OF INVESTMENT AND NEWLY INCREASED FIXED ASSETS(2014)

(10 000 yuan)

自开始建设至本年底累计完成投资 Accumulated Investment Completed This Year	#本年完成投资 Investment Completed This Year	施工项目(个) Number of Projects under Construction (unit)	#本年新开工 Newly Started This Year	本年投产项目(个) Number of Projects Put into Use This Year (unit)	本年新增固定资产 Newly Increased Fixed Assets This Year
249467311	**120354560**	**12818**	**8444**	**9173**	**88257466**
11733745	9387587	2178	1747	1823	8097872
4573218	3437366	736	573	588	2720051
1774735	1421087	317	252	280	1344898
4537846	3927726	976	808	840	3511663
94091	86121	17	14	16	86031
753855	515287	132	100	99	435229
34625617	14148170	1077	565	673	10902220
27902824	10780765	790	379	456	8718068
2482958	1406378	47	25	21	452263
2252441	726968	111	63	86	722472
982185	318790	21	9	17	225024
424905	365690	82	67	71	328053
556126	533619	24	21	21	441340
24178	15960	2	1	1	15000
50132018	26779952	2582	1666	1789	19017210
2864516	2083205	338	238	262	1487000
1323535	783626	115	81	85	404052
1685638	671250	83	47	57	338932
10098	6324	2	1	1	5710
288726	190678	23	14	15	77550
59682	49176	9	7	5	42240
8401	5963	3	2	2	4235
529770	353772	34	28	24	207394
105084	99807	20	17	14	78497
584252	246962	26	15	23	347415
120668	94270	11	7	6	74933
123419	102383	22	16	13	54161
3819472	1702167	45	20	24	1145594
6955169	4262132	232	149	151	1585149
1174366	760721	105	66	61	643398
51878	12928	3	2	1	5800
955834	602938	60	38	45	632105
6462871	4247588	603	443	478	3273952
3052881	1053329	117	67	79	1969464
5517295	2358387	86	46	57	1908891
1346725	981246	145	90	94	610087
1597947	945873	129	83	82	523626

7-16 续表1

单位：万元

行　业	Sector	计划总投资 Total Planned Investment
专用设备制造业	Manufacture of Special Purpose Equipment	3576665
汽车制造业	Manufacture of Motor Vehicles	4454251
铁路、船舶、航空航天和其他运输设备制造业	Manufacture of Railways, Ships, Aviation, Aircrafts and Other Transportation Equipments	2509490
电气机械和器材制造业	Manufacture of Electrical Equipment and Machinery	6427206
计算机、通信和其他电子设备制造业	Manufacture of Computer, Telecommunication and Other Electronic Equipments	3004975
仪器仪表制造业	Manufacture of Measuring Instrument and Machinery	450780
其他制造业	Other Manufacturing	173635
废弃资源综合利用业	Comprehensive Utilization of Waste	1022576
金属制品、机械和设备修理业	Repair of Metal Products, Machinery and Equipment	44320
电力、热力、燃气及水生产和供应业	Production and Supply of Electricity, Heat, Gas and Water	24781817
电力、热力生产和供应业	Production and Supply of Electricity and Heat	22343011
燃气生产和供应业	Production and Supply of Gas	1488330
水的生产和供应业	Production and Supply of Water	950476
建筑业	Construction	117820
房屋建筑业	Buildings Construction	44568
土木工程建筑业	Civil Engineering	42942
建筑安装业	Building Installation	7080
建筑装饰和其他建筑业	Building Decoration and Other Construction	23230
批发和零售业	Wholesale and Retail Trade	6084130
批发业	Wholesale Trade	2951092
零售业	Retail Trade	3133038
交通运输、仓储和邮政业	Transport, Storage and Post	39945300
铁路运输业	Railway Transport	19676279
道路运输业	Highway Transport	14948031
水上运输业	Water Transport	
航空运输业	Air Transport	144610
管道运输业	Transport Via Pipelines	134226
装卸搬运和运输代理业	Loading, Unloading and Other Transport Services	565502
仓储业	Storage	4458851
邮政业	Post	17801
住宿和餐饮业	Hotels and Catering Services	1236196
住宿业	Hotels	1063151
餐饮业	Catering Services	173045
信息传输、软件和信息技术服务业	Information Transmission, Software and Information Technology Services	2047759
电信、广播电视和卫星传输服务	Transimission Services of Telecommunication, Broadcast, Television and Satellite	266450
互联网和相关服务	Internet and Relative Services	518036
软件和信息技术服务业	Software and Information Technology Services	1263273

continued

(10 000 yuan)

自开始建设至本年底累计完成投资 Accumulated Investment Completed This Year	#本年完成投资 Investment Completed This Year	施工项目(个) Number of Projects under Construction (unit)	#本年新开工 Newly Started This Year	本年投产项目(个) Number of Projects Put into Use This Year (unit)	本年新增固定资产 Newly Increased Fixed Assets This Year
1994756	1101657	124	65	79	648756
2223746	952336	56	30	30	1028424
1813487	668384	27	13	15	258037
2521289	858374	79	35	40	877151
1789330	1065670	23	10	12	264402
249428	79318	14	5	9	181868
94503	68005	18	13	6	34009
790639	358136	26	16	18	298178
16613	13347	4	2	1	6200
16064263	9596642	781	512	522	6798740
14246670	8284753	541	346	352	5508462
1277849	959448	154	107	111	983937
539744	352441	86	59	59	306341
91726	52306	11	7	7	61017
35329	10004	5	2	4	31229
33311	33311	2	2	1	27161
4662	4662	2	2	1	1080
18424	4329	2	1	1	1547
4253348	2494808	343	226	257	1914141
2195859	1193922	160	99	115	1072374
2057489	1300886	183	127	142	841767
31821627	8245670	878	609	631	7688913
16818488	2211132	52	18	20	1022803
12266864	4029999	600	431	460	5838490
110329	98600	3	2		
132418	104908	6	4	5	43706
389223	218121	23	7	15	118441
2087794	1566399	191	144	129	658383
16511	16511	3	3	2	7090
987461	545548	81	37	56	454721
818547	460981	56	27	32	344572
168914	84567	25	10	24	110149
1110666	586062	49	30	24	507369
206392	194949	24	19	13	149390
191528	79039	3	2	1	7980
712746	312074	22	9	10	349999

7-16 续表2

单位：万元

行　业	Sector	计划总投资 Total Planned Investment
金融业	Banking and Insurance	28407
货币金融服务	Monetary Banking	27017
资本市场服务	Capital Market	
保险业	Insurance	
其他金融业	Other Financial Activities	1390
房地产业	Real Estate Trade	99563985
房地产业	Real Estate Trade	99563985
租赁和商务服务业	Lease and Business Affairs Services	1181714
租赁业	Leasing	4650
商务服务业	Business Affairs Services	1177064
科学研究和技术服务业	Scientific Reseach and Technical Services	1283091
研究和试验发展	Reserch and Experimental Development	704902
专业技术服务业	Professional Technical Services	230499
科技推广和应用服务业	Services of Science and Technology Exchanges and Promotion	347690
水利、环境和公共设施管理业	Management of Water Conservancy, Environment and Public Facilities	30277754
水利管理业	Water Conservancy	4388212
生态保护和环境治理业	Ecological Protection and Environmental Management	2072886
公共设施管理业	Public Facilities	23816656
居民服务、修理和其他服务业	Resident Services, Repair and Other Services	798795
居民服务业	Residence Services	433006
机动车、电子产品和日用产品修理业	Repair of Motor Vehicles, Electronic Products and Daily Products	105395
其他服务业	Other Services	260394
教　育	Education	4047012
教　育	Education	4047012
卫生和社会工作	Health Care and Social Work	1481891
卫　生	Health Care	1079664
社会工作	Social Work	402227
文化、体育和娱乐业	Culture, Sports and Recreation	3878031
新闻和出版业	Journalism and Publishing Activities	43200
广播、电视、电影和影视录音制作业	Broadcasting, Movies, Televisions and Audiovisual Activities	13432
文化艺术业	Culture and Arts Activities	2344461
体　育	Sports Activities	464870
娱乐业	Entertainment	1012068
公共管理、社会保障和社会组织	Public Management, Social Security and Social Organization	995862
中国共产党机关	Organs of CPC	
国家机构	Government Agencies	755982
人民政协、民主党派	PPCC and Democratic Parties	
社会保障	Social Security	21394
群众团体、社会团体和其他成员组织	Mass Organizations, Social Organizations and Other Member Organizations	187374
基层群众自治组织	Grass Roots Self-governing Organizations	31112

continued

(10 000 yuan)

自开始建设至本年底累计完成投资 Accumulated Investment Completed This Year	#本年完成投资 Investment Completed This Year	施工项目(个) Number of Projects under Construction (unit)	#本年新开工 Newly Started This Year	本年投产项目(个) Number of Projects Put into Use This Year (unit)	本年新增固定资产 Newly Increased Fixed Assets This Year
26654	23384	11	9	9	25302
25264	21994	10	8	8	23912
1390	1390	1	1	1	1390
66286418	28258487	1582	830	1038	18086883
66286418	28258487	1582	830	1038	18086883
1222772	767140	78	56	66	646247
4650	2080	1		1	850
1218122	765060	77	56	65	645397
864101	458089	73	44	41	320493
434794	147299	17	6	7	155571
123688	116828	29	25	13	26311
305619	193962	27	13	21	138611
21887420	14169148	2040	1448	1502	9938699
2790922	1398798	319	235	227	971670
1541095	994045	155	105	117	786508
17555403	11776305	1566	1108	1158	8180521
591955	499368	70	57	48	272300
289642	265671	50	44	35	190024
101045	94343	14	11	10	37770
201268	139354	6	2	3	44506
3415514	1393190	372	240	262	1254377
3415514	1393190	372	240	262	1254377
1031448	690397	172	106	104	454197
783548	498198	117	65	65	347301
247900	192199	55	41	39	106896
2550137	1711988	268	166	199	1370028
35559	12016	3	1	2	15259
13532	13050	4	2	4	13532
1386352	838575	186	119	136	778917
439580	300427	41	23	32	190269
675114	547920	34	21	25	372051
770421	546624	172	89	122	446737
593832	387863	134	62	95	312124
19764	10598	12	6	8	9350
125813	118896	24	20	18	96124
31012	29267	2	1	1	29139

7-17 农户固定资产投资主要指标

MAJOR INDICATORS OF RURAL HOUSEHOLDS INVESTMENT IN FIXED ASSETS

单位：万元 (10 000 yuan)

指　标	Item	2013	2014
一、本年新增固定资产原值	Original Value of Newly Increased Fixed Assets This Year	2789439	3047017
二、本年固定资产投资完成额	Completed Investment in Fixed Assets This Year	2865426	3190738
按投资来源分	Grouped by Source of Funds		
国内贷款	Domestic Loans	319361	348506
自筹资金	Self-raised Funds	2520217	2813633
其他资金	Others	25847	28600
按投资构成分	Grouped by Composition		
建筑工程	Construction	1993251	2230968
#水　利	Conservancy	1656	1938
房　屋	Buildings	1983926	2189912
#住　宅	Residential Buildings	1906858	2135592
安装工程	Installation		
设备工器具购置	Purchase of Equipment and Instruments	727639	805335
#生产设备	Production Equipment	727639	805335
其　他	Others	144535	154435
按具体投资项目分	Grouped by Investment Projects		
房　屋	Buildings	1983926	2189912
#住　宅	Residential Buildings	1906858	2135592
道　路	Roadway		
桥　梁	Bridge		
设　备	Equipment	727639	805335
水　利	Conservancy	1656	1938
其　他	Others	152205	193554
三、本年施工房屋面积(万平方米)	Floor Space of Buildings Under Construction This Year (10 000 sq.m)	2700	2873
#住　宅	Residential Buildings	2531	2756
#当年新开工	Newly Started in The Current Year	2628	2559
四、本年竣工房屋面积(万平方米)	Floor Space of Buildings Completed This Year (10 000 sq.m)	2365	2588
#住　宅	Residential Buildings	2264	2505
五、本年竣工房屋投资额	Investment in Buildings Completed This Year	1907906	2061461
#住　宅	Residential Buildings	1832392	2019725

7-18 主要年份农户固定资产投资

INVESTMENT IN FIXED ASSETS OF RURAL HOUSEHOLDS IN MAJOR YEARS

年 份 Year	竣工房屋面积 (万平方米) Floor Space of Buildings Completed (10 000 sq.m)	#住 宅 Residential Buildings	本年竣工 房屋投资额 (万元) Investment in Buildings Completed This Year (10 000 yuan)	#住 宅 Residential Buildings	购置生产性固定资产投资(万元) Purchase of Productive Fixed Assets (10 000 yuan)
1985	1327	1165	67840	58794	19547
1990	1214	1192	152724	103171	10971
1995	406	403	85050	84528	97111
2000	793	765	236059	227276	58651
2001	862	826	258909	246602	49381
2002	954	932	304384	298523	91453
2003	1152	1023	332777	320480	131960
2004	1164	1077	377435	362733	158117
2005	1320	1298	456869	448930	158022
2006	1545	1507	596264	577144	205530
2007	1702	1666	783527	769298	176299
2008	1617	1554	869494	824246	357467
2009	1700	1599	960717	904851	413236
2010	1899	1714	1107868	1022321	451000
2011	1929	1815	1155259	1123754	473729
2012	2020	1907	1330340	1321667	489125
2013	2365	2264	1907906	1832392	727639
2014	2588	2505	2061461	2019725	805335

主要统计指标解释

全社会固定资产投资 是以货币形式表现的在一定时期内全社会建造和购置固定资产的工作量以及与此有关的费用的总称。该指标是反映固定资产投资规模、结构和发展速度的综合性指标，又是观察工程进度和考核投资效果的重要依据。全社会固定资产投资按登记注册类型可分为国有、集体、个体、联营、股份制、外商、港澳台商、其他等。

从 2011 年起，城镇固定资产投资数据发布口径改为固定资产投资（不含农户），固定资产投资（不含农户）等于原口径的城镇固定资产投资加上农村企事业组织项目投资，除房地产投资、农村个人投资外，固定资产投资统计起点由 50 万元提高到 500 万元，增长速度按可比口径计算。

房地产开发投资 指各种登记注册类型的房地产开发法人单位统一开发的包括统代建、拆迁还建的住宅、厂房、仓库、饭店、宾馆、度假村、写字楼、办公楼等房屋建筑物，配套的服务设施，土地开发工程（如道路、给水、排水、供电、供热、通讯、平整场地等基础设施工程）和土地购置的投资；不包括单纯的土地交易活动。

固定资产投资的资金来源 指固定资产投资单位在报告期收到的，用于固定资产投资的各种货币资金。根据固定资产投资的资金来源不同，分为国家预算资金、国内贷款、债券、利用外资、自筹资金和其他资金。

(1)国家预算资金：自 2011 年起，各级财政的所有资金，包括税收和非税收入，均必须纳入预算管理，因此各级政府用于固定资产投资的财政资金均为预算资金。由于已经没有预算外资金，因此名称改为国家预算资金，包括中央预算资金和地方预算资金，旧的国家预算内资金的内容和现中央预算资金的内容基本一致。

国家预算包括一般预算、政府性基金预算、国有资本经营预算和社保基金预算。各类预算中用于固定资产投资的资金全部作为国家预算资金填报，其中一般预算中用于固定资产投资的部分包括基建投资、车购税、灾后恢复重建基金和其他财政投资。各级政府债券也应归入国家预算资金。

(2)国内贷款：指报告期固定资产投资项目单位向银行及非银行金融机构借入的用于固定资产投资的各种国内借款，包括银行贷款、非银行金融机构贷款等。

银行贷款：是指向各商业银行、政策性银行借入的用于固定资产投资的各项贷款。

非银行金融机构贷款：是指向除上述银行之外从事金融业务的机构借入的用于固定资产投资的各项贷款。非银行金融机构包括保险公司和养老基金（企业年金）、信托投资公司、金融租赁公司、金融资产管理公司、汽车金融服务公司、金融担保公司、证券公司、投资基金、证券交易所、其他金融辅助机构。

投资项目单位从上级部门、总公司或公司股东处取得的用于固定资产投资的资金中，来源于银行或非银行金融机构贷款的部分，也应归入国内贷款。

通过银行理财产品和信托产品筹集的资金，如果是用于固定资产投资的，也作为国内贷款统计。

报告期固定资产投资单位向银行及非银行金融机构借入的用于固定资产投资的长期借款和短期借款，均以报告期实际发生额计算。

(3)利用外资：指报告期收到的用于固定资产建造和购置的国外资金(包括设备、材料、技术在内)。包括对外借款(外国政府、国际金融组织贷款、出口信贷、外国银行商业贷款、对外发行债券和股票)、外商直接投资及外商其他投资。不包括我国自有外汇资金(国家外汇、地方外汇、留成外汇、调剂外汇和中国银行自有资金发行的外汇贷款等)。计算利用外资时，需要折算成人民币，折算中所使用的外汇汇率按现汇计算，即按使用外汇时的汇率计算。

(4)自筹资金：指固定资产投资单位在报告期收到的，由各企事业单位筹集用于固定资产投资的资金，包括各类企事业单位的自有资金和从其他单位筹集的用于固定资产投资的资金，但不包括各类财政性资金、从各类金融机借入资金和国外资金。自筹资金包括以下三项内容：企、事业单位自有资金、股东投入资金、借入资金。

(5)其他资金：指在报告期收到的除以上各种资金之外其他用于固定资产投资的资金，包括企业或金融机构通过发行各种债券筹集到的资金、群众集资、个人资金、无偿捐赠的资金及其他单位拨入的资金等。

固定资产投资按国民经济行业分 根据建设项目建成投产后的主要产品或主要用途及社会经济活动性质来确定国民经济行业。一般情况下，一个建设项目只能属于一种国民经济行业。

固定资产投资按隶属关系分 是按建设单位或企业、事业、行政单位的主管上级机关确定的。

(1)中央：是指中共中央、人大常委会和国务院各部、委、局、总公司以及直属机构直接领导的建设项目和企业、事业、行政单位。这些单位的固定资产投资计划由国务院各部门直接编制和下达，建设中所需物资、主要设备以及建设中的问题都由中央有关部门安排和解决。

(2)地方：是由省（自治区、直辖市）、地区（州、盟、省辖市）、县（旗、县级市）三级政府及业务主管部门直接领导和管理的建设项目、企业、事业、行政单位。地方项目还包括不隶属以上各级政府及主管部门的建设项目和企业、事业单位，如外商投资企业和无主管部门的企业等。

固定资产投资按建设性质分 根据整个建设项目情况来确定。建设项目的性质一般分为新建、扩建、改建和技术改造、迁建、恢复。

(1)新建：一般指从无到有“平地起家”开始建设的企业、事业和行政单位或建设项目。现有企业、事业、行政单位一般不属于新建。但如有的单位原有基础很小，经过建设后新增的固定资产价值超过该企、事业、行政单位原有固定资产价值(原值)三倍以上的也应作为新建。

(2)扩建：指在厂内或其他地点，为扩大原有产品的生产能力(或效益)或增加新的产品生产能力，而增建主要的生产车间(或主要工程)、分厂、独立的生产线。行政、事业单位在原单位增建业务用房(如学校增建教学用房、医院增建门诊部、病房等)也作为扩建。

现有企、事业单位为扩大原有主要产品生产能力或增加新的产品生产能力，增建一个或几个主要生产车间(或主要工程)、分厂，同时进行一些更新改造工程的，也应作为扩建。

(3)改建和技术改造：指现有企业、事业单位，对原有设施进行技术改造或更新(包括相应配套的辅助性生产、生活福利设施) 的建设项目。现有企业、事业单位为适应市场变化的需要，而改变企业的主要产品种类(如军工企业转产民用品等) 的建设项目，应作为改建。原有产品生产作业线由于各工序(车间)之间能力不平衡，为填平补齐充分发挥原有生产能力而增建不增加本企业主要产品设计能力的车间，也应作为改建。技术改造是指企业、事业单位在现有基础上，用先进的技术代替落后的技术，用先进的工艺和装备代替落后的工艺和装备，以改变企业落后的技术经济面貌，实现以内涵为主的扩大再生产，达到提高产品质量、促进产品更新换代、节约能源、降低消耗、扩大生产规模、全面提高社会经济效益的目的。技术改造具体包括以下内容：机器设备和工具的更新改造；生产工艺改革、节约能源和原材料的改造；厂房建筑和公共设施的改造；劳动条件和生产环境的改造等。

固定资产投资按构成分 固定资产投资活动按其工作内容和实现方式分为建筑安装工程，设备、工具、器具购置，其他费用三个部分。

(1)建筑安装工程(建筑安装工作量)：指各种房屋、建筑物的建造工程和各种设备、装置的安装工程。包括各种房屋建造工程；各种用途设备基础和各种工业窑炉的砌筑工程及金属结构工程；为施工而进行的各种准备工作和临时工程以及完工后的清理工作等；铁路、道路的铺设，矿井的开凿及石油管道的架设等；水利工程；防空地下建筑等特殊工程；列入房屋工程预算内的暖气、卫生、通风、照明、煤气等设备的价值及装设油饰工程；列入建筑工程预算内的各种管道(蒸汽、压缩空气、石油、给排水等管道)、电力、电讯电缆导线等的敷设工程；以及各种机械设备的安装工程；为测定安装工程质量，对设备进行的试运工作；房地产开发单位进行的商品房屋开发建设工程、土地开发工程。

在安装工程中，不包括被安装设备本身的价值。

(2)设备、工具、器具购置：指建设单位或企、事业单位购置或自制的，达到固定资产标准的设备、工具、器具的价值。新建单位及扩建单位的新建车间，按照设计或计划要求购置或自制的全部设备、工具、器具，不论是否达到固定资产标准均计入"设备、工具、器具购置"中。

(3)其他费用：指在固定资产建造和购置过程中发生的，除上述几项内容以外的各种应分摊计入固定资产的费用。

施工项目 指报告期内进行过建筑或安装施工活动的项目。凡是报告期内施过工的建设项目，不论施工时间长短，均作为施工项目统计。施工项目个数可以反映一定时期固定资产投资的实际规模，与同期全部建成投产项目个数相比，可以从建设速度的角度反映固定资产投资的效果。根据建设项目施工活动的不同性质，施工项目又分为：本年正式施工项目、本年收尾项目和以前年度全部停缓建项目。

全部建成投产项目 工业项目指设计文件规定形成生产能力的主体工程及其相应配套的辅助设施全部建成，经负荷试运转，证明具备生产设计规定合格产品的条件，并经过验收鉴定合格或达到竣工验收标准，与生产性工程配套的生活福利设施可以满足近期正常生产的需要，正式移交生产的建设项目。非工业项目指设计文件规定的主体工程和相应的配套工程全部建成，能够发挥设计规定的全部效益，经验收鉴定合格或达到竣工验收标准，正式移交使用的建设项目。

新增生产能力(或工程效益) 指通过固定资产投资活动而增加的设计能力(或工程效益)，主要指标包括建设规模、本年施工规模、自开始建设累计新增生产能力（或工程效益）、本年新增生产能力(或工程效益)。

建设规模 指建设项目或工程设计文件中规定的全部设计能力(或工程效益)。包括已经建成投产和尚未建成投产的工程的生产能力(或工程效益)。

本年施工规模 指报告期内施工的单项工程（或更新改造项目）的设计能力(或工程效益)，包括报告期以前已开工跨入本年继续施工的工程的设计能力和报告期新开工工程的设计能力。也包括报告期内建成投产或报告期施工后又停缓建的单项工程设计能力。不包括在报告期以前建成投产或已经停、缓建的工程，以及报告期内尚未正式开工的工程的设计能力。

自开始建设累计新增生产能力(或工程效益) 指自开始建设至本年底止建成投产的全部单项工程累计新增生产能力(或工

程效益)。包括报告期以前已经建成投产和报告期内建成投产的单项工程的生产能力(或工程效益)。

本年新增生产能力(或工程效益) 指在本年度内按照新增生产能力(或工程效益)的计算条件和标准，实际建成投入生产或交付使用的生产能力(或工程效益)。

房屋施工面积 指报告期内施工的全部房屋建筑面积。包括本期新开工的面积、上期跨入本期继续施工的房屋面积、上期停缓建在本期恢复施工的房屋面积、本期竣工的房屋面积以及本期施工后又停缓建的房屋面积。多层建筑应填各层建筑面积之和。

房屋竣工面积 指在报告期内房屋建筑按照设计要求已全部完工，达到住人和使用条件，经验收鉴定合格或达到竣工验收标准，可正式移交使用的各栋房屋建筑面积的总和。

房屋竣工价值 指在报告期内按规定已经上报竣工的房屋本身的建造价值。一般按房屋设计和预算规定的内容计算。包括竣工房屋本身的基础、结构、屋面、装修以及水、电、卫等附属工程的建造价值，也包括作为房屋建筑组成部分而列入房屋建筑工程预算内的设备（如电梯、通风设备等）的购置和安装费用。不包括厂房内的工艺设备、工艺管线的购置和安装，工艺设备基础的建造，室外的水、暖、电、卫、道路工程、挡土墙等环境工程的费用，办公及生活用家具的购置等费用，购置土地的费用，迁移补偿费和场地平整的费用及城市建设配套投资。

新增固定资产 指报告期内已经完成建造和购置过程，并已交付生产或使用单位的固定资产价值。该指标是表示固定资产投资成果的价值指标，也是反映建设进度，计算固定资产投资效果的重要指标。

项目建设投产率 指一定时期内全部建成投产项目个数与同期施工项目个数的比率。该指标是从建设单位建设速度的角度反映投资效果的指标。

固定资产交付使用率 指一定时期新增固定资产与同期完成投资额的比率。该指标是反映固定资产动用速度，衡量建设过程中宏观投资效果的综合指标。由于新增固定资产是较长时期内形成的结果，而投资额则是当年完成的，因此，该指标一般适宜于反映较长时期内固定资产的动用情况。

Explanatory Notes on Main Statistical Indicators

Total Investment in Fixed Assets refers to the volume of activities in construction and purchases of fixed assets and related fees, expressed in monetary terms during the reference period. It is a comprehensive indicator which shows the size, structure and growth of the investment in fixed assets, providing a basis for observing the progress of construction projects and evaluating results of investment. Total investment in fixed assets in the whole country includes, by type of ownership, the investment by State-owned units, collective-owned units, individuals, joint ownership units, share-holding units, as well as investments by entrepreneurs from foreign countries and from Hong Kong, Macao and Taiwan, and by other units.

The former urban Investment in fixed assets changed into fixed assets without agriculture households since 2011. Fixed assets without agriculture households contain the former urban investment in fixed assets and project investment of rural enterprises and institutions. The cut-off point of investment statistics is changed from a minimum of 50 thousand yuan to a minimum of 5 million yuan, except real estate investment and rural individual investment, and the increase rate are calculated by the comparable coverage.

Investment in Real Estate Development refers to investment by real estate development corporation units of various types of ownership in the construction of buildings, such as residential buildings, factory buildings, warehouses, hotels, guesthouses, holiday villages, office buildings complementary service facilities, land development projects and land purchase, such as roads, water supply, water drainage, power supply, heating supply, telecommunications, land leveling and other infrastructural projects. It does not include activities in pure land transactions.

Sources of Funds for Investment in Fixed Assets refer to all kinds of money funds that the investment units received at the reference period for investment in fixed assets. They are categorized as funds from the State budget, domestic loans, bonds, foreign investment, self-raised funds, and others, depending on the sources of investment.

(1) Fund from the State budget: Governments at all levels investment funds are budget funds because of all the governments' funds must count as budget management including taxes and non-taxes since 2011. And it is called state budget funds which include central government budget funds and local government budget funds. And the content of former state inner budget funds are basically the same with the new central government budget funds.

State budget contains general budget, government funds budget, state capital management budget and social security budget. Budget funds used for investing in fixed assets are all filled out a form as state budget funds, in which general budget used for investment in fixed assets usually contain construction investment, motors purchasing taxes, rebuild funds after disasters and other financial investments. Governments' bonds at all levels are also belonging to the state budget funds.

(2) Domestic loans refer to loans of various forms borrowed by investing units from banks and non-bank financial institutions during the reference period for the purpose of investment in fixed assets, including bank loans and non-bank financial institutions loans.

Bank Loans refer to loans borrowed from commercial banks and policy banks for the investment in fixed assets.

Non-bank Financial Institutions Loans refer to loans borrowed from financial institutions except the above banks for investing in fixed assets. The financial institutions contain insurance companies, pension funds (enterprise pension), trust and investment corporations, financial leasing companies, financial assets management companies, motor financial service companies, financial guarantee companies, security companies, investment funds, stock exchange and other financial assistant agencies.

Funds coming from bank loans or non-bank financial institutions loans, which got from upper department and head offices or company share holders for investing in fixed assets, are included in the domestic loans.

Long-term and short-term loans fixed assets investment units borrowed at reference period from banks and non-bank financial institutions are calculated at the actual amounts of the reference period.

(3) Foreign investment refers to foreign funds received during the reference period for the construction and purchase of investment in fixed assets (covering equipment, materials and technology), including foreign borrowings (loans from foreign governments and international financial institutions, export credit, commercial loans from foreign banks, issue of bonds and stocks overseas), foreign direct investment and other foreign investments. Excluded from this category is capital in foreign exchanges owned by China (foreign exchanges owned by the central and local governments, foreign exchanges retained by enterprises, foreign exchanges by enterprises through the regulating mechanism, loans in foreign exchanges issued by the Bank of China with its own fund,

etc.). In calculating the utilization of foreign capital, foreign currencies are converted into Chinese RMB applying the current exchange rate when the foreign capitals are actually used.

(4) Self-raised funds refer to funds raised by investing units from enterprises and institutions for investment in fixed assets received during the reference period, including self-raised funds of enterprises and institutions and other units for investment in fixed assets. Self-raised funds don't include financial funds, funds borrowed from financial institutions and foreign funds. Self-raised funds include self owned funds of enterprises and institutions, shareholders funds and borrowed funds.

(5) Others refer to funds for investment in fixed assets received from sources other than those listed above, including capital raised through issuing bonds by enterprises or financial institutions, funds raised from individuals and through donations, and funds transferred from other units.

Investment in Fixed Assets by Sector The classification of construction projects by sector is determined by the major products or the purpose of the projects when they are put into production or use, and by the nature of their social economic activities. In general, one project or one enterprise or institution can only be classified into one sector.

Investment in Fixed Assets by Administrative Relationship refers to the classification of investment by the competent authorities under which investment is made by construction units, enterprises, institutions or administrative units.

(1) Central investment refers to the investment in projects or by enterprises, institutions or administrative units which are under the direct leadership and management of the State Council and of the national commissions, ministries, agencies and State-owned large corporations. Various ministries and departments of the State Council prepare and implement plans for investment in fixed assets by those departments, and arrange and ensure the supply of materials and key equipment required for the projects.

(2) Local investment refers to the investment in projects or by enterprises, institutions or administrative units which are under the direct leadership and management of departments under the provincial, prefecture and county governments. Also included are projects by foreign-invested enterprises and enterprises without competent managing authorities.

Investment in Fixed Assets by Type of Construction Construction projects in general can be classified, by the type of construction, into new construction, expansion, reconstruction and technical transformation, moving and restoration. However, investment by type of construction is not applied to investment by real-estate development units, investment in rural areas and private investment in housing construction in urban areas and in industrial and mining areas.

(1) New construction in general refers to construction projects, which start from scratch, of enterprises, institutions, administrative agencies. Construction in existing enterprises, institutions or agencies is generally not considered as new construction. In case the size of the existing unit is quite small, and the value of newly added fixed assets is more than three times of the the original value, the expansion will be considered as new construction.

(2) Expansion refers to construction of new major production workshop, branch factory or independent production line within a factory or in other locations, for the purpose of increasing the production capacity (or improving efficiency) or adding new production capacity. Newly constructed accommodation for the operation of institutions and administrative organizations (such as newly constructed buildings for teaching in schools, buildings for clinics or wards in hospitals, etc.) are also classified as expansion.

Also included in expansion are investments by existing enterprises or institutions in building major production lines or branch factories along with some work on innovation, for the purpose of expanding the production capacity of original products or producing new products.

(3) Reconstruction and technical transformation refers to construction projects by existing enterprises or institutions in innovation or technical transformation of the old facilities (including auxiliary production equipment and welfare facilities). Also considered as reconstruction is the construction of new workshops by the existing enterprises or institutions to change the variety of products to meet the market demand (such as the production of civil products by defence industries), or to bring the designed production capacity into full play through a more balanced production process on production lines. Technical transformation refers to replacement of old technology or equipment by new technology or equipment, in order to expand the reproduction through improvement of technology contents in production, to improve product quality, to promote new products, to save energy, to reduce consumption, to expand the production scale and to improve overall social-economic efficiency. Contents of technical transformation include: updating of machinery, equipment and tools; reforming production process by using energy or materials saving technology; construction of factory workshops and transformation of public facilities; improvement of working conditions and environment, etc.

Investment in Fixed Assets by Composition By their contents and the mode of implementation, investment activities are classified into 3 categories, i.e. construction and installation, purchase of equipment and instrument, and other expenses.

(1) Construction and installation (work volume of construction and installation) refers to the construction of houses and

buildings and the installation of various kinds of equipment and instruments. They include construction of houses; equipment foundations, industrial kilns and stoves, and metal structure work; preparation works and temporary works for project construction, and clearing up works post project construction; pavement of railways and roads, drilling of mines and putting up of oil pipes; construction of water conservancy; construction of underground air-raid shelters and construction of other special projects; value of equipment for heating, sanitation, ventilation, lighting, gas, painting, etc. that are covered by the budget of housing projects; laying out of various pipelines (for steam, compressed air, petroleum, tap water and sewage) and wiring and cabling for electric power and for communications; installation of various machinery and equipment; testing operation for pre-testing the quality of installation projects, and land and other development work conducted by real estate developers for commercialized housing. The value of equipment installed is itself not included in the value of installation projects.

(2) Purchase of equipment and instruments refers to the total value of equipment, tools, and instruments purchased or self-produced which come up to the cut-off point for fixed assets by the construction units or investing enterprises or institutions. Equipment, tools and instruments purchased or self-produced for new workshops by newly established or expanded units are categorized as "purchase of equipment and instruments" no matter whether they come up to the cut-off point for fixed assets.

(3) Other expenses refer to expenses arising during the construction or purchase of fixed assets other than those mentioned above.

Projects Under Construction refer to projects with construction or installation activities in the reference period, no matter how long the activities last. Number of projects under construction can reflect the actual scale of investment in a given period, and it can demonstrate the results of investment in fixed assets when compared with the number of projects completed and put into use. Projects under construction can be divided into projects actually under construction in the year, projects closure in the year and projects started this year but suspended or postponed in current year by nature of construction activities.

Projects Completed and Put into Use Industrial projects refer to the major projects and auxiliary facilities having been completed in accordance with the design documents, resulting in forming production capacity and having checked and accepted after relevant tests, while the living and welfare facilities having been completed and being capable of ensuring normal production. Non-industrial projects refer to the major projects and auxiliary facilities which have been completed in accordance with the design documents; have been checked, accepted after relevant examination; and have been formally delivered for use.

Newly Increased Production Capacity (Project Efficiency) refers to the increase in design capacity (or project efficiency) through investment in fixed assets. Its main indicators include construction scale, scale of projects under construction in current year, the accumulated newly increased production capacity (project efficient) since the start of the projects, the newly increased production capacity (project efficiency) of current year.

Construction Scale refers to the total designed production capacity (project efficiency) of the construction projects in accordance with the design document, including those have been put into operation and those that have not been completed.

Scale of Projects under Construction in Current Year refers to the designed production capacity (project efficiency) of a single project under construction in the reference period, including designed production capacity of projects that have been under construction before the reference period and newly start construction. It also includes the single designed production capacity of projects that completed or started in the reference period and then suspended. It doesn't include the designed production capacity of projects that completed, have been stopped or suspended before the reference period, or projects don't come into operation during the reference period.

The Accumulated Newly Increased Production Capacity (Project Efficiency) since the Start of the Projects refers to the accumulated newly increased production capacity of all the single projects which have been put into use from the beginning of the projects till the end of current year. It includes the production capacity (project efficiency) of single projects that have been constructed and put into operation before and during the reference period.

The newly Increased Production Capacity (Project Efficiency) of Current Year refers to the production capacity (project efficiency) that has been completed and put into operation in current year according to the calculation conditions and standards on newly increased production capacity (project efficiency).

Floor Space of Buildings under Construction refers to total floor space of all buildings under construction during the reference period, including floor space of newly started buildings during the reference period, floor space of construction extended from the previous period to the current period, and floor space of construction suspended during the previous period and resumed in the current period. Floor space of construction completed in the current period, and floor space of construction started and then suspended in the current period are also included in the floor space under construction of the current year. Floor space of multistoried buildings is the sum of space of every floor.

Floor Space of Buildings Completed refers to the floor space of all buildings completed in the reference period, which have been appraised, accepted (or come up to the designed standards) and transferred to owner units.

Value of Buildings Completed refers to construction value of completed buildings which has been reported in the reference period. It is usually calculated by the contents of building design and budget, including the construction value of completed buildings' backbone, structure, roof, decoration and appurtenant works such as water, electricity and sanitation. The purchasing and installation charges of budgetary facilities, such as elevators and ventilating devices, as a part of the composition of buildings, are also included in the value of completed buildings. The costs of purchasing and installation of plant processing equipments and pipelines and basic construction, costs of environmental projects outdoors, such as water, heating, electricity, sanitation, road projects and retaining walls, costs of purchasing of office and life furniture, costs of land purchasing, costs of residence moving and site formation and costs of supporting investment of urban construction are not included in the value of completed buildings.

Newly Increased Fixed Assets refer to the newly increased value of fixed assets, constructed or purchased, that have been transferred to the investors. This is an indicator that demonstrates the results of investment in fixed assets in monetary terms, and an important indicator to reflect the speed of construction and to calculate the efficiency of investment.

Rate of Construction Projects Completed and Put into Use refers to the ratio of the number of construction projects completed and put into use in a certain period of time to the number of projects under construction in the same period. This reflects the investment efficiency from the perspective of the speed of projects construction.

Rate of Projects of Fixed Assets Completed and Put into Operation refers to the ratio of the newly increased fixed assets to the total investment made in the same period. This is a comprehensive indicator reflecting the speed of the employment of fixed assets and the investment efficiency at the macro-level. As the newly increase fixed assets is the result of a long period while the investment is completed in the current year, this indicator is expected to be used to reflect the employment of fixed assets over a long period of time.

对外经济贸易

FOREIGN TRADE AND ECONOMIC COOPERATION

PAGE
241—254

资料整理人员

王玉凤

对外经济贸易

FOREIGN TRADE AND ECONOMIC COOPERATION

海关进出口总额	Total Value of Imports and Exports of Customs	162.5	亿美元	(USD 100 million)
出口总额	Total Value of Exports	89.4	亿美元	(USD 100 million)
进口总额	Total Value of Imports	73.1	亿美元	(USD 100 million)
实际利用外资额	Actual Utilization of Foreign Capital	33.6	亿美元	(USD 100 million)

海关进出口总额（亿美元）

Total Value of Imports and Exports of Customs (USD 100 million)

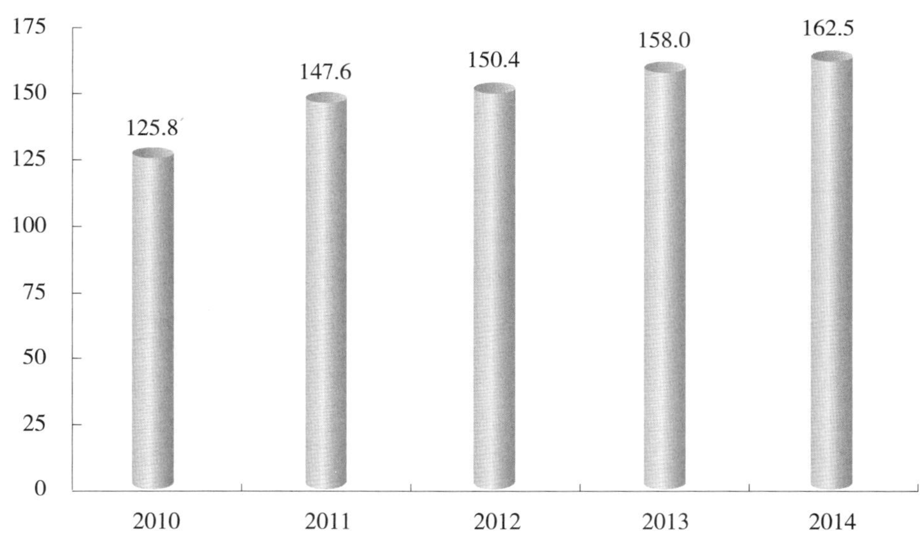

2014年合同利用外资额构成(%)

Composition of Contract Utilization of Foreign Capital in 2014 (%)

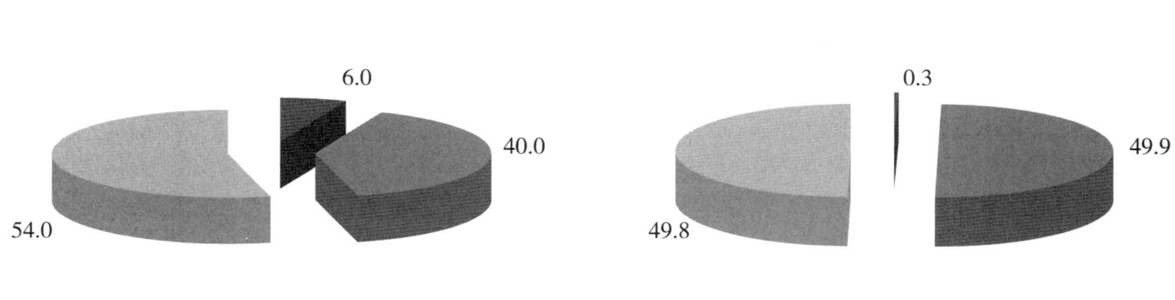

8-1 主要年份海关进出口贸易总额
TOTAL VALUE OF IMPORTS AND EXPORTS OF CUSTOMS IN MAJOR YEARS

单位：万美元 (USD 10 000)

年 份 Year	进出口总额 Total	出口总额 Exports	进口总额 Imports
1990	35000	26300	8700
1995	140769	114367	26402
2000	176438	123687	52751
2005	554597	352871	201726
2006	662779	414030	248749
2007	1157047	653296	503751
2008	1439004	924474	514530
2009	855432	283836	571596
2010	1257839	470930	786909
2011	1475981	542823	933158
2012	1504325	701620	802705
2013	1579785	799649	780136
2014	1624852	894222	730631

8-2 海关进出口贸易总额(2014年)
TOTAL VALUE OF IMPORTS AND EXPORTS OF CUSTOMS(2014)

单位：万美元 (USD 10 000)

项 目	Item	进出口总额 Total	出口总额 Exports	进口总额 Imports
总 额	**Total**	**1624852**	**894222**	**730631**
一、按企业性质分	**Grouped by Ownership**			
国有企业	State-Owned Enterprises	477819	251973	225846
外商投资企业	Foreign Funded Enterprises	691587	419523	272064
合作企业	Sino-Foreign Cooperative Operation Enterprises	1484	1468	16
合资企业	Sino-Foreign Joint Ventures Enterprises	659547	405936	253611
独资企业	Solely Foreign-Funded Enterprises	30555	12119	18437
集体企业	Collective-owned Enterprises	33412	6385	27028
私人企业	Private-owned Enterprises	420572	214910	205662
个体工商户	Self-employed Business	1433	1430	3
其 他	Others	29		29
二、按贸易方式分	**Grouped by The Mode of Trade**			
一般贸易	Original Trade	781073	351117	429956
国家间、国际组织无偿援助和赠送的物资	Aid and Donation between Countries and from International	293	293	
加工贸易	Processing Trade	815233	533548	281684
来料加工装配贸易	Processing and Assembly Trade for Income Material	776	578	198
进料加工贸易	Processing Trade for Imported Material	814457	532971	281486
对外承包工程出口货物	Exported Goods on Contracted Projects	8346	8346	
外商投资企业作为投资进口的设备、物品	Equipments and Goods Imported as Foreign Investment	329		329
保税仓库进出境货物	Goods of Bonded Warehouse	18979	887	18091
保税区进出境仓储或转口货物	Storage and Transit Goods of Bonded Area	218		218
其 他	Others	382	30	352

8-3 海关进出口主要商品分类总额(2014年)

TOTAL VALUE OF IMPORTS AND EXPORTS OF CUSTOMS BY CATEGORY OF MAIN COMMODITIES(2014)

单位：万美元 (USD 10 000)

项　目	Item	出口总额 Exports	进口总额 Imports
合　计	**Total**	**894222**	**730631**
1. 活动物及动物产品	Live Animals and Animal Products	1893	382
2. 植物产品	Vegetables, Fruits and Cereals	5710	25077
3. 动、植物油脂及分解产品；精制的食用油脂、动植物脂	Animals and Vegetables Oils, Fats and Waxs, Refined Edibles Oils and Fats	4	42
4. 食品、饮料、酒及醋；烟草及烟草代品的制品	Foods, Beverages, Liquor and Vinegar, Tobacco and Tobacco Substitutes	3570	139
5. 矿产品	Minerals	36318	266379
6. 化学工业及其相关工业的产品	Chemicals and Related Products	61392	4624
7. 塑料及其制品；橡胶及其制品	Plastics and Related Products, Rubber and Related Products	5350	10707
8. 生皮、皮革、毛皮及其制品；鞍具及挽具;旅行用品、手提包及类似品；动物肠线(蚕胶丝除外)制品	Raw Hides, Leather, Furs and Related Products, Saddle, Travel Articles, Handbags and Similar Containers, Animal Intestines Products	1571	150
9. 木及木制品；木炭；软木及软木制品稻草、秸秆、针茅或其他编结材料制品、蓝筐及柳条编结品	Wood and Wooden Products, Charcoal, Cork and Related Products, Straws, Plaited Products, Baskets and Wickerwork	602	263
10. 木浆及其他纤维状纤维素浆；纸及纸板的废碎品；纸、纸板及其制品废碎品；纸、纸板及其制品	Paper Pulp and Cellulose Pulp, Paper and Paperboard Waste, Paper and Paperboard Products	2097	2226
11. 纺织原料及纺织制品	Textile Materials and Products	15692	995
12. 鞋、帽、伞、仗、鞭及其零件；已加工的羽毛及其制品；人造花；人发制品	Footwear, Headgear, Umbrellas, Canes, Whips, Processed Feather, Artificial Flowers, Wigs	1874	
13. 石料、石膏、水泥、石棉、云母及类似材料的制品；陶瓷产品；玻璃及其制品	Gypsum, Cement, Asbestos, Mica and Related Products, Ceramics, Glass and Glassware	26713	2798
14. 天然或养殖珍珠、宝石或半宝石、贵金属包贵金属及其制品；仿首饰；硬币	Natural or Cultivated Pearls, Precious or Semi-Precious Stones, Jewelery of Precious Metal or Rolled Precious Metal, Artificial Jewerlery, Coins	119	102
15. 贱金属及其制品	Base Metals and Related Products	256994	140880
16. 机器、机械器具、电气设备及其零件；录音机及放声机、电视图像、声音的录制和重放设备及其零件附件	Machinery, Mechanical Appliances, Electric Equipment and Accessorie, Recorders, Reproducers, TV Image, Videorecorders and Accessories	419933	249932
17. 车辆、航空器、船舶及有关运输设备	Locomotives, Vehicles, Aircraft,Ship and Related Trasportation Equipment	38301	13757
18. 光学、照相、电影、计量、检验、医疗或外科用仪器及设备、精密仪器及设备；钟表；乐器；上述物品的零件附件	Optical, Photographic, Film, Measuring, Checking and Medical Instruments and Equipments, Precision Instruments and Equipments, Clocks, Musical Instruments,Sundry Goods and Related Products	2135	12064
19. 杂项制品	Miscellaneous Products	13942	85
20. 艺术品；收藏品及古物	Works of Art, Collectors' Pieces and Antiques	11	
21. 特殊交易商品及未分类商品	Special Trading Goods and Non-classified Goods		29

8-4 海关分国别(地区)进出口贸易总额(2014年)
TOTAL VALUE OF IMPORTS AND EXPORTS OF CUSTOMS BY COUNTRY(REGION)(2014)

单位：万美元 (USD 10 000)

国 别 (地区)	Country (Region)	进出口总额 Total	出口总额 Exports	进口总额 Imports
总 计	**Total**	**1624852**	**894222**	**730631**
亚 洲	**Asia**	**710391**	**373081**	**337310**
#韩 国	Republic of Korea	99660	51908	47751
日 本	Japan	94573	44806	49767
印 度	India	46129	43808	2322
中华人民共和国	China	74109		74109
哈萨克斯坦	Kazakhstan	30339	469	29870
印度尼西亚	Indonesia	28749	10950	17798
香 港	Hong Kong	70058	70057	1
台湾省	Taiwan	71737	28471	43265
新加坡	Singapore	18899	16519	2380
土耳其	Turkey	16052	8865	7187
马来西亚	Malaysia	12393	6332	6061
泰 国	Thailand	10351	10010	342
越 南	Vietnam	28566	16943	11623
沙特阿拉伯	Saudi Arabia	19013	19001	12
非 洲	**Africa**	**62881**	**20902**	**41979**
#南 非	South Africa	27468	3869	23599
尼日利亚	Nigeria	1964	1964	
欧 洲	**Europe**	**298844**	**203670**	**95173**
#荷 兰	Netherlands	47258	46975	283
德 国	Germany	50755	18462	32293
意大利	Italy	59787	42091	17696
俄罗斯联邦	Russia	25960	22770	3189
英 国	United Kingdom	20187	16715	3472
比利时	Belgium	25515	21727	3788
西班牙	Spain	10345	7784	2561
拉丁美洲	**Latin America**	**141207**	**52826**	**88380**
#巴 西	Brazil	89531	25343	64188
墨西哥	Mexico	21334	15577	5757
智 利	Chile	8282	4416	3867
北美洲	**North America**	**249539**	**227508**	**22031**
#加拿大	Canada	26249	24610	1639
美 国	United States	223290	202898	20392
大洋洲	**Oceania**	**160012**	**16235**	**143778**
#澳大利亚	Australia	139923	14096	125828
新喀里多尼亚	New Caledonia	17898	4	17894
东盟组织	**ASEAN**	**132674**	**63913**	**68761**
欧盟组织	**EU**	**256213**	**179577**	**76637**
亚太经济合作组织	**APEC**	**966746**	**545763**	**420984**
金砖国家(除中国)	**BRICKS (except China)**	**189088**	**95790**	**93298**

8-5 实际利用外资额
ACTURAL UTILIZATION OF FOREIGN CAPITAL

单位：万美元 (USD 10 000)

项　　目	Item	2005	2010	2014
总　计	**Total**	**106369**	**116512**	**335672**
一、对外借款	**Foreign Loans**	**78853**	**45091**	**40486**
外国政府贷款	Government Loans	22484	4874	4515
国际金融组织贷款	Loans form International Financial Organizations	17835	12480	7972
一般商业贷款	General Commercial Loans		20589	28000
买方信贷	Buyer Credit	1361	7147	
出口信贷	Export Credit			
向国外企业私人借款	Loans from Private of Foreign Enterprises			
贸易信贷	External Bonds Trade Credit			
二、外商直接投资	**Foreign Direct Investments**	**27516**	**71421**	**295186**
独资企业	Solely Foreign–Funded Enterprises	14238	34009	90062
合资企业	Joint Ventures Enterprises	11899	34900	169853
合作企业	Cooperative Operation Enterprises	1379	2512	9115
股份制企业	Foreign Investment Share Enterprises			26156
其　他	Others			

注：2011年起，实际利用外资额为全口径，后同。
Note: The coverage of actural utilization of foreign capital has changed to whole society since 2011.The same applies to the following.

8-6 主要年份实际利用外资额
ACTURAL UTILIZATION OF FOREIGN CAPITAL IN MAJOR YEARS

单位：万美元 (USD 10 000)

年　份 Year	利用外资总额 Total	对外借款 Foreign Loans	外商直接投资 Foreign Direct Investments	外商其他投资 Other Foreign Investments
1985	176	55	43	78
1990	3763	3006	340	417
1995	16085	7662	6383	2040
2000	63188	40716	22472	
2001	56600	33207	23393	
2002	39352	14436	24916	
2003	63636	41601	22035	
2004	62184	53163	9021	
2005	106369	78853	27516	
2006	132438	85239	47199	
2007	191471	57188	134283	
2008	172174	69892	102282	
2009	82646	33331	49315	
2010	116512	45091	71421	
2011	249530	42252	207278	
2012	276711	26332	250379	
2013	299096	18429	280667	
2014	335672	40486	295186	

8-7 主要年份合同利用外资金额(外商直接投资)

CONTRACT UTILIZATION OF FOREIGN CAPITAL IN MAJOR YEARS(DIRECT INVESTMENT)

年 份 Year	项目投资总额 Total Value of Project Investment	合同利用外资情况 Contract Utilization of Foreign Capital	独资企业 Solely Foreign-funded Enterprises	合资企业 Joint Venture Enterprises	合作企业 Cooperative Operation Enterprises	外商投资股份制 Foreign-funded Joint-stock
一、新批项目(企业)(个) New Projects and Enterprises (unit)						
1985		4		4		
1990		26		24	2	
1995		178	26	138	14	
2000		71	11	48	12	
2001		75	17	40	18	
2002		73	26	27	20	
2003		89	29	40	20	
2004		90	28	41	21	
2005		85	28	35	21	
2006		150	51	71	28	
2007		152	39	98	15	
2008		77	25	37	15	
2009		58	20	25	13	
2010		52	15	28	6	3
2011		62	35	21	6	
2012		39	12	18	7	2
2013		48	24	23	1	
2014		50	22	26	2	
二、合同金额(万美元) Contracted Value (USD10 000)						
1985	201	53		53		
1990	2160	1194		458	736	
1995	40058	23133	3206	17223	2704	
2000	44409	26174	732	15028	10414	
2001	58585	29859	6806	6462	16591	
2002	59672	28940	11960	3165	13815	
2003	92511	48100	22646	9425	16029	
2004	135741	40439	13860	13576	13004	
2005	244292	110208	30712	35877	43619	
2006	338880	134207	53339	37109	43759	
2007	834379	247174	50496	175153	21525	
2008	171644	107758	48949	30175	28634	
2009	109438	66893	22326	22548	22019	
2010	132039	100301	32528	56198	7436	4139
2011	291687	155636	50325	7157	11539	86615
2012	144834	35605	6734	24009	4574	288
2013	286998	96152	27089	64083	4980	
2014	262216	96785	67251	23791	5743	

8-8 按行业分利用外商直接投资额(2014年)
UTILIZATION OF FOREIGN DIRECT INVESTMENT CAPITAL BY SECTOR(2014)

单位：万美元 (USD 10 000)

行业	Item	新批项目(企业)(个) New Projects and Enterprises (unit)	合同金额 Contract Value	实际使用金额 Actual Value
总计	**Total**	**50**	**96785**	**295186**
农、林、牧、渔业	Farming, Forestry, Animal Husbandry and Fishery	3	254	1234
采矿业	Mining		4321	3829
制造业	Manufacturing	16	23751	116525
建筑业	Construction			26498
电力、热力、燃气及水生产和供应业	Production and Supply of Electricity, Heat, Gas and Water	4	20163	65031
信息传输、计算机服务和软件业	Information Transmission, Computer Services and Software	2	14761	8200
批发和零售业	Wholesale and Retail Trade	9	18544	
住宿和餐饮业	Hotels and Catering Services	4	823	
交通运输、仓储和邮政业	Transportation, Storage and Post			24973
金融业	Financial Industry	1	3500	
房地产业	Real Estate Trade		3806	12516
租赁和商务服务业	Lease and Business Affairs Services	8	4058	34253
科学研究、技术服务和地质勘查业	Scientific Reseach, Technical Services and Geological Prospecting	2	304	2127
文化、体育和娱乐业	Culture, Sports and Entertainment	1	2500	

8-9 按国别(地区)分利用外商直接投资额(2014年)
UTILIZATION OF FOREIGN DIRECT INVESTMENT CAPITAL BY COUNTRY(REGION)(2014)

单位：万美元 (USD 10 000)

国别(地区)	Country (Region)	新批项目(企业)(个) New Projects and Enterprises (unit)	合同金额 Contract Value	实际使用金额 Actual Value
合计	**Total**	**50**	**96785**	**295186**
#香港	Hong Kong	25	67897	195101
新加坡	Singapore	1	1173	
韩国	Republic of Korea	4	10202	
台湾省	Taiwan Province	2	-17	5378
塞舌尔	Seychelles	1	396	
奥地利	Austria			1115
英属维尔京群岛	British Virgin Is.		1743	8453
加拿大	Canada	2	1124	
美国	America	3	77	14558
澳大利亚	Australia			6191
亚美尼亚	Amenia			6000
萨摩亚	Samoa	1	1100	3406
泰国	Thailand			1107
荷兰	Netherlands			1008
投资性公司投资	Investment Companies	6	13323	33400

8-10 主要年份对外承包工程和劳务合作
CONTRACTED PROJECTS AND LABOR COOPERATION WITH FOREIGN COUNTRIES OR REGIONS IN MAJOR YEARS

年 份 Year	新签合同份数 (个) Number of New Contracts (unit)	新签合同额 (万美元) New Contracted Value (USD 10 000)	完成营业额 (万美元) Value of Business (USD 10 000)	派出人数 (人) Persons Posted Abroad (person)	年末在外人数 (人) Persons Abroad at Year-end (person)
1985	1	101	132		
1990	12	186	118		73
1995	43	1537	728		574
2000	50	5563	3892		1518
2001	25	3323	5071	815	1539
2002	24	4346	5049	520	1509
2003	23	1823	4125	491	1338
2004	70	14834	30134	769	1729
2005	55	22187	20200	1195	2263
2006	105	28573	28669	1155	2642
2007	86	28424	33462	1605	3945
2008	73	70894	52592	2662	5021
2009	54	49591	114921	2022	6113
2010	8	48179	72228	1224	6147
2011	71	42187	70018	2447	5934
2012	42	64018	44927	3264	3513
2013	20	23599	76505	1816	4073
2014	14	34586	73542	1511	4232

8-11 高新经济技术开发区综合情况
KEY STATISTICS OF HIGH-TECH DEVELOPMENT ZONES

单位：亿元 (100 million yuan)

指 标	Item	2013	2014
当年工业总产值	Gross Industry Output Value	3634.8	3919.4
当年进出口总额(万美元)	Total Value of Imports and Exports(USD 10 000)	581489.8	719227.9
出口总额	Total Value of Exports	408398.8	463338.0
进口总额	Total Value of Imports	173091.0	255890.0
当年财政收入	Financial Revenue	184.3	210.5
#税收收入	Tax Revenue	161.0	192.1
实际到位外资金额(万美元)	Paid-in Foreign Funds(USD 10 000)	170012.2	120027.0
实际到位境内省外资金额	Paid-in Funds from Other Provinces	946.3	704.1
全区从业人员 (万人)	Employees (10 000 persons)	55.2	58.6
企业主营业务收入	Major Business Revenue of Enterprises	5429.8	5924.7

8-12 各开发区综合发展情况(2014年)
KEY STATISTICS OF DEVELOPMENT ZONES(2014)

单位：亿元 (100 million yuan)

开 发 区	Development Zone	企业主营业务收入 Major Business Revenue of Enterprises	工 业 总产值 Gross Industry Output Value	税收收入 Tax Revenue	进出口总额(万美元) Total Value of Imports and Exports (USD 10 000)
总　计	**Total**	**5924.7**	**3919.4**	**192.1**	**719228**
太原经济区	Taiyuan Economic Zone	738.4	623.3	32.7	550014
晋城开发区	Jincheng Development Zone	239.2	153.7	17.2	60303
太原高新区	Taiyuan High-tech Zone	1670.0	1440.0	27.8	11694
运城开发区	Yuncheng Development Zone	466.5	134.5	3.6	11173
晋中开发区	Jinzhong Development Zone	356.1	68.5	15.4	2100
大同开发区	Datong Development Zone	86.9	79.4	7.7	20418
阳泉开发区	Yangquan Development Zone	142.8	37.1	4.6	4805
临汾开发区	Linfen Development Zone	293.1	22.5	4.8	5741
忻州开发区	Xinzhou Development Zone	117.5	59.9	4.0	358
侯马开发区	Houma Development Zone	218.7	28.9	2.3	763
盐湖工业园	Yanhu Industrial Park	86.3	75.9	0.8	2993
太原不锈钢	Taiyuan Stainless Steer Industrial Park	64.6	59.7	2.3	1100
长治高新区	Changzhi High-tech Zone	230.0	204.6	21.2	321
太原民营区	Taiyuan Private Econimic Zone	200.0	8.6	6.8	690
空港开发区	Konggang Development Zone	206.2	70.4	2.6	2453
朔州开发区	Shuozhou Development Zone	88.7	72.3	4.2	857
孝义开发区	Xiaoyi Development Zone	222.9	249.5	12.9	3673
榆次工业园	Yuci Industrial Park	99.6	146.4	5.2	4847
祁县开发区	Qixian Development Zone	56.4	43.9	2.3	2430
壶关开发区	Huguan Development Zone	49.8	57.5	1.5	10058
风陵渡开发区	Fenglingdu Development Zone	70.3	48.8	5.0	619
文水开发区	Wenshui Development Zone	31.0	31.2	0.8	2839
清徐开发区	Qingxu Development Zone	45.4	46.3	2.8	2031
绛县开发区	Jiangxian Development Zone	37.2	39.0	0.5	2453
交城开发区	Jiaocheng Development Zone	107.0	117.6	3.3	14494

8-13 人民币对主要外币年平均汇价(中间价)
AVERAGE EXCHANGE RATE OF RMB YUAN AGAINST MAIN CONVERTIBLE CURRENCIES (MIDDLE RATE)

单位：人民币元 (RMB yuan)

年 份 Year	100美元 100 US Dollars	100日元 100 Japanese Yen	100港元 100 Hong Kong Dollars	100欧元 100 Euros
1985	293.66	1.25	37.57	
1986	345.28	2.07	44.22	
1987	372.21	2.58	47.74	
1988	372.21	2.91	47.70	
1989	376.51	2.74	48.28	
1990	478.32	3.32	61.39	
1991	532.33	3.96	68.45	
1992	551.46	4.36	71.24	
1993	576.20	5.20	74.41	
1994	861.87	8.44	111.53	
1995	835.10	8.92	107.96	
1996	831.42	7.64	107.51	
1997	828.98	6.86	107.09	
1998	827.91	6.35	106.88	
1999	827.83	7.29	106.66	
2000	827.84	7.69	106.18	
2001	827.70	6.81	106.08	
2002	827.70	6.62	106.07	800.58
2003	827.70	7.15	106.24	936.13
2004	827.68	7.66	106.23	1029.00
2005	819.17	7.45	105.30	1019.53
2006	797.18	6.86	102.62	1001.90
2007	760.40	6.46	97.46	1041.75
2008	694.51	6.74	89.19	1022.27
2009	682.78	7.68	88.11	1020.76
2010	662.27	8.11	85.09	878.96
2011	633.59	8.19	81.29	843.89
2012	630.00	7.67	81.30	816.73
2013	613.76	6.02	79.16	830.72
2014	611.62	5.14	78.85	745.22

注：欧元自2002年开始进入市场流通。

Note：ECU enters the circulating market from 2002.

主要统计指标解释

进出口总额 指实际进出我国国境的货物总金额。包括对外贸易实际进出口货物，来料加工装配进出口货物，国家间、联合国及国际组织无偿援助物资和赠送品，华侨、港澳台同胞和外籍华人捐赠品，租赁期满归承租人所有的租凭货物，进料加工进出口货物，边境地方贸易及边境地区小额贸易进出口货物(边民互市贸易除外)，中外合资经营企业、中外合作经营企业、外商独资经营企业进出口货物和公用物品，到、离岸价格在规定限额以上的进出口货样和广告品(无商业价值、无使用价值和免费提供出口的除外)，从保税仓库提取在中国境内销售的进出口货物，以及其他进出口货物。进出口总额用以观察一个国家在对外贸易方面的总规模。我国规定出口货物按离岸价格统计，进口货物按到岸价格统计。

实际利用外资 指我国各级政府、部门、企业和其他经济组织通过对外借款、吸收外商直接投资以及用其他方式筹措的境外现汇、设备、技术等。

对外借款 是我国利用外资的主要部分。包括我国通过外国政府贷款、国际金融组织贷款、外国银行商业贷款、出口信贷以及对外发行债券、股票等方式，从境外筹措的资金。

外商直接投资 是指外国企业和经济组织或个人(包括华侨、港澳台同胞以及我国在境外注册的企业)按我国有关政策、法规，用现汇、实物、技术等在我国境内开办外商独资企业，与我国境内的企业或经济纟组织共同举办中外合资经营企业、合作经营业或合作开发资源的投资(包括外商投资收益的再投资)以及经政府有关部门批准的项目投资总额内企业从境外借入的资金。

对外承包工程 包括各对外承包公司以招标议标承包方式承揽下列业务：(1)承包国外工程建设项目；(2)承包我国对外经援项目；(3)承包我国驻外机构的工程建设项目；(4)承包我国境内利用外资进行建设的工程项目；(5)与外国承包公司合营或联合承包工程项目时我国公司分包部分；(6)以服务成果向业主收费的技术服务项目(包括承揽地形地貌测绘；地质资源勘探与普查；建区域规划；提供设计文件、图纸、生产工艺技术资料和工程技术经济咨询；工程项目的可行性考察、研究和评估；进行技术指导和训人员等)；(7)对外承包兼劳营的房屋开发业务。对外承包工程的营业额是以货币表现的本期内完成的对外承包工程的工作量，包括以前年度签订的合同和本年度新签订的合同在报告期完成的工作量。

Explanatory Notes on Main Statistical Indicators

Total Value of Imports and Exports refers to the real value of commodities imported and exported across the border of China. They include the actual imports and exports through foreign trade, imported and exported goods under the processing and assembling trades and materials, supplies and gifts as aid given gratis between governments and by the United Nations and other international organizations, and contributions donated by overseas Chinese, compatriots in Hong Kong and Macao and Chinese with foreign citizenship, leasing commodities owned by tenant at the expiration of leasing period, the imported and exported commodities processed with imported materials, commodities trading in border areas (excluding mutual exchange goods), the imported and exported commodities and articles for public use of the Sino-foreign joint ventures, cooperative enterprises and ventures with sole foreign investment. Also included is import or export of samples and advertising goods for which CIF or FOB value are beyond the permitted ceiling (excluding goods of no trading or use value and free commodities for export), imported goods sold in China from bonded warehouses and other imported or exported goods. The indicator of the total imports and exports at customs can be used to observe the total size of external trade in a country. In accordance with the stipulation of the Chinese government, imports are calculated at CIF, while exports are calculated at FOB.

Actual Utilization of Foreign Capital refers to remittance, equipment and technology financed from abroad, by loans, foreign direct investment and other forms undertaken by the Chinese governments at all levels, by various departments, enterprises and other economic units.

Foreign Borrowings refer to funds borrowed from abroad through formal signing of borrowing agreements with foreign institutions, including loans of foreign governments, loans of international financial institutions, commercial loans of foreign banks, export credit, and funds raised by Chinese bonds (and shares before 1996) issued abroad. It is an important part of China's utilization of foreign capitals.

Foreign Direct Investment refers to the investments inside china by foreign enterprises and economic organizations or individuals（including overseas Chinese, compatriots from Hong Kong and Macao, and Chinese enterprises registered abroad）, following the relevant policies and laws of china, for the establishment of ventures exclusively with foreign own investment, Sino-foreign joint ventures and cooperative enterprises or for cooperative exploration of resources with enterprises or economic organizations in China. It includes the re-investment of the foreign entrepreneurs with the profits gained from the investment and the funds that enterprises borrow from abroad in the total investment of projects which are approved by the relevant department of the government.

Contracted Projects with Foreign Countries or Regions refer to projects undertaken by Chinese contractors（project contracting companies）through bidding process. They include：(1)overseas civil engineering construction projects financed by foreign investors; (2)overseas projects financed by the Chinese government through its foreign aid programs; (3)construction projects of Chinese diplomatic missions, trade offices and other institutions stationed abroad; (4)construction projects in china financed by foreign investment; (5)sub－contracted projects to be taken by Chinese contractors through a joint umbrella project with foreign contractor(s); (6)projects with charges for technical services from overseas operators. it includes geographic and topographic mappings geological resource prospecting and survey planning of construction areas provision of design documents blueprints materials on production process and techniques as well as engineering technical and economic consultation feasibility study research and evaluation of projects technical supervising and staff training. (7)housing development projects. The business income from international contracted projects is the work volume of contracted projects completed during the reference period, expressed in monetary terms, including completed work on projects signed in previous years.

农 业

AGRICULTURE

09

PAGE

255—276

资料整理人员

程英翠　郭俊德　李怀民　郝静敏
王翠翠　习朝瑞　陈　琰

农　业

AGRICULTURE

农作物播种面积	Sown Areas of Farm Crops	3783.4	千公顷	(1 000 ha)
#粮　食	Sown Areas of Grain	3286.4	千公顷	(1 000 ha)
粮食产量	Output of Grain	1330.8	万吨	(10 000 tons)
油料产量	Output of Oil-bearing Crops	17.3	万吨	(10 000 tons)
肉类产量	Output of Meat	87.5	万吨	(10 000 tons)

农林牧渔业总产值构成(%)

Composition of Gross Output Value of Farming, Forestry, Animal Husbandry and Fishery (%)

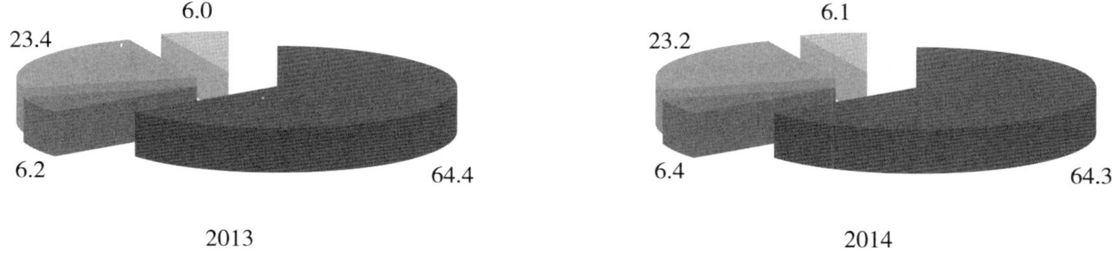

粮食总产量(万吨)

Output of Grain (10 000 tons)

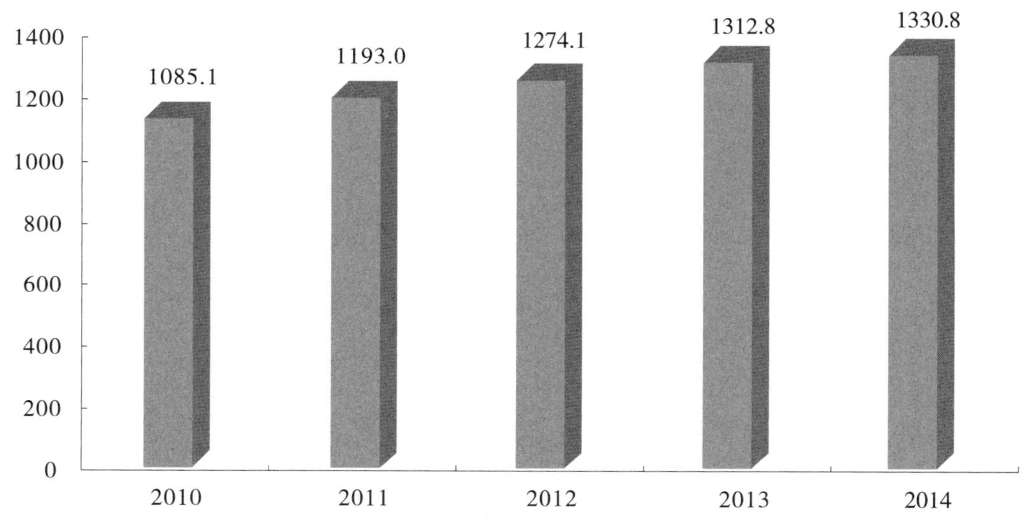

9-1 农村基层组织情况
BASIC CONDITIONS OF RURAL GRASS-ROOTS UNITS

指　标		Item	2005	2010	2014
一、农村基层组织情况		**Basic Conditions of Rural Grass-roots Units**			
1.乡(镇)政府	(个)	Number of Township and Town Governments (unit)	1196	1196	1196
#镇政府		Number of Town Governments	561	563	564
2.村民委员会	(个)	Number of Villager Committees (unit)	28323	28242	28207
二、乡村户数	**(万户)**	**Number of Rural Households (10 000 households)**	**638.39**	**694.42**	**820.82**
三、乡村人口	**(万人)**	**Rural Population (10 000 persons)**	**2354.94**	**2393.83**	**2435.04**
四、乡村从业人员	**(万人)**	**Rural Employees (10 000 persons)**	**1035.73**	**1100.01**	**1160.00**
1.按性别分		Grouped by Sex			
男		Male	573.60	609.86	640.23
女		Female	462.13	490.15	519.77
2.按行业分		Grouped by Sector			
农、林、牧、渔业		Farming, Forestry, Animal Husbandry and Fishery	637.44	632.44	656.11
工　业		Industry	141.94	148.36	150.87
建筑业		Construction	62.67	86.31	95.55
交通运输、仓储和邮政业		Transportation, Storage and Post	62.72	64.97	66.99
批发、零售贸易业、住宿和餐饮业		Wholesale, Retail Trade, Hotels and Catering Services	61.89	89.53	103.37
其他行业		Others	69.07	78.40	87.11

9-2 主要年份农林牧渔业总产值
GROSS OUTPUT VALUE OF FARMING, FORESTRY, ANIMAL HUSBANDRY AND FISHERY IN MAJOR YEARS

按当年价格计算 (at current price)

年 份 Year	农林牧渔业总产值(万元) Total (10 000 yuan)	农 业 Farming	林 业 Forestry	牧 业 Animal Husbandry	渔 业 Fishery	农林牧渔服务业 Farming, Forestry, Animal Husbandry and Fishery Service
1978	290133	239742	17391	32934	66	
1980	382302	286574	40154	55492	82	
1985	629163	484341	41218	102941	663	
1990	1247781	889037	78275	276170	4299	
1995	2996751	2033892	133136	817463	12260	
2000	3223544	2183303	127258	896667	16316	
2005	4837972	2817384	165153	1485882	26945	342608
2006	5123954	3039735	153420	1503994	35411	391394
2007	5828360	3426373	341658	1621622	40351	398356
2008	5959205	3143917	507819	1853677	42320	411472
2009	9087428	5563352	667047	2309425	52604	495000
2010	10478483	6689937	650089	2508360	61097	569000
2011	12075686	7671421	734651	2956927	75187	637500
2012	13042557	8474140	790686	2988314	84168	705250
2013	14470052	9321433	900699	3388152	94768	765000
2014	15304785	9840281	984743	3545724	98243	835794

9-3 农林牧渔业总产值及增加值(按当年价格计算)
GROSS OUTPUT VALUE AND VALUE ADDED OF FARMING, FORESTRY, ANIMAL HUSBANDRY AND FISHERY(AT CURRENT PRICE)

单位：万元 (10 000 yuan)

指 标	Item	2013	2014
一、农林牧渔业总产值	**Gross Output Value**	**14470052**	**15304785**
农 业	Farming	9321433	9840281
林 业	Forestry	900699	984743
牧 业	Animal Husbandry	3388152	3545724
渔 业	Fishery	94768	98243
农林牧渔服务业	Farming, Forestry, Animal Husbandry and Fishery Service	765000	835794
二、农林牧渔业中间消耗	**Intermediate Material Consumption**	**6704266**	**7022820**
农 业	Farming	4030546	4223613
林 业	Forestry	529641	565142
牧 业	Animal Husbandry	1692818	1747170
渔 业	Fishery	41933	44152
农林牧渔服务业	Farming, Forestry, Animal Husbandry and Fishery Service	409328	442743
三、农林牧渔业增加值	**Value Added**	**7765786**	**8281965**
农 业	Farming	5290887	5616668
林 业	Forestry	371058	419601
牧 业	Animal Husbandry	1695334	1798554
渔 业	Fishery	52835	54091
农林牧渔服务业	Farming, Forestry, Animal Husbandry and Fishery Service	355672	393051

9-4 主要年份耕地情况
CULTIVATED AREA IN MAJOR YEARS

单位：千公顷 (1 000 ha)

年份 Year	耕地总资源 Resoruces of Cultivated Area	有效灌溉面积 Effective Irrigated Area	#机电排灌面积 Mechanical and Electrical Irrigated Area	机耕地面积 Area Cultivated by Machine
1978	3923.41	1092.48	766.30	1936.99
1980	3921.46	1115.14	775.22	1777.76
1985	3761.09	1079.10	776.98	1916.74
1990	3692.51	1134.45	836.74	1987.08
1995	3645.09	1201.99	891.74	2143.55
2000	4341.94	1105.04	939.07	2270.24
2005	3793.19	1088.59	946.39	2042.27
2006	4054.30	1172.10	944.90	2022.50
2007	4053.45	1255.69	943.31	2056.37
2008	4055.82	1254.56	945.72	2179.93
2009	4068.40	1261.00	948.53	2367.46
2010	4064.18	1274.15	961.90	2559.72
2011	4064.51	1324.78	1012.03	2525.92
2012	4064.19	1319.16	1042.43	2573.45
2013	4061.73	1382.79	1052.79	2609.24
2014		1408.17	1072.83	2683.05

9-5 主要年份主要农作物播种面积
SOWN AREAS OF MAJOR FARM CROPS IN MAJOR YEARS

单位：千公顷 (1 000 ha)

年份 Year	总播种面积 Total Sown Area	#粮食作物 Grain Crops	#谷物 Cereal	#油料 Oil-bearing Crops	#棉花 Cotton	#甜菜 Beetroots	#蔬菜 Vegetables
1978	4389.25	3692.43	3279.15	165.16	237.53	9.00	
1980	4266.60	3508.76	3117.22	231.46	224.31	9.69	92.37
1985	3978.23	3055.05	2634.17	505.61	121.14	10.79	104.94
1990	4016.89	3290.79	2755.55	356.33	130.34	16.89	110.59
1995	3895.55	3151.48	2425.09	342.42	127.10	21.76	156.79
2000	4042.42	3186.46	2326.74	417.06	43.04	7.56	242.13
2005	3795.35	3033.59	2333.37	273.38	97.45	1.22	244.93
2006	3471.30	2833.27	2306.81	172.29	119.87	3.40	243.23
2007	3653.15	3028.21	2443.35	166.76	103.99	5.76	240.13
2008	3726.49	3111.33	2556.59	179.16	89.07	6.40	240.99
2009	3692.14	3146.67	2617.09	169.93	70.16	4.06	220.57
2010	3763.92	3239.23	2714.82	156.95	58.72	4.89	228.47
2011	3797.42	3287.85	2774.28	149.97	53.32	5.61	228.58
2012	3796.43	3291.50	2776.91	145.86	37.36	8.55	247.81
2013	3782.44	3274.30	2763.53	140.32	23.44	4.60	252.77
2014	3783.43	3286.38	2772.85	129.70	18.72	1.76	257.06

9-6 农作物播种面积
SOWN AREA OF FARM CROPS

单位：千公顷 (1 000 ha)

指 标	Item	2005	2010	2014
农作物总播种面积	**Total Sown Area**	**3795.35**	**3763.92**	**3783.43**
一、粮 食	**Grain**	**3033.59**	**3239.23**	**3286.38**
(一)谷 物	Cereal	2333.37	2714.82	2772.85
#稻 谷	Rice	2.68	1.04	0.90
小 麦	Wheat	721.03	728.47	673.87
玉 米	Corn	1183.72	1548.93	1676.53
谷 子	Millet	216.54	204.96	216.28
高 粱	Sorghum	38.55	34.09	30.35
燕 麦	Nakedoats	56.45	62.48	58.28
(二)豆 类	Beans	346.25	334.03	323.21
#大 豆	Soybean	217.93	195.07	191.79
(三)薯 类	Tubers	353.97	190.38	190.32
#马铃薯	Potato	311.95	170.19	168.12
二、油 料	**Oil-bearing Crops**	**273.38**	**156.95**	**129.70**
#花 生	Peanuts	14.57	9.04	7.21
油 菜	Rapeseeds	10.12	6.07	3.72
芝 麻	Sesame	5.96	4.45	2.76
胡 麻	Benne	82.10	62.81	60.30
向日葵	Sunflower	113.64	43.04	30.94
三、棉 花	**Cotton**	**97.45**	**58.72**	**18.72**
四、生 麻	**Rough Bast Fiber**	**0.05**	**0.15**	**0.10**
五、甜 菜	**Beetroots**	**1.22**	**4.89**	**1.76**
六、烟 叶	**Tobacco**	**2.66**	**3.38**	**3.27**
七、药 材	**Medicinal Materials**	**31.56**	**21.83**	**34.48**
八、蔬 菜	**Vegetables**	**244.93**	**228.47**	**257.06**
#设施蔬菜	Greenhouse Vegetables		35.14	53.52
九、瓜果类	**Melons**	**30.39**	**22.96**	**26.72**
十、其他作物	**Others**	**80.12**	**27.34**	**25.25**
#青饲料	Green feed	63.04	21.75	19.20

9-7 主要年份主要农作物产量
OUTPUT OF MAJOR FARM CROPS IN MAJOR YEARS

单位：吨 (ton)

年份 Year	粮食 Grain	1.谷物 Cereal	#稻谷 Rice	#小麦 Wheat	#玉米 Corn	#谷子 Millet
1978	7069560	6363715	58990	1288415	2711625	891140
1980	6857060	6201675	69290	1184780	2628820	960370
1985	8226767	7408051	58472	2950507	2098065	883671
1990	9690053	8643731	54429	3192990	3054441	876631
1995	9171000	8162190	41450	2701000	4035207	627530
2000	8533500	7029713	32770	2151500	3547500	602218
2005	9780000	8820582	8974	2022800	6161300	381889
2006	10245000	9534200	7000	2271000	6660000	357900
2007	10070500	9165155	6161	2201500	6403600	320183
2008	10280000	9483300	1403	2530000	6828000	66221
2009	9420000	8958055	4979	2111100	6542700	157305
2010	10851000	10351600	4615	2322400	7660000	203000
2011	11930000	11383900	5000	2403000	8546000	262000
2012	12741000	12146500	6000	2591800	9038700	312000
2013	13128000	12460000	6700	2307200	9554700	367600
2014	13307800	12602900	6200	2591100	9381100	389300

年份 Year	#高粱 Sorghum	2.豆类 Beans	#大豆 Soybean	3.薯类 Tubers	#马铃薯 Potato	油料 Oil-bearing Crops
1978	959400	137420	137420	568425		42290
1980	766805	130620	130620	524765		133672
1985	770607	176898	176898	641818	477197	444478
1990	767132	302242	302242	744080	585814	393810
1995	519119	366840	220104	641970	430120	222635
2000	299801	577822	359542	925965	704063	448259
2005	111894	366750	259806	592668	461451	212620
2006	99300	396800	271000	314000	246000	146852
2007	84344	397190	265919	508155	393261	134537
2008	16051	347464	228527	449236	361770	191185
2009	40461	215305	138312	246640	193662	170188
2010	53249	240500	154500	258900	212300	175892
2011	54000	244000	162400	302100	249300	187044
2012	62000	276000	182000	318500	261600	195672
2013	69900	307700	207600	360300	295800	194660
2014	75100	313600	207100	391300	317700	173246

9-7 续表 continued

单位：吨 (ton)

年 份 Year	棉 花 Cotton	生 麻 Rough Bast Fiber	甜 菜 Beetroots	烟 叶 Tobacco	蔬 菜 Vegetables
1978	69430	5000	54605	1650	
1980	77500	5792	117024	1001	1804220
1985	73455	3779	248541	4702	2915412
1990	111526	1048	431641	8860	3474121
1995	90817	2155	396978	10455	5428701
2000	44796	680	210313	16319	9203364
2005	102907	38	39617	6327	9015370
2006	129000	58	108000	7040	7908063
2007	115076	93	210929	7733	8215047
2008	106735	116	234395	8410	8527544
2009	83991	130	154191	9663	8931437
2010	69311	227	225768	12002	9090901
2011	63364	207	324347	11021	9819032
2012	46981	42	407752	9939	10733368
2013	30634	53	224571	9994	11984947
2014	23565	82	80408	10621	12714008

9-8 主要年份主要油料作物产量

OUTPUT OF MAJOR OIL-BEARING CROPS IN MAJOR YEARS

单位：吨 (ton)

年 份 Year	花生果 Peanuts	油菜籽 Rapeseeds	芝 麻 Sesame	胡麻籽 Benne Seeds	向日葵籽 Sunflower Seeds
1978	888	2229	968	20437	3488
1980	5025	2800	2214	54932	31452
1985	50247	6766	11810	80071	164865
1990	48539	7758	23469	75102	139664
1995	48611	14759	11716	28820	78645
2000	41404	8638	19081	51279	257370
2005	28583	7676	4268	37889	102668
2006	18000	3000	4341	48418	59721
2007	25301	5770	3519	39770	49295
2008	22068	8890	3664	61839	62876
2009	21828	6939	3943	49959	57045
2010	21085	6360	4301	55026	57025
2011	21799	5888	4827	60302	56122
2012	20321	6570	3555	72553	53261
2013	18303	7174	3302	70263	53850
2014	16121	5772	2717	69847	48376

9-9 主要年份主要农作物单位面积产量
MAJOR FARM CROPS OUTPUT PER HECTARE IN MAJOR YEARS

单位：公斤/公顷 (kg/ha)

年 份 Year	粮 食 Grain	谷 物 Cereal	稻 谷 Rice	小 麦 Wheat	玉 米 Corn	谷 子 Millet	高 粱 Sorghum
1978	1915	1941	5207	1169	3419	1579	3171
1980	1954	1989	5670	1191	3541	1743	3269
1985	2693	2812	6871	2912	4221	2234	4315
1990	2945	3137	5923	3141	4797	2296	4532
1995	2910	3366	6436	2945	5253	2101	4430
2000	2678	3021	7234	2409	4470	2150	4393
2005	3224	3780	3349	2805	5205	1764	2903
2006	3616	4133	4762	3443	5284	1855	3161
2007	3326	3751	4163	3091	5040	1387	2375
2008	3304	3709	1231	3628	4953	294	477
2009	2994	3423	4368	2902	4508	788	1455
2010	3350	3813	4438	3188	4945	990	1562
2011	3629	4103	4902	3384	5190	1272	1834
2012	3871	4374	5941	3762	5416	1508	2160
2013	4009	4509	6837	3406	5721	1750	2430
2014	4049	4545	6889	3845	5596	1800	2474

年 份 Year	豆 类 Beans	薯 类 Tubers	油 料 Oil-bearing Crops	棉 花 Cotton	生 麻 Rough Bast Fiber	甜 菜 Beetroots	烟 叶 Tobacco
1978	1188	1910	256	292	522	6067	851
1980	943	2074	578	346	695	12077	1125
1985	1066	2517	879	606	1050	23034	2387
1990	1200	2627	1105	856	1092	25556	1897
1995	884	2061	650	715	1390	18243	1700
2000	1194	2465	1075	1041	1236	27819	2042
2005	1059	1674	778	1056	760	32473	2379
2006	1124	1811	852	1076	1450	31765	4069
2007	1140	2149	807	1107	1329	36620	2197
2008	999	2170	1067	1198	2320	36624	2628
2009	640	1277	1012	1146	1704	37139	2567
2010	720	1360	1090	1112	1373	40099	3237
2011	760	1571	1209	1151	2045	43613	3293
2012	851	1674	1341	1257	602	47718	3197
2013	961	1891	1387	1307	790	48858	3035
2014	970	2056	1336	1259	858	45772	3246

9-10 主要年份造林和果园面积
AREA OF AFFORESTATION AND ORCHARDS IN MAJOR YEARS

年 份 Year	当年造林面积(千公顷) Afforestation Area in the year (1 000 ha)	#用材林 Timber Forest	零星植树(万株) Planting Trees Piecemeal (10 000 unit)	年末果园面积(千公顷) Area of Orchards (1 000 ha)	#苹果园面积 Area of Apple Orchards
1978	173.65	123.71	21992	64.00	37.57
1980	221.57	122.94	23129	68.21	40.80
1985	243.33	137.87	28764	111.47	56.98
1990	191.05	91.31	21057	184.71	101.15
1995	405.18	128.58	21418	286.34	188.47
2000	404.86	50.84	17176	288.89	177.98
2005	140.26	0.67	10596	279.69	151.40
2006	288.50	14.28	11855	270.15	145.97
2007	291.92	1.80	10353	274.03	144.31
2008	300.95	11.76	9382	277.20	148.21
2009	353.73	0.60	11212	281.16	145.23
2010	291.10	0.01	11098	294.38	137.63
2011	302.53	0.03	10803	322.57	144.73
2012	307.22	1.73	10415	342.36	150.69
2013	303.00	2.50	10504	348.34	154.12
2014	307.99	1.89	10062	360.33	158.62

9-11 造林和果园面积
AREA OF AFFORESTATION AND ORCHARDS

单位：千公顷 (1 000 ha)

指 标	Item	2005	2010	2014
一、当年造林面积	**Afforestation Area in the Year**	**140.3**	**291.1**	**308.0**
#用材林	Timber Forest	0.7		1.9
经济林	Economic Forest	4.1	52.3	85.8
防护林	Shelter Forest	135.4	223.7	200.5
薪炭林	Fuel Forest	0.1	6.3	15.3
二、育苗面积	**Area of Growing Seedings**	**32.6**	**40.0**	**69.9**
#本年新育	Area of Growing Seedings in the Year	16.1	19.2	24.9
三、零星植树(万株)	**Planting Trees Piecemeal (10 000 unit)**	**10596**	**11098**	**10062**
四、年末果园面积	**Area of Orchards at Year-end**	**279.7**	**294.4**	**360.3**
#苹果园	Apple Orchards	151.4	137.6	158.6
梨 园	Pears Orchards	30.0	28.1	36.0
葡萄园	Grapes Orchards	13.2	9.6	11.6

9-12 主要林产品和水果产量
OUTPUT OF MAJOR FOREST PRODUCTS AND FRUITS

单位：吨 (ton)

指 标	Item	2005	2010	2014
一、主要林产品产量	**Output of Major Forest Products**			
核 桃	Walnuts	53432	65156	121069
板 栗	Chinese Chestnut	622	1346	2014
二、水果产量	**Output of Fruits**	**2454962**	**4084560**	**6825198**
#苹 果	Apples	1648413	2566472	4172543
梨	Pears	246247	342202	592607
葡 萄	Grapes	119187	219513	225807
红 枣(鲜枣)	Red Jujube(Fresh Jujube)	196858	421167	614198
柿 子(鲜柿)	Persimmon(Fresh Persimmon)	55169	95516	168149
桃	Peach	132355	321002	823325

9-13 主要年份肉类产量和猪羊头数
OUTPUT OF MEAT AND NUMBER OF HOGS, SHEEP AND GOATS IN MAJOR YEARS

年 份 Year	猪牛羊肉产量 (万吨) Output of Pork, Beef and Mutton (10 000 tons)	肉猪出栏头数 (万头) Slaughtered Fattened Hogs (10 000 heads)	猪年末头数 (万头) Hogs at Year-end (10 000 heads)	羊年末只数 (万只) Sheep and Goats at Year-end (10 000 heads)	山 羊 Goats	绵 羊 Sheep
1978	18.23	274.10	578.50	872.04	532.45	339.59
1980	17.34	277.31	531.16	909.86	535.73	374.13
1985	20.85	270.56	372.12	414.28	174.06	240.22
1990	29.27	308.59	363.14	709.58	303.92	405.66
1995	56.09	569.36	560.99	915.01	408.03	506.98
2000	59.24	589.92	519.52	1058.42	474.86	583.56
2005	80.99	805.23	626.07	1196.35	488.82	707.52
2006	49.90	530.50	377.30	733.90	354.80	379.10
2007	53.18	568.20	422.20	746.40	374.58	371.82
2008	54.70	584.70	452.20	744.00	416.28	327.72
2009	61.10	663.40	498.80	747.70	375.10	372.60
2010	63.60	683.97	474.84	734.70	353.40	381.30
2011	62.30	672.10	446.10	778.70	369.20	409.50
2012	67.10	723.90	473.80	834.00	364.20	469.80
2013	72.57	786.16	502.18	877.97	387.45	490.52
2014	76.70	837.26	514.74	922.74	397.74	525.00

9-14 畜牧业生产情况
NUMBER OF LIVESTOCK AND LIVESTOCK PRODUCTS

指 标	Item	2005	2010	2014
一、大牲畜年末存栏 (万头)	**Larger Animals at Year-end (10 000 heads)**	**312.67**	**127.64**	**123.87**
1.牛 (万头)	Cattle and Buffaloes (10 000 heads)	245.22	90.10	100.90
2.马 (万匹)	Horses (10 000 heads)	3.90	1.71	1.21
3.驴 (万头)	Donkeys (10 000 heads)	32.43	18.87	13.56
4.骡 (万头)	Mules (10 000 heads)	31.11	16.96	8.21
二、猪年末存栏 (万头)	**Hogs at Year-end (10 000 heads)**	**626.07**	**474.84**	**514.74**
#能繁殖的母猪	Reproducible Hogs	55.72	53.54	59.95
三、羊年末存栏 (万只)	**Sheep and Goats at Year-end (10 000 heads)**	**1196.35**	**734.70**	**922.74**
1.山 羊	Goats	488.82	353.40	397.74
2.绵 羊	Sheep	707.52	381.30	525.00
四、家禽年末存栏 (万只)	**Poultry at Year-end (10 000 heads)**	**8338.60**	**5694.68**	**9461.77**
五、养兔年末存栏 (万只)	**Rabbits at Year-end (10 000 heads)**	**308.80**	**322.09**	**248.58**
六、猪、牛、羊出栏	**Slaughtered Hogs, Cattle Buffaloes and Sheep**			
猪全年出栏 (万头)	Slaughtered Hog in the Year (10 000 heads)	805.23	683.97	837.26
牛全年出栏 (万头)	Slaughtered Cattle Buffaloes in the Year (10 000 heads)	73.45	34.98	39.80
羊全年出栏 (万只)	Slaughtered Mutton in the Year (10 000 heads)	673.52	405.60	469.90
七、当年肉类总产量 (万吨)	**Total Output of Meat (10 000 tons)**	**90.59**	**72.44**	**87.48**
#猪肉产量	Pork	60.97	53.09	64.16
牛肉产量	Beef	10.07	4.92	5.80
羊肉产量	Mutton	9.96	5.60	6.70
禽肉产量	Poultry	7.85	7.11	9.42
兔肉产量	Rabbit	0.74	0.75	0.69
八、畜禽产品产量 (吨)	**Output of Animal and Poulty Products (ton)**			
1.奶 类	Milk	737541	749374	971920
#牛 奶	Cow Milk	712781	732250	962015
2.绵羊毛产量	Sheep Wool	8805	7094	8596
3.山羊粗毛产量	Goat Wool	1740	1285	1449
4.羊绒产量	Cashmere	795	666	1099
5.禽蛋产量	Poultry Eggs	568789	706836	837467
6.蜂蜜产量	Honey	2812	3156	4626
7.蚕茧产量	Silkworm Cocoons	4340	5384	5960

9-15 渔业生产情况
PRODUCTION OF FISHERY

指　标	Item	2005	2010	2014
淡水产品产量(吨)	**Freshwater Aquatic Products (ton)**	**37542**	**31700**	**51248**
#鱼类产量	Fish	36013	30514	50637
1.养殖产量	Aquiculture Products	36109	30869	50188
#池　塘	Pond	25466	18933	33870
湖　泊	Lakes	774	917	1615
水　库	Reservoir	9044	10682	14338
河　沟	Brook	627	240	171
2.捕捞产量	Fishing Products	1433	831	1060
淡水养殖面积(公顷)	**Freshwater Aquatic Area (ha)**	**18318**	**14840**	**15814**

9-16 主要年份按人口平均的主要农产品产量
MAJOR AGRICULTURAL PRODUCTS OUTPUT PER CAPITA IN MAJOR YEARS

单位：公斤/人　　(kg/person)

年　份 Year	粮　食 Grain	油　料 Oil-bearing Crops	棉　花 Cotton	猪牛羊肉 Pork, Beef and Mutton	禽　蛋 Poultry Eggs
1978	293	1.8	2.9	6.3	
1980	279	5.4	3.1	7.0	
1985	310	16.8	2.8	7.9	4.1
1990	337	13.7	3.9	10.2	5.5
1995	300	7.3	3.0	18.3	11.8
2000	265	13.9	1.4	18.4	12.5
2005	292	6.4	3.1	24.2	17.0
2006	304	4.4	3.8	24.7	15.6
2007	298	4.0	3.4	15.7	13.9
2008	302	5.6	3.1	16.1	18.1
2009	276	5.0	2.5	17.9	22.1
2010	310	5.0	2.0	18.2	20.2
2011	333	5.2	1.8	17.4	19.8
2012	354	5.4	1.3	18.6	20.7
2013	363	5.4	0.8	20.0	22.1
2014	366	4.8	0.6	21.0	22.9

9-17 农业机械拥有量
AGRICULTURAL MACHINERY

年末数 (end of year)

指 标		Item	2005	2010	2014
农业机械总动力	**(万千瓦)**	**Total Power of Agricultural Machinery (10 000 kw)**	**2288.70**	**2809.17**	**3286.20**
柴油发动机动力	(万千瓦)	Diesel Engine Power(10 000 kw)		2369.83	2813.96
汽油发动机动力	(万千瓦)	Gasoline Engine Power(10 000 kw)		86.17	66.52
电动机动力	(万千瓦)	Motor Power(10 000 kw)		353.17	405.72
大中型农用拖拉机	(台)	Large and Medium Tractors for Agriculture (unit)	35928	73178	119046
	(万千瓦)	(10 000 kw)	127.69	261.25	432.13
小型农用拖拉机	(台)	Mini-tractors for Agriculture (unit)	251260	299453	355306
	(万千瓦)	(10 000 kw)	234.78	276.82	330.79
大中型拖拉机配套机具	(部)	Number of Large and Medium Tractor Towing Farm Machinery (unit)	74607	151727	242604
小型拖拉机配套机具	(部)	Mini-Tractor Towing Farm Machinery (unit)	305367	390537	499297
农用排灌动力机械	(台)	Drainage and Irrigation Machinery (unit)	133965	156780	172846
	(万千瓦)	(10 000 kw)	159.49	186.94	210.87
农用水泵	(台)	Pumps for Agricultural Use (unit)	133858	139517	152931
联合收割机	(台)	Combine Harvesters (unit)	6436	12771	31227
机动脱粒机	(台)	Motorized Threshers (unit)	53724	60629	88652
农用运输车	(辆)	Wagones for Agriculture(unit)	819940	965199	985234

9-18 农业现代化情况
AGRICULTURAL MODERNIZATION

指 标		Item	2005	2010	2014
一、农业机械化情况		**Agricultural Mechanization**			
1.当年实际机耕面积	(千公顷)	Area Cultivated by Machine at This Year (1 000 ha)	2042.27	2559.72	2683.05
2.当年机械播种面积	(千公顷)	Area Sown by Machine at This Year (1 000 ha)	1517.64	2181.66	2622.28
占总播种面积	(%)	Percentage to Total Sown Area (%)	40.0	58.0	69.3
3.当年机械收获面积	(千公顷)	Mechanical Harvest Area at This Year (1 000 ha)	649.22	1026.62	1810.73
占总播种面积	(%)	Percentage to Total Sown Area (%)	17.1	27.3	47.9
二、农田水利情况		**Farm Water Conservancy Condition**			
年末有效灌溉面积	(千公顷)	Effective Irrigated Area at Year-end (1 000 ha)	1088.59	1274.15	1408.17
#机电排灌面积	(千公顷)	Mechanical and Electrical Irrigated Area (1 000 ha)	946.39	961.90	1072.83
灌溉机电井数量	(眼)	Electromechanical Well for Irrigation (unit)	83103	81166	91350
三、农村用电情况		**Electricity Consumed Condition**			
1.农村用电量	(万千瓦小时)	Electricity Consumed in Rural Areas (10 000 kwh)	669390	811763	970811
2.农村小型水电站个数	(个)	Small Hyrdopower Station in Rural Areas (unit)	87	72	60
装机容量	(千瓦)	Installed Capacity (kw)	22994	29264	28647
四、农用化肥情况		**Chemical Fertilizers Condition**			
农用化肥施用折纯量	(吨)	Effective Component of Chemical Fertilizers (ton)	956999	1103663	1196138
1.氮 肥		Nitrogenous Fertilizer	410520	400203	358659
2.磷 肥		Phosphate Fertilizer	190374	199996	174967
3.钾 肥		Potash Fertilizer	68608	85069	100069
4.复合肥		compownd Fertilizer	287497	418395	562442

9-19 主要年份化肥施用量、小水电站和农村用电量

CONSUMPTION OF CHEMICAL FERTILIZER, NUMBER OF SMALL HYDROPOWER STATION AND ELECTRICITY CONSUMPTION IN RURAL AREAS IN MAJOR YEARS

年份 Year	农用化肥施用量 (折纯量, 吨) Consumption of Chemical Fertilizer (ton)	农村小型水电站 Small Hydropower Station in Rural Areas		农村用电量 (万千瓦小时) Electricity Consumption in Rural Areas (10 000 kwh)
		个数 (个) Number (unit)	装机容量 (千瓦) Installed Capacity (kw)	
1978	355990	401	18678	122683
1980	302904	407	23191	135870
1985	397907	231	26762	151085
1990	565624	197	30414	259437
1995	780568	142	31401	460583
2000	869882	106	24900	531441
2005	956999	87	22994	669390
2006	983000	69	22729	692109
2007	1008000	70	23880	759390
2008	1034042	74	25379	789864
2009	1043239	73	29000	811966
2010	1103663	72	29264	811763
2011	1145667	71	29177	865984
2012	1182795	71	28093	949517
2013	1210196	63	24963	997819
2014	1196138	60	28647	970811

9-20 农民家庭平均每户生产性固定资产原值
ORIGINAL VALUE OF PRODUCTIVE FIXED ASSETS PER RURAL HOUSEHOLD

单位：元 (yuan)

指 标	Item	2013	2014
一、农业生产性固定资产原价	**Original Value of Agricultural Productive Fixed Assets**		
生产性用房及建筑物	Productive Houses and Buildings	857.73	1010.42
役 畜	Draught Animals	293.23	364.50
产品畜	Commodity Animals	876.20	727.40
农业设施	Agricultural Facilities	331.55	182.36
农业机械	Agricultural Machinery	2004.50	2307.87
农林牧渔服务业	Services of Farming, Forestry, Animal Husbandry and Fishery	44.19	69.30
二、非农产业固定资产原价	**Original Value of Nonagricultural Fixed Assets**		
采矿业	Mining	0.54	
制造业	Manufacturing	141.47	116.59
电力、热力、燃气及水生产和供应业	Production and Supply of Power, Heat, Gas and Water		3.45
建筑业	Construction	209.77	201.73
批发和零售业	Wholesale and Retail Trade	812.44	1097.07
交通运输、仓储和邮政业	Transportation, Storage and Post	2102.18	2026.72
住宿和餐饮业	Hotels and Catering Services	215.67	177.89
房地产业	Real Estate	24.58	
租赁和商务服务业	Leasing and Business Services	117.52	259.09
居民服务、修理和其他服务业	Resident Services, Repair and Other Services	313.29	646.52
其他行业	Others	159.81	46.36

9-21 农民家庭平均每百户拥有主要生产性固定资产数量
MAJOR PRODUCTIVE FIXED ASSETS PER 100 RURAL HOUSEHOLDS

指　标	Item	2013	2014
生产性用房及建筑物(平方米)	Productive Houses and Buildings (sq.m)	563.64	647.41
大中型农用拖拉机 (台)	Large and Medium-sized Agricultural Tractors (unit)	2.90	2.50
小型农用拖拉机 (台)	Small Agricultural Tractors (unit)	24.77	29.60
农用排灌动力机械 (台)	Machinery forAgricultural Drainage and Irrigation (unit)	0.80	0.59
插秧机 (台)	Rice Transplanters (unit)	0.22	0.41
收割机 (台)	Harvesters (unit)	1.07	1.02
脱粒机 (台)	Threshing Machines (unit)	1.79	1.55
役　畜 (头)	Draught Animals (head)	5.28	5.59
产品畜 (头)	Commodity Animals (head)	370.29	332.64

9-22 农民家庭平均每人生产和销售的主要农林产品
PER CAPITA MAJOR FARM AND FOREST PRODUCTS PRODUCED AND SOLD BY RURAL HOUSEHOLDS

单位：公斤 (kg)

指　标	Item	生产量 Output		出售量 Sales	
		2013	2014	2013	2014
谷　物	Cereal	740.99	678.98	580.23	583.58
薯　类	Tubers	17.35	18.41	4.68	4.63
豆　类	Beans	14.74	18.89	15.29	11.40
棉　花	Cotton	1.02	1.15	0.97	0.83
油　料	Oil-bearing Crops	9.71	8.44	5.56	5.40

主要统计指标解释

乡村户数 指长期(一年以上)居住在乡镇(不包括城关镇)行政管理区域内的住户，还包括居住在城关镇所辖行政村范围内的农村住户。户口不在本地而在本地居住一年及以上的住户也包括在本地农村住户内；有本地户口，但举家外出谋生一年以上的住户，无论是否保留承包耕地都不包括在本地农村住户范围内。不包括乡村地区内的国有经济的机关、团体、学校、企业、事业单位的集体户。

乡村人口 乡村地区常住居民户数中的常住人口数，即经常在家或在家居住 6 个月以上，而且经济和生活与本户连成一体的人口。外出从业人员在外居住时间虽然在 6 个月以上,但收入主要带回家中,经济与本户连为一体，仍视为家庭常住人口；在家居住，生活和本户连成一体的国家职工、退休人员也为家庭常住人口，但是现役军人、中专及以上（走读生除外）的在校学生以及常年在外（不包括探亲、看病等）且已有稳定的职业与居住场所的外出从业人员，不应当作家庭常住人口。

乡村从业人员 指乡村人口中 16 岁以上实际参加生产经营活动并取得实物或货币收入的人员，既包括劳动年龄内经常参加劳动的人员，也包括超过劳动年龄但经常参加劳动的人员。但不包括户口在家的在外学生、现役军人和丧失劳动能力的人，也不包括待业人员和家务劳动者。从业人员年龄为 16 岁以上。从业人员按从事主业时间最长（时间相同按收入）分为农业从业人员、工业从业人员、建筑业从业人员、交运仓储及邮政从业人员、信息传输、计算机服务业和软件业从业人员、批发与零售业从业人员、住宿和餐饮业从业人员、其他行业从业人员。

农林牧渔业总产值 指以货币表现的农林牧渔业的全部产品总量和对农林牧渔业生产进行的各种支持性服务活动的价值。它反映一定时期内农林牧渔业生产总规模和总成果，是观察农林牧渔业生产水平和发展速度，研究农林牧渔业内部比例关系、农林牧渔业与工业、农林牧渔业与国家建设、人民生活比例关系的重要指标，同时也是计算农林牧渔业劳动生产率和农林牧渔业增加值的基础资料。

农林牧渔业增加值 指农、林、牧、渔业生产及农林牧渔服务业提供服务活动所增加的价值，为农林牧渔业现价总产值扣除农林牧渔业中间消耗后的余额。

耕地总资源 指种植农作物的土地。包括熟地，新开发、复垦、整理地，休闲地（含轮歇地、轮作地）；以种植农作物（含蔬菜）为主，间有零星果树、桑树或其他树木的土地；平均每年能保证收获一季的已是滩地和海涂。耕地中包括南方宽度 < 1.0 米、北方宽度 < 2.0 米固定的沟、渠、路和地坎（梗）；临时种植药材、草皮、花卉、苗木等的耕地，以及其他临时改变用途的耕地。

有效灌溉面积 具有一定水源，地块比较平整,灌溉工程或设备已经配套，在一般年景下当年能够进行正常灌溉的耕地面积。在一般情况下，有效灌溉面积应等于灌溉工程或设备已经配套，能够进行正常灌溉的水田和水浇地之和。

农作物播种面积 指实际播种或移植有农作物的面积。凡是实际种植有农作物的面积，不论种植在耕地上还是种植在非耕地上，均包括在农作物播种面积中。在播种季节基本结束后，因遭灾而重新改种和补种的农作物面积，也包括在内。

农作物总产量 指本年度内生产的各种农作物总产量，不论计划内外、数量多少，耕地与非耕地上的农作物产量，都应统计在内。包括粮食、棉花、油料、麻类、糖类、药材、蔬菜、瓜类及其他农作物。

期末畜禽存栏头(只)数 指报告期末农村各种合作组织和国营农场、农民个人、机关、团体、学校、工矿企业、部队等单位，以及城镇居民饲养的大牲畜、猪、羊、家禽等畜禽的数量。科学研究单位专门用于试验研究的牲畜和军马除外。

肉类总产量 指调查期内各种牲畜及家禽、兔等动物肉产量总计。猪、牛、羊、马、驴、骡、骆驼肉产量按去掉头蹄下水后带骨肉的胴体重量计算，兔及禽肉产量按屠宰后去毛和内脏后的重量计算。

禽蛋产量 指调查期内饲养的蛋用家禽生产的禽蛋总重量。包括出售的和农民自产自用的部分。品种主要为鸡鸭鹅。

奶类产量 指全社会产量，包括出售部分和农牧民自食部分。不包括牛犊和乳羊直接吮食部分。

农业机械总动力 指指主要用于农、林、牧、渔业的各种动力机械的动力总和。包括耕作机械、排灌机械、收获机械、农用运输机械、植物保护机械、牧业机械、林业机械、渔业机械和其他农业机械。总动力按法定计算单位千瓦计算。（注：1 马力=735.5 瓦特=0.735 千瓦）

农用化肥施用量 指本年内实际用于农业生产的化肥数量，包括氮肥、磷肥、钾肥和复合肥。化肥施用量要求按折纯量计算数量。折纯量是指把氮肥、磷肥、钾肥分别按含氮、含五氧化二磷、含氧化钾的百分之百成份进行折算后的数量。复合

肥按其所含主要成分折算。公式为：折纯量=实物量×某种化肥有效成份含量的百分比

农村用电量 本年度内，扣除在农村中的国有工业、交通、基建等单位的用电量以后的农村生产和生活的全年用电总量。包括国家电网供电和农村自办电站供电量。

Explanatory Notes on Main Statistical Indicators

Number of Rural Households refers to households resident on a long term basis (i.e. 1 year or more) in administrative districts in townships (not including urban townships), including rural households resident in areas under the jurisdiction of urban townships. Households whose household registration is not in the locality yet resident for one year or more are included among the rural households. Households having local household registration yet the whole household having left for somewhere else for work for one year or more, whether still retaining contracted farmland, are not included among the local rural households. Also not included are collective households associated with institutions of the State economy, organizations, schools and enterprises.

Rural Population refers to residential population of residential households in rural areas, i.e. who stay at home usually or residing at home above 6 months and link closely to the household in economy and livelihood. Persons who engaged outside above 6 months while take their income back to home and link closely with the household in economy, are still calculated as rural population. National workers and retirees who reside at home at the same time link closely with the household are still calculated as rural population, while enlisted man, secondary specialized and above students (except day-students) and persons engaged outside (except family visit and medical treatment) for years having stable jobs and living places can't be calculated as rural population.

Rural Laborers refer to persons in the rural labor force aged over 16 years who are engaged in actual production and management activities and receive payment in kind or wages, including those covered within the labor force age bracket and regularly participating in production activities, and those who are out of the labor force age bracket yet also participating in production activities regularly. Students studying in other places with their permanent residence registered in local areas, servicemen and persons incapable of working are not included. Unemployed persons and domestic workers are also not included. Persons employed are classified as persons engaged in agriculture, forestry, animal husbandry or fishery activities; persons engaged in industrial activities; persons engaged in construction activities; persons engaged in transport, storage and telecommunications activities; persons engaged in information transmission, computer services and software industry; persons engaged in wholesale and retail trade and catering activities; and persons engaged in other non-agriculture activities. In case the person is engaged in more than one type of work, classification is according to the industry in which he works most of the time.

Gross Output of Farming, Forestry, Animal Husbandry and Fishery refers to the total volume of products of farming, forestry, animal husbandry and fishery and value of service for farming, forestry, animal husbandry and fishery productive activity in value terms. It reflects total scale and results of farming, forestry, animal husbandry and fishery productive in a period time. It's a important indicator to watch production level and rate, research interior percentage, percentage with industry, state construction and people's livelihood. It's also basic to calculate productivity and value added.

Value Added of Farming, Forestry, Animal Husbandry and Fishery refers to new increasing value through farming, forestry, animal husbandry and fishery and services activities, which equals to gross output of farming, forestry, animal husbandry and fishery minus their intermediate consumption.

Resources of Cultivated Area refers to farm land for growing crops, including cultivated land, newly cultivated land and land planted crops in the current year, fallow land including swidden and rotation land, land which are mainly planted with crops including vegetables and scattered with fruit trees, mulberry trees and other trees, beaches and shoal land which can gains at least one season. Cultivated Area includes channels, ditches, footpaths and ridges which are not wider than one meter in the south while 2 meters in the north, land temporarily plant with medical materials, turfs, flowers and nursery stocks, and other lands which temporarily change usage.

Effective Irrigated Area refers to area of land that are effectively irrigated, i.e. relatively level land, where there are water sources or complete sets of irrigation facilities to lift and move adequate water for irrigation purpose under normal conditions. Under normal institutions, irrigated area is the sum of watered fields and irrigated fields where irrigation systems or equipment have been installed for regular irrigation purpose.

Sown Area of Farm Crops refers to area of land sown or transplanted with crops regardless of being in cultivated area or non-cultivated area, area of land re-sown due to natural disasters is also included.

Total Output of Farm Crops refers to the total output of all kinds of crops this year. It does not matter if they are included in the plans the amount is large or small or the crops are grown on the cultivated land or on uncultivated land. The crops include grain cotton oil hemp sugar herbs vegetables melons and other crops.

Number of Livestock or Poultry in Stock at End of the Period refers to the total number of large animals, pigs, sheep, poultry, etc. raised by rural cooperative organizations, state farms, rural individuals, government agencies, groups, schools, industrial and mining enterprises, armies and urban residents at end of the reference period. Experimental Livestock used by the scientific research units and army horses are excepted.

Output of Meat refers to the total meat output of all kinds of livestock, poultry, rabbits, etc. at end of the period. Meat of hogs, cattle, sheep, horses, donkeys, mules and camels are calculated by the body weights without heads, feet and offal, while meat of rabbits and poultry are calculated by the slaughtered weights without hair and offal.

Output of Poultry Eggs refers to the total weight of poultry eggs produced by raised egg-laying poultry in the survey period, including eggs for sale and for peasants own use. The main products are chicken eggs, duck eggs and gooses eggs.

Output of Milk refers to the total society milk output, including sold milk and milk consumed by the peasants and herdsmen. Milk sucked by calves and lambs are excepted.

Total Power of Agricultural Machinery refers to total mechanical power of machinery in farming forestry, animal husbandry and fishery including plough irrigation and drainage harvesting transport plant protection stock breeding forestry and fishery. The total power of farm machinery is calculated by the unit of account kilowatt (1 horsepower = 735.5 watt = 0.735 kilowatt).

Consumption of Chemical Fertilizers refers to the quantity of chemical fertilizers applied in agriculture in the year, including nitrogenous fertilizer, phosphate fertilizer, potash fertilizer and compound fertilizer. It is calculated in terms of volume of effective components by means of converting the gross weight of the respective fertilizers into weight containing effective component (e.g. nitrogen content in nitrogenous fertilizer, phosphorous pentoxide contents in phosphate fertilizer and potassium oxide contents in potash fertilizer). Compound fertilizer is converted in regard to its major components. The formula is: Volume of effective component = physical quantity × effective component of certain chemical fertilizer (%)

Electricity Consumption in Rural Areas refers to the total electricity consumption for rural production and living in the year, which deduct consumption of national industry, transportation and capital construction units in rural areas. It includes the supply of national power grid and power station building by rural residents.

工 业

INDUSTRY

10

PAGE

277—352

资料整理人员

刘香元　童　超　杨　健　赵　晨

工 业
INDUSTRY

工业企业单位数	Number of Industrial Enterprises	3906	个	(unit)
工业增加值	Value Added of Industry	5068.7	亿元	(100 million yuan)
产品产量(全社会)	Output of Products(Total Socidty)			
原煤产量	Output of Coal	92794	万吨	(10 000 tons)
发电量	Output of Electricity	2647.0	亿千瓦小时	(100 million kwh)
生铁产量	Output of Pig Iron	4059.3	万吨	(10 000 tons)
粗钢产量	Output of Crude Steel	4325.4	万吨	(10 000 tons)

工业增加值构成 (%)

Composition of Value Added of Industry (%)

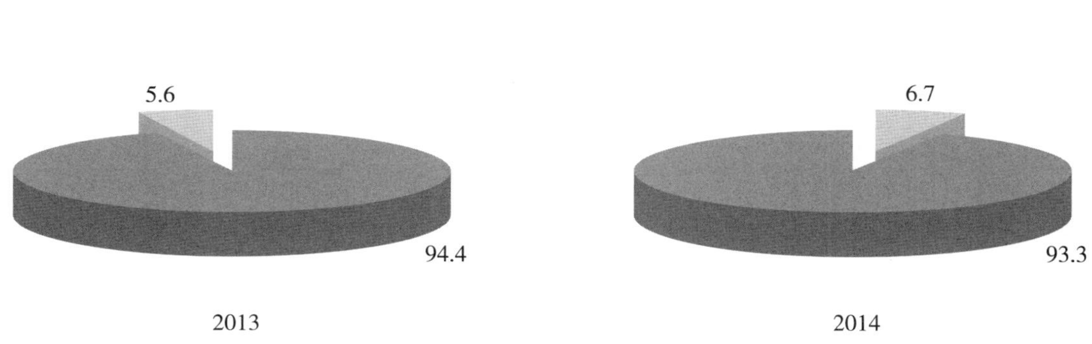

工业增加值 (亿元)

Value Added of Industry (100 million yuan)

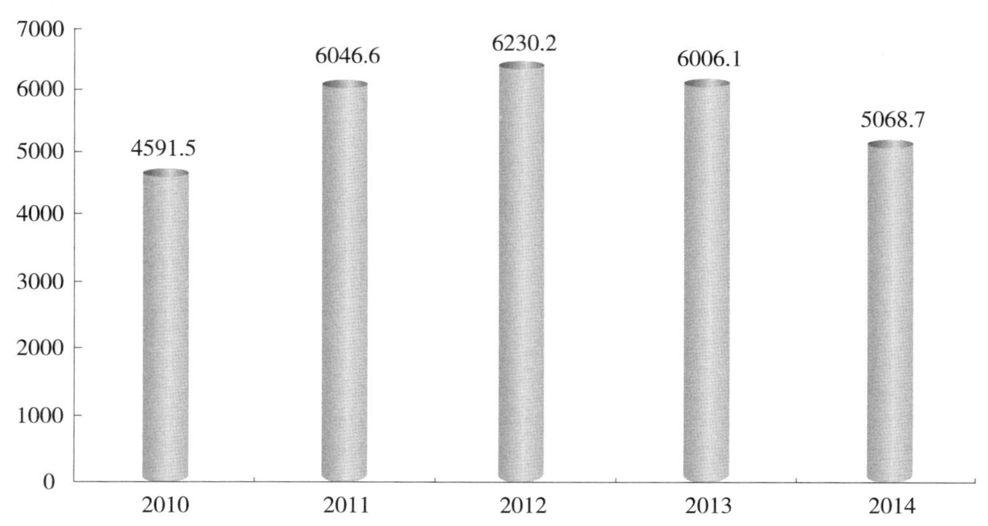

10-1 主要年份工业企业单位数
NUMBER OF INDUSTRIAL ENTERPRISES IN MAJOR YEARS

单位：个 (unit)

年 份 Year	工业企业单位数 Number of Industrial Enterprises	按隶属关系分 Grouped by Jurisdiction of Management		按经济类型分 Grouped by Ownership		
		中央企业 Central Enterprise	地方企业 Local Enterprise	国有经济 State-owned Enterprise	集体经济 Collective-owned Enterprise	其他经济 Other Ownership
1978	9381	100	9281	2547	6834	
1980	9533	112	9421	2524	7009	
1985	11004	168	10836	2421	8577	6
1990	12122	187	11935	2776	9318	28
1995	12086	183	11903	3042	8698	346
2000	3275	110	3165	1537	766	972
2005	4441	95	4346	879	928	2634
2006	4668	94	4574	752	972	2944
2007	4472	101	4371	352	715	3405
2008	4415	99	4316	310	443	3662
2009	4023	119	3904	286	248	3489
2010	4240	120	4120	266	181	3793
2011	3673	135	3538	227	114	3332
2012	3905	150	3755	237	97	3571
2013	3979	148	3831	110	72	3797
2014	3906	144	3762	84	56	3766

年 份 Year	按轻重工业分 Grouped by Light & Heavy Industry		按企业规模分 Grouped by Size of Enterprises			
	轻工业 Light Industry	重工业 Heavy Industry	大型企业 Large-size Enterprise	中型企业 Medium-size Enterprise	小型企业 Small-size Enterprise	微型企业 Micro-size Enterprises
1978	4463	4918	36	117	9228	
1980	4528	5005	50	94	9389	
1985	4875	6129	75	144	10785	
1990	4922	7200	97	169	11856	
1995	4080	8006	122	252	11712	
2000	944	2331	137	228	2910	
2005	761	3680	87	757	3597	
2006	777	3891	98	829	3741	
2007	618	3854	114	873	3485	
2008	653	3762	129	934	3352	
2009	716	3307	127	876	3020	
2010	737	3503	149	970	3121	
2011	546	3127	300	924	2297	152
2012	569	3336	295	889	2513	208
2013	586	3393	277	913	2542	247
2014	614	3292	246	898	2547	215

注：(1)工业企业统计范围1998-2006年为国有企业、大中型企业和年产品销售收入500万元及以上非国有企业；2007-2010年为年主营业务收入500万元以上的工业法人企业；2011年及以后为年主营业务收入2000万元以上的工业法人企业。

(2)2011年起企业规模划分采用新标准。

Notes: (1)Enterprises in this table contains enterprises which is state-owned, large & medium-sized and non-state-owned with sales above 5 million yuan from 1998 to 2006; enterprises whose major business revenue is above 5 million yuan from 2007 to 2010; enterprises whose major business revenue is above 20 million yuan since 2011.

(2)New standards of enterprise size have been used since 2011.

10-2 主要年份主要工业产品产量

OUTPUT OF MAJOR INDUSTRIAL PRODUCTS IN MAJOR YEARS

年 份 Year	原 煤 (万吨) Coal (10 000 tons)	发电量 (亿千瓦小时) Electricity (100 million kwh)	粗 钢 (万吨) Crude Steel (10 000 tons)	钢 材 (万吨) Steel Products (10 000 tons)	生 铁 (万吨) Pig Iron (10 000 tons)	焦 炭 (万吨) Coke (10 000 tons)	铜(吨) Copper(ton)
1978	9825	106.63	119.99	74.04	150.39	356.51	13583
1980	12103	120.24	149.38	86.42	171.39	320.95	26607
1985	21418	184.59	183.74	110.80	229.54	417.34	24400
1990	28597	314.16	238.58	128.78	454.88	1609.27	25147
1995	34731	505.97	339.80	217.09	1438.29	5297.62	27530
2000	25152	624.71	472.73	392.60	1628.00	4967.00	28544
2005	55426	1316.50	1654.72	1368.60	3229.80	7981.00	27225
2006	58142	1526.40	1949.28	1677.63	3556.43	9202.00	68025
2007	63021	1760.50	2506.36	2097.27	3727.64	9897.29	102276
2008	65577	1793.78	2350.75	1984.90	2780.37	8295.87	91245
2009	61535	1873.80	2648.49	2289.10	3166.84	7705.83	67051
2010	74096	2150.56	3048.82	2866.35	3402.43	8502.10	80610
2011	87228	2344.00	3490.42	3371.16	3786.08	9047.91	87785
2012	91333	2534.99	3950.17	3799.47	4009.64	8612.66	98134
2013	92167	2641.10	4671.44	4487.04	4310.66	9022.40	88564
2014	92794	2647.04	4325.39	4701.01	4059.29	8765.90	144489

年 份 Year	水 泥 (万吨) Cement (10 000 tons)	平板玻璃 (万重量箱) Plate Glass (10 000 weight cases)	化学肥料(折有效成份100%，万吨) Chemical Fertilizer (calculated on100% effictive content，10 000 tons)			化学农药 (万吨) Chemical Pesticide (10 000 tons)	初级形态的塑料(万吨) Primary Form of Plastics (10 000 tons)
			合 计 Total	#氮 肥 Nitrogenous	#磷 肥 Phosphate		
1978	255.87	47.09	32.33	30.24	2.09	0.90	0.57
1980	287.88	52.74	40.15	34.91	5.24	0.77	0.55
1985	458.68	113.33	39.31	37.41	1.89	0.29	0.94
1990	612.47	181.58	71.94	60.06	11.88	0.38	1.82
1995	1169.85	241.44	102.31	83.31	18.93	0.71	2.64
2000	1434.00	357.98	170.17	137.55	18.82	0.40	3.04
2005	2310.68	360.24	353.51	336.35	13.10	0.74	29.28
2006	2681.13	814.16	314.57	303.16	10.48	0.20	37.39
2007	2780.91	971.91	368.68	357.00	9.72	0.03	55.69
2008	2451.67	1327.27	397.10	384.93	12.17	0.32	50.75
2009	2753.18	1275.70	375.17	365.61	9.56	0.16	16.26
2010	3670.29	1673.37	331.84	321.60	10.24	0.17	20.24
2011	4101.47	1847.64	363.75	353.73	10.02	0.15	46.32
2012	5076.21	1975.81	389.07	379.23	9.84	0.08	51.86
2013	5269.09	2065.28	446.13	439.79	6.34	0.05	48.54
2014	4801.96	1758.92	461.67	453.36	8.02	0.03	49.36

注：本表产量为全社会口径。

Note: Coverage of products in the table is total society.

10-2 续表 continued

年 份 Year	轮胎外胎 (万条) Tires Cover (10 000 units)	矿山设备 (吨) Mining Equipment (ton)	金属切削机床(台) Metal-cutting Machine Tools (unit)	纱(吨) Yarn(ton)	布(万米) Cloth(10 000 m)
1978	9.97	18214	3131	72193	32756
1980	14.44	9349	1706	84145	38652
1985	29.25	16345	1288	77762	37555
1990	57.33	25717	1678	94237	42948
1995	112.45	23675	688	72165	35593
2000	154.30	6857	832	84765	33253
2005	135.11	109570	1813	149828	36256
2006	117.44	123055	1947	129150	27813
2007	98.43	153923	2133	99920	20472
2008	105.44	127906	1895	66004	6648
2009	137.38	252239	1025	43077	5242
2010	173.51	329442	1822	53913	7381
2011	164.86	354327	1937	54012	8139
2012	170.26	434304	834	61575	7499
2013	166.57	430963	466	56923	7553
2014	165.20	255155	330	55125	8172

年 份 Year	化学纤维 (吨) Chemical Fiber (ton)	糖(吨) Sugar(ton)	卷 烟 (万箱) Cigarettes (10 000 cases)	机制纸及纸板 (万吨) Machine-made Paper and Paperboard (10 000 tons)	合成洗涤剂 (吨) Synthetic Detergents (ton)
1978	1668	5319	16.77	9.35	14409
1980	3642	11111	18.62	11.55	18505
1985	14581	30118	18.72	18.75	60746
1990	19839	30514	24.17	35.44	68951
1995	25345	36850	28.43	59.69	135359
2000	28987	7660	30.34	27.00	189235
2005	27051	4111	25.00	40.49	162303
2006	35089	28738	26.00	45.77	166934
2007	43522	25697	28.00	44.40	154132
2008	30371	31450	29.00	31.55	117795
2009	8878	34150	29.00	16.95	127758
2010	10023	43547	29.50	21.78	119774
2011	6446	43480	31.00	20.48	98419
2012	4504	52607	31.20	33.39	101898
2013	2396	27436	31.70	34.17	108199
2014		10	32.70	25.87	92683

10-3 工业增加值(2014年)
VALVE ADDED OF INDUSTRY(2014)

单位：万元 (10 000 yuan)

指 标	Item	2014
总 计	**Total**	**50687141**
按轻重工业分	Grouped by Light and Heavy Industry	
轻工业	Light Industry	3386041
重工业	Heavy Industry	47301100
按企业规模分	Grouped by Size of Enterprises	
大型企业	Large-size Enterprise	27402501
中型企业	Medium-size Enterprise	13699019
小型企业	Small-size Enterprise	8893996
微型企业	Micro-size Enterprise	691626
按行业大类分	Grouped by Sector	
采矿业	Mining	27981357
煤炭开采和洗选业	Coal Mining and Dressing	26231462
石油和天然气开采业	Petroleum and Natural Gas Extraction	213059
黑色金属矿采选业	Ferrous Metals Mining and Dressing	1251305
有色金属矿采选业	Nonferrous Metals Mining and Dressing	269117
非金属矿采选业	Nonmetal Minerals Mining and Dressing	16414
开采辅助活动	Mining Auxiliary Activities	
其他采矿业	Other Mining Industry	
制造业	Manufacturing	17271328
农副食品加工业	Farm Products Processing	750914
食品制造业	Food Manufacturing	292052
酒、饮料和精制茶制造业	Wine, Beverages and Refined Tea Manufacturing	556627
烟草制品业	Tobacoo Products Manfacturing	359858
纺织业	Textile Industry	88105
纺织服装、服饰业	Textile, Wearing Apparel and Accessories	46495
皮革、毛皮、羽毛及其制品和制鞋业	Leather, Fur, Feather and Related Products and Footwear	6252
木材加工和木、竹、藤、棕、草制品业	Timber Processing,Bamboo,Cane,Palm Fiber and Straw Products	25974
家具制造业	Furniture Manufacturing	19679
造纸和纸制品业	Paper Making and Paper Products	35211
印刷和记录媒介复制业	Printing and Record Medium Reproduction	52300
文教、工美、体育和娱乐用品制造业	Culture, Education, Art and Crafts, Sport and Entertainment Products	13663
石油加工、炼焦和核燃料加工业	Petroleum Processing, Coking and Nuclear Fuel Processing	2189053
化学原料和化学制品制造业	Raw Chemical Materials and Chemical Products	1794249
医药制造业	Medical and Pharmaceutical Products	583962
化学纤维制造业	Chemical Fiber Manufacturing	
橡胶和塑料制品业	Rubber and Plastic Products	132896
非金属矿物制品业	Nonmetal Mineral Products	1049863
黑色金属冶炼和压延加工业	Smelting and Pressing of Ferrous Metals	3978750
有色金属冶炼和压延加工业	Smelting and Pressing of Non-ferrous Metals	924984
金属制品业	Metal Prodcuts	283921
通用设备制造业	Ordinary Machinery Manufacturing	447461
专用设备制造业	Special Purpose Equipment Manufacturing	653872
汽车制造业	Automobile Manufacturing	179469
铁路、船舶、航空航天和其他运输设备	Railroad, Marine, Aviation and Other Transport Equipment Manufacturing	271344
电气机械和器材制造业	Electrical Machinery and Equipment Manufacturing	334333
计算机、通信和其他电子设备制造业	Computers, Telecommunication and Other Electronic Equipments	2053756
仪器仪表制造业	Equipments and Instruments Manufacturing	86346
其他制造业	Other Manufacturing	18496
废弃资源综合利用业	Comprehensive Utilization of Waste Resources	8806
金属制品、机械和设备修理业	Metal products, Machinery and Equipment Repair Industry	32637
电力、热力、燃气及水生产和供应业	Production and Supply of Electricity, Heat, Gas and Water	5434456
电力、热力生产和供应业	Production and Supply of Electricity and Heat	5074253
燃气生产和供应业	Production and Supply of Gas	285913
水的生产和供应业	Production and Supply of Water	74290

10-4 工业企业主要经济指标(2014年)

单位：万元

指 标	Item	单位数(个) Number of Enterprises (unit)
总 计	**Total**	**3906**
一、按隶属关系分	Grouped by Jurisdiction of Management	
中央企业	Central Enterprises	144
省属企业	Province-owned Enterprises	304
市属企业	Cities-owned Enterprises	163
县(市、区)属企业	County-owned Enterprises	454
城市街道企业	Cities' Subdistrict-owned Enterprises	6
镇属企业	Town-owned Enterprises	26
乡属企业	Township Enterprises	15
居委会办企业	Neighbourhood Committee -run Enterprises	1
村办企业	Village Enterprises	35
其 他	Enterprises of Other Types of Ownership	2758
二、按登记注册类型分	Grouped by Registered Kind	
内资企业	Civil Funded Enterprises	3758
国有企业	State-owned Enterprises	84
集体企业	Collective-owned Enterprises	56
股份合作企业	Share Holding Cooperative Enterprises	1
联营企业	Joint Owned Enterprises	2
有限责任公司	Limited Responsibility Company	1152
国有独资公司	Company Exclusively with Investment from State	75
其他有限责任公司	Other Limited Responsibility Company	1077
股份有限公司	Share Holding Limited Company	115
私营企业	Privately Owned Enterprises	2345
私营独资企业	Enterprise Exclusively with Investment from Private	168
私营合伙企业	Private Partner Enterprises	11
私营有限责任公司	Privately Owned Limited Responsibility Company	2087
私营股份有限公司	Privately Owned Share Holding Limited Company	79
其他企业	Enterprises of Other Types of Ownership	3
港、澳、台商投资企业	Enterprises Funded by Hong Kong, Macao and Taiwan	49
合资经营企业(港或澳、台资)	Joint Venture	33
合作经营企业(港或澳、台资)	Cooperative Enterprise	1
港澳台商独资企业	Ventures Exclusively with Hong Kong, Macao and Taiwan Investment	12
港澳台商投资股份有限公司	Share Holding Limited Company	3
外商投资企业	Foreign Funded Enterprises	99
中外合资经营企业	Joint Venture	72
中外合作经营企业	Cooperative Enterprises	3
外资企业	Enterprises Funded By Foreign Investments	22
外商投资股份有限公司	Share Holding Limited Company	1
其他外商投资企业	Other Foreign Funded Enterprises	1
三、在总计中：亏损企业	Of the Total: Loss-making Enterprises	1542
在总计中：国有控股企业	Of the Total: State-Controlled Share Holding Enterprises	757
在总计中：农村工业	Of the Total: Rural Industry	50
在总计中：轻工业	Of the Total: Light Industry	614
重工业	Heavy Industry	3292
在总计中：大型企业	Of the Total: Large-size Enterprises	246
中型企业	Medium-size Enterprises	898
小型企业	Small-size Enterprises	2547
微型企业	Micro-size Enterprises	215

MAIN ECONOMIC INDICATORS OF INDUSTRIAL ENTERPRISES(2014)

(10 000 yuan)

#亏损企业 Loss-making Enterprises	工业销售产值 Industrial Sales Output Value	资产总计 Total Assets	流动资产合计 Total Circulating Funds	固定资产合计 Total Fixed Assets	固定资产原价 Original Value of Fixed Assets
1542	**152135122**	**305743737**	**120977675**	**126114972**	**168827929**
47	24133591	41299459	9572059	26230813	37901572
134	40726666	120896702	45565360	51528573	68264182
82	5885051	14524654	5793686	5195638	7588480
205	12286294	31715946	11722597	11476282	13245466
3	75982	151564	71235	26524	27068
12	1467901	1631347	1039762	464022	612769
6	215911	1008895	462058	240843	272837
	1233	4026	3155	712	1560
13	1058002	1502615	746128	421284	658616
1040	66284491	93008528	46001634	30530283	40255380
1485	139840464	286363045	112438011	117785357	155756354
48	10953135	14701921	3080851	9623933	14613871
16	1202872	908253	515337	306173	617713
	4861	5427	4607	820	2403
1	85284	185446	74712	89514	102589
530	67054809	184759766	69615144	75672441	97495450
29	16600464	36653363	15288591	13143580	20430755
501	50454345	148106403	54326554	62528861	77064695
40	11400225	24787920	7723702	12736126	16963736
849	49098604	60780360	31254850	19315464	25911243
44	2688458	1345055	858425	262491	408403
1	148090	85764	38303	28439	26682
780	42911111	55616525	28692542	17622122	23886737
24	3350945	3733017	1665580	1402413	1589421
1	40674	233952	168808	40887	49349
15	7058329	8938038	4591088	3730956	5326939
13	5069860	5569742	2741808	2518617	3563001
	195388	546976	238772	104082	143232
	1606661	2354338	1299232	964560	1293623
2	186421	466982	311276	143696	327083
42	5236329	10442653	3948575	4598659	7744635
29	3204310	7080900	2578958	2944457	4270675
	806838	1435662	403863	800625	2125932
12	1214225	1792293	959432	727015	1216763
	7226	8619	5188	3431	5398
1	3730	125180	1134	123132	125867
1542	44396746	118567330	45371555	48340583	61102645
358	74324077	194199559	65595407	89769462	120959295
19	1273913	2511510	1208186	662127	931452
147	10582761	12679921	6090058	4617263	5866811
1395	141552361	293063815	114887617	121497709	162961117
93	76062967	167432212	69012814	68319362	95244222
425	40538593	89377717	30545987	38251907	50096112
928	33330591	43490000	19215224	18421327	22258128
96	2202972	5443808	2203649	1122376	1229467

10-4 续表1

单位：万元

指　　标	Item	累计折旧 Total Depreciation
总　计	**Total**	**66236547**
一、按隶属关系分	Grouped by Jurisdiction of Management	
中央企业	Central Enterprises	15760078
省属企业	Province-owned Enterprises	29061176
市属企业	Cities-owned Enterprises	2872548
县(市、区)属企业	County-owned Enterprises	3982122
城市街道企业	Cities' Subdistrict-owned Enterprises	6426
镇属企业	Town-owned Enterprises	212837
乡属企业	Township Enterprises	78573
居委会办企业	Neighbourhood Committee -run Enterprises	849
村办企业	Village Enterprises	246253
其　他	Enterprises of Other Types of Ownership	14015686
二、按登记注册类型分	Grouped by Registered Kind	
内资企业	Civil Funded Enterprises	61044842
国有企业	State-owned Enterprises	6311402
集体企业	Collective-owned Enterprises	363841
股份合作企业	Share Holding Cooperative Enterprises	1583
联营企业	Joint Owned Enterprises	13075
有限责任公司	Limited Responsibility Company	37829172
国有独资公司	Company Exclusively with Investment from State	8691000
其他有限责任公司	Other Limited Responsibility Company	29138171
股份有限公司	Share Holding Limited Company	7193547
私营企业	Privately Owned Enterprises	9321104
私营独资企业	Enterprise Exclusively with Investment from Private	182976
私营合伙企业	Private Partner Enterprises	9844
私营有限责任公司	Privately Owned Limited Responsibility Company	8684174
私营股份有限公司	Privately Owned Share Holding Limited Company	444110
其他企业	Enterprises of Other Types of Ownership	11119
港、澳、台商投资企业	Enterprises Funded by Hong Kong, Macao and Taiwan	1726368
合资经营企业(港或澳、台资)	Joint Venture	1071563
合作经营企业(港或澳、台资)	Cooperative Enterprise	99335
港澳台商独资企业	Ventures Exclusively with Hong Kong, Macao and Taiwan Investment	351578
港澳台商投资股份有限公司	Share Holding Limited Company	203893
外商投资企业	Foreign Funded Enterprises	3465336
中外合资经营企业	Joint Venture	1642732
中外合作经营企业	Cooperative Enterprises	1325307
外资企业	Enterprises Funded By Foreign Investments	491840
外商投资股份有限公司	Share Holding Limited Company	2722
其他外商投资企业	Other Foreign Funded Enterprises	2735
三、在总计中:亏损企业	Of the Total: Loss-making Enterprises	24772587
在总计中:国有控股企业	Of the Total: State-Controlled Share Holding Enterprises	49404531
在总计中:农村工业	Of the Total: Rural Industry	324826
在总计中:轻工业	Of the Total: Light Industry	1929019
重工业	Heavy Industry	64307528
在总计中:大型企业	Of the Total: Large-size Enterprises	42678945
中型企业	Medium-size Enterprises	17216782
小型企业	Small-size Enterprises	6088973
微型企业	Micro-size Enterprises	251846

continued

(10 000 yuan)

流动负债 Liquid Liabilities	负债合计 Total Liabilities	年末所有者权益 Creditors' Equity at Year-end	主营业务收入 Revenue of Major Business	主营业务成本 Costs of Major Business	主营业务税金及附加 Tax and Extra Charges of Major Business	营业费用 Costs of Business	管理费用 Costs of Administration
152867240	**225140713**	**79758120**	**178011181**	**152748849**	**1498648**	**5726975**	**9189832**
16909377	28973649	12256645	24224107	19151751	411339	1304968	892818
54280144	90499078	30312928	69967630	61145742	511454	2011865	4238340
7532595	10504870	3978904	5701858	4841588	49829	170881	520798
17601092	23350167	8315028	11899170	9763738	155646	414178	1112844
85023	115750	33770	74180	70891	331	1422	3580
1142622	1341507	285859	1414886	1180012	22597	29395	44160
601703	636374	371283	205366	135676	4108	14011	20384
3499	3499	527	1233	1144	8	10	40
995533	1149331	346915	1055312	973006	5093	25322	35455
53715653	68566489	23856262	63467441	55485299	338242	1754923	2321413
142545336	212015673	73520518	165224168	142707559	1433671	5472211	8652380
6706332	10218247	4448701	11060698	9712086	63485	80555	334627
843266	866928	35982	1280412	1090056	12977	53735	89681
2592	2659	2768	4861	3850	26	40	716
219383	224328	-38881	70576	86716	780	517	4886
90633703	140494861	43967735	94814780	81990102	947055	2635383	5949416
16914988	24714434	11885445	24304824	21329740	173974	486984	1454698
73718716	115780426	32082290	70509957	60660361	773081	2148399	4494718
9370930	14841221	9860203	11582379	8277024	184319	1490299	850411
34559407	45151696	15225791	46369510	41522822	224050	1211344	1417977
831344	992093	328471	2499817	2296686	19851	44272	36584
33362	36407	49287	113680	103536	607	720	2843
32053814	41675761	13570255	40891374	36558487	192649	1103469	1297798
1640887	2447436	1277777	2864639	2564114	10943	62883	80752
209722	215732	18220	40951	24904	979	339	4666
5156040	6461475	2469240	7283694	5723841	17035	82191	205985
3410347	4363098	1199827	5376670	4140603	8153	37736	98562
439580	439580	107396	89756	86711		895	784
959377	1233955	1119878	1628361	1308851	8204	33207	88982
346736	424842	42139	188908	187677	678	10353	17657
5165864	6663565	3768361	5503320	4317448	47943	172573	331468
3451661	4831438	2245597	3469744	2783050	22813	152011	173164
580281	657478	778184	802448	527162	11514	10267	52577
1059641	1100338	685093	1220202	996968	13572	10174	103700
2580	2610	6009	7196	5741	31	122	1159
71702	71702	53478	3730	4527	13		867
69938028	101007010	17337596	59714522	55625644	411025	1955060	3627921
88696650	143885368	50069028	103293851	87913409	1055966	3582431	6210137
1597236	1785705	718198	1260678	1108682	9201	39333	55839
5553511	6828826	5712189	11347687	8982037	322022	633592	566672
147313729	218311887	74045930	166663494	143766812	1176626	5093383	8623160
75728623	120844466	46363805	103353176	88543122	742356	3882895	5593877
52248337	69000536	20248721	40350786	34150313	557143	851087	2513779
23286147	31319160	12029531	32599048	28502878	186872	969052	1034405
1604134	3976552	1116063	1708171	1552535	12276	23942	47772

10-4 续表2

单位：万元

指　　标	Item	财务费用 Costs of Finance
总　计	**Total**	**6213574**
一、按隶属关系分	Grouped by Jurisdiction of Management	
中央企业	Central Enterprises	889297
省属企业	Province-owned Enterprises	2426215
市属企业	Cities-owned Enterprises	262831
县(市、区)属企业	County-owned Enterprises	640367
城市街道企业	Cities' Subdistrict-owned Enterprises	673
镇属企业	Town-owned Enterprises	72637
乡属企业	Township Enterprises	30338
居委会办企业	Neighbourhood Committee -run Enterprises	
村办企业	Village Enterprises	32149
其　他	Enterprises of Other Types of Ownership	1859066
二、按登记注册类型分	Grouped by Registered Kind	
内资企业	Civil Funded Enterprises	5899111
国有企业	State-owned Enterprises	223055
集体企业	Collective-owned Enterprises	15099
股份合作企业	Share Holding Cooperative Enterprises	5
联营企业	Joint Owned Enterprises	2841
有限责任公司	Limited Responsibility Company	3924184
国有独资公司	Company Exclusively with Investment from State	579071
其他有限责任公司	Other Limited Responsibility Company	3345113
股份有限公司	Share Holding Limited Company	424582
私营企业	Privately Owned Enterprises	1289274
私营独资企业	Enterprise Exclusively with Investment from Private	18714
私营合伙企业	Private Partner Enterprises	220
私营有限责任公司	Privately Owned Limited Responsibility Company	1194908
私营股份有限公司	Privately Owned Share Holding Limited Company	75432
其他企业	Enterprises of Other Types of Ownership	20073
港、澳、台商投资企业	Enterprises Funded by Hong Kong, Macao and Taiwan	125984
合资经营企业(港或澳、台资)	Joint Venture	83140
合作经营企业(港或澳、台资)	Cooperative Enterprise	1313
港澳台商独资企业	Ventures Exclusively with Hong Kong, Macao and Taiwan Investment	30502
港澳台商投资股份有限公司	Share Holding Limited Company	11029
外商投资企业	Foreign Funded Enterprises	188479
中外合资经营企业	Joint Venture	160594
中外合作经营企业	Cooperative Enterprises	12577
外资企业	Enterprises Funded By Foreign Investments	15222
外商投资股份有限公司	Share Holding Limited Company	86
其他外商投资企业	Other Foreign Funded Enterprises	
三、在总计中:亏损企业	Of the Total: Loss-making Enterprises	2928562
在总计中:国有控股企业	Of the Total: State-Controlled Share Holding Enterprises	3884754
在总计中:农村工业	Of the Total: Rural Industry	62488
在总计中:轻工业	Of the Total: Light Industry	192975
重工业	Heavy Industry	6020599
在总计中:大型企业	Of the Total: Large-size Enterprises	3385315
中型企业	Medium-size Enterprises	1927186
小型企业	Small-size Enterprises	858303
微型企业	Micro-size Enterprises	42770

continued

(10 000 yuan)

#利息支出 Interest Expenditure	利润总额 Total Profits	亏损企业亏损额 Loss of Loss-making Enterprises	利税总额 Total Pre-tax Profits	应付薪酬总额 Total Wages Payable	应交所得税 Income Taxes Payable	应交增值税 Value Added Taxes Payable
6060029	**2563147**	**4621689**	**10321842**	**14017239**	**1159130**	**6174499**
885547	1088370	419640	2769620	1866139	285990	1266942
2602817	569246	1315464	3301405	7090786	435144	2151424
258234	−82210	383367	220887	738670	61360	251080
617453	−105628	702570	675497	1182730	94251	618621
588	−1843	2165	1332	5184	20	2844
70703	68457	36690	115056	52440	1538	23998
30142	−6954	32576	23148	16331	6100	25994
	31		56			17
31746	−6411	25498	36632	41296	2805	37950
1562801	1040089	1703719	3178210	3023664	271923	1795629
5730496	1758950	4449107	9045160	12906571	972846	5770117
218034	237294	133756	752960	983226	63469	450410
13488	31668	22103	118774	134939	2953	72942
	267		463	214	40	171
2539	−13973	14261	−12928	5661	2	266
3986555	243485	3014998	4520996	8867164	649103	3253702
610450	327873	302077	1014866	1897065	100223	511757
3376106	−84387	2712920	3506130	6970099	548880	2741945
453478	547889	146603	1452136	1290837	133954	719051
1036432	722455	1106736	2217708	1620082	123325	1269367
12537	78340	10589	198565	37618	8970	99842
71	5686	30	8102	2529	1089	1810
968681	606491	1030692	1909362	1499408	96213	1108918
55143	31938	65424	101678	80528	17053	58797
19968	−10135	10650	−4948	4447		4208
149516	371092	63042	502772	538757	75564	111716
105007	242486	27011	317639	277464	35920	64072
1313	54		1846	4645		1792
32490	164550		214347	237598	39634	41593
10707	−35997	36031	−31061	19051	10	4259
180017	433105	109540	773910	571911	110721	292667
147945	158620	73033	311761	260468	43770	130156
14675	177149		271915	95203	51032	83253
17335	98198	35539	190463	214857	15812	78692
62	106		511	678	106	350
	−968	968	−739	706		216
2658883	−4621689	4621689	−2587531	5340197	127793	1601321
4033284	1131687	2594338	6187235	10298321	801082	3924532
61887	−13365	58074	59780	57627	8905	63944
202527	706311	121189	1362778	776968	90022	330031
5857501	1856836	4500500	8959064	13240271	1069108	5844469
3510040	1414821	1806228	5500933	9394723	642585	3279623
1749581	35305	1999294	2447759	3529353	334098	1842349
762764	1081202	774002	2301994	1065936	179108	1025985
37643	31819	42166	71156	27227	3338	26543

10-4 续表3

单位：万元

指　　标	Item	单位数 (个) Number of Enterprises (unit)
四、按工业行业大类分	Grouped by Sector	
采矿业	Mining	1410
煤炭开采和洗选业	Coal Mining and Dressing	1168
石油和天然气开采业	Petroleum and Natural Gas Extraction	13
黑色金属矿采选业	Ferrous Metals Mining and Dressing	207
有色金属矿采选业	Nonferrous Metals Mining and Dressing	14
非金属矿采选业	Nonmetal Minerals Mining and Dressing	8
开采辅助活动	Mining Auxiliary Activities	
其他采矿业	Other Mining Industry	
制造业	Manufacturing	2310
农副食品加工业	Farm Products Processing	159
食品制造业	Food Manufacturing	84
酒、饮料和精制茶制造业	Wine, Beverages and Refined Tea Manufacturing	60
烟草制品业	Tobacoo Products Manfacturing	1
纺织业	Textile Industry	36
纺织服装、服饰业	Textile, Wearing Apparel and Accessories	12
皮革、毛皮、羽毛及其制品和制鞋业	Leather, Fur, Feather and Related Products and Footwear	2
木材加工和木、竹、藤、棕、草制品业	Timber Processing,Bamboo,Cane,Palm Fiber and Straw Products	13
家具制造业	Furniture Manufacturing	5
造纸和纸制品业	Paper Making and Paper Products	23
印刷和记录媒介复制业	Printing and Record Medium Reproduction	25
文教、工美、体育和娱乐用品制造业	Culture, Education, Art and Crafts, Sport and Entertainment Products	11
石油加工、炼焦和核燃料加工业	Petroleum Processing, Coking and Nuclear Fuel Processing	147
化学原料和化学制品制造业	Raw Chemical Materials and Chemical Products	220
医药制造业	Medical and Pharmaceutical Products	84
化学纤维制造业	Chemical Fiber Manufacturing	
橡胶和塑料制品业	Rubber and Plastic Products	59
非金属矿物制品业	Nonmetal Mineral Products	434
黑色金属冶炼和压延加工业	Smelting and Pressing of Ferrous Metals	224
有色金属冶炼和压延加工业	Smelting and Pressing of Non-ferrous Metals	101
金属制品业	Metal Prodcuts	144
通用设备制造业	Ordinary Machinery Manufacturing	112
专用设备制造业	Special Purpose Equipment Manufacturing	148
汽车制造业	Automobile Manufacturing	41
铁路、船舶、航空航天和其他运输设备制造业	Railroad, Marine, Aviation and Other Transport Equipments Manufacturing	28
电气机械和器材制造业	Electrical Machinery and Equipment Manufacturing	70
计算机、通信和其他电子设备制造业	Computers, Telecommunication and Other Electronic Equipments Manufacturing	25
仪器仪表制造业	Equipments and Instruments Manufacturing	18
其他制造业	Other Manufacturing	6
废弃资源综合利用业	Comprehensive Utilization of Waste Resources	3
金属制品、机械和设备修理业	Metal Products, Machinery and Equipment Repair	15
电力、热力、燃气及水生产和供应业	Production and Supply of Electricity, Heat, Gas and Water	186
电力、热力生产和供应业	Production and Supply of Electricity and Heat	144
燃气生产和供应业	Production and Supply of Gas	27
水的生产和供应业	Production and Supply of Water	15

continued

(10 000 yuan)

#亏损企业 Loss-making Enterprises	工业销售产值 Industrial Sales Output Value	资产总计 Total Assets	流动资产合计 Total Circulating Funds	固定资产合计 Total Fixed Assets	固定资产原价 Original Value Of Fixed Assets
680	57624835	159842264	62162589	61614639	72268045
599	53127436	152180516	59130006	58346060	68825466
4	360829	2187450	757602	1098320	731468
68	3709408	4227386	1770962	1588197	2018749
5	371670	1084050	378441	550501	652824
4	55491	162863	125578	31561	39538
797	77398046	114523992	53647891	41063488	60513696
33	3508725	2455198	1161069	928894	963958
9	1322416	1125010	550968	455354	584290
18	1201944	2077667	1141402	617508	808961
	431891	296745	193059	100941	142461
13	419186	647766	401381	168236	257978
1	186026	209624	119449	53822	74306
	81725	19778	11028	2214	3305
2	115856	396131	178441	112752	119893
1	58329	102547	74832	15899	15263
4	164775	234690	75828	121285	160275
8	165372	294611	140158	110817	167564
2	96506	170113	101002	50192	58161
104	10950731	23744438	11735611	6367214	10279273
80	6461738	12326123	4517556	6051751	8320169
23	1662351	2857237	1185274	1076810	1304692
14	830941	1057414	604701	352727	449672
167	3759880	6926277	2907528	3172230	4188122
93	23730198	28638530	10453797	11720122	19833899
54	5450943	7774555	2912641	3635515	5671705
28	1167860	1377656	888677	409511	584515
33	1917392	2004065	1326696	442984	485843
43	3313401	7775859	5536237	1653943	1808890
17	916050	1520787	673867	534383	702903
7	1432534	1840481	1091530	621154	618487
25	1721908	2267199	1257490	703106	614029
9	5918417	5693605	3949626	1440237	2083598
3	249734	384749	279257	35627	47318
1	60388	117508	76511	35654	53611
1	20881	50253	6436	41622	46011
4	79950	137376	95840	30982	64547
65	17112241	31377482	5167194	23436845	36046188
45	15784127	28280249	4318562	22260272	34494968
8	1149570	2337804	661422	774238	900140
12	178545	759428	187210	402334	651081

10-4 续表4

单位：万元

指　标	Item	累计折旧 Total Depreciation
四、按工业行业大类分	Grouped by Sector	
采矿业	Mining	28369174
煤炭开采和洗选业	Coal Mining and Dressing	27553599
石油和天然气开采业	Petroleum and Natural Gas Extraction	137233
黑色金属矿采选业	Ferrous Metals Mining and Dressing	547388
有色金属矿采选业	Nonferrous Metals Mining and Dressing	122977
非金属矿采选业	Nonmetal Minerals Mining and Dressing	7977
开采辅助活动	Mining Auxiliary Activities	
其他采矿业	Other Mining Industry	
制造业	Manufacturing	23952150
农副食品加工业	Farm Products Processing	232315
食品制造业	Food Manufacturing	178077
酒、饮料和精制茶制造业	Wine, Beverages and Refined Tea Manufacturing	288340
烟草制品业	Tobacoo Products Manfacturing	63042
纺织业	Textile Industry	112003
纺织服装、服饰业	Textile, Wearing Apparel and Accessories	31072
皮革、毛皮、羽毛及其制品和制鞋业	Leather, Fur, Feather and Related Products and Footwear	1101
木材加工和木、竹、藤、棕、草制品业	Timber Processing,Bamboo,Cane,Palm Fiber and Straw Products	21021
家具制造业	Furniture Manufacturing	3367
造纸和纸制品业	Paper Making and Paper Products	44179
印刷和记录媒介复制业	Printing and Record Medium Reproduction	78314
文教、工美、体育和娱乐用品制造业	Culture, Education, Art and Crafts, Sport and Entertainment Products	11879
石油加工、炼焦和核燃料加工业	Petroleum Processing, Coking and Nuclear Fuel Processing	4565423
化学原料和化学制品制造业	Raw Chemical Materials and Chemical Products	2937965
医药制造业	Medical and Pharmaceutical Products	342111
化学纤维制造业	Chemical Fiber Manufacturing	
橡胶和塑料制品业	Rubber and Plastic Products	129640
非金属矿物制品业	Nonmetal Mineral Products	1328734
黑色金属冶炼和压延加工业	Smelting and Pressing of Ferrous Metals	9077517
有色金属冶炼和压延加工业	Smelting and Pressing of Non-ferrous Metals	2196158
金属制品业	Metal Prodcuts	232550
通用设备制造业	Ordinary Machinery Manufacturing	167679
专用设备制造业	Special Purpose Equipment Manufacturing	551338
汽车制造业	Automobile Manufacturing	204751
铁路、船舶、航空航天和其他运输设备制造业	Railroad, Marine, Aviation and Other Transport Equipments Manufacturing	192424
电气机械和器材制造业	Electrical Machinery and Equipment Manufacturing	177742
计算机、通信和其他电子设备制造业	Computers, Telecommunication and Other Electronic Equipments Manufacturing	697538
仪器仪表制造业	Equipments and Instruments Manufacturing	18295
其他制造业	Other Manufacturing	29154
废弃资源综合利用业	Comprehensive Utilization of Waste Resources	4388
金属制品、机械和设备修理业	Metal Products, Machinery and Equipment Repair	34034
电力、热力、燃气及水生产和供应业	Production and Supply of Electricity, Heat, Gas and Water	13915223
电力、热力生产和供应业	Production and Supply of Electricity and Heat	13486283
燃气生产和供应业	Production and Supply of Gas	157441
水的生产和供应业	Production and Supply of Water	271500

continued

(10 000 yuan)

流动负债 Liquid Liabilities	负债合计 Total Liabilities	年末所有者权益 Creditors' Equity at Year-end	主营业务收入 Revenue of Major Business	主营业务成本 Costs of Major Business	主营业务税金及附加 Taxes and Extra Charges of Major Business	营业费用 Costs of Business	管理费用 Costs of Administration
76147285	117942560	41637276	75518091	62540488	915858	3365900	5453253
72370223	112783384	39162382	71338675	59072096	862391	3333726	5200128
997956	1463054	724395	406376	268779	3863	5438	47347
2092766	2698772	1500936	3351569	2845854	43909	17083	183847
534486	839085	244966	367240	310209	4953	8425	18688
151854	158265	4598	54231	43550	743	1228	3243
64602949	83388124	30596955	84436151	75274808	499738	2278322	3405630
1002255	1251416	1097149	3561278	3182900	2127	52981	63634
455198	532674	590108	1265709	1028958	3500	77027	53901
866269	983125	1093022	1961232	1466275	99570	182743	112819
17658	17658	279086	437083	143832	192848	3722	25995
407928	450540	186363	416424	371323	732	5671	11945
106135	110829	95794	184886	157701	605	3959	10821
1751	1778	17991	84385	80680	1301	292	548
249942	283558	99190	129000	111148	444	1372	4672
68748	68808	32593	59266	51116	262	2453	1827
96368	162723	71138	175057	158583	440	4295	5212
118226	144297	150630	175651	144393	760	6280	15244
117101	126471	43582	92904	80375	400	5065	6766
16004806	20346482	3295315	10540068	9766162	41517	575453	353226
7565467	9230807	3057704	7705674	6907099	20676	221189	378365
1197636	1711608	1141440	1671912	1065494	12394	233142	162798
406751	599442	449382	892744	784009	2541	24005	27101
3914657	5087987	1808126	3707296	3235685	20689	148359	205674
13975974	20172444	8328134	28937725	27245402	34343	347698	808943
3914677	5927043	1822098	5681617	5315927	14945	96343	156107
743416	847802	514781	1141523	1003198	3952	29092	65531
1110120	1367388	605551	1742381	1436361	3567	47192	103202
4887672	5908263	1864471	3807720	3282493	10764	98682	266638
811403	966296	554491	946174	868678	1810	22688	77182
1209486	1370050	470314	1422796	1212087	4380	30539	109566
1327504	1612095	652871	1295141	1111837	5955	29297	100718
3700785	3724126	1968161	5919522	4709019	16302	11497	235563
171232	203129	181619	272411	192559	1502	12671	24912
37724	47507	70002	63530	44655	96	1763	3363
12713	20713	29539	21181	11248	19	348	2875
103348	111062	26313	123860	105612	1296	2507	10482
12117006	23810030	7523889	18056939	14933553	83052	82753	330950
10964365	21675287	6561403	16671761	13740166	77532	29704	246431
926456	1801218	536586	1204600	1032882	4157	44816	45841
226185	333525	425900	180579	160505	1363	8233	38677

10-4 续表5

单位：万元

指 标	Item	财务费用 Costs of Finance
四、按工业行业大类分	Grouped by Sector	
采矿业	Mining	3142894
煤炭开采和洗选业	Coal Mining and Dressing	2981551
石油和天然气开采业	Petroleum and Natural Gas Extraction	44580
黑色金属矿采选业	Ferrous Metals Mining and Dressing	99439
有色金属矿采选业	Nonferrous Metals Mining and Dressing	14450
非金属矿采选业	Nonmetal Minerals Mining and Dressing	2874
开采辅助活动	Mining Auxiliary Activities	
其他采矿业	Other Mining Industry	
制造业	Manufacturing	2211507
农副食品加工业	Farm Products Processing	46419
食品制造业	Food Manufacturing	22187
酒、饮料和精制茶制造业	Wine, Beverages and Refined Tea Manufacturing	17884
烟草制品业	Tobacoo Products Manfacturing	-4628
纺织业	Textile Industry	12032
纺织服装、服饰业	Textile, Wearing Apparel and Accessories	2087
皮革、毛皮、羽毛及其制品和制鞋业	Leather, Fur, Feather and Related Products and Footwear	191
木材加工和木、竹、藤、棕、草制品业	Timber Processing,Bamboo,Cane,Palm Fiber and Straw Products	9299
家具制造业	Furniture Manufacturing	1970
造纸和纸制品业	Paper Making and Paper Products	4625
印刷和记录媒介复制业	Printing and Record Medium Reproduction	4403
文教、工美、体育和娱乐用品制造业	Culture, Education, Art and Crafts, Sport and Entertainment Products	6882
石油加工、炼焦和核燃料加工业	Petroleum Processing, Coking and Nuclear Fuel Processing	619459
化学原料和化学制品制造业	Raw Chemical Materials and Chemical Products	335662
医药制造业	Medical and Pharmaceutical Products	45667
化学纤维制造业	Chemical Fiber Manufacturing	
橡胶和塑料制品业	Rubber and Plastic Products	22868
非金属矿物制品业	Nonmetal Mineral Products	154788
黑色金属冶炼和压延加工业	Smelting and Pressing of Ferrous Metals	489714
有色金属冶炼和压延加工业	Smelting and Pressing of Non-ferrous Metals	213285
金属制品业	Metal Prodcuts	18615
通用设备制造业	Ordinary Machinery Manufacturing	23350
专用设备制造业	Special Purpose Equipment Manufacturing	109379
汽车制造业	Automobile Manufacturing	14829
铁路、船舶、航空航天和其他运输设备制造业	Railroad, Marine, Aviation and Other Transport Equipments Manufacturing	13358
电气机械和器材制造业	Electrical Machinery and Equipment Manufacturing	33966
计算机、通信和其他电子设备制造业	Computers, Telecommunication and Other Electronic Equipments Manufacturing	-10298
仪器仪表制造业	Equipments and Instruments Manufacturing	1580
其他制造业	Other Manufacturing	324
废弃资源综合利用业	Comprehensive Utilization of Waste Resources	1016
金属制品、机械和设备修理业	Metal Products, Machinery and Equipment Repair	593
电力、热力、燃气及水生产和供应业	Production and Supply of Electricity, Heat, Gas and Water	859174
电力、热力生产和供应业	Production and Supply of Electricity and Heat	823547
燃气生产和供应业	Production and Supply of Gas	32617
水的生产和供应业	Production and Supply of Water	3009

continued

(10 000 yuan)

#利息支出 Interest Expenditure	利润总额 Total Profits	亏损企业亏损额 Loss of Loss-making Enterprises	利税总额 Total Pre-tax Profits	应付薪酬总额 Total Wages Payable	应交所得税 Income Taxes Payable	应交增值税 Value Added Taxes Payable
3149729	816539	2211515	5580403	8188437	614788	3777786
3000735	531429	2143507	5031369	7986175	575805	3567451
38599	107200	5556	138411	47938	16674	27244
92988	155678	53804	365526	119138	18579	165921
14371	19630	7696	40418	32623	3720	15835
3036	2602	952	4679	2563	11	1335
2043401	376384	2196051	2445488	4610587	279829	1560312
42217	219422	20775	245118	94349	2745	23567
21111	87797	6123	116204	60898	9567	24877
20569	88900	18168	265443	171079	18549	76961
	74987		322188	37163	19731	54353
11045	10739	8124	18903	27979	2946	7432
1804	12520	2	17405	23540	2876	4195
170	1373		3256	1130	238	582
8570	5765	6256	10879	6576	878	4670
1914	1660	397	2137	2142	23	215
4194	2503	1949	5568	8971	915	2626
4208	7718	2472	12195	20977	976	3716
6781	−6622	8959	−3812	7703	157	2393
496490	−663721	737680	−388296	424785	1923	233759
337099	−53477	347076	109708	446436	54389	141795
53593	161663	15403	271144	145209	20838	92929
23184	35237	4837	46740	42971	2488	8884
140502	−22862	207271	119432	302202	24759	121388
486436	−58927	419367	285608	1028318	30172	309495
151095	−140288	223045	2128	282813	2586	127433
17825	25439	9005	57462	117686	4826	27445
19031	121761	11363	150890	100196	4368	25196
110610	79544	39275	162403	259270	13340	70549
15835	13854	24000	36892	72841	1536	21132
11530	61517	8384	95248	118115	4959	29352
32070	33438	46969	86524	91218	10781	47122
21814	212333	26647	310386	662551	34668	81540
1283	40912	623	50613	16023	3092	8199
851	13908	48	14870	4806	2874	866
1029	4954	21	5128	1702	1171	154
540	4337	1811	13125	30937	1459	7489
866899	1370225	214123	2295951	1218215	264513	836401
828379	1313383	179616	2209589	1120149	243437	813265
34954	77525	12330	98485	49980	20835	16026
3566	−20684	22176	−12123	48086	241	7110

10-5 国有控股工业企业主要经济指标(2014年)

单位：万元

指 标	Item	单位数(个) Number of Enterprises (unit)	#亏损企业 Loss-making Enterprises
总 计	**Total**	**757**	**358**
在总计中:	Of the Total:		
亏损企业	Loss-making Enterprises	358	358
按隶属关系分	Grouped by Jurisdiction of Management		
中央企业	Central Enterprises	136	44
地方企业	Local Enterprises	621	314
#省属企业	Province-owned Enterprises	285	128
市属企业	City-owned Enterprises	106	60
县属企业	County-owned Enterprises	172	93
在总计中:	Of the Total:		
轻工业	Light Industry	61	32
重工业	Heavy Industry	696	326
在总计中:	Of the Total:		
大型企业	Large-size Enterprises	146	56
中型企业	Medium-size Enterprises	348	184
小型企业	Small-size Enterprises	237	103
微型企业	Micro-size Enterprises	26	15
按工业行业大类分	Grouped by Sector		
采掘业	Mining	334	187
煤炭开采和洗选业	Coal Mining and Dressing	318	182
石油和天然气开采业	Petroleum and Natural Gas Extraction	6	2
黑色金属矿采选业	Ferrous Metals Mining and Dressing	6	2
有色金属矿采选业	Nonferrous Metals Mining and Dressing	4	1
非金属矿采选业	Nonmetal Minerals Mining and Dressing		
开采辅助活动	Mining Auxiliary Activities		
其他采矿业	Other Mining Industry		
制造业	Manufacturing	292	129
农副食品加工业	Farm Products Processing	4	1
食品制造业	Food Manufacturing	2	1
酒、饮料和精制茶制造业	Wine, Beverages and Refined Tea Manufacturing	11	5
烟草制品业	Tobacoo Products Manfacturing	1	
纺织业	Textile Industry	3	2
纺织服装、服饰业	Textile, Wearing Apparel and Accessories	6	1

MAIN INDICATORS OF STATE-HOLDING INDUSTRIAL ENTERPRISES(2014)

(10 000 yuan)

工业销售产值 Industrial Sales Output Value	资产总计 Total Assets	流动资产合计 Total Circulating Funds	固定资产合计 Total Fixed Assets	固定资产原价 Original Value Of Fixed Assets
74324077	**194199559**	**65595407**	**89769462**	**120959295**
22333823	69263543	21437478	33310138	40021653
23930550	41066642	9499859	26104194	37725073
50393527	153132917	56095548	63665268	83234221
39914325	119631955	45107613	50927427	67259804
4110197	12324851	4488392	4457888	6602768
4963351	16088677	5153649	5938227	6814742
1992582	4015627	1909193	1360357	1956737
72331495	190183932	63686214	88409105	119002558
48281523	131745354	50902181	55837836	76984414
20653866	47040404	11328950	24209067	32457067
4871246	14332021	3167775	9117270	10903728
517442	1081780	196501	605289	614085
32826464	118003504	41717350	49997663	58844290
31862868	114265643	40741277	47997612	57191615
193266	1663940	613597	746997	316025
528813	1274331	110465	791323	809320
241518	799590	252011	461731	527331
25216361	47517848	19361924	18130108	28155299
24459	63026	29676	20834	37967
5233	9019	6719	1983	3728
575343	1208590	774241	193513	317163
431891	296745	193059	100941	142461
24168	53334	31327	21253	49418
88355	120666	75904	17134	32719

10-5 续表1

单位：万元

指　标	Item	累计折旧 Total Depreciation	流动负债 Liquid Liabilities
总　计	**Total**	**49404531**	**88696650**
在总计中:	Of the Total:		
亏损企业	Loss-making Enterprises	16547071	36461819
按隶属关系分	Grouped by Belongs		
中央企业	Central Enterprises	15708409	16750468
地方企业	Local Enterprises	33696122	71946182
#省属企业	Province-owned Enterprises	28612425	53640334
市属企业	City-owned Enterprises	2477872	6436371
县属企业	County-owned Enterprises	2035759	8925853
在总计中:	Of the Total:		
轻工业	Light Industry	753835	1742235
重工业	Heavy Industry	48650696	86954414
在总计中:	Of the Total:		
大型企业	Large-size Enterprises	35011728	55460252
中型企业	Medium-size Enterprises	11614440	25882984
小型企业	Small-size Enterprises	2694537	6871085
微型企业	Micro-size Enterprises	83826	482329
按工业行业大类分	Grouped by Sector		
采掘业	Mining	24366251	51500532
煤炭开采和洗选业	Coal Mining and Dressing	24188592	49912946
石油和天然气开采业	Petroleum and Natural Gas Extraction	70196	701767
黑色金属矿采选业	Ferrous Metals Mining and Dressing	21521	513676
有色金属矿采选业	Nonferrous Metals Mining and Dressing	85942	372143
非金属矿采选业	Nonmetal Minerals Mining and Dressing		
开采辅助活动	Mining Auxiliary Activities		
其他采矿业	Other Mining Industry		
制造业	Manufacturing	11523720	26208614
农副食品加工业	Farm Products Processing	17122	57840
食品制造业	Food Manufacturing	1745	8259
酒、饮料和精制茶制造业	Wine, Beverages and Refined Tea Manufacturing	133141	521070
烟草制品业	Tobacoo Products Manfacturing	63042	17658
纺织业	Textile Industry	28389	21936
纺织服装、服饰业	Textile, Wearing Apparel and Accessories	15608	72549

continued

(10 000 yuan)

负债合计 Total Liabilities	年末所有者权益 Creditors' Equity at Year-end	主营业务收入 Revenue of Major Business	主营业务成本 Costs of Major Business	主营业务税金及附加 Taxes and Extra Charges of Major Business	营业费用 Costs of Business	管理费用 Costs of Administration
143885368	**50069028**	**103293851**	**87913409**	**1055966**	**3582431**	**6210137**
58922103	10261521	38692036	35798715	280416	1210178	2534958
28814482	12182994	24008475	18967234	409964	1284526	882213
115070886	37886034	79285376	68946175	646003	2297905	5327924
89713930	29833330	69070698	60449320	499068	1961527	4175502
9096591	3203834	4117330	3592969	36378	88258	407638
12187260	3883481	4663602	3706602	91052	194452	584543
2220733	1791027	2791399	1997546	277479	193685	211181
141664635	48278002	100502452	85915863	778488	3388746	5998956
95297607	36335668	76995590	66090916	620588	3192623	4613268
36179163	10831093	21454987	17944973	401049	254685	1356696
11381794	2940480	4734886	3807839	33694	134029	228874
1026803	-38214	108388	69681	635	1094	11300
86997274	30860932	52343284	43153589	638092	2699964	4247064
84463089	29657257	51415496	42472494	632046	2696943	4172434
1118216	545724	207581	127208	3355	323	34423
787690	486641	497980	359462	1763	93	33058
628279	171311	222227	194425	929	2606	7150
35116428	12343238	33807507	30555531	340806	814182	1672097
61931	1095	29781	26295	69	1006	4477
8400	619	11521	8479	104	1925	434
539708	668883	1362414	1028196	79868	136924	81894
17658	279086	437083	143832	192848	3722	25995
32417	17053	27503	24861	219	874	2936
76396	44270	87355	74789	433	2781	8120

10-5 续表2

单位：万元

指　　标	Item	财务费用 Costs of Finance	#利息支出 Interest Expenditure
总　计	**Total**	**3884754**	**4033284**
在总计中:	Of the Total:		
亏损企业	Loss-making Enterprises	1619815	1544251
按隶属关系分	Grouped by Belongs		
中央企业	Central Enterprises	883106	879260
地方企业	Local Enterprises	3001648	3154023
#省属企业	Province-owned Enterprises	2405581	2578804
市属企业	City-owned Enterprises	223279	220036
县属企业	County-owned Enterprises	284097	269196
在总计中:	Of the Total:		
轻工业	Light Industry	45997	64497
重工业	Heavy Industry	3838757	3968786
在总计中:	Of the Total:		
大型企业	Large-size Enterprises	2638141	2852978
中型企业	Medium-size Enterprises	875449	808387
小型企业	Small-size Enterprises	354335	357237
微型企业	Micro-size Enterprises	16829	14682
按工业行业大类分	Grouped by Sector		
采掘业	Mining	2175551	2278045
煤炭开采和洗选业	Coal Mining and Dressing	2076657	2184519
石油和天然气开采业	Petroleum and Natural Gas Extraction	40690	35632
黑色金属矿采选业	Ferrous Metals Mining and Dressing	47162	46807
有色金属矿采选业	Nonferrous Metals Mining and Dressing	11042	11088
非金属矿采选业	Nonmetal Minerals Mining and Dressing		
开采辅助活动	Mining Auxiliary Activities		
其他采矿业	Other Mining Industry		
制造业	Manufacturing	926453	960031
农副食品加工业	Farm Products Processing	912	1293
食品制造业	Food Manufacturing	100	99
酒、饮料和精制茶制造业	Wine, Beverages and Refined Tea Manufacturing	3943	8773
烟草制品业	Tobacoo Products Manfacturing	-4628	
纺织业	Textile Industry	19	45
纺织服装、服饰业	Textile, Wearing Apparel and Accessories	489	249

continued

(10 000 yuan)

利润总额 Total Profits	亏损企业亏损额 Loss of Loss-making Enterprises	利税总额 Total Pre-tax Profits	应付薪酬总额 Total Wages Payable	应交所得税 Income Taxes Payable	应交增值税 Value Added Taxes Payable
1131687	**2594338**	**6187235**	**10298321**	**801082**	**3924532**
-2594338	2594338	-1218800	4209907	132574	1075166
1095334	409864	2772033	1857000	283348	1263766
36353	2184474	3415202	8441321	517734	2660767
479261	1306176	3140540	7003778	425352	2093832
-183042	349601	33660	632831	42687	178190
-178262	399025	242621	642125	40205	329085
100905	61304	520999	317171	39577	142410
1030782	2533034	5666236	9981150	761505	3782122
743473	1342966	3998466	7801919	508447	2570957
172087	1005539	1707256	2222285	223549	1123875
204048	233593	464358	268797	66420	225260
12079	12240	17155	5320	2666	4441
184199	1446797	3450099	7100479	461950	2559847
54869	1438220	3232172	7021191	447394	2477400
57975	3354	85684	39110	10251	24250
54850	2821	107811	22029	1817	51199
16505	2402	24432	18149	2489	6999
-353009	967166	543781	2055567	83596	554769
-2392	3127	-1838	2619	4	485
477	3	1332	1527	120	750
42337	6592	183214	135600	13016	61009
74987		322188	37163	19731	54353
-1463	1486	83	5173		1327
3028	2	6299	17405	477	2751

10-5 续表3

单位：万元

指　标	Item	单位数 (个) Number of Enterprises (unit)
皮革、毛皮、羽毛及其制品和制鞋业	Leather, Fur, Feather and its products and Footwear	
木材加工和木、竹、藤、棕、草制品业	Timber Processing, Bamboo, Cane, Palm Fiber and Straw Products	
家具制造业	Furniture Manufacturing	
造纸和纸制品业	Paper Making and Paper Products	
印刷和记录媒介复制业	Printing and Record Medium Reproduction	6
文教、工美、体育和娱乐用品制造业	Culture, Education, Art and Crafts, Sport and Entertainment Products	1
石油加工、炼焦和核燃料加工业	Petroleum Processing, Coking and Nuclear Fuel Processing	19
化学原料和化学制品制造业	Raw Chemical Materials and Chemical Products	44
医药制造业	Medical and Pharmaceutical Products	7
化学纤维制造业	Chemical Fiber	
橡胶和塑料制品业	Rubber and Plastic Products	9
非金属矿物制品业	Nonmetal Mineral Products	43
黑色金属冶炼和压延加工业	Smelting and Pressing of Ferrous Metals	10
有色金属冶炼和压延加工业	Smelting and Pressing of Non-ferrous Metals	17
金属制品业	Metal Prodcuts	8
通用设备制造业	Ordinary Machinery Manufacturing	16
专用设备制造业	Special Purpose Equipment Manufacturing	33
汽车制造业	Automobile Manufacturing	11
铁路、船舶、航空航天和其他运输设备制造业	Railroad, Marine, Aviation and Other Transport Equipments Manufacturing	9
电气机械和器材制造业	Electrical Machinery and Equipment Manufacturing	13
计算机、通信和其他电子设备制造业	Computers, Telecommunication and Other Electronic Equipments Manufacturing	2
仪器仪表制造业	Equipments and Instruments Manufacturing	5
其他制造业	Other Manufacturing	1
废弃资源综合利用业	Comprehensive Utilization of Waste Resources	
金属制品、机械和设备修理业	Metal Products, Machinery and Equipment Repair	11
电力、热力、燃气及水生产和供应业	Production and Supply of Electricity, Heat, Gas and Water	131
电力、热力生产和供应业	Production and Supply of Electricity and Heat	103
燃气生产和供应业	Production and Supply of Gas	15
水的生产和供应业	Production and Supply of Water	13

continued

(10 000 yuan)

#亏损企业 Loss-making Enterprises	工业销售产值 Industrial Sales Output Value	资产总计 Total Assets	流动资产合计 Total Circulating Funds	固定资产合计 Total Fixed Assets	固定资产原价 Original Value Of Fixed Assets
3	39382	93641	39510	34183	61228
1	16360	72842	43034	23239	25866
13	2226560	5159648	1914803	1308860	1938969
20	2830447	7118576	2472127	3563909	5221347
4	443849	853002	245342	373873	427124
3	370658	478070	240590	187113	212859
24	728547	1522330	502599	814895	1152434
8	8847399	14140833	3633124	5938800	11197972
12	2826733	5071414	1774462	2512262	4274162
3	237557	377125	237938	119840	182450
5	305395	817875	542722	205973	179023
7	2445887	6056581	4371912	1335442	1363224
4	268025	543991	270275	170947	275525
2	1072981	1402427	802803	501260	431255
6	1214876	1613189	848622	566961	441270
1	75895	198145	131727	60563	93573
1	25730	52303	38820	12590	13558
	23337	75346	59942	15403	20370
2	67295	119132	80649	28338	59635
42	16281251	28678207	4516134	21641691	33959705
26	15163750	25940215	3765261	20659230	32631396
5	944175	2019162	566653	584723	687331
11	173327	718829	184220	397738	640979

10-5 续表4

单位：万元

指 标	Item	累积折旧 Total Depreciation
皮革、毛皮、羽毛及其制品和制鞋业	Leather, Fur, Feather and its products and Footwear	
木材加工和木、竹、藤、棕、草制品业	Timber Processing, Bamboo, Cane, Palm Fiber and Straw Products	
家具制造业	Furniture Manufacturing	
造纸和纸制品业	Paper Making and Paper Products	
印刷和记录媒介复制业	Printing and Record Medium Reproduction	33619
文教、工美、体育和娱乐用品制造业	Culture, Education, Art and Crafts, Sport and Entertainment Products	2627
石油加工、炼焦和核燃料加工业	Petroleum Processing, Coking and Nuclear Fuel Processing	681766
化学原料和化学制品制造业	Raw Chemical Materials and Chemical Products	1919593
医药制造业	Medical and Pharmaceutical Products	82899
化学纤维制造业	Chemical Fiber	
橡胶和塑料制品业	Rubber and Plastic Products	46015
非金属矿物制品业	Nonmetal Mineral Products	373559
黑色金属冶炼和压延加工业	Smelting and Pressing of Ferrous Metals	5309769
有色金属冶炼和压延加工业	Smelting and Pressing of Non-ferrous Metals	1823515
金属制品业	Metal Prodcuts	84931
通用设备制造业	Ordinary Machinery Manufacturing	72241
专用设备制造业	Special Purpose Equipment Manufacturing	394263
汽车制造业	Automobile Manufacturing	110253
铁路、船舶、航空航天和其他运输设备制造业	Railroad, Marine, Aviation and Other Transport Equipments Manufacturing	123875
电气机械和器材制造业	Electrical Machinery and Equipment Manufacturing	123139
计算机、通信和其他电子设备制造业	Computers, Telecommunication and Other Electronic Equipments Manufacturing	33011
仪器仪表制造业	Equipments and Instruments Manufacturing	7062
其他制造业	Other Manufacturing	11243
废弃资源综合利用业	Comprehensive Utilization of Waste Resources	
金属制品、机械和设备修理业	Metal Products, Machinery and Equipment Repair	31297
电力、热力、燃气及水生产和供应业	Production and Supply of Electricity, Heat, Gas and Water	13514560
电力、热力生产和供应业	Production and Supply of Electricity and Heat	13121958
燃气生产和供应业	Production and Supply of Gas	126608
水的生产和供应业	Production and Supply of Water	265994

continued

(10 000 yuan)

流动负债 Liquid Liabilities	负债合计 Total Liabilities	年末所有者权益 Creditors' Equity at Year-end	主营业务收入 Revenue of Major Business	主营业务成本 Costs of Major Business	主营业务税金及附加 Taxes and Extra Charges of Major Business	营业费用 Costs of Business	管理费用 Costs of Administration
52648	54229	39412	39838	32838	245	310	7961
65316	65316	7526	11202	10883	1	166	1805
3370654	4349020	761688	2149559	2051061	4357	111597	72146
4778589	5617744	1500831	4081786	3804470	10405	91188	242243
354308	686596	166405	440496	350709	1382	27057	25162
162569	317478	160304	431218	381883	1153	8825	10340
852170	1293282	228945	709525	618017	3658	29467	58241
6877350	9794139	4346693	15356961	14335774	17699	208390	578960
2272224	3800517	1270866	2871011	2732945	11178	37661	99512
186242	232346	141553	231783	185637	716	6831	27812
453983	633603	183925	293877	237949	1201	13473	33697
3663978	4588097	1468484	2853291	2466856	6637	76100	176491
300810	389443	154549	274306	246836	931	10656	27075
879449	1034325	368102	1070224	918092	2619	25403	85258
960362	1224946	386861	799093	688560	3604	14781	75972
139314	143151	54994	75301	59749	109	512	10284
33827	35574	16730	28843	21100	201	2019	4561
18015	25115	50230	23058	11301	77	79	1791
87495	94997	24134	110477	94422	1091	2434	8929
10987503	21771666	6864858	17143060	14204289	77069	68285	290977
10009323	19871151	6027385	16040313	13245763	73115	26323	222636
761888	1596664	422498	933363	806653	2622	33737	31745
216293	303851	414975	169384	151873	1332	8225	36595

10-5 续表5

单位：万元

指　　标	Item	财务费用 Costs of Finance
皮革、毛皮、羽毛及其制品和制鞋业	Leather, Fur, Feather and its products and Footwear	
木材加工和木、竹、藤、棕、草制品业	Timber Processing, Bamboo, Cane, Palm Fiber and Straw Products	
家具制造业	Furniture Manufacturing	
造纸和纸制品业	Paper Making and Paper Products	
印刷和记录媒介复制业	Printing and Record Medium Reproduction	472
文教、工美、体育和娱乐用品制造业	Culture, Education, Art and Crafts, Sport and Entertainment Products	6202
石油加工、炼焦和核燃料加工业	Petroleum Processing, Coking and Nuclear Fuel Processing	106551
化学原料和化学制品制造业	Raw Chemical Materials and Chemical Products	197133
医药制造业	Medical and Pharmaceutical Products	23915
化学纤维制造业	Chemical Fiber	
橡胶和塑料制品业	Rubber and Plastic Products	15067
非金属矿物制品业	Nonmetal Mineral Products	44478
黑色金属冶炼和压延加工业	Smelting and Pressing of Ferrous Metals	268721
有色金属冶炼和压延加工业	Smelting and Pressing of Non-ferrous Metals	130646
金属制品业	Metal Prodcuts	3273
通用设备制造业	Ordinary Machinery Manufacturing	5385
专用设备制造业	Special Purpose Equipment Manufacturing	88322
汽车制造业	Automobile Manufacturing	2568
铁路、船舶、航空航天和其他运输设备制造业	Railroad, Marine, Aviation and Other Transport Equipments Manufacturing	8705
电气机械和器材制造业	Electrical Machinery and Equipment Manufacturing	25964
计算机、通信和其他电子设备制造业	Computers, Telecommunication and Other Electronic Equipments Manufacturing	-1888
仪器仪表制造业	Equipments and Instruments Manufacturing	328
其他制造业	Other Manufacturing	-525
废弃资源综合利用业	Comprehensive Utilization of Waste Resources	
金属制品、机械和设备修理业	Metal Products, Machinery and Equipment Repair	302
电力、热力、燃气及水生产和供应业	Production and Supply of Electricity, Heat, Gas and Water	782750
电力、热力生产和供应业	Production and Supply of Electricity and Heat	757035
燃气生产和供应业	Production and Supply of Gas	23629
水的生产和供应业	Production and Supply of Water	2086

continued

(10 000 yuan)

#利息支出 Interest Expenditure	利润总额 Total Profits	亏损企业亏损额 Loss of Loss-making Enterprises	利税总额 Total Pre-tax Profits	应付薪酬总额 Total Wages Payable	应交所得税 Income Taxes Payable	应交增值税 Value Added Taxes Payable
538	-39	1554	1722	8208	253	1517
6201	-8868	8868	-8867	630		
95541	-133618	154060	-88871	138029	811	40268
211738	-193063	259013	-142951	295849	15673	39619
29547	13248	5351	20110	31348	2542	5411
15317	14576	2430	18231	21421	173	2502
43036	-33410	71209	-105	71575	6216	29571
296994	-134871	234657	-19619	605110	5567	96868
115824	-142940	155666	-40247	195705	-185	91515
3485	10336	1230	17359	37081	1350	6306
5356	3047	3359	11599	37082	571	7329
92398	70217	7171	126761	177544	9153	49901
3360	-3344	9201	3437	34775	297	5801
5118	37164	7078	56125	88752	1604	16342
24435	7530	31991	44053	63836	2055	32912
145	8614	887	9222	16887	1	499
301	547	501	1209	4429	111	462
	10626		11341	2561	2657	639
240	4264	1730	11992	25258	1400	6635
795207	1300497	180375	2193355	1142276	255536	809916
766446	1257005	149069	2124998	1053864	238678	789611
26120	64927	9160	81585	43440	16680	13464
2641	-21436	22146	-13229	44973	179	6841

10-6 外商投资和港澳台投资工业企业主要经济指标(2014年)

单位：万元

指　　标	Item	单位数(个) Number of Enterprises (unit)
总　计	**Total**	**148**
港、澳、台商投资企业	Enterprises Funded by HongKong, Macao and Taiwan	49
合资经营企业(港或澳、台资)	Joint Venture	33
合作经营企业(港或澳、台资)	Cooperative Enterprise	1
港澳台商独资经营企业	Ventures Exclusively with HongKong, Macao and Taiwan Investment	12
港澳台商投资股份有限公司	Share Holding Limited Company	3
外商投资企业	Foreign Funded Enterprises	99
中外合资经营企业	Joint Venture	72
中外合作经营企业	Cooperative Enterprises	3
外资企业	Enterprises Funded By Foreign Investments	22
外商投资股份有限公司	Enterprises Invested By Foreign Investments	1
其他外商投资企业	Others	1
在总计中:亏损企业	Of the Total:Loss-making Enterprises	57
在总计中:国有控股企业	Of the Total:State Holding Enterprises	24
在总计中:轻工业	Of the Total:Light Industry	37
重工业	Heavy Industry	111
在总计中:大型企业	Of the Total:Large-size Enterprises	22
中型企业	Medium-size Enterprises	36
小型企业	Small-size Enterprises	86
微型企业	Micro-size Enterprises	4
按工业行业大类分	Grouped by Sector	
采矿业	Mining	17
煤炭开采和洗选业	Coal Mining and Dressing	11
石油和天然气开采业	Petroleum and Natural Gas Extraction	5
黑色金属矿采选业	Ferrous Metals Mining and Dressing	
有色金属矿采选业	Nonferrous Metals Mining and Dressing	1
非金属矿采选业	Nonmetal Minerals Mining and Dressing	
开采辅助活动	Mining Auxiliary Activities	
其他采矿业	Other Mining Industry	
制造业	Manufacturing	111
农副食品加工业	Farm Products Processing	3
食品制造业	Food Manufacturing	6
酒、饮料和精制茶制造业	Wine, Beverages and Refined Tea Manufacturing	14
烟草制品业	Tobacoo Products Manfacturing	

MAIN INDICATORS OF INDUSTRIAL ENTERPRISES WITH HONG KONG, MACAO, TAIWAN AND FOREIGN FUNDS(2014)

(10 000 yuan)

#亏损企业 Loss-making Enterprises	工业销售产值 Industrial Sales Output Value	资产总计 Total Assets	流动资产合计 Total Circulating Funds	固定资产合计 Total Fixed Assets	固定资产原价 Original Value Of Fixed Assets
57	**12294658**	**19380691**	**8539663**	**8329615**	**13071575**
15	7058329	8938038	4591088	3730956	5326939
13	5069860	5569742	2741808	2518617	3563001
	195388	546976	238772	104082	143232
	1606661	2354338	1299232	964560	1293623
2	186421	466982	311276	143696	327083
42	5236329	10442653	3948575	4598659	7744635
29	3204310	7080900	2578958	2944457	4270675
	806838	1435662	403863	800625	2125932
12	1214226	1792293	959432	727015	1216763
	7226	8619	5188	3431	5398
1	3730	125180	1134	123132	125867
57	1628863	3866659	1431242	1684927	2986856
8	2192695	5155453	1070330	3321148	5537384
13	915818	1349667	489660	609572	823755
44	11378840	18031024	8050004	7720043	12247820
7	8509554	11682352	5813564	4171668	7060120
13	2367318	5404044	1973969	2800062	4176894
35	1400216	2213956	717274	1321801	1798244
2	17571	80339	34857	36084	36317
4	1483927	4323803	1293248	2052609	2498831
3	1176639	3275810	1037103	1362375	1756588
1	164894	423032	117233	283619	344998
	142394	624961	138912	406615	397245
50	9512101	11763040	6696916	3802522	6209562
2	36924	42775	26576	12793	15811
	120426	56454	33243	18532	42928
7	156390	235639	90688	134067	218433

10-6 续表1

单位：万元

指 标	Item	单位数(个) Number of Enterprises (unit)
纺织业	Textile Industry	2
纺织服装、服饰业	Textile, Wearing Apparel and Accessories	
皮革、毛皮、羽毛及其制品和制鞋业	Leather, Fur, Feather and Related Products and Footwear	
木材加工和木、竹、藤、棕、草制品业	Timber Processing,Bamboo,Cane,Palm Fiber and Straw Products	
家具制造业	Furniture Manufacturing	
造纸和纸制品业	Paper Making and Paper Products	
印刷和记录媒介复制业	Printing and Record Medium Reproduction	1
文教、工美、体育和娱乐用品制造业	Culture, Education, Art and Crafts, Sport and Entertainment Products	
石油加工、炼焦和核燃料加工业	Petroleum Processing, Coking and Nuclear Fuel Processing	13
化学原料和化学制品制造业	Raw Chemical Materials and Chemical Products	13
医药制造业	Medical and Pharmaceutical Products	7
化学纤维制造业	Chemical Fiber Manufacturing	
橡胶和塑料制品业	Rubber and Plastic Products	3
非金属矿物制品业	Nonmetal Mineral Products	10
黑色金属冶炼和压延加工业	Smelting and Pressing of Ferrous Metals	5
有色金属冶炼和压延加工业	Smelting and Pressing of Non-ferrous Metals	5
金属制品业	Metal Prodcuts	2
通用设备制造业	Ordinary Machinery Manufacturing	4
专用设备制造业	Special Purpose Equipment Manufacturing	6
汽车制造业	Automobile Manufacturing	3
铁路、船舶、航空航天和其他运输设备制造业	Railroad, Marine, Aviation and Other Transport Equipment Manufacturing	2
电气机械和器材制造业	Electrical Machinery and Equipment Manufacturing	5
计算机、通信和其他电子设备制造业	Computers, Telecommunication and Other Electronic Equipments Manufacturing	4
仪器仪表制造业	Equipments and Instruments Manufacturing	1
其他制造业	Other Manufacturing	
废弃资源综合利用业	Comprehensive Utilization of Waste Resources	1
金属制品、机械和设备修理业	Metal products, Machinery and Equipment Repair	1
电力、热力、燃气及水生产和供应业	Production and Supply of Electricity, Heat, Gas and Water	20
电力、热力生产和供应业	Production and Supply of Electricity and Heat	15
燃气生产和供应业	Production and Supply of Gas	5
水的生产和供应业	Production and Supply of Water	

continued

(10 000 yuan)

#亏损企业 Loss-making Enterprises	工业销售产值 Industrial Sales Output Value	资产总计 Total Assets	流动资产合计 Total Circulating Funds	固定资产合计 Total Fixed Assets	固定资产原价 Original Value Of Fixed Assets
2	7864	40753	24938	12186	17564
1	2329	5725	2591	3134	5310
9	1083754	2707950	1324375	658652	1612967
6	898652	1309439	584934	715406	1078026
	486941	849731	267533	353900	403841
1	68438	93500	42906	43182	78913
6	169410	433764	54986	307684	380987
1	53979	92022	51084	38514	77840
4	110605	163631	102361	58904	94581
	21145	23863	11396	11326	19580
2	12309	25852	13725	10118	15998
4	133833	211806	148861	48498	91932
2	12809	36547	26488	8479	6611
	255034	262811	193936	57871	115079
2	102173	136888	88269	25288	30948
1	5663278	4874934	3533662	1237285	1846974
	88791	99504	60041	4956	9323
	16308	46628	5055	39379	42184
	10709	12825	9268	2370	3732
3	1298631	3293848	549499	2474484	4363182
1	1158375	3117191	501771	2368888	4244100
2	140256	176657	47728	105596	119082

10-6 续表2

单位：万元

指 标	Item	累计折旧 Total Depreciation
总 计	**Total**	**5191704**
港、澳、台商投资企业	Enterprises Funded by HongKong, Macao and Taiwan	1726368
合资经营企业(港或澳、台资)	Joint Venture	1071563
合作经营企业(港或澳、台资)	Cooperative Enterprise	99335
港澳台商独资经营企业	Ventures Exclusively with HongKong, Macao and Taiwan Investment	351578
港澳台商投资股份有限公司	Share Holding Limited Company	203893
外商投资企业	Foreign Funded Enterprises	3465336
中外合资经营企业	Joint Venture	1642732
中外合作经营企业	Cooperative Enterprises	1325307
外资企业	Enterprises Funded By Foreign Investments	491841
外商投资股份有限公司	Enterprises Invested By Foreign Investments	2722
其他外商投资企业	Others	2735
在总计中:亏损企业	Of the Total:Loss-making Enterprises	1329968
在总计中:国有控股企业	Of the Total:State Holding Enterprises	2260923
在总计中:轻工业	Of the Total:Light Industry	252306
重工业	Heavy Industry	4939399
在总计中:大型企业	Of the Total:Large-size Enterprises	3228096
中型企业	Medium-size Enterprises	1449789
小型企业	Small-size Enterprises	509385
微型企业	Micro-size Enterprises	4435
按工业行业大类分	Grouped by Sector	
采矿业	Mining	683662
煤炭开采和洗选业	Coal Mining and Dressing	609753
石油和天然气开采业	Petroleum and Natural Gas Extraction	62937
黑色金属矿采选业	Ferrous Metals Mining and Dressing	
有色金属矿采选业	Nonferrous Metals Mining and Dressing	10973
非金属矿采选业	Nonmetal Minerals Mining and Dressing	
开采辅助活动	Mining Auxiliary Activities	
其他采矿业	Other Mining Industry	
制造业	Manufacturing	2576403
农副食品加工业	Farm Products Processing	3018
食品制造业	Food Manufacturing	24396
酒、饮料和精制茶制造业	Wine, Beverages and Refined Tea Manufacturing	84731
烟草制品业	Tobacoo Products Manfacturing	

continued

(10 000 yuan)

流动负债 Liquid Liabilities	负债合计 Total Liabilities	年末所有者权益 Creditors' Equity at Year-end	主营业务收入 Revenue of Major Business	主营业务成本 Costs of Major Business	主营业务税金及附加 Taxes and Extra Charges of Major Business	营业费用 Costs of Business	管理费用 Costs of Administration
10321904	**13125040**	**6237601**	**12787014**	**10041289**	**64977**	**254764**	**537452**
5156040	6461475	2469240	7283694	5723841	17035	82191	205985
3410347	4363098	1199827	5376670	4140603	8153	37736	98562
439580	439580	107396	89756	86711		895	784
959377	1233955	1119878	1628361	1308851	8204	33207	88982
346736	424842	42139	188908	187677	678	10353	17657
5165864	6663565	3768361	5503320	4317448	47943	172573	331468
3451661	4831438	2245597	3469744	2783051	22813	152011	173164
580281	657478	778184	802448	527162	11514	10267	52577
1059641	1100338	685093	1220202	996968	13572	10174	103700
2580	2610	6009	7196	5741	31	122	1159
71702	71702	53478	3730	4527	13		867
2652561	3263211	599583	1781935	1617812	9798	106756	107215
1943102	3558397	1593193	2423901	1844367	16858	25132	110236
575100	931826	406609	963397	765109	6777	69320	45792
9746805	12193214	5830992	11823617	9276180	58200	185444	491661
6533681	7612055	4070297	8594070	6718763	42092	102274	370951
2893531	4138947	1258235	2722724	2150976	12431	74148	98228
862677	1321242	881528	1453538	1158457	10398	77893	66356
32015	52797	27542	16682	13093	56	449	1918
1867408	2550617	1773185	1540793	1053476	21244	68574	133328
1386064	1807385	1468425	1229344	823496	20789	62389	117291
275133	280884	142148	170702	116701	454	3580	11747
206212	462349	162612	140747	113279		2606	4290
7432224	8424168	3320823	9699970	7868546	35915	178678	380085
16320	25048	17728	47466	39268		2122	1658
17585	18138	38316	119887	104970	314	7574	4164
131921	156235	79404	184005	142941	3853	21717	11047

10-6 续表3

单位：万元

指 标	Item	累计折旧 Total Depreciation
纺织业	Textile Industry	5378
纺织服装、服饰业	Textile, Wearing Apparel and Accessories	
皮革、毛皮、羽毛及其制品和制鞋业	Leather, Fur, Feather and Related Products and Footwear	
木材加工和木、竹、藤、棕、草制品业	Timber Processing,Bamboo,Cane,Palm Fiber and Straw Products	
家具制造业	Furniture Manufacturing	
造纸和纸制品业	Paper Making and Paper Products	
印刷和记录媒介复制业	Printing and Record Medium Reproduction	2223
文教、工美、体育和娱乐用品制造业	Culture, Education, Art and Crafts, Sport and Entertainment Products	
石油加工、炼焦和核燃料加工业	Petroleum Processing, Coking and Nuclear Fuel Processing	1037810
化学原料和化学制品制造业	Raw Chemical Materials and Chemical Products	392681
医药制造业	Medical and Pharmaceutical Products	77366
化学纤维制造业	Chemical Fiber Manufacturing	
橡胶和塑料制品业	Rubber and Plastic Products	36584
非金属矿物制品业	Nonmetal Mineral Products	88506
黑色金属冶炼和压延加工业	Smelting and Pressing of Ferrous Metals	39347
有色金属冶炼和压延加工业	Smelting and Pressing of Non-ferrous Metals	38480
金属制品业	Metal Prodcuts	8254
通用设备制造业	Ordinary Machinery Manufacturing	6454
专用设备制造业	Special Purpose Equipment Manufacturing	44301
汽车制造业	Automobile Manufacturing	3365
铁路、船舶、航空航天和其他运输设备制造业	Railroad, Marine, Aviation and Other Transport Equipment Manufacturing	57209
电气机械和器材制造业	Electrical Machinery and Equipment Manufacturing	8076
计算机、通信和其他电子设备制造业	Computers, Telecommunication and Other Electronic Equipments Manufacturing	609690
仪器仪表制造业	Equipments and Instruments Manufacturing	4367
其他制造业	Other Manufacturing	
废弃资源综合利用业	Comprehensive Utilization of Waste Resources	2805
金属制品、机械和设备修理业	Metal products, Machinery and Equipment Repair	1363
电力、热力、燃气及水生产和供应业	Production and Supply of Electricity, Heat, Gas and Water	1931639
电力、热力生产和供应业	Production and Supply of Electricity and Heat	1916367
燃气生产和供应业	Production and Supply of Gas	15272
水的生产和供应业	Production and Supply of Water	

continued

(10 000 yuan)

流动负债 Liquid Liabilities	负债合计 Total Liabilities	年末所有者权益 Creditors' Equity at Year-end	主营业务收入 Revenue of Major Business	主营业务成本 Costs of Major Business	主营业务税金及附加 Taxes and Extra Charges of Major Business	营业费用 Costs of Business	管理费用 Costs of Administration
17937	18532	18357	9551	9176	14	172	551
582	2065	3660	2057	2054	11	72	213
2105559	2423525	284426	1130591	1029425	4683	67300	34102
552846	753516	549106	910631	750068	4041	4847	19180
328898	646795	202430	496316	378583	2403	34401	24958
23391	26606	60032	66809	59592	233	2259	3073
333382	359560	74204	175832	155224	1224	4328	15379
42702	45571	46451	105780	85726	167	6286	7693
98538	103900	59730	111829	98695	168	790	2955
7433	9097	14766	22142	17628	7	1438	1533
17127	17167	8686	18033	15703	60	1170	1967
106856	167557	44249	140104	125825	746	4082	16718
30645	31457	5090	15145	11784	32	535	2047
164895	164895	97916	253603	207834	1182	5960	15784
71888	75974	60914	102328	71420	876	4198	4969
3301370	3301370	1573564	5663279	4486538	15592	4781	202296
44595	51407	48097	97582	59679	274	4349	6526
12135	20135	26494	16308	6991		299	2654
5620	5620	7205	10690	9423	33		620
1022272	2150256	1143593	1546251	1119268	7819	7512	24040
930011	2040881	1076310	1404339	1000183	7405	14	17571
92261	109375	67283	141912	119085	414	7498	6469

10-6 续表4

单位：万元

指　标	Item	财务费用 Costs of Finance
总　计	**Total**	**314463**
港、澳、台商投资企业	Enterprises Funded by HongKong, Macao and Taiwan	125984
合资经营企业(港或澳、台资)	Joint Venture	83140
合作经营企业(港或澳、台资)	Cooperative Enterprise	1313
港澳台商独资经营企业	Ventures Exclusively with HongKong, Macao and Taiwan Investment	30502
港澳台商投资股份有限公司	Share Holding Limited Company	11029
外商投资企业	Foreign Funded Enterprises	188479
中外合资经营企业	Joint Venture	160594
中外合作经营企业	Cooperative Enterprises	12577
外资企业	Enterprises Funded By Foreign Investments	15222
外商投资股份有限公司	Enterprises Invested By Foreign Investments	86
其他外商投资企业	Others	
在总计中:亏损企业	Of the Total:Loss-making Enterprises	109356
在总计中:国有控股企业	Of the Total:State Holding Enterprises	137911
在总计中:轻工业	Of the Total:Light Industry	28996
重工业	Heavy Industry	285467
在总计中:大型企业	Of the Total:Large-size Enterprises	116550
中型企业	Medium-size Enterprises	145962
小型企业	Small-size Enterprises	50016
微型企业	Micro-size Enterprises	1936
按工业行业大类分	Grouped by Sector	
采矿业	Mining	66820
煤炭开采和洗选业	Coal Mining and Dressing	52246
石油和天然气开采业	Petroleum and Natural Gas Extraction	3636
黑色金属矿采选业	Ferrous Metals Mining and Dressing	
有色金属矿采选业	Nonferrous Metals Mining and Dressing	10938
非金属矿采选业	Nonmetal Minerals Mining and Dressing	
开采辅助活动	Mining Auxiliary Activities	
其他采矿业	Other Mining Industry	
制造业	Manufacturing	140891
农副食品加工业	Farm Products Processing	688
食品制造业	Food Manufacturing	78
酒、饮料和精制茶制造业	Wine, Beverages and Refined Tea Manufacturing	2695
烟草制品业	Tobacoo Products Manfacturing	

continued

(10 000 yuan)

#利息支出 Interest Expenditure	利润总额 Total Profits	亏损企业亏损额 Loss of Loss-making Enterprises	利税总额 Total Pre-tax Profits	应付薪酬总额 Total Wages Payable	应交所得税 Income Taxes Payable	应交增值税 Value Added Taxes Payable
329533	**804197**	**172582**	**1276682**	**1110668**	**186284**	**404382**
149516	371092	63042	502772	538757	75564	111716
105007	242486	27011	317639	277464	35920	64072
1313	54		1846	4645		1792
32490	164550		214347	237598	39634	41593
10707	-35997	36031	-31061	19051	10	4259
180017	433105	109540	773910	571911	110721	292667
147945	158620	73033	311761	260468	43770	130156
14675	177149		271915	95203	51032	83253
17335	98198	35539	190463	214857	15812	78693
62	106		511	678	106	350
	-968	968	-739	706		216
87548	-172582	172582	-116754	136392	2782	46030
144569	275748	22667	436606	186473	67680	141007
34168	46893	9295	76637	61376	6999	22920
295365	757304	163287	1200045	1049292	179286	381462
145070	446672	55091	744683	929101	103778	255872
137140	256128	83626	372426	119591	59618	100831
45253	102133	31254	160127	60587	22805	47554
2070	-735	2610	-554	1390	83	125
66163	190240	20443	344530	191414	50808	133047
52461	131000	19475	281952	172723	41896	130162
2713	49150	968	52488	8167	6424	2884
10990	10090		10090	10524	2489	
156985	339876	148254	561233	833777	88078	185262
665	1803	613	1854	2322	-7	51
94	2658		4751	6320	926	1779
2754	87	6592	10127	18287	855	6186

10-6 续表5

单位：万元

指 标	Item	财务费用 Costs of Finance
纺织业	Textile Industry	1175
纺织服装、服饰业	Textile, Wearing Apparel and Accessories	
皮革、毛皮、羽毛及其制品和制鞋业	Leather, Fur, Feather and Related Products and Footwear	
木材加工和木、竹、藤、棕、草制品业	Timber Processing,Bamboo,Cane,Palm Fiber and Straw Products	
家具制造业	Furniture Manufacturing	
造纸和纸制品业	Paper Making and Paper Products	
印刷和记录媒介复制业	Printing and Record Medium Reproduction	1
文教、工美、体育和娱乐用品制造业	Culture, Education, Art and Crafts, Sport and Entertainment Products	
石油加工、炼焦和核燃料加工业	Petroleum Processing, Coking and Nuclear Fuel Processing	62119
化学原料和化学制品制造业	Raw Chemical Materials and Chemical Products	31538
医药制造业	Medical and Pharmaceutical Products	23719
化学纤维制造业	Chemical Fiber Manufacturing	
橡胶和塑料制品业	Rubber and Plastic Products	278
非金属矿物制品业	Nonmetal Mineral Products	15312
黑色金属冶炼和压延加工业	Smelting and Pressing of Ferrous Metals	1925
有色金属冶炼和压延加工业	Smelting and Pressing of Non-ferrous Metals	7403
金属制品业	Metal Prodcuts	318
通用设备制造业	Ordinary Machinery Manufacturing	241
专用设备制造业	Special Purpose Equipment Manufacturing	1425
汽车制造业	Automobile Manufacturing	1083
铁路、船舶、航空航天和其他运输设备制造业	Railroad, Marine, Aviation and Other Transport Equipment Manufacturing	2806
电气机械和器材制造业	Electrical Machinery and Equipment Manufacturing	1141
计算机、通信和其他电子设备制造业	Computers, Telecommunication and Other Electronic Equipments Manufacturing	-14602
仪器仪表制造业	Equipments and Instruments Manufacturing	567
其他制造业	Other Manufacturing	
废弃资源综合利用业	Comprehensive Utilization of Waste Resources	968
金属制品、机械和设备修理业	Metal products, Machinery and Equipment Repair	13
电力、热力、燃气及水生产和供应业	Production and Supply of Electricity, Heat, Gas and Water	106752
电力、热力生产和供应业	Production and Supply of Electricity and Heat	99275
燃气生产和供应业	Production and Supply of Gas	7477
水的生产和供应业	Production and Supply of Water	

continued

(10 000 yuan)

#利息支出 Interest Expenditure	利润总额 Total Profits	亏损企业亏损额 Loss of Loss-making Enterprises	利税总额 Total Pre-tax Profits	应付薪酬总额 Total Wages Payable	应交所得税 Income Taxes Payable	应交增值税 Value Added Taxes Payable
1155	-1421	1421	-1357	709		50
	-281	281	-184	406		86
41086	-61687	66871	-40953	35584	1854	16051
32899	98437	9341	138753	24465	27352	36274
28733	35038		50611	27470	5009	13123
421	1695	264	3244	4263	483	1316
14344	-15512	25871	-11000	18231	2047	3288
2066	3741	423	4613	10185	429	705
7402	1189	4008	6348	4473	648	4992
329	1828		3618	2779	222	1674
176	-897	989	-767	2351	-31	70
1135	-6647	8760	-542	19937	594	5359
1052	-242	348	168	1423	106	354
4577	21305		31192	13066	3190	8705
1121	19898	9836	28030	5837	7434	7256
15426	206660	12636	299881	630339	34426	77630
557	26556		26902	3458	1198	72
981	4676		4676	1204	1158	
13	994		1269	671	185	240
106385	274081	3884	370918	85478	47398	86074
98808	272726	1314	368595	80699	47007	85535
7577	1355	2571	2324	4779	391	539

10-7 大中型工业企业主要经济指标(2014年)

单位：万元

指　　标	Item	单位数(个) Number of Enterprises (unit)
总　计	**Total**	**1144**
一、按隶属关系分	Grouped by Jurisdiction of Management	
中央企业	Central Enterprises	88
省属企业	Province-owned Enterprises	211
市属企业	Cities-owned Enterprises	89
县(市、区)属企业	County-owned Enterprises	210
城市街道企业	Cities' Subdistrict-owned Enterprises	1
镇属企业	Town-owned Enterprises	8
乡属企业	Township Enterprises	5
居委会办企业	Neighbourhood Committee -run Enterprises	
村办企业	Village Enterprises	9
其　他	Enterprises of Other Types of Ownership	523
二、按登记注册类型分	Grouped by Registered Kind	
内资企业	Civil Funded Enterprises	1086
国有企业	State-owned Enterprises	55
集体企业	Collective-owned Enterprises	19
股份合作企业	Share Holding Cooperative Enterprises	
联营企业	Joint Owned Enterprises	2
有限责任公司	Limited Responsibility Company	574
国有独资公司	Company Exclusively with Investment from State	54
其他有限责任公司	Other Limited Responsibility Company	520
股份有限公司	Share Holding Limited Company	71
私营企业	Privately Owned Enterprises	364
私营独资企业	Enterprise Exclusively with Investment from Private	4
私营合伙企业	Private Partner Enterprises	
私营有限责任公司	Privately Owned Limited Responsibility Company	344
私营股份有限公司	Privately Owned Share Holding Limited Company	16
其他企业	Enterprises of Other Types of Ownership	1
港、澳、台商投资企业	Enterprises Funded by Hong Kong, Macao and Taiwan	19
合资经营企业(港或澳、台资)	Joint Venture	14
合作经营企业(港或澳、台资)	Cooperative Enterprise	1
港澳台商独资企业	Ventures Exclusively with Hong Kong, Macao and Taiwan Investment	2
港澳台商投资股份有限公司	Share Holding Limited Company	2
外商投资企业	Foreign Funded Enterprises	39
中外合资经营企业	Joint Venture	29
中外合作经营企业	Cooperative Enterprises	3
外资企业	Enterprises Funded By Foreign Investments	7
外商投资股份有限公司	Share Holding Limited Company	
其他外商投资企业	Other Foreign Funded Enterprises	
三、在总计中:亏损企业	Of the Total: Loss-making Enterprises	518
在总计中:国有控股企业	Of the Total: State-Controlled Share Holding Enterprises	494
在总计中:农村工业	Of the Total: Rural Industry	14
在总计中:轻工业	Of the Total: Light Industry	153
重工业	Heavy Industry	991
在总计中:大型企业	Of the Total: Large-size Enterprises	246
中型企业	Medium-size Enterprises	898

MAIN ECONOMIC INDICATORS OF LARGE AND MEDIUM-SIZE INDUSTRIAL ENTERPRISES(2014)

(10 000 yuan)

#亏损企业 Loss-making Enterprises	工业销售产值 Industrial Sales Output Value	资产总计 Total Assets	流动资产合计 Total Circulating Funds	固定资产合计 Total Fixed Assets	固定资产原价 Original Value of Fixed Assets
518	**116601559**	**256809929**	**99558802**	**106571270**	**145340334**
32	22028140	35559753	8605752	21896868	32592143
96	38891369	115136448	44453647	47873547	63979238
49	5076601	12897064	5079129	4521854	6607277
105	8890507	26217911	9210799	9397951	10913914
1	13286	117444	53787	13016	10346
2	1231132	1451849	917728	411234	546677
2	153825	956518	427365	228906	254759
5	703745	876936	438776	266042	430631
226	39612955	63596006	30371821	21961853	30005350
498	105724688	239723533	91771269	99599540	134103320
33	10248992	13849631	2875215	9286674	14188389
5	519288	732015	382928	275075	502593
1	85284	185446	74712	89514	102589
286	58536987	164273833	63122077	65274057	85491475
21	16374967	35523810	14931703	12574022	19886111
265	42162020	128750023	48190374	52700035	65605364
22	10772151	23136824	7189171	11803420	15646622
150	25534762	37326248	17968326	12833683	18123696
1	152113	143742	76573	58206	68983
144	22933969	34888667	17092187	11773982	16895603
5	2448681	2293839	799567	1001496	1159110
1	27224	219536	158839	37117	47956
6	6531494	7959473	4302069	3155292	4519834
4	4723409	5003430	2605028	2120598	2964945
	195388	546976	238772	104082	143232
	1430201	1947272	1149146	789656	1088616
2	182497	461795	309122	140956	323041
14	4345378	9126922	3485464	3816438	6717180
11	2479696	6090581	2203150	2386991	3519762
	806838	1435662	403863	800625	2125932
3	1058844	1600679	878451	628822	1071486
518	34707938	98243958	36084879	41054657	52398103
240	68935389	178785758	62231131	80046903	109441481
7	857570	1833454	866140	494948	685390
34	6602817	8124908	3802160	3006648	3964190
484	109998742	248685021	95756642	103564621	141376144
93	76062967	167432212	69012814	68319362	95244222
425	40538593	89377717	30545987	38251907	50096112

10-7 续表1

单位：万元

指　标	Item	累计折旧 Total Depreciation
总　计	**Total**	**59895727**
一、按隶属关系分	Grouped by Jurisdiction of Management	
中央企业	Central Enterprises	14192043
省属企业	Province-owned Enterprises	28226541
市属企业	Cities-owned Enterprises	2581453
县(市、区)属企业	County-owned Enterprises	3421397
城市街道企业	Cities' Subdistrict-owned Enterprises	2670
镇属企业	Town-owned Enterprises	191851
乡属企业	Township Enterprises	71400
居委会办企业	Neighbourhood Committee -run Enterprises	
村办企业	Village Enterprises	167843
其　他	Enterprises of Other Types of Ownership	11040531
二、按登记注册类型分	Grouped by Registered Kind	
内资企业	Civil Funded Enterprises	55217843
国有企业	State-owned Enterprises	6189255
集体企业	Collective-owned Enterprises	279287
股份合作企业	Share Holding Cooperative Enterprises	
联营企业	Joint Owned Enterprises	13075
有限责任公司	Limited Responsibility Company	34919155
国有独资公司	Company Exclusively with Investment from State	8620453
其他有限责任公司	Other Limited Responsibility Company	26298702
股份有限公司	Share Holding Limited Company	6790629
私营企业	Privately Owned Enterprises	7015604
私营独资企业	Enterprise Exclusively with Investment from Private	33308
私营合伙企业	Private Partner Enterprises	
私营有限责任公司	Privately Owned Limited Responsibility Company	6652334
私营股份有限公司	Privately Owned Share Holding Limited Company	329962
其他企业	Enterprises of Other Types of Ownership	10839
港、澳、台商投资企业	Enterprises Funded by Hong Kong, Macao and Taiwan	1487130
合资经营企业(港或澳、台资)	Joint Venture	867554
合作经营企业(港或澳、台资)	Cooperative Enterprise	99335
港澳台商独资企业	Ventures Exclusively with Hong Kong, Macao and Taiwan Investment	317651
港澳台商投资股份有限公司	Share Holding Limited Company	202591
外商投资企业	Foreign Funded Enterprises	3190754
中外合资经营企业	Joint Venture	1421938
中外合作经营企业	Cooperative Enterprises	1325307
外资企业	Enterprises Funded By Foreign Investments	443509
外商投资股份有限公司	Share Holding Limited Company	
其他外商投资企业	Other Foreign Funded Enterprises	
三、在总计中：亏损企业	Of the Total: Loss-making Enterprises	22497495
在总计中：国有控股企业	Of the Total: State-Controlled Share Holding Enterprises	46626168
在总计中：农村工业	Of the Total: Rural Industry	239243
在总计中：轻工业	Of the Total: Light Industry	1400177
重工业	Heavy Industry	58495550
在总计中：大型企业	Of the Total: Large-size Enterprises	42678945
中型企业	Medium-size Enterprises	17216782

continued

(10 000 yuan)

流动负债 Liquid Liabilities	负债合计 Total Liabilities	年末所有者权益 Creditors' Equity at Year-end	主营业务收入 Revenue of Major Business	主营业务成本 Costs of Major Business	主营业务税金及附加 Taxes and Extra Charges of Major Business	营业费用 Costs of Business	管理费用 Costs of Administration
127976960	**189845001**	**66612525**	**143703962**	**122693435**	**1299500**	**4733981**	**8107656**
14806370	24524199	11003901	22568835	17958955	400447	1281673	832506
51593013	85990487	29070161	68228935	59722542	504268	1988145	4156398
6504351	9280363	3595710	4945109	4202073	39484	137319	468494
14437381	19161258	7038820	8574804	6882393	137911	274781	970907
71232	101929	15515	11913	10716	179	456	2188
1023853	1211713	236315	1172066	954993	22124	24622	39870
575006	603353	352656	152853	91326	3374	11515	18314
619237	661937	214999	698587	647256	1962	10248	26732
38346519	48309762	15084448	37350859	32223181	189751	1005223	1592247
118549748	178094000	61283993	132387168	113823696	1244976	4557559	7638477
6131310	9512273	4334632	10796971	9493083	59902	62639	309991
735451	742126	-10233	611403	469431	9605	42804	77089
219383	224328	-38881	70576	86716	780	517	4886
80111012	124597157	39529676	86488795	74959262	898202	2373339	5574137
16231494	23773519	11700688	24100480	21156137	170108	483632	1442130
63879518	100823638	27828988	62388315	53803125	728094	1889708	4132008
8913549	13840026	9262151	10922091	7775227	179494	1473867	820515
22237359	28974789	8190415	23470108	21027653	96047	604194	847561
120992	127063	16679	140063	120738	438	1200	3483
21236557	27401421	7331509	21291889	19050847	89321	560994	791484
879810	1446304	842227	2038157	1856069	6288	42000	52594
201686	203302	16234	27224	12324	946	200	4298
4791994	5893846	2065627	6737575	5325988	13007	39823	179442
3183737	4026102	977328	5015495	3845997	5930	27054	82077
439580	439580	107396	89756	86711		895	784
825486	1006907	940365	1447570	1208919	6439	1631	79426
343191	421257	40538	184754	184361	638	10242	17155
4635217	5857155	3262905	4579219	3543751	41516	136599	289737
3068410	4202113	1888468	2721111	2163842	17646	120222	143265
580281	657478	778184	802448	527162	11514	10267	52577
986527	997564	596253	1055660	852747	12357	6110	93894
56244398	83696506	14456393	50316132	46728563	352510	1599345	3173397
81343236	131476770	47166762	98450577	84035889	1021638	3447308	5969964
1194242	1265290	567655	851441	738582	5336	21763	45046
3466898	4258083	3857739	7409051	5656686	304217	461330	412038
124510061	185586919	62754787	136294911	117036750	995283	4272652	7695618
75728623	120844466	46363805	103353176	88543122	742356	3882895	5593877
52248337	69000536	20248721	40350786	34150313	557143	851087	2513779

10-7 续表2

单位：万元

指　标	Item	财务费用 Costs of Finance
总　计	**Total**	**5312501**
一、按隶属关系分	Grouped by Jurisdiction of Management	
中央企业	Central Enterprises	714007
省属企业	Province-owned Enterprises	2293274
市属企业	Cities-owned Enterprises	239738
县(市、区)属企业	County-owned Enterprises	537508
城市街道企业	Cities' Subdistrict-owned Enterprises	214
镇属企业	Town-owned Enterprises	70016
乡属企业	Township Enterprises	29763
居委会办企业	Neighbourhood Committee -run Enterprises	
村办企业	Village Enterprises	20947
其　他	Enterprises of Other Types of Ownership	1407035
二、按登记注册类型分	Grouped by Registered Kind	
内资企业	Civil Funded Enterprises	5049990
国有企业	State-owned Enterprises	210609
集体企业	Collective-owned Enterprises	14282
股份合作企业	Share Holding Cooperative Enterprises	
联营企业	Joint Owned Enterprises	2841
有限责任公司	Limited Responsibility Company	3501123
国有独资公司	Company Exclusively with Investment from State	564690
其他有限责任公司	Other Limited Responsibility Company	2936433
股份有限公司	Share Holding Limited Company	382892
私营企业	Privately Owned Enterprises	918275
私营独资企业	Enterprise Exclusively with Investment from Private	6376
私营合伙企业	Private Partner Enterprises	
私营有限责任公司	Privately Owned Limited Responsibility Company	859244
私营股份有限公司	Privately Owned Share Holding Limited Company	52655
其他企业	Enterprises of Other Types of Ownership	19968
港、澳、台商投资企业	Enterprises Funded by HongKong, Macao and Taiwan	104201
合资经营企业(港或澳、台资)	Joint Venture	68307
合作经营企业(港或澳、台资)	Cooperative Enterprise	1313
港澳台商独资企业	Ventures Exclusively with HongKong, Macao and Taiwan Investment	23736
港澳台商投资股份有限公司	Share Holding Limited Company	10845
外商投资企业	Foreign Funded Enterprises	158310
中外合资经营企业	Joint Venture	132834
中外合作经营企业	Cooperative Enterprises	12577
外资企业	Enterprises Funded By Foreign Investments	12899
外商投资股份有限公司	Share Holding Limited Company	
其他外商投资企业	Other Foreign Funded Enterprises	
三、在总计中:亏损企业	Of the Total: Loss-making Enterprises	2533777
在总计中:国有控股企业	Of the Total: State-Controlled Share Holding Enterprises	3513590
在总计中:农村工业	Of the Total: Rural Industry	50710
在总计中:轻工业	Of the Total: Light Industry	106033
重工业	Heavy Industry	5206468
在总计中:大型企业	Of the Total: Large-size Enterprises	3385315
中型企业	Medium-size Enterprises	1927186

continued

(10 000 yuan)

#利息支出 Interest Expenditure	利润总额 Total Profits	亏损企业亏损额 Loss of Loss-making Enterprises	利税总额 Total Pre-tax Profits	应付薪酬总额 Total Wages Payable	应交所得税 Income Taxes Payable	应交增值税 Value Added Taxes Payable
5259622	**1450126**	**3805521**	**7948692**	**12924076**	**976684**	**5121972**
700938	878262	378974	2434653	1781493	252088	1153844
2475029	475688	1232631	3128815	6988934	402115	2079620
237157	-98759	351708	169546	693363	50369	226961
530965	-136330	575858	539765	1056083	82236	536802
160	-1959	1959	-113	3191		1668
68542	62214	33204	105643	46890	1532	21304
29794	-9839	31450	17897	14284	5243	24361
20642	-654	8238	15223	30972	520	13915
1196394	281504	1191500	1537264	2308866	182581	1063497
4977412	747327	3666804	6831583	11875384	813288	4765269
206158	246801	112118	743882	948813	61719	435369
12628	11099	20479	67435	118518	523	45552
2539	-13973	14261	-12928	5661	2	266
3585829	27818	2663138	3978626	8498797	577311	2982404
597117	326256	285211	1005468	1883165	97166	507841
2988712	-298438	2377926	2973159	6615633	480145	2474563
411722	474716	132452	1331672	1259558	121363	676843
738568	11516	713707	728515	1039780	52370	620749
4039	6335	955	11389	6745	20	4615
701085	-23439	677118	640594	977094	38208	574509
33444	28620	35634	76532	55942	14142	41625
19968	-10650	10650	-5618	4256		4086
131098	312561	48764	412854	518701	64578	84358
91220	216252	12733	273536	263110	29009	48425
1313	54		1846	4645		1792
27989	132286		168607	232282	35567	29882
10576	-36031	36031	-31135	18665	1	4259
151112	390239	89953	704255	529992	98818	272345
121448	115320	61394	245328	229234	32995	112208
14675	177149		271915	95203	51032	83253
14989	97770	28560	187012	205555	14791	76885
2315045	-3805521	3805521	-2024505	4931632	125537	1408424
3661364	915561	2348505	5705722	10024204	731996	3694831
50436	-10492	39688	33120	45256	5763	38276
127949	521275	60845	1077231	613085	69545	251382
5131673	928852	3744676	6871461	12310992	907139	4870590
3510040	1414821	1806228	5500933	9394723	642585	3279623
1749581	35305	1999294	2447759	3529353	334098	1842349

10–7 续表3

单位：万元

指 标	Item	单位数 (个) Number of Enterprises (unit)
四、按工业行业大类分	Grouped by Sector	
采矿业	Mining	460
煤炭开采和洗选业	Coal Mining and Dressing	434
石油和天然气开采业	Petroleum and Natural Gas Extraction	2
黑色金属矿采选业	Ferrous Metals Mining and Dressing	17
有色金属矿采选业	Nonferrous Metals Mining and Dressing	7
非金属矿采选业	Nonmetal Minerals Mining and Dressing	
开采辅助活动	Mining Auxiliary Activities	
其他采矿业	Other Mining Industry	
制造业	Manufacturing	621
农副食品加工业	Farm Products Processing	19
食品制造业	Food Manufacturing	16
酒、饮料和精制茶制造业	Wine, Beverages and Refined Tea Manufacturing	17
烟草制品业	Tobacoo Products Manfacturing	1
纺织业	Textile Industry	7
纺织服装、服饰业	Textile, Wearing Apparel and Accessories	6
皮革、毛皮、羽毛及其制品和制鞋业	Leather, Fur, Feather and Related Products and Footwear	1
木材加工和木、竹、藤、棕、草制品业	Timber Processing,Bamboo,Cane,Palm Fiber and Straw Products	1
家具制造业	Furniture Manufacturing	
造纸和纸制品业	Paper Making and Paper Products	2
印刷和记录媒介复制业	Printing and Record Medium Reproduction	5
文教、工美、体育和娱乐用品制造业	Culture, Education, Art and Crafts, Sport and Entertainment Products	3
石油加工、炼焦和核燃料加工业	Petroleum Processing, Coking and Nuclear Fuel Processing	111
化学原料和化学制品制造业	Raw Chemical Materials and Chemical Products	68
医药制造业	Medical and Pharmaceutical Products	23
化学纤维制造业	Chemical Fiber Manufacturing	
橡胶和塑料制品业	Rubber and Plastic Products	12
非金属矿物制品业	Nonmetal Mineral Products	76
黑色金属冶炼和压延加工业	Smelting and Pressing of Ferrous Metals	87
有色金属冶炼和压延加工业	Smelting and Pressing of Non–ferrous Metals	32
金属制品业	Metal Prodcuts	27
通用设备制造业	Ordinary Machinery Manufacturing	25
专用设备制造业	Special Purpose Equipment Manufacturing	28
汽车制造业	Automobile Manufacturing	17
铁路、船舶、航空航天和其他运输设备制造业	Railroad, Marine, Aviation and Other Transport Equipments Manufacturing	10
电气机械和器材制造业	Electrical Machinery and Equipment Manufacturing	9
计算机、通信和其他电子设备制造业	Computers, Telecommunication and Other Electronic Equipments Manufacturing	10
仪器仪表制造业	Equipments and Instruments Manufacturing	3
其他制造业	Other Manufacturing	2
废弃资源综合利用业	Comprehensive Utilization of Waste Resources	
金属制品、机械和设备修理业	Metal Products, Machinery and Equipment Repair	3
电力、热力、燃气及水生产和供应业	Production and Supply of Electricity, Heat, Gas and Water	63
电力、热力生产和供应业	Production and Supply of Electricity and Heat	45
燃气生产和供应业	Production and Supply of Gas	7
水的生产和供应业	Production and Supply of Water	11

continued

(10 000 yuan)

#亏损企业 Loss-making Enterprises	工业销售产值 Industrial Sales Output Value	资产总计 Total Assets	流动资产合计 Total Circulating Funds	固定资产合计 Total Fixed Assets	固定资产原价 Original Value Of Fixed Assets
243	39035615	141342887	52912403	56258381	66822337
234	37436793	137175815	51314069	54533768	64842712
	151516	923811	580712	144613	199432
8	1121017	2228649	670237	1043106	1153315
1	326289	1014612	347385	536894	626879
247	63469739	94756494	43278309	34885150	52694937
5	1842038	1120272	507387	462353	474138
1	754977	577057	281002	239674	320763
6	837689	1432505	837178	342244	474978
	431891	296745	193059	100941	142461
1	289859	387369	255520	101399	150377
	169452	178177	103998	45673	72035
	81725	18651	9945	2171	3262
	57551	199815	102024	59405	54535
	40220	86233	19752	46832	59418
1	48156	105600	46619	37649	72245
	32799	49974	23613	20094	26280
81	9984656	22609211	11239590	5928864	9668581
28	5091827	10828515	3794154	5482754	7539968
3	1161462	2163824	820510	856122	1038115
1	580591	695927	398706	224439	298533
29	1687389	3023815	1178749	1404212	2082033
40	22295099	25612926	8803365	11326363	19194814
20	4213517	6784969	2355420	3344994	5331658
4	544869	739714	461269	246680	353233
7	1402857	1238894	873556	268300	275965
6	2535969	6389235	4590198	1388481	1453360
5	798210	1113654	515249	354145	522480
1	1317479	1690748	992358	582556	557843
3	1265410	1602528	836315	561673	442292
4	5810176	5485146	3824003	1405339	2015113
1	134692	182037	112252	21255	21865
	44162	97254	68813	25304	31565
	15019	45700	33707	5236	17027
28	14096205	20710548	3368090	15427739	25823060
13	13232137	18186320	2706483	14531331	24584604
5	695458	1824889	489571	507442	610442
10	168610	699339	172037	388966	628014

10-7 续表4

单位：万元

指　　标	Item	累计折旧 Total Depredation
四、按工业行业大类分	Grouped by Sector	
采矿业	Mining	26939629
煤炭开采和洗选业	Coal Mining and Dressing	26592628
石油和天然气开采业	Petroleum and Natural Gas Extraction	54819
黑色金属矿采选业	Ferrous Metals Mining and Dressing	181554
有色金属矿采选业	Nonferrous Metals Mining and Dressing	110627
非金属矿采选业	Nonmetal Minerals Mining and Dressing	
开采辅助活动	Mining Auxiliary Activities	
其他采矿业	Other Mining Industry	
制造业	Manufacturing	21501379
农副食品加工业	Farm Products Processing	138612
食品制造业	Food Manufacturing	102464
酒、饮料和精制茶制造业	Wine, Beverages and Refined Tea Manufacturing	183340
烟草制品业	Tobacoo Products Manfacturing	63042
纺织业	Textile Industry	69269
纺织服装、服饰业	Textile, Wearing Apparel and Accessories	30321
皮革、毛皮、羽毛及其制品和制鞋业	Leather, Fur, Feather and Related Products and Footwear	1101
木材加工和木、竹、藤、棕、草制品业	Timber Processing,Bamboo,Cane,Palm Fiber and Straw Products	1829
家具制造业	Furniture Manufacturing	
造纸和纸制品业	Paper Making and Paper Products	14586
印刷和记录媒介复制业	Printing and Record Medium Reproduction	40983
文教、工美、体育和娱乐用品制造业	Culture, Education, Art and Crafts, Sport and Entertainment Products	6843
石油加工、炼焦和核燃料加工业	Petroleum Processing, Coking and Nuclear Fuel Processing	4322475
化学原料和化学制品制造业	Raw Chemical Materials and Chemical Products	2672513
医药制造业	Medical and Pharmaceutical Products	266254
化学纤维制造业	Chemical Fiber Manufacturing	
橡胶和塑料制品业	Rubber and Plastic Products	94969
非金属矿物制品业	Nonmetal Mineral Products	725557
黑色金属冶炼和压延加工业	Smelting and Pressing of Ferrous Metals	8791148
有色金属冶炼和压延加工业	Smelting and Pressing of Non-ferrous Metals	2111976
金属制品业	Metal Prodcuts	150915
通用设备制造业	Ordinary Machinery Manufacturing	109445
专用设备制造业	Special Purpose Equipment Manufacturing	442481
汽车制造业	Automobile Manufacturing	178869
铁路、船舶、航空航天和其他运输设备制造业	Railroad, Marine, Aviation and Other Transport Equipments Manufacturing	169298
电气机械和器材制造业	Electrical Machinery and Equipment Manufacturing	126790
计算机、通信和其他电子设备制造业	Computers, Telecommunication and Other Electronic Equipments Manufacturing	654759
仪器仪表制造业	Equipments and Instruments Manufacturing	7215
其他制造业	Other Manufacturing	12537
废弃资源综合利用业	Comprehensive Utilization of Waste Resources	
金属制品、机械和设备修理业	Metal Products, Machinery and Equipment Repair	11791
电力、热力、燃气及水生产和供应业	Production and Supply of Electricity, Heat, Gas and Water	11454720
电力、热力生产和供应业	Production and Supply of Electricity and Heat	11078736
燃气生产和供应业	Production and Supply of Gas	114183
水的生产和供应业	Production and Supply of Water	261802

continued

(10 000 yuan)

流动负债 Liquid Liabilities	负债合计 Total Liabilities	年末所有者权益 Creditors' Equity at Year-end	主营业务收入 Revenue of Major Business	主营业务成本 Costs of Major Business	主营业务税金及附加 Tax and Extra Charges of Major Business	营业费用 Costs of Business	管理费用 Costs of Administration
64633591	103539362	37673809	58326635	47224050	795935	2839686	5069548
62573265	100726797	36319831	56867540	46124379	782786	2828910	4927441
520439	651192	272620	153431	77650	2142	52	27746
1059390	1379823	848297	999137	760617	9357	7879	100142
480497	781551	233061	306527	261404	1650	2844	14219
54967484	70813705	23748924	70409186	62839654	436923	1827002	2802297
530773	582440	537833	1869754	1646113	311	15404	29195
242264	289050	288007	721343	571862	2207	51451	35106
613877	644281	787085	1631156	1217276	93192	163725	95586
17658	17658	279086	437083	143832	192848	3722	25995
262259	293602	93767	287222	252770	327	2993	7480
87914	91761	86415	166908	142035	572	3300	9958
984	1012	17639	81725	78313	1301	235	343
70540	73278	117638	59413	52716		245	214
22096	77517	8717	46744	42978	1	753	1581
44398	53158	52442	53309	38634	408	5090	7760
23178	24537	25437	37738	31234	157	2592	3058
15149249	19249785	3318440	9603697	8869279	25998	541560	324829
6793403	8280036	2545631	6346831	5713964	17663	166433	320764
819427	1257534	906290	1175064	720478	7945	175488	123698
259011	404575	284491	635063	550304	1843	19518	15894
1849905	2473813	547929	1635446	1440093	9289	57339	93450
13211289	18247793	7246676	27464709	25829761	30756	327841	776737
3406236	5327253	1456750	4342188	4043342	13031	86053	129515
381959	463008	270788	531492	452677	1562	11399	40109
730538	937949	295290	1227953	1008491	2262	31923	71307
3999974	4981325	1407910	3025713	2629568	8092	78663	203730
670088	786681	326973	809291	749007	1536	19696	67414
1118268	1275405	415284	1304685	1111285	3786	28428	99814
928541	1195843	406684	856781	714470	4607	18095	77043
3615201	3623696	1861450	5802764	4606234	15728	7748	224307
75682	103715	78321	154888	106594	573	6042	10695
26573	33673	63581	48020	31174	77	1267	2844
16200	23329	22371	52208	45174	853	1	3871
8375885	15491934	5189793	14968141	12629731	66641	67294	235811
7493532	13727893	4429610	14124104	11917307	62674	28473	171088
670537	1461474	363415	675930	562486	2664	30590	27555
211816	302567	396769	168107	149938	1304	8231	37167

10-7 续表5

单位：万元

指　标	Item	财务费用 Costs of Finance
四、按工业行业大类分	Grouped by Sector	
采矿业	Mining	2882437
煤炭开采和洗选业	Coal Mining and Dressing	2772611
石油和天然气开采业	Petroleum and Natural Gas Extraction	28403
黑色金属矿采选业	Ferrous Metals Mining and Dressing	69880
有色金属矿采选业	Nonferrous Metals Mining and Dressing	11543
非金属矿采选业	Nonmetal Minerals Mining and Dressing	
开采辅助活动	Mining Auxiliary Activities	
其他采矿业	Other Mining Industry	
制造业	Manufacturing	1910143
农副食品加工业	Farm Products Processing	22039
食品制造业	Food Manufacturing	10518
酒、饮料和精制茶制造业	Wine, Beverages and Refined Tea Manufacturing	6889
烟草制品业	Tobacoo Products Manfacturing	-4628
纺织业	Textile Industry	9101
纺织服装、服饰业	Textile, Wearing Apparel and Accessories	1614
皮革、毛皮、羽毛及其制品和制鞋业	Leather, Fur, Feather and Related Products and Footwear	191
木材加工和木、竹、藤、棕、草制品业	Timber Processing,Bamboo,Cane,Palm Fiber and Straw Products	1037
家具制造业	Furniture Manufacturing	
造纸和纸制品业	Paper Making and Paper Products	1150
印刷和记录媒介复制业	Printing and Record Medium Reproduction	1948
文教、工美、体育和娱乐用品制造业	Culture, Education, Art and Crafts, Sport and Entertainment Products	365
石油加工、炼焦和核燃料加工业	Petroleum Processing, Coking and Nuclear Fuel Processing	603326
化学原料和化学制品制造业	Raw Chemical Materials and Chemical Products	307741
医药制造业	Medical and Pharmaceutical Products	34041
化学纤维制造业	Chemical Fiber Manufacturing	
橡胶和塑料制品业	Rubber and Plastic Products	17615
非金属矿物制品业	Nonmetal Mineral Products	88059
黑色金属冶炼和压延加工业	Smelting and Pressing of Ferrous Metals	471457
有色金属冶炼和压延加工业	Smelting and Pressing of Non-ferrous Metals	191606
金属制品业	Metal Prodcuts	8895
通用设备制造业	Ordinary Machinery Manufacturing	12508
专用设备制造业	Special Purpose Equipment Manufacturing	91530
汽车制造业	Automobile Manufacturing	12153
铁路、船舶、航空航天和其他运输设备制造业	Railroad, Marine, Aviation and Other Transport Equipments Manufacturing	10887
电气机械和器材制造业	Electrical Machinery and Equipment Manufacturing	21646
计算机、通信和其他电子设备制造业	Computers, Telecommunication and Other Electronic Equipments Manufacturing	-12614
仪器仪表制造业	Equipments and Instruments Manufacturing	781
其他制造业	Other Manufacturing	77
废弃资源综合利用业	Comprehensive Utilization of Waste Resources	
金属制品、机械和设备修理业	Metal Products, Machinery and Equipment Repair	214
电力、热力、燃气及水生产和供应业	Production and Supply of Electricity, Heat, Gas and Water	519921
电力、热力生产和供应业	Production and Supply of Electricity and Heat	494164
燃气生产和供应业	Production and Supply of Gas	23736
水的生产和供应业	Production and Supply of Water	2021

continued

(10 000 yuan)

#利息支出 Interest Expenditure	利润总额 Total Profits	亏损企业亏损额 Loss of Loss-making Enterprises	利税总额 Total Pre-tax Profits	应付薪酬总额 Total Wages Payable	应交所得税 Income Taxes Payable	应交增值税 Value Added Taxes Payable
2948457	304364	1840949	4312343	7869409	551563	3143394
2840695	147943	1828742	4038884	7763067	534289	3039610
26601	72704		86831	23203	10421	11880
69548	59200	9775	145616	53643	3132	77060
11613	24517	2432	41012	29496	3720	14845
1787524	148885	1828588	1892119	3945962	225311	1302522
22286	160550	9288	173948	57039	563	13087
10513	53995	38	72382	34910	6533	16180
11612	61761	11923	223132	154510	13806	68167
	74987		322188	37163	19731	54353
8355	10197	28	13683	19352	2369	3159
1739	12226		16556	21944	2868	3671
170	1342		3225	926	238	582
1025	6553		10653	1388		4100
1147	462		471	728	15	8
1906	1235	1107	3404	12736	421	1762
355	348		1971	4085	91	1466
482438	-616200	675408	-367259	406859	597	222794
314039	-78525	309643	58882	391464	48827	119096
43803	126150	4920	196354	118907	15773	62102
18148	31241	257	38414	30728	1869	5256
84537	-32147	107637	36866	169980	13277	59648
470638	-45240	386340	278441	973268	28618	292240
135353	-161908	209442	-28073	253138	-282	120766
9061	18740	3829	33883	68279	3397	13474
10199	106620	5676	126625	70205	3049	17714
96316	49911	23616	113059	200173	8486	53590
13364	10238	18942	29584	62703	1427	17761
9091	58844	7076	88909	104831	4835	26280
20303	38290	31653	81650	68752	9389	38752
19601	214137	21264	308204	653381	34438	78128
743	30365	501	33963	6099	1845	3025
600	12931		13647	4266	2760	639
183	1782		7357	18149	373	4723
523641	996877	135984	1744230	1108705	199810	676055
496374	962967	106055	1688273	1024287	185402	658304
24690	54263	9412	68351	38099	14367	11185
2577	-20353	20517	-12394	46318	41	6567

10-8 工业企业主要经济效益指标(2014年)

单位：%

指　标	Item	亏损面 Range of Deficits
总　计	**Total**	**39.48**
一、按隶属关系分	Grouped by Jurisdiction of Management	
中央企业	Central Enterprises	32.64
省属企业	Province-owned Enterprises	44.08
市属企业	Cities-owned Enterprises	50.31
县(市、区)属企业	County-owned Enterprises	45.15
城市街道企业	Cities' Subdistrict-owned Enterprises	50.00
镇属企业	Town-owned Enterprises	46.15
乡属企业	Township Enterprises	40.00
居委会办企业	Neighbourhood Committee -run Enterprises	
村办企业	Village Enterprises	37.14
其　他	Enterprises of Other Types of Ownership	37.71
二、按登记注册类型分	Grouped by Registered Kind	
内资企业	Civil Funded Enterprises	39.52
国有企业	State-owned Enterprises	57.14
集体企业	Collective-owned Enterprises	28.57
股份合作企业	Share Holding Cooperative Enterprises	
联营企业	Joint Owned Enterprises	50.00
有限责任公司	Limited Responsibility Company	46.01
国有独资公司	Company Exclusively with Investment from State	38.67
其他有限责任公司	Other Limited Responsibility Company	46.52
股份有限公司	Share Holding Limited Company	34.78
私营企业	Privately Owned Enterprises	36.20
私营独资企业	Enterprise Exclusively with Investment from Private	26.19
私营合伙企业	Private Partner Enterprises	9.09
私营有限责任公司	Privately Owned Limited Responsibility Company	37.37
私营股份有限公司	Privately Owned Share Holding Limited Company	30.38
其他企业	Enterprises of Other Types of Ownership	33.33
港、澳、台商投资企业	Enterprises Funded by Hong Kong, Macao and Taiwan	30.61
合资经营企业(港或澳、台资)	Joint Venture	39.39
合作经营企业(港或澳、台资)	Cooperative Enterprise	
港澳台商独资企业	Ventures Exclusively with Hong Kong,Macao and Taiwan Investment	
港澳台商投资股份有限公司	Share Holding Limited Company	66.67
外商投资企业	Foreign Funded Enterprises	42.42
中外合资经营企业	Joint Venture	40.28
中外合作经营企业	Cooperative Enterprises	
外资企业	Enterprises Funded By Foreign Investments	54.55
外商投资股份有限公司	Share Holding Limited Company	
其他外商投资企业	Other Foreign Funded Enterprises	100.00
三、在总计中:亏损企业	Of the Total: Loss-making Enterprises	100.00
在总计中:国有控股企业	Of the Total: State-Controlled Share Holding Enterprises	47.29
在总计中:农村工业	Of the Total: Rural Industry	38.00
在总计中:轻工业	Of the Total: Light Industry	23.94
重工业	Heavy Industry	42.38
在总计中:大型企业	Of the Total: Large-size Enterprises	37.80
中型企业	Medium-size Enterprises	47.33
小型企业	Small-size Enterprises	36.44
微型企业	Micro-size Enterprises	44.65

MAIN ECONOMIC BENEFIT INDICATORS OF INDUSTRIAL ENTERPRISES(2014)

(%)

总资产贡献率 Ratio of Profits, Taxes and Interests to Average Assets	资产负债率 Ratio of Debts to Assets	成本费用利润率 Ratio of Profits to Total Costs	利润率 Ratio of Profits to Revenue of Major Business	产品销售率 Ratio of Sales to Gross Output Value
5.19	**73.64**	**1.44**	**1.40**	**94.77**
8.78	70.16	4.79	4.43	98.34
4.63	74.86	0.79	0.78	92.44
3.19	72.32	-1.34	-1.36	93.32
3.88	73.62	-0.87	-0.87	93.75
1.28	76.37	-2.41	-2.44	100.39
11.30	82.23	5.14	4.82	95.46
5.29	63.08	-3.46	-3.37	102.05
1.39	86.90	2.62	2.54	100.00
4.53	76.49	-0.60	-0.60	97.78
4.99	73.72	1.67	1.61	95.23
5.00	74.04	1.05	1.03	94.82
6.57	69.50	2.25	2.12	99.45
14.20	95.45	1.81	1.77	99.04
8.54	48.99	5.78	5.49	100.00
-5.60	120.97	-14.71	-17.30	99.24
4.40	76.04	0.25	0.25	93.23
4.19	67.43	1.33	1.30	95.57
4.45	78.17	-0.12	-0.12	92.49
7.48	59.87	4.86	4.59	97.42
5.30	74.29	1.57	1.54	95.35
15.69	73.76	3.27	3.13	98.56
9.53	42.45	5.30	5.00	91.86
5.12	74.93	1.49	1.46	95.02
4.19	65.56	1.12	1.10	97.24
6.42	92.21	-20.28	-24.75	97.72
7.02	72.29	6.03	5.07	93.86
7.24	78.34	5.55	4.49	93.08
0.58	80.37	0.06	0.06	100.00
10.30	52.41	11.25	10.08	95.39
-4.51	90.98	-15.42	-18.23	96.21
8.97	63.81	8.50	7.74	94.76
6.31	68.23	4.76	4.49	93.94
19.82	45.80	29.35	21.93	96.59
11.45	61.39	8.52	7.86	95.73
6.30	30.28	1.49	1.47	100.85
-0.59	57.28	-17.95	-25.95	94.84
-0.04	85.19	-7.01	-7.49	92.26
5.07	74.09	1.08	1.10	94.30
4.83	71.10	-1.05	-1.05	98.48
12.10	53.86	6.73	6.15	94.20
4.89	74.49	1.11	1.08	94.82
5.14	72.18	1.35	1.32	94.43
4.59	77.20	0.09	0.09	94.25
7.01	72.01	3.41	3.28	96.03
1.98	73.05	1.90	1.86	97.65

10-8 续表

单位：%

指 标	Item	亏损面 Range of Deficits
四、按工业行业大类分	Grouped by Sector	
采掘业	Mining	48.23
煤炭开采和洗选业	Coal Mining and Dressing	51.28
石油和天然气开采业	Petroleum and Natural Gas Extraction	30.77
黑色金属矿采选业	Ferrous Metals Mining and Dressing	32.85
有色金属矿采选业	Nonferrous Metals Mining and Dressing	35.71
非金属矿采选业	Nonmetal Minerals Mining and Dressing	50.00
开采辅助活动	Mining Auxiliary Activities	
其他采矿业	Other Mining Industry	
制造业	Manufacturing	34.50
农副食品加工业	Farm Products Processing	20.75
食品制造业	Food Manufacturing	10.71
酒、饮料和精制茶制造业	Wine, Beverages and Refined Tea Manufacturing	30.00
烟草制品业	Tobacoo Products Manfacturing	
纺织业	Textile Industry	36.11
纺织服装、服饰业	Textile,Wearing Apparel and Accessories	8.33
皮革、毛皮、羽毛及其制品和制鞋业	Leather, Fur, Feather and Related Products and Footwear	
木材加工和木、竹、藤、棕、草制品业	Timber Processing,Bamboo,Cane,Palm Fiber and Straw Products	15.38
家具制造业	Furniture Manufacturing	20.00
造纸和纸制品业	Paper Making and Paper Products	17.39
印刷和记录媒介复制业	Printing and Record Medium Reproduction	32.00
文教、工美、体育和娱乐用品制造业	Culture, Education, Art and Crafts, Sport and Entertainment Products	18.18
石油加工、炼焦和核燃料加工业	Petroleum Processing, Coking and Nuclear Fuel Processing	70.75
化学原料和化学制品制造业	Raw Chemical Materials and Chemical Products	36.36
医药制造业	Medical and Pharmaceutical Products	27.38
化学纤维制造业	Chemical Fiber Manufacturing	
橡胶和塑料制品业	Rubber and Plastic Products	23.73
非金属矿物制品业	Nonmetal Mineral Products	38.48
黑色金属冶炼和压延加工业	Smelting and Pressing of Ferrous Metals	41.52
有色金属冶炼和压延加工业	Smelting and Pressing of Non-ferrous Metals	53.47
金属制品业	Metal Prodcuts	19.44
通用设备制造业	Ordinary Machinery Manufacturing	29.46
专用设备制造业	Special Purpose Equipment Manufacturing	29.05
汽车制造业	Automobile Manufacturing	41.46
铁路、船舶、航空航天和其他运输设备制造业	Railroad, Marine, Aviation and Other Transport Equipments Manufacturing	25.00
电气机械和器材制造业	Electrical Machinery and Equipment Manufacturing	35.71
计算机、通信和其他电子设备制造业	Computers, Telecommunication and Other Electronic Equipments Manufacturing	36.00
仪器仪表制造业	Equipments and Instruments Manufacturing	16.67
其他制造业	Other Manufacturing	16.67
废弃资源综合利用业	Comprehensive Utilization of Waste Resources	33.33
金属制品、机械和设备修理业	Metal products, Machinery and Equipment Repair	26.67
电力、热力、燃气及水生产和供应业	Production and Supply of Electricity, Heat, Gas and Water	34.95
电力、热力生产和供应业	Production and Supply of Electricity and Heat	31.25
燃气生产和供应业	Production and Supply of Gas	29.63
水的生产和供应业	Production and Supply of Water	80.00

continued

(%)

总资产贡献率 Ratio of Profits, Taxes and Interests to Average Assets	资产负债率 Ratio of Debts to Assets	成本费用利润率 Ratio of Profits to Total Costs	利润率 Ratio of Profits to Revenue of Major Business	产品销售率 Ratio of Sales to Gross Output Value
5.27	73.79	1.06	1.05	93.12
5.08	74.11	0.73	0.72	93.19
8.06	66.88	29.15	25.60	99.33
10.84	63.84	4.94	4.62	91.55
5.04	77.40	5.53	5.15	94.75
4.64	97.18	4.65	4.39	93.09
3.75	72.81	0.44	0.43	95.29
11.66	50.97	6.54	6.15	96.60
12.15	47.35	7.19	6.71	95.36
13.47	47.32	4.94	4.50	94.74
107.01	5.95	44.26	17.13	96.97
4.49	69.55	2.67	2.57	94.86
9.09	52.87	7.12	6.68	102.37
17.32	8.99	1.68	1.63	85.88
4.84	71.58	4.45	4.32	89.41
3.93	67.10	2.89	2.80	84.41
4.05	69.34	1.44	1.42	98.12
5.51	48.98	4.44	4.28	96.06
1.72	74.35	-6.68	-7.13	88.32
0.36	85.69	-5.68	-6.04	96.11
3.37	74.89	-0.67	-0.68	96.78
10.96	59.90	10.45	9.43	86.59
6.53	56.69	4.06	3.89	91.81
3.73	73.46	-0.60	-0.61	93.53
2.46	70.44	-0.20	-0.20	96.09
1.88	76.24	-2.37	-2.41	88.60
5.43	61.54	2.25	2.20	92.92
8.41	68.23	6.52	6.12	96.85
3.44	75.98	2.08	2.03	96.01
3.33	63.54	1.37	1.41	93.89
5.71	74.44	4.43	4.24	99.02
5.21	71.11	1.85	1.82	100.04
5.40	65.41	4.27	3.56	96.78
13.47	52.80	17.62	14.95	98.94
12.93	40.43	26.98	21.88	101.19
12.21	41.22	31.99	23.39	83.82
9.93	80.85	3.59	3.43	96.60
10.03	75.88	8.32	7.52	98.25
10.70	76.64	8.71	7.82	98.15
5.54	77.05	6.59	6.19	99.59
-1.20	43.92	-9.74	-11.10	98.49

10-9 国有控股工业企业主要经济效益指标(2014年)

单位：%

指　标	Item	亏损面 Range of Deficits
总　计	**Total**	**47.29**
在总计中:	Of the Total:	
亏损企业	Loss-making Enterprises	100.00
在总计中:	Of the Total:	
中央企业	Central Enterprises	32.35
地方企业	Local Enterprises	50.56
#省属企业	Province-owned Enterprises	44.91
地、市属企业	Prefectures, Cities-owned Enterprises	56.60
县(旗)属企业	County-owned Enterprises	54.07
在总计中:	Of the Total:	
轻工业	Light Industry	52.46
重工业	Heavy Industry	46.84
在总计中:	Of the Total:	
大型企业	Large-size Enterprises	38.36
中型企业	Medium-size Enterprises	52.87
小型企业	Small-size Enterprises	43.46
微型企业	Micro-size Enterprises	57.69
按工业行业大类分	Grouped by Sector	
采矿业	Mining	55.99
煤炭开采和洗选业	Coal Mining and Dressing	57.23
石油和天然气开采业	Petroleum and Natural Gas Extraction	33.33
黑色金属矿采选业	Ferrous Metals Mining and Dressing	33.33
有色金属矿采选业	Nonferrous Metals Mining and Dressing	25.00
非金属矿采选业	Nonmetal Minerals Mining and Dressing	
其他采矿业	Other Mining Industry	
制造业	Manufacturing	44.18
农副食品加工业	Farm Products Processing	25.00
食品制造业	Food Manufacturing	50.00
酒、饮料和精制茶制造业	Wine, Beverages and Refined Tea Manufacturing	45.45
烟草制品业	Tobacoo Products Manfacturing	
纺织业	Textile Industry	66.67
纺织服装、服饰业	Textile, Wearing Apparel and Accessories	16.67

MAIN ECONOMIC BENEFIT INDICATORS OF STATE-HOLDING INDUSTRIAL ENTERPRISES(2014)

(%)

总资产贡献率 Ratio of Profits, Taxes and Interests to Average Assets	资产负债率 Ratio of Debts to Assets	成本费用利润率 Ratio of Profits to Total Costs	利润率 Ratio of Profits to Revenue of Major Business	产品销售率 Ratio of Sales to Gross Output Value
5.07	**74.09**	**1.08**	**1.10**	**94.30**
0.37	85.07	-6.10	-6.71	91.37
8.82	70.17	4.86	4.56	98.35
4.07	75.14	0.04	0.05	92.49
4.53	74.99	0.67	0.69	92.30
1.95	73.81	-4.16	-4.45	95.39
3.10	75.75	-3.69	-3.82	92.68
14.03	55.30	4.05	3.61	96.16
4.89	74.49	1.01	1.03	94.25
4.95	72.33	0.94	0.97	93.28
5.29	76.91	0.83	0.80	95.85
5.69	79.42	4.42	4.31	97.86
2.86	94.92	12.19	11.14	97.80
4.66	73.72	0.34	0.35	90.97
4.54	73.92	0.10	0.11	90.85
7.26	67.20	28.38	27.93	99.26
12.13	61.81	12.42	11.01	93.75
4.45	78.58	7.61	7.43	95.23
2.90	73.90	-1.01	-1.04	96.44
-1.47	98.26	-7.29	-8.03	115.25
15.84	93.14	4.36	4.14	105.60
15.39	44.66	3.38	3.11	98.84
107.01	5.95	44.26	17.16	96.97
0.19	60.78	-4.98	-5.32	74.37
5.30	63.31	3.46	3.47	108.58

10-9 续表

单位：%

指　　标	Item	亏损面 Range of Deficits
皮革、毛皮、羽毛及其制品和制鞋业	Leather, Fur, Feather and its products and Footwear	
木材加工和木、竹、藤、棕、草制品业	Timber Processing, Bamboo, Cane, Palm Fiber and Straw Products	
家具制造业	Furniture Manufacturing	
造纸和纸制品业	Paper Making and Paper Products	
印刷和记录媒介复制业	Printing and Record Medium Reproduction	50.00
文教、工美、体育和娱乐用品制造业	Culture, Education, Art and Crafts, Sport and Entertainment Products	100.00
石油加工、炼焦和核燃料加工业	Petroleum Processing, Coking and Nuclear Fuel Processing	68.42
化学原料和化学制品制造业	Raw Chemical Materials and Chemical Products	45.45
医药制造业	Medical and Pharmaceutical Products	57.14
化学纤维制造业	Chemical Fiber	
橡胶和塑料制品业	Rubber and Plastic Products	33.33
非金属矿物制品业	Nonmetal Mineral Products	55.81
黑色金属冶炼和压延加工业	Smelting and Pressing of Ferrous Metals	80.00
有色金属冶炼和压延加工业	Smelting and Pressing of Non-ferrous Metals	70.59
金属制品业	Metal Prodcuts	37.50
通用设备制造业	Ordinary Machinery Manufacturing	31.25
专用设备制造业	Special Purpose Equipment Manufacturing	21.21
汽车制造业	Automobile Manufacturing	36.36
铁路、船舶、航空航天和其他运输设备制造业	Railroad, Marine, Aviation and Other Transport Equipments Manufacturing	22.22
电气机械和器材制造业	Electrical Machinery and Equipment Manufacturing	46.15
计算机、通信和其他电子设备制造业	Computers, Telecommunication and Other Electronic Equipments Manufacturing	50.00
仪器仪表制造业	Equipments and Instruments Manufacturing	20.00
其他制造业	Other Manufacturing	
废弃资源综合利用业	Comprehensive Utilization of Waste Resources	
金属制品、机械和设备修理业	Metal Products, Machinery and Equipment Repair	18.18
电力、热力、燃气及水生产和供应业	Production and Supply of Electricity, Heat, Gas and Water	32.06
电力、热力生产和供应业	Production and Supply of Electricity and Heat	25.24
燃气生产和供应业	Production and Supply of Gas	33.33
水的生产和供应业	Production and Supply of Water	84.62

continued

(%)

总资产贡献率 Ratio of Profits, Taxes and Interests to Average Assets	资产负债率 Ratio of Debts to Assets	成本费用利润率 Ratio of Profits to Total Costs	利润率 Ratio of Profits to Revenue of Major Business	产品销售率 Ratio of Sales to Gross Output Value
2.34	57.91	–0.09	–0.10	100.36
–3.66	89.67	–46.53	–79.16	80.01
0.02	84.29	–5.67	–6.22	102.37
0.61	78.92	–4.38	–4.73	98.78
5.04	80.49	2.89	3.01	89.51
6.90	66.41	3.45	3.38	86.18
2.80	84.95	–4.39	–4.71	96.24
1.52	69.26	–0.87	–0.88	98.47
1.46	74.94	–4.69	–4.98	84.20
5.46	61.61	4.54	4.46	96.05
2.00	77.47	0.99	1.04	95.54
3.54	75.75	2.46	2.46	96.36
1.04	71.59	–1.11	–1.22	97.43
4.26	73.75	3.50	3.47	99.40
4.23	75.93	0.56	0.94	101.40
3.70	72.25	12.50	11.44	99.94
2.84	68.01	1.95	1.89	98.33
14.35	33.33	75.45	46.08	99.75
10.25	79.74	3.96	3.86	95.99
10.37	75.92	8.34	7.59	98.17
11.10	76.60	8.68	7.84	98.08
5.15	79.08	7.14	6.96	99.50
–1.55	42.27	–10.73	–12.66	99.12

10-10 外商投资和港澳台投资工业企业主要经济效益指标(2014年)

单位：%

指　标	Item	亏损面 Range of Deficits
总　计	**Total**	**38.51**
港、澳、台商投资企业	Enterprises Funded by HongKong, Macao and Taiwan	30.61
合资经营企业(港或澳、台资)	Joint Venture	39.39
合作经营企业(港或澳、台资)	Cooperative Enterprise	
港澳台商独资经营企业	Ventures Exclusively with HongKong, Macao and Taiwan Investment	
港澳台商投资股份有限公司	Share Holding Limited Company	66.67
外商投资企业	Foreign Funded Enterprises	42.42
中外合资经营企业	Joint Venture	40.28
中外合作经营企业	Cooperative Enterprises	
外资企业	Enterprises Funded By Foreign Investments	54.55
外商投资股份有限公司	Enterprises Invested By Foreign Investments	
其他外商投资企业	Others	100.00
在总计中:亏损企业	Of the Total:Loss-making Enterprises	100.00
在总计中:国有控股企业	Of the Total:State Holding Enterprises	33.33
在总计中:轻工业	Of the Total:Light Industry	35.14
重工业	Heavy Industry	39.64
在总计中:大型企业	Of the Total:Large-size Enterprises	31.82
中型企业	Medium-size Enterprises	36.11
小型企业	Small-size Enterprises	40.70
微型企业	Micro-size Enterprises	50.00
按工业行业大类分	Grouped by Sector	
采矿业	Mining	23.53
煤炭开采和洗选业	Coal Mining and Dressing	27.27
石油和天然气开采业	Petroleum and Natural Gas Extraction	20.00
黑色金属矿采选业	Ferrous Metals Mining and Dressing	
有色金属矿采选业	Nonferrous Metals Mining and Dressing	
非金属矿采选业	Nonmetal Minerals Mining and Dressing	
开采辅助活动	Mining Auxiliary Activities	
其他采矿业	Other Mining Industry	
制造业	Manufacturing	45.05
农副食品加工业	Farm Products Processing	66.67
食品制造业	Food Manufacturing	
酒、饮料和精制茶制造业	Wine, Beverages and Refined Tea Manufacturing	50.00
烟草制品业	Tobacoo Products Manfacturing	

MAIN ECONOMIC BENEFIT INDICATORS OF INDUSTRIAL ENTERPRISES WITH HONG KONG, MACAO, TAIWAN AND FOREIGN FUNDS(2014)

(%)

总资产贡献率 Ratio of Profits, Taxes and Interests to Average Assets	资产负债率 Ratio of Debts to Assets	成本费用利润率 Ratio of Profits to Total Costs	利润率 Ratio of Profits to Revenue of Major Business	产品销售率 Ratio of Sales to Gross Output Value
8.07	**67.72**	**7.15**	**6.29**	**94.24**
7.02	72.29	6.03	5.09	93.86
7.24	78.34	5.55	4.51	93.08
0.58	80.37	0.06	0.06	100.00
10.30	52.41	11.25	10.11	95.39
–4.51	90.98	–15.42	–19.06	96.21
8.97	63.81	8.50	7.87	94.76
6.31	68.23	4.76	4.57	93.94
19.82	45.80	29.35	22.08	96.59
11.45	61.39	8.52	8.05	95.73
6.30	30.28	1.49	1.47	100.85
–0.59	57.28	–17.95	–25.95	94.84
–0.82	84.39	–8.80	–9.69	90.47
11.08	69.02	12.73	11.38	86.32
7.70	69.04	4.94	4.87	89.62
8.10	67.62	7.35	6.41	94.63
7.30	65.16	6.04	5.20	96.40
9.37	76.59	10.33	9.41	86.87
9.21	59.68	7.48	7.03	94.84
1.68	65.72	–4.22	–4.40	97.96
9.38	58.99	14.27	12.35	97.82
10.05	55.17	12.29	10.66	98.33
12.99	66.40	36.23	28.79	99.40
3.38	73.98	7.66	7.17	92.16
5.81	71.62	3.93	3.50	95.26
5.87	58.56	4.12	3.80	89.61
8.53	32.13	2.26	2.22	97.74
5.42	66.30	0.05	0.05	87.56

10-10 续表

单位：%

指　标	Item	亏损面 Range of Deficits
纺织业	Textile Industry	100.00
纺织服装、服饰业	Textile, Wearing Apparel and Accessories	
皮革、毛皮、羽毛及其制品和制鞋业	Leather, Fur, Feather and Related Products and Footwear	
木材加工和木、竹、藤、棕、草制品业	Timber Processing,Bamboo,Cane,Palm Fiber and Straw Products	
家具制造业	Furniture Manufacturing	
造纸和纸制品业	Paper Making and Paper Products	
印刷和记录媒介复制业	Printing and Record Medium Reproduction	100.00
文教、工美、体育和娱乐用品制造业	Culture, Education, Art and Crafts, Sport and Entertainment Products	
石油加工、炼焦和核燃料加工业	Petroleum Processing, Coking and Nuclear Fuel Processing	69.23
化学原料和化学制品制造业	Raw Chemical Materials and Chemical Products	46.15
医药制造业	Medical and Pharmaceutical Products	
化学纤维制造业	Chemical Fiber Manufacturing	
橡胶和塑料制品业	Rubber and Plastic Products	33.33
非金属矿物制品业	Nonmetal Mineral Products	60.00
黑色金属冶炼和压延加工业	Smelting and Pressing of Ferrous Metals	20.00
有色金属冶炼和压延加工业	Smelting and Pressing of Non-ferrous Metals	80.00
金属制品业	Metal Prodcuts	
通用设备制造业	Ordinary Machinery Manufacturing	50.00
专用设备制造业	Special Purpose Equipment Manufacturing	66.67
汽车制造业	Automobile Manufacturing	66.67
铁路、船舶、航空航天和其他运输设备制造业	Railroad, Marine, Aviation and Other Transport Equipment Manufacturing	
电气机械和器材制造业	Electrical Machinery and Equipment Manufacturing	40.00
计算机、通信和其他电子设备制造业	Computers, Telecommunication and Other Electronic Equipments Manufacturing	25.00
仪器仪表制造业	Equipments and Instruments Manufacturing	
其他制造业	Other Manufacturing	
废弃资源综合利用业	Comprehensive Utilization of Waste Resources	
金属制品、机械和设备修理业	Metal products, Machinery and Equipment Repair	
电力、热力、燃气及水生产和供应业	Production and Supply of Electricity, Heat, Gas and Water	15.00
电力、热力生产和供应业	Production and Supply of Electricity and Heat	6.67
燃气生产和供应业	Production and Supply of Gas	40.00
水的生产和供应业	Production and Supply of Water	

continued

(%)

总资产贡献率 Ratio of Profits, Taxes and Interests to Average Assets	资产负债率 Ratio of Debts to Assets	成本费用利润率 Ratio of Profits to Total Costs	利润率 Ratio of Profits to Revenue of Major Business	产品销售率 Ratio of Sales to Gross Output Value
-0.50	45.48	-12.48	-14.88	72.03
-3.22	36.07	-12.01	-13.67	90.38
-0.02	89.50	-5.15	-5.46	89.84
12.90	57.54	12.12	10.81	98.60
8.56	76.12	7.11	7.06	87.60
3.68	28.46	2.57	2.54	97.53
0.74	82.89	-8.14	-8.82	99.38
7.15	49.52	3.66	3.54	51.27
8.40	63.50	1.07	1.06	92.42
16.53	38.12	8.70	8.26	78.99
-2.32	66.40	-4.70	-4.98	146.64
-0.05	79.11	-4.29	-4.74	98.15
3.22	86.07	-1.57	-1.60	75.49
13.53	62.74	9.17	8.40	102.20
21.26	55.50	24.26	19.45	104.73
6.00	67.72	4.39	3.65	97.06
27.58	51.66	37.34	27.21	100.00
12.09	43.18	42.85	28.67	82.27
10.00	43.82	9.88	9.30	100.18
14.42	65.28	21.68	17.73	84.13
14.92	65.47	24.28	19.42	82.54
5.58	61.91	0.96	0.95	100.00

10-11 大中型工业企业主要经济效益指标(2014年)

单位：%

指　标	Item	亏损面 Range of Deficits
总　计	**Total**	**45.28**
一、按隶属关系分	Grouped by Jurisdiction of Management	
中央企业	Central Enterprises	36.36
省属企业	Province-owned Enterprises	45.50
市属企业	Cities-owned Enterprises	55.06
县(市、区)属企业	County-owned Enterprises	50.00
城市街道企业	Cities' Subdistrict-owned Enterprises	100.00
镇属企业	Town-owned Enterprises	25.00
乡属企业	Township Enterprises	40.00
居委会办企业	Neighbourhood Committee -run Enterprises	
村办企业	Village Enterprises	55.56
其　他	Enterprises of Other Types of Ownership	43.21
二、按登记注册类型分	Grouped by Registered Kind	
内资企业	Civil Funded Enterprises	45.86
国有企业	State-owned Enterprises	60.00
集体企业	Collective-owned Enterprises	26.32
股份合作企业	Share Holding Cooperative Enterprises	
联营企业	Joint Owned Enterprises	50.00
有限责任公司	Limited Responsibility Company	49.83
国有独资公司	Company Exclusively with Investment from State	38.89
其他有限责任公司	Other Limited Responsibility Company	50.96
股份有限公司	Share Holding Limited Company	30.99
私营企业	Privately Owned Enterprises	41.21
私营独资企业	Enterprise Exclusively with Investment from Private	25.00
私营合伙企业	Private Partner Enterprises	
私营有限责任公司	Privately Owned Limited Responsibility Company	41.86
私营股份有限公司	Privately Owned Share Holding Limited Company	31.25
其他企业	Enterprises of Other Types of Ownership	100.00
港、澳、台商投资企业	Enterprises Funded by Hong Kong, Macao and Taiwan	31.58
合资经营企业(港或澳、台资)	Joint Venture	28.57
合作经营企业(港或澳、台资)	Cooperative Enterprise	
港澳台商独资企业	Ventures Exclusively with Hong Kong, Macao and Taiwan Investment	
港澳台商投资股份有限公司	Share Holding Limited Company	100.00
外商投资企业	Foreign Funded Enterprises	35.90
中外合资经营企业	Joint Venture	37.93
中外合作经营企业	Cooperative Enterprises	
外资企业	Enterprises Funded By Foreign Investments	42.86
外商投资股份有限公司	Share Holding Limited Company	
其他外商投资企业	Others	
三、在总计中：亏损企业	Of the Total: Loss-making Enterprises	100.00
在总计中：国有控股企业	Of the Total: State-Controlled Share Holding Enterprises	48.58
在总计中：农村工业	Of the Total: Rural Industry	50.00
在总计中：轻工业	Of the Total: Light Industry	22.22
重工业	Heavy Industry	48.84
在总计中：大型企业	Of the Total: Large-size Enterprises	37.80
中型企业	Medium-size Enterprises	47.33

MAIN ECONOMIC BENEFIT INDICATORS OF LARGE AND MEDIUM-SIZE INDUSTRIAL ENTERPRISES(2014)

(%)

总资产贡献率 Ratio of Profits, Taxes and Interests to Average Assets	资产负债率 Ratio of Debts to Assets	成本费用利润率 Ratio of Profits to Total Costs	利润率 Ratio of Profits to Revenue of Major Business	产品销售率 Ratio of Sales to Gross Output Value
4.95	**73.92**	**1.00**	**0.98**	**94.37**
8.74	68.97	4.13	3.83	98.21
4.60	74.69	0.67	0.67	92.17
3.03	71.96	-1.84	-1.87	94.47
3.87	73.08	-1.55	-1.56	93.04
0.04	86.79	-14.43	-16.45	101.02
11.92	83.46	5.68	5.28	95.96
4.99	63.08	-6.49	-6.40	103.31
4.07	75.48	-0.09	-0.09	97.28
4.15	75.96	0.76	0.74	94.69
4.74	74.29	0.55	0.55	94.39
6.83	68.68	2.41	2.26	99.32
10.51	101.38	1.01	0.99	100.28
-5.60	120.97	-14.71	-17.30	99.24
4.38	75.85	0.03	0.03	92.87
4.26	66.92	1.34	1.31	95.51
4.41	78.31	-0.46	-0.46	91.88
7.32	59.82	4.44	4.22	97.50
3.86	77.63	0.05	0.05	94.66
10.73	88.40	4.74	4.52	101.77
3.77	78.54	-0.11	-0.11	94.36
4.77	63.05	1.42	1.39	97.10
6.54	92.61	-28.95	-39.12	96.64
6.54	74.05	5.52	4.62	93.68
6.90	80.47	5.36	4.30	92.72
0.58	80.37	0.06	0.06	100.00
9.91	51.71	10.06	9.12	95.83
-4.60	91.22	-15.71	-18.64	96.13
9.19	64.17	9.28	8.37	94.87
5.82	68.99	4.41	4.16	93.41
19.82	45.80	29.35	21.93	96.59
12.46	62.32	9.88	9.03	97.11
0.18	85.19	-6.84	-7.30	91.41
5.04	73.54	0.92	0.90	94.03
4.55	69.01	-1.22	-1.22	98.31
14.48	52.41	7.78	6.97	95.02
4.64	74.63	0.67	0.66	94.33
5.14	72.18	1.35	1.32	94.43
4.59	77.20	0.09	0.09	94.25

10-11 续表

单位：%

指　标	Item	亏损面 Range of Deficits
四、按工业行业大类分	Grouped by Sector	
采矿业	Mining	52.83
煤炭开采和洗选业	Coal Mining and Dressing	53.92
石油和天然气开采业	Petroleum and Natural Gas Extraction	
黑色金属矿采选业	Ferrous Metals Mining and Dressing	47.06
有色金属矿采选业	Nonferrous Metals Mining and Dressing	14.29
非金属矿采选业	Nonmetal Minerals Mining and Dressing	
开采辅助活动	Mining Auxiliary Activities	
其他采矿业	Other Mining Industry	
制造业	Manufacturing	39.77
农副食品加工业	Farm Products Processing	26.32
食品制造业	Food Manufacturing	6.25
酒、饮料和精制茶制造业	Wine, Beverages and Refined Tea Manufacturing	35.29
烟草制品业	Tobacoo Products Manfacturing	
纺织业	Textile Industry	14.29
纺织服装、服饰业	Textile,Wearing Apparel and Accessories	
皮革、毛皮、羽毛及其制品和制鞋业	Leather, Fur, Feather and Related Products and Footwear	
木材加工和木、竹、藤、棕、草制品业	Timber Processing,Bamboo,Cane,Palm Fiber and Straw Products	
家具制造业	Furniture Manufacturing	
造纸和纸制品业	Paper Making and Paper Products	
印刷和记录媒介复制业	Printing and Record Medium Reproduction	20.00
文教、工美、体育和娱乐用品制造业	Culture, Education, Art and Crafts, Sport and Entertainment Products	
石油加工、炼焦和核燃料加工业	Petroleum Processing, Coking and Nuclear Fuel Processing	72.97
化学原料和化学制品制造业	Raw Chemical Materials and Chemical Products	41.18
医药制造业	Medical and Pharmaceutical Products	13.04
化学纤维制造业	Chemical Fiber Manufacturing	
橡胶和塑料制品业	Rubber and Plastic Products	8.33
非金属矿物制品业	Nonmetal Mineral Products	38.16
黑色金属冶炼和压延加工业	Smelting and Pressing of Ferrous Metals	45.98
有色金属冶炼和压延加工业	Smelting and Pressing of Non-ferrous Metals	62.50
金属制品业	Metal Prodcuts	14.81
通用设备制造业	Ordinary Machinery Manufacturing	28.00
专用设备制造业	Special Purpose Equipment Manufacturing	21.43
汽车制造业	Automobile Manufacturing	29.41
铁路、船舶、航空航天和其他运输设备制造业	Railroad, Marine, Aviation and Other Transport Equipments Manufacturing	10.00
电气机械和器材制造业	Electrical Machinery and Equipment Manufacturing	33.33
计算机、通信和其他电子设备制造业	Computers, Telecommunication and Other Electronic Equipments Manufacturing	40.00
仪器仪表制造业	Equipments and Instruments Manufacturing	33.33
其他制造业	Other Manufacturing	
废弃资源综合利用业	Comprehensive Utilization of Waste Resources	
金属制品、机械和设备修理业	Metal products, Machinery and Equipment Repair	
电力、热力、燃气及水生产和供应业	Production and Supply of Electricity, Heat, Gas and Water	44.44
电力、热力生产和供应业	Production and Supply of Electricity and Heat	28.89
燃气生产和供应业	Production and Supply of Gas	71.43
水的生产和供应业	Production and Supply of Water	90.91

continued

(%)

总资产贡献率 Ratio of Profits, Taxes and Interests to Average Assets	资产负债率 Ratio of Debts to Assets	成本费用利润率 Ratio of Profits to Total Costs	利润率 Ratio of Profits to Revenue of Major Business	产品销售率 Ratio of Sales to Gross Output Value
4.93	73.25	0.51	0.50	91.30
4.80	73.43	0.25	0.25	91.23
12.24	70.49	53.81	43.93	99.97
9.64	61.91	6.30	5.87	91.81
5.18	77.03	8.38	7.65	94.06
3.69	74.73	0.21	0.21	95.56
17.47	51.99	9.36	8.57	95.63
14.33	50.09	8.05	7.45	96.04
15.96	44.98	4.13	3.77	105.80
107.01	5.95	44.26	17.13	96.97
5.47	75.79	3.74	3.55	96.96
10.18	51.50	7.73	7.21	103.31
18.20	5.43	1.70	1.64	85.88
5.84	36.67	11.45	10.45	83.61
1.79	89.89	1.00	0.99	98.35
4.98	50.34	2.29	2.27	97.25
4.61	49.10	0.93	0.92	84.34
0.41	85.14	−5.76	−6.15	96.13
3.17	76.47	−1.19	−1.20	97.00
10.58	58.12	11.62	10.39	86.25
8.01	58.13	5.15	4.88	89.85
3.98	81.81	−1.89	−1.92	94.79
2.66	71.24	−0.16	−0.16	95.96
1.54	78.52	−3.56	−3.64	86.39
5.73	62.59	3.61	3.47	92.45
10.94	75.71	7.93	7.35	102.23
3.20	77.96	1.64	1.61	95.97
3.69	70.64	1.17	1.22	94.61
5.70	75.43	4.62	4.42	99.88
6.35	74.62	2.81	2.75	101.95
5.53	66.06	4.41	3.67	96.96
19.04	56.97	24.47	19.60	99.39
14.11	34.62	35.14	26.91	101.82
16.47	51.05	3.62	3.41	98.04
10.90	74.80	7.28	6.60	98.00
11.97	75.48	7.50	6.77	97.89
4.97	80.09	8.31	7.73	100.00
−1.49	43.26	−10.21	−11.71	98.40

主要统计指标解释

工业 从事自然资源的开采，对采掘品和农产品进行加工和再加工的物质生产部门。具体包括：(1)对自然资源的开采，如采矿、晒盐、森林采伐等(但不包括禽兽捕猎和水产捕捞)；(2)对农副产品的加工、再加工，如粮油加工、食品加工、轧花、缫丝、纺织、制革等；(3)对采掘品的加工、再加工，如炼铁、炼钢、化工生产、石油加工、机器制造、木材加工等，以及电力、自来水、煤气的生产和供应等；(4)对工业品的修理、翻新，如机器设备的修理、交通运输工具(包括小卧车)的修理等。

1984 年以前农村的村及村以下办工业归属农业，1984 年以后划归工业。

工业统计调查单位 工业统计调查单位分为两类：独立核算法人工业企业和工业活动单位。

(1)独立核算法人工业企业 指从事工业生产经营活动的单位。独立核算法人工业企业应同时具备以下条件：①依法成立，有自己的名称、组织机构和场所，能够承担民事责任；②独立拥有和使用资产，承担负债，有权与其他单位签订合同；③独立核算盈亏，并能够编制资产负债表。

(2)工业活动单位 指在一个场所从事一种或主要从事一种工业生产活动的经济单位。它包括独立核算工业企业按主营业务活动(即工业生产活动)划分的主营业务活动单位和非工业企业所属的工业生产活动单位(即原非独立核算工业生产单位)。工业活动单位，一般应同时具备以下三个条件：①具有一个场所，从事一种或主要从事一种工业活动；②单独组织工业生产、经营或业务活动；③单独核算收入和支出。

本年鉴中涉及的企业登记注册类型：

国有控股企业 国有企业和国有控股企业。国有企业（即过去的全民所有制工业或国营工业）是指企业全部资产归国家所有，并按《中华人民共和国企业法人登记管理条例》规定登记注册的非公司制的经济组织。包括国有企业、国有独资公司和国有联营企业。1957 年以前的公私合营和私营工业，后均改造为国营工业，1992 年改为国有工业，这部分工业的资料不单独分列时，均包括在国有企业内。国有控股企业是对混合所有制经济的企业进行的“国有控股”分类。它是指这些企业的全部资产中国有资产（股份）相对其他所有者中的任何一个所有者占资（股）最多的企业。该分组反映了国有经济控股情况。

集体企业 企业资产归集体所有，并按《中华人民共和国企业法人登记管理条例》规定登记注册的经济组织。是社会主义公有制经济的组成部分。包括城乡所有使用集体投资举办的企业，以及部分个人通过集资自愿放弃所有权并依法经工商行政管理机关认定为集体所有制的企业。

股份有限公司 根据《中华人民共和国企业法人登记管理条例》规定登记注册，其全部注册资本由等额股份构成并通过发行股票筹集资本，股东以其认购的股份对公司承担有限责任，公司以其全部资产对其债务承担责任的经济组织。

港、澳、台商投资企业 企业注册登记类型中的港、澳、台资合资、合作、独资经营企业和股份有限公司之和。

外商投资企业 企业注册登记类型中的中外合资、合作经营企业、外资企业和外商投资股份有限公司之和。

本年鉴中主要年份工业企业单位数涉及的名称为“其他”的企业 指除国有企业、集体企业以外的其他类型工业企业（单位)。包括股份合作企业、联营企业、私营企业、股份有限公司、有限责任公司；外商投资企业(中外合资经营、中外合作经营、外资企业)；港、澳、台投资企业(与大陆合资经营、与大陆合作经营、港、澳、台独资企业)及其他企业。

轻工业 主要提供生活消费品和制作手工工具的工业。按其所使用的原料不同，可分为两大类：(1)以农产品为原料的轻工业，是指直接或间接以农产品为基本原料的轻工业。主要包括食品制造、饮料制造、烟草加工、纺织、缝纫、皮革和毛皮制作、造纸以及印刷等工业；(2)以非农产品为原料的轻工业，是指以工业品为原料的轻工业。主要包括文教体育用品、化学药品制造、合成纤维制造、日用化学制品、日用玻璃制品、日用金属制品、手工工具制造、医疗器械制造、文化和办公用机械制造等工业。

重工业 指为国民经济各部门提供物质技术基础的主要生产资料的工业。按其生产性质和产品用途，可以分为下列三类：(1)采掘工业，是指对自然资源的开采，包括石油开采、煤炭开采、金属矿开采、非金属矿开采和木材采伐等工业；(2)原材料工业，指向国民经济各部门提供基本材料、动力和燃料的工业。包括金属冶炼及加工、炼焦及焦炭、化学、化工原料、水泥、人造板以及电力、石油和煤炭加工等工业；(3)加工工业，是指对工业原材料进行再加工制造的工业。包括装备国民经济各部门的机械设备制造工业、金属结构、水泥制品等工业，以及为农业提供的生产资料如化肥、农药等工业。

根据上述划分原则，修理业中以重工业产品为修理作业对象的划为重工业，反之划为轻工业。从 2003 年起轻、重工业内部不再细划分。

工业增加值 指工业企业在报告期内以货币表现的工业生产活动的最终成果。

资产合计 企业拥有或控制的能以货币计量的经济资源。包括各种财产、债权和其他权利。资产按其流动性划分为流动资产、长期投资、固定资产、无形及递延资产和其他资产。

(1)流动资产 企业可以在一年内或者超过一年的一个生产周期内变现或耗用的资产合计。包括现金及各种存款、短期投资、应收及预付款项、存货等。

(2)固定资产 企业固定资产净值、固定资产清理、在建工程、待处理固定资产损失所占用的资金合计。

负债合计 企业承担的能以货币计量，将以资产或劳务偿付的债务。负债一般按偿还期长短分为流动负债和长期负债、递延税项等。

流动负债 企业在一年内或者超过一年的一个营业周期内需要偿还的债务合计，其中包括短期借款、应付及预收款项、应付工资、应交税金和应交利润等。

所有者权益 企业投资人对企业净资产的所有权。企业净资产等于企业全部资产减去全部负债后的余额，其中包括投资者对企业的最初投入，以及资本公积金、盈余公积金和未分配利润，股份制企业即为股东权益。

固定资产原价 企业在建造、购置、安装、改建、扩建、技术改造某项固定资产时所支出的全部货币总额。它一般包括买价、包装费、运杂费和安装费等。

主营业务收入 企业销售产品和提供劳务等主要经营业务取得的业务总额。

主营业务成本 企业销售产品和提供劳务等主要经营业务的实际成本。

主营业务税金及附加 企业销售产品和提供工业性劳务等主要经营业务应负担的城市维护建设税、消费税、资源税和教育费附加。

利润总额 企业在生产经营过程中各种收入扣除各种耗费后的盈余，反映企业在报告期内实现的亏盈总额，包括营业利润、补贴收入、投资净收益和营业外收支净额。

应交增值税 企业按税法规定，从事货物销售或提供加工、修理修配劳务等增加货物价值的活动报告期应交纳的增值税额。计算公式为：

应交增值税=销项税额-（进项税额-进项税额转出）-出口抵减内销产品应纳税额-减免税款+出口退税

总资产贡献率 反映企业全部资产的获利能力，是企业经营业绩和管理水平的集中体现，是评价和考核企业盈利能力的核心指标。计算公式为：

总资产贡献率(%) =（利润总额+税金总额+利息支出）/平均资产总额 × 100%

资产负债率 指标既反映企业经营风险的大小，也反映企业利用债权人提供的资金从事经营活动的能力。计算公式:

资产负债率(%) = 负债总额/资产总额 × 100%

工业成本费用利润率 在一定时期内实现的利润与成本费用之比，是反映工业生产成本及费用投入的经济效益指标，同时也是反映降低成本的经济效益的指标。计算公式为：

工业成本费用利润率(%) = 利润总额/成本费用总额 × 100%

产品销售率 指报告期工业销售产值与同期工业总产值之比，是反映工业产品已实现销售的程度，分析工业产销衔接情况，研究工业产品满足社会需求程度的指标。计算公式为：

产品销售率(%) = 工业销售产值/工业总产值 × 100%

亏损面 指亏损企业单位数占全部工业企业单位数的比重。计算公式为：

亏损面(%) = 亏损企业单位数/全部工业企业单位数 × 100%。

销售收入利润率 指企业实现的总利润对同期的销售收入的比率，用以反映企业销售收入与利润之间的关系。计算公式为：

销售收入利润率 = 利润总额/营业收入 × 100%

Explanatory Notes on Main Statistical Indicators

Industry refers to the material production sector which is engaged in extraction of natural resources and processing and reprocessing of minerals and agricultural products, including (1) extraction of natural resources, such as mining, salt production, logging (but not including hunting and fishing); (2) processing and reprocessing of farm and sideline produces, such as rice husking, flour milling, wine making, oil pressing, cotton ginning, silk reeling, spinning and weaving, and leather making; (3) manufacture of industrial products, such as steel making, iron smelting, chemicals manufacturing, petroleum processing, machine building, timber processing; water and gas production and electricity generation and supply; (4)repairing of industrial products such as the repairing of machinery and means of transport (including cars).

Prior to 1984, the rural industry run by villages and cooperative organizations under village was classified into agriculture. Since 1984, it has been grouped into industry.

Units of Industrial Statistics and Inquiry they are classified into two categories corporate industrial enterprises with independent accounting system and industrial establishments.

(1)**Corporate Industrial Enterprises with Independent Accounting System** refer to enterprises engaging in industrial production activities, which meet the following requirements: ①They are established legally, having their own names, organizations, location, able to take civil liability; ②They possess and use their assets independently, assume liabilities, and are entitled to sign contracts with other units; ③They are financially independent and compile their own balance sheets.

(2)**Industrial Establishments** refer to economic units which located in one single place and engaged entirely or primarily in one kind of industrial activity, including financially independent industrial enterprises and units engaged in industrial activities under the non industrial enterprises (or financially dependent). Industrial establishments generally meet the following requirements: ① They have each one location and are engaged in one kind of industrial activity each; ② They operate and manage their industrial production activities separately; ③ They have accounts of income and expenditures separately.

Types of registration status concerned in this yearbook:

State-holding Enterprises refer to state-owned enterprises and the enterprises which state holds majority shares. State-owned enterprises (industry ownership by the whole people or state-run industry) refers to non-corporation economic units, where the entire assets are owned by the state and which have registered in accordance with the Regulation of the People Republic of China on the Management of Registration of Corporate Enterprises, including the state-owned enterprise, sole state-funded corporation and state-owned joint ownership enterprise. Joint state-private industries and private industries, which existed before 1957, have been transformed into state-run industries. Since 1992, those were named state-owned industries. Statistics on these enterprises has been included in the state-industries since 1957 when separation of data was no longer necessary.

Collective-owned Enterprises refers to industrial enterprises where the means of production are owned collectively including urban and rural enterprises invested by collectives and some enterprises which were formerly owned privately but have been registered in industrial and commercial administration agency as collective units through raising fund from the public.

Share-holding Corporations Ltd. refer to economic units registered in accordance with the regulation of the people's republic of china on the management of registration of corporate enterprises with total registered capitals divided into equal shares and raised through issuing stocks. Each investor bears limited liability to the corporation depending on the holding of shares and the corporation bears liability to its debt to the maximum of its total assets.

Enterprises Funded by Hong Kong, Macao and Taiwan refer to all industrial enterprises as the joint-venture, cooperative, sole investment industrial enterprises and limited liability corporations with funds from Hong Kong, Macao and Taiwan.

Foreign Funded Enterprises refer to all industrial enterprises registered as the joint-venture, cooperative, sole investment industrial enterprises and limited liability corporations with foreign funds.

Other Enterprises Related in Number of Industrial Enterprises in Major Years refer to other types of industrial enterprises or units except for state-owned enterprises and collective enterprises, including share holding cooperative enterprises, joint-venture enterprises, private enterprises, share holding limited enterprises, foreign funded enterprises, enterprises funded by Hong Kong, Macao and Taiwan and other enterprises.

Light Industry refers to the industry that produces consumer goods and hand tools. It consists of two categories depending on the raw materials used:

(1)Industries using farm products as raw materials. These are branches of light industry which directly or indirectly use farm products as basic raw materials, including the manufacture of food and beverages, tobacco processing, textile, clothing, fur and leather manufacturing, paper making, printing, etc. (2)Industries using non farm products as raw materials. These are branches of light industry which use manufactured goods as raw materials, including the manufacture of cultural, educational articles and sports goods chemicals synthetic fiber chemical products for daily use glass products for daily use metal products for daily use hand tools medical apparatus and instruments and the manufacture of cultural and clerical machinery.

Heavy Industry refers to the industry which produces capital goods and provides various sectors of the national economy with necessary material and technical basis. It consists of the following three branches according to the purpose of production or the use of products: (1)Mining and Quarrying Industry refers to the industry that extracts natural resources including extraction of petroleum coal metal and non-metal ores and logging. (2)Raw Materials Industry refers to the industry that provides various sectors of the national economy with raw materials fuels and power. it includes smelting and processing of metals coking and coke chemistry chemical materials and building materials such as cement plywood and power petroleum refining and coal dressing. (3)Manufacturing Industry refers to the industry that processes raw materials. It includes machine building industry which equips sectors of the national economy industries of metal structure and cement products industries producing means of agricultural production such as chemical fertilizers and pesticides.

According to the above principle of classification the repairing trades which are engaged primarily in repairing products of heavy industry are classified into heavy industry while those engaged in repairing products of light industry are classified into light industry. It is not divided further in the interior of light industry and heavy industry from 2003.

Value Added of Industry refers to the final results of industrial production of the industrial trade in money terms during the reference period.

Total Assets refer to all economic resources owned or controlled by enterprises that could be measured in monetary terms including properties creditor equity and other economic rights of all forms. classified by the degree of equitability total assets include circulating assets long term investment fixed assets intangible assets and deferred assets and other assets.

(1)Circulating Assets refers to assets which can be cashed in or spent or consumed in an operating cycle of one year or over one year including cash all kinds of deposits short term investment receivables advance payment stock etc.

(2)Fixed Assets refers to the net value of fixed assets clearance of fixed assets project under construction fixed assets losses in suspense. these are corporations fund holdings.

Total Liabilities refers to the debts measured in monetary terms that enterprises are responsible for repayment in the form of cash assets or labor. Classified by terms of repayment liability include liquid liabilities and long-term liabilities.

Liquid Liabilities refers to enterprises total debt payable within an operating cycle of one year or over one year, including short term loans, payables and advance payments, wage payable, taxes payable and profit payable, etc.

Creditors' Equity refers to investors' ownership of net assets of the enterprise. It is equal to the total assets of the enterprise minus its total liabilities, including the primary input from investors, capital accumulation fund, surplus accumulation fund and undistributed profit. it is the shareholders equity in share—holding companies.

Original Value of Fixed Assets refers to the original value of all fixed assets owned by industrial enterprises calculated the cost paid at the time of purchase installation reconstruction expansion and technical innovation and transformation of at the said assets which includes expenses on purchase package transportation and installation etc.

Revenue of Major Business refers to the revenue from the sales of products by industrial enterprises and the revenue from services provided and etc.

Cost of Major Business refers to the actual cost of products of industrial enterprises and industrial services provided etc.

Taxes and Extra Charges of Major Business refer to the tax on city maintenance and construction consumption tax resources tax and extra charges for education which should be borne by the enterprises in selling products and providing industrial services.

Total Profits refer to the surplus gained by enterprises by deducting costs from all kinds of revenues in business, which reflects the total profits and losses of enterprises in reporting period, including business profits, subsidy revenue, net investment profit and net amount of non-business revenue and expenditure.

Value Added Taxes Payable refers to the amount of value-added tax which should be paid by enterprises which are engaged in value-added activities such as goods selling, processing and repairing according to the tax laws of enterprise. It is calculated as follows.

Value Added Taxes Payable = Tax on Sales - (Tax on Purchase-Transferred Tax on Purchase) - Tax Payable for the Exported Goods Sold on the Domestic Market - Derated Tax + Export Rebate.

Ratio of Profits, Taxes and Interests to Average Assets reflects the profit-making capability of all assets of the enterprise and is a key indicator manifesting the performance and management and evaluating the profit-making potential of the enterprise. It is calculated as follows:

Ratio of profits taxes and interests to average assets (%) = [(Total profits + total Taxes + interest payment) ÷ average assets]×100%

Ratio of Debts to Assets reflect both the operation risk and the capability of the enterprise in making use of the capital from the creditors. It is calculated as follows:

Ratio of debts to assets (%) = (Total debts ÷ total assets) ×100%

Ratio of Profits to Total Industrial Costs refers to the ratio of profits realized in a given period to the total costs in the same period, which reflects the economic efficiency of input cost and is calculated as follows:

Ratio of Profits to Total Industrial Cost (%) = (Total Profits ÷ Total Costs) ×100%

Ratio of Sales to Gross Output Value refers to the sales of industrial products to the gross industrial output value during the reference period and is important in reflecting the linkage between production and sales and the extent of the needs of the society that has been met by the supply of industrial products. It is calculated as follows:

Ratio of Sales to Gross Output Value = Industrial sales ÷ Gross industrial output value (at current prices) ×100%

Range of Deficits refers to the proportion of loss-making enterprises in the number of all industrial enterprises. The formula is as follows:

Range of Deficits (%) = (Number of loss-making enterprises ÷ Number of All Industrial Enterprises) ×100%

Ratio of Profits to Sales Revenue refers to the total profits to the business revenue in the same period, which reflects the linkage between sales revenue and profits. The formula is as follows:

Ratio of Profits to Sales Revenue (%) = (Total Profits ÷ Business Revenue) ×100%

建筑业

CONSTRUCTION

11

资料整理人员

张利云　陈烨松

建筑业

CONSTRUCTION

建筑业企业单位数	Number of Construction Enterprises	2358	个	(unit)
建筑业总产值	Gross Output Value of Construction	3103.5	亿元	(100 million yuan)
建筑业竣工产值	Completed Output Value of Costruction	1357.0	亿元	(100 million yuan)
建筑业房屋建筑竣工面积	Floor Space of Buildings Completed of Construction	3940	万平方米	(10 000 sq.m)

建筑业总产值构成 (%)

Composition of Total Output Value of Construction (%)

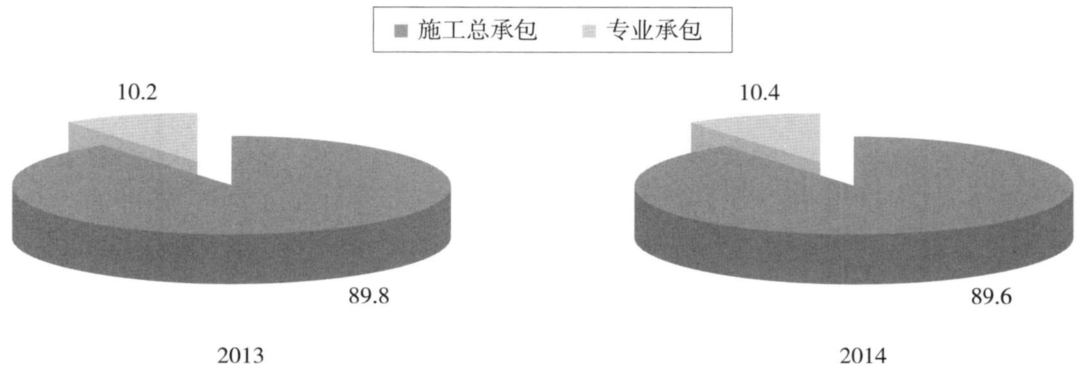

建筑业总产值 (亿元)

Total Output Value of Construction (100 million yuan)

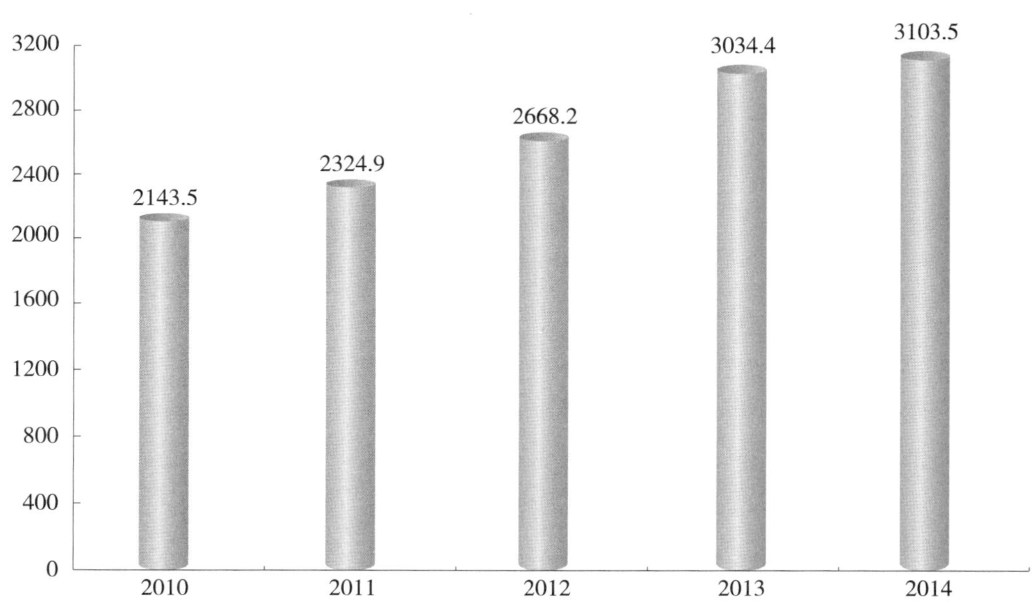

11-1 建筑施工企业主要经济指标
MAJOR ECONOMIC INDICATORS OF CONSTRUCTION ENTERPRISES

指　　标	Item	2013	2014
施工企业个数(个)	Number of Construction Enterprises (unit)	2181	2358
直接从事生产经营活动的平均人数(万人)	Average Number of People Directly Engaged in Production and Operating Activities (10 000 persons)	105	107
从业人员期末人数(万人)	Number of Employees at The End of Period (10 000 persons)	63	64
固定资产原价(万元)	Original Value of Fixed Assets (10 000 yuan)	4081729	4571574
固定资产合计(万元)	Total Fixed Assets (10 000 yuan)	2739061	2982145
自有机械设备总台数(台)	Number of Machinery and Equipment Owned (set)	212416	229285
自有机械设备净值(万元)	Net Value of Machinery and Equipment Owned (10 000 yuan)	1233749	1438000
自有机械设备总功率(万千瓦)	Total Power of Machinery and Equipment Owned (10 000 kw)	610	694
建筑业总产值 (万元)	Output Value of Construction (10 000 yuan)	30343656	31035027
竣工产值 (万元)	Output Value of Buildings Completed (10 000 yuan)	13936707	13569969
固定资产折旧 (万元)	Depreciation of Fixed Assets (10 000 yuan)	303414	308027
施工面积 (万平方米)	Floor Space of Buildings under Construction (10 000 sq.m)	13107	13929
竣工面积 (万平方米)	Floor Space of Buildings Completed (10 000 sq.m)	3722	3940
营业利润 (万元)	Profits of Business (10 000 yuan)	873805	922442
管理费用 (万元)	Costs of Administration (10 000 yuan)	1247633	1377907
利润总额 (万元)	Total Profits (10 000 yuan)	897318	939166
上缴税金 (万元)	Tax Turned Over to the State (10 000 yuan)	922864	981661
按总产值计算的全员劳动生产率(元/人)	Overall Labor Productivity in Terms of Total Output Value (yuan/person)	287957	291331
实收资本金(万元)	Capitals Hold (10 000 yuan)	5418288	5888900
资产总计 (万元)	Total Assets (10 000 yuan)	34202261	37939935
负债合计 (万元)	Total Liabilities (10 000 yuan)	25650153	28455485
所有者权益合计 (万元)	Total Creditors Equity (10 000 yuan)	8552108	9484450
竣工率(按产值计算) (%)	Rate of Completed (by Output Value) (%)	45.9	43.7
技术装备率(元/人)	Value of Machines per Laborer (yuan/person)	19562	10689
动力装备率(千瓦/人)	Power of Machines per Laborer (kw/person)	9.7	6.9
资产负债率(%)	Ratio of Debts to Assets (%)	75.0	75.0
产值利润率(%)	Ratio of Profit to Gross Output Value (%)	3.0	3.0

11-2 建筑业企业总产值和竣工产值(2014年)
GROSS OUTPUT VALUE AND COMPLETED VALUE OF CONSTRUCTION ENTERPRISES(2014)

单位：万元 (10 000 yuan)

指 标	Item	建筑业总产值 Total Output Value	#建筑工程 Construction	#安装工程 Installation	竣工产值 Output Value of Buildings Completed
总 计	**Total**	**31035027**	**26659314**	**3425216**	**13569969**
#国有及国有控股	State Owned and State Controlling Share	18079508	16013418	1657321	6208884
按登记注册类型分组	**Grouped by Registered Kind**				
内资企业	Civil Funded Enterprises	30972039	26601206	3425216	13532340
国有企业	State-owned Enterprises	3768537	3368691	336910	2156168
集体企业	Collective-owned Enterprises	517477	397361	96846	283071
股份合作企业	Share Cooperative Enterprises				
联营企业	Joint Ownership Enterprises				
有限责任公司	Limited Responsibility Corporations	17495662	15493853	1585602	6240120
国有独资公司	Company Exclusively with Investment from State	1782542	1556951	213509	561016
其他有限责任公司	Other Limited Responsibility Company	15713120	13936902	1372093	5679104
股份有限公司	Share-holding Limited Corporations	373598	228449	130264	102009
私营企业	Private-owned Enterprises	8811746	7108752	1275592	4748052
私营独资企业	Enterprise Exclusively with Investment from Private	9315	7924	79	4392
私营合伙企业	Private Partnership Enterprises	813			
私营有限责任公司	Private Limited Responsibility Corporations	7409813	6055097	1023397	4409923
私营股份有限公司	Private Share-holding Limited Corporations	1391806	1045731	252116	333738
其他企业	Other Enterprises	5020	4100		2920
港、澳、台商投资企业	Enterprises Funded by HongKong, Macao and Taiwan	20292	20292		11936
外商投资企业	Foreign Funded Enterprises	42696	37816		25694
按国民经济行业分组	**Grouped by Economic Sector**				
房屋和土木工程建筑业	Housing and Civil Engineering Construction	28415264	25295530	2403526	12177113
房屋工程建筑	Housing	13093871	12007858	897064	6417070
土木工程建筑	Civil Engineering	15321393	13287672	1506461	5760043
建筑安装业	Building Installation	1523267	536812	913380	716601
建筑装饰业	Building Fiting and Decoration	427416	335294	60108	260232
其他建筑业	Other Construction	669080	491678	48202	416023
按隶属关系分组	**Grouped by Subordination**				
#中 央	Central	10332582	9238151	905693	3091599
省	Province	6799583	6009845	600610	2798958
地 区	Prefecture	2508218	2117713	364264	1378004
县	County	811168	648675	111333	528567
按企业资质等级分组	**Grouped by Qualification Criteria**				
施工总承包	Overall Contract	27822093	24692745	2540946	11936908
专业承包	Specialized Contract	3212934	1966568	884270	1633061

11-3 按主要用途分的房屋建筑竣工面积(2014年)

单位：平方米

指　标	Item	总　计 Total	住宅房屋 Residential Buildings
总　计	**Total**	**39400393**	**28518254**
#国有及国有控股	State Owned and State Controlling Share	14611292	9349613
按登记注册类型分组	**Grouped by Registered Kind**		
内资企业	Civil Funded Enterprises	39359932	28477793
国有企业	State-owned Enterprises	6951852	4526464
集体企业	Collective-owned Enterprises	1077462	858261
股份合作企业	Share Cooperative Enterprises		
联营企业	Joint Ownership Enterprises		
有限责任公司	Limited Responsibility Corporations	13722423	9327403
国有独资公司	Company Exclusively with Investment from State	1280270	847448
其他有限责任公司	Other Limited Responsibility Company	12442153	8479955
股份有限公司	Share-holding Limited Corporations	158335	135092
私营企业	Private-owned Enterprises	17427860	13608573
私营独资企业	Enterprise Exclusively with Investment from Private	182	182
私营合伙企业	Private Partnership Enterprises		
私营有限责任公司	Private Limited Responsibility Corporations	15892986	12368739
私营股份有限公司	Private Share-holding Limited Corporations	1534692	1239652
其他企业	Other Enterprises	22000	22000
港、澳、台商投资企业	Enterprises Funded by HongKong, Macao and Taiwan		
外商投资企业	Foreign Funded Enterprises	40461	40461
按国民经济行业分组	**Grouped by Economic Sector**		
房屋和土木工程建筑业	Housing and Civil Engineering Construction	38810002	28294044
房屋工程建筑	Housing	36553278	27125200
土木工程建筑	Civil Engineering	2256724	1168844
建筑安装业	Building Installation	544551	180645
建筑装饰业	Building Fiting and Decoration		
其他建筑业	Other Construction	45840	43565
按隶属关系分组	**Grouped by Subordination**		
#中　央	Central	2682666	1557686
省	Province	8797162	5505346
地　区	Prefecture	3359039	2437676
县	County	2672680	2085801
按企业资质等级分组	**Grouped by Qualification Criteria**		
施工总承包	Overall Contract	38767532	28407923
专业承包	Specialized Contract	632861	110331

FLOOR SPACE OF BUILDINGS COMPLETED BY MAJOR USE(2014)

(sq.m)

商业及服务用房屋 Commercial and Service Buildings	办公用房 Oiffices	科研、教育、医疗用房屋 Scientific Research, Education and Healthcare Buildings	文化、体育、娱乐用房屋 Culture, Sports and Entertaninment Buildings	厂房及建筑物 Factory Buildings	仓库 Warehouses	其他未列明的房屋建筑物 Other Unlisted Buildings
2175620	**2014112**	**2297136**	**266555**	**2989212**	**289199**	**850305**
946416	842083	1417571	182689	1561179	19251	292490
2175620	2014112	2297136	266555	2989212	289199	850305
468775	429927	578109	85759	749913	13510	99395
37941	53021	63419	1015	54239	8579	987
839557	696602	1194854	98170	1113635	81347	370855
66666	93467	91757		112624		68308
772891	603135	1103097	98170	1001011	81347	302547
				4517		18726
829347	834562	460754	81611	1066908	185763	360342
819597	723907	363586	81611	991941	185763	357842
9750	110655	97168		74967		2500
2165553	1969368	2294631	266555	2742223	289199	788429
1972188	1873458	2141845	266555	2175200	289199	709633
193365	95910	152786		567023		78796
10067	44744	2505		244729		61861
				2260		15
1674	162110	293551		606381		61264
859031	465747	932490	164597	801139		68812
106583	168663	215995	15992	182814	5291	226025
64674	168307	193942	4355	118615	22089	14897
2173182	1984693	2293861	266555	2573817	289199	778302
2438	29419	3275		415395		72003

11-4 按主要用途分的房屋建筑竣工价值(2014年)

单位：万元

指 标	Item	总 计 Total	住宅房屋 Residential Buildings
总 计	**Total**	**5965376**	**3963619**
#国有及国有控股	State Owned and State Controlling Share	2574911	1403182
按登记注册类型分组	**Grouped by Registered Kind**		
内资企业	Civil Funded Enterprises	5959711	3957954
国有企业	State-owned Enterprises	1186648	665607
集体企业	Collective-owned Enterprises	132732	103567
股份合作企业	Share Cooperative Enterprises		
联营企业	Joint Ownership Enterprises		
有限责任公司	Limited Responsibility Corporations	2284463	1357417
国有独资公司	Company Exclusively with Investment from State	201614	110771
其他有限责任公司	Other Limited Responsibility Company	2082850	1246646
股份有限公司	Share-holding Limited Corporations	13556	12272
私营企业	Private-owned Enterprises	2340312	1817091
私营独资企业	Enterprise Exclusively with Investment from Private	27	27
私营合伙企业	Private Partnership Enterprises		
私营有限责任公司	Private Limited Responsibility Corporations	2135608	1649805
私营股份有限公司	Private Share-holding Limited Corporations	204676	167258
其他企业	Other Enterprises	2000	2000
港、澳、台商投资企业	Enterprises Funded by HongKong, Macao and Taiwan		
外商投资企业	Foreign Funded Enterprises	5665	5665
按国民经济行业分组	**Grouped by Economic Sector**		
房屋和土木工程建筑业	Housing and Civil Engineering Construction	5923113	3944189
房屋工程建筑	Housing	5535687	3772782
土木工程建筑	Civil Engineering	387426	171406
建筑安装业	Building Installation	36915	14144
建筑装饰业	Builing Fiting and Decoration		
其他建筑业	Other Construction	5348	5286
按隶属关系分组	**Grouped by Subordination**		
#中 央	Central	580788	308282
省	Province	1531486	793372
地 区	Prefecture	518912	341947
县	County	333558	248105
按企业资质等级分组	**Grouped by Qualification Criteria**		
施工总承包	Overall Contract	5910358	3954381
专业承包	Specialized Contract	55018	9238

VALUE OF BUILDINGS COMPLETED BY MAJOR USE(2014)

(10 000 yuan)

商业及服务用房屋 Commercial and Service Buildings	办公用房 Oiffices	科研、教育、医疗用房屋 Scientific Research, Education and Healthcare Buildings	文化、体育、娱乐用房屋 Culture, Sports and Entertaninment Buildings	厂房及建筑物 Factory Buildings	仓 库 Warehouses	其他未列明的房屋建筑物 Other Unlisted Buildings
369179	**385363**	**473684**	**89023**	**518283**	**33639**	**132586**
194902	192299	323216	74235	319687	2665	64727
369179	385363	473684	89023	518283	33639	132586
114787	93121	120209	20506	141644	2042	28733
6358	4864	8586	22	7567	1587	181
138054	151835	277471	53818	234093	6910	64865
11559	17962	17598		31288		12435
126495	133873	259873	53818	202805	6910	52431
				1252		31
109981	135543	67418	14677	133727	23100	38776
108814	118768	55413	14677	126907	23100	38125
1166	16775	12005		6820		651
367631	377590	473226	89023	507341	33639	130475
335939	354957	442029	89023	390599	33639	116720
31692	22633	31197		116743		13755
1548	7773	457		10883		2109
				59		3
359	45421	70104		145932		10689
183819	102870	217762	70217	152408		11037
16874	37654	44210	3779	28160	443	45847
9637	20227	33667	350	16278	3629	1665
369132	382841	473094	89023	486805	33639	121443
47	2522	590		31478		11144

11-5 建筑业企业房屋建筑面积(2014年)
FLOOR SPACE OF BUILDINGS CONSTRUCTED BY CONSTRUCTION ENTERPRISES(2014)

单位: 平方米 (sq.m)

指标	Item	房屋建筑施工面积 Floor Space of Buildings under Construction	#本年新开工面积 Newly Started This Year	#投标承包的面积 Entered Bid Contracts
总计	**Total**	**139285301**	**55283396**	**117014433**
#国有及国有控股	State Owned and State Controlling Share	75142403	26219940	73010373
按登记注册类型分组	**Grouped by Registered Kind**			
内资企业	Civil Funded Enterprises	138988459	55094417	116717591
国有企业	State-owned Enterprises	28807080	9158417	27561424
集体企业	Collective-owned Enterprises	2311819	1484508	1443835
股份合作企业	Share Cooperative Enterprises			
联营企业	Joint Ownership Enterprises			
有限责任公司	Limited Responsibility Corporations	62312290	22689077	58466145
国有独资公司	Company Exclusively with Investment from State	3845445	1652794	3754305
其他有限责任公司	Other Limited Responsibility Company	58466845	21036283	54711840
股份有限公司	Share-holding Limited Corporations	3615279	673216	3398254
私营企业	Private-owned Enterprises	41908461	21089199	25847933
私营独资企业	Enterprise Exclusively with Investment from Private	29899	29899	29717
私营合伙企业	Private Partnership Enterprises			
私营有限责任公司	Private Limited Responsibility Corporations	34225519	18201154	20468737
私营股份有限公司	Private Share-holding Limited Corporations	7653043	2858146	5349479
其他企业	Other Enterprises	33530		
港、澳、台商投资企业	Enterprises Funded by HongKong, Macao and Taiwan			
外商投资企业	Foreign Funded Enterprises	296842	188979	296842
按国民经济行业分组	**Grouped by Economic Sector**			
房屋和土木工程建筑业	Housing and Civil Engineering Construction	137752286	54507290	116586349
房屋工程建筑	Housing	126529102	51023072	105843157
土木工程建筑	Civil Engineering	11223184	3484218	10743192
建筑安装业	Building Installation	1234863	630746	361924
建筑装饰业	Building Fiting and Decoration			
其他建筑业	Other Construction	298152	145360	66160
按隶属关系分组	**Grouped by Subordination**			
#中央	Central	19835241	7126798	19814751
省	Province	47145223	14383381	46054364
地区	Prefecture	10069756	5015965	8625114
县	County	5145232	3463189	3824148
按企业资质等级分组	**Grouped by Qualification Criteria**			
施工总承包	Overall Contract	138054967	54500516	116820783
专业承包	Specialized Contract	1230334	782880	193650

11-6 建筑业企业机械设备情况(2014年)
MACHINARY AND EQUIPMENT OF CONSTRUCTION ENTERPRISES(2014)

指 标	Item	自有机械设备年末总台数(台) Number of Machinery and Equipment Owned(unit)	自有机械设备年末总功率(千瓦) Total Power of Machinery and Equipment Owned(kw)	自有机械设备净值(万元) Net Value of Machinery and Equipment Owned (10 000 yuan)
总 计	**Total**	**229285**	**6942547**	**1438000**
#国有及国有控股	State Owned and State Controlling Share	96064	4392971	684775
按登记注册类型分组	**Grouped by Registered Kind**			
内资企业	Civil Funded Enterprises	228275	6921625	1429166
国有企业	State-owned Enterprises	27034	666041	93701
集体企业	Collective-owned Enterprises	10837	126965	18598
股份合作企业	Share Cooperative Enterprises			
联营企业	Joint Ownership Enterprises			
有限责任公司	Limited Responsibility Corporations	81078	4042214	690895
国有独资公司	Company Exclusively with Investment from State	7384	191433	30334
其他有限责任公司	Other Limited Responsibility Company	73694	3850781	660561
股份有限公司	Share-holding Limited Corporations	5627	65413	12986
私营企业	Private-owned Enterprises	103615	2018123	612258
私营独资企业	Enterprise Exclusively with Investment from Private	214	17498	1932
私营合伙企业	Private Partnership Enterprises	5	300	716
私营有限责任公司	Private Limited Responsibility Corporations	98731	1862384	572758
私营股份有限公司	Private Share-holding Limited Corporations	4665	137941	36853
其他企业	Other Enterprises	84	2869	727
港、澳、台商投资企业	Enterprises Funded by HongKong, Macao and Taiwan	279	9386	5728
外商投资企业	Foreign Funded Enterprises	731	11536	3106
按国民经济行业分组	**Grouped by Economic Sector**			
房屋和土木工程建筑业	Housing and Civil Engineering Construction	199303	6383011	1291656
房屋工程建筑	Housing	108698	1813799	402818
土木工程建筑	Civil Engineering	90605	4569212	888837
建筑安装业	Building Installation	15886	321751	61612
建筑装饰业	Building Fiting and Decoration	10158	98088	22733
其他建筑业	Other Construction	3938	139697	61999
按隶属关系分组	**Grouped by Subordination**			
#中 央	Central	36448	2994176	513640
省	Province	38016	815038	107065
地 区	Prefecture	22951	629420	99353
县	County	18083	321855	65948
按企业资质等级分组	**Grouped by Qualification Criteria**			
施工总承包	Overall Contract	196192	6308275	1234503
专业承包	Specialized Contract	33093	634272	203497

11-7 建筑业企业劳动生产率(2014年)
LABOR PRODUCTIVITY OF CONSTRUCTION ENTERPRISES(2014)

指　　标	Item	企业个数(个) Number of Enterprises (unit)	从事建筑业活动的从业人员平均人数(人) Average Number of Employees Engaged in Construction Activities(person)	按总产值计算的劳动生产率(元/人) Overall Labor Productivity in Terms of Total Output Value (yuan/person)	人均竣工产值(元/人) Per Capita Output Value of Buildings Completed (yuan/person)
总　计	**Total**	**2358**	**1065283**	**291331**	**127384**
#国有及国有控股	State Owned and State Controlling Share	294	525324	344159	118192
按登记注册类型分组	**Grouped by Registered Kind**				
内资企业	Civil Funded Enterprises	2350	1062175	291591	127402
国有企业	State-owned Enterprises	119	129693	290574	166252
集体企业	Collective-owned Enterprises	92	23550	219736	120200
股份合作企业	Share Cooperative Enterprises				
联营企业	Joint Ownership Enterprises				
有限责任公司	Limited Responsibility Corporations	390	507661	344633	122919
国有独资公司	Company Exclusively with Investment from State	26	42753	416940	131223
其他有限责任公司	Other Limited Responsibility Company	364	464908	337983	122155
股份有限公司	Share-holding Limited Corporations	21	12076	309372	84473
私营企业	Private-owned Enterprises	1726	388987	226531	122062
私营独资企业	Enterprise Exclusively with Investment from Private	4	642	145089	68407
私营合伙企业	Private Partnership Enterprises	1	30	271000	
私营有限责任公司	Private Limited Responsibility Corporations	1651	334681	221399	131765
私营股份有限公司	Private Share-holding Limited Corporations	70	53634	259501	62225
其他企业	Other Enterprises	2	208	241322	140361
港、澳、台商投资企业	Enterprises Funded by HongKong, Macao and Taiwan	4	777	261161	153610
外商投资企业	Foreign Funded Enterprises	4	2331	183165	110229
按国民经济行业分组	**Grouped by Economic Sector**				
房屋和土木工程建筑业	Housing and Civil Engineering Construction	1328	950211	299042	128152
房屋工程建筑	Housing	746	503540	260036	127439
土木工程建筑	Civil Engineering	582	446671	343013	128955
建筑安装业	Building Installation	432	65143	233834	110004
建筑装饰业	Building Fiting and Decoration	394	23647	180748	110049
其他建筑业	Other Construction	204	26282	254577	158292
按隶属关系分组	**Grouped by Subordination**				
#中　央	Central	54	259116	398763	119313
省	Province	103	202770	335335	138036
地　区	Prefecture	188	97033	258491	142014
县	County	144	49205	164855	107421
按企业资质等级分组	**Grouped by Qualification Criteria**				
施工总承包	Overall Contract	1139	924019	301099	129185
专业承包	Specialized Contract	1219	141264	227442	115603

11-8 建筑业企业资本金及资产(2014年)
CAPITAL AND ASSETS OF CONSTRUCTION ENTERPRISES(2014)

单位：万元 (10 000 yuan)

指 标	Item	实收资本 Capitals Hold	资产总计 Total Assets	#流动资产合计 Total Circulating Funds	#固定资产合计 Total Fixed Assets
总 计	**Total**	**5888900**	**37939935**	**30888128**	**2982145**
#国有及国有控股	State Owned and State Controlling Share	2095237	23229205	19292989	1168758
按登记注册类型分组	**Grouped by Registered Kind**				
内资企业	Civil Funded Enterprises	5871424	37885204	30840425	2975627
国有企业	State-owned Enterprises	349359	3276486	2607408	324790
集体企业	Collective-owned Enterprises	112598	553785	444025	75541
股份合作企业	Share Cooperative Enterprises				
联营企业	Joint Ownership Enterprises				
有限责任公司	Limited Responsibility Corporations	2269065	24110107	19896204	1170696
国有独资公司	Company Exclusively with Investment from State	323261	4928182	3440247	91165
其他有限责任公司	Other Limited Responsibility Company	1945805	19181925	16455957	1079531
股份有限公司	Share-holding Limited Corporations	63993	668857	600714	37919
私营企业	Private-owned Enterprises	3075309	9243043	7268798	1363028
私营独资企业	Enterprise Exclusively with Investment from Private	4690	7998	4862	3136
私营合伙企业	Private Partnership Enterprises	751	2608	1923	685
私营有限责任公司	Private Limited Responsibility Corporations	2914822	8568505	6702436	1289318
私营股份有限公司	Private Share-holding Limited Corporations	155047	663932	559577	69890
其他企业	Other Enterprises	1100	32926	23274	3652
港、澳、台商投资企业	Enterprises Funded by HongKong, Macao and Taiwan	8562	32432	30108	2324
外商投资企业	Foreign Funded Enterprises	8914	22299	17595	4194
按国民经济行业分组	**Grouped by Economic Sector**				
房屋和土木工程建筑业	Housing and Civil Engineering Construction	4775348	34334576	27951844	2478051
房屋工程建筑	Housing	2109669	10500870	8837101	1008072
土木工程建筑	Civil Engineering	2665679	23833706	19114743	1469979
建筑安装业	Building Installation	545685	1890500	1565430	252506
建筑装饰业	Building Fiting and Decoration	305722	690295	567826	95958
其他建筑业	Other Construction	262145	1024565	803028	155630
按隶属关系分组	**Grouped by Subordination**				
#中 央	Central	1063053	13506288	11626052	608501
省	Province	846285	9797471	7571530	366137
地 区	Prefecture	421150	2534108	2037867	319537
县	County	171062	900359	728284	137079
按企业资质等级分组	**Grouped by Qualification Criteria**				
施工总承包	Overall Contract	4622893	33609860	27340867	2407697
专业承包	Specialized Contract	1266007	4330075	3547261	574448

11-9 建筑业企业负债及所有者权益(2014年)
LIABILITIES AND CREDITORS' EQUITY OF CONSTRUCTION ENTERPRISES(2014)

单位：万元 (10 000 yuan)

指标	Item	负债合计 Total Liabilities	#流动负债 Liquid Liabilities	#非流动负债合计 Illiquid Liabilities	所有者权益合计 Total Creditors' Equity
总计	**Total**	**28455485**	**26031612**	**2139596**	**9484450**
#国有及国有控股	State Owned and State Controlling Share	19578317	17736047	1765770	3650887
按登记注册类型分组	**Grouped by Registered Kind**				
内资企业	Civil Funded Enterprises	28417076	25993404	2139396	9468127
国有企业	State-owned Enterprises	2895381	2756153	112636	381105
集体企业	Collective-owned Enterprises	415106	399071	7162	138679
股份合作企业	Share Cooperative Enterprises				
联营企业	Joint Ownership Enterprises				
有限责任公司	Limited Responsibility Corporations	19820704	17816413	1893239	4289402
国有独资公司	Company Exclusively with Investment from State	3832142	2473305	1357834	1096040
其他有限责任公司	Other Limited Responsibility Company	15988562	15343108	535405	3193363
股份有限公司	Share-holding Limited Corporations	591307	560839	30468	77550
私营企业	Private-owned Enterprises	4662752	4445040	80952	4580291
私营独资企业	Enterprise Exclusively with Investment from Private	2504	2504		5495
私营合伙企业	Private Partnership Enterprises	1857	1857		751
私营有限责任公司	Private Limited Responsibility Corporations	4243034	4043936	77510	4325471
私营股份有限公司	Private Share-holding Limited Corporations	415357	396744	3441	248575
其他企业	Other Enterprises	31826	15888	14939	1100
港、澳、台商投资企业	Enterprises Funded by HongKong, Macao and Taiwan	21929	21728	200	10504
外商投资企业	Foreign Funded Enterprises	16480	16480		5820
按国民经济行业分组	**Grouped by Economic Sector**				
房屋和土木工程建筑业	Housing and Civil Engineering Construction	26325446	23995858	2092004	8009129
房屋工程建筑	Housing	7460573	7032037	332223	3040297
土木工程建筑	Civil Engineering	18864873	16963821	1759781	4968833
建筑安装业	Building Installation	1187291	1117299	35150	703209
建筑装饰业	Building Fiting and Decoration	294370	286685	2628	395925
其他建筑业	Other Construction	648377	631771	9813	376188
按隶属关系分组	**Grouped by Subordination**				
#中　央	Central	11785790	11320432	426236	1720498
省	Province	8074396	6646449	1423857	1723075
地　区	Prefecture	1842570	1720235	71702	691538
县	County	657608	627205	5456	242752
按企业资质等级分组	**Grouped by Qualification Criteria**				
施工总承包	Overall Contract	25798204	23507187	2101077	7811656
专业承包	Specialized Contract	2657280	2524425	38519	1672794

11-10 建筑业企业收入及成本情况(2014年)
REVENUE AND COST OF CONSTRUCTION ENTERPRISES(2014)

单位：万元 (10 000 yuan)

指 标	Item	营业收入 Revenue of Business	#主营业务收入 Revenue of Major Business	主营业务成本 Cost of Major Business
总 计	**Total**	**31735569**	**31103988**	**27536183**
#国有及国有控股	State Owned and State Controlling Share	19371090	19034730	16989300
按登记注册类型分组	**Grouped by Registered Kind**			
内资企业	Civil Funded Enterprises	31673313	31041746	27479037
国有企业	State-owned Enterprises	3703510	3650661	3344609
集体企业	Collective-owned Enterprises	550564	535756	463462
股份合作企业	Share Cooperative Enterprises			
联营企业	Joint Ownership Enterprises			
有限责任公司	Limited Responsibility Corporations	18468407	18164107	16166608
国有独资公司	Company Exclusively with Investment	1936339	1869513	1677081
其他有限责任公司	Other Limited Responsibility Company	16532068	16294594	14489527
股份有限公司	Share-holding Limited Corporations	462163	455634	405532
私营企业	Private-owned Enterprises	8486994	8233911	7097337
私营独资企业	Enterprise Exclusively with Investment from Private	6366	6366	5421
私营合伙企业	Private Partnership Enterprises	813	813	641
私营有限责任公司	Private Limited Responsibility Corporations	7195315	7044898	5987585
私营股份有限公司	Private Share-holding Limited Corporations	1284500	1181835	1103689
其他企业	Other Enterprises	1676	1676	1490
港、澳、台商投资企业	Enterprises Funded by HongKong，Macao and Taiwan	20292	20292	17955
外商投资企业	Foreign Funded Enterprises	41964	41950	39191
按国民经济行业分组	**Grouped by Economic Sector**			
房屋和土木工程建筑业	Housing and Civil Engineering Construction	29076131	28499171	25318177
房屋工程建筑	Housing	12351491	12255893	11060372
土木工程建筑	Civil Engineering	16724640	16243278	14257805
建筑安装业	Building Installation	1539777	1491689	1277481
建筑装饰业	Building Fiting and Decoration	429283	425603	346593
其他建筑业	Other Construction	690379	687525	593932
按隶属关系分组	**Grouped by Subordination**			
#中 央	Central	11606200	11544140	10224404
省	Province	6717149	6641984	6027172
地 区	Prefecture	2484428	2289579	2062043
县	County	816185	783126	677306
按企业资质等级分组	**Grouped by Qualification Criteria**			
施工总承包	Overall Contract	28434638	27876339	24792919
专业承包	Specialized Contract	3300931	3227648	2743264

11-11 建筑业企业费用情况(2014年)
EXPENSES OF CONSTRUCTION ENTERPRISES(2014)

单位：万元 (10 000 yuan)

指　　标	Item	销售费用 Sales Expenses	管理费用 Adminis-trative Expenses	财务费用 Financial Expenses
总　计	**Total**	**99716**	**1377907**	**221186**
#国有及国有控股	State Owned and State Controlling Share	11986	860754	121522
按登记注册类型分组	**Grouped by Registered Kind**			
内资企业	Civil Funded Enterprises	99710	1375299	220899
国有企业	State-owned Enterprises	4977	149522	11129
集体企业	Collective-owned Enterprises	7808	34210	1231
股份合作企业	Share Cooperative Enterprises			
联营企业	Joint Ownership Enterprises			
有限责任公司	Limited Responsibility Corporations	15405	807037	122840
国有独资公司	Company Exclusively with Investment from State	1918	72774	23333
其他有限责任公司	Other Limited Responsibility Company	13487	734263	99508
股份有限公司	Share-holding Limited Corporations	1307	18401	13376
私营企业	Private-owned Enterprises	70210	366035	72297
私营独资企业	Enterprise Exclusively with Investment from Private	13	253	7
私营合伙企业	Private Partnership Enterprises	39	41	16
私营有限责任公司	Private Limited Responsibility Corporations	67352	347032	68653
私营股份有限公司	Private Share-holding Limited Corporations	2806	18709	3621
其他企业	Other Enterprises	4	93	25
港、澳、台商投资企业	Enterprises Funded by HongKong, Macao and Taiwan		1406	109
外商投资企业	Foreign Funded Enterprises	6	1202	178
按国民经济行业分组	**Grouped by Economic Sector**			
房屋和土木工程建筑业	Housing and Civil Engineering Construction	67503	1195313	204883
房屋工程建筑	Housing	37162	417997	63105
土木工程建筑	Civil Engineering	30341	777316	141778
建筑安装业	Building Installation	15070	103484	5949
建筑装饰业	Building Fiting and Decoration	6996	33927	3949
其他建筑业	Other Construction	10148	45184	6404
按隶属关系分组	**Grouped by Subordination**			
#中　央	Central	3301	524448	86925
省	Province	3479	283008	46990
地　区	Prefecture	9277	115082	4709
县	County	5755	41974	3144
按企业资质等级分组	**Grouped by Qualification Criteria**			
施工总承包	Overall Contract	59371	1133507	203107
专业承包	Specialized Contract	40346	244400	18079

11-12 建筑业企业薪酬及利润情况(2014年)
REMUNERATION AND PROFITS OF CONSTRUCTION ENTERPRISES(2014)

单位：万元 (10 000 yuan)

指 标	Item	应付职工薪酬 Remuneration Payable of Staff and Workers	营业利润 Business Profits	其他业务利润 Profits of Other Business
总 计	**Total**	**2482395**	**922442**	**49999**
#国有及国有控股	State Owned and State Controlling Share	1351891	527506	35467
按登记注册类型分组	**Grouped by Registered Kind**			
内资企业	Civil Funded Enterprises	2479079	922235	49985
国有企业	State-owned Enterprises	253300	17512	13589
集体企业	Collective-owned Enterprises	71376	10373	3157
股份合作企业	Share Cooperative Enterprises			
联营企业	Joint Ownership Enterprises			
有限责任公司	Limited Responsibility Corporations	1315692	593628	24708
国有独资公司	Company Exclusively with Investment from State	195441	55336	9140
其他有限责任公司	Other Limited Responsibility Company	1120251	538292	15568
股份有限公司	Share-holding Limited Corporations	37095	9733	2236
私营企业	Private-owned Enterprises	801057	290986	6296
私营独资企业	Enterprise Exclusively with Investment from Private	1188	442	
私营合伙企业	Private Partnership Enterprises	69	27	
私营有限责任公司	Private Limited Responsibility Corporations	759442	276718	5495
私营股份有限公司	Private Share-holding Limited Corporations	40359	13801	801
其他企业	Other Enterprises	561	3	
港、澳、台商投资企业	Enterprises Funded by HongKong，Macao and Taiwan	1443	210	
外商投资企业	Foreign Funded Enterprises	1873	-3	14
按国民经济行业分组	**Grouped by Economic Sector**			
房屋和土木工程建筑业	Housing and Civil Engineering Construction	2233852	858325	45480
房屋工程建筑	Housing	976635	239924	16535
土木工程建筑	Civil Engineering	1257218	618401	28945
建筑安装业	Building Installation	151094	32961	3903
建筑装饰业	Building Fiting and Decoration	46985	18976	14
其他建筑业	Other Construction	50464	12181	602
按隶属关系分组	**Grouped by Subordination**			
#中 央	Central	711331	408359	11337
省	Province	487178	107645	17086
地 区	Prefecture	243613	44166	9717
县	County	136801	23402	2242
按企业资质等级分组	**Grouped by Qualification Criteria**			
施工总承包	Overall Contract	2154633	827041	41710
专业承包	Specialized Contract	327762	95402	8290

11-13 建筑业企业利润及税金情况(2014年)

PROFITS AND TAXES OF CONSTRUCTION ENTERPRISES(2014)

单位：万元 (10 000 yuan)

指 标	Item	利润总额 Total Profits	税金总额 Total Taxes	主营业务税金及附加 Taxes and Extra Charges of Major Business	管理费用中的税金 Taxes in Costs of Administration
总 计	**Total**	**939166**	**981661**	**947599**	**34062**
#国有及国有控股	State Owned and State Controlling Share	541727	576290	562856	13434
按登记注册类型分组	**Grouped by Registered Kind**				
内资企业	Civil Funded Enterprises	938966	979597	945597	34000
国有企业	State-owned Enterprises	23141	125561	121329	4232
集体企业	Collective-owned Enterprises	10248	19757	18720	1038
股份合作企业	Share Cooperative Enterprises				
联营企业	Joint Ownership Enterprises				
有限责任公司	Limited Responsibility Corporations	605946	532392	518785	13607
国有独资公司	Company Exclusively with Investment from State	55917	54033	51506	2527
其他有限责任公司	Other Limited Responsibility Company	550029	478359	467279	11080
股份有限公司	Share-holding Limited Corporations	9667	10923	10531	393
私营企业	Private-owned Enterprises	289961	290885	276171	14714
私营独资企业	Enterprise Exclusively with Investment from Private	442	236	230	6
私营合伙企业	Private Partnership Enterprises	27	69	49	20
私营有限责任公司	Private Limited Responsibility Corporations	275814	247268	233165	14104
私营股份有限公司	Private Share-holding Limited Corporations	13679	43311	42727	585
其他企业	Other Enterprises	3	78	61	17
港、澳、台商投资企业	Enterprises Funded by HongKong，Macao and Taiwan	207	618	612	6
外商投资企业	Foreign Funded Enterprises	-7	1447	1390	57
按国民经济行业分组	**Grouped by Economic Sector**				
房屋和土木工程建筑业	Housing and Civil Engineering Construction	868699	898845	871461	27384
房屋工程建筑	Housing	247353	426823	413787	13036
土木工程建筑	Civil Engineering	621346	472022	457673	14348
建筑安装业	Building Installation	34550	49918	45574	4344
建筑装饰业	Building Fiting and Decoration	19063	14961	14118	843
其他建筑业	Other Construction	16854	17938	16446	1491
按隶属关系分组	**Grouped by Subordination**				
#中 央	Central	409495	314225	309256	4969
省	Province	119686	209799	204648	5152
地 区	Prefecture	46789	80807	76061	4746
县	County	24959	31312	29047	2265
按企业资质等级分组	**Grouped by Qualification Criteria**				
施工总承包	Overall Contract	837696	894104	867504	26599
专业承包	Specialized Contract	101469	87558	80095	7463

主要统计指标解释

签订的合同额 指建筑业企业在报告期直接同建设单位签订合同的总价款和以前年度同建设单位签定合同的未完工程跨入本年度继续施工工程合同的总价款余额。

本年新签合同额 指建筑业企业在报告期内同建设单位直接新签订的各种国内工程合同的总价款，不包括与其他建筑业企业新签的分包合同额。

建筑业总产值 建筑业总产值是以货币表现的建筑业企业在一定时期内生产的建筑业产品和服务的总和。建筑业总产值包括建筑工程产值、安装工程产值和其他产值三部分内容。

竣工产值 一般是以单位工程为对象，当该工程按照设计所规定的工程内容全部完成，达到了设计规定的交工条件，经有关部门检查验收鉴定合格的单位工程价值，即为竣工产值。竣工产值包括范围应是报告期内竣工单位工程从开工到竣工的全部自行完成的价值，竣工产值不包括附属辅助企业或内部核算的其他单位为外单位生产和服务的价值。

房屋施工面积 指报告期内施工的全部房屋建筑面积，它包括本期新开工的面积、上期跨入本期继续施工的房屋面积、上期停缓建在本期恢复施工的房屋面积、本期竣工的房屋面积以及本期施工后又停缓建的房屋面积。

房屋竣工面积 指在报告期内房屋建筑按照设计要求已全部完工，达到住人和使用条件，经验收鉴定合格或达到竣工验收标准，可正式移交使用的各栋房屋建筑面积总和。

房屋竣工价值 指在报告期内按规定已经上报竣工的房屋本身的建造价值。一般按房屋设计和预算规定的内容计算。一般按结算价格（或中标价）计算。

固定资产合计 指企业为生产商品、提供劳务、出租或经营管理而持有的，使用寿命超过一个会计年度的有形资产。包括使用期限超过一年的房屋、建筑物、机器、机械、运输工具以及其他与生产、经营有关的设备、器具、工具等。

资产总计 指企业过去的交易或者事项形成的、由企业拥有或者控制的、预期会给企业带来经济利益的资源。资产一般按流动性分为流动资产和非流动资产。

执行 2006 年《企业会计准则》的企业：资产合计 = 流动资产合计 + 非流动资产合计；

未执行 2006 年《企业会计准则》的企业：资产合计 = 流动资产合计 + 长期投资 + 固定资产合计 + 无形及递延资产小计 + 其他资产。

负债合计 指企业过去的交易或者事项形成的，预期会导致经济利益流出企业的现时义务。负债一般按偿还期长短分为流动负债和非流动负债。

所有者权益合计 指企业资产扣除负债后由所有者享有的剩余权益。公司的所有者权益又称股东权益。包括实收资本、资本公积、盈余公积、未分配利润等。

主营业务收入 指企业确认的销售商品、提供劳务等主营业务的收入。

执行 2006 年《企业会计准则》的企业，如未设置该科目，以“营业收入”代替填报。

销售费用 指企业从事施工生产活动过程中发生的各项费用，包括应由企业负担的运输费、装卸费、包装费、保险费、维修费、展览费、差旅费、广告费和其他经费。

营业利润 指企业从事生产经营活动所取得的利润。

执行 2006 年《企业会计准则》的企业，营业利润为营业收入减去营业成本、营业税金及附加、销售费用、管理费用、财务费用、资产减值损失，再加上公允价值变动收益和投资收益。

未执行 2006 年《企业会计准则》的企业，营业利润为主营业务收入减去主营业务成本、主营业务税金及附加，加上其他业务利润后，再减去销售费用、管理费用、财务费用后的金额。

利润总额 指企业在一定会计期间的经营成果，是生产经营过程中各种收入扣除各种耗费后的盈余，反映企业在报告期内实现的亏盈总额。

执行 2006 年《企业会计准则》的企业，利润总额为营业利润加上营业外收入，减去营业外支出后的金额。

未执行 2006 年《企业会计准则》的企业，利润总额为营业利润加上投资收益、补贴收入、营业外收入，再减去营业外支出后的金额。

应付职工薪酬 指企业为获得职工提供的服务而给予各种形式的报酬以及其他相关支出。包括职工工资、奖金、津贴和补贴，职工福利费，医疗保险费、养老保险费、失业保险费、工伤保险费和生育保险费等社会保险费，住房公积金，工会经费和职工教育经费，非货币性福利，因解除与职工的劳动关系给予的补偿，其他与获得职工提供的服务相关的支出。

Explanatory Notes on Main Statistical Indicators

Contract Amount Signed refers to the contract total amount that construction enterprises signed directly with the constructed units in the reference period and the remaining sum of contract amount that construction enterprises signed in the previous years, with construction project are in process and extending to continue in current year.

Contract Amount Newly Signed This Year refers to total amount of domestic project contracts that construction enterprises newly signed directly with constructed units in the reference period, excluding subcontracts that construction enterprises newly signed with other construction enterprises.

Gross Output Value of Construction refers to total of construction products and services, expressed in money terms, completed by construction enterprises during a given period of time. It includes three parts: output value of construction projects, output value of installation projects and output value of others.

Output Value of Buildings Completed refers to the value of unit project that is completed in accordance with the requirements of the design, up to the standard for handing in, and has been checked and accepted by concerned departments as qualified one. It includes entire value of the completed project from start to completing in the reference period. If a project is under construction in two years, the output value of building completed should include completed value last year. Some large projects, such as large factory building, senior hotel, pipelines, roads, railways, which can be constructed by span, layer or fragment and can be put into use separately by contract, can calculate their output value separately. It excludes the value of products and services which affiliated enterprises or other inner accounting units provide to outer units.

Floor Space of Buildings under Construction refers to total floor space of buildings under construction during the reference period, including newly started buildings, buildings started earlier and continued during the reference period, and buildings suspended earlier but restarted during the reference period, buildings completed during the reference period, and buildings under construction and then suspended during the reference period.

Floor Space of Buildings Completed refers to the floor space of buildings that are completed in the reference period in accordance with the requirement of the design, up to the standard for being resided in and put into use, and have been checked and accepted by concerned departments as qualified ones or up to the standard of buildings completed and can be handed over fore putting into use.

Value of Buildings Completed refers to the constructing value of buildings which have reported completing in accordance with the requirement in reference period. Generally, it calculates by stipulated items in design and budget. It can report in term of settling value or value of attaining contract.

Total Fixed Assets refer to tangible assets enterprises possess for production, service supplying, leasing or management, with life operation is longer than a fiscal year. Total Fixed Assets include houses, buildings, machines, machineries, transport tools and other relevant equipments, appliances and tools which use longer than a year.

Total Assets refer to resources, formed by former transaction or events, owned or controlled by enterprises, and it can bring economic profits in future. Total assets normally include liquid assets and illiquid assets.

For enterprises implement Accounting Standards of 2006,

Total Assets = Liquid Assets + Illiquid Assets.

For enterprises don't implement Accounting Standards of 2006,

Total Assets = Liquid Assets + Long Term Investment + Fixed Assets + Intangible Assets + Deferred Assets + Other Assets.

Total Liabilities refer to the debts, formed by former transaction or events, and it can bring economic profits in future. The liabilities include liability include liquid liabilities and illiquid liabilities by terms of repayment.

Creditors' Equity refers to the residual equity enjoyed by the owners, which equals to assets deducting liabilities, including capital hold, capital accumulation fund, surplus accumulation fund and undistributed profit.

Revenue of Major Business refers to enterprises confirmed revenue of products sales, services supply and so on.

It is can be substituted by business revenue for enterprises implementing Accounting Standards of 2006 which don't set the account.

Sales Expenses refer to kinds of costs through constructing activities, which include costs of transport, loading and unloading, packing, insurance, maintaining, showing, business trip, advertisement and others.

Profits of Business refer to profits realized through the business of enterprises.

For enterprises implement Accounting Standards of 2006, profits of business equal to business revenue minus business costs, business taxes and extra charges, costs of sales, administrative expenses, fiscal costs, assets devaluation, and plus proceeds of changes in fair value and investment income.

For enterprises don't implement Accounting Standards of 2006, profits of business equal to business revenue of major business minus business costs of major business, taxes and extra charges of major business, plus other business profits, and minus costs of sales, administrative expenses, and fiscal costs.

Total Profits refer to business results of enterprises in a certain account period, i.e. enterprises' business surplus of income deduct losses in the production and operation process, reflecting total profits and losses during the reference period.

For enterprises implement Accounting Standards of 2006, total profits equal business profits plus non-business income, and minus non-business expenses.

For enterprises don't implement Accounting Standards of 2006, total profits equal business profits plus investment income, subside income, non-business income, and plus non-business expenses.

Remuneration Payable of Staff and Workers refers to all kinds of payments and other relevant expenditures that enterprises pay for getting services of staff and workers. It includes wages, bonus, allowances, subsides, welfare fees, health insurance premiums, endowment insurance premiums, unemployment insurance premiums, employment injury insurance premiums, birth insurance premiums, housing provident funds, labor union expenditures, educational expenditures, non-monetary welfare, compensation for terminal labor relations and other relevant expenditures.

房地产

REAL ESTATE

12

资料整理人员

郝志军

房地产

REAL ESTATE

房地产开发投资	Investment in Real Estate Development	1403.6	亿元 (100 million yuan)
#住 宅	Residential Buildings	1010.7	亿元 (100 million yuan)
房地产施工面积	Floor Space of Buildings under Construction	15476.9	万平方米 (10 000 sq.m)
#住 宅	Residential Buildings	11471.8	万平方米 (10 000 sq.m)
房地产竣工面积	Floor Space of Buildings Completed	2182.5	万平方米 (10 000 sq.m)
#住 宅	Residential Buildings	1701.6	万平方米 (10 000 sq.m)

房地产完成投资构成（亿元）

Composition of Investment in Real Estate (100 million yuan)

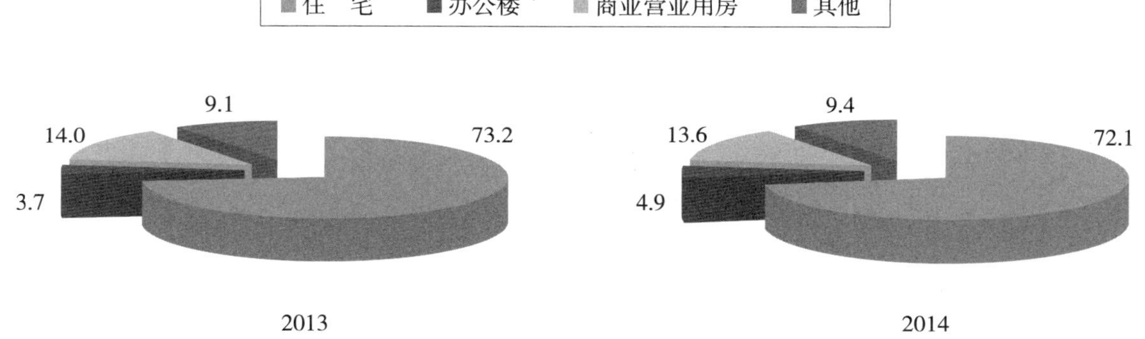

房地产开发投资（亿元）

Investment in Real Estate Development (100 million yuan)

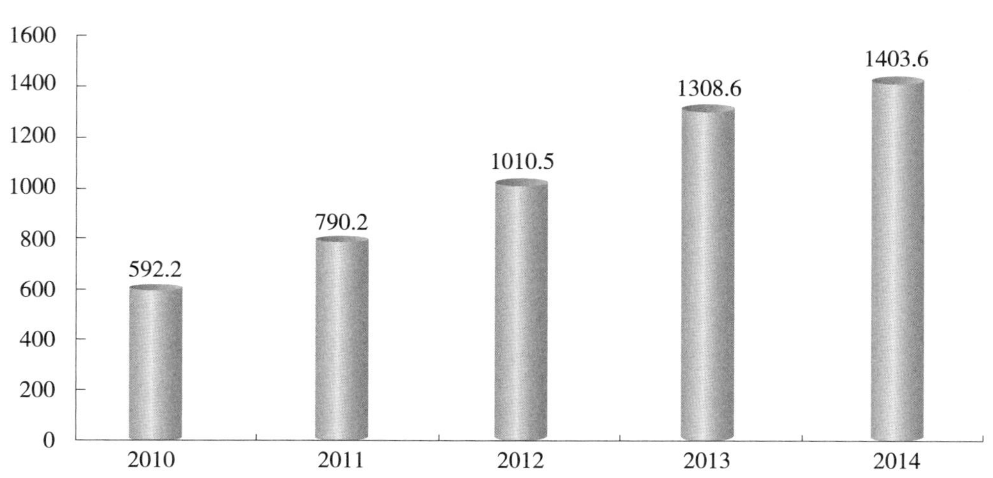

12-1 房地产开发企业主要指标

MAJOR INDICATORS OF REAL ESTATE DEVELOPMENT ETERPRISES

单位：万元 (10 000 yuan)

指 标	Item	2013	2014
一、企业个数(个)	**Number of Enterprises (unit)**	**2269**	**2452**
二、本年完成投资	**Investment Completed This Year**	**13086275**	**14035549**
按工程用途分	Grouped by Use of Projects		
住 宅	Residential Buildings	9588469	10106901
办公楼	Office Buildings	484284	692123
商业营业用房	Buildings for Business Operation	1825554	1913124
其 他	Other Expenses	1187968	1323401
三、本年新增固定资产	**Newly Increased Fixed Assets This Year**	**5439709**	**7165446**
四、本年购置土地面积(平方米)	**Land Area Purchased This Year (sq.m)**	**8759043**	**4317085**
五、本年实际到位资金小计	**Total Actual Funds in Place This Year**	**13771593**	**13934881**
国内贷款	Domestic Loans	657898	1236311
自筹资金	Self-raised Fund	7583132	7433185
其他资金来源	Others	5530563	5265385
六、房屋建筑面积(平方米)	**Floor Space of Buildings (sq.m)**		
房屋施工面积	Floor Space of Buildings Under Construction	140400463	154768857
#住 宅	Residential Buildings	107549465	114717670
本年新开工面积	Floor Space of Buildings Newly Started Construction This Year	36733362	38875081
#住 宅	Residential Buildings	27233857	27399888
房屋竣工面积	Floor Space of Buildings Completed	22848204	21824825
#住 宅	Residential Buildings	18479861	17016427
七、商品房销售(平方米)	**Selling of Commercial Buildings (sq.m)**		
商品房销售面积	Floor Space of Commercial Buildings Sold	16428225	15762660
#住 宅	Residential Buildings	14843733	14339080
商品房销售额(万元)	Sales of Commercial Buildings (10 000 yuan)	7282585	7461404
#住 宅	Residential Buildings	6251438	6398253
八、经营状况	**Operation Condition**		
资产总计	Total Assets	47700735	61916566
营业收入	Business Revenue	5357170	6084900
#主营业务收入	Revenue of Major Business	5333749	6025464
营业利润	Business Profits	38632	124104
利润总额	Total Profits	44211	99404
九、从业人员平均人数(人)	**Average Number of Employees (person)**	**55391**	**60604**

12-2 房地产开发企业完成投资
COMPLETED INVESTMENT OF REAL ESTATE ETERPRISES

单位：万元 (10 000 yuan)

年 份 Year	本年完成投资 Investement Completed This Year	住 宅 Residential Buildings	办公楼 Office Buildings	商业营业用房 Buildings for Business Operation	其 他 Others
1990	28486	24635	342	2108	1401
1991	32642	27132			5510
1992	51869	41963	1473	1451	6982
1993	129685	102732		2362	24591
1994	116512	87606	2964	6169	19773
1995	150866	101914	12353	13841	22758
1996	147893	107111	6442	7471	26869
1997	181736	151687	6258	6990	16801
1998	278653	199862	9774	21609	47408
1999	350458	270496	7771	30307	41884
2000	394556	272280	19201	48178	54897
2001	466464	288916	17639	67861	92048
2002	674331	369041	46104	88518	170668
2003	950740	473991	53641	211630	211478
2004	1449898	846989	110917	353485	138507
2005	1779937	1168931	107448	274199	229359
2006	2086231	1558224	83778	238224	206005
2007	2589251	1902509	51973	245495	389274
2008	3279807	2287311	81888	389808	520800
2009	4772748	3778904	106264	437877	449703
2010	5922376	4574340	125367	604588	618081
2011	7901982	6153199	172888	736434	839461
2012	10104513	7356137	227958	1392518	1127900
2013	13086275	9588469	484284	1825554	1187968
2014	14035549	10106901	692123	1913124	1323401

12-3 房地产开发企业施工、销售和待售情况(2014年)

指　　标	Item	合　计 Total	住　宅 Residential Buildings
房屋施工面积　(平方米)	Floor Space of Buildings under Construction (sq.m)	154768857	114717670
#本年新开工面积	Buildings Newly Started Construction This Year	38875081	27399888
房屋竣工面积　(平方米)	Floor Space of Buildings Completed (sq.m)	21824825	17016427
#不可销售面积	Buildings Unable to be Sold	1631332	843104
住宅竣工套数　(套)	Sets of Residential Buildings Completed (set)		148916
房屋竣工价值　(万元)	Value of Buildings Completed (10 000 yuan)	6553049	5077121
房屋出租面积　(平方米)	Floor Space of Buildings Leased (sq.m)	51798	
商品房销售面积(平方米)	Floor Space of Commercial Residential Buildings Sold (sq.m)	15762660	14339080
现　房	Completed Buildings	5496738	4666728
期　房	Forward Delivery Buildings	10265922	9672352
商品房销售额　(万元)	Sales of Commercial Buildings (10 000 yuan)	7461404	6398253
现　房	Completed Buildings	2040235	1557194
期　房	Forward Delivery Buildings	5421169	4841059
商品住宅销售套数(套)	Sets of Commercial Residential Buildings Sold (set)		123440
现　房	Completed Buildings		40512
期　房	Forward Delivery Buildings		82928
待售面积　(平方米)	Floor Space for Sale (sq.m)	14084894	10403600
#待售1-3年面积	Floor Space for Sale in 1-3 Years	6298226	4666018
待售3年以上面积	Floor Space for Sale More Than 3 Years	370219	297885

BUILDINGS UNDER CONSTRUCTION, SELLING AND FOR SALE OF REAL ESTATE DEVELOPMENT ENTERPRISES(2014)

#90平方米及以下住房 90 sq.m and Below	#144平方米以上住房 Above 144 sq.m	#别墅、高档公寓 Villas and High-grade Apartment Buildings	办公楼 Office Buildings	商业营业用房 Buildings for Business Operation	其 他 Others
25637381	19858866	1195011	4622923	18715308	16712956
5834799	2459370	160969	1695940	4839721	4939532
4153726	3986378	215156	299684	2577140	1931574
328983	73751		6248	187643	594337
52832	20039	616			
954100	1919116	127353	108110	888447	479371
				51006	792
2561560	3256799	134795	238884	811090	373606
798054	838820	56099	66688	518483	244839
1763506	2417979	78696	172196	292607	128767
972948	1980598	154560	315800	612291	135060
230537	409765	61182	81006	324675	77360
742411	1570833	93378	234794	287616	57700
30995	18395	591			
9652	4791	187			
21343	13604	404			
2248532	2695596	134783	225994	2408180	1047120
1241511	1113546	69548	129076	1122344	380788
1271	72314		6133	49553	16648

12-4 房地产开发企业投资完成情况(2014年)

单位：万元

指　　标	Item	企业个数(个) Number of Enterprises (unit)
总　　计	**Total**	**2452**
按登记注册类型	**Grouped by Type of Registration Status**	
内　资	Domestic-Funded Enterprises	2434
国　有	State-owned Enterprises	73
集　体	Collective-owned Enterprises	8
股份合作	Share Cooperative Enterprises	
国有联营	State Joint Ownership Enterprises	
集体联营	Collective Joint Ownership Enterprises	
国有与集体联营	Joint State-collective Enterprises	
其他联营	Other Joint Ownership Enterprises	
国有独资公司	State-funded Corporations	30
其他有限责任公司	Other Limited Liability Corporations	389
股份有限公司	Share Corporations Ltd.	26
私营独资	Private-funded Enterprises	1
私营合伙	Private Partnership Enterprises	
私营有限责任公司	Private Limited Liability Corporations	1843
私营股份有限公司	Private Share-holding Corporations Ltd.	63
其　他	Others	1
港澳台投资	Enterprises with Investment from Hong Kong, Macao and Taiwan	12
合资经营	Joint-venture Enterprises	8
合作经营	Cooperative Enterprises	
独　资	Enterprises with Sole Investment	4
股份有限	Share Corporations Ltd.	
其　他	Others	
外商投资	Enterprises with Foreign Investment	6
合资经营	Joint-Venture Enterprises	3
合作经营	Cooperative Enterprises	
独　资	Enterprises with Sole Foreign Investment	3
股份有限	Share Corporations Ltd.	
其　他	Others	
按控股情况分	**Grouped by Share Holding**	
国有控股	State Holding Enterprises	191
集体控股	Collective-owned Holding Enterprises	40
私人控股	Private Holding Enterprises	2094
港澳台商控股	Hongkong, Macao and Taiwan Holding Enterprises	7
外商控股	Foreign Holding Enterprises	5
其　他	Others	115

COMPLETED INVESTMENT OF REAL ESTATE DEVELOPMENT ENTERPRISES(2014)

(10 000 yuan)

计划总投资 Total Planned Investment	累计完成投资 Accumulative Investment Completed	本年完成投资 Investment Completed This Year	建筑工程 Construction	安装工程 Installation
69697982	**44494262**	**14035549**	**9468744**	**1960307**
68368113	43540769	13862621	9372345	1933468
1570621	1247432	409170	346014	48482
123903	127365	32860	27332	2916
1402276	1008057	335335	228475	38491
20878737	12526684	4251926	2608415	501069
592475	484019	105194	95735	5765
42541407	27387039	8538295	5953576	1307963
1233450	739473	176741	103868	26232
25244	20700	13100	8930	2550
804872	363093	104622	48993	5939
430123	100792	81890	33193	309
374749	262301	22732	15800	5630
524997	590400	68306	47406	20900
59879	49640	1000	700	300
465118	540760	67306	46706	20600
13673289	7411878	2888559	1733048	182468
878571	819209	135308	110463	16589
49804698	32224221	10028868	6973510	1582781
458749	310093	51622	35993	5939
524997	590400	68306	47406	20900
4357678	3138461	862886	568324	151630

12-4 续表1

单位：万元

指 标	Item	设备工器具购置 Purchase of Equipment and Instruments
总 计	**Total**	**228140**
按登记注册类型	**Grouped by Type of Registration Status**	
内 资	Domestic-Funded Enterprises	228140
国 有	State-owned Enterprises	6689
集 体	Collective-owned Enterprises	769
股份合作	Share Cooperative Enterprises	
国有联营	State Joint Ownership Enterprises	
集体联营	Collective Joint Ownership Enterprises	
国有与集体联营	Joint State-collective Enterprises	
其他联营	Other Joint Ownership Enterprises	
国有独资公司	State-funded Corporations	5969
其他有限责任公司	Other Limited Liability Corporations	65091
股份有限公司	Share Corporations Ltd.	
私营独资	Private-funded Enterprises	
私营合伙	Private Partnership Enterprises	
私营有限责任公司	Private Limited Liability Corporations	148027
私营股份有限公司	Private Share-holding Corporations Ltd.	75
其 他	Others	1520
港澳台投资	Enterprises with Investment from Hong Kong, Macao and Taiwan	
合资经营	Joint-venture Enterprises	
合作经营	Cooperative Enterprises	
独 资	Enterprises with Sole Investment	
股份有限	Share Corporations Ltd.	
其 他	Others	
外商投资	Enterprises with Foreign Investment	
合资经营	Joint-Venture Enterprises	
合作经营	Cooperative Enterprises	
独 资	Enterprises with Sole Foreign Investment	
股份有限	Share Corporations Ltd.	
其 他	Others	
按控股情况分	**Grouped by Share Holding**	
国有控股	State Holding Enterprises	41299
集体控股	Collective-owned Holding Enterprises	769
私人控股	Private Holding Enterprises	178448
港澳台商控股	Hongkong, Macao and Taiwan Holding Enterprises	
外商控股	Foreign Holding Enterprises	
其 他	Others	7624

continued

(10 000 yuan)

其他费用 Other Expenses	#旧建筑物购置费 Purchse of old Building	#土地购置费 Purchase of Land	住宅 Residential Buildings	#90平方米及以下住房 90 sq.m and Below
2378358	**63370**	**1604992**	**10106901**	**2458693**
2328668	55155	1564992	10059063	2454928
7985	150	6365	354119	145723
1843			23483	11399
62400	17109	34742	232325	29750
1077351	2933	763943	3045773	698518
3694			87142	9555
1128729	34863	731874	6182477	1533373
46566		28068	123354	21510
100	100		10390	5100
49690	8215	40000	19454	
48388	8215	40000		
1302			19454	
			28384	3765
			1000	1000
			27384	2765
931744	17259	706404	2023935	533741
7487			105886	12903
1294129	35496	847540	7270990	1780679
9690	8215		19454	
			28384	3765
135308	2400	51048	658252	127605

12-4 续表2

单位：万元

指 标	Item	#144平方米以上住房 Above 144 sq.m
总 计	**Total**	**1638148**
按登记注册类型	**Grouped by Type of Registration Status**	
内 资	Domestic-Funded Enterprises	1603636
国 有	State-owned Enterprises	2628
集 体	Collective-owned Enterprises	
股份合作	Share Cooperative Enterprises	
国有联营	State Joint Ownership Enterprises	
集体联营	Collective Joint Ownership Enterprises	
国有与集体联营	Joint State-collective Enterprises	
其他联营	Other Joint Ownership Enterprises	
国有独资公司	State-funded Corporations	11575
其他有限责任公司	Other Limited Liability Corporations	402765
股份有限公司	Share Corporations Ltd.	9946
私营独资	Private-funded Enterprises	
私营合伙	Private Partnership Enterprises	
私营有限责任公司	Private Limited Liability Corporations	1131663
私营股份有限公司	Private Share-holding Corporations Ltd.	39769
其 他	Others	5290
港澳台投资	Enterprises with Investment from Hong Kong, Macao and Taiwan	19454
合资经营	Joint-venture Enterprises	
合作经营	Cooperative Enterprises	
独 资	Enterprises with Sole Investment	19454
股份有限	Share Corporations Ltd.	
其 他	Others	
外商投资	Enterprises with Foreign Investment	15058
合资经营	Joint-Venture Enterprises	
合作经营	Cooperative Enterprises	
独 资	Enterprises with Sole Foreign Investment	15058
股份有限	Share Corporations Ltd.	
其 他	Others	
按控股情况分	**Grouped by Share Holding**	
国有控股	State Holding Enterprises	130671
集体控股	Collective-owned Holding Enterprises	8094
私人控股	Private Holding Enterprises	1314143
港澳台商控股	Hongkong, Macao and Taiwan Holding Enterprises	19454
外商控股	Foreign Holding Enterprises	15058
其 他	Others	150728

continued

(10 000 yuan)

#别 墅、高档公寓 Villas and Highgrade Apartment Buildings	办公楼 Office Buildings	商业营业用房 Buildings for Business Operation	其 他 Others	本年新增固定资产 Newly Increased Fixed Assets This Year
102442	**692123**	**1913124**	**1323401**	**7165446**
75788	622073	1873310	1308175	6972363
	2320	23186	29545	282523
		1913	7464	64812
	16470	60275	26265	229874
56442	222091	565389	418673	1674696
	614	5502	11936	136785
19218	380438	1196754	778626	4506434
128	140	17741	35506	64474
		2550	160	12765
19454	53050	23803	8315	109778
	53000	20675	8215	15792
19454	50	3128	100	93986
7200	17000	16011	6911	83305
				46327
7200	17000	16011	6911	36978
4600	256544	342350	265730	776561
	400	9082	19940	82986
34567	401364	1439039	917475	5391038
19454	50	23803	8315	109778
7200	17000	16011	6911	83305
36621	16765	82839	105030	721778

12-5 房地产开发企业资金来源情况(2014年)

单位：万元

指　标	Item	本年资金来源合计 Total Funds This Year	上年末结余资金 Remaining Funds at The End of Last Year
总　计	**Total**	**17631940**	**3697059**
按登记注册类型	**Grouped by Type of Registration Status**		
内　资	Domestic-Funded Enterprises	17342851	3580037
国　有	State-owned Enterprises	385780	28386
集　体	Collective-owned Enterprises	33448	
股份合作	Share Cooperative Enterprises		
国有联营	State Joint Ownership Enterprises		
集体联营	Collective Joint Ownership Enterprises		
国有与集体联营	Joint State-collective Enterprises		
其他联营	Other Joint Ownership Enterprises		
国有独资公司	State-funded Corporations	457095	173672
其他有限责任公司	Other Limited Liability Corporations	5510816	1295668
股份有限公司	Share Corporations Ltd.	162452	61905
私营独资	Private-funded Enterprises		
私营合伙	Private Partnership Enterprises		
私营有限责任公司	Private Limited Liability Corporations	10593102	2003052
私营股份有限公司	Private Share-holding Corporations Ltd.	197258	17354
其　他	Others	2900	
港澳台投资	Enterprises with Investment from Hong Kong, Macao and Taiwan	222894	115545
合资经营	Joint-venture Enterprises	198221	114104
合作经营	Cooperative Enterprises		
独　资	Enterprises with Sole Investment	24673	1441
股份有限	Share Corporations Ltd.		
其　他	Others		
外商投资	Enterprises with Foreign Investment	66195	1477
合资经营	Joint-Venture Enterprises	2339	1063
合作经营	Cooperative Enterprises		
独　资	Enterprises with Sole Foreign Investment	63856	414
股份有限	Share Corporations Ltd.		
其　他	Others		
按控股情况分	**Grouped by Share Holding**		
国有控股	State Holding Enterprises	3841431	1081144
集体控股	Collective-owned Holding Enterprises	246601	60029
私人控股	Private Holding Enterprises	12259810	2216536
港澳台商控股	Hongkong, Macao and Taiwan Holding Enterprises	44894	5545
外商控股	Foreign Holding Enterprises	66195	1477
其　他	Others	1173009	332328

SOURCE OF FUNDS FOR REAL ESTATE DEVELOPMENT ENTERPRISES(2014)

(10 000 yuan)

本年资金来源小计 Subtotal Funds This Year	国内贷款 Domestic Loans	自筹资金 Self-raised Funds	其他资金来源 Others	#定金及预付款 Deposit and Advanced Payment	#个人按揭贷款 Individual Mortgage
13934881	**1236311**	**7433185**	**5265385**	**3802588**	**962059**
13762814	1179811	7353462	5229541	3768155	960648
357394	7900	232897	116597	49033	4900
33448		32965	483	483	
283423	19328	140149	123946	123946	
4215148	541237	2010975	1662936	1291052	221648
100547	32400	27481	40666	24434	300
8590050	554654	4807558	3227838	2224032	731980
179904	23592	99237	57075	55175	1820
2900	700	2200			
107349	56500	27123	23726	23726	
84117	56500	26623	994	994	
23232		500	22732	22732	
64718		52600	12118	10707	1411
1276			1276	1276	
63442		52600	10842	9431	1411
2760287	507640	1407045	845602	677121	57194
186572		51675	134897	92773	40424
10043274	650379	5528616	3864279	2723693	769481
39349	6500	9123	23726	23726	
64718		52600	12118	10707	1411
840681	71792	384126	384763	274568	93549

12-6 房地产开发企业土地购置、开发和待售情况(2014年)

单位：平方米

指　标	Item	待开发土地面积 Land Area Pending Development
总　　计	**Total**	**8185079**
按登记注册类型	**Grouped by Type of Registration Status**	
内　资	Domestic-Funded Enterprises	8065199
国　有	State-owned Enterprises	
集　体	Collective-owned Enterprises	
股份合作	Share Cooperative Enterprises	
国有联营	State Joint Ownership Enterprises	
集体联营	Collective Joint Ownership Enterprises	
国有与集体联营	Joint State-collective Enterprises	
其他联营	Other Joint Ownership Enterprises	
国有独资公司	State-funded Corporations	5490
其他有限责任公司	Other Limited Liability Corporations	589462
股份有限公司	Share Corporations Ltd.	
私营独资	Private-funded Enterprises	
私营合伙	Private Partnership Enterprises	
私营有限责任公司	Private Limited Liability Corporations	7447556
私营股份有限公司	Private Share-holding Corporations Ltd.	22691
其　他	Others	
港澳台投资	Enterprises with Investment from Hong Kong, Macao and Taiwan	119880
合资经营	Joint-venture Enterprises	119880
合作经营	Cooperative Enterprises	
独　资	Enterprises with Sole Investment	
股份有限	Share Corporations Ltd.	
其　他	Others	
外商投资	Enterprises with Foreign Investment	
合资经营	Joint-Venture Enterprises	
合作经营	Cooperative Enterprises	
独　资	Enterprises with Sole Foreign Investment	
股份有限	Share Corporations Ltd.	
其　他	Others	
按控股情况分	**Grouped by Share Holding**	
国有控股	State Holding Enterprises	122979
集体控股	Collective-owned Holding Enterprises	45000
私人控股	Private Holding Enterprises	7799761
港澳台商控股	Hongkong, Macao and Taiwan Holding Enterprises	
外商控股	Foreign Holding Enterprises	
其　他	Others	217339

LAND PURCHASING, DEVELOPING AND FOR SALE OF REAL ESTATE DEVELOPMENT ENTERPRISES(2014)

(sq.m)

本年购置土地面积 Land Area Purchased This Year	本年土地成交价款(万元) Deal Value of Land This Year (10 000 yuan)	待售面积 Land Area for Sale	#待售面积(一年至三年) Land Area for Sale in 1-3 Years	#待售面积(三年以上) Land Area for Sale More Than Three Years
4317085	**654614**	**14084894**	**6298226**	**370219**
4311469	646399	13940190	6183008	353571
38087	2092	189010	5780	
		31548		
116143	26423	104896	104896	
583166	111725	4255568	2317314	230000
6803	510	456847	71210	
3436840	488372	8578622	3644739	110163
130430	17277	323699	39069	13408
5616	8215	78580	65742	
5616	8215	60592	47754	
		17988	17988	
		66124	49476	16648
		66124	49476	16648
287417	81973	2056576	1073372	230000
		127097	42003	
3913902	548667	11032928	4752795	123571
5616	8215	30826	17988	
		66124	49476	16648
110150	15759	771343	362592	

12-7 房地产开发企业施工和销售情况(2014年)

单位：平方米

指 标	Item	房屋施工面积 Floor Space of Buildings under Construction	住 宅 Residential Buildings
总 计	**Total**	**154768857**	**114717670**
按登记注册类型	**Grouped by Type of Registration Status**		
内 资	Domestic-Funded Enterprises	152155540	113655485
国 有	State-owned Enterprises	5472874	4666448
集 体	Collective-owned Enterprises	684087	542374
股份合作	Share Cooperative Enterprises		
国有联营	State Joint Ownership Enterprises		
集体联营	Collective Joint Ownership Enterprises		
国有与集体联营	Joint State-collective Enterprises		
其他联营	Other Joint Ownership Enterprises		
国有独资公司	State-funded Corporations	3382809	2606676
其他有限责任公司	Other Limited Liability Corporations	38200315	28861732
股份有限公司	Share Corporations Ltd.	1818581	1403784
私营独资	Private-funded Enterprises		
私营合伙	Private Partnership Enterprises		
私营有限责任公司	Private Limited Liability Corporations	100508222	73869261
私营股份有限公司	Private Share-holding Corporations Ltd.	1956060	1594734
其 他	Others	132592	110476
港澳台投资	Enterprises with Investment from Hong Kong, Macao and Taiwan	1338924	484041
合资经营	Joint-venture Enterprises	762868	
合作经营	Cooperative Enterprises		
独 资	Enterprises with Sole Investment	576056	484041
股份有限	Share Corporations Ltd.		
其 他	Others		
外商投资	Enterprises with Foreign Investment	1274393	578144
合资经营	Joint-Venture Enterprises	269750	269750
合作经营	Cooperative Enterprises		
独 资	Enterprises with Sole Foreign Investment	1004643	308394
股份有限	Share Corporations Ltd.		
其 他	Others		
按控股情况分	**Grouped by Share Holding**		
国有控股	State Holding Enterprises	24758218	18497576
集体控股	Collective-owned Holding Enterprises	2381893	1948244
私人控股	Private Holding Enterprises	116109231	85668244
港澳台商控股	Hongkong, Macao and Taiwan Holding Enterprises	651718	484041
外商控股	Foreign Holding Enterprises	1274393	578144
其 他	Others	9593404	7541421

CONSTRUCTION AND SALES OF REAL ESTATE DEVELOPMENT ENTERPRISES(2014)

(sq.m)

#90平方米及以下住房 90 sq.m and Below	#144平方米以上住房 Above 144 sq.m	#别墅、高档公寓 Villas and High-grade Apartment Buildings	办公楼 Office Buildings	商业营业用房 Buildings for Business Operation	其他 Others
25637381	**19858866**	**1195011**	**4622923**	**18715308**	**16712956**
25326494	19209335	856202	3796363	18279016	16424676
2655468	65748		11683	230851	563892
200023	13978			55699	86014
552521	217184		143780	320634	311719
5710469	4949848	363966	1037116	3876911	4424556
237750	531273		20919	294583	99295
15621255	12714303	472256	2515418	13270183	10853360
275288	680245	19980	67447	211039	82840
73720	36756			19116	3000
	484041	286700	692206	104103	58574
			687206	75662	
	484041	286700	5000	28441	58574
310887	165490	52109	134354	332189	229706
269750					
41137	165490	52109	134354	332189	229706
5570463	2444289	35277	1498257	2050413	2711972
435838	101399		31208	118188	284253
18046197	15079304	508369	2801010	15404436	12235541
	484041	286700	5000	104103	58574
310887	165490	52109	134354	332189	229706
1273996	1584343	312556	153094	705979	1192910

12-7 续表1

单位：平方米

指　标	Item	本年新开工面积 Floor Space of Builings Newly Started Construction	住　宅 Residential Buildings
总　计	**Total**	**38875081**	**27399888**
按登记注册类型	**Grouped by Type of Registration Status**		
内　资	Domestic-Funded Enterprises	37971456	27223469
国　有	State-owned Enterprises	640581	563306
集　体	Collective-owned Enterprises		
股份合作	Share Cooperative Enterprises		
国有联营	State Joint Ownership Enterprises		
集体联营	Collective Joint Ownership Enterprises		
国有与集体联营	Joint State-collective Enterprises		
其他联营	Other Joint Ownership Enterprises		
国有独资公司	State-funded Corporations	599109	376185
其他有限责任公司	Other Limited Liability Corporations	11094714	8124111
股份有限公司	Share Corporations Ltd.	224237	217175
私营独资	Private-funded Enterprises		
私营合伙	Private Partnership Enterprises		
私营有限责任公司	Private Limited Liability Corporations	25102317	17690844
私营股份有限公司	Private Share-holding Corporations Ltd.	310498	251848
其　他	Others		
港澳台投资	Enterprises with Investment from Hong Kong, Macao and Taiwan	727206	
合资经营	Joint-venture Enterprises	727206	
合作经营	Cooperative Enterprises		
独　资	Enterprises with Sole Investment		
股份有限	Share Corporations Ltd.		
其　他	Others		
外商投资	Enterprises with Foreign Investment	176419	176419
合资经营	Joint-Venture Enterprises	176419	176419
合作经营	Cooperative Enterprises		
独　资	Enterprises with Sole Foreign Investment		
股份有限	Share Corporations Ltd.		
其　他	Others		
按控股情况分	**Grouped by Share Holding**		
国有控股	State Holding Enterprises	6990966	4387356
集体控股	Collective-owned Holding Enterprises	105039	100689
私人控股	Private Holding Enterprises	29341836	21097667
港澳台商控股	Hongkong, Macao and Taiwan Holding Enterprises	40000	
外商控股	Foreign Holding Enterprises	176419	176419
其　他	Others	2220821	1637757

continued

(sq.m)

#90平方米及以下住房 90 sq.m and Below	#144平方米以上住房 Above 144 sq.m	#别墅、高档公寓 Villas and High-grade Apartment Buildings	办公楼 Office Buildings	商业营业用房 Buildings for Business Operation	其 他 Others
5834799	**2459370**	**160969**	**1695940**	**4839721**	**4939532**
5658380	2459370	160969	1008734	4799721	4939532
50303			3460	38381	35434
8266	26189			160436	62488
1681234	759037	33021	337045	1248537	1385021
11324				6228	834
3894784	1646013	127948	668229	3331645	3411599
12469	28131			14494	44156
			687206	40000	
			687206	40000	
176419					
176419					
1001851	234848		952318	870459	780833
				4350	
4318075	1951420	141569	739369	3742635	3762165
				40000	
176419					
338454	273102	19400	4253	182277	396534

12-7 续表2

单位：平方米

指　　标	Item	房屋竣工面积 Floor Space of Buildings Completed	住宅 Residential Buildings
总　　计	**Total**	**21824825**	**17016427**
按登记注册类型	**Grouped by Type of Registration Status**		
内　资	Domestic-Funded Enterprises	21503543	16750783
国　有	State-owned Enterprises	1050419	892531
集　体	Collective-owned Enterprises	253545	168796
股份合作	Share Cooperative Enterprises		
国有联营	State Joint Ownership Enterprises		
集体联营	Collective Joint Ownership Enterprises		
国有与集体联营	Joint State-collective Enterprises		
其他联营	Other Joint Ownership Enterprises		
国有独资公司	State-funded Corporations	903902	804409
其他有限责任公司	Other Limited Liability Corporations	4557003	3864251
股份有限公司	Share Corporations Ltd.	381560	249986
私营独资	Private-funded Enterprises		
私营合伙	Private Partnership Enterprises		
私营有限责任公司	Private Limited Liability Corporations	14110990	10710487
私营股份有限公司	Private Share-holding Corporations Ltd.	200532	27847
其　他	Others	45592	32476
港澳台投资	Enterprises with Investment from Hong Kong, Macao and Taiwan	140091	104429
合资经营	Joint-venture Enterprises	35662	
合作经营	Cooperative Enterprises		
独　资	Enterprises with Sole Investment	104429	104429
股份有限	Share Corporations Ltd.		
其　他	Others		
外商投资	Enterprises with Foreign Investment	181191	161215
合资经营	Joint-Venture Enterprises	113040	113040
合作经营	Cooperative Enterprises		
独　资	Enterprises with Sole Foreign Investment	68151	48175
股份有限	Share Corporations Ltd.		
其　他	Others		
按控股情况分	**Grouped by Share Holding**		
国有控股	State Holding Enterprises	2905268	2608821
集体控股	Collective-owned Holding Enterprises	320124	227595
私人控股	Private Holding Enterprises	16978963	12859311
港澳台商控股	Hongkong, Macao and Taiwan Holding Enterprises	140091	104429
外商控股	Foreign Holding Enterprises	181191	161215
其　他	Others	1299188	1055056

continued

(sq.m)

#90平方米及以下住房 90 sq.m and Below	#144平方米以上住房 Above 144 sq.m	#别墅、高档公寓 Villas and High-grade Apartment Buildings	办公楼 Office Buildings	商业营业用房 Buildings for Business Operation	其 他 Others
4153726	**3986378**	**215156**	**299684**	**2577140**	**1931574**
4006294	3878001	110727	299684	2538150	1914926
447334	14950		3508	73253	81127
58085	13978			48404	36345
373450	186708		4800	17551	77142
774281	1039447	101327	80509	298562	313681
40960	43900		17485	111296	2793
2288494	2570232	9400	154982	1857099	1388422
			38400	118869	15416
23690	8786			13116	
	104429	104429		35662	
				35662	
	104429	104429			
147432	3948			3328	16648
113040					
34392	3948			3328	16648
979145	469540		34807	98909	162731
72233	14890			52754	39775
2827416	2910130	9400	238607	2298381	1582664
	104429	104429		35662	
147432	3948			3328	16648
127500	483441	101327	26270	88106	129756

12-7 续表3

单位：万元

指 标	Item	房屋竣工价值 Value of Buildings Completed	住宅 Residential Buildings
总 计	**Total**	**6553049**	**5077121**
按登记注册类型	**Grouped by Type of Registration Status**		
内 资	Domestic-Funded Enterprises	6359966	4919706
国 有	State-owned Enterprises	258829	216187
集 体	Collective-owned Enterprises	64812	40933
股份合作	Share Cooperative Enterprises		
国有联营	State Joint Ownership Enterprises		
集体联营	Collective Joint Ownership Enterprises		
国有与集体联营	Joint State-collective Enterprises		
其他联营	Other Joint Ownership Enterprises		
国有独资公司	State-funded Corporations	226369	195483
其他有限责任公司	Other Limited Liability Corporations	1594920	1362420
股份有限公司	Share Corporations Ltd.	99608	56029
私营独资	Private-funded Enterprises		
私营合伙	Private Partnership Enterprises		
私营有限责任公司	Private Limited Liability Corporations	4038224	3031213
私营股份有限公司	Private Share-holding Corporations Ltd.	64439	8354
其 他	Others	12765	9087
港澳台投资	Enterprises with Investment from Hong Kong, Macao and Taiwan	109778	93986
合资经营	Joint-venture Enterprises	15792	
合作经营	Cooperative Enterprises		
独 资	Enterprises with Sole Investment	93986	93986
股份有限	Share Corporations Ltd.		
其 他	Others		
外商投资	Enterprises with Foreign Investment	83305	63429
合资经营	Joint-Venture Enterprises	46327	46327
合作经营	Cooperative Enterprises		
独 资	Enterprises with Sole Foreign Investment	36978	17102
股份有限	Share Corporations Ltd.		
其 他	Others		
按控股情况分	**Grouped by Share Holding**		
国有控股	State Holding Enterprises	731183	648050
集体控股	Collective-owned Holding Enterprises	76986	52216
私人控股	Private Holding Enterprises	4885503	3678762
港澳台商控股	Hongkong, Macao and Taiwan Holding Enterprises	109778	93986
外商控股	Foreign Holding Enterprises	83305	63429
其 他	Others	666294	540678

continued

(10 000 yuan)

#90平方米及以下住房 90 sq.m and Below	#144平方米以上住房 Above 144 sq.m	#别墅、高档公寓 Villas and High-grade Apartment Buildings	办公楼 Office Buildings	商业营业用房 Buildings for Business Operation	其他 Others
954100	**1919116**	**127353**	**108110**	**888447**	**479371**
895564	1823729	33367	108110	869427	462723
113913	3047		772	19565	22305
13716	2767			14377	9502
70438	61019		1200	4497	25189
205206	457629	29925	24487	133449	74564
11149	4424		4520	38355	704
474509	1292389	3442	58131	626521	322359
			19000	28985	8100
6633	2454			3678	
	93986	93986		15792	
				15792	
	93986	93986			
58536	1401			3228	16648
46327					
12209	1401			3228	16648
223359	118659		8905	26114	48114
18668	2902			14827	9943
608941	1467884	3442	88042	752073	366626
	93986	93986		15792	
58536	1401			3228	16648
44596	234284	29925	11163	76413	38040

12-7 续表4

单位：平方米

指 标	Item	商品房销售面积 Floor Space of Commercial Buildings Sold	住 宅 Residential Buildings
总 计	**Total**	**15762660**	**14339080**
按登记注册类型	**Grouped by Type of Registration Status**		
内 资	Domestic-Funded Enterprises	15662486	14249837
国 有	State-owned Enterprises	278599	247906
集 体	Collective-owned Enterprises	8421	8421
股份合作	Share Cooperative Enterprises		
国有联营	State Joint Ownership Enterprises		
集体联营	Collective Joint Ownership Enterprises		
国有与集体联营	Joint State-collective Enterprises		
其他联营	Other Joint Ownership Enterprises		
国有独资公司	State-funded Corporations	317962	310068
其他有限责任公司	Other Limited Liability Corporations	4320949	3993805
股份有限公司	Share Corporations Ltd.	294803	202627
私营独资	Private-funded Enterprises		
私营合伙	Private Partnership Enterprises		
私营有限责任公司	Private Limited Liability Corporations	10147694	9239898
私营股份有限公司	Private Share-holding Corporations Ltd.	248466	214636
其 他	Others	45592	32476
港澳台投资	Enterprises with Investment from Hong Kong, Macao and Taiwan	64326	55422
合资经营	Joint-venture Enterprises	8904	
合作经营	Cooperative Enterprises		
独 资	Enterprises with Sole Investment	55422	55422
股份有限	Share Corporations Ltd.		
其 他	Others		
外商投资	Enterprises with Foreign Investment	35848	33821
合资经营	Joint-Venture Enterprises	2686	2686
合作经营	Cooperative Enterprises		
独 资	Enterprises with Sole Foreign Investment	33162	31135
股份有限	Share Corporations Ltd.		
其 他	Others		
按控股情况分	**Grouped by Share Holding**		
国有控股	State Holding Enterprises	2419444	2230742
集体控股	Collective-owned Holding Enterprises	185230	183160
私人控股	Private Holding Enterprises	12167685	11040214
港澳台商控股	Hongkong, Macao and Taiwan Holding Enterprises	63286	55422
外商控股	Foreign Holding Enterprises	35848	33821
其 他	Others	891167	795721

continued

(sq.m)

#90平方米及以下住房 90 sq.m and Below	#144平方米以上住房 Above 144 sq.m	#别墅、高档公寓 Villas and High-grade Apartment Buildings	办公楼 Office Buildings	商业营业用房 Buildings for Business Operation	其 他 Others
2561560	**3256799**	**134795**	**238884**	**811090**	**373606**
2558258	3190951	95049	238884	800159	373606
116738	32050			10905	19788
90					
11066	211627			7894	
444508	911376	85858	78507	141868	106769
17300	90561			91478	698
1918233	1861156	9191	158377	521068	228351
26633	75395		2000	13830	18000
23690	8786			13116	
	39746	39746		8904	
				8904	
	39746	39746			
3302	26102			2027	
2686					
616	26102			2027	
194659	805272	13707	26717	120493	41492
33949	42106			1218	852
2219297	2123596	14806	206946	610611	309914
	39746	39746		7864	
3302	26102			2027	
110353	219977	66536	5221	68877	21348

12-7 续表5

单位：万元

指 标	Item	商品房销售额 Sales of Commercial Buildings	住 宅 Residential Buildings
总 计	**Total**	**7461404**	**6398253**
按登记注册类型	**Grouped by Type of Registration Status**		
内 资	Domestic-Funded Enterprises	7360049	6313519
国 有	State-owned Enterprises	76518	66792
集 体	Collective-owned Enterprises	2040	2040
股份合作	Share Cooperative Enterprises		
国有联营	State Joint Ownership Enterprises		
集体联营	Collective Joint Ownership Enterprises		
国有与集体联营	Joint State-collective Enterprises		
其他联营	Other Joint Ownership Enterprises		
国有独资公司	State-funded Corporations	198135	193154
其他有限责任公司	Other Limited Liability Corporations	2050570	1778426
股份有限公司	Share Corporations Ltd.	143761	69387
私营独资	Private-funded Enterprises		
私营合伙	Private Partnership Enterprises		
私营有限责任公司	Private Limited Liability Corporations	4755697	4081254
私营股份有限公司	Private Share-holding Corporations Ltd.	120563	113379
其 他	Others	12765	9087
港澳台投资	Enterprises with Investment from Hong Kong, Macao and Taiwan	66424	51481
合资经营	Joint-venture Enterprises	14943	
合作经营	Cooperative Enterprises		
独 资	Enterprises with Sole Investment	51481	51481
股份有限	Share Corporations Ltd.		
其 他	Others		
外商投资	Enterprises with Foreign Investment	34931	33253
合资经营	Joint-Venture Enterprises	1276	1276
合作经营	Cooperative Enterprises		
独 资	Enterprises with Sole Foreign Investment	33655	31977
股份有限	Share Corporations Ltd.		
其 他	Others		
按控股情况分	**Grouped by Share Holding**		
国有控股	State Holding Enterprises	1100747	978858
集体控股	Collective-owned Holding Enterprises	97981	97254
私人控股	Private Holding Enterprises	5650780	4826015
港澳台商控股	Hongkong, Macao and Taiwan Holding Enterprises	66132	51481
外商控股	Foreign Holding Enterprises	34931	33253
其 他	Others	510833	411392

continued

(10 000 yuan)

#90平方米及以下住房 90 sq.m and Below	#144平方米以上住房 Above 144 sq.m	#别墅、高档公寓 Villas and High-grade Apartment Buildings	办公楼 Office Buildings	商业营业用房 Buildings for Business Operation	其他 Others
972948	**1980598**	**154560**	**315800**	**612291**	**135060**
971228	1904007	106371	315800	595670	135060
29405	9097			3722	6004
13					
6918	128637			4981	
161798	449209	99111	94094	131661	46389
3180	32542			74025	349
757382	1238383	7260	221106	374619	78718
5899	43685		600	2984	3600
6633	2454			3678	
	48189	48189		14943	
				14943	
	48189	48189			
1720	28402			1678	
1276					
444	28402			1678	
76476	334848	10291	15573	97522	8794
18091	34601			542	185
847347	1374410	11615	290477	434930	99358
	48189	48189		14651	
1720	28402			1678	
29314	160148	84465	9750	62968	26723

12-8 房地产开发企业财务状况(2014年)

单位：万元

指 标	Item	固定资产原价 Original Value of Fixed Assets
总 计	**Total**	**1231244**
按登记注册类型	**Grouped by Type of Registration Status**	
内 资	Domestic-Funded Enterprises	1220690
国 有	State-owned Enterprises	23372
集 体	Collective-owned Enterprises	3138
股份合作	Share Cooperative Enterprises	
国有联营	State Joint Ownership Enterprises	
集体联营	Collective Joint Ownership Enterprises	
国有与集体联营	Joint State-collective Enterprises	
其他联营	Other Joint Ownership Enterprises	
国有独资公司	State-funded Corporations	17603
其他有限责任公司	Other Limited Liability Corporations	184872
股份有限公司	Share Corporations Ltd.	23281
私营独资	Private-funded Enterprises	
私营合伙	Private Partnership Enterprises	
私营有限责任公司	Private Limited Liability Corporations	930904
私营股份有限公司	Private Share-holding Corporations Ltd.	37243
其 他	Others	278
港澳台投资	Enterprises with Investment from Hong Kong, Macao and Taiwan	6565
合资经营	Joint-venture Enterprises	5689
合作经营	Cooperative Enterprises	
独 资	Enterprises with Sole Investment	875
股份有限	Share Corporations Ltd.	
其 他	Others	
外商投资	Enterprises with Foreign Investment	3989
合资经营	Joint-Venture Enterprises	3526
合作经营	Cooperative Enterprises	
独 资	Enterprises with Sole Foreign Investment	463
股份有限	Share Corporations Ltd.	
其 他	Others	
按控股情况分	**Grouped by Share Holding**	
国有控股	State Holding Enterprises	75219
集体控股	Collective-owned Holding Enterprises	21721
私人控股	Private Holding Enterprises	1084190
港澳台商控股	Hongkong, Macao and Taiwan Holding Enterprises	1291
外商控股	Foreign Holding Enterprises	3790
其 他	Others	45034

FINANCIAL CONDITION OF REAL ESTATE DEVELOPMENT ENTERPRISES(2014)

(10 000 yuan)

固定资产累计折旧 Accumulative Depreciation of Fixed Assets	#本年折旧 Depreciation of This Year	资产总计 Total Assets	负债合计 Total Liabilities	所有者权益合计 Total Creditors' Equity	#实收资金 Paid–in Capital
333478	**66001**	**61916566**	**54342380**	**7574186**	**7619139**
328352	65170	60553957	53358430	7195527	7304362
9479	1334	1496059	1349603	146457	91469
572	223	26325	21789	4536	4811
3313	765	1825294	1540725	284569	305215
55383	8589	16245620	14202418	2043201	2428162
3714	683	1170298	989908	180391	87231
244321	50737	38302787	33960810	4341977	4207153
11508	2840	1468058	1272216	195842	180317
64		19517	20963	–1446	5
3308	226	776484	445334	331150	261901
3155	226	381812	227442	154371	150610
153		394672	217892	176780	111291
1819	605	586125	538616	47509	52876
1656	470	177181	181684	–4503	2766
163	135	408944	356932	52012	50110
20414	3531	9858348	8677790	1180558	954022
5983	755	992011	870969	121042	46052
284075	58078	45413811	40313203	5100609	5704366
383	73	580284	293777	286506	222291
1659	602	562483	519277	43206	51942
20965	2962	4509630	3667365	842265	640465

12-8 续表1

单位：万元

指　　标	Item	营业收入 Business Revenue
总　　计	**Total**	**6084900**
按登记注册类型	**Grouped by Type of Registration Status**	
内　资	Domestic-Funded Enterprises	5993140
国　有	State-owned Enterprises	63756
集　体	Collective-owned Enterprises	13471
股份合作	Share Cooperative Enterprises	
国有联营	State Joint Ownership Enterprises	
集体联营	Collective Joint Ownership Enterprises	
国有与集体联营	Joint State-collective Enterprises	
其他联营	Other Joint Ownership Enterprises	
国有独资公司	State-funded Corporations	121875
其他有限责任公司	Other Limited Liability Corporations	2195467
股份有限公司	Share Corporations Ltd.	64385
私营独资	Private-funded Enterprises	
私营合伙	Private Partnership Enterprises	
私营有限责任公司	Private Limited Liability Corporations	3443520
私营股份有限公司	Private Share-holding Corporations Ltd.	90666
其　他	Others	
港澳台投资	Enterprises with Investment from Hong Kong, Macao and Taiwan	85522
合资经营	Joint-venture Enterprises	4744
合作经营	Cooperative Enterprises	
独　资	Enterprises with Sole Investment	80778
股份有限	Share Corporations Ltd.	
其　他	Others	
外商投资	Enterprises with Foreign Investment	6238
合资经营	Joint-Venture Enterprises	1318
合作经营	Cooperative Enterprises	
独　资	Enterprises with Sole Foreign Investment	4920
股份有限	Share Corporations Ltd.	
其　他	Others	
按控股情况分	**Grouped by Share Holding**	
国有控股	State Holding Enterprises	1102438
集体控股	Collective-owned Holding Enterprises	118180
私人控股	Private Holding Enterprises	3948933
港澳台商控股	Hongkong, Macao and Taiwan Holding Enterprises	81337
外商控股	Foreign Holding Enterprises	5290
其　他	Others	828723

continued

(10 000 yuan)

#主营业务收入 Revenue of Major Business	土地转让收入 Land Transferred Revenue	商品房屋销售收入 Sales Revenue of Commercial Buildings	房屋出租收入 Revenue from Buildings Leasing	其他收入 Other Revenue
6025464	**9282**	**5587905**	**76167**	**352110**
5933704	9282	5500855	75216	348351
62786	1245	55468	3408	2665
13471		6699	17	6756
119605		115392	2268	1945
2150045	2592	1912629	6006	228818
64385		57348		7038
3432745	5246	3282576	62060	82864
90666	200	70742	1458	18265
85522		84443	559	521
4744		3665	559	521
80778		80778		
6238		2608	393	3238
1318		929	370	19
4920		1678	23	3219
1093891	1245	898517	7006	187124
117202		108580	1810	6813
3931806	5446	3740815	65054	120492
81337		80778	559	
5290		1678	393	3219
795937	2592	757536	1347	34462

12-8 续表2

单位：万元

指　标	Item	营业成本 Business Costs
总　计	**Total**	**4566424**
按登记注册类型	**Grouped by Type of Registration Status**	
内　资	Domestic-Funded Enterprises	4503859
国　有	State-owned Enterprises	52841
集　体	Collective-owned Enterprises	11352
股份合作	Share Cooperative Enterprises	
国有联营	State Joint Ownership Enterprises	
集体联营	Collective Joint Ownership Enterprises	
国有与集体联营	Joint State-collective Enterprises	
其他联营	Other Joint Ownership Enterprises	
国有独资公司	State-funded Corporations	92999
其他有限责任公司	Other Limited Liability Corporations	1627089
股份有限公司	Share Corporations Ltd.	52577
私营独资	Private-funded Enterprises	
私营合伙	Private Partnership Enterprises	
私营有限责任公司	Private Limited Liability Corporations	2613255
私营股份有限公司	Private Share-holding Corporations Ltd.	53747
其　他	Others	
港澳台投资	Enterprises with Investment from Hong Kong, Macao and Taiwan	59674
合资经营	Joint-venture Enterprises	2433
合作经营	Cooperative Enterprises	
独　资	Enterprises with Sole Investment	57241
股份有限	Share Corporations Ltd.	
其　他	Others	
外商投资	Enterprises with Foreign Investment	2891
合资经营	Joint-Venture Enterprises	515
合作经营	Cooperative Enterprises	
独　资	Enterprises with Sole Foreign Investment	2376
股份有限	Share Corporations Ltd.	
其　他	Others	
按控股情况分	**Grouped by Share Holding**	
国有控股	State Holding Enterprises	932056
集体控股	Collective-owned Holding Enterprises	88056
私人控股	Private Holding Enterprises	3005161
港澳台商控股	Hongkong, Macao and Taiwan Holding Enterprises	57256
外商控股	Foreign Holding Enterprises	2397
其　他	Others	481498

continued

(10 000 yuan)

#主营业务成　本 Costs of Major Business	营业税金及附加 Business Tax and Extra Charges	#主营业务税金及附加 Tax and Extra Charges of Major Business	营业利润 Business Profits	利润总额 Total Profits	应交所得税 Income Taxes Payable	从业人员期末人数(人) Number of Employees at The End of Period (person)
4519499	**489181**	**456779**	**124104**	**99404**	**148535**	**61188**
4456936	480376	447974	116485	91960	144744	60697
52378	5468	5131	-7956	-6480	706	2682
11347	770	770	295	581	17	395
92506	9499	8489	13771	14685	3125	1011
1610711	151328	148435	141874	132023	55000	12310
51277	4382	4382	2521	2453	205	804
2584984	297653	270888	-46791	-62348	78374	42130
53733	10566	9879	13602	11908	7317	1357
	711		-830	-861		8
59674	8350	8350	10961	10939	3459	263
2433	278	278	-1100	-1111	-157	165
57241	8072	8072	12061	12050	3616	98
2889	456	456	-3342	-3495	333	228
513	91	91	-2386	-2408		111
2376	365	365	-956	-1088	333	117
929340	70528	68416	38732	41519	17884	7057
84658	9367	8726	11519	11846	3461	1274
2964971	342056	312884	-53476	-72086	94104	48859
57256	8176	8176	11394	11370	3379	153
2397	365	365	-3315	-3447	333	180
480877	58689	58213	119251	110201	29374	3665

主要统计指标解释

房地产开发投资 指各种登记注册类型的房地产开发法人单位统一开发的包括统代建、拆迁还建的住宅、厂房、仓库、饭店、宾馆、度假村、写字楼、办公楼等房屋建筑物，配套的服务设施，土地开发工程（如道路、给水、排水、供电、供热、通讯、平整场地等基础设施工程）和土地购置的投资；不包括单纯的土地开发和交易活动。

本年实际到位资金小计 指房地产开发企业在报告期内实际拨入的，用于房地产开发的各种货币资金。包括国内贷款、利用外资、自筹资金和其他资金。

本年土地购置面积 指在报告期内通过各种方式获得土地使用权的土地面积。

本年土地成交价款 指在报告期内进行土地使用权交易活动的最终金额。在土地一级市场，是指土地最后的划拨款、"招拍挂" 价格和出让价；在土地二级市场是指土地转让、出租、抵押等最后确定的合同价格。土地成交价款与土地购置面积同口径，可以计算土地的平均购置价格。

房屋新开工面积 指报告期内新开工建设的房屋建筑面积，以单位工程为核算对象，即整栋房屋的全部建筑面积，不能分割计算。不包括在上期开工跨入报告期继续施工的房屋建筑面积和上期停缓建而在本期恢复施工的房屋建筑面积。房屋的开工应以房屋正式开始破土刨槽（地基处理或打永久桩）的日期为准。

房屋竣工面积 指报告期内房屋建筑按照设计要求已全部完工，达到住人和使用条件，经验收鉴定合格或达到竣工验收标准，可正式移交使用的各栋房屋建筑面积的总和。

住宅竣工套数 指报告期内按照设计要求已全部完工，经验收合格，达到住人或使用条件的正式交给开发公司的成套住宅数量（以设计图纸为准）。

房屋竣工价值 指报告期内按规定已经上报竣工的房屋本身的建造价值。一般按房屋设计和预算规定的内容计算。包括竣工房屋本身的基础、结构、屋面、装修以及水、电、卫等附属工程的建筑价值；也包括作为房屋建筑组成部分而列入房屋建筑工程预算内的设备（如电梯、通风设备等）的购置和安装费用。不包括厂房内的工艺设备、工艺管线的购置和安装，工艺设备基础的建造；室外的水、暖、电、卫、道路工程、挡土墙等环境工程的费用；办公和生活用家具的购置等费用；购置土地的费用；迁移补偿费和场地平整的费用及城市建设配套投资。

房屋竣工价值不仅包括该竣工房屋在报告期内完成的价值，也包括跨年施工的房屋在本期以前完成的价值。未竣工而转让给其他单位的房屋建筑工程，出让单位不计算竣工价值，待接受单位继续施工并符合竣工条件后，由接受单位计算其竣工价值，包括出让单位在出让前所完成的价值。房屋竣工价值一般按结算价格（或中标价）计算。

商品房销售面积 指报告期内出售商品房屋的合同总面积（即双方签署的正式买卖合同中所确定的建筑面积）。商品房销售面积由现房销售面积和期房销售面积两部分组成。

商品房销售额 指报告期内出售商品房屋的合同总价款（即双方签署的正式买卖合同中所确定的合同总价）。该指标与商品房销售面积同口径，由现房销售额和期房销售额两部分组成。

待售面积 指报告期末已竣工的可供销售或出租的商品房屋建筑面积中，尚未销售或出租的商品房屋建筑面积，包括以前年度竣工和本期竣工的房屋面积，但不包括报告期已竣工的拆迁还建、统建代建、公共配套建筑、房地产公司自用及周转房等不可销售或出租的房屋面积。按照商品房待售时间的长短可以划分为待售一年以下、待售一到三年（含一年）和待售三年以上（含三年）。

Explanatory Notes on Main Statistical Indicators

Investment in Real Estate Development refers to investment by real estate development corporation units of various types of ownership in the construction of buildings, such as residential buildings, factory buildings, warehouses, hotels, guesthouses, holiday villages, office buildings, complementary service facilities, land development projects and land purchase, such as roads, water supply, water drainage, power supply, heating supply, telecommunications, land leveling and other infrastructural projects. It does not include activities in pure land transactions.

Total Actual Funds in Place This Year refers to all kinds of monetary funds real estate enterprises actually invested for real estate development in the reference period, including domestic loans, foreign investment, self-raising fund and other funds.

Land Area Purchased This Year refers to the land area which has been got the land use right by all means in the reference period.

Value of Land Transaction refers to the final value of land use right in the land transaction in the reference period. It refers to the final appropriations of land, remising price and transfer price in primary land market, while it refers to the contract price of land transfer, lease and mortgage in the secondary land market. Value of land transaction has the same coverage with land area purchased, which can be used to calculate the average price of land purchased.

Floor Space of Buildings under Construction refers to total floor space of all buildings under construction during the reference period, including floor space of newly started buildings during the reference period, floor space of construction extended from the previous period to the current period, and floor space of construction suspended during the previous period and resumed in the current period. Floor space of construction completed in the current period, and floor space of construction started and then suspended in the current period are also included in the floor space under construction of the current year. Floor space of multistoried buildings is the sum of space of every floor.

Floor Space of Buildings Completed refers to the floor space of all buildings completed in the reference period, which has been appraised, accepted or reached the designed standards and transferred to owner units.

Sets of Residential Buildings Completed refers to the sets of completed residential buildings handed over to the development companies in the reference period, which has been constructed according to the designed standards, accepted and reached the living or using standards.

Value of Buildings Completed refers to construction value of completed buildings which has been reported in the reference period. It is usually calculated by the contents of building design and budget, including the construction value of completed buildings' backbone, structure, roof, decoration and appurtenant works such as water, electricity and sanitation. The purchasing and installation charges of budgetary facilities, such as elevators and ventilating devices, as a part of the composition of buildings, are also included in the value of completed buildings. The costs of purchasing and installation of plant processing equipments and pipelines and basic construction, costs of environmental projects outdoors, such as water, heating, electricity, sanitation, road projects and retaining walls, costs of purchasing of office and life furniture, costs of land purchasing, costs of residence moving and site formation and costs of supporting investment of urban construction are not included in the value of completed buildings.

Value of buildings completed includes not only value of buildings completed in the reference period, but also includes the previous value of buildings extended the previous period to the current period. The building value of construction projects, which uncompleted and transferred to other units, cannot be calculated by the transferred units. It should be calculated by the receiving units after the projects are completed and reached the relevant standards. Value of buildings completed is usually calculated at the settlement price or the bidding price.

Floor Space of Commercial Buildings Sold refers to total contracted area of commercialized buildings sold, i.e. area of floor space as designated in the formal contracts signed by both sides, during the reference time. It consists of floor space of completed buildings sold and forward delivery buildings sold.

Sales of Commercial Buildings refers to the total contracted value, i.e. value of commercialized builings as designated in the contract signed by both sides, during the reference period. This indicator has the same coverage with the area of commercialized buildings sold, and it consists of sales of completed buildings and sales of forward delivery buildings.

Floor Space for Sale refers to the floor space of commercial buildings hasn't been sold or leased which is marketable or rentable in the reference period. It includes floor space of building which has been completed in the previous and current period, excluding floor space of completed buildings, such as relocation building, buildings built for employees by the government agencies and institutions units, auxiliary facilities of public buildings, buildings of real estate enterprises for self use, temporary houses, which cannot be sold or rent. Floor space for sale can be divided into floor space for sale less than a year, floor space for sale in 1-3 years, floor space for sale more than 3years according to the sales time.

批发和零售业

WHOLESALE AND RETAIL TRADE

13

PAGE

413—458

资料整理人员

雷士伟　张艳芳　张艳君　邓　娜

批发和零售业

WHOLESALE AND RETAIL TRADE

社会消费品零售总额	Total Retail Sales of Consumer Goods	5717.9	亿元	(100 million yuan)
城　镇	Town	4661.8	亿元	(100 million yuan)
乡　村	Village	1056.1	亿元	(100 million yuan)

社会消费品零售总额构成 (%)

Composition of Total Retail Sales of Consumer Goods (%)

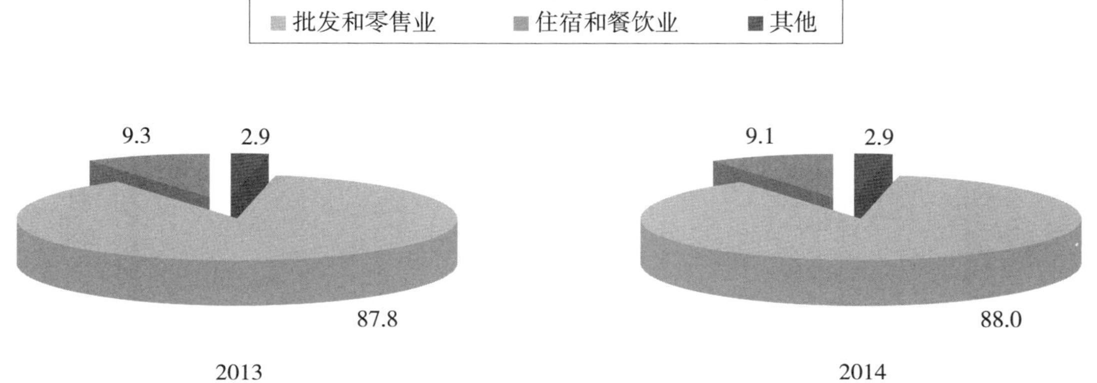

社会消费品零售总额 (亿元)

Total Retail Sales of Consumer Goods (100 million yuan)

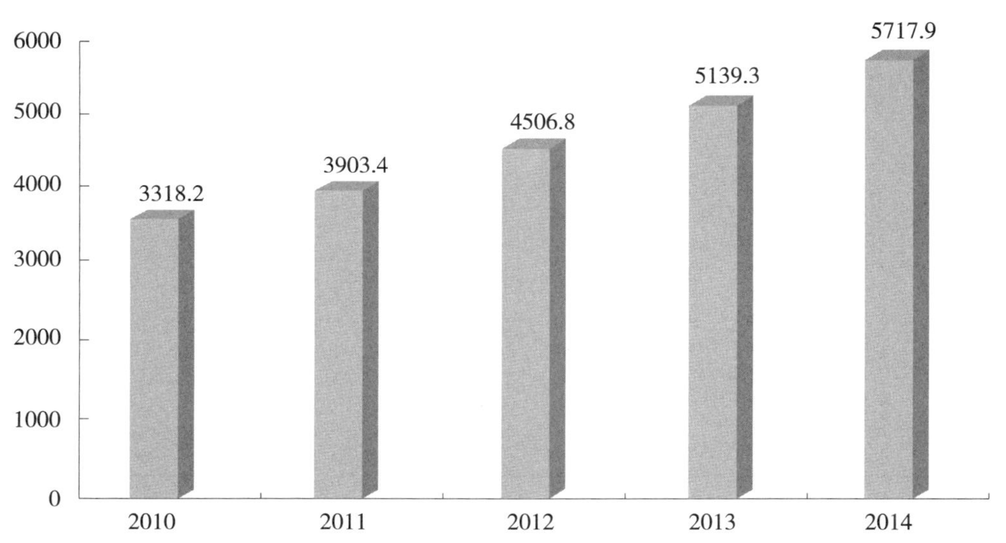

13-1 主要年份社会消费品零售总额
TOTAL RETAIL SALES OF CONSUMER GOODS IN MAJOR YEARS

单位：万元 (10 000 yuan)

年 份 Year	社会消费品零售总额 Total Retail Sales of Consumer Goods	市 City	县 County	县以下 Below County
1952	57436	19536	37900	
1957	119600	52278	67322	
1962	146532	59686	86846	
1965	153257	57252	96005	
1970	190949	63853	127096	
1975	265190	108543	133713	22934
1978	323837	121772	113985	88080
1980	426597	163154	122191	141252
1985	894413	394784	278646	220983
1990	1580415	848543	413831	318041
1995	3759500	2130633	861482	767385
2000	7226579	4240688	1521837	1464054
2001	7811932	4691960	1559178	1560794
2002	8671245	5218448	1720096	1732701
2003	10049972	6495135	1862970	1691867
2004	12190617	8002017	2181917	2006683
2005	14106531	9084606	2637921	2384004
2006	16353948	10630067	3025480	2698401
2007	19532597	12735253	3593998	3203346
2008	24210825	15785458	4479003	3946364
2009	28089708	17476248	5796850	4816610
2010	33181548	26697874	6483674	
2011	39034283	31885231	7149052	
2012	45068327	36825267	8243060	
2013	51393373	41925304	9468069	
2014	57178881	46617895	10560986	

注：2010年起分区域划分为城镇和乡村。

Note: Regions are divided into town and village since 2010.

13-2 社会消费品零售总额
TOTAL RETAIL SALES OF CONSUMER GOODS

单位：万元 (10 000 yuan)

指　　标	Item	2013	2014
社会消费品零售总额	**Total**	**51393373**	**57178881**
按销售地区分	By Selling Region		
城　镇	Town	41925304	46617895
#城　区	Urban Area	27974203	31078015
乡　村	Village	9468069	10560986
按行业分	By Sector		
批发零售贸易业	Wholesale and Retail Sale Trades	45116588	50318625
限额以上贸易企业	Enterprises above Designated	22786975	24028852
限额以下及个体户贸易业	Enterprises below Designated and Individuals	22329614	26289773
住宿和餐饮业	Hotels and Catering Trade	4766342	5180256
限额以上企业	Enterprises above Designated	1076619	868459
限额以下企业及个体户	Enterprises below Designated and Individuals	3689723	4311797
其　他	Others	1510442	1679999
按消费形态分	By Consumption Pattern		
商品零售	Retail Sales	46696338	52048170
餐饮收入	Catering Income	4697035	5130711

13-3 限额以上连锁批发零售业经营情况(2014年)
MANAGEMENT OF CHAIN ENTERPRISES ABOVE DESIGNATED SIZE IN WHOLESALE AND RETAIL TRADE(2014)

指　　标	Item	合　计 Total	直营店 Regular Chain	加盟店 Franchise Chain
一、门店总数 (个)	**Number of Store (uint)**	**3425**	**2055**	**1370**
二、年末零售业营业面积 (平方米)	**Areas of Stores (sq.m)**	**2691868**	**2614963**	**76905**
三、年末从业人员 (人)	**Employees (person)**	**40896**	**34900**	**5996**
四、商品购进总额 (万元)	**Total Purchases Value (10 000 yuan)**	**3479582**	**3305047**	**174535**
#统一配送商品购进额	Value of Unified Distribution	2436617	2436617	
#自有配送中心配送商品购进额	Disrtibuted by Owned Distribution Center	1571134	1571134	
非自有配送中心配送商品购进额	Distributed by Other Distribution Center	164638	164638	
五、商品销售额 (万元)	**Total Sales Value (10 000 yuan)**	**5774039**	**5599761**	**174278**
#零售额	Retail Sales	4577495	4403217	174278

13-4 限额以上批发和零售业法人企业商品购销存情况(2014年)

单位：万元

指　　标	Item	法人企业数(个) Number of Corporation Enterprises (unit)	从业人员期末人数(人) Number of Employees at The End of Period (person)
总　　计	**Total**	**3186**	**257503**
一、批发业	**Wholesale Trade**	**1092**	**98021**
1.按登记注册类型分组	Grouped by Registered Kind		
内资企业	Civil Funded Enterprises	1084	96378
国有企业	State-owned Enterprises	94	15645
集体企业	Collective-owned Enterprises	35	7141
股份合作企业	Share Cooperative Enterprises	1	16
联营企业	Joint Ownership Enterprises	1	16
集体联营企业	Collective Joint Enterprises	1	16
有限责任公司	Limited Responsibility Corporations	319	47560
国有独资公司	Company Exclusively with Investment from State	66	16124
其他有限责任公司	Other Limited Responsibility Company	253	31436
股份有限公司	Share-holding Limited Corporations	18	1286
私营企业	Private-owned Enterprises	611	24394
私营独资企业	Enterprise Exclusively with Investment from Private	5	72
私营合伙企业	Private Partnership Enterprises	1	17
私营有限责任公司	Private Limited Responsibility Corporations	592	23367
私营股份有限公司	Private Share-holding Limited Corporations	13	938
其他企业	Others	5	320
港澳台商投资企业	Enterprises Funded by HongKong, Macao and Taiwan	6	1304
与港澳台商合资经营企业	Joint Venture Enterprises	2	285
港澳台商独资企业	Solely Owned Entersprises	2	995
港澳台商投资股份有限公司	Share Holding Limited Corporation	2	24
外商投资企业	Foreign Funded Enterprises	2	339
中外合资经营企业	Joint Venture Enterprises	2	339
2.按批发行业小类分	Grouped by Wholesale Trade		
农、林、牧产品批发	Wholesale of Agricultural, Forestry and Animal Husbandry Products	37	1857
#谷物、豆及薯类批发	Wholesale of Cereal, Beans and Potatos	29	1135
食品、饮料及烟草制品批发	Wholesale of Food, Beverage and Tobaccos	110	17656
#米、面制品及食用油批发	Rice, Flour and Edible Oil	20	1262
烟草制品批发	Tobacoo Products Manufacturing	12	6979
纺织、服装及家庭用品批发	Wholesale of Textiles, Garments and Family Articles	27	2928
#服装批发	Wholesale of Garments	7	1621
文化、体育用品及器材批发	Wholesale of Culture, Sports Articles and Equipments	12	1326
医药及医疗器材批发	Wholesale of Medicines and Medical Appliances	68	7180
#西药批发	Wholesale of Western Medicine	34	4025
中药批发	Wholesale of Chinese Traditional and Patent Medicine	21	2513

TOTAL VALUE OF COMMODITIES' PURCHASING, SELLING AND INVENTORY OF CORPORATION ENTERPRISES ABOVE DESIGNATED SIZE IN WHOLESALE AND RETAIL TRADE(2014)

(10 000 yuan)

商品购进额 Total Purchases Value	商品销售额 Total Sales Value	#通过公共网络实现的商品销售额 by Public Network	#使用银行卡支付的商品销售额 Paid by Bank Cards	批发额 Wholesale Value	零售额 Retail Value	#通过公共网络实现的商品零售额 by Public Network	期末商品库存额 Total Value of Storing at the End of Period	年末零售营业面积(平方米) Retail Operating Area at Year-end (sq.m)
108868788	**119300935**	**1497405**	**9142759**	**98233296**	**21067639**	**203394**	**5181875**	**12987634**
91160579	**97640865**	**1228008**	**6654012**	**96319362**	**1321503**	**245**	**2975127**	**4321939**
85365574	91826299	1228008	6647675	90507059	1319240	245	2949659	4321299
5708599	6823928	1164242	1078246	6592624	231304		506153	296476
734997	823480			719455	104026		47970	122209
3992	4715			4715			1419	1000
835	979			979			127	300
835	979			979			127	300
62942468	67034685	35995	4322603	66795612	239073	2	1086695	1955477
20283970	22970859		2596178	22908923	61936		207214	265886
42658499	44063826	35995	1726425	43886689	177137	2	879481	1689591
3626120	4046502		100	4040304	6198		203662	89309
12280874	13008782	27772	1246726	12279313	729468	243	1099044	1852236
18023	18989		45	17172	1817	10	308	18953
33523	32689			32689			183	
11802845	12438148	27772	1229266	11715560	722588	233	1074423	1808329
426484	518956		17416	513893	5064		24130	24954
67689	83228			74058	9170		4589	4292
5782214	5800400		6337	5798137	2263		25012	640
5750371	5753433			5753433			14468	100
25635	40646		6337	38470	2176		10545	300
6209	6322			6235	87			240
12791	14166			14166			455	
12791	14166			14166			455	
184581	194462		10390	187823	6639		118361	168158
134623	138195		10390	134948	3248		111030	142928
4183654	5351777	1165044	1074986	5150542	201234		404900	637925
230533	188244		9354	173173	15072		89382	133002
2713754	3791831	1164242	1062660	3788193	3638		209988	420
404787	433324	10999	17806	399794	33530	2	70598	7066
82960	110023			108981	1042		26075	100
629839	658149			637867	20283		88887	13411
1671273	1755544	12975	93101	1732804	22740		138365	32061
998584	1032109			1021705	10404		98692	21151
412684	458884		89373	446598	12286		25491	9890

13-4 续表1

单位：万元

指　标	Item	法人企业数(个) Number of Corporation Enterprises (unit)	从业人员期末人数(人) Number of Employees at The End of Period (person)
矿产品、建材及化工产品批发	Wholesale of Mineral Products, Building and Chemical Products	693	59843
#煤炭及制品批发	Coal and Related Products	439	50780
石油及制品批发	Petroleum and Related Products	29	2112
金属及金属矿批发	Metals and Metals Materials	135	3900
建材批发	Building Materials	37	866
化肥批发	Chemical Fertilizer	22	567
机械设备、五金产品及电子产品批发	Wholesale of Machinery, Hardwaresand Electronic Products	118	6014
#汽车批发	Motor Vehicles	29	1256
计算机、软件及辅助设备批发	Computer, Sofeware and Accessories	6	102
贸易经纪与代理	Trade Broker and Agency	2	124
其他批发业	Other Wholesales	25	1093
3.按控股情况分	Grouped by Share Holding		
国有控股	State Holding Enterprises	338	56212
集体控股	Collective-owned Holding Enterprises	59	8642
私人控股	Private Holding Enterprises	643	26311
港澳台商控股	Hongkong, Macao and Taiwan Holding Enterprises	4	1019
外商控股	Foreign Holding Enterprises		
其　他	Others	48	5837
4.按经营形式分	Grouped by Management Form		
独立门店	Independent Stores	791	65322
连锁总店(总部)	Chain Headquarters	7	2367
连锁门店	Chain Stores	5	386
其　他	Others	289	29946
5.按单位规模分	Grouped by Enterprise Size		
大　型	Large-size	68	44215
中　型	Medium-size	431	38486
小　型	Small-size	470	13171
微　型	Micro-size	123	2149
二、零售业	**Retail Trade**	**2094**	**159482**
1.按登记注册类型分组	Grouped by Registered Kind		
内资企业	Civil Funded Enterprises	2078	156014
国有企业	State-owned Enterprises	117	4650
集体企业	Collective-owned Enterprises	82	4094
股份合作企业	Share Cooperative Enterprises	2	65
联营企业	Joint Ownership Enterprises	1	20
国有联营企业	State-owned Enterprises	1	20

continued

(10 000 yuan)

商品购进额 Total Purchases Value	商品销售额 Total Sales Value	#通过公共网络实现的商品销售额 by Public Network	#使用银行卡支付的商品销售额 Paid by Bank Cards	批发额 Wholesale Value	零售额 Retail Value	#通过公共网络实现的商品零售额 by Public Network	期末商品库存额 Total Value of Storing at the End of Period	年末零售营业面积(平方米) Retail Operating Area at Year-end (sq.m)
78490771	83526822	32730	5383559	82972152	554671	243	1932727	3109908
47138652	49524215	28194	3938103	49131919	392296		1230316	2754091
864580	965482		9667	867856	97626	10	145826	114992
22069605	22582774	2252	273030	22564996	17778	233	436490	132769
7683542	9683570	203	756533	9643046	40525		58316	29979
459557	483172		403150	477569	5604		43648	41502
5113702	5210509	6260	66650	4734023	476486		151111	302010
540604	544481		35853	127850	416631		46427	228675
22659	24468			22470	1998		1483	422
278154	284570			284570			23245	100
203820	225708		7521	219787	5921		46933	51300
75517309	80996093	1189237	5317559	80621910	374182		1601327	1201323
1467138	1579674			1440029	139645		94411	179384
13019082	13757527	27772	1259526	12994967	762560	243	1143782	2160884
31844	46968		6337	44705	2263		10545	540
1125208	1260604	10999	70590	1217751	42852	2	125062	779808
56308077	60983523	748862	4470793	60292048	691476	245	1636990	3088517
1922777	2178045	758	1025	2170218	7827		210236	4400
90877	95855			95855			7175	203250
32838849	34383442	478388	2182194	33761242	622200		1120727	1025772
27074321	29672597	1164242	3545645	29188040	484557		731617	263800
40207158	41903340	55229	2308571	41260253	643087	2	1812646	2086108
7762719	8031049	8537	769054	7872431	158618	233	340994	1588551
16116382	18033879		30743	17998637	35242	10	89870	383480
17708208	**21660070**	**269397**	**2488747**	**1913934**	**19746137**	**203148**	**2206748**	**8665695**
17378981	21274966	269397	2463159	1891902	19383065	203148	2157093	8523790
456661	531699	1792	21104	15781	515918	6571	35741	139094
461477	503234		8344	77965	425269		35063	200095
10612	11527			261	11266		365	3220
1375	1370				1370		20	129
1375	1370				1370		20	129

13-4 续表2

单位：万元

指　标	Item	法人企业数(个) Number of Corporation Enterprises (unit)	从业人员期末人数(人) Number of Employees at The End of Period (person)
有限责任公司	Limited Responsibility Corporations	311	28934
国有独资公司	Solely State-owned Enterprises	12	1684
其他有限责任公司	Other Limited Responsibility Company	299	27250
股份有限公司	Share-holding Limited Corporations	41	13094
私营企业	Private-owned Enterprises	1509	104577
私营独资企业	Enterprise Exclusively with Investment from Private	150	4088
私营合伙企业	Private Partnership Enterprises	10	271
私营有限责任公司	Private Limited Responsibility Corporations	1324	86996
私营股份有限公司	Private Share-holding Limited Corporations	25	13222
其他企业	Others	15	580
港澳台商投资企业	Enterprises Funded by HongKong，Macao and Taiwan	10	1711
与港澳台商合资经营企业	Joint Venture Enterprises	4	1195
港澳台商独资企业	Solely Owned Enterspprises	5	380
港澳台商投资股份有限公司	Share Holding Limited Corporation	1	136
外商投资企业	Foreign Funded Enterprises	6	1757
中外合资经营企业	Joint Venture	2	720
外资企业	Enterprises with Sole Investment from Foreign	4	1037
2.按零售行业小类分	Grouped by Wholesale Trade		
综合零售	General Retail Sales Trade	355	53365
百货零售	Daily Goods	162	18481
超级市场零售	Supermarkets	157	32272
其他综合零售	Others	36	2612
食品、饮料及烟草制品专门零售	Retail of Food, Beverage and Tobaccos	147	7240
#粮油零售	Grains and Oils	29	1116
果品、蔬菜零售	Fruit and Vegetables	27	1448
纺织、服装及日用品专门零售	Retail of Textiles, Garments and Daily Articles	114	12735
#服装零售	Garments	94	10947
文化、体育用品及器材专门零售	Retail of Culture, Sports Articles and Equipments	126	5327
#图书、报刊零售	Books and Mangzines	90	3211
珠宝首饰零售	Jewelry	20	1469
医药及医疗器材专门零售	Retail of Medicines and Medical Appliances	86	11314
#药品零售	Medicines	83	11036
汽车、摩托车、燃料及零配件专门零售	Retail of Motor Vehicles, Motorcycles, Feuls and Parts	817	49303
#汽车零售	Motor Vehicles	580	31948
机动车燃料零售	Vehicle Feuls	220	16929
家用电器及电子产品专门零售	Retail of Household Electronic Equipments and Products	237	8365
#日用家电设备零售	Household Appliance	132	5151
计算机、软件及辅助设备零售	Computer, Software and Auxiliary Equipments	54	1152
通信设备零售	Communication Equipments	19	828

continued

(10 000 yuan)

商　品 购进额 Total Purchases Value	商　品 销售额 Total Sales Value	#通过公共 网络实现的 商品销售额 by Public Network	#使用银行卡 支付的商品 销售额 Paid by Bank Cards	批发额 Wholesale Value	零售额 Retail Value	#通过公共 网络实现的 商品零售额 by Public Network	期末商品 库存额 Total Value of Storing at the End of Period	年末零售 营业面积 (平方米) Retail Operating Area at Year-end (sq.m)
3035893	3507348	1944	338516	212850	3294498	1933	392191	1221060
121303	136912		857	294	136618		12011	26424
2914590	3370436	1944	337659	212556	3157880	1933	380180	1194636
3524904	5271902	84432	294947	846798	4425104		204121	1137228
9845827	11405297	181228	1800247	737359	10667938	194645	1482514	5789529
222432	249324		13611	25192	224132		22466	240266
9321	10326		118	1	10325	2	1179	11581
9137104	10180641	180905	1604847	650025	9530616	194400	1386525	4797087
476971	965006	324	181671	62141	902865	244	72344	740595
42231	42590			888	41701		7077	33435
210124	251493		13313	22032	229461		42065	37304
118937	142099			10664	131435		34554	18410
79141	97354		3930	11368	85986		7489	6500
12047	12040		9383		12040		21	12394
119103	133611		12276		133611		7591	104601
17957	21939				21939		1938	38000
101146	111672		12276		111672		5654	66601
2711616	3584448	2428	439206	110383	3474065	7197	345560	2673453
1055501	1374831		183339	4401	1370430	4612	130341	1152136
1016408	1550458	180	224740	2651	1547807	338	193714	1342212
639706	659158	2248	31127	103331	555828	2248	21505	179105
540280	609380	4389	32457	95901	513479	14299	58682	319747
85482	93530	338	1850	20651	72879	194	8001	14417
201888	212051	1	4821	15750	196302	1	12260	193544
727745	1040455	10343	47149	64740	975715	10984	111251	834955
639448	931339	10343	40048	55515	875824	10984	103894	770102
429417	466480	2413	51378	56609	409871	7195	122193	101763
246190	247402	2325	21600	14761	232641	7195	41849	46837
165459	187135	88	25906	35395	151740		71482	20764
902918	966385	42166	39281	123516	842869	41449	142573	130677
883668	947375	26258	39281	122394	824981	25541	140601	128492
10577289	12874205	159980	1710854	1249855	11624350	71800	1243910	3217946
6353651	6821078	8902	1400729	116051	6705027	53406	1017752	1513734
4089126	5917445	151078	307090	1126944	4790501	18393	217348	1684803
844231	926157	1047	128256	84727	841430	592	109418	418507
523581	548562	260	78472	21912	526651	260	75129	299172
115848	145113	787	13428	47788	97324	131	9017	24216
61436	72503		7238	3333	69170		3563	11320

13-4 续表3

单位：万元

指　　标	Item	法人企业数(个) Number of Corporation Enterprises (unit)	从业人员期末人数(人) Number of Employees at The End of Period (person)
五金、家具及室内装修材料专门零售	Retail of Hardwares, Furniture and Room Decorative Building	115	3829
#五金零售	Retail of Hardwares	40	590
家具零售	Retail of Furniture	44	2288
货摊、无店铺及其他零售业	Retail of Stall, Non-store and Others	97	8004
3.按控股情况分	Grouped by Share Holding		
国有控股	State Holding Enterprises	251	30267
集体控股	Collective-owned Holding Enterprises	128	8943
私人控股	Private Holding Enterprises	1608	110919
港澳台商控股	Hongkong, Macao and Taiwan Holding Enterprises	9	1626
外商控股	Foreign Holding Enterprises	5	1740
其　他	Others	93	5987
4.按经营形式分	Grouped by Management Form		
独立门店	Independent Stores	1881	118765
连锁总店	Chain Headquarters	72	18263
连锁门店	Chain Stores	58	14533
其　他	Others	83	7921
5.按单位规模分	Grouped by Enterprise Size		
大　型	Large-size	58	52711
中　型	Medium-size	661	76722
小　型	Small-size	1034	26614
微　型	Micro-size	341	3435
6.按零售业态分	Grouped by Retail Format		
有店铺零售	Store-based	2082	158340
食杂店	Grocery Store	9	500
便利店	Convenient Store	23	2218
折扣店	Discount Store	1	45
超　市	Supermarket	194	12700
大型超市	Hypermarket	42	22319
仓储会员店	Warehouse Club	6	356
百货店	Department Store	198	24069
专业店	Specialized Shop	891	50509
专卖店	Exclusive Shop	586	31962
家居建材商店	Home Center	41	1756
购物中心	Shopping Center	47	6268
厂家直销中心	Factory Outlet Center	44	5638
无店铺零售	Non-store	12	1142
#网上商店	Online	4	690

continued

(10 000 yuan)

商品购进额 Total Purchases Value	商品销售额 Total Sales Value	#通过公共网络实现的商品销售额 by Public Network	#使用银行卡支付的商品销售额 Paid by Bank Cards	批发额 Wholesale Value	零售额 Retail Value	#通过公共网络实现的商品零售额 by Public Network	期末商品库存额 Total Value of Storing at the End of Period	年末零售营业面积(平方米) Retail Operating Area at Year-end (sq.m)
452754	591985		22610	92086	499899		46860	559034
98357	102979		927	15297	87682		6131	27275
216651	322059		9254	51088	270971		28334	482007
521960	600575	46631	17558	36116	564459	49633	26301	409613
5178278	7208037	87560	408338	985813	6222224	7895	386599	1575811
792161	957304	609	157825	84254	873050	609	89123	418328
10424766	12006894	181228	1818601	744736	11262158	194645	1564402	6206948
200380	244880		13313	22032	222848		31231	36804
115897	129661		12276		129661		7362	103671
996726	1113295		78394	77099	1036196		128032	324133
13831410	16369238	119314	1833449	1361898	15007340	138205	1904374	6723112
1809636	2580416	18235	395837	154761	2425655	18235	138639	1090404
1212548	1784064	151	184984	228406	1555658	161	106672	657472
854614	926352	131697	74477	168868	757483	46548	57064	194707
6719484	9286304	177748	767010	943708	8342596	44697	614408	3011620
7202527	8122946	79858	1426033	572856	7550090	123039	1078956	3251163
3267339	3671994	7195	268407	338120	3333873	32470	451715	1881116
518858	578827	4595	27297	59250	519577	2943	61670	521796
17629920	21573463	206721	2484787	1909132	19664332	140576	2204164	8657092
63115	61944		1	8714	53229	1	8000	24242
403336	435885	2248	30567	106744	329141	2248	14768	129141
1203	1372				1372		48	190
456133	502314		16567	15597	486718	152	71766	407233
714187	1253169	180	233490	5855	1247314	188	138421	1166931
256113	265314	1	232	153049	112265		13047	118893
1674885	2058838		189184	81540	1977298	4617	161277	1327171
7449829	9257907	99680	675148	1074565	8183341	69408	840261	3081092
5599226	6173096	92650	1273911	341689	5831407	51214	849104	1373211
227554	325638		7506	30161	295477		31469	351013
337459	509440	10281	29556	2457	506983	10281	42681	558043
446880	728549	1680	28626	88762	639787	2468	33323	119932
78289	86607	62676	3960	4802	81805	62572	2585	8603
66449	70337	62456			70337	62456	1600	3985

13-5 限额以上批发和零售业法人企业财务状况(2014年)

单位：万元

指　　标	Item	年初存货 Beginning Inventory
总　　计	**Total**	**4654585**
一、批发业	**Wholesale Trade**	**2953660**
1.按登记注册类型分组	Grouped by Registered Kind	
内资企业	Civil Funded Enterprises	2924364
国有企业	State-owned Enterprises	441946
集体企业	Collective-owned Enterprises	55722
股份合作企业	Share Cooperative Enterprises	2021
联营企业	Joint Ownership Enterprises	127
集体联营企业	Collective Joint Enterprises	127
有限责任公司	Limited Responsibility Corporations	1045823
国有独资公司	Company Exclusively with Investment from State	216477
其他有限责任公司	Other Limited Responsibility Company	829346
股份有限公司	Share-holding Limited Corporations	264109
私营企业	Private-owned Enterprises	1108894
私营独资企业	Enterprise Exclusively with Investment from Private	583
私营合伙企业	Private Partnership Enterprises	5307
私营有限责任公司	Private Limited Responsibility Corporations	1082004
私营股份有限公司	Private Share-holding Limited Corporations	21001
其他企业	Others	5721
港澳台商投资企业	Enterprises Funded by HongKong，Macao and Taiwan	29005
与港澳台商合资经营企业	Joint Venture Enterprises	18058
港澳台商独资企业	Solely Owned Entersprises	10948
港澳台商投资股份有限公司	Share Holding Limited Corporation	
外商投资企业	Foreign Funded Enterprises	291
中外合资经营企业	Joint Venture Enterprises	291
2.按批发行业小类分	Grouped by Wholesale Trade	
农、林、牧产品批发	Wholesale of Agricultural, Forestry and Animal Husbandry Products	84057
#谷物、豆及薯类批发	Wholesale of Cereal, Beans and Potatos	65903
食品、饮料及烟草制品批发	Wholesale of Food，Beverage and Tobaccos	349190
#米、面制品及食用油批发	Rice, Flour and Edible Oil	76623
烟草制品批发	Tobacoo Products Manufacturing	197432
纺织、服装及家庭用品批发	Wholesale of Textiles,Garments and Family Articles	72888
#服装批发	Wholesale of Garments	30581
文化、体育用品及器材批发	Wholesale of Culture , Sports Articles and Equipments	79290
医药及医疗器材批发	Wholesale of Medicines and Medical Appliances	110526
#西药批发	Wholesale of Western Medicine	75188
中药批发	Wholesale of Chinese Traditional and Patent Medicine	21948
矿产品、建材及化工产品批发	Wholesale of Mineral Products, Building and Chemical Products	1894703
#煤炭及制品批发	Coal and Related Products	1175848
石油及制品批发	Petroleum and Related Products	163858
金属及金属矿批发	Metals and Metals Materials	452631
建材批发	Building Materials	49195
化肥批发	Chemical Fertilizer	35395
机械设备、五金产品及电子产品批发	Wholesale of Machinery, Hardwares and Electronic Products	306773
#汽车批发	Motor Vehicles	51704
计算机、软件及辅助设备批发	Computer, Sofeware and Accessories	1602
贸易经纪与代理	Trade Broker and Agency	14082
其他批发业	Other Wholesales	42151

FINANCIAL CONDITION OF CORPORATION ENTERPRISES IN WHOLESALE AND RETAIL TRADE ABOVE DESIGNATED SIZE(2014)

(10 000 yuan)

流动资产合计 Total Circulating Assets	#应收帐款 Accounts Receivable	#存货 Inventory	固定资产合计 Total Fixed Assets	累计折旧 Accumulated Depreciation	#本年折旧 Depreciation This Year	资产总计 Total Assets
36006456	**6970981**	**5058775**	**4102390**	**1954727**	**284100**	**48132124**
28820336	**5957015**	**2953411**	**2060782**	**1179075**	**140098**	**37497570**
28451131	5948202	2928004	2049276	1174329	138507	37084655
2516226	242926	507834	335971	383251	24826	3833838
288502	21217	54866	56784	50507	2670	382591
2423	212	1419	180	417	75	2615
148		127	185	268	19	388
148		127	185	268	19	388
15812559	3856351	1060258	1053853	463556	69241	19867683
4839175	988400	211671	568077	189204	20869	6895506
10973384	2867951	848587	485776	274352	48372	12972177
2975653	344376	201548	164826	86829	4272	4256582
6841195	1481411	1097294	435829	185226	36801	8724695
3930	2162	372	905	601	70	7052
-4437	-4655	183	2692	1188	192	-1745
6588973	1413891	1069807	387958	171847	31805	8260306
252729	70013	26933	44274	11590	4733	459081
14426	1710	4657	1650	4276	603	16263
362325	9178	25012	5585	2574	1254	397683
318905	7099	14468	61	166	123	346859
43151	1836	10545	5525	2407	1131	50555
269	244					269
6881	-366	395	5920	2173	337	15232
6881	-366	395	5920	2173	337	15232
189146	11793	137203	50507	18783	1652	268005
142591	5650	117414	26368	14817	1236	181346
1178996	89993	339299	306085	185029	25865	1638052
121989	3547	89993	14364	9799	541	152724
749248	10209	174692	232743	144398	20556	1025618
306741	70396	79274	5823	4985	1649	456018
113185	42773	32043	4183	3120	1199	256971
423257	89283	49961	19438	9258	1692	524288
929824	523226	144395	45411	16978	3121	1034122
586922	329569	100644	24656	11027	1715	653186
187054	98236	23555	18665	4569	734	222014
24365190	4624708	2000469	1562453	891820	98403	31960930
19377092	3516255	1273876	1322987	721094	82496	25813008
386139	109012	154630	149750	104418	4198	769047
3122030	531685	460427	31518	32735	4975	3673718
1132125	398565	56046	25572	20985	3199	1243136
143230	21039	36266	13869	3683	640	172941
1193009	529735	137399	47626	38961	6072	1340741
173043	76448	26635	12398	5047	1589	199996
6691	2709	1818	45	86	14	6908
138356	149	23229	12047	5208	565	161887
95818	17733	42183	11391	8053	1081	113527

13-5 续表1

单位：万元

指 标	Item	年初存货 Beginning Inventory
3.按控股情况分	Grouped by Share Holding	
国有控股	State Holding Enterprises	1604811
集体控股	Collective-owned Holding Enterprises	69832
私人控股	Private Holding Enterprises	1161925
港澳台商控股	Hongkong, Macao and Taiwan Holding Enterprises	10948
外商控股	Foreign Holding Enterprises	
其 他	Others	106144
4.按经营形式分	Grouped by Management Form	
独立门店	Independent Stores	1763105
连锁总店(总部)	Chain Headquarters	245419
连锁门店	Chain Stores	5700
其 他	Others	939436
5.按单位规模分	Grouped by Enterprise Size	
大 型	Large-size	811243
中 型	Medium-size	1550895
小 型	Small-size	484148
微 型	Micro-size	107374
二、零售业	**Retail Trade**	**1700925**
1.按登记注册类型分组	Grouped by Registered Kind	
内资企业	Civil Funded Enterprises	1638703
国有企业	State-owned Enterprises	22772
集体企业	Collective-owned Enterprises	24690
股份合作企业	Share Cooperative Enterprises	553
联营企业	Joint Ownership Enterprises	24
国有联营企业	State-owned Enterprises	24
集体联营企业	Collective Joint Enterprises	
有限责任公司	Limited Responsibility Corporations	275224
国有独资公司	Solely State-owned Enterprises	6405
其他有限责任公司	Other Limited Responsibility Company	268819
股份有限公司	Share-holding Limited Corporations	227917
私营企业	Private-owned Enterprises	1080891
私营独资企业	Enterprise Exclusively with Investment from Private	22040
私营合伙企业	Private Partnership Enterprises	1215
私营有限责任公司	Private Limited Responsibility Corporations	989590
私营股份有限公司	Private Share-holding Limited Corporations	68046
其他企业	Others	6632
港澳台商投资企业	Enterprises Funded by HongKong，Macao and Taiwan	53333
与港澳台商合资经营企业	Joint Venture Enterprises	36737
港澳台商独资企业	Solely Owned Entersprises	16584
港澳台商投资股份有限公司	Share Holding Limited Corporation	12
外商投资企业	Foreign Funded Enterprises	8889
中外合资经营企业	Joint Venture	2801
外资企业	Enterprises with Sole Investment from Foreign	6089
2.按零售行业小类分	Grouped by Wholesale Trade	
综合零售	General Retail Sales Trade	232515
百货零售	Daily Goods	68760
超级市场零售	Supermarkets	151628
其他综合零售	Others	12127
食品、饮料及烟草制品专门零售	Retail of Food,Beverage and Tobaccos	59076
#粮油零售	Grains and Oils	15224
果品、蔬菜零售	Fruit and Vegetables	6737

continued

(10 000 yuan)

流动资产合计 Total Circulating Assets	#应收帐款 Accounts Receivable	#存货 Inventory	固定资产合计 Total Fixed Assets	累计折旧 Accumulated Depreciation	#本年折旧 Depreciation This Year	资产总计 Total Assets
20019001	4132211	1592141	1317097	849573	79877	25926450
966065	68296	92787	132679	79294	10370	1428027
7181257	1576234	1150603	488971	209797	41610	9173724
43419	2079	10545	5525	2407	1131	50824
610595	178194	107335	116511	38004	7111	918545
16433385	3303122	1549623	1345675	597382	80118	21094515
1045813	62675	253463	52601	38398	5011	1187888
64849	3477	5990	8464	2630	305	87476
11276290	2587741	1144335	654041	540665	54663	15127691
11178533	1620926	722697	1016198	455635	60108	14712610
13902353	3243864	1821749	767554	574872	59860	18430140
2202387	694538	304985	190310	114365	15711	2674700
1537064	397687	103980	86720	34203	4420	1680120
7186120	**1013966**	**2105363**	**2041608**	**775652**	**144002**	**10634554**
7039371	1000297	2039620	1961474	748248	136336	10384828
116556	31078	27369	44593	24622	2706	183175
167421	28813	27779	97085	19229	2523	274046
2356	339	373	1151	806	123	12662
199	20	100	7	2		565
199	20	100	7	2		565
1386276	298014	290193	572613	222144	41713	2221571
75715	9251	10152	124852	21439	552	234527
1310561	288763	280040	447761	200705	41161	1987045
919971	88648	438226	250131	128453	11187	1389581
4422635	551987	1248470	988370	351759	77838	6262654
51768	12968	20848	17863	5357	755	80243
2105	760	856	821	601	34	3721
4043469	526424	1158555	889606	311061	73719	5658793
325293	11835	68212	80080	34740	3330	519898
23958	1398	7110	7524	1235	245	40573
119238	13312	58730	73896	19333	5963	213477
83283	8920	41510	44823	13683	4187	145584
34701	4395	17210	11462	4261	1392	47637
1253	–2	10	17611	1389	385	20256
27511	357	7013	6238	8071	1702	36249
3464	149	1937	2752	3880	1144	6826
24047	208	5076	3485	4190	558	29423
1544106	98537	286704	416968	170814	32811	2308962
685272	20867	107458	190806	57568	8790	980489
763441	71667	165154	196670	105482	22152	1173316
95392	6003	14092	29492	7765	1869	155157
174215	33031	69784	151336	24919	3373	391672
38834	8693	19456	17469	5256	691	60322
16921	5298	6731	108219	3244	1078	143636

13-5 续表2

单位：万元

指　标	Item	年初存货 Beginning Inventory
纺织、服装及日用品专门零售	Retail of Textiles, Garments and Daily Articles	71239
#服装零售	Garments	65026
文化、体育用品及器材专门零售	Retail of Culture,Sports Articles and Equipments	99630
#图书、报刊零售	Books and Mangzines	21155
珠宝首饰零售	Jewelry	67808
医药及医疗器材专门零售	Retail of Medicines and Medical Appliances	68626
#药品零售	Medicines	67991
汽车、摩托车、燃料及零配件专门零售	Retail of Motor Vehicles, Motorcycles, Feuls and Parts	1003312
#汽车零售	Motor Vehicles	737279
机动车燃料零售	Vehicle Feuls	262538
家用电器及电子产品专门零售	Retail of Household Electronic Equipments and Products	88179
#日用家电设备零售	Household Appliance	58285
计算机、软件及辅助设备零售	Computer, Software and Auxiliary Equipments	10619
通信设备零售	Communication Equipments	3468
五金、家具及室内装修材料专门零售	Retail of Hardwares, Furniture and Room Decorative Building	35195
#五金零售	Retail of Hardwares	7758
家具零售	Retail of Furniture	9215
货摊、无店铺及其他零售业	Retail of Stall, Non-store and Others	43153
3.按控股情况分	Grouped by Share Holding	
国有控股	State Holding Enterprises	327584
集体控股	Collective-owned Holding Enterprises	65516
私人控股	Private Holding Enterprises	1155232
港澳台商控股	Hongkong, Macao and Taiwan Holding Enterprises	45630
外商控股	Foreign Holding Enterprises	8721
其　他	Others	98243
4.按经营形式分	Grouped by Management Form	
独立门店	Independent Stores	1394931
连锁总店	Chain Headquarters	144709
连锁门店	Chain Stores	107715
其　他	Others	53570
5.按单位规模分	Grouped by Enterprise Size	
大　型	Large-size	534706
中　型	Medium-size	753421
小　型	Small-size	370009
微　型	Micro-size	42789
6.按零售业态分	Grouped by Retail Format	
有店铺零售	Store-based	1697830
食杂店	Grocery Store	2192
便利店	Convenient Store	14331
折扣店	Discount Store	109
超　市	Supermarket	50244
大型超市	Hypermarket	125235
仓储会员店	Warehouse Club	7551
百货店	Department Store	79006
专业店	Specialized Shop	699782
专卖店	Exclusive Shop	613706
家居建材商店	Home Center	18803
购物中心	Shopping Center	28477
厂家直销中心	Factory Outlet Center	58394
无店铺零售	Non-store	3095
#网上商店	Online	1051

continued

(10 000 yuan)

流动资产合计 Total Circulating Assets	#应收帐款 Accounts Receivable	#存货 Inventory	固定资产合计 Total Fixed Assets	累计折旧 Accumulated Depreciation	#本年折旧 Depreciation This Year	资产总计 Total Assets
407876	63020	71016	182510	46299	4506	772766
301628	41944	65768	83260	44200	4104	561198
249039	45263	97052	66934	35572	5201	362824
131069	37130	27140	36487	22872	2843	192357
101504	3012	62568	27701	11771	2271	150800
443613	216264	86315	19804	11239	4949	503379
435433	215496	85278	19404	10774	4866	494677
3478864	364353	1301069	617541	308637	57695	4637772
2367503	232268	826769	294632	145140	39670	2915735
1095614	124626	471058	319851	162539	17711	1701718
335709	46097	96302	47196	13753	2971	408360
209752	8790	68190	34700	7685	1768	263712
46673	19051	9087	2765	2224	312	51054
31845	6650	3384	2230	953	452	34701
228784	90679	53309	72893	18012	5916	345959
72086	41755	8452	3300	1705	342	78394
66574	25938	7640	57377	10707	3461	160098
323914	56723	43814	466426	146408	26578	902861
1659477	337633	549405	698116	300980	40073	2758311
297311	40462	72137	134683	42232	6681	481341
4795025	588526	1334064	1060670	377820	82926	6759371
106798	12835	47896	73896	19333	5963	201037
26917	357	6817	6216	7941	1697	35633
300592	34154	95043	68027	27347	6661	398861
5314021	838616	1574655	1523829	544527	110828	7832411
1199361	119460	355602	95983	51259	8673	1461455
413674	19958	104048	132257	65206	1633	740573
259064	35933	71059	289538	114661	22868	600116
2809307	316603	794389	811830	328592	57225	4326024
2772106	359563	868421	810870	319528	61109	4093902
1392039	280248	406914	368991	107916	22548	1911315
212668	57553	35639	49918	19616	3119	303313
7168619	1009158	2102722	2036129	772821	143373	10608374
8457	1409	3047	4193	582	91	14296
65775	9509	11687	20780	6584	1691	109960
747		48	146	69	27	941
173912	31181	62873	61390	25715	3891	261595
683276	53775	126325	122974	74986	17661	1003369
36258	10025	7620	11382	1344	186	50079
879282	45295	116230	355296	96532	13219	1353181
2983440	583288	991356	713309	253037	46106	4243191
1971461	217843	673788	415457	176570	32336	2683042
77515	28846	18353	34754	9466	3364	139824
119387	8874	36939	24274	12438	1760	274702
169109	19114	54457	272174	115501	23043	474195
17500	4808	2642	5479	2831	629	26180
10934	2457	1384	2772	992	601	14471

13-5 续表3

单位：万元

指　　标	Item	流动负债合　　计 Total Liquid Liabilities
总　　计	**Total**	**31835696**
一、批发业	**Wholesale Trade**	**24557975**
1.按登记注册类型分组	Grouped by Registered Kind	
内资企业	Civil Funded Enterprises	24308441
国有企业	State-owned Enterprises	1586970
集体企业	Collective-owned Enterprises	253401
股份合作企业	Share Cooperative Enterprises	944
联营企业	Joint Ownership Enterprises	323
集体联营企业	Collective Joint Enterprises	323
有限责任公司	Limited Responsibility Corporations	13374236
国有独资公司	Company Exclusively with Investment from State	4223776
其他有限责任公司	Other Limited Responsibility Company	9150461
股份有限公司	Share-holding Limited Corporations	2456385
私营企业	Private-owned Enterprises	6625420
私营独资企业	Enterprise Exclusively with Investment from Private	5005
私营合伙企业	Private Partnership Enterprises	5465
私营有限责任公司	Private Limited Responsibility Corporations	6383690
私营股份有限公司	Private Share-holding Limited Corporations	231261
其他企业	Others	10761
港澳台商投资企业	Enterprises Funded by HongKong, Macao and Taiwan	240034
与港澳台商合资经营企业	Joint Venture Enterprises	218225
港澳台商独资企业	Solely Owned Entersprises	21540
港澳台商投资股份有限公司	Share Holding Limited Corporation	269
外商投资企业	Foreign Funded Enterprises	9500
中外合资经营企业	Joint Venture Enterprises	9500
2.按批发行业小类分	Grouped by Wholesale Trade	
农、林、牧产品批发	Wholesale of Agricultural, Forestry and Animal Husbandry Products	164133
#谷物、豆及薯类批发	Wholesale of Cereal, Beans and Potatos	129517
食品、饮料及烟草制品批发	Wholesale of Food, Beverage and Tobaccos	521061
#米、面制品及食用油批发	Rice, Flour and Edible Oil	121832
烟草制品批发	Tobacoo Products Manufacturing	101660
纺织、服装及家庭用品批发	Wholesale of Textiles,Garments and Family Articles	255556
#服装批发	Wholesale of Garments	60584
文化、体育用品及器材批发	Wholesale of Culture , Sports Articles and Equipments	408560
医药及医疗器材批发	Wholesale of Medicines and Medical Appliances	900722
#西药批发	Wholesale of Western Medicine	588316
中药批发	Wholesale of Chinese Traditional Medicine	173660
矿产品、建材及化工产品批发	Wholesale of Mineral Products, Building and Chemical Products	21015784
#煤炭及制品批发	Coal and Related Products	16519323
石油及制品批发	Petroleum and Related Products	309095
金属及金属矿批发	Metals and Metals Materials	2682988
建材批发	Building Materials	1172186
化肥批发	Chemical Fertilizer	120486
机械设备、五金产品及电子产品批发	Wholesale of Machinery, Hardwares and Electronic Products	1105080
#汽车批发	Motor Vehicles	125107
计算机、软件及辅助设备批发	Computer, Sofeware and Accessories	3974
贸易经纪与代理	Trade Broker and Agency	101756
其他批发业	Other Wholesales	85323

continued

(10 000 yuan)

应付帐款 Accounts Payable	负债合计 Total Liabilities	所有者权益合计 Total Creditors' Equity	#实收资本 Capital Hold	#国家资本 State	#集体资本 Collective	#法人资本 Legal Person	#个人资本 Individual
7118545	**38420118**	**9712006**	**5226135**	**1150500**	**232548**	**2494406**	**1293692**
5342518	**30115029**	**7382540**	**3373917**	**819250**	**179309**	**1730957**	**614383**
5304719	29865495	7219160	3190866	666050	179309	1728694	614356
323475	2242152	1591686	207120	180339	441	26015	325
50011	264822	117770	55578	109	52742	2179	547
241	944	1671	2012				2012
123	323	65	46		46		
123	323	65	46		46		
3162717	16751908	3115774	1524481	432338	118690	904982	66086
794068	5779306	1116200	392561	214369		176544	1649
2368649	10972603	1999575	1131920	217969	118690	728439	64437
290234	3406182	850400	300753	50166	2115	207408	41064
1474551	7188370	1536324	1099510	3098	4607	588110	503624
1140	5005	2048	2583			500	2083
372	5465	-7209	4500				4500
1442470	6936056	1324250	1037499	3098	4607	561619	468103
30568	241845	217236	54929			25990	28938
3368	10794	5470	1367		669		698
33067	240034	157649	172335	150000			
26458	218225	128634	150000	150000			
6557	21540	29015	22335				
52	269						
4732	9500	5731	10716	3200		2262	28
4732	9500	5731	10716	3200		2262	28
19476	175413	92593	41807	13593		20114	8099
9590	137697	43649	17649	12930		1676	3043
168675	595264	1042788	100095	14990	18912	31425	34768
16330	131615	21109	16754	7464	70	6440	2780
32721	101678	923941	16623	3132		13491	
56455	255987	200031	34426	500	315	8248	23960
24408	60704	196267	24433			4155	18875
110553	411918	112370	31413	15913		10460	5040
371780	914038	120084	95433	6774	1942	46298	38035
245682	593710	59476	44548	2223	742	20389	21194
72555	181070	40944	31024	1636	1200	17098	11090
4006102	26350236	5610694	2907060	731698	156464	1561129	452543
3123161	21365718	4447291	2017499	351936	70524	1304015	285798
138065	663484	105562	78182	35776	174	14941	27292
405201	2770175	903543	638721	312446	74927	168351	82997
280931	1172643	70493	101456	25000	143	46605	29707
31393	126082	46859	26704	2800	6726	9974	7204
532041	1195518	145223	141049	35222	139	48287	36398
58592	187733	12263	24151	318		8875	14958
1322	3974	2934	2358			971	1387
44038	127013	34874	5000				5000
33398	89644	23884	17635	560	1538	4997	10541

13-5 续表4

单位：万元

指　标	Item	流动负债合计 Total Liquid Liabilities
3.按控股情况分	Grouped by Share Holding	
国有控股	State Holding Enterprises	16067552
集体控股	Collective-owned Holding Enterprises	794525
私人控股	Private Holding Enterprises	6982062
港澳台商控股	Hongkong, Macao and Taiwan Holding Enterprises	21809
外商控股	Foreign Holding Enterprises	
其　他	Others	692028
4.按经营形式分	Grouped by Management Form	
独立门店	Independent Stores	13625122
连锁总店(总部)	Chain Headquarters	950543
连锁门店	Chain Stores	54121
其　他	Others	9928188
5.按单位规模分	Grouped by Enterprise Size	
大　型	Large-size	8079682
中　型	Medium-size	13029883
小　型	Small-size	2101081
微　型	Micro-size	1347329
二、零售业	**Retail Trade**	**7277721**
1.按登记注册类型分组	Grouped by Registered Kind	
内资企业	Civil Funded Enterprises	7107288
国有企业	State-owned Enterprises	131877
集体企业	Collective-owned Enterprises	141064
股份合作企业	Share Cooperative Enterprises	10769
联营企业	Joint Ownership Enterprises	210
国有联营企业	State-owned Enterprises	210
集体联营企业	Collective Joint Enterprises	
有限责任公司	Limited Responsibility Corporations	1578395
国有独资公司	Solely State-owned Enterprises	84021
其他有限责任公司	Other Limited Responsibility Company	1494373
股份有限公司	Share-holding Limited Corporations	467430
私营企业	Private-owned Enterprises	4749463
私营独资企业	Enterprise Exclusively with Investment from Private	42568
私营合伙企业	Private Partnership Enterprises	2017
私营有限责任公司	Private Limited Responsibility Corporations	4216355
私营股份有限公司	Private Share-holding Limited Corporations	488524
其他企业	Others	28081
港澳台商投资企业	Enterprises Funded by HongKong, Macao and Taiwan	136304
与港澳台商合资经营企业	Joint Venture Enterprises	93023
港澳台商独资企业	Solely Owned Entersprises	19584
港澳台商投资股份有限公司	Share Holding Limited Corporation	23697
外商投资企业	Foreign Funded Enterprises	34130
中外合资经营企业	Joint Venture	14973
外资企业	Enterprises with Sole Investment from Foreign	19156
2.按零售行业小类分	Grouped by Wholesale Trade	
综合零售	General Retail Sales Trade	1920276
百货零售	Daily Goods	725667
超级市场零售	Supermarkets	1085646
其他综合零售	Others	108963
食品、饮料及烟草制品专门零售	Retail of Food,Beverage and Tobaccos	227792
#粮油零售	Grains and Oils	31905
果品、蔬菜零售	Fruit and Vegetables	91083

continued

(10 000 yuan)

应付帐款 Accounts Payable	负债合计 Total Liabilities	所有者权益合计 Total Creditors' Equity	#实收资本 Capital Hold	#国家资本 State	#集体资本 Collective	#法人资本 Legal Person	#个人资本 Individual
3431888	20933870	4992580	1853103	812443	9483	963914	59652
119316	863750	564277	177023	109	156992	9076	10846
1558469	7585509	1588215	1148053	3098	4780	607821	532282
6608	21809	29015	22335				
226237	710092	208453	173404	3601	8054	150146	11604
3074051	17204025	3890490	2033811	569554	118096	855262	483216
15572	1016972	170916	9141		37	3273	5831
4071	54591	32885	29920	35	1885	28000	
2248824	11839441	3288250	1301044	249661	59290	844421	125337
1313073	11722954	2989656	641222	204003	57213	318233	61774
3026851	14828027	3602113	1798387	277416	97882	1150749	247548
632964	2209733	464966	552259	80840	17893	215273	233027
369631	1354315	325805	382048	256991	6322	46701	72034
1776027	**8305089**	**2329466**	**1852218**	**331250**	**53239**	**763450**	**679309**
1732479	8131552	2253276	1805593	331250	53239	747982	672813
46490	137700	45476	36722	15210	103	21287	121
27067	144675	129371	20697	83	20016	358	240
8804	10802	1861	1296	567	729		
	210	355	299	299			
	210	355	299	299			
450621	1847936	373635	372440	148110	16517	162219	45595
31840	153847	80680	11780	6123		5620	36
418781	1694090	292955	360661	141987	16517	156598	45559
16762	1009531	380050	199305	158803	1367	35447	3689
1181374	4951889	1310765	1160147	8149	14109	524024	613556
16381	44739	35504	76563	30	50	13283	63139
601	2078	1643	1515			947	568
953151	4410612	1248181	1053511	8119	13805	498754	532587
211241	494461	25437	28557		254	11041	17262
1360	28809	11764	14687	30	398	4647	9612
32224	140201	73277	37932			15167	6296
26028	93023	52562	26341			5847	6296
5004	23481	24156	11091			9321	
1192	23697	-3441	500				
11324	33336	2913	8694			300	199
2118	14973	-8148	996			300	199
9206	18363	11060	7698				
499116	2059892	249070	265704	9398	17012	71687	164946
124241	824166	156323	79181	4716	5536	36387	29881
334658	1117489	55827	161010	3155	6793	30190	120873
40217	118237	36919	25513	1527	4683	5110	14193
114023	269387	122286	78548	12142	6571	23416	35699
7076	38933	21389	14099	4870	869	2569	5791
73372	93901	49734	27605	451	3406	6246	17502

13-5 续表5

单位：万元

指　标	Item	流动负债合　计 Total Liquid Liabilities
纺织、服装及日用品专门零售	Retail of Textiles, Garments and Daily Articles	492800
#服装零售	Garments	399749
文化、体育用品及器材专门零售	Retail of Culture,Sports Articles and Equipments	204031
#图书、报刊零售	Books and Mangzines	106308
珠宝首饰零售	Jewelry	90705
医药及医疗器材专门零售	Retail of Medicines and Medical Appliances	348940
#药品零售	Medicines	338683
汽车、摩托车、燃料及零配件专门零售	Retail of Motor Vehicles, Motorcycles, Feuls and Parts	2969109
#汽车零售	Motor Vehicles	2333265
机动车燃料零售	Vehicle Feuls	620239
家用电器及电子产品专门零售	Retail of Household Electronic Equipments and Products	304238
#日用家电设备零售	Household Appliance	211491
计算机、软件及辅助设备零售	Computer, Software and Auxiliary Equipments	25416
通信设备零售	Communication Equipments	29052
五金、家具及室内装修材料专门零售	Retail of Hardwares, Furniture and Room Decorative Building	194223
#五金零售	Retail of Hardwares	61087
家具零售	Retail of Furniture	88251
货摊、无店铺及其他零售业	Retail of Stall, Non-store and Others	616312
3.按控股情况分	Grouped by Share Holding	
国有控股	State Holding Enterprises	1374976
集体控股	Collective-owned Holding Enterprises	271253
私人控股	Private Holding Enterprises	5154489
港澳台商控股	Hongkong, Macao and Taiwan Holding Enterprises	123916
外商控股	Foreign Holding Enterprises	33564
其　他	Others	319525
4.按经营形式分	Grouped by Management Form	
独立门店	Independent Stores	5349963
连锁总店	Chain Headquarters	754689
连锁门店	Chain Stores	657234
其　他	Others	515835
5.按单位规模分	Grouped by Enterprise Size	
大　型	Large-size	2795477
中　型	Medium-size	3023022
小　型	Small-size	1243705
微　型	Micro-size	215518
6.按零售业态分	Grouped by Retail Format	
有店铺零售	Store-based	7256777
食杂店	Grocery Store	7503
便利店	Convenient Store	79630
折扣店	Discount Store	750
超　市	Supermarket	162856
大型超市	Hypermarket	951152
仓储会员店	Warehouse Club	8426
百货店	Department Store	980916
专业店	Specialized Shop	2440410
专卖店	Exclusive Shop	1925299
家居建材商店	Home Center	76456
购物中心	Shopping Center	158856
厂家直销中心	Factory Outlet Center	464523
无店铺零售	Non-store	20944
#网上商店	Online	14345

continued

(10 000 yuan)

应付帐款 Accounts Payable	负债合计 Total Liabilities	所有者权益合计 Total Creditors' Equity	#实收资本 Capital Hold	#国家资本 State	#集体资本 Collective	#法人资本 Legal Person	#个人资本 Individual
122814	540323	232443	93243	542	2510	35765	47826
114301	445121	116077	81930	419	1217	34355	40339
90462	205602	157222	98560	8164	2148	57770	29330
66800	107107	85250	60843	8122		51712	1010
20301	91477	59323	30034		1148	4131	23607
188760	354472	148907	136969	103474	187	18002	15306
184412	344194	150483	135619	103474	187	16922	15036
486427	3588199	1049573	867571	166480	17682	426630	250715
428369	2389195	526540	555909	12571	15797	303516	218022
52007	1181973	519745	307960	153904	1834	121086	31075
96043	311442	96918	91456	1232	549	38969	50535
50178	213954	49758	47219	311	459	21072	25209
11097	25934	25120	23634	152		7497	15985
21501	29132	5569	4831			2725	2106
78641	204445	141514	87999	4013	3878	30716	48835
25668	61294	17100	14640	1667	2475	5569	4929
27057	92295	67802	40982	2347	1073	10459	26546
99741	771327	131534	132171	25804	2704	60496	36118
293294	2103435	654876	472645	316591	2721	147742	5592
72010	313940	167401	47681	823	31262	11518	4079
1289352	5379480	1379891	1217993	8205	14399	554343	640738
20389	127813	73224	37879			15115	6296
11324	32771	2863	8644			300	199
89658	347651	51211	67375	5631	4857	34432	22405
1384586	5744227	2088184	1594633	266802	49966	648022	621391
143590	1333255	128200	70806	6293	1580	34006	19610
197589	659610	80963	69238	44286	658	19017	5127
50262	567997	32119	117541	13870	1035	62405	33181
634844	3521770	804254	541726	264774	4278	182657	77968
726064	3257082	836820	779322	44316	27795	350092	345503
347884	1300803	610512	443797	16983	16228	198471	211369
67235	225434	77879	87374	5177	4939	32230	44470
1768584	8281128	2327246	1842091	327563	53239	760250	676069
1992	8525	5771	2444		156	400	1888
34672	86553	23406	13840	3581	1290	5500	3469
	750	191	500				500
68504	169594	92001	109972	3869	1063	32875	72152
303267	987249	16121	79938	528	6720	16059	53984
3432	9879	40200	2339	18		2252	69
147326	1103261	249920	120075	6290	10851	44966	57467
725614	3062226	1180965	843621	234810	12319	374611	219890
358905	2086110	596933	533531	62941	16493	234479	212409
33432	84730	55094	44132	2226	2430	19129	19790
60997	168354	106348	43083		105	12908	25070
30442	513899	−39703	48616	13301	1812	17071	9382
7443	23961	2219	10127	3687		3200	3240
6284	14746	−274	4050			2050	2000

13-5 续表6

单位：万元

指 标	Item	营业收入 Business Revenue
总 计	**Total**	**111364373**
一、批发业	**Wholesale Trade**	**91534009**
1.按登记注册类型分组	Grouped by Registered Kind	
内资企业	Civil Funded Enterprises	85720164
国有企业	State-owned Enterprises	6354997
集体企业	Collective-owned Enterprises	819182
股份合作企业	Share Cooperative Enterprises	4876
联营企业	Joint Ownership Enterprises	979
集体联营企业	Collective Joint Enterprises	979
有限责任公司	Limited Responsibility Corporations	62971297
国有独资公司	Company Exclusively with Investment from State	21031969
其他有限责任公司	Other Limited Responsibility Company	41939328
股份有限公司	Share-holding Limited Corporations	3520174
私营企业	Private-owned Enterprises	11963432
私营独资企业	Enterprise Exclusively with Investment from Private	16245
私营合伙企业	Private Partnership Enterprises	32689
私营有限责任公司	Private Limited Responsibility Corporations	11371406
私营股份有限公司	Private Share-holding Limited Corporations	543093
其他企业	Others	85228
港澳台商投资企业	Enterprises Funded by HongKong，Macao and Taiwan	5800417
与港澳台商合资经营企业	Joint Venture Enterprises	5753915
港澳台商独资企业	Solely Owned Entersprises	40646
港澳台商投资股份有限公司	Share Holding Limited Corporation	5856
外商投资企业	Foreign Funded Enterprises	13428
中外合资经营企业	Joint Venture Enterprises	13428
2.按批发行业小类分	Grouped by Wholesale Trade	
农、林、牧产品批发	Wholesale of Agricultural, Forestry and Animal Husbandry Products	193297
#谷物、豆及薯类批发	Wholesale of Cereal, Beans and Potatos	137562
食品、饮料及烟草制品批发	Wholesale of Food，Beverage and Tobaccos	4537776
#米、面制品及食用油批发	Rice, Flour and Edible Oil	179031
烟草制品批发	Tobacoo Products Manufacturing	3263982
纺织、服装及家庭用品批发	Wholesale of Textiles,Garments and Family Articles	419610
#服装批发	Wholesale of Garments	104898
文化、体育用品及器材批发	Wholesale of Culture , Sports Articles and Equipments	673930
医药及医疗器材批发	Wholesale of Medicines and Medical Appliances	1644881
#西药批发	Wholesale of Western Medicine	963172
中药批发	Wholesale of Chinese Traditional and Patent Medicine	429080
矿产品、建材及化工产品批发	Wholesale of Mineral Products, Building and Chemical Products	78369226
#煤炭及制品批发	Coal and Related Products	48467432
石油及制品批发	Petroleum and Related Products	1093878
金属及金属矿批发	Metals and Metals Materials	20568938
建材批发	Building Materials	7500559
化肥批发	Chemical Fertilizer	463137
机械设备、五金产品及电子产品批发	Wholesale of Machinery, Hardwares and Electronic Products	5192786
#汽车批发	Motor Vehicles	548877
计算机、软件及辅助设备批发	Computer, Sofeware and Accessories	20482
贸易经纪与代理	Trade Broker and Agency	292892
其他批发业	Other Wholesales	209612

continued

(10 000 yuan)

主营业务收入 Revenue of Major Business	营业成本 Business Costs	主营业务成本 Costs of Major Business	营业税金及附加 Business Taxes and Extra Charges	主营业务税金及附加 Taxes and Extra Charges in Major Business	其他业务利润 Profits of Other Business	销售费用 Costs of Sales	管理费用 Costs of Administration
106239003	**106274165**	**101750681**	**342154**	**319006**	**360142**	**2101798**	**1405507**
86716252	**88312033**	**83855732**	**273919**	**254973**	**205071**	**1209202**	**872496**
80905465	82516076	78059969	273372	254433	203301	1200230	866125
5891353	5286538	4973170	208285	195929	66711	107681	257061
814422	672447	669395	6513	6433	632	85277	29677
4715	3869	3869	29	29	161	944	23
979	838	838	2	2		81	57
979	838	838	2	2		81	57
58823174	61646342	57666703	36702	30504	106259	587869	410543
20895655	20601957	20528685	11572	8538	41161	150639	128715
37927519	41044385	37138018	25130	21965	65098	437230	281828
3507053	3478217	3471690	2004	1893	6123	29834	17905
11778542	11358900	11205379	19652	19459	23415	378257	148348
16245	15342	15342	203	203		282	155
32689	38397	38397	60	60		1154	310
11186945	10796593	10643124	17899	17706	23173	365287	132570
542664	508568	508517	1491	1491	242	11533	15313
85228	68925	68925	185	185		10288	2511
5798680	5785123	5785085	466	466	465	7263	5379
5752186	5748708	5748671	217	217	457	3071	3889
40646	30770	30770	249	249		4192	1490
5848	5645	5645			8		
12107	10834	10678	81	74	1305	1709	992
12107	10834	10678	81	74	1305	1709	992
193141	171714	171545	128	107	302	8669	6808
137438	128758	128725	39	39		5718	4703
4533753	3574578	3574265	199095	199040	79508	112440	197607
179018	170948	170947	348	348	123	5451	4677
3262594	2441460	2441443	193881	193881	64786	41288	161885
417460	373842	371947	1040	1026	869	25156	14156
104898	78715	78715	539	539		10205	7753
672396	637183	636569	381	362	142	11311	11998
1641479	1512869	1511585	2782	2739	10783	70115	30754
960538	903754	903084	1201	1200	1474	27809	15060
428696	373008	372395	1134	1115	8524	35225	9478
73596238	76457951	72028460	67776	49299	106942	927749	564807
43898861	46790647	42553580	53784	35364	93248	820739	496172
1091230	1065674	1064811	1416	1396	1575	31552	9121
20374724	20426127	20237732	10755	10719	8860	54538	32282
7494906	7466853	7464844	842	842	346	6400	14075
461551	449998	448933	568	568	1632	6206	3743
5159750	5105346	5082824	2208	1898	5812	43028	37624
531113	527007	513757	86	82	4543	18546	4418
20482	19596	19582	21	21	104	385	240
292892	286361	286361	191	191	134	2009	1862
209146	192191	192178	319	311	580	8725	6881

13-5 续表7

单位：万元

指　　标	Item	营业收入 Business Revenue
3.按控股情况分	Grouped by Share Holding	
国有控股	State Holding Enterprises	75913095
集体控股	Collective-owned Holding Enterprises	1525477
私人控股	Private Holding Enterprises	12717906
港澳台商控股	Hongkong, Macao and Taiwan Holding Enterprises	46502
外商控股	Foreign Holding Enterprises	
其　他	Others	1331030
4.按经营形式分	Grouped by Management Form	
独立门店	Independent Stores	56417947
连锁总店(总部)	Chain Headquarters	2027035
连锁门店	Chain Stores	86066
其　他	Others	33002962
5.按单位规模分	Grouped by Enterprise Size	
大　型	Large-size	27281150
中　型	Medium-size	39842215
小　型	Small-size	7089303
微　型	Micro-size	17321342
二、零售业	**Retail Trade**	**19830364**
1.按登记注册类型分组	Grouped by Registered Kind	
内资企业	Civil Funded Enterprises	19497527
国有企业	State-owned Enterprises	461916
集体企业	Collective-owned Enterprises	459683
股份合作企业	Share Cooperative Enterprises	10982
联营企业	Joint Ownership Enterprises	1370
国有联营企业	State-owned Enterprises	1370
集体联营企业	Collective Joint Enterprises	
有限责任公司	Limited Responsibility Corporations	3223461
国有独资公司	Solely State-owned Enterprises	126551
其他有限责任公司	Other Limited Responsibility Company	3096910
股份有限公司	Share-holding Limited Corporations	4777642
私营企业	Private-owned Enterprises	10513392
私营独资企业	Enterprise Exclusively with Investment from Private	242634
私营合伙企业	Private Partnership Enterprises	9365
私营有限责任公司	Private Limited Responsibility Corporations	9405881
私营股份有限公司	Private Share-holding Limited Corporations	855512
其他企业	Others	49083
港澳台商投资企业	Enterprises Funded by HongKong，Macao and Taiwan	239339
与港澳台商合资经营企业	Joint Venture Enterprises	140388
港澳台商独资企业	Solely Owned Entersprises	87395
港澳台商投资股份有限公司	Share Holding Limited Corporation	11556
外商投资企业	Foreign Funded Enterprises	93498
中外合资经营企业	Joint Venture	17388
外资企业	Enterprises with Sole Investment from Foreign	76110
2.按零售行业小类分	Grouped by Wholesale Trade	
综合零售	General Retail Sales Trade	3214743
百货零售	Daily Goods	1212233
超级市场零售	Supermarkets	1370410
其他综合零售	Others	632100
食品、饮料及烟草制品专门零售	Retail of Food,Beverage and Tobaccos	590329
#粮油零售	Grains and Oils	89633
果品、蔬菜零售	Fruit and Vegetables	214593

continued

(10 000 yuan)

主营业务收入 Revenue of Major Business	营业成本 Business Costs	主营业务成本 Costs of Major Business	营业税金及附加 Business Taxes and Extra Charges	主营业务税金及附加 Taxes and Extra Charges	其他业务利润 Profits of Other Business	销售费用 Costs of Sales	管理费用 Costs of Administration
71297744	73678069	69383409	243058	224474	162416	608138	642583
1517832	1338834	1333967	7140	7060	1933	91463	42234
12530971	12066665	11912036	20748	20551	36646	405271	160241
46494	36415	36415	249	249	8	4192	1490
1323211	1192050	1189906	2724	2639	4068	100138	25948
52397538	54660601	50779608	120334	114795	86704	698202	508539
1890881	1821961	1691009	40155	40155	5888	36072	35486
85974	82297	82287	149	149		1161	3177
32341858	31747174	31302828	113281	99874	112478	473767	325294
26931320	25475764	25270154	218373	212834	154673	480386	427873
35496080	38651072	34507165	48994	35966	41193	601354	346131
7031628	6905873	6857244	4964	4680	7670	113599	71404
17257224	17279324	17221169	1588	1492	1536	13864	27088
19522751	**17962132**	**17894949**	**68235**	**64034**	**155071**	**892596**	**533012**
19196098	17689206	17623174	65853	61844	151175	857936	521332
459525	421984	419802	1289	1285	3439	21676	14151
453905	408658	406219	2856	2852	2771	12824	16698
10870	9611	9611	57	57			1242
1370	1335	1335	6	6		9	8
1370	1335	1335	6	6		9	8
3085256	2798502	2788863	14493	14155	24705	142169	101910
125523	108586	108257	484	481	604	6584	5824
2959733	2689916	2680606	14008	13674	24101	135585	96086
4758050	4539409	4517570	3977	3968	5013	174438	41822
10378040	9465549	9435832	41923	38272	115106	504512	344596
242569	215068	214827	4244	1310	1134	10842	9804
9365	8219	7968	89	89	165	457	532
9317515	8496521	8478239	33703	32986	78106	400996	318100
808590	745742	734798	3887	3887	35701	92217	16160
49083	44158	43942	1253	1249	140	2309	903
234713	196906	195758	1882	1689	2814	19429	8828
138219	111804	110841	1057	1018	1205	11436	5767
86197	76037	75857	670	560	354	5134	2320
10297	9065	9061	156	112	1255	2859	741
91940	76019	76017	500	500	1082	15231	2852
16759	14464	14464	158	158	629	4656	549
75181	61556	61554	342	342	453	10575	2303
3108571	2748193	2729419	21146	20653	85082	235917	128274
1182128	1025560	1021034	9251	9001	23340	76224	61433
1297347	1156688	1144575	6145	5931	59616	151253	58121
629096	565945	563809	5750	5721	2126	8440	8719
587029	514914	512880	3400	3286	4466	30339	19468
89538	82614	82610	76	76	174	3213	2385
214593	185281	184981	1951	1951	622	8491	4102

13-5 续表8

单位：万元

指　标	Item	营业收入 Business Revenue
纺织、服装及日用品专门零售	Retail of Textiles, Garments and Daily Articles	922161
#服装零售	Garments	816850
文化、体育用品及器材专门零售	Retail of Culture,Sports Articles and Equipments	429176
#图书、报刊零售	Books and Mangzines	233183
珠宝首饰零售	Jewelry	165655
医药及医疗器材专门零售	Retail of Medicines and Medical Appliances	865719
#药品零售	Medicines	849442
汽车、摩托车、燃料及零配件专门零售	Retail of Motor Vehicles, Motorcycles, Feuls and Parts	11786088
#汽车零售	Motor Vehicles	6244421
机动车燃料零售	Vehicle Feuls	5406897
家用电器及电子产品专门零售	Retail of Household Electronic Equipments and Products	861130
#日用家电设备零售	Household Appliance	512722
计算机、软件及辅助设备零售	Computer, Software and Auxiliary Equipments	131730
通信设备零售	Communication Equipments	67117
五金、家具及室内装修材料专门零售	Retail of Hardwares, Furniture and Room Decorative Building	552382
#五金零售	Retail of Hardwares	102954
家具零售	Retail of Furniture	307665
货摊、无店铺及其他零售业	Retail of Stall, Non-store and Others	608637
3.按控股情况分	Grouped by Share Holding	
国有控股	State Holding Enterprises	6485866
集体控股	Collective-owned Holding Enterprises	845432
私人控股	Private Holding Enterprises	11129988
港澳台商控股	Hongkong, Macao and Taiwan Holding Enterprises	233686
外商控股	Foreign Holding Enterprises	90044
其　他	Others	1045349
4.按经营形式分	Grouped by Management Form	
独立门店	Independent Stores	15112676
连锁总店	Chain Headquarters	2207448
连锁门店	Chain Stores	1630997
其　他	Others	879242
5.按单位规模分	Grouped by Enterprise Size	
大　型	Large-size	8331499
中　型	Medium-size	7547247
小　型	Small-size	3496443
微　型	Micro-size	455175
6.按零售业态分	Grouped by Retail Format	
有店铺零售	Store-based	19750581
食杂店	Grocery Store	65685
便利店	Convenient Store	424166
折扣店	Discount Store	1372
超　市	Supermarket	479566
大型超市	Hypermarket	1099730
仓储会员店	Warehouse Club	264931
百货店	Department Store	1812481
专业店	Specialized Shop	8582391
专卖店	Exclusive Shop	5632515
家居建材商店	Home Center	256762
购物中心	Shopping Center	446659
厂家直销中心	Factory Outlet Center	684325
无店铺零售	Non-store	79784
#网上商店	Online	66382

continued

(10 000 yuan)

主营业务收　入 Revenue of Major Business	营业成本 Business Costs	主营业务成　本 Costs of Major Business	营业税金及附加 Business Taxes and Extra Charges	主营业务税金及附加 Taxes and Extra Charges	其　他业务利润 Profits of Other Business	销售费用 Costs of Sales	管理费用 Costs of Administration
904626	731171	730225	5535	5415	19765	73315	61408
799788	636027	635317	5195	5086	18864	68447	57915
425262	358069	354592	3930	3908	3080	44307	16863
229396	188447	184971	65	60	1983	29956	9663
165528	143388	143388	3770	3754	232	12506	5851
863332	771694	770998	1984	1953	1293	51193	25099
847349	756949	756445	1961	1930	1293	49831	24668
11643075	11048620	11020326	15481	12607	30290	361602	204402
6226851	5904279	5899900	7321	7208	23907	162764	140077
5385082	5116408	5092493	8049	5295	5806	198097	62828
850592	779365	773824	3365	3069	7887	52099	25733
506340	460928	458162	1758	1554	2753	33039	15601
130794	122536	121102	486	458	392	3787	3659
65385	61587	61484	695	642	4095	6244	1877
544422	460486	458084	10399	10226	6	17627	20983
102528	97218	96614	512	511	1	1434	2915
301169	249628	248202	7238	7187	5	10115	13002
595844	549619	544601	2997	2919	3202	26197	30782
6451230	6082324	6055177	8793	8622	17106	268504	97007
832870	758740	752765	4206	4052	5919	29656	31298
10990038	10032378	9999779	44403	40725	118643	529843	363881
229060	191815	190667	1882	1689	2814	19429	8828
88565	73305	73305	487	487	1005	14621	2834
930989	823570	823257	8463	8459	9583	30543	29165
14880058	13648970	13615095	58187	54137	106456	599092	436883
2193336	2000023	1993593	4575	4468	10457	131411	44270
1575946	1481683	1458923	3186	3182	35642	129981	24502
873411	831457	827338	2288	2247	2516	32112	27357
8224286	7674257	7642974	18991	18644	78127	414442	164472
7468378	6806115	6782142	23986	23398	55860	349046	245953
3376083	3064878	3054185	19198	18867	19425	115783	106916
454003	416882	415648	6061	3124	1658	13324	15670
19442998	17890696	17823517	68147	63946	155079	886543	529711
65685	54304	54250	118	117	177	1190	934
419744	354896	352329	5381	5355	1697	13507	9376
1372	1234	1234	2	2		177	106
472746	410249	407042	2654	2627	4041	38807	19430
1042358	941577	931090	3612	3419	45796	135911	28245
160885	158935	158935	182	182		347	2144
1757323	1511701	1506252	12438	12126	39319	83839	95666
8546577	7906063	7882561	22615	19482	24846	344697	188855
5603702	5290564	5271623	9215	8944	25623	185403	126211
254688	225416	224573	6981	6822	5	5707	9152
435655	370416	370116	3428	3355	13016	44935	33239
682264	665340	663513	1523	1515	559	32024	16354
79753	71436	71432	88	88	-8	6053	3300
66379	59360	59360	70	70		5246	2686

13-5 续表9

单位：万元

指　　标	Item	财务费用 Costs of Finance
总　　计	**Total**	**590744**
一、批发业	**Wholesale Trade**	**420047**
1.按登记注册类型分组	Grouped by Registered Kind	
内资企业	Civil Funded Enterprises	418387
国有企业	State-owned Enterprises	7964
集体企业	Collective-owned Enterprises	2289
股份合作企业	Share Cooperative Enterprises	51
联营企业	Joint Ownership Enterprises	
集体联营企业	Collective Joint Enterprises	
有限责任公司	Limited Responsibility Corporations	231909
国有独资公司	Company Exclusively with Investment from State	101335
其他有限责任公司	Other Limited Responsibility Company	130574
股份有限公司	Share-holding Limited Corporations	30367
私营企业	Private-owned Enterprises	145763
私营独资企业	Enterprise Exclusively with Investment from Private	148
私营合伙企业	Private Partnership Enterprises	116
私营有限责任公司	Private Limited Responsibility Corporations	139266
私营股份有限公司	Private Share-holding Limited Corporations	6233
其他企业	Others	45
港澳台商投资企业	Enterprises Funded by HongKong，Macao and Taiwan	1341
与港澳台商合资经营企业	Joint Venture Enterprises	1341
港澳台商独资企业	Solely Owned Entersprises	
港澳台商投资股份有限公司	Share Holding Limited Corporation	
外商投资企业	Foreign Funded Enterprises	318
中外合资经营企业	Joint Venture Enterprises	318
2.按批发行业小类分	Grouped by Wholesale Trade	
农、林、牧产品批发	Wholesale of Agricultural, Forestry and Animal Husbandry Products	3784
#谷物、豆及薯类批发	Wholesale of Cereal, Beans and Potatos	2580
食品、饮料及烟草制品批发	Wholesale of Food，Beverage and Tobaccos	1753
#米、面制品及食用油批发	Rice, Flour and Edible Oil	2614
烟草制品批发	Tobacoo Products Manufacturing	-9451
纺织、服装及家庭用品批发	Wholesale of Textiles,Garments and Family Articles	1201
#服装批发	Wholesale of Garments	1088
文化、体育用品及器材批发	Wholesale of Culture , Sports Articles and Equipments	1361
医药及医疗器材批发	Wholesale of Medicines and Medical Appliances	14323
#西药批发	Wholesale of Western Medicine	9553
中药批发	Wholesale of Chinese Traditional and Patent Medicine	2733
矿产品、建材及化工产品批发	Wholesale of Mineral Products, Building and Chemical Products	385154
#煤炭及制品批发	Coal and Related Products	293495
石油及制品批发	Petroleum and Related Products	9074
金属及金属矿批发	Metals and Metals Materials	58920
建材批发	Building Materials	12444
化肥批发	Chemical Fertilizer	2092
机械设备、五金产品及电子产品批发	Wholesale of Machinery, Hardwares and Electronic Products	9443
#汽车批发	Motor Vehicles	2347
计算机、软件及辅助设备批发	Computer, Sofeware and Accessories	103
贸易经纪与代理	Trade Broker and Agency	2618
其他批发业	Other Wholesales	411

continued

(10 000 yuan)

#利息支出 Interest Expenses	营业利润 Business Profits	利润总额 Total Profits	应交所得税 Income Tax Payable	应付职工薪酬(本年贷方累计发生额) Remuneration Payable (Accumulated Credit Balance of The Year)	应交增值税 Added Taxes Payable
558129	**726168**	**614593**	**209369**	**1259327**	**949338**
468705	**620802**	**600638**	**176524**	**742382**	**723882**
467972	620508	599740	175858	735311	721181
9209	487819	436535	114351	244248	187875
1066	23114	18535	1453	15749	13472
51	-40	-40		50	140
	2	2	1	64	14
	2	2	1	64	14
317195	61797	87841	46593	291573	390952
106688	33827	37661	20421	105398	210934
210507	27969	50180	26172	186175	180018
29956	5159	8017	915	9192	9263
110460	39381	45392	12324	173567	118185
143	115	-27		153	93
116	-7347	-7347		53	813
105750	46415	51754	7458	168385	107195
4451	197	1013	4866	4976	10085
36	3276	3458	223	867	1280
415	801	1378	611	6088	2663
414	-3356	-2776		2340	1178
1	3945	3942	611	3709	1445
	212	212		38	41
318	-507	-480	55	983	38
318	-507	-480	55	983	38
3067	2195	7787	302	4306	301
2421	-4236	2190	82	2910	6
3924	447810	447198	115857	163824	192367
2350	-9290	-3784	348	6137	372
	434920	434231	112773	137658	171723
661	4444	6295	900	12627	4548
26	6700	6995	739	7266	2037
1343	11841	11705	2956	7837	922
10934	13134	12710	3094	32733	21653
7043	5450	6339	1051	15911	10886
1874	7009	5720	1492	14739	8886
433174	146807	118508	50753	406490	497247
348977	160989	122033	40144	341461	415991
8577	-23602	-20229	2078	14133	11630
54945	16001	16394	6491	28630	65321
8928	878	1500	1329	5863	1066
2134	544	5692	158	964	967
14042	-7844	-6373	2056	110027	5028
1815	-3427	-2910	23	9100	440
86	137	31	43	267	76
1178	1210	1509	43	689	191
381	1205	1301	564	3849	1626

13-5 续表10

单位：万元

指标	Item	财务费用 Costs of Finance
3.按控股情况分	Grouped by Share Holding	
国有控股	State Holding Enterprises	231008
集体控股	Collective-owned Holding Enterprises	15976
私人控股	Private Holding Enterprises	155482
港澳台商控股	Hongkong, Macao and Taiwan Holding Enterprises	
外商控股	Foreign Holding Enterprises	
其他	Others	17581
4.按经营形式分	Grouped by Management Form	
独立门店	Independent Stores	254623
连锁总店(总部)	Chain Headquarters	16611
连锁门店	Chain Stores	876
其他	Others	147936
5.按单位规模分	Grouped by Enterprise Size	
大型	Large-size	164820
中型	Medium-size	199904
小型	Small-size	46665
微型	Micro-size	8658
二、零售业	**Retail Trade**	**170697**
1.按登记注册类型分组	Grouped by Registered Kind	
内资企业	Civil Funded Enterprises	166673
国有企业	State-owned Enterprises	492
集体企业	Collective-owned Enterprises	1600
股份合作企业	Share Cooperative Enterprises	42
联营企业	Joint Ownership Enterprises	
国有联营企业	State-owned Enterprises	
集体联营企业	Collective Joint Enterprises	
有限责任公司	Limited Responsibility Corporations	31804
国有独资公司	Solely State-owned Enterprises	1490
其他有限责任公司	Other Limited Responsibility Company	30314
股份有限公司	Share-holding Limited Corporations	7164
私营企业	Private-owned Enterprises	124602
私营独资企业	Enterprise Exclusively with Investment from Private	1547
私营合伙企业	Private Partnership Enterprises	21
私营有限责任公司	Private Limited Responsibility Corporations	117682
私营股份有限公司	Private Share-holding Limited Corporations	5352
其他企业	Others	968
港澳台商投资企业	Enterprises Funded by HongKong，Macao and Taiwan	3672
与港澳台商合资经营企业	Joint Venture Enterprises	3087
港澳台商独资企业	Solely Owned Entersprises	519
港澳台商投资股份有限公司	Share Holding Limited Corporation	66
外商投资企业	Foreign Funded Enterprises	352
中外合资经营企业	Joint Venture	301
外资企业	Enterprises with Sole Investment from Foreign	52
2.按零售行业小类分	Grouped by Wholesale Trade	
综合零售	General Retail Sales Trade	44552
百货零售	Daily Goods	22776
超级市场零售	Supermarkets	19339
其他综合零售	Others	2437
食品、饮料及烟草制品专门零售	Retail of Food,Beverage and Tobaccos	4565
#粮油零售	Grains and Oils	500
果品、蔬菜零售	Fruit and Vegetables	1146

continued

(10 000 yuan)

#利息支出 Interest Expenses	营业利润 Business Profits	利润总额 Total Profits	应交所得税 Income Tax Payable	应付职工薪酬 (本年贷方累计发生额) Remuneration Payable (Accumulated Credit Balance of The Year)	应交增值税 Added Taxes Payable
336008	533529	503346	156433	494056	535998
13186	55809	48101	2676	23774	20642
112576	36375	44714	14806	179672	123276
1	4157	4154	611	3748	1485
6934	-9068	324	1999	41132	42481
308382	317453	332287	88075	457272	397977
19625	77904	78286	22684	20470	28127
988	-1663	-1371	28	1746	318
139710	227107	191436	65737	262894	297461
258354	621493	613205	141849	344081	252622
164737	71262	49347	29644	257434	445102
39978	-56331	-45925	2962	130101	24408
5635	-15623	-15989	2068	10766	1749
89425	**105366**	**13955**	**32845**	**516945**	**225456**
87339	100159	8849	28283	493546	221557
250	2939	4400	1289	12406	2842
423	12491	4310	502	8823	3229
45	29	53	18	236	158
	12	12		44	
	12	12		44	
20311	33781	5007	11507	96304	26267
216	3601	5227	1055	4050	912
20094	30180	-220	10452	92254	25356
2612	10361	17580	4269	78884	14991
62812	41010	-22182	10673	295288	173921
856	3668	2628	98	8250	3727
17	248	246		495	85
60243	45750	-18865	10417	258791	165571
1696	-8657	-6191	158	27753	4538
887	-464	-331	25	1560	149
1658	8622	8518	3979	18944	2085
1137	7237	7161	2780	15625	1533
521	2715	2678	1200	2681	553
	-1331	-1322		637	
428	-3415	-3412	583	4456	1813
325	-4676	-4686		1752	480
103	1261	1274	583	2704	1333
23670	37653	2882	6918	104433	121668
10698	17835	19930	4984	44267	41696
11021	-21696	-18268	1414	56399	15109
1951	41514	1220	521	3767	64863
3175	17929	17745	966	18596	5444
419	917	1975	12	1483	117
651	13636	14434	133	4029	456

13-5 续表11

单位：万元

指　　标	Item	财务费用 Costs of Finance
纺织、服装及日用品专门零售	Retail of Textiles, Garments and Daily Articles	9777
#服装零售	Garments	9460
文化、体育用品及器材专门零售	Retail of Culture,Sports Articles and Equipments	4467
#图书、报刊零售	Books and Mangzines	61
珠宝首饰零售	Jewelry	4332
医药及医疗器材专门零售	Retail of Medicines and Medical Appliances	2456
#药品零售	Medicines	2287
汽车、摩托车、燃料及零配件专门零售	Retail of Motor Vehicles, Motorcycles, Feuls and Parts	83199
#汽车零售	Motor Vehicles	70718
机动车燃料零售	Vehicle Feuls	12272
家用电器及电子产品专门零售	Retail of Household Electronic Equipments and Products	4493
#日用家电设备零售	Household Appliance	2988
计算机、软件及辅助设备零售	Computer, Software and Auxiliary Equipments	599
通信设备零售	Communication Equipments	301
五金、家具及室内装修材料专门零售	Retail of Hardwares, Furniture and Room Decorative Building	5516
#五金零售	Retail of Hardwares	489
家具零售	Retail of Furniture	4785
货摊、无店铺及其他零售业	Retail of Stall, Non-store and Others	11673
3.按控股情况分	Grouped by Share Holding	
国有控股	State Holding Enterprises	17907
集体控股	Collective-owned Holding Enterprises	6250
私人控股	Private Holding Enterprises	133588
港澳台商控股	Hongkong, Macao and Taiwan Holding Enterprises	3672
外商控股	Foreign Holding Enterprises	331
其　他	Others	8949
4.按经营形式分	Grouped by Management Form	
独立门店	Independent Stores	141222
连锁总店	Chain Headquarters	15334
连锁门店	Chain Stores	4509
其　他	Others	9633
5.按单位规模分	Grouped by Enterprise Size	
大　型	Large-size	56046
中　型	Medium-size	87724
小　型	Small-size	23724
微　型	Micro-size	3203
6.按零售业态分	Grouped by Retail Format	
有店铺零售	Store-based	170351
食杂店	Grocery Store	197
便利店	Convenient Store	2056
折扣店	Discount Store	30
超　市	Supermarket	3957
大型超市	Hypermarket	12335
仓储会员店	Warehouse Club	664
百货店	Department Store	31116
专业店	Specialized Shop	47474
专卖店	Exclusive Shop	59655
家居建材商店	Home Center	1969
购物中心	Shopping Center	3547
厂家直销中心	Factory Outlet Center	7352
无店铺零售	Non-store	347
#网上商店	Online	349

continued

(10 000 yuan)

#利息支出 Interest Expenses	营业利润 Business Profits	利润总额 Total Profits	应交所得税 Income Tax Payable	应付职工薪酬（本年贷方累计发生额） Remuneration Payable (Accumulated Credit Balance of The Year)	应交增值税 Added Taxes Payable
6204	41394	-9487	1522	27295	6157
6002	40249	-10923	1109	23482	5831
1684	3655	6092	2767	57727	3149
70	6304	8364	2031	14609	868
1564	-3389	-3159	527	6537	2082
2935	13253	14385	4575	29405	11740
2738	13706	14839	4575	28869	11618
38756	-24692	-19475	9906	208348	60464
33002	-37306	-34644	4646	116913	38955
5575	11845	15163	5254	90215	21214
2607	-1372	-2396	665	23876	5103
1744	-926	-3538	112	15198	2112
408	541	905	228	3335	740
106	-1594	-83	79	2529	378
2523	33774	12981	962	12512	8016
383	416	348	94	1689	488
2005	19272	-660	620	9083	6851
7871	-16228	-8773	4563	34754	3716
12371	12884	30800	15041	139010	28983
3146	9548	2026	770	22530	5440
66600	36714	-25151	11037	312381	179147
1658	8061	7957	3979	18788	1990
428	-3492	-3489	501	4307	1707
5223	41652	1812	1515	19931	8190
74096	126290	21215	22734	387956	195774
6341	14820	20352	5539	47903	23392
1093	-12290	-9909	1726	45021	3076
7895	-23455	-17703	2845	36066	3214
25871	5180	11565	16346	180312	75315
49672	29925	-6834	10751	212977	56211
13144	65642	19074	5280	113140	92105
737	4618	-9850	468	10517	1825
89030	106806	15088	32829	515391	225138
102	8949	9133	15	1057	13
1670	39774	-458	508	5560	2437
	-177	-177		119	
2857	4836	5321	992	21420	2511
6742	-21240	-16270	1033	44648	14285
502	-824	-827		1735	21
16104	68909	10592	5058	49259	106781
23334	79920	78781	15591	207925	52951
28542	-34139	-24796	6000	123231	34930
1517	7764	-2331	681	8051	5999
1049	-8836	-8774	683	14047	3374
6610	-38129	-35105	2270	38341	1836
395	-1440	-1134	16	1555	317
393	-1329	-1016	7	1252	231

13-6 限额以上批发零售业商品销售类值(2014年)

SALES VALUE OF ENTERPRISES ABOVE DESIGNATED SIZE IN WHOLESALE AND RETAIL TRADE BY CATEGORY OF COMMODITIES(2014)

单位：万元 (10 000 yuan)

指标	Item	销售额 Sales Value	批发额 Wholesale	零售额 Retail
总计	**Total**	**117556879**	**93528028**	**24028852**
一、批发业	**Wholesale Trade**	**93656230**	**92250624**	**1405606**
1.粮油、食品、饮料、烟酒类	Food, Beveragers, Tobacoo and Liquor	5725746	5424931	300815
粮油、食品类	Food and Oil	1501963	1258572	243391
饮料类	Beverages	146577	122540	24037
烟酒类	Tobacco and Liquor	4077206	4043819	33387
2.服装、鞋帽、针纺织品类	Clothing, Shoes and Hats, Textiles	162154	149390	12764
服装类	Garments	114043	108398	5645
鞋帽类	Shoes and Hats	40382	36679	3703
针纺织品	Textiles	7729	4314	3416
3.化妆品类	Cosmetics	6987	5848	1139
4.金银珠宝类	Gold Silver and Jewels	91176	87110	4067
5.日用品类	Daily Use Goods	73292	65922	7369
#洗涤用品类	Detergent	55433	52109	3323
儿童玩具类	Toy	1632	831	801
6.五金、电料类	Hardware and Electrical Appliances	89208	78340	10867
7.体育、娱乐用品类	Sports and Recreation Articles	22422	21964	458
8.书报杂志类	Books Newspapers and Magazines	237892	218842	19050
9.电子出版物及音像制品类	Electronic Publications and Audiovisual Products	16000	16000	
10.家用电器和音像器材类	Household Electrical and Sound Acoustic Appliances	231713	203779	27934
11.中西药品类	Chinese and Western Medicine	1578327	1539026	39300
#西　药	Western Medicine	1094297	1075592	18705
中草药及中成药类	Chinese Medicine	311092	290948	20144
12.文化办公用品类	Culture and Office Articles	149062	145319	3743
13.家具类	Furnitures	2246	961	1285
14.通讯器材类	Communication Equipments	145	145	
15.煤炭及制品类	Coal and Related Products	37327815	37149001	178814
16.木材及制品类	Timber and Related Products	10726	10726	
17.石油及制品类	Petroleum and Related Products	1297778	999858	297920
18.化工材料及制品类	Chemical Materials	1405532	1405532	
#化肥类	Chemical Fertilizer	437287	437287	
19.金属材料类	Metal Materials	35179021	35179021	
20.建筑及装潢材料类	Building and Decoration Materials	544622	486125	58497
21.机电产品及设备类	Mechanical and Electrical Products and Equipments	2615619	2609588	6031
#农机类	Farm Machineries	45099	45099	
22.汽车类	Motor Vehicles	538532	123207	415325
23.种子饲料类	Seeds and Forages	42775	42775	
24.棉麻类	Cotton Ambery Local and Animal Products			
25.其他类	Others	6307441	6287213	20228

13-6 续表 continued

单位：万元 (10 000 yuan)

指　　标	Item	销售额 Sales Value	批发额 Wholesale	零售额 Retail
二、零售业	**Retail Trade**	**23900650**	**1277404**	**22623246**
1.粮油、食品、饮料、烟酒类	Food, Beveragers, Tobacoo and Liquor	2468016	48960	2419056
粮油、食品类	Food and Oil	1654980	24082	1630898
饮料类	Beverages	256472	3428	253045
烟酒类	Tobacco and Liquor	556564	21450	535114
2.服装、鞋帽、针纺织品类	Clothing, Shoes and Hats, Textiles	2445211	7441	2437771
服装类	Garments	1842047	5056	1836992
鞋帽类	Shoes and Hats	387870	241	387629
针纺织品	Textiles	215294	2144	213150
3.化妆品类	Cosmetics	247891	258	247633
4.金银珠宝类	Gold Silver and Jewels	497964	10380	487584
5.日用品类	Daily Use Goods	383947	1603	382344
#洗涤用品类	Detergent	171187	862	170325
儿童玩具类	Toy	50381	131	50249
6.五金、电料类	Hardware and Electrical Appliances	185666	21362	164304
7.体育、娱乐用品类	Sports and Recreation Articles	52796	3	52793
8.书报杂志类	Books Newspapers and Magazines	276326	26521	249805
9.电子出版物及音像制品类	Electronic Publications and Audiovisual Products	16982		16982
10.家用电器和音像器材类	Household Electrical and Sound Acoustic Appliances	1065863	19875	1045988
11.中西药品类	Chinese and Western Medicine	924392	103824	820568
#西　药	Western Medicine	661584	83388	578195
中草药及中成药类	Chinese Medicine	187973	19692	168281
12.文化办公用品类	Culture and Office Articles	148970	18830	130141
13.家具类	Furnitures	420159	2796	417363
14.通讯器材类	Communication Equipments	95557	5611	89947
15.煤炭及制品类	Coal and Related Products	143246	15639	127606
16.木材及制品类	Timber and Related Products	1211	1211	
17.石油及制品类	Petroleum and Related Products	6571351	890744	5680607
18.化工材料及制品类	Chemical Materials	26026	26026	
#化肥类	Chemical Fertilizer	22586	22586	
19.金属材料类	Metal Materials	504	504	
20.建筑及装潢材料类	Building and Decoration Materials	456800	7856	448944
21.机电产品及设备类	Mechanical and Electrical Products and Equipments	107514	19666	87848
#农机类	Farm Machineries	11808	11808	
22.汽车类	Motor Vehicles	6828782	32529	6796253
23.种子饲料类	Seeds and Forages	312	312	
24.棉麻类	Cotton Ambery Local and Animal Products	1269		1269
25.其他类	Others	533898	15456	518442

13-7 亿元以上商品交易市场基本情况(2014年)
BASIC STATISTICS ON COMMODITY EXCHANGE MARKETS OF TRANSACTION VOLUME OVER 100 MILLION YUAN(2014)

市　　场	Market	市场数量(个) Number of Markets (unit)	年末出租摊位数(个) Number of Stalls at Year-end (unit)	营业面积(平方米) Area of Bussiness (sq.m)	成交额(万元) Volume of Transaction (10 000 yuan)
总　　计	**Total**	**39**	**29948**	**2792525**	**6111235**
一、按市场类别分组	Grouped by Market Category				
1.综合市场	Comprehensive Markets	11	16659	1684926	4617049
综合贸易市场	Comprehensive Commercial Markets	11	16659	1684926	4617049
生产资料综合市场	Productive Materials Comprehensive Markets	1	120	23000	19000
工业消费品综合市场	Industrial Consumable Comprehensive Markets	2	1350	111220	28559
农产品综合市场	Farm Products Comprehensive Markets	4	3140	327747	485059
其他综合市场	Others	4	12049	1222959	4084431
2.专业市场	Special Markets	28	13289	1107599	1494186
生产资料市场	Productive Materials Markets	4	464	99181	160649
煤炭市场	Coal Markets	2	6	4180	55117
建材市场	Building Materials Markets	1	372	15000	27532
金属材料市场	Metal Materials Markets	1	86	80001	78000
农产品市场	Farm Products Comprehensive Markets	7	3212	284616	748946
粮油市场	Grain and Oil Markets	1	145	17000	80000
蔬菜市场	Vegetables Markets	4	2732	224800	624446
干鲜果品市场	Dried and Fresh Melons and Fruits Markets	2	335	42816	44500
食品、饮料及烟酒市场	Food, Beverages, Tobacco and Liquor Markets	1	80	3500	10210
纺织、服装、鞋帽市场	Textiles, Clothing, Shoes and Hats Markets	9	6875	354800	405725
服装市场	Clothing Markets	8	6315	324800	392605
鞋帽市场	Shoes and Hats Markets	1	560	30000	13120
其他纺织服装鞋帽市场	Others				
日用品及文化用品市场	Daily Use Articles and Cultural Goods Markets				
黄金、珠宝、玉器等首饰市场	Gold, Jewellery, Jade Markets				
电器、通讯器材、电子设备市场	Electrical Appliances, Communication Equipments and Electronic Equipments Markets	2	420	13000	20000
家具、五金及装饰材料市场	Furniture, Hardware and Decoration Materials	4	1832	282502	138656
家具市场	Markets Furniture Markets	2	707	142502	50031
装饰材料市场	Decoration Materials Markets	2	1125	140000	88625
汽车、摩托车及零配件市场	Cars, Motorcycles and Spare Parts Markets	1	406	70000	10000
二、按经营方式分组	Grouped by Business Style				
1.以批发为主	Wholesale mainly	29	25115	2285223	5757099
2.以零售为主	Retail mainly	10	4833	507302	354136
三、按经营环境分组	Grouped by Business Environment				
1.露天式	Open-air Markets	8	3620	402327	492730
2.封闭式	Enclosed Markets	22	20453	1987473	5305054
3.其　他	Others	9	5875	402725	313451

13-8 亿元以上商品交易市场按摊位分类成交情况(2014年)
CLASSIFICATION OF COMMODITY EXCAHNGE MARKETS OF TRANSACTION VOLUME OVER 100 MILLION YUAN(2014)

类　别	Classification	年末出租摊位数(个) Number of Stalls at Year-end (unit)	成交额(万元) Volume of Transaction (10 000 yuan)
总　计	**Total**	**29948**	**6111235**
1.粮油、食品、饮料、烟酒类	Food, Beverages, Tobacco and Liquor	7911	2175307
粮油、食品类	Food	7302	1820091
饮料类	Beverages	184	14500
烟酒类	Tobacco and Liquor	425	340716
2.服装、鞋帽、针纺织品类	Clothing, Shoes, Hats and Textiles	12338	1024031
服装类	Clothing	9305	776432
鞋帽类	Footwear and Hats	2130	177526
针纺织品类	Knitwear and Textiles	903	70073
3.化妆品类	Cosmetics	290	7010
4.金银珠宝类	Gold, Silver and Jewellery	4	65
5.日用品类	Articles for Daily Use	1907	536971
6.五金、电料类	Hardware and Electrical Materials	725	220955
7.体育、娱乐用品类	Sports and Recreational Articles	57	2068
8.书报杂志类	Newspapers and Magazines		
9.电子出版物及音像制品类	Electronic Publication and Audiovisual Products	8	86
10.家用电器和音像器材类	Household Appliances and Audiovisual Equipments	115	8956
11.中西药品类	Traditional Chinese and Western Medicine		
12.文化办公用品类	Cultural and Official Articles	622	27501
13.家具类	Furniture	1415	64772
14.通讯器材类	Communication Equipments		
15.煤炭及制品类	Coal and Related Products	6	55117
16.木材及制品类	Wood and Wooden Products	140	11000
17.石油及制品类	Petroleum and Related Products		
18.化工材料及制品类	Raw Chemical Materials and Related Products	5	1000
19.金属材料类	Metal Materials	207	640739
20.建筑及装潢材料类	Building and Decoration Materials	2360	750690
21.机电产品及设备类	Mechanical and Electrical Products	211	93458
22.汽车类	Automobiles	437	427237
23.种子饲料类	Seed and Feedstuff		
24.棉麻类	Cotton and Hemp		
25.其他类	Others	1190	64272

13-9 私营企业基本情况(2014年)
BASIC STATISTICS ON PRIVATE-OWNED ENTERPRISES(2014)

单位：户 (household)

指 标	Item	年末实有户数 Real Number of Enterprises at Year-end	#本年开业 Openning at This Year	从业人员(人) Employees (person)	注册资金(万元) Registered Capital (10 000 yuan)
总 计	**Total**	**265789**	**54144**	**1884419**	**117452188**
农、林、牧、渔业	Farming, Forestry, Animal Husbandry and Fishery	14939	3132	99321	4465439
采矿业	Mining	4938	223	98647	5497482
制造业	Manufacturing	26341	2542	519277	17332094
电力、热力、燃气及水生产和供应业	Production and Supply of Electricity, Heat, Gas and Water	1141	297	15908	1822341
建筑业	Construction	16111	4117	132979	7619274
交通运输、仓储和邮政业	Transport, Storage and Post	8543	1753	67064	2169161
信息传输、软件和信息技术服务业	Information Transmission, Software and Information Technology Services	15854	2267	42642	3860989
批发和零售业	Wholesale and Retail Trade	107606	23205	581856	34798322
住宿和餐饮业	Hotels and Catering Services	5280	898	39821	1402905
金融业	Financial Industry	3864	353	32190	5954617
房地产业	Real Estate	9235	2128	51876	9638095
租赁和商务服务业	Lease and Business Affairs Services	26741	7063	97097	15585139
科学研究和技术服务业	Scientific Reseach and Technical Services	8276	1984	24105	4175443
水利、环境和公共设施管理业	Water, Environmental Protection and Public Facility Management	2147	303	11069	720918
居民服务、修理和其他服务业	Resident Services, Repair and Other Services	10079	2440	43808	1431751
教 育	Education	408	110	2929	74505
卫生和社会工作	Health Care and Social Work	780	159	5457	174757
文化、体育和娱乐业	Culture, Sports and Recreation	3318	1134	15964	681665
其他行业	Others	188	36	2409	47291

13-10 个体工商业基本情况(2014年)
BASIC STATISTICS ON INDIVIDUAL BUSSINESS(2014)

单位：户 (household)

指　标	Item	年末实有户数 Real Number of Households at Year-end	#本年开业 Openning at This Year	从业人员(人) Employees (person)	注册资金(万元) Registered Capital (10 000 yuan)
总　计	**Total**	**1088131**	**137479**	**2291201**	**5171254**
农、林、牧、渔业	Farming, Forestry, Animal Husbandry and Fishery	11962	1497	35836	183095
采矿业	Mining	816	57	6603	32555
制造业	Manufacturing	31377	3272	95953	249012
电力、热力、燃气及水生产和供应业	Production and Supply of Electricity, Heat, Gas and Water	187	16	449	2116
建筑业	Construction	2263	283	9217	24174
交通运输、仓储和邮政业	Transport, Storage and Post	31832	1265	65013	209052
信息传输、软件和信息技术服务业	Information Transmission, Software and Information Technology Services	40162	570	79644	118943
批发和零售业	Wholesale and Retail Trade	719507	94943	1375279	3136601
住宿和餐饮业	Hotels and Catering Services	101521	17363	291255	593495
金融业	Financial Industry	100	4	267	1016
房地产业	Real Estate	252	58	758	2220
租赁和商务服务业	Lease and Business Affairs Services	7789	1211	17783	49558
科学研究和技术服务业	Scientific Reseach and Technical Services	1911	107	4461	10505
水利、环境和公共设施管理业	Water, Environmental Protection and Public Facility Management	7640	18	17174	27016
居民服务、修理和其他服务业	Resident Services, Repair and Other Services	118678	15431	261554	455755
教　育	Education	155	27	526	972
卫生和社会工作	Health Care and Social Work	5101	559	11044	20959
文化、体育和娱乐业	Culture, Sports and Recreation	5624	739	16143	51141
其他行业	Others	1254	59	2242	3069

主要统计指标解释

批发业 指向其他批发或零售单位（含个体经营者）及其他企事业单位、机关团体等批量销售生活用品、生产资料的活动，以及从事进出口贸易和贸易经纪与代理的活动。

零售业 指百货商店、超级市场、专门零售商店、品牌专卖店、售货摊等主要面向最终消费者（如居民等）的销售活动，以互联网、邮政、电话、售货机等方式的销售活动，还包括在同一地点，后面加工生产，前面销售的店铺（如面包房）。

批发和零售业法人企业 指具备如下条件的批发零售贸易企业：(1)依法成立，有自己的名称、组织机构和场所，能够承担民事责任；(2)独立拥有和使用资产，承担负债，有权与其他单位签订合同；(3)独立核算盈亏，并能够编制包括资产负债表在内的全部会计帐户。

限额以上批发企业 年主营业务收入2000万元及以上为限额以上批发企业。

限额以上零售企业 年主营业务收入500万元及以上为限额以上零售企业。

社会消费品零售总额 指企业（单位、个体户）通过交易直接售给个人、社会集团非生产、非经营用的实物商品金额，以及提供餐饮服务所取得的收入金额。个人包括城乡居民和入境人员，社会集团包括机关、社会团体、部队、学校、企事业单位、居委会或村委会等。

批发和零售业零售额 指批发和零售业企业、产业活动单位和个体户售给城乡居民用于生活消费和社会集团用于公共消费的商品金额。

门店总数 指该连锁企业所拥有的全部连锁门店数量，包括总店(如果总公司有门店的话)和全部直营分店、加盟分店数。其中，总店作为一个直营店处理。此外，有的地区分出控股店，控股店按直营店统计。

连锁企业（或称连锁店、连锁公司） 指在核心企业或总店的领导下，由分散的、经营同类商品或服务的企业或活动单位，采取共同方针，实行集中采购和分散销售的有机结合，通过规范化经营，实现规模效益的经济联合组织形式。一般连锁店应由若干个分店组成。其经营特征：(1)经营同类商品；(2)使用统一商号；(3)统一采购配送，采购与销售相分离(部分商品可根据物流合理和保质保鲜原则由供应商直接送货到门店，其余均由总部统一配送)。连锁店总店(总部)指连锁店的核心企业或管理中心。连锁店分店指连锁店所属各分散经营的企业或活动单位，也可称分店或成员店。

连锁店包括下列三种形式：

直营连锁 指连锁店铺由连锁公司全资或控股开设，在总部的直接控制下，开展统一经营的连锁经营形式。

特许连锁 指拥有注册商标、企业标志、专利、专有技术等经营资源的企业（特许人），以合同形式将其拥有的经营资源许可其他经营者（被特许人）使用，被特许人按合同约定在统一的经营模式下开展经营，并向特许人支付特许经营费用的连锁经营形式。

自愿连锁 指若干个店铺或企业自愿组合起来，在不改变各自资产所有权关系的情况下，以同一个品牌形象面对消费者，以共同进货为纽带开展的连锁经营形式。

零售业态 指零售企业（单位）为满足不同的消费需求进行相应的要素组合而形成的不同经营形态；分类原则是，零售业态按零售店铺的结构特点，根据其经营方式、商品结构、服务功能，以及选址、商圈、规模、店堂设施、目标顾客和有无固定营业场所进行分类。

零售业态从总体上可以分为有店铺零售业态和无店铺零售业态两类。按照零售业态分类原则分为食杂店、便利店、折扣店、超市、大型超市、仓储会员店、百货店、专业店、专卖店、家居建材商店、购物中心、社区购物中心、市区购物中心、城郊购物中心、厂家直销中心、电视购物、邮购、网上商店、自动售货亭、电话购物等20种零售业态。

商品购进额 指从本企业以外的单位和个人购进(包括从国外直接进口)作为转卖或加工后转卖的商品金额(含增值税)。本指标反映批发和零售业从国内外市场上购进商品的总价。

商品销售额 指对本单位以外的单位和个人出售的商品金额（包括售给本单位消费用的商品，含增值税），本指标反映批发和零售业在国内市场上销售商品以及出口商品的总量。

期末商品库存额 对于批发和零售业法人单位和个体经营户，是指报告期末取得所有权的全部商品金额（含增值税）；对于批发和零售业产业活动单位，是指报告期末实际在库且归属法人具有所有权的全部商品金额（含增值税）。该指标反映批发和零售业商品库存情况，以及对市场商品供应的保证程度。

亿元以上商品交易市场 指年成交额在亿元及以上的商品交易市场。商品交易市场是指经有关部门和组织批准设立，有固定场所、设施，有经营管理部门和监管人员，若干市场经营者入内，常年或实际开业三个月以上，集中、公开、独立地进行生活消费品、生产资料等现货商品交易以及提供相关服务的交易场所，包括各类消费品市场、生产资料市场等。

Explanatory Notes on Main Statistical Indicators

Wholesale Trade refers to the activities of wholesaler selling commodities in bulk for daily use and capital goods to other wholesale and retail enterprises, institutions and government offices, including the activities of wholesaler engaged in import and export and acting as a trade agent.

Retail Trade refers to the activities of department store, supermarket, franchised store, brand store, retail stall and on-the-spot-making-selling store selling commodities to the final consumers (citizens) by any means including internet, post, telephone, sales machine.

Wholesale and Retail Corporation Enterprises refer to the wholesale and retail trade enterprises satisfy the conditions as follow: (1) They are established legally, having their own names, organizations, location, able to take civil liability; (2) They possess and use their assets independently, assume liabilities, and are entitled to sign contracts with other units; (3) They are financially independent and compile their own balance sheets.

Wholesale Enterprise above Designated Size refers to wholesale enterprises whose annual revenue of major business amounts to 20 million yuan and over.

Retail Trade Enterprise above Designated Size refers to retail enterprises whose annual revenue of major business amounts to 5 million yuan and over.

Total Retail Sales of Consumer Goods refer to the amount obtained by enterprises (units, self-employed individuals) through direct sales of non-production and non-business physical commodity to individuals, social institutions, and revenue from providing catering services. Individuals include rural and urban households, population from abroad, and social institutions include government agencies, social organizations, military units, schools, institutions, neighborhood (village) committees.

Total Retail Sales of Wholesale and Retail Trade refer to the amount obtained by wholesale and retail enterprises, active units and self-employed individuals through sales to residents and social groups for mass consumption.

The Number of Stores refers to the total number of enterprises owned by the full number of chain stores, including the headquarters (if there has one) and all direct stores, franchises. The headquarters are counted as a direct store. In addition, there are some share holding stores in some regions, and these stores are also counted as direct stores.

Chain Enterprises (also called chain stores or chain corporations) refer to a form of joint economic entities under which scattered enterprises or establishments engaged in providing homogeneous commodities or services, with the central leadership of core enterprise or headquarters and guided by common policies, conduct centralized purchase and distributed selling of commodities, in order to gain better efficiency through standardized operation. Consisting of a number of branch stores, the chain stores have in general the following features: (1) homogeneous commodities, (2) unique name of stores, (3) centralized purchase and delivery which is separated from distributed selling operation (most commodities are delivered from the headquarters except some items which, for logistics, quality or freshness considerations, might be delivered by suppliers directly). Chain headquarters (HQ) means the core of enterprises or chain management centre. Branch chain store refers the enterprises or active unit that owned by the chain store under decentralized operation, which is also called branch store or member store.

Chain stores include the following three forms:

Regular Chain refers to chain that are invested or controlled by the headquarters. They operate under direct and unified management from the headquarters. Adopting a direct management approach, the headquarters gives orders and controls all retail stores, which follow completely the directives from the headquarters. Large monopolized commercial companies develop and expand their business through purchasing, merging, direct investment and controlling of shares.

Franchise Chain Through contracts, chain stores (or their owners) obtain licenses from the headquarters (franchisee) to use designated trade marks, names, operation know-how, and to sell commodities developed by the headquarters. Under this arrangement, each store in the chain is an independent legal entity and operates under the guidance from the headquarters.

Voluntary Chain refers to the chain business model that several stores or enterprises united together voluntarily to use a same brand image and purchase together under the previous independent property relationship.

Retail Trade Format refers to the different business forms which combined by corresponding factors to satisfy different consumption needs. It is classified according to retail stores' structure characters, such as business form, commodities' structure, service function, address, business circle, scale, store facilities, target customers and whether having a fixed business place.

Retail trade format can be divided into store-based and non-store retail. It can be classified into 20 forms as the following: grocery store, convenient store, discount store, supermarket, hypermarket, warehouse club, department store, specialized shop, exclusive shop, home centre, shopping centre, community shopping centre, urban shopping centre, suburban shopping centre, factory outlet centre, TV shopping, mail shopping, web shop, vending machine and telephone shopping.

Value of Commodities Purchases refers to the value of commodities purchasing by enterprises from other units or individuals with value-added tax, including direct import form abroad, for the purpose of re-selling, either with or without further processing of the commodities purchased. It reflects the total commodities value that wholesale and retail trade purchased from the domestic and abroad market.

Value of Commodities Sales refers to the value of commodities sold by the units to other units or individuals with value-added tax, including goods sold for self consumption. It reflects the total commodities amount that wholesale and retail trade sold and exported in the domestic and abroad market.

Total Value of Storing at the End of Period refers to total possessed commodities value including value-added tax for the wholesale and retail corporation units and individuals at the end of report period. And it refers to the total commodities value at the end of report period, including value-added tax, which are in stock and belong to the corporation units for the wholesale and retail active units. It reflects the goods stock of the wholesale and retail trade and the guarantee degree of goods supply to the market.

Commodities Trading Market over 100 Million Yuan refers to the commodity market with an annual transaction at and above 100 million yuan. Commodities trading market refers market that is approved by related government departments, which has fixed sites, facilities, managers and administration offices, traders, and has operated for more than three months. It is a place where the commodities including the articles for daily consumption, productive materials, goods transactions and services are traded in a centralized, independent and open way. And it includes consumer market, materials market and etc.

住宿、餐饮业和旅游

HOTELS, CATERING SERVICES AND TOURISM

14

资料整理人员

雷士伟　张艳芳　张艳君　邓　娜

住宿、餐饮业和旅游

HOTELS, CATERING SERVICES AND TOURISM

住宿、餐饮业营业额	Business Volume of Hotels and Catering Services	959324	万元	(10 000 yuan)
接待国内游客人数	Domestic Tourists	29951	万人次	(10 000 person-times)
接待入境过夜游客人数	Inbound Overnight Tourists	56.5	万人次	(10 000 person-times)
旅游总收入	Total Income of Tourism	2846.5	亿元	(100 million yuan)
旅游外汇收入	Foreign Exchange Earnings from Tourism	28073	万美元	(USD 10 000)

旅游总收入（亿元）

Total Income of Tourism (100 million yuan)

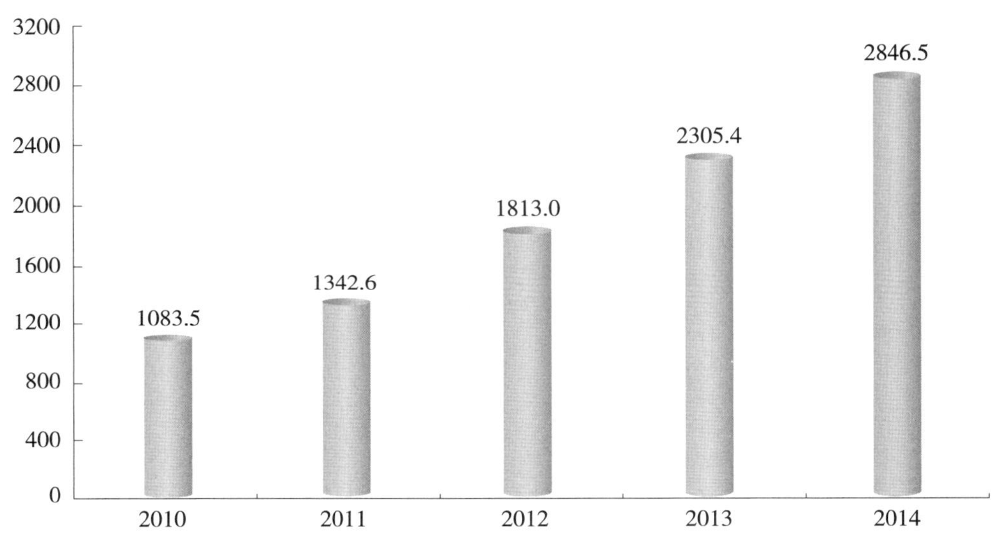

接待国内游客人数（万人次）

Domestic Tourists (10 000 person-times)

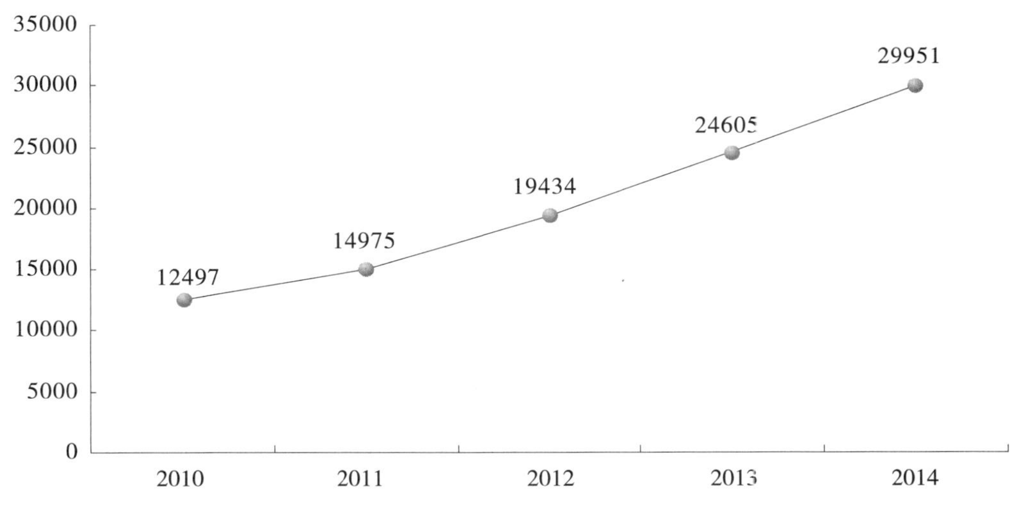

14-1 限额以上住宿和餐饮业法人企业经营情况(2014年)

单位：万元

指　标	Item	法人企业数(个) Number of Corporation Enterprises (unit)
总　计	**Total**	**908**
一、住宿业	**Hotels**	**402**
1.按登记注册类型分组	Grouped by Registered Kind	
内资企业	Civil Funded Enterprises	400
国有企业	State-owned Enterprises	81
集体企业	Collective-owned Enterprises	12
有限责任公司	Limited Responsibility Corporations	58
国有独资公司	Company Exclusively with Investment from State	3
其他有限责任公司	Other Limited Responsibility Corporations	55
股份有限公司	Share-holding Limited Corporations	9
私营企业	Private-owned Enterprises	237
私营独资企业	Enterprise Exclusively with Investment from Private	33
私营合伙企业	Private Partnership Enterprises	4
私营有限责任公司	Private Limited Responsibility Corporations	196
私营股份有限公司	Private Share-holding Limited Corporations	4
其他企业	Others	3
港澳台商投资企业	Enterprises Funded by HongKong, Macao and Taiwan	2
与港澳台商合资经营企业	Joint Venture	2
2.按住宿行业小类分组	Grouped by Hotels	
旅游饭店	Resturants for Trip	209
一般旅馆	Ordinary Hotels	173
其他住宿服务	Others	20
3.按控股情况分	Grouped by Share Holding	
国有控股	State Holding Enterprises	102
集体控股	Collective-owned Holding Enterprises	19
私人控股	Private Holding Enterprises	261
港澳台商控股	Hongkong, Macao and Taiwan Holding Enterprises	1
外商控股	Foreign Holding Enterprises	
其　他	Others	19
4.按经营形式分	Grouped by Management Form	
独立门店	Independent Stores	382
连锁总店(总部)	Chain Headquarters	3
连锁门店	Chain Stores	5
其　他	Others	12
5.按单位规模分	Grouped by Enterprise Size	
大　型	Large-size	2
中　型	Medium-size	43
小　型	Small-size	332
微　型	Micro-size	25
6.按星级分	Grouped by Stars	
五　星	Five Star	17
四　星	Four Star	57
三　星	Three Star	89
二　星	Two Star	36
其　他	Others	203

MANAGEMENT OF HOTELS AND CATERING CORPORATION ENTERPRISES ABOVE DESIGNATED SIZE(2014)

(10 000 yuan)

从业人员期末人数(人) Number of Employees at The End of Period (person)	营业额 Business Volume	#使用银行卡支付的营业额 Paid by Bank Cards	客房收入 Revenue of Guest Room	#通过公共网络实现的客房收入 by Public Network
95896	**959324**	**137106**	**282604**	**16648**
40941	**393018**	**68551**	**183260**	**9425**
40498	388610	68110	181145	9225
10302	100696	16795	46768	3118
1160	10662	1635	4589	17
8139	82662	16756	34123	1297
362	4608	1219	2137	247
7777	78054	15537	31986	1050
925	7728	1356	3396	
19675	183430	31510	91411	4768
1677	16042	1841	7427	11
200	1259	480	562	3
17521	160535	28206	81296	4079
277	5594	984	2127	675
297	3432	56	858	25
443	4408	442	2115	200
443	4408	442	2115	200
28286	281377	50974	118900	6112
11251	97684	17105	58891	3269
1404	13957	472	5470	45
13185	137131	24229	63040	3953
1949	17599	3082	7606	17
22681	205019	35510	99853	5192
305	3426		1735	
2821	29843	5731	11026	263
39499	379152	66934	175518	9424
187	873		773	
253	2190	1154	1851	1
1002	10803	464	5118	
1368	21927	6543	10901	
12443	144450	32096	53190	3129
26482	224517	29392	117612	6288
648	2124	520	1557	8
5762	68366	18629	26889	1235
8599	86293	10452	36932	2294
10206	95545	18585	40968	1725
2265	14444	497	6927	127
14109	128370	20390	71543	4044

14-1 续表1

单位：万元

指　标	Item	法人企业数（个） Number of Corporation Enterprises (unit)
二、餐饮业	**Catering**	**506**
1.按登记注册类型分组	Grouped by Registered Kind	
内资企业	Civil Funded Enterprises	502
国有企业	State-owned Enterprises	25
集体企业	Collective-owned Enterprises	5
股份合作企业	Share Cooperative Enterprises	2
有限责任公司	Limited Responsibility Corporations	69
国有独资公司	Company Exclusively with Investment from State	2
其他有限责任公司	Other Limited Responsibility Company	67
股份有限公司	Share-holding Limited Corporations	8
私营企业	Private-owned Enterprises	386
私营独资企业	Enterprise Exclusively with Investment from Private	71
私营合伙企业	Private Partnership Enterprises	5
私营有限责任公司	Private Limited Responsibility Corporations	303
私营股份有限公司	Private Share-holding Limited Corporations	7
其他企业	Others	7
港澳台商投资企业	Enterprises Funded by HongKong, Macao and Taiwan	2
港澳台商独资企业	Solely Owned	2
外商投资企业	Foreign Funded Enterprises	2
中外合资经营企业	Joint Venture	
中外合作经营企业	Cooperative	
外资企业	Enterprises Funded by Foreign Invetments	2
2.按餐饮行业小类分组	Grouped by Catering Services	
正餐服务	Dinner	488
快餐服务	Fast Food	14
其他餐饮业	Others	4
小吃服务	Snack Service	1
餐饮配送服务	Distribution Service	
其他未列明餐饮业	Other Unlisted Service	3
3.按控股情况分	Grouped by Share Holding	
国有控股	State Holding Enterprises	37
集体控股	Collective-owned Holding Enterprises	14
私人控股	Private Holding Enterprises	427
港澳台商控股	Hongkong, Macao and Taiwan Holding Enterprises	2
外商控股	Foreign Holding Enterprises	2
其　他	Others	24
4.按经营形式分	Grouped by Management Form	
独立门店	Independent Stores	484
连锁总店(总部)	Chain Headquarters	6
连锁门店	Chain Stores	6
其　他	Others	10
5.按单位规模分	Grouped by Enterprise Size	
大　型	Large-size	3
中　型	Medium-size	41
小　型	Small-size	427
微　型	Micro-size	35

continued

(10 000 yuan)

从业人员期末人数(人) Number of Employees at The End of Period (person)	营业额 Business Volume	#使用银行卡支付的营业额 Paid by Bank Cards	客房收入 Revenue of Guest Room	#通过公共网络实现的客房收入 by Public Network
54955	**566306**	**68554**	**99344**	**7223**
49057	502723	68525	99333	7223
2019	14148	1154	3491	2
348	3145	27	837	
80	308	60	145	
8527	97644	18087	20417	3733
547	5233	772	2677	202
7980	92411	17315	17740	3531
769	4699	353	952	
36828	378755	48617	73051	3488
3807	36379	2691	7466	362
185	1615	120	226	
32179	333985	45213	62946	3124
657	6777	594	2413	2
486	4024	227	440	
112	704	30	11	
112	704	30	11	
5786	62879			
5786	62879			
47870	483263	68534	98614	7223
6886	80808		4	
199	2235	20	726	
21	483	20		
178	1752		726	
4670	34973	7182	11400	433
981	19157	229	1730	100
41404	428661	58394	82555	6504
112	704	30	11	
5786	62879			
2002	19933	2720	3649	186
44096	462857	64177	97302	7215
9393	88882	3829		
881	7754			
585	6814	549	2043	8
8791	84734		4439	
12360	199075	39625	29899	5408
33113	279307	28727	64606	1815
691	3190	203	401	

14-1 续表2

单位：万元

指　　标	Item	餐费收入 Revenue of Dining	#通过公共网络实现的餐费收入 by Public Network
总　计	**Total**	**602810**	**6898**
一、住宿业	**Hotels**	**171336**	**3093**
1.按登记注册类型分组	Grouped by Registered Kind		
内资企业	Civil Funded Enterprises	169184	2793
国有企业	State-owned Enterprises	49102	1487
集体企业	Collective-owned Enterprises	5818	2
有限责任公司	Limited Responsibility Corporations	36408	119
国有独资公司	Company Exclusively with Investment from State	1611	
其他有限责任公司	Other Limited Responsibility Corporations	34797	119
股份有限公司	Share-holding Limited Corporations	3458	
私营企业	Private-owned Enterprises	73644	1171
私营独资企业	Enterprise Exclusively with Investment from Private	6479	
私营合伙企业	Private Partnership Enterprises	387	6
私营有限责任公司	Private Limited Responsibility Corporations	63568	864
私营股份有限公司	Private Share-holding Limited Corporations	3211	300
其他企业	Others	754	15
港澳台商投资企业	Enterprises Funded by HongKong, Macao and Taiwan	2152	300
与港澳台商合资经营企业	Joint Venture	2152	300
2.按住宿行业小类分组	Grouped by Hotels		
旅游饭店	Resturants for Trip	130727	2808
一般旅馆	Ordinary Hotels	35244	285
其他住宿服务	Others	5366	
3.按控股情况分	Grouped by Share Holding		
国有控股	State Holding Enterprises	63343	1501
集体控股	Collective-owned Holding Enterprises	8892	2
私人控股	Private Holding Enterprises	82661	1488
港澳台商控股	Hongkong, Macao and Taiwan Holding Enterprises	1551	
外商控股	Foreign Holding Enterprises		
其　他	Others	14890	103
4.按经营形式分	Grouped by Management Form		
独立门店	Independent Stores	165914	3093
连锁总店(总部)	Chain Headquarters	100	
连锁门店	Chain Stores	329	
其　他	Others	4994	
5.按单位规模分	Grouped by Enterprise Size		
大　型	Large-size	10254	
中　型	Medium-size	72646	1730
小　型	Small-size	87928	1363
微　型	Micro-size	508	
6.按星级分	Grouped by Stars		
五　星	Five Star	35268	742
四　星	Four Star	40345	401
三　星	Three Star	43782	981
二　星	Two Star	6919	2
其　他	Others	45023	967

continued

(10 000 yuan)

商品销售收入 Revenue of Sales of Commodities	其他收入 Other Revenue	客房数(间) Rooms (unit)	床位数(个) Beds (unit)	餐位数(位) Tables (unit)	年末餐饮营业面积(平方米) Operating Area of Catering Services at Year-end (sq.m)
32917	**40993**	**85340**	**150539**	**380022**	**2108498**
8783	**29639**	**62987**	**110521**	**146118**	**858231**
8783	29498	62729	110088	144898	845161
548	4278	9293	16974	27685	191701
101	155	1470	2913	3915	17902
2794	9337	7626	13257	29100	139379
454	406	434	727	1230	3290
2340	8931	7192	12530	27870	136089
201	673	771	1470	4563	23383
3442	14933	43296	74946	76105	464216
381	1755	2427	4695	7532	56858
7	304	233	453	490	11800
2812	12860	40308	69169	66556	387025
242	15	328	629	1527	8533
1698	122	273	528	3530	8580
	141	258	433	1220	13070
	141	258	433	1220	13070
6917	24833	26606	46157	99378	534002
1154	2395	17190	32455	37281	294386
712	2411	19191	31909	9459	29843
1487	9261	12053	21611	36111	230956
176	926	2151	4205	6245	35810
6201	16303	45952	79796	93946	543081
	141	201	320	720	10000
919	3008	2630	4589	9096	38384
8308	29412	60916	106882	135978	795458
		540	900	1800	9805
11		471	763	1720	15865
465	226	1060	1976	6620	37103
	773	676	978	1723	7927
4401	14213	9269	15433	33395	129086
4368	14608	52017	92194	108443	677608
14	44	1025	1916	2557	43610
561	5648	4382	7267	16217	78304
2198	6817	8163	13877	30961	160938
3740	7056	27465	46900	45205	235124
397	200	2823	5484	10610	70051
1887	9917	20154	36993	43125	313814

14-1 续表3

单位：万元

指 标	Item	餐费收入 Revenue of Dining	#通过公共网络实现的餐费收入 by Public Network
二、餐饮业	**Catering**	**431473**	**3805**
1.按登记注册类型分组	Grouped by Registered Kind		
内资企业	Civil Funded Enterprises	367902	3472
国有企业	State-owned Enterprises	9660	
集体企业	Collective-owned Enterprises	1808	
股份合作企业	Share Cooperative Enterprises	163	
有限责任公司	Limited Responsibility Corporations	59373	1775
国有独资公司	Company Exclusively with Investment from State	2322	
其他有限责任公司	Other Limited Responsibility Company	57051	1775
股份有限公司	Share-holding Limited Corporations	3129	
私营企业	Private-owned Enterprises	290209	1697
私营独资企业	Enterprise Exclusively with Investment from Private	27814	318
私营合伙企业	Private Partnership Enterprises	1388	
私营有限责任公司	Private Limited Responsibility Corporations	257275	1375
私营股份有限公司	Private Share-holding Limited Corporations	3732	4
其他企业	Others	3561	
港澳台商投资企业	Enterprises Funded by HongKong, Macao and Taiwan	693	333
港澳台商独资企业	Solely Owned	693	333
外商投资企业	Foreign Funded Enterprises	62879	
中外合资经营企业	Joint Venture		
中外合作经营企业	Cooperative		
外资企业	Enterprises Funded by Foreign Invetments	62879	
2.按餐饮行业小类分组	Grouped by Catering Services		
正餐服务	Dinner	349398	3714
快餐服务	Fast Food	80791	91
其他餐饮业	Others	1285	
小吃服务	Snack Service	415	
餐饮配送服务	Distribution Service		
其他未列明餐饮业	Other Unlisted Service	870	
3.按控股情况分	Grouped by Share Holding		
国有控股	State Holding Enterprises	20605	66
集体控股	Collective-owned Holding Enterprises	3728	50
私人控股	Private Holding Enterprises	328117	3296
港澳台商控股	Hongkong, Macao and Taiwan Holding Enterprises	693	333
外商控股	Foreign Holding Enterprises	62879	
其 他	Others	15451	60
4.按经营形式分	Grouped by Management Form		
独立门店	Independent Stores	330352	3469
连锁总店(总部)	Chain Headquarters	88868	
连锁门店	Chain Stores	7754	333
其 他	Others	4500	3
5.按单位规模分	Grouped by Enterprise Size		
大 型	Large-size	80141	
中 型	Medium-size	150163	2125
小 型	Small-size	198598	1680
微 型	Micro-size	2571	

continued

(10 000 yuan)

商品销售收入 Revenue of Sales of Commodities	其他收入 Other Revenue	客房数(间) Rooms (unit)	床位数(个) Beds (unit)	餐位数(位) Tables (unit)	年末餐饮营业面积(平方米) Operating Area of Catering Services at Year-end (sq.m)
24134	**11354**	**22353**	**40018**	**233904**	**1250267**
24134	11354	22263	39857	223023	1216217
250	747	1364	2640	9997	39441
78	423	299	543	2730	18600
		24	50	800	3200
13506	4349	4277	7207	31742	222506
52	182	460	845	1800	20000
13454	4166	3817	6362	29942	202506
491	127	236	370	4966	17928
9787	5709	15931	28794	172013	909970
592	507	1877	3395	24325	117236
		85	180	1137	9200
9186	4577	13359	24154	141721	745831
8	625	610	1065	4830	37703
24		132	253	775	4572
		90	161	1751	5700
		90	161	1751	5700
				9130	28350
				9130	28350
23906	11346	22090	39513	219617	1204819
5	9	20	40	13141	41748
224		243	465	1146	3700
68				200	800
156		243	465	946	2900
864	2104	2948	5258	17212	96348
11485	2215	773	1463	4762	26028
11311	6677	17566	31549	190894	1026392
		90	161	1751	5700
				9130	28350
475	358	976	1587	10155	67449
24110	11094	21872	39099	203682	1120999
5	9			25308	92500
				1688	7090
20	252	481	919	3226	29678
154		700	1576	20099	65040
15669	3344	4165	6460	38400	223486
8225	7879	16980	31053	168364	904616
87	131	508	929	7041	57125

14-2 限额以上住宿和餐饮业法人企业主要财务状况(2014年)

单位：万元

指　标	Item	年初存货 Beginning Inventory	流动资产合计 Total Circulating Assets
总　计	**Total**	**107377**	**906217**
一、住宿业	**Hotels**	**43862**	**467230**
1.按登记注册类型分组	Grouped by Registered Kind		
内资企业	Civil Funded Enterprises	43354	463325
国有企业	State-owned Enterprises	7390	107719
集体企业	Collective-owned Enterprises	972	11037
有限责任公司	Limited Responsibility Corporations	8545	67850
国有独资公司	Company Exclusively with Investment from State	693	1729
其他有限责任公司	Other Limited Responsibility Corporations	7853	66122
股份有限公司	Share-holding Limited Corporations	1313	3632
私营企业	Private-owned Enterprises	24645	271501
私营独资企业	Enterprise Exclusively with Investment from Private	4781	14460
私营合伙企业	Private Partnership Enterprises	68	496
私营有限责任公司	Private Limited Responsibility Corporations	19343	249493
私营股份有限公司	Private Share-holding Limited Corporations	453	7053
其他企业	Others	490	1587
港澳台商投资企业	Enterprises Funded by HongKong,Macao and Taiwan	508	3904
与港澳台商合资经营企业	Joint Venture	508	3904
2.按住宿行业小类分组	Grouped by Hotels		
旅游饭店	Resturants for Trip	32538	344716
一般旅馆	Ordinary Hotels	10234	114184
其他住宿服务	Others	1091	8330
3.按控股情况分	Grouped by Share Holding		
国有控股	State Holding Enterprises	10431	125411
集体控股	Collective-owned Holding Enterprises	1543	13760
私人控股	Private Holding Enterprises	29457	301840
港澳台商控股	Hongkong, Macao and Taiwan Holding Enterprises	263	2997
外商控股	Foreign Holding Enterprises		
其　他	Others	2169	23222
4.按经营形式分	Grouped by Management Form		
独立门店	Independent Stores	42775	439574
连锁总店(总部)	Chain Headquarters	84	816
连锁门店	Chain Stores	143	2603
其　他	Others	861	24236
5.按单位规模分	Grouped by Enterprise Size		
大　型	Large-size	907	11286
中　型	Medium-size	12247	200883
小　型	Small-size	29748	247215
微　型	Micro-size	960	7845
6.按星级分	Grouped by Stars		
五　星	Five Star	6564	95191
四　星	Four Star	14687	100062
三　星	Three Star	9544	68006
二　星	Two Star	1447	14752
其　他	Others	11621	189218

FINANCIAL CONDITION OF HOTELS AND CATERING CORPORATION ENTERPRISES ABOVE DESIGNATED SIZE(2014)

(10 000 yuan)

#应收帐款 Accounts Receivable	#存 货 Inventory	固定资产合计 Total Fixed Assets	累计折旧 Accumulated Depreciation	#本年折旧 Depreciation This Year	资产总计 Total Assets
136984	**93762**	**1130122**	**584205**	**91495**	**2731344**
68385	**40014**	**584980**	**366124**	**40984**	**1348036**
67626	39575	579375	362498	40666	1336908
16926	8794	134782	118801	10048	303389
3641	1204	12530	5545	440	35907
12807	7715	119610	85211	7681	227401
719	509	15027	6760	57	17840
12088	7206	104582	78450	7624	209561
1127	1386	18549	14862	930	27267
32173	20084	284007	135942	20928	731460
5845	1139	12566	3933	425	32277
98	34	889	109	18	1423
25132	18460	268631	131639	20385	687624
1098	452	1920	262	100	10136
952	392	9898	2138	639	11484
759	439	5605	3626	317	11128
759	439	5605	3626	317	11128
49242	29206	440369	308141	29347	1040647
17987	9977	124862	48917	10191	276558
1156	832	19749	9066	1446	30831
23328	11428	196464	161676	13107	393317
4616	2180	28476	13580	907	57654
37559	24329	323456	160682	24065	815117
124	238	3938	2744	317	7015
2758	1840	32647	27442	2588	74934
63775	37134	550404	348654	39782	1275753
211	120	1296	517	85	2462
1731	327	1962	489	123	4962
2669	2434	31318	16464	994	64859
564	901	16841	23723	2572	28173
21914	12043	216121	129268	13340	560494
44059	25967	339258	193073	23825	735262
1848	1102	12759	20060	1247	24107
7895	5886	161495	82109	10090	318026
18645	9707	117293	106933	9215	261196
16219	9768	122208	111486	8892	255180
3484	2103	27109	10937	1634	54123
22142	12551	156875	54659	11154	459511

14-2 续表1

单位：万元

指　标	Item	年初存货 Beginning Inventory	流动资产合计 Total Circulating Assets
二、餐饮业	**Catering**	**63515**	**438987**
1.按登记注册类型分组	Grouped by Registered Kind		
内资企业	Civil Funded Enterprises	61371	433705
国有企业	State-owned Enterprises	1404	6999
集体企业	Collective-owned Enterprises	415	7644
股份合作企业	Share Cooperative Enterprises	19	136
有限责任公司	Limited Responsibility Corporations	9521	69667
国有独资公司	Company Exclusively with Investment from State	255	2721
其他有限责任公司	Other Limited Responsibility Company	9267	66946
股份有限公司	Share-holding Limited Corporations	1008	6636
私营企业	Private-owned Enterprises	48660	340723
私营独资企业	Enterprise Exclusively with Investment from Private	13091	24529
私营合伙企业	Private Partnership Enterprises	45	375
私营有限责任公司	Private Limited Responsibility Corporations	34962	296620
私营股份有限公司	Private Share-holding Limited Corporations	563	19199
其他企业	Others	343	1900
港澳台商投资企业	Enterprises Funded by HongKong, Macao and Taiwan	43	403
港澳台商独资企业	Solely Owned	43	403
外商投资企业	Foreign Funded Enterprises	2101	4880
中外合资经营企业	Joint Venture		
中外合作经营企业	Cooperative		
外资企业	Enterprises Funded by Foreign Invetments	2101	4880
2.按餐饮行业小类分组	Grouped by Catering Services		
正餐服务	Dinner	60973	428472
快餐服务	Fast Food	2435	10013
其他餐饮业	Others	107	503
小吃服务	Snack Service	22	82
餐饮配送服务	Distribution Service		
其他未列明餐饮业	Other Unlisted Service	85	421
3.按控股情况分	Grouped by Share Holding		
国有控股	State Holding Enterprises	4735	31086
集体控股	Collective-owned Holding Enterprises	1337	11617
私人控股	Private Holding Enterprises	52814	373710
港澳台商控股	Hongkong, Macao and Taiwan Holding Enterprises	43	403
外商控股	Foreign Holding Enterprises	2101	4880
其　他	Others	2484	17291
4.按经营形式分	Grouped by Management Form		
独立门店	Independent Stores	59579	409295
连锁总店(总部)	Chain Headquarters	2723	13174
连锁门店	Chain Stores	511	2098
其　他	Others	703	14420
5.按单位规模分	Grouped by Enterprise Size		
大　型	Large-size	7105	16367
中　型	Medium-size	12912	118752
小　型	Small-size	42026	287453
微　型	Micro-size	1473	16416

continued

(10 000 yuan)

#应收帐款 Accounts Receivable	#存货 Inventory	固定资产合计 Total Fixed Assets	累计折旧 Accumulated Depreciation	#本年折旧 Depreciation This Year	资产总计 Total Assets
68599	**53748**	**545142**	**218081**	**50511**	**1383309**
68523	51341	540694	212409	48707	1361885
1561	1436	15620	9682	1327	26484
1298	308	3477	1940	130	18782
15	17	55	51	6	190
15016	7465	158300	45524	13976	325520
106	237	2176	1276		37231
14910	7228	156125	44248	13976	288289
1985	868	467	1137	207	15760
48651	40897	360462	151931	32804	970572
3566	2289	31406	6578	2258	64457
45	204	230	70	12	1346
40429	36167	302936	143548	30314	847760
4611	2237	25891	1736	221	57010
-3	349	2313	2144	257	4576
76	42	334	499	34	1109
76	42	334	499	34	1109
	2365	4114	5174	1770	20315
	2365	4114	5174	1770	20315
67547	51003	531778	209729	47919	1344908
808	2646	5545	6650	2361	29336
244	99	7819	1702	232	9065
60	22				316
184	77	7819	1702	232	8749
4840	3628	137517	29343	10032	237809
2017	1091	13372	4603	1776	35002
57969	44711	379062	172777	35122	1055058
76	42	334	499	34	1109
	2365	4114	5174	1770	20315
3696	1910	10744	5687	1778	34016
67268	49317	527568	205164	47945	1318163
471	2852	8196	11381	1918	38383
219	419	1409	705	381	4129
641	1160	7970	832	268	22633
1010	9789	7767	7874	2556	49110
15012	10992	231533	86130	19546	421291
51346	31914	287883	108806	23317	863669
1231	1054	17959	15272	5092	49240

14-2 续表2

单位：万元

指 标	Item	流动负债合 计 Liquid Liabilities	应付帐款 Accounts Payable
总 计	**Total**	**1775736**	**306385**
一、住宿业	**Hotels**	**829718**	**142805**
1.按登记注册类型分组	Grouped by Registered Kind		
内资企业	Civil Funded Enterprises	820069	141646
国有企业	State-owned Enterprises	161854	28294
集体企业	Collective-owned Enterprises	31252	2507
有限责任公司	Limited Responsibility Corporations	118036	16239
国有独资公司	Company Exclusively with Investment from State	2772	402
其他有限责任公司	Other Limited Responsibility Corporations	115265	15838
股份有限公司	Share-holding Limited Corporations	13081	5173
私营企业	Private-owned Enterprises	492639	88752
私营独资企业	Enterprise Exclusively with Investment from Private	17848	5812
私营合伙企业	Private Partnership Enterprises	977	6
私营有限责任公司	Private Limited Responsibility Corporations	467969	82023
私营股份有限公司	Private Share-holding Limited Corporations	5846	911
其他企业	Others	3207	680
港澳台商投资企业	Enterprises Funded by HongKong,Macao and Taiwan	9649	1159
与港澳台商合资经营企业	Joint Venture	9649	1159
2.按住宿行业小类分组	Grouped by Hotels		
旅游饭店	Resturants for Trip	600326	110711
一般旅馆	Ordinary Hotels	204655	30734
其他住宿服务	Others	24738	1360
3.按控股情况分	Grouped by Share Holding		
国有控股	State Holding Enterprises	184613	32266
集体控股	Collective-owned Holding Enterprises	44911	6754
私人控股	Private Holding Enterprises	555264	95121
港澳台商控股	Hongkong, Macao and Taiwan Holding Enterprises	5613	849
外商控股	Foreign Holding Enterprises		
其 他	Others	39317	7815
4.按经营形式分	Grouped by Management Form		
独立门店	Independent Stores	809239	137815
连锁总店(总部)	Chain Headquarters	1439	27
连锁门店	Chain Stores	2198	1410
其 他	Others	16842	3553
5.按单位规模分	Grouped by Enterprise Size		
大 型	Large-size	17863	4276
中 型	Medium-size	293055	40650
小 型	Small-size	507266	96042
微 型	Micro-size	11534	1837
6.按星级分	Grouped by Stars		
五 星	Five Star	156633	17309
四 星	Four Star	153196	19860
三 星	Three Star	166164	23661
二 星	Two Star	40477	7526
其 他	Others	313248	74449

continued

(10 000 yuan)

负债合计 Total Liabilities	所有者权益合计 Total Creditors' Equity	#实收资本 Capital Hold	#国家资本 State	#集体资本 Collective	#法人资本 Legal Person	#个人资本 Individual
2124844	**606501**	**813541**	**163850**	**18090**	**286376**	**342491**
1023695	**324341**	**475540**	**137881**	**6427**	**134602**	**196505**
1014046	322862	467040	137881	6427	134227	188505
218537	84852	105735	99024		6711	
31498	4409	3373	10	3033	328	2
163993	63408	90838	38848	125	22295	29570
2772	15068	4513			4483	30
161221	48340	86325	38848	125	17812	29540
13604	13664	15274		2566	12689	20
574923	156537	251617		700	92205	158713
18771	13507	12420			5385	7035
977	446	445				445
547564	140060	235815		700	86569	148546
7613	2524	2937			250	2687
11491	-7	203		3		200
9649	1479	8500			375	8000
9649	1479	8500			375	8000
782182	258466	372223	111175	4641	113567	142715
216301	60256	89928	26605	1786	17485	44054
25212	5619	13389	102		3551	9736
248898	144419	158167	137671	105	20042	348
45157	12497	12065	10	5598	6334	122
663227	151890	268120		700	99000	168296
5613	1402	8000				8000
60801	14133	29188	200	23	9226	19739
995216	280537	438516	136835	6427	103590	191540
2322	140	155			100	55
2202	2760	2370			170	2200
23954	40904	34499	1047		30743	2710
21401	6772	7881	7881			
421239	139255	194312	64335	1830	55604	72544
565876	169387	257235	57469	4442	76639	118560
15180	8927	16112	8196	155	2360	5401
216462	101564	138745	44110	1810	34330	58496
204184	57013	105002	22468	20	33469	49045
206090	49090	91613	43324	2091	31103	14971
42289	11834	15318	4434	872	3905	6107
354670	104841	124862	23546	1634	31796	67887

14-2 续表3

单位：万元

指　　标	Item	流动负债合计 Liquid Liabilities	应付帐款 Accounts Payable
二、餐饮业	**Catering**	**946018**	**163580**
1.按登记注册类型分组	Grouped by Registered Kind		
内资企业	Civil Funded Enterprises	933267	160858
国有企业	State-owned Enterprises	18239	10265
集体企业	Collective-owned Enterprises	4824	2723
股份合作企业	Share Cooperative Enterprises	68	64
有限责任公司	Limited Responsibility Corporations	202124	37857
国有独资公司	Company Exclusively with Investment from State	24252	3502
其他有限责任公司	Other Limited Responsibility Company	177873	34355
股份有限公司	Share-holding Limited Corporations	5669	2727
私营企业	Private-owned Enterprises	699282	106918
私营独资企业	Enterprise Exclusively with Investment from Private	32087	7535
私营合伙企业	Private Partnership Enterprises	330	173
私营有限责任公司	Private Limited Responsibility Corporations	630553	85983
私营股份有限公司	Private Share-holding Limited Corporations	36313	13227
其他企业	Others	3061	304
港澳台商投资企业	Enterprises Funded by HongKong，Macao and Taiwan	373	153
港澳台商独资企业	Solely Owned	373	153
外商投资企业	Foreign Funded Enterprises	12378	2569
中外合资经营企业	Joint Venture		
中外合作经营企业	Cooperative		
外资企业	Enterprises Funded by Foreign Invetments	12378	2569
2.按餐饮行业小类分组	Grouped by Catering Services		
正餐服务	Dinner	927034	158612
快餐服务	Fast Food	18418	4764
其他餐饮业	Others	567	204
小吃服务	Snack Service	192	35
餐饮配送服务	Distribution Service		
其他未列明餐饮业	Other Unlisted Service	374	169
3.按控股情况分	Grouped by Share Holding		
国有控股	State Holding Enterprises	117931	16625
集体控股	Collective-owned Holding Enterprises	12493	4530
私人控股	Private Holding Enterprises	779244	134510
港澳台商控股	Hongkong, Macao and Taiwan Holding Enterprises	373	153
外商控股	Foreign Holding Enterprises	12378	2569
其　他	Others	23599	5193
4.按经营形式分	Grouped by Management Form		
独立门店	Independent Stores	899525	155755
连锁总店(总部)	Chain Headquarters	26142	6762
连锁门店	Chain Stores	2798	286
其　他	Others	17553	776
5.按单位规模分	Grouped by Enterprise Size		
大　型	Large-size	16711	4579
中　型	Medium-size	252351	56038
小　型	Small-size	641123	96353
微　型	Micro-size	35833	6610

continued

(10 000 yuan)

负债合计 Total Liabilities	所有者权益合计 Total Creditors' Equity	#实收资本 Capital Hold	#国家资本 State	#集体资本 Collective	#法人资本 Legal Person	#个人资本 Individual
1101149	**282160**	**338001**	**25969**	**11664**	**151774**	**145986**
1087412	274473	335412	25969	11664	151774	145986
19994	6490	11785	10051		1728	6
8267	10515	10318		9718	600	
68	123	150				150
218350	107170	56700	15880	1370	30631	8819
24623	12609	12500	500		12000	
193727	94562	44200	15380	1370	18631	8819
15824	-64	4399			4089	310
819018	151554	250587	38	577	114225	135727
39212	25245	22135	1	2	6898	15234
330	1016	1051			368	683
729138	118621	218456	37	575	101510	116315
50338	6672	8945			5450	3495
5891	-1315	1474			500	974
810	300	850				
810	300	850				
12928	7387	1739				
12928	7387	1739				
1077944	266964	331191	25968	11452	149540	143362
19160	10177	4240	1	2	1734	765
4045	5019	2569		210	500	1859
192	123	123				123
3853	4896	2446		210	500	1736
120349	117460	41266	25931		15249	86
21712	13289	11801		10971	830	
919493	135566	271423	38	581	126567	144217
810	300	850				
12928	7387	1739				
25858	8158	10923		112	9128	1683
1053562	264602	319752	25915	11664	142394	138989
26908	11475	7748			2729	3280
3126	1003	1540			300	1160
17553	5080	8961	54		6350	2557
34491	14619	13739			1000	11000
309249	112042	75370	5500		56194	13676
716271	147398	228989	20123	11664	89815	107288
41139	8101	19904	346		4766	14022

14-2 续表4

单位：万元

指　　标	Item	营业收入 Business Revenue	主营业务收　入 Revenue in Major Business
总　计	**Total**	**967331**	**953613**
一、住宿业	**Hotels**	**396163**	**391901**
1.按登记注册类型分组	Grouped by Registered Kind		
内资企业	Civil Funded Enterprises	391756	387493
国有企业	State-owned Enterprises	101174	99904
集体企业	Collective-owned Enterprises	10443	10355
有限责任公司	Limited Responsibility Corporations	81884	81171
国有独资公司	Company Exclusively with Investment from State	4645	4423
其他有限责任公司	Other Limited Responsibility Corporations	77239	76748
股份有限公司	Share-holding Limited Corporations	7862	7790
私营企业	Private-owned Enterprises	186042	183921
私营独资企业	Enterprise Exclusively with Investment from Private	15644	15428
私营合伙企业	Private Partnership Enterprises	1272	1272
私营有限责任公司	Private Limited Responsibility Corporations	163575	161671
私营股份有限公司	Private Share-holding Limited Corporations	5551	5551
其他企业	Others	4351	4351
港澳台商投资企业	Enterprises Funded by HongKong,Macao and Taiwan	4408	4408
与港澳台商合资经营企业	Joint Venture	4408	4408
2.按住宿行业小类分组	Grouped by Hotels		
旅游饭店	Resturants for Trip	283432	280882
一般旅馆	Ordinary Hotels	98409	98117
其他住宿服务	Others	14322	12902
3.按控股情况分	Grouped by Share Holding		
国有控股	State Holding Enterprises	137534	135729
集体控股	Collective-owned Holding Enterprises	17508	17340
私人控股	Private Holding Enterprises	208724	206603
港澳台商控股	Hongkong, Macao and Taiwan Holding Enterprises	3426	3426
外商控股	Foreign Holding Enterprises		
其　他	Others	28971	28803
4.按经营形式分	Grouped by Management Form		
独立门店	Independent Stores	381610	378287
连锁总店(总部)	Chain Headquarters	882	882
连锁门店	Chain Stores	2153	2153
其　他	Others	11519	10579
5.按单位规模分	Grouped by Enterprise Size		
大　型	Large-size	21927	21927
中　型	Medium-size	145233	144423
小　型	Small-size	226856	223403
微　型	Micro-size	2148	2148
6.按星级分	Grouped by Stars		
五　星	Five Star	68892	68619
四　星	Four Star	86114	84790
三　星	Three Star	97284	96773
二　星	Two Star	14692	14692
其　他	Others	129182	127027

continued

(10 000 yuan)

营业成本 Business Costs	主营业务成本 Costs in Major Business	营业税金及附加 Business Taxes and Extra Charges	主营业务税金及附加 Taxes and Extra Charges in Major Business	其他业务利润 Profits of Other Business	销售费用 Costs of Sales	管理费用 Costs of Administration
463085	**458021**	**50326**	**49864**	**42695**	**329694**	**244030**
159138	**158105**	**22393**	**22105**	**25187**	**149343**	**130537**
156822	155789	22131	21843	25187	148145	128197
33636	33636	5559	5533	17900	40471	35682
5702	5702	459	459	90	3114	2881
33811	33586	4625	4625	3591	30828	25244
1322	1218	311	311	117	2165	1717
32489	32368	4314	4314	3474	28663	23527
2491	2479	494	384	72	3370	3555
78565	77770	10919	10767	3478	69296	60064
9365	9240	858	852		3502	2439
595	595	60	60		268	259
65731	65060	9394	9248	3478	64391	56396
2875	2875	607	607		1135	971
2616	2616	75	75	55	1064	770
2316	2316	262	262		1198	2340
2316	2316	262	262		1198	2340
111057	110709	15937	15905	21878	113061	96025
42014	41931	5658	5402	1078	32958	30186
6068	5466	798	798	2231	3324	4326
52137	51960	7574	7548	21035	49600	47828
8053	8032	896	786	253	6119	4939
87067	86272	12096	11944	3579	80837	67160
1979	1979	196	196		814	1925
9901	9862	1631	1631	321	11972	8685
152082	151049	21640	21363	24800	145452	126978
571	571	38	38		115	202
942	942	127	127		619	466
5543	5543	588	577	387	3157	2892
3752	3752	1296	1295	16880	9472	8131
54302	54145	8031	7999	3636	57315	48922
100308	99431	12906	12650	4594	81531	71222
777	777	161	161	78	1024	2263
20217	20205	3688	3662	17730	29786	30458
32019	31874	5096	5089	3128	36096	31339
44213	43451	5398	5296	2531	31587	28848
8430	8399	1064	1064	83	5264	4662
54260	54178	7147	6993	1717	46611	35231

14-2 续表5

单位：万元

指 标	Item	营业收入 Business Revenue	主营业务收入 Revenue in Major Business
二、餐饮业	**Catering**	**571168**	**561713**
1.按登记注册类型分组	Grouped by Registered Kind		
内资企业	Civil Funded Enterprises	507585	498130
国有企业	State-owned Enterprises	14707	14530
集体企业	Collective-owned Enterprises	3043	3011
股份合作企业	Share Cooperative Enterprises	308	308
有限责任公司	Limited Responsibility Corporations	106048	97998
国有独资公司	Company Exclusively with Investment from State	8257	8193
其他有限责任公司	Other Limited Responsibility Company	97791	89805
股份有限公司	Share-holding Limited Corporations	4632	4609
私营企业	Private-owned Enterprises	375030	373857
私营独资企业	Enterprise Exclusively with Investment from Private	34956	34839
私营合伙企业	Private Partnership Enterprises	1615	1615
私营有限责任公司	Private Limited Responsibility Corporations	331817	331047
私营股份有限公司	Private Share-holding Limited Corporations	6642	6357
其他企业	Others	3818	3818
港澳台商投资企业	Enterprises Funded by HongKong, Macao and Taiwan	704	704
港澳台商独资企业	Solely Owned	704	704
外商投资企业	Foreign Funded Enterprises	62879	62879
中外合资经营企业	Joint Venture		
中外合作经营企业	Cooperative		
外资企业	Enterprises Funded by Foreign Invetments	62879	62879
2.按餐饮行业小类分组	Grouped by Catering Services		
正餐服务	Dinner	487524	478166
快餐服务	Fast Food	81398	81300
其他餐饮业	Others	2246	2246
小吃服务	Snack Service	483	483
餐饮配送服务	Distribution Service		
其他未列明餐饮业	Other Unlisted Service	1763	1763
3.按控股情况分	Grouped by Share Holding		
国有控股	State Holding Enterprises	40695	38240
集体控股	Collective-owned Holding Enterprises	17470	17439
私人控股	Private Holding Enterprises	429435	422467
港澳台商控股	Hongkong, Macao and Taiwan Holding Enterprises	704	704
外商控股	Foreign Holding Enterprises	62879	62879
其 他	Others	19985	19985
4.按经营形式分	Grouped by Management Form		
独立门店	Independent Stores	467737	458282
连锁总店(总部)	Chain Headquarters	88882	88882
连锁门店	Chain Stores	7754	7754
其 他	Others	6795	6795
5.按单位规模分	Grouped by Enterprise Size		
大 型	Large-size	84734	84734
中 型	Medium-size	206175	200290
小 型	Small-size	277270	273864
微 型	Micro-size	2989	2824

continued

(10 000 yuan)

营业成本 Business Costs	主营业务成本 Costs in Major Business	营业税金及附加 Business Taxes and Extra Charges	主营业务税金及附加 Taxes and Extra Charges in Major Business	其他业务利润 Profits of Other Business	销售费用 Costs of Sales	管理费用 Costs of Administration
303947	**299916**	**27933**	**27759**	**17508**	**180352**	**113493**
273443	269412	24388	24214	17508	161195	108486
8913	8697	758	747	47	2881	5007
1368	1368	110	110		868	890
156	156	17	17		142	36
59942	58725	4983	4930	2248	25910	29561
6352	6352	299	299		1046	770
53590	52373	4684	4631	2248	24864	28791
2427	2410	283	283	526	1624	1173
198795	196212	18048	17937	14124	128179	71153
19235	19162	1658	1645	1172	7779	5425
1025	995	126	126		169	196
175361	172882	15908	15827	12704	116662	64411
3173	3173	356	339	248	3568	1121
1844	1844	190	190	563	1592	666
372	372	40	40		467	128
372	372	40	40		467	128
30132	30132	3505	3505		18689	4879
30132	30132	3505	3505		18689	4879
262037	258051	23465	23342	17487	156670	106606
41004	40973	4384	4383		23091	6330
905	891	84	34	21	590	558
388	374					7
517	517	84	33	21	590	550
22518	21497	2072	2061	1803	10599	19869
12824	12824	433	382	68	2660	2521
226880	223883	20811	20698	15603	140614	81169
372	372	40	40		467	128
30132	30132	3505	3505		18689	4879
11221	11207	1073	1073	33	7322	4927
253915	249884	22007	21833	17034	146204	104384
43227	43227	5044	5044	281	27826	7612
3178	3178	470	470	48	3623	850
3627	3627	412	412	145	2699	647
41416	41416	4381	4381	5795	25162	7910
117317	115473	8984	8984	4741	60578	38344
143389	141244	14433	14269	6922	92225	65721
1825	1782	135	125	50	2386	1518

14-2 续表6

单位：万元

指　标	Item	财务费用 Costs of Finance
总　计	**Total**	**37174**
一、住宿业	**Hotels**	**21741**
1.按登记注册类型分组	Grouped by Registered Kind	
内资企业	Civil Funded Enterprises	21718
国有企业	State-owned Enterprises	1700
集体企业	Collective-owned Enterprises	236
有限责任公司	Limited Responsibility Corporations	4418
国有独资公司	Company Exclusively with Investment from State	13
其他有限责任公司	Other Limited Responsibility Corporations	4405
股份有限公司	Share-holding Limited Corporations	57
私营企业	Private-owned Enterprises	15278
私营独资企业	Enterprise Exclusively with Investment from Private	118
私营合伙企业	Private Partnership Enterprises	57
私营有限责任公司	Private Limited Responsibility Corporations	14931
私营股份有限公司	Private Share-holding Limited Corporations	171
其他企业	Others	29
港澳台商投资企业	Enterprises Funded by HongKong,Macao and Taiwan	24
与港澳台商合资经营企业	Joint Venture	24
2.按住宿行业小类分组	Grouped by Hotels	
旅游饭店	Resturants for Trip	17619
一般旅馆	Ordinary Hotels	2352
其他住宿服务	Others	1771
3.按控股情况分	Grouped by Share Holding	
国有控股	State Holding Enterprises	1744
集体控股	Collective-owned Holding Enterprises	405
私人控股	Private Holding Enterprises	16734
港澳台商控股	Hongkong, Macao and Taiwan Holding Enterprises	24
外商控股	Foreign Holding Enterprises	
其　他	Others	2834
4.按经营形式分	Grouped by Management Form	
独立门店	Independent Stores	21340
连锁总店(总部)	Chain Headquarters	142
连锁门店	Chain Stores	25
其　他	Others	233
5.按单位规模分	Grouped by Enterprise Size	
大　型	Large-size	909
中　型	Medium-size	11385
小　型	Small-size	9019
微　型	Micro-size	428
6.按星级分	Grouped by Stars	
五　星	Five Star	9687
四　星	Four Star	4614
三　星	Three Star	2534
二　星	Two Star	141
其　他	Others	4765

continued

(10 000 yuan)

#利息支出 Interest Expense	营业利润 Business Profits	利润总额 Total Profits	应交所得税 Income Tax Payable	应付职工薪酬(本年贷方累计发生额) Remuneration Payable (Accumulated Credit Balance of The Year)
19513	**-157549**	**-222530**	**4438**	**427693**
12535	**-89003**	**-158123**	**1255**	**110612**
12535	-87271	-156398	1255	108720
1515	-13082	-12097	109	34342
228	-1952	-1867	1	3142
2862	-17274	-16216	57	25619
	-884	-882		1575
2862	-16391	-15334	57	24044
5	-1735	-1551	2	1975
7924	-53079	-124534	1087	43101
95	-731	-717	24	3500
21	32	50		337
7721	-52173	-123658	1063	38851
87	-208	-208		413
2	-149	-134		542
	-1732	-1725		1892
	-1732	-1725		1892
9970	-72651	-143835	575	80437
1073	-14320	-11737	592	27612
1492	-2032	-2551	88	2564
1547	-18465	-17421	136	46612
362	-2492	-2123	20	4827
8840	-60109	-131411	1093	49398
	-1512	-1548		1546
1787	-6425	-5621	7	8228
12384	-87873	-153384	1229	107440
21	-187	-171	1	339
4	-26	52	25	278
126	-917	-4621		2555
1187	-1632	-1471		7421
5185	-32955	-36241	307	40097
6141	-52074	-118035	926	61777
21	-2343	-2378	22	1317
6334	-23737	-26553		20953
2737	-22451	-21465	105	23072
1496	-13252	-11076	449	29854
59	-9973	-81773	17	4170
1909	-19591	-17257	685	32564

14-2 续表7

单位：万元

指　　标	Item	财务费用 Costs of Finance
二、餐饮业	**Catering**	**15432**
1.按登记注册类型分组	Grouped by Registered Kind	
内资企业	Civil Funded Enterprises	15407
国有企业	State-owned Enterprises	282
集体企业	Collective-owned Enterprises	172
股份合作企业	Share Cooperative Enterprises	
有限责任公司	Limited Responsibility Corporations	1889
国有独资公司	Company Exclusively with Investment from State	208
其他有限责任公司	Other Limited Responsibility Company	1681
股份有限公司	Share-holding Limited Corporations	659
私营企业	Private-owned Enterprises	12399
私营独资企业	Enterprise Exclusively with Investment from Private	1076
私营合伙企业	Private Partnership Enterprises	1
私营有限责任公司	Private Limited Responsibility Corporations	10449
私营股份有限公司	Private Share-holding Limited Corporations	874
其他企业	Others	6
港澳台商投资企业	Enterprises Funded by HongKong，Macao and Taiwan	1
港澳台商独资企业	Solely Owned	1
外商投资企业	Foreign Funded Enterprises	24
中外合资经营企业	Joint Venture	
中外合作经营企业	Cooperative	
外资企业	Enterprises Funded by Foreign Invetments	24
2.按餐饮行业小类分组	Grouped by Catering Services	
正餐服务	Dinner	15344
快餐服务	Fast Food	82
其他餐饮业	Others	6
小吃服务	Snack Service	4
餐饮配送服务	Distribution Service	
其他未列明餐饮业	Other Unlisted Service	3
3.按控股情况分	Grouped by Share Holding	
国有控股	State Holding Enterprises	873
集体控股	Collective-owned Holding Enterprises	2902
私人控股	Private Holding Enterprises	11200
港澳台商控股	Hongkong, Macao and Taiwan Holding Enterprises	1
外商控股	Foreign Holding Enterprises	24
其　他	Others	433
4.按经营形式分	Grouped by Management Form	
独立门店	Independent Stores	14313
连锁总店(总部)	Chain Headquarters	621
连锁门店	Chain Stores	62
其　他	Others	436
5.按单位规模分	Grouped by Enterprise Size	
大　型	Large-size	80
中　型	Medium-size	5787
小　型	Small-size	9373
微　型	Micro-size	193

continued

(10 000 yuan)

#利息支出 Interest Expense	营业利润 Business Profits	利润总额 Total Profits	应交所得税 Income Tax Payable	应付职工薪酬 (本年贷方累计发生额) Remuneration Payable (Accumulated Credit Balance of The Year)
6978	**-68546**	**-64407**	**3183**	**317081**
6977	-73891	-69462	2100	315539
231	-2956	-2696	1	4029
167	-364	-491	1	709
	-44	-44	8	140
-1444	-16253	-11786	407	20948
	-375	108	22	1355
-1444	-15878	-11894	385	19593
445	-1535	-760	13	1139
7578	-52261	-53206	1670	287723
698	-926	-1798	136	7614
	98	133		365
6433	-48983	-49093	1519	278348
446	-2450	-2448	15	1396
1	-479	-479		850
1	-305	-302		199
1	-305	-302		199
	5650	5357	1083	1343
	5650	5357	1083	1343
6970	-75068	-70119	1987	313150
5	6506	5983	1195	3486
4	16	-271		445
4	-2	-2		38
	19	-269		407
593	-15059	-13982	38	10543
166	-3806	-343	18	2104
5925	-49945	-50217	1982	297946
1	-305	-302		199
	5650	5357	1083	1343
294	-5082	-4921	63	4946
6946	-71644	-67535	1682	303612
27	4552	4560	1476	9352
1	-429	-427	13	2600
4	-1024	-1005	12	1518
	5786	5510	1420	8175
502	-24959	-22062	865	36551
6268	-47284	-45275	896	71096
208	-2089	-2580	2	201260

14-3 限额以上连锁住宿餐饮业经营情况(2014年)
MANAGEMENT OF CHAIN ENTERPRISES ABOVE DESIGNATED SIZE IN HOTELS AND CATERING SERVICES(2014)

指　标	Item	合　计 Total	直营店 Regular Chain	加盟店 Franchise Chain
一、门店总数 (个)	**Number of Stores (uint)**	**115**	**110**	**5**
二、年末餐饮业营业面积 (平方米)	**Business Area of Catering at Year-end (sq.m)**	**69580**	**67080**	**2500**
三、年末从业人员 (人)	**Employees at Year-end (person)**	**8414**	**8299**	**115**
四、年末经营餐饮业务餐位数 (位)	**Number of Catering Tables at Year-end (uint)**	**21134**	**19634**	**1500**
五、商品购进总额 (万元)	**Total Purchases Value (10 000 yuan)**	**48552**	**48065**	**487**
#统一配送商品购进额	Value of Unified Distribution	40159	40159	
#自有配送中心配送商品购进额	Disrtibuted by Owned Distribution Center	39956		39956
非自有配送中心配送商品购进额	Distributed by Other Distribution Center			
六、营业收入 (万元)	**Business Revenue (10 000 yuan)**	**80588**	**79499**	**1089**
#餐费收入	Revenue of Dining	80521	79446	1075

14-4 主要年份旅游接待人数
NUMBER OF TOURISTS IN MAJOR YEARS

年　份 Year	接待国内游客人数(万人次) Domestic Tourists (10 000 person-times)	接待入境过夜游客人数(人次) Inbound Overnight Tourists (person-time)	外国人 Foreigners	华　侨 Overseas Chinese	港澳台同胞 Compatriots from Hong Kong, Macao and Taiwan	#台湾同胞 Compatriots from Taiwan
1985	360	34327	26066	1523	6738	2628
1990	465	46777	26983	908	18886	10786
1995	977	71199	51513	1106	18580	10035
2000	2905	165282	116578		48704	21460
2005	6545	421458	253986		167472	64970
2006	7517	573711	330291		243420	91181
2007	8529	737888	449249		288639	108915
2008	9384	939260	579354		359906	130992
2009	10611	1067835	666269		401566	140457
2010	12497	1302856	820935		481921	178480
2011	14975	1553208	982522		570686	213088
2012	19434	1891758	1204155		687603	261330
2013	24605	2126372	1350399		775973	296177
2014	29951	564770	361272		203498	82258

注：2014年起，海外旅游相关指标采用新口径，后同。
Note: Oversea tourism and related indicators have adopted a new coverage since 2014. The same applies to the following.

14-5 主要年份旅游收入
TOTAL INCOME OF TOURISM IN MAJOR YEARS

单位：亿元 (100 million yuan)

年 份 Year	旅游总收入 Total Income of Tourism	国内旅游收入 Revenue from Domestic Tourism	旅游外汇收入 (万美元) Foreign Exchange Earnings from Tourism (USD 10 000)	国内旅游人均花费 (元/人次) Per Capita Expenditure of Domestic Tourists (yuan/person-time)
1985	0.48	0.36	146	10.00
1990	2.80	2.22	458	47.74
1995	16.71	15.00	2062	153.53
2000	81.35	77.21	4991	265.78
2005	291.99	281.91	11622	447.41
2006	428.39	414.75	16421	692.77
2007	581.57	563.67	22171	739.50
2008	739.32	721.30	30065	836.40
2009	892.53	865.85	37794	842.50
2010	1083.46	1052.26	46460	861.10
2011	1342.59	1305.10	56720	878.60
2012	1813.01	1766.28	72024	903.00
2013	2305.44	2253.65	82268	966.00
2014	2846.51	2829.29	28073	855.00

14-6 旅游外汇收入(2014年)
FOREIGN EXCHANGE EARNINGS FROM INTERNATIONAL TOURISM(2014)

单位：万美元 (USD 10 000)

项 目	Item	合 计 Total	外国人 Foreigners	香港同胞 Hong Kong Compatriots	澳门同胞 Macao Compatriots	台湾同胞 Taiwan Compatriots
总 计	**Total**	**28072.7**	**17644.8**	**4498.4**	**1426.4**	**4503.1**
1.长途交通	Long Distance Transportation	8520.1	5355.2	1365.3	432.9	1366.7
飞 机	Air	4654.5	2925.5	745.8	236.5	746.7
火 车	Railway	2383.4	1498.0	381.9	121.0	382.5
汽 车	Highway	1482.2	931.7	237.6	75.4	237.5
2.住 宿	Accommodation	6701.0	4211.8	1073.8	340.5	1074.9
3.餐 饮	Catering	4328.8	2720.8	693.7	220.0	694.3
4.景区游览	Visiting	2375.0	1492.8	380.6	120.7	380.9
5.娱 乐	Recreation	1280.1	804.6	205.1	65.0	205.4
6.购 物	Shopping	3135.7	1970.9	502.5	159.3	503.0
7.市内交通	Urban Transportation	853.4	536.4	136.8	43.4	136.8
8.邮电通讯	Post and Communication	491.3	308.8	78.7	25.0	78.8
9.其 他	Others	387.5	243.5	62.0	19.7	62.3

14-7 旅游四星级以上饭店(2014年)
TOURIST HOTELS ABOVE FOUR STAR GRADE(2014)

名　称	Name	地　址	Address
五星级	**5 Star**		
山西国贸大饭店	Shanxi World Trade Hotel	太原市府西街69号	No.69, Fuxi St., Taiyuan
万狮京华大酒店	Grand Metropark Wanshi Hotel	太原平阳路126号	No.126, Pingyang Rd., Taiyuan
晋祠宾馆	Jinci Hotel	太原晋祠路中段669号	No.669, Middle Section of Jinci Rd., Taiyuan
山西迎泽宾馆西楼	Shanxi Yingze Hotel West Building	太原迎泽大街189号	No.189, Yingze St., Taiyuan
丽华大酒店	Li Hua Hotel	太原长风街1号	No.1, Changfeng St., Taiyuan
花园国际大酒店	Garden International Hotel	解放北路83号	No.83, West Jiefang Rd.
云冈国际酒店	Yungang International Hotel	大同大西街38号	No.38, Daxi St., Datong
天贵国际酒店	Tiangui International Hotel	大同新开南路133号	No.133, North Xinkai Rd., Datong
金地豪生大酒店	Howard Johnson Jindi Plaza	大同市平城街88号	No.88, Pingcheng St., Datong
五台山五峰宾馆	Wutaishan Wufeng Hotel	五台县台怀镇龙泉寺	Longquan Temple, Taihuai Town, Wutai County
宏源国际饭店	Hongyuan International Hotel	灵石高速路口	Lingshi Highway Intersection
万豪美悦国际酒店	Wanhaomeiyue International Hotel	榆次迎宾西街中段	West Yingbin St., Yuci
药林会议中心	Yaolin Conference Center	阳泉平定县张庄镇南后峪村	South Houyu Vil., Zhangzhuang Town, Pingding County, Yangquan
益东国际酒店	Yidong International Hotel	长治市西一环路	Weat First Ring Rd., Changzhi
东明国际大酒店	Dongming International Hotel	长治市紫金东街369号	No.369, East Ziji St., Changzhi
万通源大酒店	Wantongyuan Hotel	朔州市开发北路68号	No.68, North Kaifa Rd., Shuozhou
金辇大酒店	Jinnian Grand Hotel	晋城泽州南路888号	No.888, South Zezhou Rd., Jincheng
阳城环城凯斯顿酒店	Huancheng Caston Hotel	阳城县南环路	South Ring Rd., Yangcheng
东兴帝豪酒店	Royal Dongxing Hotel	孝义市崇文大街181号	No.181, Chongwen St., Xiaoyi
金鑫大酒店	Jinxin Grand Hotel	运城槐东南路88号	No.88, South Huaidong Rd.,Yuncheng
海纳温泉国际酒店	Haina Wenquan International Hotel	运城永济河东大道南段	South Hedong Av., Yongji, Yuncheng
运城空港大酒店	Yuncheng Konggang Hotel	运城空港新区关公东街9号	No.9, East Guangong St., Konggang New Zone, Yuncheng
四星级	**4 Star**		
山西大酒店	Shanxi Grand Hotel	太原新建南路5号	No.5, South Xinjian Rd., Taiyuan
山西愉园大酒店	Shanxi Yuyuan Hotel	太原开化寺街148号	No.148, Kaihuasi St.,Taiyuan
三晋国际饭店	Sanjin International Hotel	太原迎泽大街30号	No.30, Yingze St., Taiyuan
黄河京都大酒店	Yellow River Jingdu Hotel	太原平阳路17号	No.17, Pinyang Rd., Taiyuan
山西阳光大酒店	Shanxi Yangguang Hotel	太原北大街47号	No.47, North St., Taiyuan
山西晋协宾馆	Shanxi Jinxie Hotel	太原东缉虎营35号	No.35, Dongjihuying, Taiyuan
世纪王朝·商务会馆	Century Dynasty Business Hall	太原长治路88号	No.88, Changzhi Rd., Taiyuan
月亮湾国际商务酒店	Moonbay International Business Hotel	太原市北大街107号	No.107, North St., Taiyuan

14-7 续表1 continued

名 称	Name	地 址	Address
西山大厦	Xishan Hotel	太原西矿街318号	No.318, Xikuang St., Taiyuan
太原铁道大厦	Taiyuan Railway Hotel	太原迎泽南街19号	No.19, South Yingze St., Taiyuan
云水国际大酒店	Yunshui International Hotel	太原平阳路48号	No.48, Pingyang Rd., Taiyuan
太原金辇酒店	Taiyuan Jinnian Hotel	太原滨河东路北段22号	No.22, North Section of East Binhe Rd., Taiyuan
山西滨河饭店	Shanxi Binhe Hotel	太原市府西街103号	No.103, Fuxi St., Taiyuan
泰瑞国际商务酒店	Tairui International Commercial Hotel	太原长风街7号	No.7, Chengfeng St., Taiyuan
宏安国际酒店	Hongan International Hotel	大同迎宾西路28号	No.28, West Yingbin Rd., Datong
大同宾馆	Datong Hotel	大同迎宾西路37号	No.37, West Yingbin Rd., Datong
五洲大酒店	Wuzhou Hotel	大同迎宾西路宾西街88号	No.88, Binxi St., West Yingbin Rd., Datong
花园大饭店	Huayuan Hotel	大同大南街59号	No.59, Danan St., Datong
浩海国际酒店	Haohai International Hotel	大同新建南路46号	No.46, South Xinjian Rd., Datong
雁北宾馆	Yanbei Hotel	大同御河北路甲1号	No. Jia1, North Yuhe Rd., Datong
悦龙休闲商务酒店	Yuelong Business Hotel	大同操场城街5号	No.5, Caochangcheng St., Datong
阳光海悦大酒店	Yangguanhaiyue Hotel	大同大庆路3号	No.3, DaqingRd., Datong
晨光国际酒店	Chenguang International Hotel	大同迎宾东路68号	No.68, West Yingbin Rd., Datong
北冰洋大酒店	Beibingyang Hotel	阳泉北大街80号	No.80, North St., Yangquan
泉美国际酒店	Quanmei International Hotel	阳泉南大西街	West of South St., Yangquan
祥禾大酒店	Xianghe Grand Hotel	阳泉市开发区烟台路1号	No.1, Yantai Rd., Development Zone, Yangquan
鹏宇国际大酒店	Pengyu International Hotel	长治市长兴中路509号	No.509, Changxing Middle Rd., Changzhi
财苑大厦	Caiyuan Hotel	长治市长兴中路305号	No.305, Changxing Middle Rd., Changzhi
富景国际饭店	Fujing International Hotel	晋城新市东街81号	No.81, East Xinshi St., Jincheng
晋城大酒店	Jincheng Grand Hotel	晋城凤台西街88号	No.88, West Fengtai St., Jincheng
太平洋大厦	Pacific Ocean Hotel	晋城凤台西街59号	No.59, West Fengtai St., Jincheng
颐宾大酒店	Yibin Hotel	晋城前西街58号	No.58, Qianxi St., Jincheng
晋城高都大酒店	Jincheng Gaodu Grand Hotel	晋城新市东街8号	No.8, East Xinshi St., Jincheng
晋城阳光大酒店	Jincheng Sunshine Hotel	晋城市泽州路76号	No.76, Zezhou Rd., Jincheng
棋源山庄	Qiyuan Moutain Village	晋城陵川县棋子山风景区	Qizishan Scenic Spot, Lingchuan, Jincheng
兰花大酒店	Lanhua Hotel	晋城凤台东街2288号	No.2288, East Fengtai St., Jincheng
泽州大酒店	Zezhou Hotel	晋城市凤台西街2839号	No.2839 West Feitai St., Jincheng
竹林山大酒店	Zhulinshan Hotel	晋城市阳城县新阳东街169号	No.169, East Xinyang St., Yangcheng, Jincheng

14-7 续表2 continued

名 称	Name	地 址	Address
皇城相府贵宾楼	Xianfu Grand Hotel	晋城市阳城北留皇城村	Huangcheng Vil., Beiliu, Yangcheng, Jincheng
万通源平鲁宾馆	Wantongyuan Pinglu Hotel	朔州市平鲁区胜利南路	South Shengli Rd., Pinglu District, Shuozhou
平朔宾馆	Pingshuo Hotel	朔州平朔生活区	Living District , Pingshuo, Shuozhou
圣厚源大酒店	Shenghouyuan Hotel	朔州开发北路安泰街2号	No.2, Antai St., North Kaifa Rd., Shuozhou
玉龙国际酒店	Yulong International Hotel	右玉县新建大街北侧	North of Xinjian St., Youyu
颐景国际大酒店	Yijing International Hotel	晋中市榆次区西顺城街71号	No.71, Xishuncheng St., Yuci District, Youyu
平遥峰岩大酒店	Pingyao Fengyan Hotel	晋中市平遥县曙光路峰岩广场	Fengyan Square, Shuguang Rd., Pingyao, Jinzhong
介休市正达海悦酒店	Jiexiu Zhengdahaiyue Hotel	晋中市介休市北坛东路25号	No.25, East Beitan Rd., Jiexiu, Jinzhong
介休锦源大酒店	Jiexiu Jinyuan Grand Hotel	晋中市介休市经天路西	West of Jingtian Rd., Jiexiu, Jinzhong
运城宾馆	Yuncheng Hotel	运城市红旗东街84号	No.84, East Hongqi St., Yuncheng
运城大酒店	Yuncheng Grand Hotel	运城红旗东街376号	No.376, East Hongqi St.,Yuncheng
新耿大酒店	Xingeng Hotel	河津市新耿北街	North Xingeng St., Hejin
天都大酒店	Tiandu Hotel	河津市振兴东路	East Zhenxing Rd., Hejin
桃源国际酒店	Taoyuan International Hotel	运城市圣慧北路2号	No.2, North Shenghui Rd., Yuncheng
芮城惠阳大酒店	Ruicheng Huiyang Hotel	芮城县洞宾东街8号	No.8, East Dongbin St., Ruicheng
新康国际酒店	Xinkang International Hotel	运城市人民南路243号	No.243, South Renmin Rd., Yuncheng
闻喜黄河京都大酒店	Wenxi Huanghejingdu Hotel	闻喜县兴闻街11号	No.11, Xingwen St., Wenxi
五台山银海山庄	Wutai Moutain Yinhai Moutain Village	忻州五台山台怀镇	Taihuai Town, Wutai Moutain, Xinzhou
原平市宾馆	Yuanping Hotel	忻州原平前进西街57号	No.57, West Qianjin St., Yuanping, Xinzhou
花卉山庄	Huahui Moutain Village	忻州五台山大车沟	Dachegou, Wutai Moutain, Xinzhou
瑞龙大酒店	Ruilong Hotel	忻州忻府区公园路	Park Rd., Xinfu District, Xinzhou
繁峙县嘉盛伦大酒店	Fansi Jiashenglun Hotel	忻州市繁峙县向阳北路	North Xiangyang Rd., Fanshi, Xinzhou
金鼎大酒店	Jinding Grand Hotel	忻州市定襄县晋昌大街	Jinchang St., Dingxiang, Xinzhou
侯马华翔大酒店	Houma Huangxiang Hotel	临汾市侯马市火车站南侧	South of Houma Railway Station, Linfen
唐尧大酒店	Tangyao Hotel	临汾经济开发区中大街	Middle St., Economic Development Zone, Linfen
金海湾大酒店	Jinhaiwan Hotel	临汾市向阳西路西段	West Section of West Xiangyang Rd., Linfen
思麦尔国际酒店	Smir International Hotel	临汾市鼓楼东大街40号	No.40, East Gulou Dong St., Linfen
山西丁陶国际大酒店	Shixi Dingtao International Hotel	临汾市襄汾县兴农路公园南侧	South of XingnongRd. Park, Xiangfen, Linfen
华强大酒店	Huaqiang Grand Hotel	侯马市呈王东路69号	No.69, East Chengwang Rd., Houma
吕梁国际宾馆	Lvliang International Hotel	离石区滨河南东路2号	No.2, South Binhe Rd. , Lishi District
吕梁国贸大酒店	Lvliang World Trade Hotel	离石区新建沟口43号	No.43, Xinjiangoukou, Lishi District
贾家庄裕和花园酒店	Jiajiazhuang Yuhe Garden Hotel	吕梁市汾阳县贾家庄腾飞路	Tengfei Rd., Jiajia Vil., Fenyang, Lvliang
吕梁华大酒店	Lvliang Huada Hotel	吕梁市离石区新世纪广场	Xinshiji Square, Lishi District, Lvliang
东兴酒店	Dongxing Hotel	孝义市府前街55号	No.55, Fuqian St., Xiaoyi

主要统计指标解释

住宿业　指为旅行者提供短期留宿场所的活动，有些单位只提供住宿，也有些单位提供住宿、饮食、商务、娱乐一体的服务。

餐饮业　指通过即时制作加工、商业销售和服务性劳动等，向消费者提供食品和消费场所及设施的服务。

限额以上住宿企业　年主营业务收入 200 万元及以上为限额以上住宿企业。

限额以上餐饮企业　年主营业务收入 200 万元及以上为限额以上餐饮企业。

住宿和餐饮业零售额　指专门从事提供食宿服务、进行食品烹饪调制的住宿和餐饮业企业、产业活动单位和个体户，直接向居民和社会集团出售主食、菜肴、烟酒饮料和其他商品取得的餐费收入和商品销售额，包括各行业企业或单位附设的对外营业的旅馆、火车餐车、轮船餐厅、机场餐厅的零售额，不包括机关、团体、学校、企事业单位不对外营业的职工食堂所出售的餐费收入。

住宿业企业星级评定情况　星级等级指符合《中华人民共和国星级酒店评定标准》(GB/T14308-2003)，并经过有关旅游管理权威部门评定（验收）后授予“星级”称号的宾馆、饭店等住宿设施的等级划分，分为一星级到五星级 5 个标准。星级越高，表示企业的档次越高。

营业额　指住宿和餐饮业单位在经营活动中因提供服务或销售商品等取得的全部收入，包括：客房收入、餐费收入、商品销售额（含增值税）和其他收入。

客房收入　指住宿和餐饮业单位在经营活动中因提供住宿服务取得的收入。

餐费收入　指住宿和餐饮业单位因为顾客提供就餐服务取得的收入。

商品销售额　指住宿和餐饮业单位出售商品的销售总额（含增值税）。

其他收入　指营业额中除客房收入、餐费收入、商品销售额（含增值税）以外的其他收入。

入境过夜游客　指在中国（大陆）的旅游住宿单位内至少停留一夜的外国人、港澳台同胞。

国内游客　指报告期内在中国（大陆）观光游览、度假、探亲访友、就医疗养、购物、参加会议或从事经济、文化、体育、宗教活动的中国（大陆）居民，其出游的目的不是通过所从事的活动谋取报酬。

旅游外汇收入　入境游客在中国（大陆）境内旅行、游览过程中用于交通、参观游览、住宿餐饮、购物、娱乐等全部花费。

国内旅游收入　指国内游客在国内旅行、游览过程中用于交通、参观游览、住宿餐饮、购物、娱乐等全部花费。

Explanatory Notes on Main Statistical Indicators

Hotel Services refer to activities provided to travelers a short time accommodation places. Some hotels only provide accommodation, others also provide lodging, business and entertainment services.

Catering Services refer to the activities provided to customers food, consumption places and facilities by on-the-spot making and processing, commercial sales and service-type labor.

Hotel Enterprises Above Designated Size refer to hotel enterprises whose annual revenue of major business amounts to 2 million yuan and over.

Catering Enterprises Above Designated Size refer to catering enterprises whose annual revenue of major business amounts to 2 million yuan and over.

Retail Sales of Hotels and Catering Services refer to the retail sales hotels and catering enterprises, active units and self-employed individuals which specialized in providing accommodation, food services got by directly selling staple foods, cooked foods, beverages, tobacco and other goods to the residents and community groups. It includes retail sales from opening to the public hotels, restaurants, train dining cars, ship and airport dining rooms of all kinds of enterprises or units, while it excludes dining revenue from stuff's dining hall of government agencies, groups, schools, enterprises and institutions, which aren't open to the public.

Star Rating of Hotel Service Enterprises refers to catering enterprises being assessed by the relevant tourism authorities according to GB/T14308-2003 standard. Hotels can be divided into five standards from one-star to five-star. The more stars hotels get, the higher grade they show.

Business Revenue refers to the total revenue hotel and catering service enterprises get from business activities by providing services and commodities selling. It includes room revenue, dinning revenue, commodities sales with value-added tax and other revenue.

Room Revenue refers to business revenue hotel and catering enterprises got by providing lodging services.

Dinning Revenue refers to revenue hotel and catering enterprises got by providing customers catering services.

Commodity Sales refers to revenue hotel and catering enterprises got by selling commodities including value-added tax.

Other Revenue refers to other revenue hotel and catering enterprises get except room revenue, dinning revenue, and commodity sales including value-added tax.

Inbound Overnight Tourists refer to foreigners and compatriots from Hong Kong, Macao and Taiwan who come to China (the mainland) and stay in the tourist accommodation units for at least one night.

Domestic Tourists refer to residents of China (the mainland) who travel within China (the mainland) for sightseeing, vacation, visiting relatives, medical treatment, shopping, attending conference, or engaging in economic, cultural, sports and religious activities. And the purpose of their travelling isn't for profits.

Foreign Exchange Earnings from Tourism refer to the total expenditures of inbound tourists during their stay in the mainland of China on transportation, sightseeing, accommodation, food, shopping and entertainment.

Revenue from Domestic Tourism refers to the total expenditures of domestic tourists during their stay in the mainland of China on transportation, sightseeing, accommodation, food, shopping and entertainment.

交通运输、邮电通信业

TRANSPORTATION, POST AND TELECOMMUNICATION SERVICES

PAGE

493—512

资料整理人员

崔旭莲　阮并晶　赵　晨

交通运输、邮电通信业

TRANSPORTATION, POST AND TELECOMMUNICATION SERVICES

铁路营业里程	Length of Railways in Operation	4980	公里	(km)
公路通车里程	Length of Highways	140436	公里	(km)
货物周转量	Turnover Volume of Freight Traffic	3710.8	亿吨公里	(100 million ton-km)
旅客周转量	Turnover Volume of Passenger Traffic	384.4	亿人公里	(100 million person-km)
市话年末到达数	Urban Telephone Subscribers at Year-end	424.2	万户	(10 000 subscribers)
农话年末到达数	Rural Telephone Subscribers at Year-end	130.0	万户	(10 000 subscribers)
移动电话户数	Number of Mobile Telephone Subscribers	3332.3	万户	(10 000 subscribers)

民用汽车拥有量（万辆）

Number of Civil Motor Vihicles (10 000 units)

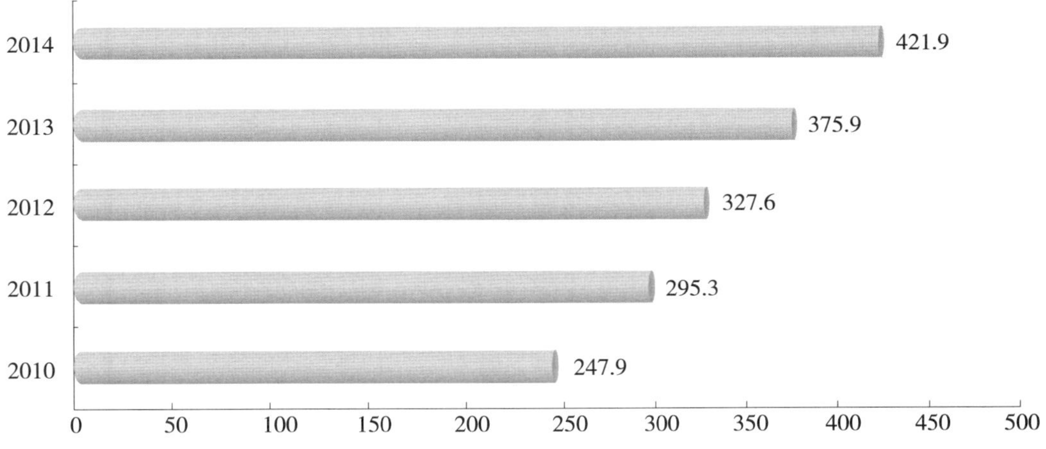

公路通车里程（公里）

Length of Highways (km)

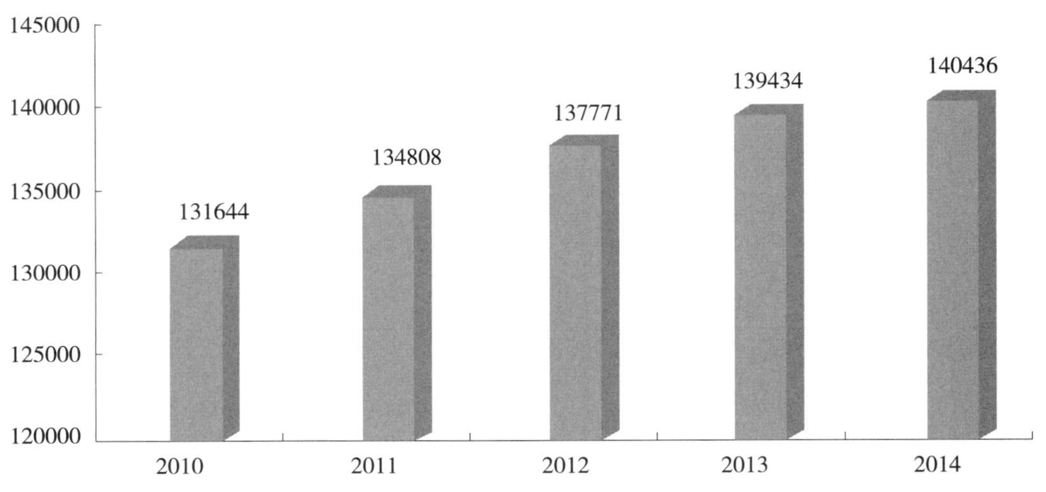

15-1 主要年份运输线路长度
LENGTH OF TRANSPORT ROUTES IN MAJOR YEARS

单位：公里 (km)

年 份 Year	铁路营业里程 Length of Railways in Operation	公路通车里程 Length of Highways	#高速公路 Expressways	每百平方公里平均里程 Average Length Per Square Kilometre 铁 路 Railways	公 路 Highways
1978	2057	31868		1.3	20.3
1980	2129	27261		1.4	17.4
1985	2169	28762		1.4	18.4
1990	2330	30784		1.5	19.6
1995	2435	33644		1.6	21.5
2000	2512	55408	518	1.6	35.4
2005	2512	111227	1686	1.6	71.0
2006	3110	112930	1752	2.0	72.1
2007	3115	119869	1893	2.0	76.5
2008	3324	124773	1965	2.1	79.6
2009	3536	127330	1965	2.3	81.3
2010	3752	131644	3003	2.4	84.0
2011	3774	134808	4005	2.4	86.0
2012	3774	137771	5011	2.4	87.9
2013	3786	139434	5011	2.4	89.1
2014	4980	140436	5011	3.2	89.9

注：2005年起公路线路里程包括村道里程数；2006年起铁路营业里程包括国铁、合资和地方铁路。

Note: Length of highways and all-weather highways has included length of roads between villages since 2005. Length of railways has included length of national railways, joint-venture railways and local railways since 2006.

15-2 主要年份货运量
FREIGHT TRAFFIC IN MAJOR YEARS

单位：万吨 (10 000 tons)

年 份 Year	合 计 Total	铁 路 Railways	#中央铁路 National Railways	公 路 Highways	#汽 车 Automobile	水 运 Water Transport	民 航 Civil Aviation
1978	15620	9166	9166	6443	1073	11	0.09
1980	18080	11067	11067	7004	1059	9	0.15
1985	29181	16110	16092	13071	1854		0.35
1990	50111	23332	23082	26706	1927	72	0.55
1995	65962	26095	25718	39776	1920	90	0.67
2000	86624	28779	28469	57813	48730	31	0.60
2005	125367	49067	47697	76201	72997	95	3.80
2006	132041	53465	52474	78512	75413	59	3.80
2007	141729	59614	57589	82084	80156	27	4.27
2008	127066	60305	58122	66709	61185	49	3.36
2009	109883	55086	52928	54786	50485	5	3.64
2010	124677	63836	60808	60819	56985	18	4.49
2011	137940	69194	65695	65201	61237	41	4.53
2012	144622	71437	68294	73150	66890	30	4.84
2013	156048	73181	69894	82834	82630	28	5.00
2014	164924	76411	75059	88491	88460	17	5.07

注：(1)2000年以前汽车货运量为交通系统内口径，2000年及以后为全社会口径。

(2)2008-2012年，2013年至今，公路运输量相关指标为五年一次专项调查数据，下同。

Notes: (1)The freight traffic of automobile is calculated by the coverage of traffic system before 2000, and refferred to total society from 2000.

(2)Traffic volume of highways and relative data from 2008 to 2012, from 2013 to now are obtained from two special surveys, which are conducted once every 5 years. The same applies to the follwing.

15-3 主要年份货物周转量

TURNOVER VOLUME OF FREIGHT TRAFFIC IN MAJOR YEARS

单位：万吨公里 (10 000 ton-km)

年 份 Year	合 计 Total	铁 路 Railways	#中央铁路 National Railways	公 路 Highways	#汽 车 Automobile	水 运 Water Transport
1978	1896350	1784790	1784790	111483	71220	77
1980	2253618	2096450	2096450	157126	76908	42
1985	3609795	3086917	3086584	522878	172565	
1990	5948295	4795516	4784200	1152520	256140	259
1995	7179630	5363846	5346060	1815463	223791	321
2000	8679954	5979696	5958000	2700206	2363596	52
2005	13625549	9697012	9599369	3927715	3788087	822
2006	15302020	11273456	11184936	4028106	3915891	458
2007	16130831	11856056	11736093	4274569	4212114	206
2008	23291682	12269080	12128155	11022284	11022284	318
2009	21000654	11936994	11787797	9063535	8832473	125
2010	23324205	13624714	13436905	9698896	9486877	595
2011	30827489	20355804	20153949	10471189	10237638	496
2012	33458466	21435390	21231815	12022480	11686546	596
2013	35923686	23137331	23117075	12785747	12781212	608
2014	37108069	23475689	23453328	13631956	13627217	423

注：2011年起，铁路为全行业数据，包括国家铁路（含控股）、非控股合资铁路及地方铁路。

Note: Volume of railways is calculated by the whole industry coverage from 2011, which includes national railways, non-shareholding joint venture railways and local railways.

15-4 主要年份旅客运输量和周转量

PASSENGER TRAFFIC AND TURNOVER VOLUME IN MAJOR YEARS

年 份 Year	客运量 (万人) Passenger Traffic (10 000 persons)	#铁 路 Railways	#公 路 Highways	旅客周转量 (万人公里) Passenger Kilometers (10 000 person-km)	#铁 路 Railways	#公 路 Highways
1978	4498	2124	2375	387366	270950	116416
1980	5865	2523	3342	497897	356420	141477
1985	10564	3391	7173	931783	621351	310432
1990	15960	3226	12728	1260441	668100	587953
1995	21337	3308	17956	1750989	806580	861061
2000	31818	2953	28821	2245807	833600	1358962
2005	40209	3433	36456	3295406	1056422	1809406
2006	42552	3760	38415	3668693	1104390	1897094
2007	44270	4182	39632	3739365	1225343	2071400
2008	36706	4738	31397	4481766	1343296	2425444
2009	37033	5320	31122	3521129	1417639	2103170
2010	39059	5746	32606	3715683	1558206	2157019
2011	39932	6219	32865	4158078	1957808	2199108
2012	40839	6208	33662	4229773	1923652	2306121
2013	34781	6294	28487	3864404	1898201	1966203
2014	34040	6949	27091	3843762	2023842	1819920

注：2009年起旅客周转量不包括民航数据。

Note: Passenger turnover volume doesn't include civil aviation data from 2009.

15-5 公路营业性客货运输量
HIGHWAY BUSINESS PASSENGER AND FREIGHT TRAFFIC

指　　标	Item	2013	2014
一、客运量 (万人)	**Passenger Traffic (10 000 persons)**	**28487**	**27091**
汽　车	Automobile	28487	27091
二、旅客周转量 (万人公里)	**Turnover Value of Passenger (10 000 person-km)**	**1966203**	**1819920**
汽　车	Automobile	1966203	1819920
三、货运量 (万吨)	**Freight Traffic (10 000 tons)**	**82834**	**88491**
汽　车	Automobile	82630	88460
其他机动车	Other Motor Vehicle	190	29
轮胎式拖拉机	Wheeled Tractors	14	2
四、货物周转量 (万吨公里)	**Turnover Value of Freight (10 000 ton-km)**	**12785747**	**13631956**
汽　车	Automobile	12781212	13627217
其他机动车	Other Motor Vehicle	3745	4471
轮胎式拖拉机	Wheeled Tractors	790	268

15-6 公路分货类运输量(2014年)
HIGHWAY FREIGHT TRAFFIC BY CATEGORY OF CARGO(2014)

指　　标	Item	货运量 (万吨) Freight Traffic (10 000 tons)	货物周转量 (万吨公里) Turnover Volume of Freight Traffic (10 000 ton-km)
合　计	**Total**	**88492**	**13631958**
煤炭及制品	Coal and Products	48817	8508172
石油天然气及制品	Petroleum, Natural Gas and Products	2072	226928
金属矿石	Metal Ores	2269	318504
钢　铁	Steel and Iron	3069	626499
矿建材料	Mineral Building Materials	11873	878321
水　泥	Cement	4653	365127
木　材	Timber	604	75820
非金属矿石	Nonmetal Ores	2705	311642
化肥及农药	Chemical Fertilizers and Pesticides	459	63012
盐	Salt	134	10221
粮　食	Grain	1210	156561
机械、设备、电器	Mechanism, Equipment and Eletric Appliance	1235	285994
化工原料及制品	Raw Chemical and Products	861	288623
有色金属	Nonferrous Metal	180	39019
轻工、医药产品	Light Product and Medical Products	1180	282119
农林牧渔业产品	Farming, Forestry, Animal Husbandry and Fishery Products	2210	628967
其　他	Others	4961	566429

15-7 主要年份民用汽车拥有量
NUMBER OF CIVIL MOTOR VEHICLES IN MAJOR YEARS

单位：辆 (unit)

年份 Year	民用汽车总数 Total	#载货汽车 Trucks	#载客汽车 Buses and Cars	#私人汽车 Private Vehicles	#载货 Trucks	#载客 Buses and Cars	每百公里公路平均汽车数 Average Number of Motor Vehicles Per 100 km
1978	45634	34383	8341				143.2
1980	70730	47872	10329				259.5
1985	129286	102033	20968	23664	21525	1884	449.5
1990	232665	174618	46390	46540	36084	10450	755.8
1995	332886	210157	106924	94987	54806	40131	989.4
2000	550148	278235	253481	235078	98837	135909	992.9
2005	1074350	379599	677746	587721	155570	430314	1056.5
2006	1215470	362904	832787	735838	166972	568866	1289.2
2007	1443307	387232	1028553	931163	187040	739517	1447.1
2008	1742158	426521	1272342	1193476	220678	954482	1632.8
2009	2059535	485446	1555324	1488602	264851	1220074	1844.6
2010	2478905	558169	1899271	1865984	319589	1541432	2315.8
2011	2953253	612696	2316189	2301975	364040	1931590	2190.7
2012	3275805	567788	2708017	2697177	362482	2334695	2377.7
2013	3758528	582913	3175615	3180579	385930	2794649	2401.6
2014	4219470	591108	3628362	3723049	400345	3261251	3004.6

注：民用汽车总数和私人汽车数不包括三轮汽车和低速货车。

Note: Number of civil motor vehicles and number of private cars exclude tricars and lower-speed cars.

15-8 民用汽车拥有量(2014年)
NUMBER OF CIVIL MOTOR VEHICLES(2014)

单位：辆 (unit)

指标	Item	合计 Total	营运 Business	非营运 Non-business	#个人 Individual
一、民用汽车	Civil Motor Vehicles	4298472	548462	3749485	3723049
1. 载客汽车	Buses and Cars	3628362	74237	3553600	3261251
#大型	Large-size	28390	19000	8951	960
中型	Medium-size	16600	4842	11672	4139
#轿车	Cars	2550036	49790	2500246	2348022
2. 载货汽车	Trucks	591108	430421	160687	400345
#重型	Heavy	217545	214770	2775	101593
中型	Medium	23675	22482	1193	16876
#普通载货汽车	Ordinary	278286	135154	143132	221672
3.其他汽车	Others	79002	43804	35198	61453
二、拖拉机	Tractors	474352			474352
三、摩托车	Motorcycles	511418	30495	480923	500260
#普通	Ordinary	508461	30494	477967	497321
轻便	Light	2957	1	2956	2939
四、载货挂车	Trailers	104695	104352	343	44500
五、其他类型车	Other Kinds of Vehicles	65	18	47	23

注：民用汽车拥有量包括三轮汽车和低速货车。

Note: Number of civil motor vehicles include tricars and lower-speed cars.

15-9 民用航空航线(2014年)
CIVIL AVIATION ROUTES(2014)

太原-北京	Taiyuan-Beijing	太原-青岛	Taiyuan-Qindao
太原-常州-福州	Taiyuan-Changzhou-Fuzhou	太原-青岛-温州	Taiyuan-Qindao-Wenzhou
太原-长沙	Taiyuan-Changsha	太原-三亚	Taiyuan-Sanya
太原-长沙-福州	Taiyuan-Changsha-Fuzhou	太原-上海	Taiyuan-Shanghai
太原-长沙-海口	Taiyuan-Changsha-Haikou	太原-深圳	Taiyuan-Shenzhen
太原-长沙-南宁	Taiyuan-Changsha-Nanning	太原-石家庄	Taiyuan-Shijiazhuang
太原-长沙-厦门	Taiyuan-Changsha-Xiamen	太原-天津	Taiyuan-Tianjin
太原-长沙-珠海	Taiyuan-Changsha-Zhuhai	太原-温州	Taiyuan-Wenzhou
太原-长治-武汉	Taiyuan-Changzhi-Wuhan	太原-温州-三亚	Taiyuan-Wenzhou-Sanya
太原-长治-厦门	Taiyuan-Changzhi-Xiamen	太原-乌鲁木齐	Taiyuan-Wulumuqi
太原-长治-重庆	Taiyuan-Changzhi-Chongqi	太原-武汉-桂林	Taiyuan-Wuhan-Guilin
太原-成都	Taiyuan-Chengdu	太原-武汉-贵阳	Taiyuan-Wuhan-Guiyang
太原-大连	Taiyuan-Dalian	太原-武汉-温州	Taiyuan-Wuhan-Wenzhou
太原-大同	Taiyuan-Datong	太原-武汉-厦门	Taiyuan-Wuhan-Xiamen
太原-福州	Taiyuan-Fuzhou	太原-西安	Taiyuan-Xian
太原-广州	Taiyuan-Guangzhou	太原-西安-南宁	Taiyuan-Xian-Nanning
太原-桂林-海口	Taiyuan-Guilin-Haikou	太原-西安-三亚	Taiyuan-Xian-Sanya
太原-贵阳	Taiyuan-Guiyang	太原-烟台	Taiyuan-Yantai
太原-贵阳-南宁	Taiyuan-Guiyang-Nanning	太原-榆林-银川	Taiyuan-Yulin-Yinchuan
太原-海口	Taiyuan-Haikou	太原-运城	Taiyuan-Yucheng
太原-海拉尔	Taiyuan-Hailaer	太原-郑州-合肥	Taiyuan-Zhengzhou-Hefei
太原-杭州	Taiyuan-Hangzhou	太原-重庆	Taiyuan-Chongqi
太原-杭州-福州	Taiyuan-Hangzhou-Fuzhou	太原-重庆-昆明	Taiyuan-Chongqi-Kunming
太原-杭州-三亚	Taiyuan-Hangzhou-Sanya	长春-太原-西安	Changchun-Taiyuan-Xian
太原-合肥-海口	Taiyuan-Hefei-Haikou	长沙-太原-北京	Changsha-Taiyuan-Beijing
太原-合肥-三亚	Taiyuan-Hefei-Sanya	长治-太原-天津	Changzhi-Taiyuan-Tianjin
太原-合肥-厦门	Taiyuan-Hefei-Xiamen	成都-太原-北京	Chengdu-Taiyuan-Beijing
太原-呼和浩特	Taiyuan-Hohhot	成都-太原-大连	Chengdu-Taiyuan-Dalian
太原-呼和浩特-乌兰浩特	Taiyuan-Hohhot-Wulanhaote	成都-太原-大同	Chengdu-Taiyuan-Datong
太原-黄山-厦门	Taiyuan-Huangshan-Xiamen	成都-太原-唐山	Chengdu-Taiyuan-Tangshan
太原-昆明	Taiyuan-Kunming	大连-太原-海口	Dalian-Taiyuan-Haikou
太原-昆明-西双版纳	Taiyuan-Kunming-Xishuangbanna	大连-太原-三亚	Dalian-Taiyuan-Sanya
太原-兰州-拉萨	Taiyuan-Lanzhou-Lasa	大连-太原-西宁	Dalian-Taiyuan-Xining
太原-丽江	Taiyuan-Lijiang	大同-太原-昆明	Datong-Taiyuan-Kunming
太原-南昌-深圳	Taiyuan-Nanchang-Shenzhen	大同-太原-南京	Datong-Taiyuan-Nanjing
太原-南京	Taiyuan-Nanjing	大同-太原-厦门	Datong-Taiyuan-Xiamen
太原-南京-福州	Taiyuan-Nanjing-Fuzhou	东胜-太原-广州	Dongsheng-Taiyuan-Guangzhou
太原-南京-厦门	Taiyuan-Nanjing-Xiamen	东胜-太原-杭州	Dongsheng-Taiyuan-Hangzhou
太原-南宁-海口	Taiyuan-Nanning-Haikou	东胜-太原-济南	Dongsheng-Taiyuan-Jinan
太原-南通-福州	Taiyuan-Nantong-Fuzhou	广州-太原-北京	Guangzhou-Taiyuan-Beijing
太原-秦皇岛	Taiyuan-Qinhuangdao	桂林-太原-哈尔滨	Guizhou-Taiyuan-Harbin

15-9 续表 continued

贵阳-太原-北京	Guiyang-Taiyuan-Beijing	北京-大同	Beijing-Datong
哈尔滨-太原-海口	Harbin-Taiyuan-Haikou	大同-上海	Datong-Shanghai
哈尔滨-太原-昆明	Harbin-Taiyuan-Kunming	大同-运城-三亚	Datong-Yuncheng-Sanya
哈尔滨-太原-三亚	Harbin-Taiyuan-Sanya	哈尔滨-大同-厦门	Harbin-Datong-Xiamen
海口-合肥-太原	Haikou-Hefei-Taiyuan	呼和浩特-大同-天津	Hohhot-Datong-Tianjin
合肥-太原-呼和浩特	Hefei-Taiyuan-Hohhot	沈阳-大同-西安	Shenyang-Datong-Xian
呼和浩特-太原-济南	Hohhot-Taiyuan-Jinan	大同-烟台	Datong-Yantai
呼和浩特-太原-昆明	Hohhot-Taiyuan-Kunming	北京-运城	Beijing-Yuncheng
呼和浩特-太原-南昌	Hohhot-Taiyuan-Nanchang	成都-运城	Chengdu-Yuncheng
济南-太原-包头	Jinan-Taiyuan-Baotou	大连-运城-南宁	Dalian-Yuncheng-Nanning
昆明-太原-北京	Kunming-Taiyuan-Beijing	广州-运城	Guangzhou-Yuncheng
兰州-太原-青岛	Lanzhou-Taiyuan-Qingdao	贵阳-运城-沈阳	Guiyang-Yuncheng-Shenyang
满洲里-太原-西安	Manzhouli-Taiyuan-Xian	哈尔滨-运城-三亚	Harbin-Yuncheng-Sanya
南京-太原-银川	Nanjing-Taiyuan-Yinchuan	海口-长沙-运城	Haikou-Changsha-Yuncheng
青岛-太原-乌鲁木齐	Qingdao-Taiyuan-Wulumuqi	海口-重庆-运城	Haikou-Chongqing-Yuncheng
沈阳-太原-昆明	Shenyang-Taiyuan-Kunming	杭州-运城-乌鲁木齐	Hangzhou-Yuncheng-Wulumuqi
沈阳-太原-重庆	Shenyang-Taiyuan-Chongqi	合肥-郑州-运城	Hefei-Zhengzhou-Yuncheng
天津-太原-贵阳	Tianjin-Taiyuan-Guiyang	昆明-运城-天津	Kunming-Yuncheng-Tianjin
天津-太原-呼和浩特	Tianjin-Taiyuan-Hohhot	兰州-运城-青岛	Lanzhou-Yuncheng-Qingdao
天津-太原-兰州	Tianjin-Taiyuan-Lanzhou	南京-运城	Nanjing-Yuncheng
天津-太原-银川	Tianjin-Taiyuan-Yinchuan	上海-运城	Shanghai-Yuncheng
乌鲁木齐-太原-北京	Wulumuqi-Taiyuan-Beijing	深圳-运城	Shenzhen-Yuncheng
西安-太原-北京	Xian-Taiyuan-Beijing	太原-运城	Taiyuan-Yuncheng
西安-太原-海拉尔	Xian-Taiyuan-Hailaer	乌鲁木齐-运城-杭州	Wulumuqi-Yuncheng-Hangzhou
西安-太原-沈阳	Xian-Taiyuan-Shenyang	厦门-武汉-运城	Xiamen-Wuhan-Yuncheng
银川-太原-张家界	Yinchuan-Taiyuan-Zhangjiajie	太原-釜山	Taiyuan-Pusan
张家界-太原-银川	Zhangjiajie-Taiyuan-Yinchuan	太原-海口-新加坡	Taiyuan-Haikou-Singapore
郑州-太原-呼和浩特	Zhengzhou-Taiyuan-Hohhot	太原-济州	Taiyuan-Jeju
重庆-太原-北京	Chongqi-Taiyuan-Beijing	太原-曼谷	Taiyuan-Bangkok
吕梁-北京	Lvliang-Beijing	太原-清州	Taiyuan-Cheongju
吕梁-上海	Lvliang-Shanghai	太原-仁川	Taiyuan-Incheon
吕梁-西安-广州	Lvliang-Xian-Guangzhou	太原-首尔	Taiyuan-Seoul
吕梁-长沙-海口	Lvliang-Changsha-Haikou	太原-襄阳郡	Taiyuan-Yangyang-gun
北京-长治	Beijing-Changzhi	普吉-太原	Phuket-Taiyuan
长治-成都	Changzhi-Chengdu	太原-澳门	Taiyuan-Macau
长治-上海	Changzhi-Shanghai	太原-高雄	Taiyuan-Kaohsiung
大同-长治-广州	Datong-Changzhi-Guangzhou	太原-台北	Taiyuan-Taipei
海口-长治-天津	Haikou-Changzhi-Tianjin	太原-台中	Taiyuan-Taizhong
青岛-长治-银川	Qingdao-Changzhi-Yinchuan	太原-香港	Taiyuan-Hong Kong
包头-大同-海口	Baotou-Datong-Haikou	大同-香港	Datong-Hong Kong

15-10 铁路运输主要技术经济指标(2014年)
MAJOR ECONOMIC AND TECHNICAL INDICATORS OF RAILWAY TRANSPORT(2014)

指　标	Item	太原铁路局 Taiyuan Railway Bureau
货运机车日产量 (万吨公里)	Average Daily Ton-kilometers of Freight Locomotives (10 000 ton-km)	255.2
内燃机车	Diesel Locomotives	72.9
电力机车	Electric Locomotives	278.0
货运机车平均牵引总重量 (吨)	Average Total Tonnage of Freight Locomotives (ton)	6767.0
内燃机车	Diesel Locomotives	3037.0
电力机车	Electric Locomotives	7052.0
客运机车日车公里 (公里)	Daily Distance per Passenger Locomotive (km)	985.0
货运机车日车公里 (公里)	Daily Distance per Freight Locomotive (km)	576.0
内燃机车万吨公里耗油 (公斤)	Oil Consumption of Diesel Locomotives (kg/10 000 ton-km)	37.4
电力机车万吨公里耗电 (千瓦小时)	Electricity Consumption of Electric Locomotives (kwh/10 000 ton-km)	85.5
旅客列车技术速度 (公里/小时)	Technical Speed of Passenger Trains (km/hr)	91.3
旅客列车旅行速度 (公里/小时)	Traveling Speed of Passenger Trains (km/hr)	82.0
货物列车技术速度 (公里/小时)	Technical Speed of Freight Trains (km/hr)	45.1
货物列车旅行速度 (公里/小时)	Running Speed of Freight Trains (km/hr)	37.7
货物列车运行正点率 (%)	Punctuality Rate of Freight Trains in Running (%)	95.5
货物列车出发正点率 (%)	Punctuality Rate of Freight Trains at Departure (%)	95.6
旅客列车运行正点率 (%)	Punctuality Rate of Passenger Trains in Running (%)	99.8
旅客列车出发正点率 (%)	Punctuality Rate of Passenger Trains at Departure (%)	99.7
货车周转时间 (天)	Trunning Around Time of Freight Cars (day)	2.5
货车一次作业时间 (小时)	Handling Time of Freight Cars (hour)	9.4
货车中转停留时间 (小时)	Transfer Waiting Time Per Freight Car (hour)	2.8

15-11 太原铁路局机车拥有量
LOCOMOTIVES OF TAIYUAN RAILWAY BUREAU

单位：台 (unit)

项　　目	Item	2013	2014
总　　计	**Total**	**1139**	**1309**
内燃机车	**Diesel Locomotives**	**338**	**306**
NYJ1	NYJ1	4	
东 风4	Dongfeng Model IV	36	31
东 风4A	Dongfeng Model IV A		
东 风4B	Dongfeng Model IV B	40	36
东 风4BD	Dongfeng Model IV BD	25	21
东 风4BK	Dongfeng Model IV BK	55	52
东 风4DD	Dongfeng Model IV DD	8	8
东 风4D客	Dongfeng Carrige Model IV D	8	8
东 风7	Dongfeng Model VⅡ	41	49
东 风7B	Dongfeng Model VⅡ B	20	10
东 风7C	Dongfeng Model VⅡ C	13	9
东 风7G	Dongfeng Model VⅡ G	7	7
东 风8B	Dongfeng Model VIII B	80	74
东 风12	Dongfeng Model XⅡ	1	1
电力机车	**Electric Locomotive**	**801**	**1003**
韶山1型	Shaoshan Model Ⅰ	29	22
韶山4型	Shaoshan Model Ⅳ	226	387
韶山3	Shaoshan III	2	
韶山3B	Shaoshan III B	13	
韶山7C	Shaoshan VⅡ C	2	
8G型	8G Model	78	68
8K型	8K Model	51	51
HXD1	HXD1 Model	220	270
HXD2	HXD2 Model	180	180
HXD3C	HXD3C Model		25

15-12 太原铁路局客车拥有量
PASSENGER COACHES OF TAIYUAN RAILWAY BUREAU

单位：辆 (coach)

项　　目	Item	2013	2014
总　　计	**Total**	**1999**	**1845**
软卧车	Soft Berth Coaches	157	162
硬卧车	Hard Berth Coaches	797	747
软硬卧车	Soft and Hard Berth Coaches		
软座车	Soft Seat Coaches	3	3
硬座车	Hard Seat Coaches	775	691
软硬座车	Soft and Hard Seat Coaches		
餐　车	Dining Cars	118	109
行李邮政车	Luggage and Post Cars	64	52
公务车	Business Cars	10	10
其　他	Others	75	71

15-13 国家铁路分货类运输量(2014年)
NATIONAL RAILWAY FREIGHT TRAFFIC BY CATEGORY OF CARGO(2014)

指　标	Item	运输量(万吨) Volume of Freight Traffic (10 000 tons)	货物周转量(万吨公里) Turnover Volume of Freight Traffic (10 000 ton-km)	平均运程(公里) Average Transport Mileage (km)
合　计	**Total**	**66866.8**	**34232003.8**	**512**
煤　炭	Coal	51512.3	30332292.4	589
#晋煤外运	Sent to Other Prefectures	46800.6		
石　油	Petroleum	814.7	230534.6	283
焦　炭	Cake	3223.2	1098744.5	341
金属矿石	Metal Ore	2519.6	608722.4	242
钢铁及有色金属	Steel and Nonferrous Metal	2619.4	730239.0	279
非金属矿石	Nonmetal Ores	319.2	90657.6	284
磷矿石	Phosphate Rock	13.1		
矿建材料	Mine Construction Materials	3096.1	232284.7	75
水　泥	Cement	6.6	934.8	141
木　材	Timber	49.1	15533.0	316
粮　食	Grain	437.7	156622.1	358
棉　花	Cotton	205.2	78692.9	383
化肥及农药	Chemical Fertilizers and Pesticides	670.0	191010.7	285
盐	Salt	16.3	4608.8	284
化工品	Chemical Products	389.1	143117.4	368
金属制品	Metal Products	10.5	3696.2	353
工业机械	Industry Machinery	41.6	11587.1	279
电子电气机械	Electric Machinery	0.4	165.7	395
农业机具	Agricultral Machinery and Tools	0.1	25.6	329
鲜活货物	Fresh and Living Goods	18.9	12739.4	672
农副产品	Agricultural Produts	4.4	1717.9	393
饮食品及烟草制品	Drinking, Food and Tobacco Products	55.0	20181.3	367
纺织品皮革毛皮及其制品	Textile, Leather, Furs and Their Products	0.8	305.8	407
纸及文教用品	Paper, Cultural and Education Goods	22.3	8520.8	382
医药品	Medical and Pharmaceutical Products	4.2	1901.1	448
零　担	Sporadic Freight Transport	0.2	91.3	482
集装箱	Container Transport	678.6	208343.5	307
其　他	Others	138.1	48733.2	353

注：本表为太原铁路局全部数据。
Note: Data in the table is supplied by Taiyuan Railway Bureau.

15-14 铁路每日平均装车数及货车静载重(2014年)

DAILY AVERAGE LOADED FREIGHT CARS AND STATIC LOADING CAPACITY OF FREIGHT(2014)

指　　标	Item	装车数(日车) Number of Loaded Freight Cars (day-wagon)	货车静载重(吨) Static Loading Capacity of Freight(ton)
总　计	**Total**	**22820**	**73**
煤	Coal	18166	74.7
石　油	Petroleum	31	55.6
焦　炭	Cake	1236	65.3
金属矿石	Metal Ore	163	67.1
钢铁及有色金属	Steel and Nonferrous Metal	1100	62.1
非金属矿石	Nonmetal Ores	123	65.1
磷矿石	Phosphate Rock		
矿建材料	Mine Construction Materials	1421	69.7
水　泥	Cement		
木　材	Timber	2	59.3
粮　食	Grain	142	64.1
棉　花	Cotton		
化肥及农药	Chemical Fertilizers and Pesticides	139	63.8
盐	Salt		
化工品	Chemical Products	21	59.7
金属制品	Metal Products	1	23.6
工业机械	Industry Machinery	12	57.9
电子电气机械	Electric Machinery		
农业机具	Agricultral Machinery and Tools		
鲜活货物	Fresh and Living Goods	3	59.5
农副产品	Agricultural Produts	1	59.5
饮食品及烟草制品	Drinking, Food and Tobacco Products	5	59.6
纺织品皮革毛皮及其制品	Textile, Leather, Furs and Their Products		
纸及文教用品	Paper, Cultural and Education Goods	1	54.5
医药品	Medical and Pharmaceutical Products		
零　担	Sporadic Freight Transport	18	10.9
集装箱	Container Transport	215	53.9
其　他	Others	20	53.5

15-15 地方铁路营运概况(2014年)
BASIC STATISTICS ON LOCAL RAILWAYS(2014)

地市及线路名称 Regions and Name of Railway Lines	起讫地址 The Beginning and The End	线路长度 (公里) Length of Railways (km)		机 车(台) Locomotives (unit)		
		延展里程 Length of Extention	正线里程 Length of the Truck Lines	合 计 Total	电 气 Electrical	内 燃 Diesel
总 计 Total		**436.6**	**324.5**	**38**	**19**	**19**
一、合资铁路						
Joint Venture Railways						
武沁铁路	武乡-左权；沁县-沁源	141.4	116.2	5		5
Wuqin Railway	Wuxiang-Zuoquan;Qinxian-Qinyuan					
孝柳有限责任公司	孝西-穆村	184.8	115.5	26	19	7
Xiaoliu Railway Co., Ltd.	Xiaoxi-Mucun					
二、地方铁路						
Local Railways						
宁静铁路	宁武-静乐	110.4	92.8	7		7
Ningjing Railway	Ningwu-Jingle					

地市及线路名称 Regions and Name of Railway Lines	货物运输 Freight Traffic		财务状况 Financial Situation			
	货运量 (万吨) Freight Traffic (10 000 tons)	货物周转量 (万吨公里) Turnover of Freight Traffic (10 000 ton-kms)	运输收入 (万元) Transportation Revenue (10 000 yuan)	运输支出 (万元) Transportation Expend (10 000 yuan)	实现利润 (万元) Profits (10 000 yuan)	上缴税金 (万元) Taxes (10 000 yuan)
总 计 Total	**3752**	**236554**	**80884**	**72440**	**8560**	**8334**
一、合资铁路						
Joint Venture Railways						
武沁铁路	351	16455	4365	5447	-1119	37
Wuqin Railway						
孝柳有限责任公司	2371	193493	59126	52612	7845	7119
Xiaoliu Railway Co., Ltd.						
二、地方铁路						
Local Railways						
宁静铁路	1030	26606	17393	14381	1834	1178
Ningjing Railway						

15-16 邮电业务总量
BUSINESS VOLUME OF POST AND TELECOMMUNICATION SERVICES

指　　标	Item	2013	2014
邮电业务总量 (亿元)	**Business Volume of Post and Telecommunication Services(10 000 yuan)**	**387**	**431**
函　件 (万件)	Number of Letters (10 000 pcs)	4580	3566
包　裹 (万件)	Number of Parcels (10 000 pcs)	128	98
汇　兑 (万笔)	Number of Postal Money Orders (10 000 pcs)	505	295
机要邮件 (万件)	Number of Confidential Letters (10 000 pcs)	59	59
快　递 (万件)	Express Mail Services (10 000 pcs)	8869	9130
集邮邮票 (万枚)	Philately (10 000 pcs)	1061	2987
订销报纸期发数 (万份)	Newspapers Circulation (10 000 copies)	272	261
订销报纸累计数 (万份)	Accumulative Total of Newspapers Circulation (10 000 copies)	58595	56535
订销杂志期发数 (万份)	Magazines Circulation (10 000 copies)	117	132
订销杂志累计数 (万份)	Accumulative Total of Magazines Circulation (10 000 copies)	2791	2564
报刊流转额 (万元)	Circulation of Newspapers and Magazines (10 000 yuan)	74218	70073
市话年末到达数 (万户)	Number of Subscribers of Urban Telephone at Year-end (10 000 subscribers)	433.6	424.2
农话年末到达数 (万户)	Number of Subscribers of Rural Telephone at Year-end (10 000 subscribers)	150.9	130.0
移动电话用户　(万户)	Number of Mobile Telephone Subscribers (10 000 subscribers)	3105.5	3332.3
移动短信 (亿条)	Mobile Short Information (10 000 pcs)	291	253

15-17 主要年份邮电通信网
NETWORK OF POST AND TELECOMMUNICATION IN MAJOR YEARS

年 份 Year	邮政支局所 (处) Number of Branch Post Offices (unit)	#在农村 Rural	邮路长度 (公里) Length of Postal Routes (km)	#铁 路 Railway Routes	#汽 车 Highway Routes
1978	1675	1444	143907	6840	17672
1980	1629	1380	141596	7304	17902
1985	1890	1591	146024	7024	21454
1990	1813	1456	146251	9482	20320
1995	1888	1454	157202	11062	30700
2000	1730	1239	203725	11564	45488
2005	1603	1045	181703	13738	48016
2006	1604	1022	172789	13738	50612
2007	1589	1003	173607	13738	50692
2008	1552	988	183699	14082	55698
2009	1282	785	147994	15300	56770
2010	1306	759	184998	15200	58698
2011	1526	853	213310	16066	81394
2012	1516	738	169908	16860	82490
2013	1483	773	150648	15358	58770
2014	1518	1072	87520	8306	68938

注：2014年起，邮政实施网运改革，邮路长度采用新口径。

Note: Because of the post reform of network operation, length of postal routes has adopted a new coverage since 2014.

15-18 邮政邮路
POSTAL ROUTES

单位：公里 (km)

指 标	Item	2013	2014
邮路总条数(条)	Number of Postal Routes (route)	452	463
#铁 路	Railway Postal Routes	5	2
汽 车	Highway Postal Routes	334	355
邮路总长度(单程)	Total Length of Postal Routes (one-way)	75324	43760
#铁 路	Railway Postal Routes	7679	4153
汽 车	Automobile Postal Routes	29385	34469
农村邮路条数(条)	Number of Rural Postal Routes (route)	270	272
农村邮路长度(单程)	Length of Rural Postal Routes (one-way)	16601	16654
城市投递路线条数(条)	Number of Rural Delivery Routes (route)	1625	1692
城市投递路线长度(单程)	Length of Rural Delivery Routes (one-way)	36458	39001
农村投递路线条数(条)	Number of Rural Delivery Routes (route)	2503	2528
#摩托车	Motorcycles	1607	1919
自行车	Bicycles	758	515
步 班	On Foot	102	70
农村投递线路长度(单程)	Length of Rural Delivery Routes (one-way)	122559	123081
#摩托车	Motorcycles	88137	99783
自行车	Bicycles	28986	19734
步 班	On Foot	3635	2104

15-19 邮政局所、房屋、服务点

NUMBER OF POSTAL OFFICES, BUILDINGS AND SERVICE PLACES

单位：处 (unit)

指　　标	Item	2013	2014
邮政支局所	Number of Branch Post Offices	1483	1518
#设在农村的	In Rural Area	786	1072
电子化支局	Electrical Branch Offices	922	966
邮政局	Number of Post Offices	108	108
邮政支局	Nmber of Branch Post Offices	472	446
自办邮政所	Number of Post Offices Operated By Post Department	488	487
代办邮政所	Number of Postal Agencies	305	585
邮政报刊图书销售点	Number of Sell Places of Papers, Maganizes and Books	561	397
集邮品销售点	Number of Sell Places of Philatelic Items	158	147
邮政储蓄点	Number of Postal Saving Places	949	949
邮政信报箱群	Post Boxes Group	2508	2384
邮政信筒信箱 (个)	Post Boxes (unit)	2373	1460
邮局用户信箱 (个)	User Boxes In Post Offices (unit)	461	155
邮政妥投点 (个)	Number of Post Delivery Places (unit)	553304	553304
直接投递	Direct Delivery Places	483062	519900
与用户签订妥投协议	Delivery Places Made Contract with Users	70242	62104
自有房屋建筑面积 (万平方米)	Floor Space of Self-owned Buildings (10 000 sq.m)	105.7	103.6
邮政生产用房面积	Floor Space of Production Used	54.5	53.0
其他生产用房	Other Productive Buildings	10.1	10.2
非生产用房面积	Floor Space of Non-production	41.0	40.4

主要统计指标解释

铁路营业里程 指办理客货运输业务的铁路正线总长度。凡是全线或部分建成双线及以上的线路，以第一线的实际长度计算；复线、站线、段管线、岔线和特别用途线以及不计算运费的联络线都不计算营业里程。线路营业里程是反映铁路运输业基础设施发展水平的重要指标，也是计算客货周转量、运输密度和机车车辆运用效率等指标的基础资料。

铁路延展里程 可以分为总延展里程以及正线、站线、段管线、岔线和特别用途线的延展里程。总延展里程是各种线路的延展里程之和。正线延展里程是正线第一线、第二线、第三线和其他正线建筑里程之和，站线、段管线、岔线和特别用途线的延展里程，均是各自建筑里程之和。延展里程是作为计算线路上钢轨、枕木及路基砂石需要量的主要依据。

公路网 是由各级公路组成的网状运输系统。它是由连结各城镇、乡村和工矿基地之间主要供汽车行驶的道路形成的网络。我国的公路里程是按其作用及使用管理性质分为国家干线公路、省级干线公路、县级公路、乡公路和专用公路。按其公路工程技术要求分为高速公路和一、二、三、四级公路。

公路里程 也称“公路通车里程”，是指实际达到交通部制定的公路工程技术标准规定的等级公路长度。它包括大中城市的郊区以及通过小城镇街道的公路里程，也包括桥梁、渡口的长度，但不包括城市街道以及厂矿、林区和农业生产用道的里程。两条或多条公路共同径由同一路段，只计算一次，不得重复计算里程长度。公路里程是反映公路建设发展规模的重要指标，也是计算运输网密度等指标的资料。

民用汽车 由公安交通监理部门所掌管的领有本地区民用车辆牌照的机动车辆中的一部分。不包括拖拉机、摩托车、其他机动车等。民用汽车包括普通载货汽车、专用载货汽车、载客汽车、其他专用汽车、特种汽车等。

营运汽车 指领有公安交通监理部门核发的车辆牌照，并经当地工商行政管理机关核准，领取营业执照，参加营业性运输的载客和载货汽车。

货(客)运量 指运输业实际运送的货物（旅客）数量。货运按吨计算。货物不论运输距离长短、货物类别，均按实际重量计算，旅客不论行程远近或票价多少，均按一人一次作为客运量统计。半票价、小孩票也按一人统计。货（客）运量反映运输业为国民经济和人民生活服务的数量指标，也是制定和检查运输生产计划，研究运输发展规模和速度的重要指标。

货物(旅客)周转量 指运输业运送的货物（旅客）数量与其相应运输距离的乘积之总和，通常以吨公里和人公里为计算单位。计算货物周转量通常按发出站与到达站之间的最短距离，也就是计费距离计算。它是反映运输业生产总成果的重要指标，也是编制和检查运输生产计划、计算运输效率、劳动生产率以及核算运输单位成本的主要基础资料。

换算周转量 是综合反映各种运输工具在一定时期内实际完成的旅客、货物周转量的综合指标。具体计算方法是将旅客周转量和货物周转量区分不同运输工具按相应的换算比例，换算成同一计量单位进行加总求得。其计算单位为：吨公里。

公路运输的换算比例是：1 吨公里=10 人公里

内河水运的换算比例是：1 吨公里=3 人公里（座位）　　1 吨公里=1 人公里（带卧铺）

铁路运输的换算比例是：1 吨公里=1 人公里（地方铁路为 5 人公里）

民航运输的换算比例是：1 吨公里=13.9 人公里（国际航线为 13.3 人公里）

邮电业务总量 指以货币表现的邮电部门为用户传递信息和提供其他邮电服务的总量。它用各种邮电分类业务量，如函件件数、电报份数、长话张数、市内电话和农村电话的年均户数、订销报刊累计份数等，分别乘以相应的平均单价（不变价），加总后再加上出租电路和设备的收入、代用户维护电话交换机和线路等设备的收入、其他业务收入求得。邮电业务总量综合反映了一定时期邮电工作的总成果，是研究邮电业务量构成和发展趋势的重要指标。

电话用户数 包括固定和移动电话。固定电话用户指接入国家公众固定电话网，并按固定电话业务进行经营管理的电话用户。移动电话用户指在移动电话营业部门登记，通过移动电话交换机接入移动电话网、占有移动电话号码的用户。

邮路 各邮政局所之间，邮政局所与车站、码头、机场、转运站、邮件处理中心、报刊社之间，邮区中心局与邮政局所及各邮区中心局之间由自办或委办人员按固定班期规定路线交换邮件（包括机要文件，下同）、报刊的路线。包括农村地区运邮兼投递的路线，不包括城市、农村地区纯投递路线。按运输方式可分为航空邮路、铁路邮路、汽车邮路、水路邮路和其他邮路等。

邮路总长度 邮路由起点到终点的长度。单程长度统计法的计算方法是直线算单程，环型算全程；直环混合中直线部分算单程，环型部分算全程；Y 型三段相加算单程。

投递路线 投递路线是指邮政局所或邮政投递机构的自办或委办人员按固定班期（班次）、规定路线为城乡用户投递邮件、报刊的路线。按地域可分为城市投递路线和农村投递路线。按投递方式可分为汽车投递路线、摩托车投递路线、自行车投递路线、马班投递路线和步班投递路线等。

Explanatory Notes on Main Statistical Indicators

Length of Railways in Operation refers to the total length of the trunk line under passenger and freight transportation. The calculation is based on the actual length of the first line even if this line has a full or partial double tracks, excluding double tracks, station sidings, tracks under the charge of stations, branch lines, special-purpose lines and the non-payable connecting lines. The length of railways is an important, traffic density and utilization efficiency of the locomotives and carriages.

Extention Length of Railway it can be divided into total extention length and extention length of trunk lines, station lines under the jurisdiction of trunk refers to the sum of the first, the second, the third lines and other constructed length of the trunk railways. Extenuation length of trunk lines, station lines under the jurisdiction of depots, sidings and lines for special purpose, are all themselves construction length. It provides important information for the calculation of the needs for rails, sleepers, sand and stone for the construction of railways.

Highway Net is a netted communications system, it is composed of various highway. It is a network that linked with carious road of cities, towns, villages and mines. In China, the length of highways, if grouped by its functions and administer characters, can be divided into state highways, provincial highways, county highways, village highways and highways for special purpose. Grouped by its engineering standard, it can be divided into expressways and class I to IV class highways.

Length of Highways it is also be called "opening length of highways". It refers to the length of highways which are built in conformity with the grades specified by the highway engineering standard formulated by the Ministry of Communications. The length of highways includes that of the suburb highways at large and medium-sized cities, highways passing through streets at small cities and towns, and also the length of bridges and ferries. It does not include the length of streets in big and medium-sized cities and highways built for the production purpose at factories, mines, forest areas and agricultural areas. If two or more highway go the same section of the way, the length of the section is only calculated for once and no duplication is allowed. The length of highway is an important indicator to show the development of the highway construction and to provide essential information to calculate the transport network density.

Civil Motor Vehicles refer to a part of motor vehicles that are controlled by public security supervise department and have this locality civil motor vehicles license. Excluding the tractors, motor cycles and other motor vehicles, Civil motor vehicles include ordinary trucks, trucks for special use, buses and cars, other trucks for special use, special vehicles.

Business Vehicles refer to the passenger vehicles and trucks for business, which gains vehicle licenses issued by the traffic control department and the business license approved by administration for industry and commerce.

Freight (Passenger) Traffic refers to the volume of freight (passenger) transported with various means within a specific period of time. This indicator reflects the service of the transport industry towards the national economy and people's living conditions, as well as an important indicator used in formulating and monitoring transport production plans and research into the scale and pace of transport development. Freight transport is calculated in tons and passenger traffic is calculated in terms of number of persons. Freight transport is calculated in terms of the actual weight of the goods and takes no account of the type of freight and distance of travel. Passenger traffic is calculated by the principle that one person can be counted only once in one trip and takes no account of the travelling distance and ticket price. The passengers who travel with a half price ticket or a child's ticket is also calculated as one person.

Freight Ton-kilometres (Passenger-kilometres) refers to the sum of the product of the volume of transported cargo (passengers) multiplied by the transport distance. It is an important indicator to reflect the achievement of the transportation industry. This is an important indicator to show the total results of the transport industry; to prepare and examine the transport plan; and to serve as the main basic data for calculating the efficiency, labour productivity and unit cost of transport. Normally, the shortest distance between the departure station and the destination station (i.e., the payable distance) is the basis in calculating the freight ton-kilometres.

Converted into Turnover Volume is a synthesis item which reflect real freight or passenger traffic with various means in a period time. The calculated method as follows: Sum of Freight or passenger traffic which are converted into uniform unit by transport means according to corresponding scaling. The uniform unit is ton-km.

Scaling of highways: 1 ton-km=10 person-km

Scaling of river: 1 ton-km=3 person-km(seat);1 ton-km=1 person-km(sleeper)

Scaling of railway: 1 ton-km=1 person-km(equals 5 person-km on local railways)

Scaling of Civil Avication: 1 ton -km=13.9 person-km(equals 13.3 person-km on international routes)

Volume of Post and Telecommunication Sercives refers to the total amount of postal and telecommunication services, expressed in value terms, provided by the post and telecommunications departments for society. Postal and telecommunication services can be classified as letters, parcels, remittance, issue of newspapers and magazines, fast mail service, express mail service, savings deposits, stamps for collection, facsimiles, long-distance telephone service, leasing of telephone lines, mobile telephone service, data transmission, income from leasing, maintenance, etc. The accounting approach is to multiply the service products of all types with their average unit price (constant price) to get the total business value, and to add to it income from other services such as leasing of telephone lines and equipment and maintenance of telephone switchboards and lines on behalf of customers. This indicator reflects the overall results of postal and telecommunication services during a given period, and is important for studying the composition of business service and the trend of development of postal and telecommunication services.

Number of Telephone Subscribers includes fixed-telephone subscribers and mobile telephone subscribers. Fixed-telephone subscribers refer to subscribers that are connected to the state public fixed-telephone net and are managed according to fixed-telephone business. Mobile telephone subscribers refer to subscribers that are registering in business department on mobile phone, connected to the mobile telephone net and owing the number of mobile phone.

Postal Routes refers routes that self-run clerks or clients change mails, newspapers and magazines by fixed schedule and regular routes between post offices, post offices and stations, docks, airports, transfer stations, mail processing centers, newspaper agencies. It includes posting and delivering routes in rural areas, while excludes routes that only delivers in urban and rural areas. It can be divided into airway postal routes, railway postal routes, automobile postal routes, waterway postal routes and other postal routes according to transport means.

Total Length of Post Routes refers length of postal routes from the start point to the end point. The single length is calculated by the following method, that is, straight line route is calculated as single way, circle route as entire way, straight line and circle mixed route is calculated separately, and Y type route is calculated as the sum of three single lines.

Delivery Routes refers routes that self-run clerks or clients of postal offices and postal delivery agencies deliver mails, newspapers and magazines by fixed schedule and regular routes for urban and rural residents. It can be divided into urban delivery postal routes and rural delivery postal routes according to regions. And there are automobile deliver route, motorcycle deliver route, bicycle deliver route, horse deliver route and deliver route on foot.

教育、科技

EDUCATION, SCIENCE AND TECHNOLOGY

PAGE

513—548

资料整理人员

商彩云　吴丹宁

教育、科技

EDUCATION, SCIENCE AND TECHNOLOGY

高等学校数	Institutions of Higher Education	71	所	(unit)
高等学校专任教师数	Full-time Teachers of Higher Education	4.0	万人	(10 000 persons)
高等学校在校学生数	Students Enrollment of Higher Education	71.3	万人	(10 000 persons)
普通中专学校数	Regular Specialized Secondary Schools	92	所	(unit)
普通中专专任教师数	Full-time Teachers of Regular Specilized Secondary Schools	7793	人	(person)
普通中专在校学生数	Students Enrollment of Regular Specilized Secondary Schools	15.4	万人	(10 000 persons)
科学研究机构	Scientific Research Institutions	159	个	(unit)

自然科技人员构成 (%)

Composition of Natural Science and Technology Personnels (%)

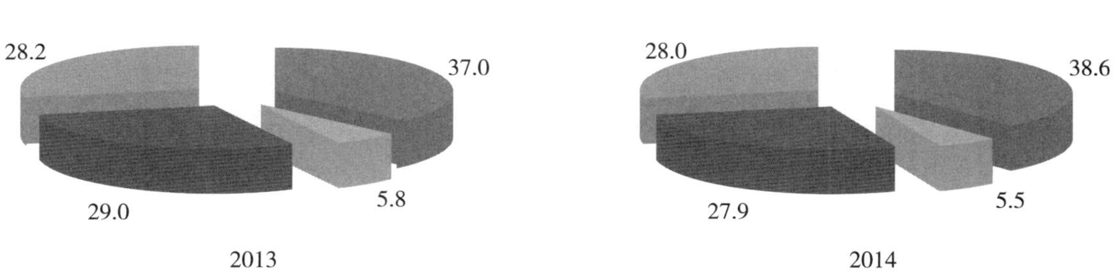

研究生在校学生数 (人)

Number of Postgraduate Enrollment (person)

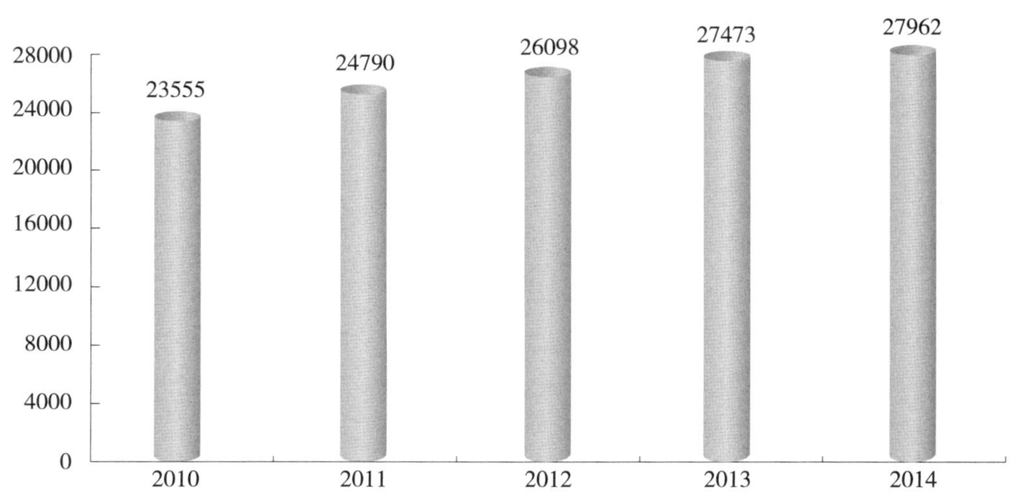

16-1 主要年份各类学校数

SCHOOLS BY LEVEL IN MAJOR YEARS

单位：所 (unit)

年 份 Year	高等学校 Regular Instiutions of Higher Education	中等职业教育 Secondary Vocational Education	#普通中专 Regular Specialized Secondary Schools	#职业中学 Vocational Schools	#技工学校 Skilled Workers Schools	普通中学 Regular Secondary Schools	小 学 Primary Schools	特殊教育学校 Special Education Schools
1978	16	210	73	87	50	14062	33393	12
1980	16	488	90	337	61	9895	37746	12
1985	22	591	113	408	70	4749	42394	12
1990	26	602	125	380	97	3944	42195	12
1995	26	616	129	377	110	3401	40795	19
2000	24	600	127	339	134	3346	37451	28
2005	59	498	73	309	116	3279	24339	40
2006	56	527	84	325	118	3207	21647	42
2007	59	564	88	356	120	3078	19527	43
2008	61	551	93	337	121	2986	17167	43
2009	63	500	93	298	109	2860	14722	45
2010	65	576	92	259	110	2747	12776	45
2011	66	572	93	249	111	2611	10936	51
2012	67	556	90	246	100	2534	10042	53
2013	70	507	92	234	62	2495	8946	56
2014	71	543	92	233	99	2418	6885	62

16-2 主要年份各类学校专任教师数

NUMBER OF FULL-TIME TEACHERS BY LEVEL OF SCHOOL IN MAJOR YEARS

单位：人 (person)

年 份 Year	高等学校 Regular Instiutions of Higher Education	中等职业教育 Secondary Vocational Education	#普通中专 Regular Specialized Secondary Schools	#职业中学 Vocational Schools	#技工学校 Skilled Workers Schools	普通中学 Regular Secondary Schools	小 学 Primary Schools
1978	4244	4514	3246	330	938	103772	132785
1980	5077	6423	3991	1046	1386	104075	148255
1985	7099	12621	6176	4512	1933	92619	157251
1990	8963	18975	8295	6976	3704	108774	163693
1995	9140	22855	9161	8632	5062	113216	171860
2000	10466	24845	9823	10343	4679	127582	180362
2005	27862	22319	5687	11132	5500	159803	192271
2006	29712	23000	6158	12231	4611	165122	193386
2007	33356	25483	6546	13549	5388	168250	194574
2008	34885	25683	6868	13219	5596	168935	193378
2009	35863	24390	7147	13435	3808	171348	193657
2010	36492	23440	7437	12461	3542	172793	190538
2011	37527	24816	7877	13051	3888	175443	188820
2012	38124	29295	7903	13597	4365	176319	184326
2013	40764	25401	7943	13806	3652	177344	180548
2014	40317	30744	7793	13671	5803	176853	176840

16-3 主要年份各类学校在校学生数
STUDENTS ENROLLMENT BY LEVEL OF SCHOOL IN MAJOR YEARS

单位：万人 (10 000 persons)

年 份 Year	高等学校(人) Regular Institutions of Higher Education (person)	中等职业教育 Secondary Vocational Education	#普通中专 Regular Specialized Secondary Schools	#职业中学 Vocational Schools	#技工学校 Skilled Workers Schools	普通中学 Regular Secondary Schools	#高中 Senior	小学 Primary Schools
1978	20940	4.73	2.90	0.64	1.19	194.28	58.45	377.36
1980	33104	8.38	4.61	2.12	1.65	179.55	31.06	384.16
1985	41946	14.58	5.14	7.58	1.86	156.97	22.87	335.20
1990	51309	21.47	8.68	8.78	4.01	145.08	22.31	297.40
1995	67420	26.40	10.74	10.51	5.15	150.97	19.04	327.04
2000	125674	37.19	19.65	13.62	3.92	199.75	33.72	343.60
2005	407036	46.58	20.15	17.04	9.39	261.15	71.37	350.26
2006	446428	55.05	23.44	21.21	10.40	263.93	74.71	337.76
2007	484490	61.36	22.16	26.44	12.76	262.23	77.08	333.43
2008	526756	63.08	22.18	27.74	13.16	255.57	78.29	321.34
2009	547391	65.30	22.27	29.59	13.44	253.25	80.57	304.69
2010	562924	56.51	20.73	24.65	11.13	253.67	82.29	291.06
2011	594469	61.94	18.33	22.32	11.08	249.55	85.27	277.19
2012	637330	60.00	17.85	21.45	11.68	235.74	85.50	261.76
2013	676817	50.46	16.38	19.40	6.82	213.99	84.85	229.64
2014	713218	51.03	15.37	18.39	11.10	204.68	82.78	224.50

16-4 主要年份各类学校招生数
NEW STUDENTS ENROLLMENT BY LEVEL OF SCHOOL IN MAJOR YEARS

单位：人 (person)

年 份 Year	高等学校 Regular Institutions of Higher Education	中等职业教育 Secondary Vocational Education	#普通中专 Regular Specialized Secondary Schools	#职业中学 Vocational Schools	#技工学校 Skilled Workers Schools	普通中学 Regular Secondary Schools	#高中 Senior	小学 Primary Schools	特殊教育学校 Special Education Schools
1978	7951	29399	15531	5708	8160	890626	280473	879737	376
1980	8287	38592	18800	11696	8096	539613	65803	664927	234
1985	14107	67423	20864	37437	9122	529347	75300	548667	390
1990	15710	81787	28615	38566	14606	482926	78749	557803	402
1995	20926	101436	35898	46721	18817	552978	69774	642867	555
2000	48041	134274	67975	52476	13823	726669	137662	631942	856
2005	127514	183008	75240	65842	41926	887403	263159	548755	743
2006	146014	216509	82568	89689	44252	874475	253177	524908	914
2007	167551	244911	75381	116176	53354	832843	260875	535376	1433
2008	184316	235490	84221	104117	47152	814693	270394	474811	1049
2009	176312	242769	83940	122039	36790	857443	277882	430781	1257
2010	184399	219365	90505	90223	38637	852635	280984	451390	1088
2011	184602	177933	52311	84592	41030	795844	286680	440802	1339
2012	208122	214892	56744	83397	42475	755080	292630	440460	1215
2013	215296	164653	48846	70984	21710	701819	288826	394203	1069
2014	214394	170977	47936	69008	39134	634452	255585	347419	1411

16-5 主要年份各类学校毕业生数
GRADUATES BY LEVEL OF SCHOOL IN MAJOR YEARS

单位：人 (person)

年 份 Year	高等学校 Regular Institution of Higher Education	普通中专 Regular Specialized Secondary Schools	职 业 中 学 Vocational Schools	技工学校 Skilled Workers Schools	普通中学(万人) Regular Secondary Schools (10 000 persons)	#高 中 Senior	小 学 (万人) Primary Schools (10 000 persons)	特殊教育学校 Special Education Schools
1978	4523	11766	760	3713	75.26	19.18	62.09	145
1980		13563	4884	10649	34.80	23.40	59.28	95
1985	8499	16773	16941	6383	39.09	5.48	64.67	105
1990	15130	26768	31770	11708	47.63	7.27	51.31	466
1995	20312	31474	38238	15542	43.17	7.08	55.36	402
2000	19785	42356	48364	17652	56.18	7.86	64.09	349
2005	88344	54904	47546	19514	82.95	19.69	63.56	483
2006	108431	56039	57403	23894	82.92	22.22	63.53	593
2007	132101	75377	60073	33588	82.77	23.17	57.96	630
2008	141214	77120	71481	38391	86.92	25.88	55.21	668
2009	153422	75602	70865	31754	86.68	25.14	58.38	607
2010	165545	54669	78368	48592	83.48	25.94	57.24	895
2011	152680	62044	80175	40296	82.54	27.01	52.78	805
2012	162571	62927	79604	32335	86.39	28.53	54.73	882
2013	173259	53525	73280	25379	82.76	28.61	47.73	1023
2014	174060	55208	68170	37566	72.22	27.35	38.81	832

16-6 普通本科分形式、分学科学生数(2014年)
STUDENTS OF REGULAR UNDERGRADUATE COURSES BY FORM AND BY FIELD OF STUDY(2014)

单位：人 (person)

项 目	Item	毕业生数 Number of Graduates	招生数 Number of New Students Enrollment	在校学生数 Number of Students Enrollment
总 计	**Total**	**85406**	**118014**	**421926**
#女	Female	44777	64449	230093
按形式分	By Form			
高中起点	Senior as Starting Point	78955	112975	412127
专科起点	Junior College as Starting Point	6331	5039	9685
第二学士学位	Second Bachelor's Degree	120		114
按学科分	By Field of Study			
#哲 学	Philosophy	45	32	159
经济学	Economics	4477	5214	19325
法 学	Law	3760	3998	15527
教育学	Education	3900	6329	21017
文 学	Literature	8203	8952	34381
#外 语	Foreign Language	3777	3828	15067
艺术学	Art Theory	5945	11117	36743
历史学	History	886	1411	5445
理 学	Science	9078	11050	40703
工 学	Engineering	27264	40150	138641
农 学	Agriculture	1741	1993	7423
医 学	Medicine	7236	8057	33511
管理学	Administration	12871	19711	69051
总计中：师范生	Of the total: Teacher-training	14837	17458	68577

16-7 主要年份研究生数
NUMBER OF POSTGRADUATES IN MAJOR YEARS

单位：人 (person)

年 份 Year	培养研究生的单位数(个) Institutions of Foster Postgraduates (unit)	招生数 New Students Enrollment	毕业生数 Graduates	在校学生数 Students Enrollment
1978	4	151		151
1980	6	15		218
1985	8	399	84	670
1990	9	219	288	688
1995	12	524	263	1336
2000	12	1190	466	2633
2005	12	4929	2069	12059
2006	12	5638	2850	14435
2007	11	6364	4075	16604
2008	11	6919	4728	18938
2009	12	8031	5498	21556
2010	12	8074	5929	23555
2011	12	8745	7330	24790
2012	12	9212	7771	26098
2013	13	9384	7754	27473
2014	14	9141	8492	27962

16-8 研究生数(2014年)
NUMBER OF POSTGRADUATES(2014)

单位：人 (person)

项 目	Item	招生数 New Students Enrollment	#攻读硕士学位 Master Degree	毕业生数 Graduates	#攻读硕士学位 Master Degree	在校学生数 Students Enrollment	#攻读硕士学位 Master Degree
总 计	**Total**	**9141**	**8654**	**8492**	**8147**	**27962**	**25514**
国家任务	Country Assignment	8956	8603	6295	6048	23320	21623
委托培养	Entrust Foster	185	51	189	104	995	321
自筹经费	Self-raised Funds			2008	1995	3647	3570
一、中央部门	**Central Departments**	**26**	**26**	**25**	**25**	**78**	**78**
国家任务	Country Assignment	26	26	25	25	78	78
委托培养	Entrust Foster						
自筹经费	Self-raised Funds						
二、地方部门	**Local Departments**	**9115**	**8628**	**8467**	**8122**	**27884**	**25436**
国家任务	Country Assignment	8930	8577	6270	6023	23242	21545
委托培养	Entrust Foster	185	51	189	104	995	321
自筹经费	Self-raised Funds			2008	1995	3647	3570

16-9 高等教育学校学生数(2014年)

单位：人

指　标	Item	毕业生数 Graduates
研究生	Postgraduates	8492
博　士	Doctor Degree	345
硕　士	Master Degree	8147
普通本科、专科生	Students of Regular Undergraduate Course and Specialized Subject	174060
本　科	Students of Regular Undergraduate Course	85406
专　科	Students of Specialized Subject	88654
成人本科、专科生	Adult Education Students of Regular Undergraduate Course and Specialized Subject	63452
函授本科	Correspondence Education of Regular Undergraduate Course	20589
业余本科	Spare Time Education of Regular Undergraduate Course	6433
脱产本科	Released from Work for Education of Regular Undergraduate Course	455
函授专科	Correspondence Education of Specialized Subject	22562
业余专科	Spare Time Education of Specialized Subject	8115
脱产专科	Released from Work for Education of Specialized Subject	5298
网络本科、专科生	Net Education Students of Regular Undergraduate Course and Specialized Subject	
本　科	Students of Regular Undergraduate Course	
专　科	Students of Specialized Subject	
在职人员攻读硕士学位	Persons Admitted to Master Degree Programme	
学历文凭考试	Academic Credentials Examination	
电大注册视听生	TV Education Students	
自考助学班	Guidance Class for Students Learning Themselves and Examination	
研究生课程进修班	Class for Advanced Studies of Postgraduate Course	134
普通预科生	Students for Preparatory Course	
证书教育	Certificate Education	
岗位培训	Post Training	
进修及培训	Advanced Study and Training	31322
留学生	Student Studing Abroad	77

NUMBER OF STUDENTS IN HIGHER EDUCATION INSTITUTIONS(2014)

(person)

#授予学位数 Award Degree	招生数 New Students Enrollment	在校生数 Students Enrollment
8476	9141	27962
339	487	2448
8137	8654	25514
83161	214394	713218
83161	118014	421926
	96380	291292
2901	48305	173097
	17536	56563
	3720	14566
	436	1029
	16567	64332
	5676	27002
	4370	9605
817	2245	7365
		31
		24429
4	132	135

16-10 普通高校分类别专任教师数(2014年)
FULL-TIME TEACHERS OF HIGHER EDUCATION INSTITUTIONS BY TYPE(2014)

单位：人 (person)

类别	Type	专任教师 Full-time Teachers	正高级 Senior	副高级 Sub-senior	中级 Middle	初级 Junior	无职称 No Rank
总计	**Total**	**40317**	**2966**	**10661**	**15711**	**7847**	**3132**
#女	Female	22091	1214	5416	8849	4576	2036
分类型：	By Type						
本科院校	Regular Undergraduate Course	28304	2727	7757	11299	4708	1813
专科院校	Specialized Subject	12013	239	2904	4412	3139	1319
分性质类别：	By Nature						
综合大学	Synthesize Universitys	10820	561	2753	4499	2392	615
理工院校	Science and Engineering Institutes	12308	1022	3271	5093	2015	907
农业院校	Agriculture Institutes	1998	249	451	609	549	140
林业院校	Forestry Institutes	216	4	42	72	71	27
医药院校	Medical Institutes	2766	342	739	1085	396	204
师范院校	Teacher-Training Institutes	5402	314	1566	2011	983	528
语文院校	Chinese Institues	1009	36	229	346	287	111
财经院校	Finance and Economic Institutes	4794	413	1340	1638	872	531
政法院校	Politics and Law Institutes	469	12	157	152	103	45
体育院校	Sports Institues	135	1	29	65	30	10
艺术院校	Art Institutes	400	12	84	141	149	14
分举办者：	By Owner						
1.地方所属	Departments of Local Government	33322	2334	8919	13544	6261	2264
教育部门	Education Departments	23745	2112	6428	9820	3928	1457
其他部门	Other Departments	9087	222	2393	3561	2192	719
地方企业	Local Enterprises	490		98	163	141	88
2.民　办	Run by Private Institutions	6995	632	1742	2167	1586	868

16-11 普通高校分科专任教师数(2014年)
FULL-TIME TEACHERS OF HIGHER EDUCATION INSTITUTIONS BY FIELD OF STUDY(2014)

单位：人 (person)

类 别	Type	专任教师 Full-time Teachers	正高级 Senior	副高级 Sub-senior	中 级 Middle	初 级 Junior	无职称 No Rank
总 计	**Total**	**40317**	**2966**	**10661**	**15711**	**7847**	**3132**
#女	Female	22091	1214	5416	8849	4576	2036
总计中:哲 学	Of the Total: Philosophy	1458	111	417	534	291	105
经济学	Economics	2172	194	658	795	313	212
法 学	Law	1848	114	433	787	322	192
教育学	Education	4500	179	1234	1768	979	340
文 学	Literature	5901	202	1274	2373	1651	401
历史学	History	568	46	185	213	73	51
理 学	Science	5480	514	1785	2120	719	342
工 学	Engineering	9337	810	2505	3698	1513	811
农 学	Agriculture	1307	160	359	453	290	45
医 学	Medicine	2458	354	648	959	359	138
管理学	Administration	2555	175	647	1015	499	219

16-12 中等职业教育分科类学生情况(2014年)
STUDENTS IN SECONDARY VOCATIONAL EDUCATION BY FIELD OF STUDY(2014)

单位：人 (person)

类 别	Type	毕业生数 Number of Graduates	#获得职业资格证书 Having Occupation Credentials	招生数 Number of New Students Enrollment	#招收初中毕业生数 Graduates from Junior	在 校 学生数 Number of Students Enrollment
总 计	**Total**	**154227**	**122853**	**131843**	**112862**	**399157**
#女	Female	76624	61769	65097	57622	206643
农林牧渔类	Farming,Forestry,Husbandry and Fishing	20310	8859	6718	4265	41866
资源环境类	Resource and Environment	8108	5038	2083	1152	9417
能源与新能源类	Engery and New Energy	114	114	71	65	592
土木水利类	Engineering	5795	5630	5042	4601	15336
加工制造类	Processing and Manufacture	16673	15306	14623	13043	41671
石油化工类	Petroleum Chemical	1515	1405	1279	1014	3766
轻纺食品类	Textile and Food	1036	1036	801	732	1683
交通运输类	Transportation	6536	6379	9713	6779	22036
信息技术类	Information Technology	31509	28652	27684	25347	74360
医药卫生类	Medicine and Hygiene	10669	8047	11823	10383	35714
休闲保健类	Recreation and Health Care	967	953	1114	1052	3713
财经商贸类	Economics,Finance and Business	13647	12773	14135	12592	38291
旅游服务类	Tourism Service	5617	5419	5523	4943	18151
文化艺术类	Culture and Art	10909	9874	14865	13434	39585
体育与健身	Sports and Fitness	1672	1315	2176	1819	8279
教育类	Education	13155	8735	9623	8887	32562
司法服务类	Judicial Service	1693	1687	1710	1211	4343
公共管理与服务类	Public Administration and Service	3297	1349	1357	1077	4043
其 他	Others	1005	282	1503	466	3749

注：本表不含技工学校数。
Note: The coverage doesn't include skilled workers schools in this table.

16-13 普通中学学校数、班数(2014年)
NUMBER OF REGULAR SECONDARY SCHOOLS AND CLASSES(2014)

项　目	Item	学校数(所) Number of Schools (unit)	初级中学 Junior	高级中学 Senior	完全中学 Junior And Senior	九年一贯制学校 9 Year Educa-tion	十二年一贯制学校 12 Year Educa-tion	班数(班) Classes (class)	初中 Junior	高中 Senior
总　计	**Total**	**2418**	**1446**	**242**	**218**	**473**	**39**	**41675**	**25930**	**15745**
教育部门	Education Departments	2055	1352	188	153	356	6	33583	21058	12525
民　办	Run by Private Institutions	354	91	54	64	113	32	8050	4841	3209
地方企业	Local Enterprises	3	1			2		6	6	
其他部门	Other Departments	6	2		1	2	1	36	25	11
城　区	Urban Areas	581	250	77	151	85	18	15488	8535	6953
教育部门	Education Departments	454	228	56	107	60	3	11944	6637	5307
民　办	Run by Private Institutions	124	21	21	43	24	15	3522	1879	1643
地方企业	Local Enterprises	1				1		3	3	
其他部门	Other Departments	2	1		1			19	16	3
镇　区	Township	1030	668	150	50	146	16	20413	12532	7881
教育部门	Education Departments	884	627	122	41	91	3	17325	10565	6760
民　办	Run by Private Institutions	143	40	28	9	54	12	3071	1958	1113
地方企业	Local Enterprises	1				1		3	3	
其他部门	Other Departments	2	1				1	14	6	8
乡　村	Rural Areas	807	528	15	17	242	5	5774	4863	911
教育部门	Education Departments	717	497	10	5	205		4314	3856	458
民　办	Run by Private Institutions	87	30	5	12	35	5	1457	1004	453
地方企业	Local Enterprises	1	1							
其他部门	Other Departments	2				2		3	3	

16-14 普通中学学生数(2014年)
STUDENTS OF REGULAR SECONDARY SCHOOLS(2014)

单位：人 (person)

项目	Item	毕业生数 Number of Graduates	#高中 Senior	招生数 Number of New Students Enrollment	#高中 Senior	在校学生数 Number of Students Enrollment	#高中 Senior
总计	**Total**	**722196**	**273507**	**634452**	**255585**	**2046773**	**827821**
#女	Female	359605	140220	316706	134818	1014224	429359
教育部门	Education Departments	581911	220552	507148	205176	1640712	665414
民办	Run by Private Institutions	139487	52522	127065	50409	404671	161941
地方企业	Local Enterprises	71		70		233	
其他部门	Other Departments	727	433	169		1157	466
城区	Urban Areas	269915	121348	245383	110945	792117	364233
教育部门	Education Departments	211398	95114	189410	85381	613092	281337
民办	Run by Private Institutions	58064	25978	55856	25564	178424	82815
地方企业	Local Enterprises	23		27		86	
其他部门	Other Departments	430	256	90		515	81
镇区	Township	361710	137088	314941	129194	1017445	416730
教育部门	Education Departments	305515	117899	267678	112263	863502	360758
民办	Run by Private Institutions	55891	19012	47156	16931	153201	55587
地方企业	Local Enterprises	48		43		147	
其他部门	Other Departments	256	177	64		595	385
乡村	Rural Areas	90571	15071	74128	15446	237211	46858
教育部门	Education Departments	64998	7539	50060	7532	164118	23319
民办	Run by Private Institutions	25532	7532	24053	7914	73046	23539
地方企业	Local Enterprises						
其他部门	Other Departments	41		15		47	

16-15 中学学校教职工数(2014年)
TEACHERS AND STAFF OF SECONDARY SCHOOLS(2014)

单位：人 (person)

项 目	Item	教职工数 Total	#专任教师 Full-time Teachers	#行政人员 Administrative Personnel	#教辅人员 Teaching Assistants	代课教师 Substitute Teachers	兼任教师 Part-time Teachers
总 计	**Total**	**221362**	**190495**	**6209**	**10120**	**8865**	**1355**
#女	Female	135307	122055	1668	5135	6004	781
#少数民族	Minority Nationality	280	256	9	7	4	
教育部门	Education Departments	179657	160777	4429	8139	4684	205
民 办	Run by Private Institutions	41423	29459	1774	1974	4172	1150
地方企业	Local Enterprises	76	75				
其他部门	Other Departments	206	184	6	7	9	
城 区	Urban Areas	77683	65385	3094	3733	3618	942
教育部门	Education Departments	60526	53370	2186	2813	1412	48
民 办	Run by Private Institutions	17053	11918	906	916	2206	894
地方企业	Local Enterprises	37	36				
其他部门	Other Departments	67	61	2	4		
镇 区	Township	106306	92816	2211	4916	3595	387
教育部门	Education Departments	89908	80772	1644	4261	2134	132
民 办	Run by Private Institutions	16275	11924	566	655	1458	255
地方企业	Local Enterprises	39	39				
其他部门	Other Departments	84	81	1		3	
乡 村	Rural Areas	37373	32294	904	1471	1652	26
教育部门	Education Departments	29223	26635	599	1065	1138	25
民 办	Run by Private Institutions	8095	5617	302	403	508	1
地方企业	Local Enterprises						
其他部门	Other Departments	55	42	3	3	6	

注：本表包括初级中学、九年一贯制学校、职业初中、完全中学、高级中学、十二年一贯制学校。

Note: Teachers and staff who work in junior schools, 9 year education schools, vocational junior schools, senior schools and 12 year education schools are included in the table.

16-16 职业高中分科类学生数(2014年)
STUDENTS OF VOCATIONAL HIGH SCHOOLS BY FIELD OF STUDY(2014)

单位：人 (person)

学科分类	Subject	毕业生数 Number of Graduates	招生数 Number of New Students Enrollment	在校学生数 Number of Students Enrollment
总　计	**Total**	**77453**	**71877**	**210254**
农林牧渔类	Farming,Forestry,Husbandry and Fishing	10193	3208	25864
资源环境类	Resource and Environment	1508	451	2419
能源与新能源类	Engery and New Energy	74	50	419
土木水利类	Engineering	1353	1773	5018
加工制造类	Processing and Manufacture	11217	9419	25772
石油化工类	Petrochemical Industry	816	882	2285
轻纺食品类	Textile and Food	845	712	1293
交通运输类	Transportation	3351	5068	12369
信息技术类	Information Technology	25011	22743	60258
医药卫生类	Medicine and Public Health	1782	2935	7298
休闲保健类	Recreation and Health Care	535	636	2022
财经商贸类	Economics,Finance and Business	6457	6227	18096
旅游服务类	Tourism Service	3657	3710	11676
文化艺术类	Culture and Art	6897	9502	23817
体育与健身	Sports and Fitness	318	593	1690
教育类	Education	849	1401	3444
司法服务类	Judicial Service	352	300	779
公共管理与服务类	Public Administration and Service	1289	871	2291
其　他	Others	949	1396	3444

16-17 职业高中分课程专任教师数
FULL-TIME TEACHERS OF VOCATIONAL HIGH SCHOOLS BY COURSE OF STUDY

单位：人 (person)

项　目	Item	2013	2014
总　计	**Total**	**13990**	**13671**
#女	Female	8345	8158
文化课	Foundation	7925	7885
专业课	Specialized	5843	5501
农林牧渔类	Farming,Forestry,Husbandry and Fishing	196	178
资源环境类	Resource and Environment	90	96
能源与新能源类	Engery and New Energy	49	42
土木水利类	Engineering	93	120
加工制造类	Processing and Manufacture	484	509
石油化工类	Petrochemical Industry	67	59
轻纺食品类	Textile and Food	32	23
交通运输类	Transportation	177	181
信息技术类	Information Technology	1450	1355
医药卫生类	Medicine and Public Health	210	167
休闲保健类	Recreation and Health Care	19	28
财经商贸类	Economics,Finance and Business	354	354
旅游服务类	Tourism Service	288	250
文化艺术类	Culture and Art	946	1002
体育与健身	Sports and Fitness	279	268
教育类	Education	573	473
司法服务类	Judicial Service	32	22
公共管理与服务类	Public Administration and Service	71	86
其　他	Others	433	288
实习指导课	Practical Courses	222	285

16-18 小学学生情况(2014年)
BASIC STATISTICS ON PRIMARY SCHOOLS(2014)

单位：人 (person)

项 目	Item	学校数(所) Number of Schools (unit)	毕业生数 Number of Graduates	招生数 Number of New Students Enrollment	在校学生数 Number of Students Enrollment	预计毕业生数 Expected Number of Graduates
总 计	**Total**	**6885**	**388125**	**347419**	**2245019**	**342454**
#女	Female		186211	166210	1073140	162069
教育部门	Education Departments	6698	350708	323845	2063147	308652
民 办	Run by Private Institutions	9	36347	22534	174375	32801
地方企业	Local Enterprises	8	247	195	1603	270
其他部门	Other Departments	170	823	845	5894	731
城 区	Urban Areas	884	127355	130702	775958	110338
教育部门	Education Departments	829	115580	120782	710546	99994
民 办	Run by Private Institutions	48	11133	9273	60662	9746
地方企业	Local Enterprises		18	11	97	14
其他部门	Other Departments	7	624	636	4653	584
镇 区	Township	1665	159420	138054	918955	142433
教育部门	Education Departments	1590	142247	128527	839421	126907
民 办	Run by Private Institutions	70	16812	9198	77309	15203
地方企业	Local Enterprises	4	198	164	1220	201
其他部门	Other Departments	1	163	165	1005	122
乡 村	Rural Areas	4336	101350	78663	550106	89683
教育部门	Education Departments	4279	92881	74536	513180	81751
民 办	Run by Private Institutions	52	8402	4063	36404	7852
地方企业	Local Enterprises	4	31	20	286	55
其他部门	Other Departments	1	36	44	236	25

16-19 小学学校教职工数(2014年)

TEACHERS AND STAFF OF PRIMARY SCHOOLS(2014)

单位：人 (person)

项　目	Item	教职工数 Total	#专任教师 Full-time Teachers	#行政人员 Adminis-trative Personnel	代课教师 Substitute Teachers	兼任教师 Part-time Teachers
总　计	**Total**	**177147**	**163198**	**3791**	**13430**	**726**
#女	Female	128074	121764	1169	11682	615
#少数民族	Minority Nationality	190	178	6	53	
教育部门	Education Departments	167677	156849	3349	12648	576
民　办	Run by Private Institutions	9042	5957	429	732	150
地方企业	Local Enterprises	110	108		47	
其他部门	Other Departments	318	284	13	3	
城　区	Urban Areas	45529	41813	1262	2000	53
教育部门	Education Departments	42365	39625	1103	1964	52
民　办	Run by Private Institutions	2920	1961	151	33	1
地方企业	Local Enterprises					
其他部门	Other Departments	244	227	8	3	
镇　区	Township	63970	59075	1131	4508	282
教育部门	Education Departments	60088	56454	989	4132	266
民　办	Run by Private Institutions	3801	2548	142	339	16
地方企业	Local Enterprises	43	41		37	
其他部门	Other Departments	38	32			
乡　村	Rural Areas	67648	62310	1398	6922	391
教育部门	Education Departments	65224	60770	1257	6552	258
民　办	Run by Private Institutions	2321	1448	136	360	133
地方企业	Local Enterprises	67	67		10	
其他部门	Other Departments	36	25	5		

注：本表为小学、教学点数。

Note: The coverage includes primary schools and their relavent teaching schools in this table.

16-20 小学学龄人口入学率(2014年)
RATE OF SCHOOL-AGED CHILDREN ENROLLMENT(2014)

单位：人 (person)

项　目	Item	校内外学龄人口数 Total School-age Children in and out of School	在校学龄人口数 Total School-age Children in School	适龄人口入学率(%) Rate of Enrollment
总　计	**Total**	**2217984**	**2216124**	**99.9**
#女　童	Female Children	1062055	1060841	99.9
城　区	Urban Areas	767490	761043	99.2
镇　区	Township	904703	910039	100.6
乡　村	Rural Areas	545791	545042	99.9

16-21 主要年份幼儿园基本情况
BASIC STATISTICS ON KINDERGARTENS IN MAJOR YEARS

单位：人 (person)

年　份 Year	幼儿园数(所) Number of Kindergartens (unit)	在园幼儿数 Number of Student Enrollment	教职工数 Number of Staff and Teachers	#专任教师 Full-time Teachers	平均每一教师负担幼儿数 Student-Teacher Ratio
1978	5997	305783	13243	6473	47
1980	7461	408471	17363	10390	39
1985	7731	592600	26855	20714	29
1990	7849	816087	38074	28922	28
1995	8477	1026401	45760	37483	27
2000	10856	1025982	51694	42565	24
2005	4619	641470	32666	21711	30
2006	4583	613938	34808	23125	27
2007	4477	628078	37833	24798	25
2008	4486	602147	37610	24833	24
2009	4354	642881	39470	26119	25
2010	4352	710297	42782	28509	25
2011	4908	820608	51472	33294	25
2012	5489	914797	58666	38194	24
2013	5882	951431	63684	41317	23
2014	6183	968237	68785	44475	22

16-22 幼儿园基本情况(2014年)
BASIC STATISTICS ON KINDERGARTENS(2014)

单位：人 (person)

项　目	Item	园　数 (所) Number of Kindergartens (unit)	班　数 (个) Number of Classes (unit)	在　园 幼儿数 Number of Students Enrollment	教职工数 Number of Staff and Teachers	#专任教师 Full-time Teachers	平均每一教师负担幼儿数 Student-Teacher Ratio
总　计	**Total**	**6183**	**40345**	**968237**	**68785**	**44475**	**22**
#女	Female			465858	63940	43796	11
教育部门	Education Departments	1699	17636	411490	17684	13108	31
其他部门	Other Departments	90	618	19248	1898	1138	17
地方企业	Local Enterprises	133	1118	34696	4896	2644	13
集　体	Run by Collectives	1702	5654	117686	6405	4323	27
民　办	Run by Private Institutions	2531	15065	376738	36849	22737	17
城　区	Urban Areas	1416	10930	299636	33559	20229	15
教育部门	Education Departments	185	2019	69080	5380	3937	18
其他部门	Other Departments	42	409	13733	1642	971	14
地方企业	Local Enterprises	105	905	28336	3995	2166	13
集　体	Run by Collectives	194	918	25826	1870	1167	22
民　办	Run by Private Institutions	867	6450	154845	19700	11511	13
镇　区	Township	1950	14127	402701	25080	17586	23
教育部门	Education Departments	559	6126	191103	9134	6952	27
其他部门	Other Departments	24	132	4356	185	142	31
地方企业	Local Enterprises	25	202	6132	864	463	13
集　体	Run by Collectives	414	1755	42878	2069	1561	27
民　办	Run by Private Institutions	927	5906	158080	12817	8458	19
乡　村	Rural Areas	2817	15288	265900	10146	6660	40
教育部门	Education Departments	955	9491	151307	3170	2219	68
其他部门	Other Departments	24	77	1159	71	25	46
地方企业	Local Enterprises	3	11	228	37	15	15
集　体	Run by Collectives	1094	2981	48982	2466	1595	31
民　办	Run by Private Institutions	737	2709	63813	4332	2768	23

16-23 特殊教育学校基本情况(2014年)
BASIC STATISTICS ON SPECIAL EDUCATION SCHOOLS(2014)

单位：人 (person)

类别	Type	班数(个) Number of Classes (unit)	毕业生数 Number of Graduates	招生数 Number of New Students Enrollment	在校学生数 Number of Students Enrollment	教职工数 Number of Staff and Teachers	#专任教师 Full-time Teachers
总计	**Total**	**568**	**832**	**1411**	**8165**	**1679**	**1432**
#女	Female		324	565	3372	1224	1098
视力残疾	Vision Deformity	41	70	84	476		
听力残疾	Hearing Deformity	224	389	367	2709		
智力残疾	Intelligence Deformity	283	215	643	3545		
其他残疾	Others	20	158	317	1435		
特殊教育学校	Special Education School	531	591	791	5119		
视力残疾	Vision Deformity	40	54	53	251		
听力残疾	Hearing Deformity	220	365	274	2258		
智力残疾	Intelligence Deformity	256	145	434	2513		
其他残疾	Others	15	27	30	97		
小学附设特教班	Class Attached Primary School	32	24	32	190		
视力残疾	Vision Deformity	1			1		
听力残疾	Hearing Deformity	4			15		
智力残疾	Intelligence Deformity	22	21	32	158		
其他残疾	Others	5	3		16		
小学随班就读	Learning with Other Children in Primary School		100	306	2007		
视力残疾	Vision Deformity		5	17	148		
听力残疾	Hearing Deformity		15	59	328		
智力残疾	Intelligence Deformity		34	126	725		
其他残疾	Others		46	104	806		
初中附设特教班	CLass Attached Junior Secondary Shool	5	1	1	14		
视力残疾	Vision Deformity						
听力残疾	Hearing Deformity						
智力残疾	Intelligence Deformity	5	1	1	14		
其他残疾	Others						
初中随班就读	Learning with Other Students in Junior Secondary School		116	281	835		
视力残疾	Vision Deformity		11	14	76		
听力残疾	Hearing Deformity		9	34	108		
智力残疾	Intelligence Deformity		14	50	135		
其他残疾	Others		82	183	516		

16-24 科学研究机构及人员(2014年)
INSTITUTIONS AND PERSONNELS OF SCIENTIFIC RESEARCH(2014)

项 目	Item	机 构 (个) Institutions (unit)	职工人数 (人) Employees (person)	从事科技活动人员 (人) Personnels (person)	#大学本科及以上学历 Bachelor Degree and Above
总 计	**Total**	**159**	**10354**	**8452**	**6410**
一、自然科学	**Natural Science**	**128**	**9115**	**7383**	**5543**
中 央	Central Government	1	565	558	406
地 方	Local Government	127	8550	6825	5137
在自然科学研究机构中	In Natural Science Research Institutions				
农、林、牧、渔业	Farming, Forestry, Animal Husbandry and Fishery	50	3187	2619	2030
采矿业	Mining	2	137	44	44
制造业	Manufacturing	19	899	581	394
建筑业	Construction	1	727	645	601
信息传输、软件和信息技术服务业	Information Transmission , Software and Information Technology Services	1	115	101	89
科学研究和技术服务业	Scientific Reseach and Technical Services	16	1089	921	572
水利、环境和公共设施管理业	Water, Environmental Protection and Public Facility Management	17	854	748	550
卫生和社会工作	Health Care and Social Work	16	1401	1069	804
文化、体育和娱乐业	Culture, Sports and Recreation	5	141	97	53
公共管理、社会保障和社会组织	Public Management, Social Security and Social Organization				
二、社会科学	**Social Science**	**19**	**920**	**762**	**631**
管理学	Management	1	14	14	13
艺术学	Art	4	113	101	59
考古学	Archaeology	2	188	134	97
经济学	Economics	8	431	352	312
社会学	Sociology	1	20	20	18
教育学	Education	2	145	132	125
统计学	Statistics	1	9	9	7
三、情报科学	**Information Science**	**12**	**319**	**307**	**236**

16-25 主要年份县级以上自然科学研究与技术开发机构数
NATURAL SCIENTIFIC RESEARCH AND TECHNOLOGICAL DEVELOPMENT INSTITUTIONS AT COUNTY LEVEL AND ABOVE IN MAJOR YEARS

单位：个 (unit)

年份 Year	合计 Total	中国科学院直属 Subordinated to CAS	国务院各部门直属 Subordinated to the State Council Departments	省科委及各厅局直属 Subordinated to Provincial Departments	地、市直属 Subordinated to Prefecture and City
1980	134	1	10	54	69
1985	147	1	12	65	69
1990	199	1	12	77	109
1995	180	1	7	75	97
2000	160	1	7	76	76
2005	132	1		66	65
2006	131	1		66	64
2007	132	1		67	64
2008	132	1		69	62
2009	133	1		71	61
2010	134	1		70	63
2011	133	1		70	62
2012	133	1		72	60
2013	129	1		69	59
2014	128	1		68	59

16-26 县级以上自然科学研究与技术开发机构人员数(2014年)
PERSONNELS OF NATURAL SCIENTIFIC RESEARCH AND TECHNOLOGICAL DEVELOPMENT INSTITUTIONS AT COUNTY LEVEL AND ABOVE(2014)

单位：人 (person)

项目	Item	机构数(个) Number of Institutions (unit)	职工人数 Number of Employees	#从事科技活动人员 Personnels	#大学本科及以上学历 Bachelor Degree and Above	在职工总数中:从事课题活动人员 Personnels of Projects in Staff and Workers
总计	**Total**	**128**	**9115**	**7383**	**5543**	**4870**
中国科学院属	Subordinated to CAS	1	565	558	406	384
省地市属	Subordinated to Province, Prefecture and City	127	8550	6825	5137	4486
太原市	Taiyuan	69	6165	4972	3834	3369
大同市	Datong	5	220	164	128	110
阳泉市	Yangquan	3	76	46	31	26
长治市	Changzhi	11	300	246	159	110
晋城市	Jincheng	7	60	54	35	10
朔州市	Shuozhou	2	50	34	29	24
晋中市	Jinzhong	4	466	345	257	200
运城市	Yuncheng	6	442	349	224	225
忻州市	Xinzhou	8	217	196	144	121
临汾市	Linfen	7	312	241	164	155
吕梁市	Lvliang	5	242	178	132	136

16-27 主要年份自然科学技术人员数
PERSONNELS OF NATURAL SCIENCE AND TECHNOLOGY IN MAJOR YEARS

单位：人 (person)

年 份 Year	总 计 Total	工程技术人员 Engineering	农业技术人员 Agriculture	卫生技术人员 Health Care	科学研究人员 Scientific Research	教学人员 Teaching
1952	14558	4764	448	7196	105	2045
1957	48922	20010	3131	19883	379	5519
1962	72683	25777	5111	33155	1417	7223
1965	84527	28591	5498	37877	2174	10387
1975	119357	34998	5778	42016	3391	33174
1978	151951	51127	13671	46557	5906	34690
1980	152781	54683	10825	41755	5602	39916
1985	238276	112064	12641	63502	5837	44232
1990	323808	152920	14608	77013	5218	74049
1995	355452	167114	11808	82407	4789	89334
2000	328936	121751	17074	83886	3681	102544
2001	340230	125134	17549	86843	3463	107241
2002	347760	126244	17705	89348	3442	111021
2003	352384	124547	18596	90826	3794	114621
2004	364246	121807	20011	97924	4637	119867
2005	375556	127236	20191	100160	4118	123851
2006	396904	133263	20456	112702	4006	126477
2007	403813	137329	20280	113775	3903	128526
2008	416572	145019	20507	116453	4007	130586
2009	422416	146990	20840	119458	3958	131170
2010	426966	148829	23269	119979	3652	131237
2011	433546	153618	23823	122011	3613	130481
2012	446840	162442	25613	126525	4930	127330
2013	451492	167161	25931	123205	4077	131118
2014	460218	177869	25313	124146	4442	128448

注：2000年及以后不包括中央驻晋单位自然科学技术人员数。

Note: Data in this table excludes persons belonging to the central unit since 2000.

16-28 省科学技术协会及所属学会工作情况(2014年)
PROVINCIAL SCIENCE AND TECHNOLOGY ASSOCIATION AND ITS BRANCHES(2014)

项　　目	Item	省科协 Provincial Associations	省级学会 Provincial Learned Societies	地(市)科协 Prefectural (civic) Associations
一、机构与从业人员	**Organization and Personnel**			
机　构 (个)	Organization (unit)	1		11
机关从业人员 (人)	Personnel of Administrative organs (person)	41		148
直属单位从业人员 (人)	Personnel of Affiliated Institntions (person)	504		177
二、学术交流	**Academic Exchange**			
学术会议 (次)	Academic Meetings (time)	3	287	25
参加人员 (人次)	Participants (person-time)	2071	33963	1233
交流论文 (篇)	Papers Presented (piece)	76	5801	271
#国内学术会议 (次)	Domestic Academic Meetings (time)	2	256	25
参加人员　(人次)	Participants (person-time)	2060	32744	1233
交流论文　(篇)	Papers Presented (piece)	75	5689	271
国际学术会议 (次)	International Academic Meetings (time)	1	26	
参加人员　(人次)	Participants (person-time)	11	1219	
交流论文　(篇)	Papers Presented (piece)	1	112	
三、科学普及	**Science Universal**			
举办科普宣讲活动 (次)	Science Universal Lectures (time)	345	16481	603
宣讲活动受众人数 (人次)	Participants (person-time)	691800	670768	339300
四、科技培训	**Science and Technology Training**			
举办实用技术培训 (次)	Practical Techniques Training (time)	389	1522	471
培训人数 (人次)	Persons Trained (person-time)	75902	43413	66550
五、青少年科技活动	**Science and Technology Activity for Teenagers**			
举办青少年科普宣讲活动 (次)	Science Universal Lectures to teenagers (time)	3	3958	189
青少年科技竞赛 (次)	Teenagers Participating in Science and Technology Competitions (time)	2	14	25
参加人数 (人次)	Number of Participants (person-time)	500	48300	89824

16–29 规模以上工业企业的科技活动基本情况
BASIC STATISTICS ON SCIENCE AND TECHNOLOGY ACTIVITIES OF INDUSTRIAL ENTERPRISES ABOVE DESIGNATED SIZE

指　　标	Item	2013	2014
一、企业基本情况	**Statistics on Industrial Enterprises**		
有R&D活动企业数 (个)	Number of Enterprises Having R&D Activities (unit)	327	312
有R&D活动企业所占比重 (%)	Percentage of Enterprises Having R&D Activities to Total Number of Enterprises (%)	8.2	8.0
二、R&D活动情况	**Statistics on R&D Activities**		
R&D人员全时当量 (万人年)	Full-time Equivalent of R&D Personnel (10 000 man-years)	3.4	3.6
R&D经费支出 (亿元)	Expenditure on R&D (100 million yuan)	123.8	124.7
R&D经费支出与主营业务收入之比(%)	Percentage of Expenditure on R&D to Sales Revenue (%)	0.7	0.7
R&D项目数 (项)	R&D Projects (item)	2885	2726
R&D项目经费支出 (亿元)	Expenditure on R&D Projects (100 million yuan)	109.4	106.9
三、企业办R&D机构情况	**Statistics on R&D Institutions**		
机构数 (个)	Number of R&D Institutions (unit)	240	254
机构人员数 (万人)	R&D Personnel (10 000 persons)	2.1	1.7
机构经费支出 (亿元)	Expenditure on R&D (100 million yuan)	41.9	31.1
四、新产品开发及生产情况	**Statistics on New Products Development and Production**		
新产品开发项目数 (个)	Number of New Products (unit)	2938	2426
新产品开发经费支出 (亿元)	Expenditure on New Products Development (100 million yuan)	99.2	100.5
新产品销售收入 (亿元)	Sales Revenue of New Products (100 million yuan)	1027.3	924.7
#新产品出口	Export	126.7	58.1
五、专利情况 (件)	**Statistics on Patents (piece)**		
专利申请数	Number of Patent Applications	5083	4723
#发明专利	Inventions	1807	1777
有效发明专利数	Number of Inventions in Force	3008	3505
六、技术获取和技术改造情况 (亿元)	**Statistics on Technology Acquisition and Technology Reconstruction (100 million yuan)**		
引进国外技术经费支出	Expenditure for Acquisition of Foreign Technology	5.3	3.4
引进技术消化吸收经费支出	Expenditure for Assimilation of Technology	2.6	1.6
购买国内技术经费支出	Expenditure for Purchase of Domestic Technology	3.4	2.6
技术改造经费支出	Expenditure for Technical Renovation	137.3	99.4

16-30 按登记注册类型分规模以上工业企业研究与试验发展(R&D)活动及专利情况(2014年)

STATISTICS ON R&D ACTIVITIES AND PATENTS OF INDUSTRIAL ENTERPRISES ABOVE DESIGNATED SIZE BY REGISTRATION STATUS(2014)

登记注册类型	Status of Registration	R&D人员全时当量(人年) Full-time Equivalent of R&D Personnel (man-year)	R&D经费(万元) Expenditure on R&D (10 000 yuan)	R&D项目数(项) R&D Projects (unit)
合　计	**Total**	**35774.8**	**1247027.3**	**2726**
#大中型工业企业	Large and Medium-sized Industrial Enterprises	33209.0	1179938.4	2201
内资企业	**Domestic Funded Enterprises**	**35081.1**	**1225396.3**	**2652**
国有企业	State-owned Enterprises	925.5	30067.9	84
集体企业	Collective-owned Enterprises	4.7	342.0	6
股份合作企业	Cooperative Enterprises			
联营企业	Joint Ownership Enterprises			
国有联营企业	State Joint Ownership Enterprises			
有限责任公司	Limited Liability Corporations	26390.1	1012448.7	1818
国有独资公司	State Sole Funded Corporations	9974.0	664168.9	817
股份有限公司	Share-holding Corporations Ltd.	4063.0	89515.2	308
私营企业	Private Enterprises	3697.8	93022.5	436
其他企业	Other Enterprises			
港、澳、台商投资企业	**Enterprises with Funds from Hong Kong, Macao and Taiwan**	**369.7**	**9041.3**	**32**
合资经营企业	Joint-venture Enterprises	69.7	2917.8	14
合作经营企业	Cooperative Enterprises			
独资经营企业	Enterprises with Sole Fund	18.4	965.1	3
投资股份有限公司	Share-holding Corporations Ltd.	281.6	5158.4	15
外商投资企业	Foreign Funded Enterprises	324.0	12589.7	42
中外合资经营企业	Joint-venture Enterprises	258.5	10953.1	27
中外合作经营企业	Cooperation Enterprises			
外资企业	Enterprises with Sole Fund	19.5	1079.3	10
外商投资股份有限公司	Share-holding Corporations Ltd.	46.0	557.3	5

16-30 续表 continued

登记注册类型	Status of Registration	专利申请数(件) Number of Patent Applications (piece)	#发明专利 Inventions	有效发明专利数(件) Number of Inventions In Force (piece)
合　计	**Total**	**4723**	**1777**	**3505**
#大中型工业企业	Large and Medium-sized Industrial Enterprises	3858	1451	2749
内资企业	**Domestic Funded Enterprises**	**4548**	**1716**	**3430**
国有企业	State-owned Enterprises	1222	455	128
集体企业	Collective-owned Enterprises	2		
股份合作企业	Cooperative Enterprises	12	4	4
联营企业	Joint Ownership Enterprises			
国有联营企业	State Joint Ownership Enterprises			
有限责任公司	Limited Liability Corporations	2004	797	2163
国有独资公司	State Sole Funded Corporations	996	483	969
股份有限公司	Share-holding Corporations Ltd.	310	147	421
私营企业	Private Enterprises	998	313	714
其他企业	Other Enterprises			
港、澳、台商投资企业	**Enterprises with Funds from Hong Kong, Macao and Taiwan**	**111**	**48**	**66**
合资经营企业	Joint-venture Enterprises	39	7	3
合作经营企业	Cooperative Enterprises			
独资经营企业	Enterprises with Sole Fund			3
投资股份有限公司	Share-holding Corporations Ltd.	72	41	60
外商投资企业	Foreign Funded Enterprises	64	13	9
中外合资经营企业	Joint-venture Enterprises	52	11	8
中外合作经营企业	Cooperation Enterprises	7		
外资企业	Enterprises with Sole Fund	4	1	1
外商投资股份有限公司	Share-holding Corporations Ltd.	1	1	

16-31 按行业分规模以上工业企业研究与试验发展(R&D)活动及专利情况(2014年)

STATISTICS ON R&D ACTIVITIES AND PATENTS OF INDUSTRIAL ENTERPRISES ABOVE DESIGNATED SIZE BY INDUSTRIAL SECTOR(2014)

行业	Sector	R&D人员全时当量(人年) Full-time Equivalent of R&D Personnel (man-year)	R&D经费(万元) Expenditure on R&D (10 000 yuan)	R&D项目数(项) R&D Projects (unit)
总计	**Total**	**35774.8**	**1247027.3**	**2726**
煤炭开采和洗选业	Mining and Washing of Coal	13925.9	350712.7	580
石油和天然气开采业	Extraction of Petroleum and Natural Gas	10.8	833.7	10
黑色金属矿采选业	Mining and Processing of Ferrous Metal Ores			
有色金属矿采选业	Mining and Processing of Non-ferrous Metal Ores			
非金属矿采选业	Mining and Processing of Non-metal Ores			
农副食品加工业	Processing of Food from Agricultural Products	62.1	4252.0	18
食品制造业	Manufacture of Foods	250.4	4021.9	17
酒、饮料和精制茶制造业	Manufacture of Liquor, Beverages and Refined Tea	189.4	3865.9	21
烟草制品业	Manufacture of Tobacco			
纺织业	Manufacture of Textile	16.2	789.8	3
纺织服装、服饰业	Manufacture of Textile, Wearing Apparel and Accessories	53.7	597.3	37
皮革、毛皮、羽毛及其制品和制鞋业	Manufacture of Leather, Fur, Feather and Related Products and Footwear			
木材加工和木、竹、藤、棕、草制品业	Processing of Timber, Manufacture of Wood, Bamboo, Rattan, Palm and Straw Products			
家具制造业	Manufacture of Furniture			
造纸及纸制品业	Manufacture of Paper and Paper Products	53.0	365.0	1
印刷和记录媒介复制业	Printing and Reproduction of Recording Media	26.0	133.0	1
文教、工美、体育和娱乐用品制造业	Manufacture of Articles for Culture, Education, Arts and Crafts, Sport and Entertainment Activities	103.0	935.1	8
石油加工、炼焦及核燃料加工业	Processing of Petroleum, Coking and Processing of Nuclear Fuel	210.3	6272.1	66
化学原料及化学制品制造业	Manufacture of Raw Chemical Materials and Chemical Products	3321.1	80381.5	240
医药制造业	Manufacture of Medicines	1739.3	33680.6	230
化学纤维制造业	Manufacture of Chemical Fibre			
橡胶和塑料制品业	Manufacture of Rubber and Plastics Products	224.7	7171.6	32
非金属矿物制品业	Manufacture of Non-metallic Mineral Products	1046.1	13234.4	44
黑色金属冶炼和压延加工业	Smelting and Pressing of Ferrous Metals	4601.2	447063.9	227
有色金属冶炼和压延加工业	Smelting and Pressing of Non-ferrous Metals	552.1	14504.6	81
金属制品业	Manufacture of Metal Products	404.2	7818.1	68
通用设备制造业	Manufacture of General Purpose Machinery	724.4	12359.9	125
专用设备制造业	Manufacture of Special Purpose Machinery	2846.7	121050.8	534
汽车制造业	Manufacture of Automobiles	642.4	23055.3	54
铁路、船舶、航空航天和其他运输设备制造业	Manufacture of Railway, Ship, Aerospace and Other Transport Equipments	2396.2	34113.7	78
电气机械和器材制造业	Manufacture of Electrical Machinery and Apparatus	1280.3	42433.8	88
计算机、通信和其他电子设备制造业	Manufacture of Computers, Communication and Other Electronic Equipment	185.3	5027.2	41
仪器仪表制造业	Instruments and Meters	130.7	3315.0	47
其他制造业	Other Manufacturing			
废弃资源综合利用	Utilization of Waste Resources	4.6	136.5	1
金属制品、机械和设备修理业	Repair Service of Metal Products, Machinery and Equipment	0.1	25.0	1
电力、热力生产和供应业	Production and Supply of Electric Power and Heat Power	774.7	28876.9	73
燃气生产和供应业	Production and Supply of Gas			
水的生产和供应业	Production and Supply of Water			

16-31 续表 continued

行　业	Sector	专利申请数(件) Number of Patent Applications (piece)	#发明专利 Inventions	有效发明专利数(件) Number of Inventions In Force (piece)
总　计	**Total**	**4723**	**1777**	**3505**
煤炭开采和洗选业	Mining and Washing of Coal	429	128	202
石油和天然气开采业	Extraction of Petroleum and Natural Gas	13	1	2
黑色金属矿采选业	Mining and Processing of Ferrous Metal Ores			
有色金属矿采选业	Mining and Processing of Non-ferrous Metal Ores			
非金属矿采选业	Mining and Processing of Non-metal Ores			
农副食品加工业	Processing of Food from Agricultural Products	31	6	14
食品制造业	Manufacture of Foods	56	29	26
酒、饮料和精制茶制造业	Manufacture of Liquor, Beverages and Refined Tea	56	14	100
烟草制品业	Manufacture of Tobacco			
纺织业	Manufacture of Textile			
纺织服装、服饰业	Manufacture of Textile, Wearing Apparel and Accessories	27	6	13
皮革、毛皮、羽毛及其制品和制鞋业	Manufacture of Leather, Fur, Feather and Related Products and Footwear			
木材加工和木、竹、藤、棕、草制品业	Processing of Timber, Manufacture of Wood, Bamboo, Rattan, Palm and Straw Products	6	1	
家具制造业	Manufacture of Furniture			
造纸及纸制品业	Manufacture of Paper and Paper Products			
印刷和记录媒介复制业	Printing and Reproduction of Recording Media	3	3	13
文教、工美、体育和娱乐用品制造业	Manufacture of Articles for Culture, Education, Arts and Crafts, Sport and Entertainment Activities	57	4	20
石油加工、炼焦及核燃料加工业	Processing of Petroleum, Coking and Processing of Nuclear Fuel	12	3	24
化学原料及化学制品制造业	Manufacture of Raw Chemical Materials and Chemical Products	173	95	317
医药制造业	Manufacture of Medicines	89	57	220
化学纤维制造业	Manufacture of Chemical Fibre			
橡胶和塑料制品业	Manufacture of Rubber and Plastics Products	16	5	58
非金属矿物制品业	Manufacture of Non-metallic Mineral Products	183	97	76
黑色金属冶炼和压延加工业	Smelting and Pressing of Ferrous Metals	459	196	427
有色金属冶炼和压延加工业	Smelting and Pressing of Non-ferrous Metals	106	44	80
金属制品业	Manufacture of Metal Products	77	40	83
通用设备制造业	Manufacture of General Purpose Machinery	195	35	175
专用设备制造业	Manufacture of Special Purpose Machinery	594	253	745
汽车制造业	Manufacture of Automobiles	235	23	362
铁路、船舶、航空航天和其他运输设备制造业	Manufacture of Railway, Ship, Aerospace and Other Transport Equipments	102	55	54
电气机械和器材制造业	Manufacture of Electrical Machinery and Apparatus	311	90	133
计算机、通信和其他电子设备制造业	Manufacture of Computers, Communication and Other Electronic Equipment	66	35	78
仪器仪表制造业	Instruments and Meters	123	89	157
其他制造业	Other Manufacturing	23		
废弃资源综合利用	Utilization of Waste Resources			
金属制品、机械和设备修理业	Repair Service of Metal Products, Machinery and Equipment			
电力、热力生产和供应业	Production and Supply of Electric Power and Heat Power	1273	468	126
燃气生产和供应业	Production and Supply of Gas	8		
水的生产和供应业	Production and Supply of Water			

16-32 按登记注册类型分规模以上工业企业新产品开发及生产情况(2014年)

NEW PRODUCTS DEVELOPMENT AND PRODUCTION OF INDUSTRIAL ENTERPRISES ABOVE DESIGNATED SIZE BY REGISTRATION STATUS(2014)

登记注册类型	Status of Registration	新产品开发项目数(项) New Products (unit)	新产品开发经费支出(万元) Expenditure on New Products Development (10 000 yuan)	新产品销售收入(万元) Sales Revenue of New Products (10 000 yuan)	#出口 Exports
合　计	**Total**	**2426**	**1004458.6**	**9246772.3**	**580955.3**
#大中型工业企业	Large and Medium-sized Industrial Enterprises	1771	913927.0	8674173.5	569765.4
内资企业	**Domestic Funded Enterprises**	**2355**	**979986.3**	**8806519.8**	**550901.3**
国有企业	State-owned Enterprises	100	19188.6	31550.9	
集体企业	Collective-owned Enterprises	11	456.1	150.0	50.0
股份合作企业	Cooperative Enterprises	3	321.0	1500.0	
联营企业	Joint Ownership Enterprises				
国有联营企业	State Joint Ownership Enterprises				
有限责任公司	Limited Liability Corporations	1426	771264.1	7351643.0	470832.7
国有独资公司	State Sole Funded Corporations	639	515797.6	3078014.8	56409.1
股份有限公司	Share-holding Corporations Ltd.	279	74423.5	693341.9	16638.5
私营企业	Private Enterprises	536	114333.0	728334.0	63380.1
其他企业	Other Enterprises				
港、澳、台商投资企业	**Enterprises with Funds from Hong Kong, Macao and Taiwan**	**51**	**18512.1**	**201220.0**	**19281.8**
合资经营企业	Joint-venture Enterprises	25	6613.1	69928.8	
合作经营企业	Cooperative Enterprises				
独资经营企业	Enterprises with Sole Fund	6	4190.9	46719.2	
投资股份有限公司	Share-holding Corporations Ltd.	20	7708.1	84572.0	19281.8
外商投资企业	Foreign Funded Enterprises	20	5960.2	239032.5	10772.2
中外合资经营企业	Joint-venture Enterprises	11	2307.3	227662.3	10771.7
中外合作经营企业	Cooperation Enterprises				
外资企业	Enterprises with Sole Fund	9	3652.9	4174.7	0.5
外商投资股份有限公司	Share-holding Corporations Ltd.			7195.5	

16-33 按行业分规模以上工业企业新产品开发及生产情况(2014年)

NEW PRODUCTS DEVELOPMENT AND PRODUCTION OF INDUSTRIAL ENTERPRISES ABOVE DESIGNATED SIZE BY INDUSTRIAL SECTOR(2014)

行 业	Sector	新产品开发项目数(项) New Products (unit)	新产品开发经费支出(万元) Expenditure on New Products Development (10 000yuan)
总 计	**Total**	**2426**	**1004458.6**
煤炭开采和洗选业	Mining and Washing of Coal	295	178501.5
石油和天然气开采业	Extraction of Petroleum and Natural Gas	15	8628.7
黑色金属矿采选业	Mining and Processing of Ferrous Metal Ores		
有色金属矿采选业	Mining and Processing of Non-Ferrous Metal Ores		
非金属矿采选业	Mining and Processing of Non-metal Ores	1	1534.4
农副食品加工业	Processing of Food from Agricultural Products	17	4442.2
食品制造业	Manufacture of Foods	19	13235.4
酒、饮料和精制茶制造业	Manufacture of Liquor, Beverages and Refined Tea	14	3014.2
烟草制品业	Manufacture of Tobacco		
纺织业	Manufacture of Textile	9	10969.7
纺织服装、服饰业	Manufacture of Textile, Wearing Apparel and Accessories	37	1109.5
皮革、毛皮、羽毛及其制品和制鞋业	Manufacture of Leather, Fur, Feather and Related Products and Footwear		
木材加工和木、竹、藤、棕、草制品业	Processing of Timber, Manufacture of Wood, Bamboo, Rattan, Palm and Straw Products		
家具制造业	Manufacture of Furniture	1	83.8
造纸及纸制品业	Manufacture of Paper and Paper Products		
印刷和记录媒介复制业	Printing and Reproduction of Recording Media	7	703.5
文教、工美、体育和娱乐用品制造业	Manufacture of Articles for Culture, Education, Arts and Crafts, Sport and Entertainment Activities	1	61.2
石油加工、炼焦及核燃料加工业	Processing of Petroleum, Coking and Processing of Nuclear Fuel	34	4290.9
化学原料及化学制品制造业	Manufacture of Raw Chemical Materials and Chemical Products	132	43246.3
医药制造业	Manufacture of Medicines	221	32984.6
化学纤维制造业	Manufacture of Chemical Fibres		
橡胶和塑料制品业	Manufacture of Rubber and Plastics Products	42	8929.3
非金属矿物制品业	Manufacture of Non-metallic Mineral Products	68	16163.2
黑色金属冶炼和压延加工业	Smelting and Pressing of Ferrous Metals	113	244082.8
有色金属冶炼和压延加工业	Smelting and Pressing of Non-ferrous Metals	80	15123.2
金属制品业	Manufacture of Metal Products	77	8268.6
通用设备制造业	Manufacture of General Purpose Machinery	216	17727.8
专用设备制造业	Manufacture of Special Purpose Machinery	617	203974.1
汽车制造业	Manufacture of Automobiles	61	28777.7
铁路、船舶、航空航天和其他运输设备制造业	Manufacture of Railway, Ship, Aerospace and Other Transport Equipments	69	31366.0
电气机械和器材制造业	Manufacture of Electrical Machinery and Apparatus	110	94386.9
计算机、通信和其他电子设备制造业	Manufacture of Computers, Communication and Other Electronic Equipment	48	7040.8
仪器仪表制造业	Manufacture of Measuring Instruments and Machinery	85	9338.3
其他制造业	Other Manufacture		
废弃资源综合利用	Utilization of Waste Resources	2	168.5
金属制品、机械和设备修理业	Repair Service of Metal Products, Machinery and Equipment		
电力、热力生产和供应业	Production and Supply of Electric Power and Heat Power	35	16305.5
燃气生产和供应业	Production and Supply of Gas		
水的生产和供应业	Production and Supply of Water		

16-33 续表 continued

行 业	Sector	新产品销售收入(万元) Sales Revenue of New Products (10 000yuan)	#出 口 Exports
总 计	**Total**	**9246772.3**	**580955.3**
煤炭开采和洗选业	Mining and Washing of Coal	2600069.4	360591.0
石油和天然气开采业	Extraction of Petroleum and Natural Gas	69598.8	
黑色金属矿采选业	Mining and Processing of Ferrous Metal Ores		
有色金属矿采选业	Mining and Processing of Non-Ferrous Metal Ores		
非金属矿采选业	Mining and Processing of Non-metal Ores		
农副食品加工业	Processing of Food from Agricultural Products	30395.8	245.3
食品制造业	Manufacture of Foods	17741.3	
酒、饮料和精制茶制造业	Manufacture of Liquor, Beverages and Refined Tea	38997.0	1471.4
烟草制品业	Manufacture of Tobacco		
纺织业	Manufacture of Textile	23905.3	19087.9
纺织服装、服饰业	Manufacture of Textile, Wearing Apparel and Accessories	6504.9	
皮革、毛皮、羽毛及其制品和制鞋业	Manufacture of Leather, Fur, Feather and Related Products and Footwear		
木材加工和木、竹、藤、棕、草制品业	Processing of Timber, Manufacture of Wood, Bamboo, Rattan, Palm and Straw Products		
家具制造业	Manufacture of Furniture		
造纸及纸制品业	Manufacture of Paper and Paper Products		
印刷和记录媒介复制业	Printing and Reproduction of Recording Media	175.0	
文教、工美、体育和娱乐用品制造业	Manufacture of Articles for Culture, Education, Arts and Crafts, Sport and Entertainment Activities	16132.0	5091.2
石油加工、炼焦及核燃料加工业	Processing of Petroleum, Coking and Processing of Nuclear Fuel	32555.1	
化学原料及化学制品制造业	Manufacture of Raw Chemical Materials and Chemical Products	485837.1	4742.3
医药制造业	Manufacture of Medicines	510693.7	9021.7
化学纤维制造业	Manufacture of Chemical Fibres		
橡胶和塑料制品业	Manufacture of Rubber and Plastics Products	137432.5	43185.0
非金属矿物制品业	Manufacture of Non-metallic Mineral Products	185690.5	2186.1
黑色金属冶炼和压延加工业	Smelting and Pressing of Ferrous Metals	1536346.0	36207.8
有色金属冶炼和压延加工业	Smelting and Pressing of Non-ferrous Metals	219005.6	252.7
金属制品业	Manufacture of Metal Products	68519.6	1020.0
通用设备制造业	Manufacture of General Purpose Machinery	264941.1	899.0
专用设备制造业	Manufacture of Special Purpose Machinery	1512996.8	77889.4
汽车制造业	Manufacture of Automobiles	366241.5	3579.8
铁路、船舶、航空航天和其他运输设备制造业	Manufacture of Railway, Ship, Aerospace and Other Transport Equipments	599950.8	186.1
电气机械和器材制造业	Manufacture of Electrical Machinery and Apparatus	439544.8	2344.8
计算机、通信和其他电子设备制造业	Manufacture of Computers, Communication and Other Electronic Equipment	30150.1	0.5
仪器仪表制造业	Manufacture of Measuring Instruments and Machinery	53347.6	12953.3
其他制造业	Other Manufacture		
废弃资源综合利用	Utilization of Waste Resources		
金属制品、机械和设备修理业	Repair Service of Metal Products, Machinery and Equipment		
电力、热力生产和供应业	Production and Supply of Electric Power and Heat Power		
燃气生产和供应业	Production and Supply of Gas		
水的生产和供应业	Production and Supply of Water		

主要统计指标解释

普通高等学校 指按照国家规定的审批程序批准举办，通过全国统一招生考试招收高级中等学校毕业生和具有同等学历者，实施高等教育，培养高等专门人材的学校。包括大学、专门学院、专科学院和短期职业大学。

成人高等学校 指按照国家规定的审批程序批准举办，招收在职高中毕业或同等学历者，利用多种形式对成人实施高等教育，培训相当普通高等学校专科或本科毕业水平的专门人才的学校。包括广播电视大学、职工高等学校、农民高等学校、干部管理学院、教育学院、独立函授学院以及普通高等学校举办的函授、夜大等。

小学学龄儿童入学率 指调查范围内已入小学学习的学龄儿童数占全部小学学龄儿童总数（包括弱智儿童在内，但不包括盲聋哑儿童）的比重。计算公式是：

$$\text{小学学龄儿童入学率}=\frac{\text{已入学的小学学龄儿童数}}{\text{校内外小学学龄儿童总数}}\times 100\%$$

科学家和工程师 指大学毕业及以上文化程度和其他具有高、中级职称的人事科技活动人员。

自然科学技术人员 指已取得科学技术职称，或大学、中专的理、工、农、医类系毕业，以及国民经济各部门从工作实践中提拔，从事理、工、农、医等自然科学技术的研究、教学、生产（事业）技术方面工作的专业人员和在机关、企业、事业中从事科学技术业务管理工作的专业人员。

工程技术人员 指在国民经济各行业从事工程技术工作的自然科学技术的专业人员。包括：高级工程师、工程师、助理工程师、技术员和未评定职称的技术人员。

农业技术人员 指在国民经济各行业从事农业技术工作的自然科学技术的专业人员。包括：高级农艺师、农艺师、助理农艺师、技术员和未评定职称的技术人员。

卫生技术人员 指在国民经济各行业从事卫生医务工作的自然科学技术的专业人员。包括：正副主任医师、主治医师、医师、医（护）士和未评定职称的技术人员。

科学研究人员 指在国民经济各行业从事科学技术活动的自然科学技术的专业人员。包括：正副研究员、助理研究员、实习研究员、技术员和未评定职称的技术人员。

教学人员 指在国民经济各行业从事自然科学技术方面的教学活动的专业人员。包括：正副教授、讲师、助教、教师和在小学从事自然科学技术方面的教学活动的人员。

科技活动 指在所有科学技术领域内，即自然科学、工程科学和技术、医学科学、农业科学、社会科学及人文科学中，与科技知识的产生、发展、传播、应用密切相关的全部的、有组织的、系统的活动。包括三类活动：(1)研究与实验发展活动；(2)研究与实验发展成果应用；(3)科技服务活动。

科技服务 指同研究与实验发展活动、研究与实验发展成果应用活动有关的和有助于科技知识的产生、传播和应用的活动。目前我们所统计的科技服务是指调查范围内，除为研究与实验发展活动直接（完全或主要是为某项研究与实验发展而开展的辅助性活动）以外的科技服务，如情报、文献、咨询等。

科学论文 指以书面发表的，最原始的研究与开发成果报道。科学论文应该是：(1)首次或最初发表的研究与开发成果；(2)作者的实验应该能被同行重复并验证；(3)发表后科技界能引用。

科技著作 指经过正式出版部门编印出版的论述科学技术问题的理论性文集或专著。如果著作系与本机构外的同行数人合著，则只统计以本机构科技人员为主的著作。

国外发表 包括在各种国际性学术会议、讨论会、讲座上发表的论文以及编入国际会议文集的论文和我国学术刊物上发表的论文。

R&D 项目 指在当年立项并开展研究工作、以前年份立项仍继续进行研究的研发项目或课题，包括当年完成和年内研究工作已告失败的研发项目或课题。

R&D 人员全时当量 是国际上通用的、用于比较科技人力投入的指标。指 R&D 全时人员（全年从事 R&D 活动累积工作时间占全部工作时间的 90%及以上人员）工作量与非全时人员按实际工作时间折算的工作量之和。例如：有两个 R&D 全时人员和三个 R&D 非全时人员(工作时间分别为 0.2 年、0.3 年和 0.7 年)，则 R&D 人员全时当量为 1+1+0.2+0.3+0.7=3.2 人年。

Explanatory Notes on Main Statistical Indicators

Regular Institutions of Higher Education refer to educational establishments set up according to the government evaluation and approval procedures, enrolling graduates from senior secondary schools and providing higher education courses and training for senior professionals. They include full-time universities, colleges, institutions of higher professional education, institutions of higher vocational education and others.

Institutions of Higher Education for Adults refer to educational establishments, set up in line with relevant rules approved by the government, enrolling staff and workers with senior secondary school or equivalent education, and providing higher education courses in many forms of correspondence, spare time, or full time for adults. Professionals thus trained receive a qualification equivalent to graduates studying regular courses at regular universities, colleges and professional colleges. Institutions of higher learning for adults include schools of higher education for staff and workers, schools of higher education for peasants, colleges for management cadres, pedagogical colleges, independent correspondence colleges, Radio and TV universities and other educational establishments.

Enrollment Rate of Primary School-age Children refers to the proportion of school age children enrolled at schools to the total number of school age children both in and outside schools (including retarded children, but excluding blind, deaf and mute children). The formula is:

$$\text{Enrollment Rate of Primary School-age Children}=\frac{\text{Total Primary School - age Children at School}}{\text{Total Primary School - age Children}}\times 100\%$$

Scientists and Engineers refer to persons engaged in S&T activities either having obtained titles of senior and middle level professional positions, or those without such positions but have completed university or higher education.

Natural Scientific and Technical Personnel refer to those professionals holding scientific and technical titles or taking such positions, or being graduated from departments of science, engineering, agriculture and medicine, and having been promoted in practice in different sectors of the national economy and working on research, teaching and production technique in the scientific and technological fields such as science, engineering, agriculture and medicine, etc. and the professionals doing administrative work related to science and technology in government agencies, enterprises and institutions.

Engineering Personnel refer to the persons who are engaged in engineering science and technology in different sectors of the national economy, including senior engineers, engineers, assistant engineers, technicians and technical personal without professional titles.

Agricultural Personnel refer to the persons who are working on the science of agriculture in different sectors of the national economy, including senior agronomists, agronomists, assistant agronomists, technicians and technical personnel without professional titles.

Public Health Personnel refer to those personnel engaged in medical and health work in different sectors of the national economy, including director doctors and their deputies, doctors in charge, doctors, paramedics, nurses and technical personnel without professional title.

Scientific Research Personnel refers to the persons who are engaged in scientific and technical activities in different sectors of the national economy, including research fellows and their deputies, assistant research fellows, research trainees, technicians and technical personnel without professional titles.

Teaching Personnel refer to those professionals engaged in the teaching in different activities in different sectors of the national economy, including professions, associate professors, lecturers, associate professors, lecturers, teaching assistants, teachers and teaching personnel in science and technology in primary schools.

Scientific and Technological Activities refer to organized activities which are closely related with the creation, development, dissemination and application of the scientific and technical knowledge in the fields of natural sciences, agricultural science, medical science, engineering and technological science, humanities and social sciences. It includes three kind of activities: (1) developing activities of research and experiment; (2) the application of developing results of research and dexperiment; (3) service activities in science and technology.

Science and Technology Services refer to activities related to activities of research and experiment, to applied activities of developing results of research and experiment, and benefiting the production, spread and application of knowledge of science and technology. Nowadays the services in science and technology we have summed up refer to services in science and technology with in the investigation with the exception of developing activities of research and experiment, such as information, literary data, consultation, etc.

Scientific Paper refer to the most original report on research and developing results published in written form. Scientific papers should be: (1) research and developed results published for the first time or at the first;(2)the author's experiments should be repeated and proved by their fellow craftsmen;(3)these papers should be quoted by the public of science and technology after they are published.

Science and Technology Works refer to theoretical writers' works or personal works demonstrating the question of science and technology edited and published by formal publishing section. If the works are written together by several fellow craftsmen beyond this institution then you should just compile the statistics of works written by the scientific research personnel of this institution.

Published Abroad including the papers published in all kinds of international academic meetings, conferences and lectures and papers compiled into writer's works at the international conference and those published in the academic periodicals abroad.

R&D Projects refers to the R&D projects or subjects set up and implemented at the reference year, and the R&D projects or subjects set up in former years and under implementation, including those finished and failed at the reference year.

Full-time Equivalent of R&D Personnel is an international indicator to compare R&D manpower input. It refers to the sum of the workload of full-time persons, whose work time on R&D isn't less than 90% on the whole work time, and the converted workload of part-time persons according to the actual working time. For instance, if there are 2 full-time persons and 3 part-time persons whose working time are respectively 0.2 year, 0.3 year, and 0.7 year, the full-time equivalent are 1+1+0.2+0.3+0.7=3.2 person-years.

文化、体育、卫生、环保

CULTURE, SPORTS, PUBLIC HEALTH AND ENVIRONMENTAL PROTECTION

17

PAGE

549—574

资料整理人员

史美荣　商彩云　高宇宏

文化、体育、卫生、环保

CULTURE, SPORTS, PUBLIC HEALTH AND ENVIRONMENTAL PROTECTION

电视台数	Number of TV Stations	2	个	(unit)
文化馆数	Number of Cultural Centers	119	个	(unit)
公共图书馆数	Number of Public Libraries	126	个	(unit)
体育场地数	Number of Sports Grounds	26450	个	(unit)
医院数	Number of Hospitals	1234	个	(unit)
废水排放总量	Total Volume of Waste Water	49250	万吨	(10 000 tons)

卫生技术人员构成(%)

Composition of Medical Technical Personnels (%)

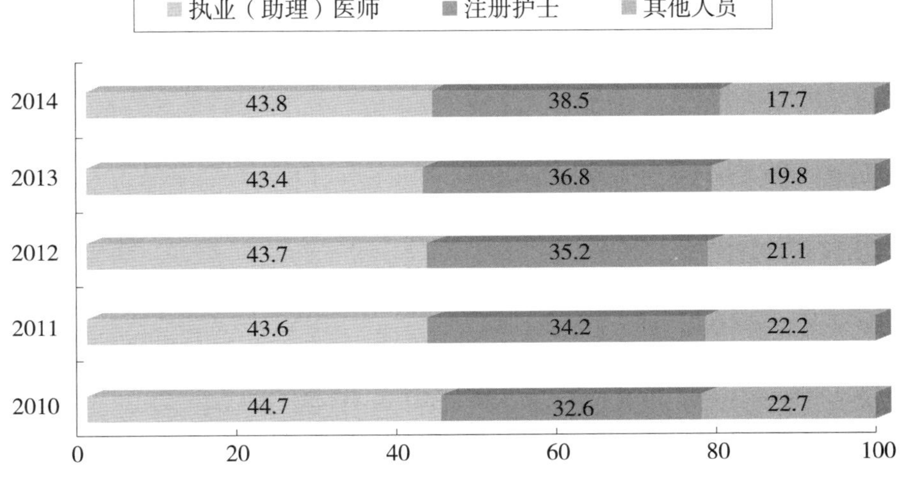

报纸总印数(万份)

Total Printed Copies of Newspapers (10 000 copies)

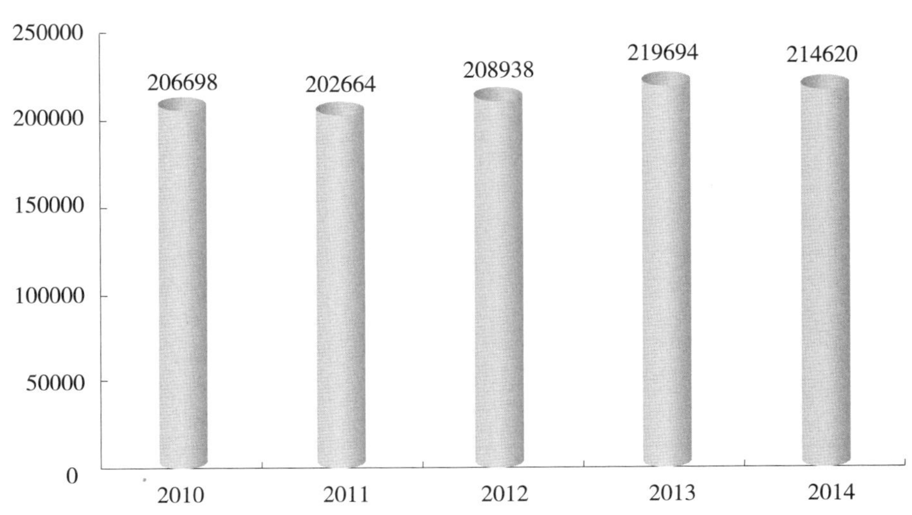

17-1 主要年份广播、电视台(站)数

NUMBER OF RADIO AND TELEVISION STATIONS IN MAJOR YEARS

单位：个 (unit)

年份 Year	无线 Radio Broadcast		电视广播 Telecast		人口覆盖率(%) Population Coverage Rate (%)	
	广播电台 Broadcasting Stations	中短波发射台和转播台 Transmission and Relaying Stations of Medium and Short Wave	电视台 Television Stations	一百瓦以上电视发射台 Transmission Stations above 100W	广播 Radio	电视 TV
1980	1	10	1	11	44.5	46.6
1985	3	12	6	16	43.0	60.0
1990	14	20	25	36	51.0	78.0
1995	53	21	31	46	68.0	84.1
2000	8	17	12	53	90.0	95.2
2005	10	15	12	309	91.8	95.8
2006	8	15	10	137	92.1	96.3
2007	8	15	10	134	92.2	96.5
2008	8	15	10	152	92.4	96.6
2009	8	15	10	151	92.5	96.8
2010	7	15	8	151	93.3	97.5
2011	4	15	6	148	93.6	97.7
2012	2	15	4	148	95.4	98.1
2013	1	15	3	145	96.8	98.5
2014	1	15	2	178	98.0	99.0

注：2006年以前电视台和转播台为1000瓦以上口径。

Note: Coverage of TV transmission stations and relaying stations before 2006 is above 1000w.

17-2 文化艺术机构和人员数(2014年)

INSTITUTIONS AND PERSONNELS OF CULTURE AND ART(2014)

类别	Type	总计 Total		文化部门 Culture Department			
				国有单位 State-owned Unit		集体单位 Collective-owned Unit	
		机构数(个) Institutions (unit)	人数(人) Person (person)	机构数(个) Institutions (unit)	人数(人) Person (person)	机构数(个) Institutions (unit)	人数(人) Person (person)
总计	**Total**	**7450**	**61083**	**2521**	**25900**	**62**	**2368**
艺术业	Art	450	15137	171	6871	56	2285
图书馆业	Libraries	126	1593	126	1593		
群众文化服务业	Mass Culture Services	1538	4663	1538	4663		
艺术教育业	Art Education	19	1437	17	1404		
文物业	Culture Relics	339	6917	334	6859		
文化市场经营机构	Business Institutions of Culture Market	4534	23599				
文艺科研	Art Research	27	843	27	843		
其他	Others	417	6894	308	3667	6	83

注：文化市场经营机构不含非公有制艺术表演团体。

Note: Business institutions of culture market don't include non-public ownership art troupes.

17-3 主要年份广播剧、电视剧、电影故事片制作情况
PRODUCTION OF RADIO PLAYS, TELEVISION PLAYS AND FEATURE FILMS IN MAJOR YEARS

年份 Year	广播剧 Radio Plays		电视剧 TV Plays		电影故事片(部) Feature Films (unit)
	部 Unit	集数 Part	部 Unit	集数 Part	
1985	13	50	18	39	2
1987	12	16	13	46	1
1988	9	37	14	111	2
1989	6	9	24	102	1
1990	5	14	28	122	
1995			12	80	1
2000	5	8	3	42	
2005	7	353	19	371	18
2006	129	1174	14	296	14
2007	105	2507	9	206	10
2008	17	450	2	72	20
2009	6	162	5	150	11
2010	25	1133	2	32	6
2011			2	67	8
2012			1	50	18
2013			7	199	12
2014	15	4819	8	211	11

17-4 主要年份文化艺术、文物事业单位数
NUMBER OF INSTITUTIONS OF CULTURE, ART AND CULTURAL RELICS IN MAJOR YEARS

单位：个 (unit)

年份 Year	艺术表演团体 Art Troupes	文化馆 Cultural Stations	公共图书馆 Public Libraries	博物馆 Museums
1978	147	124	61	15
1980	162	126	72	19
1985	175	117	103	56
1990	169	118	111	67
1995	162	118	119	67
2000	159	118	121	76
2005	156	119	122	86
2006	156	119	122	86
2007	159	119	122	86
2008	164	119	122	85
2009	158	119	124	86
2010	167	119	126	89
2011	162	119	126	89
2012	163	119	126	92
2013	155	119	127	98
2014	163	119	126	99

17-5 艺术表演团体演出情况(2014年)
PERFORMANCE OF ART TROUPES(2014)

单位：千场 (1 000 shows)

类别	Type	国内演出场次 Number of Performances in Domestic	#到农村演出场次 Shows in Rural Areas	国内演出观众人次(千人次) Number of Spectators (1 000 person-times)
总计	**Total**	**53.6**	**44.5**	**35921**
按登记注册类型分	**By Types of Registration Status**			
国有经营剧团	Troupes Sponsored by State-owned Units	13.8	11.1	12390
集体经营剧团	Troupes Sponsored by Collective-owned Units	11.3	9.9	8595
其他	Others	28.5	23.5	14935
按剧种分	**By Art Types**			
话剧、儿童剧、滑稽剧类	Drama, Children Play and Comedy Troupes	1.0	0.6	430
其中：儿童剧	Children Play Troupes	0.1		31
歌舞、音乐类	Song and Dance Troupes	4.6	2.9	3103
京剧、昆曲类	Beijing Opera and Kunqu Opera Troupes	0.1	0.1	130
其中：京剧	Beijing Opera Troupes	0.1		110
地方戏曲类	Local Opera Troupes	37.8	33.6	27820
杂技、魔术、马戏类	Acrobatics, Magic and Circus Troupes	0.9	0.1	320
曲艺类	Ballad Troupes	2.6	2.5	534
综艺性艺术表演团体	Comprehensive Art Performance Troupes	6.5	4.8	3584

17-6 艺术表演团体收入和支出(2014年)
REVENUE AND EXPENDITURE OF ART TROUPES(2014)

单位：千元 (1 000 yuan)

类别	Type	剧团(个) Number of Art Troupes (unit)	#国家经费补贴剧团 Government Subsidies	总收入 Total Revenue	#演出收入 Revenue from Performances	总支出 Total Expenditures
总计	**Total**	**351**	**137**	**616485**	**214683**	**562575**
按登记注册类型分	**By Types of Registration Status**					
国有经营剧团	Troupes Sponsored by State-owned Units	85	73	392847	88146	375369
集体经营剧团	Troupes Sponsored by Collective-owned Units	56	51	71241	29406	68911
其他	Others	210	13	152397	97131	118295
按剧种分	**By Art Types**					
话剧、儿童剧、滑稽剧类	Drama, Children Play and Comedy Troupes	18	3	31282	5103	27556
其中：儿童剧	Children Play Troupes	3	1	4985	290	2626
歌舞、音乐类	Song and Dance Troupes	67	22	139350	49838	129933
京剧、昆曲类	Beijing Opera and Kunqu Opera Troupes	2	1	18051	2222	18849
其中：京剧	Beijing Opera Troupes	1	1	17251	1422	18089
地方戏曲类	Local Opera Troupes	182	105	341041	116854	316586
杂技、魔术、马戏类	Acrobatics, Magic and Circus Troupes	2	1	21818	4710	16478
曲艺类	Ballad Troupes	20	1	10992	4052	8555
综艺性艺术表演团体	Comprehensive Art Performance Troupes	60	4	53951	31904	44618

17-7 群众艺术馆、文化馆业务活动及经费(2014年)
ACTIVITIES AND FUNDS OF MASS ART CENTERS AND CULTURAL CENTERS(2014)

项　目	Item	总　计 Total	#群众艺术馆 Mass Art Centers	#文化馆 Cultural Centers
单位数 (个)	Number of Units (unit)	1538	12	119
举办展览 (个)	Number of Exhibtions (unit)	3404	116	765
举办培训班 (次)	Training Courses (time)	11465	924	3345
组织文艺活动次数 (次)	Art Performances (time)	22319	738	4294
总支出 (千元)	Total Expenditures (1 000 yuan)	291129	63424	133588
#商品和服务支出	Expenditures on Goods and Services	38029	10477	27552

17-8 公共图书馆业务活动及经费(2014年)
ACTIVITIES AND FUNDS OF PUBLIC LIBRARIES(2014)

项　目	Item	总　计 Total	省级公共图书馆 Public Libraries at Provincial Level	地市级公共图书馆 Public Libraries at Prefecture Level	县级公共图书馆 Public Libraries at County Level
总藏量　(千册)	Total Collections (1 000 volumes)	14718	3031	2497	9190
书架单层总长度 (千米)	Total Length of Bookshelves (1 000 m)	186	37	53	96
有效借书证数 (千个)	Number of Valid Library Cards (1 000 unit)	458	31	254	172
总流通人次 (千人次)	Total Number of Circulation Books (1 000 person-times)	6758	2400	1144	3214
#书刊文献外借人次	Borrowing from Libraries	2985	820	606	1559
为读者服务举办各种活动次数 (次)	Number of Service Activities Provided for Readers (time)	3000	272	446	2282
参加人数(千人次)	Number of Readers Involved (1 000 person-times)	782	103	69	610
电子阅览室终端数 (个)	Number of Terminal in Electrical Reading Room (unit)	4264	263	618	3383
总支出 (千元)	Total Expenditures (1 000 yuan)	199833	54259	44331	101243
#新增藏量购置费	Purchase Expenses of New Collections	24891	8687	7269	8935
本年新购藏量 (千册)	Number of Books Newly Purchased During the Year (1 000 volumes)	716	123	164	428
实际使用公用房屋建筑面积 (千平方米)	Actual Usage Floor Space of Public Buildings (1 000 sq.m)	408	80	80	247
#书　库	Stock Rooms	72	13	11	47
阅览室座席 (千个)	Seating Capacity of Reading Rooms (1 000 seats)	26	3	4	19

17-9 出版发行、文物、图书馆、群众文化事业机构和人员数(2014年)
INSTITUTIONS AND PERSONNELS OF PUBLISHING, CULTURAL RELICS, LIBRARY AND MASS CULTURE(2014)

项目	Item	机构数 (个) Number of Institutions (unit)	人数 (人) Number of Personnels (person)
出版发行事业	Publishing Undertakings		
#出版社	Publishing Houses	8	646
国有书店	State-owned Book Stores	392	5498
文物事业	Cultural Relics Undertakings		
博物馆	Museums	99	2685
文物机构	Cultural Relics Institutions	240	4232
图书馆事业	Public Libraries Undertakings	126	1593
群众文化服务业	Mass Cultural Service	1538	4663
群众艺术馆	Mass Art Centers	12	369
文化馆	Cultural Centers	119	1500
文化站	Cultural Stations	1407	2794
#乡镇文化站	Cultural Stations of Townships and Towns	1197	2288

17-10 博物馆、文物机构业务活动及经费(2014年)
ACTIVITIES AND FUNDS OF MUSEUMS AND CULTURAL RELICS INSTITUTIONS(2014)

项目	Item	总计 Total	文物保护管理机构 Protection and Management Institutions	其他文物机构 Other Institutions	博物馆 Museums	文物商店 Cultural Relics Shop	文物科研机构 Research Instituton of Relics
藏品(件)	Number of Collections (piece)	112615	180907	4033	803379	130793	7053
#一级品	Grade One	3515	521	1	2954		39
业务活动	Operation Activities						
陈列、展览(个)	Number of Displays and Exhibitions (unit)	326	30		296		
参观人数(千人次)	Number of Visitors (1 000 person-times)	23879	10615		12215		1049
经费收入(千元)	Revenue of Funds (1 000 yuan)	1703497	287120	648754	528348	9340	229935
经费支出(千元)	Total Expenditures (1 000 yuan)	1546179	296535	537970	513455	9081	189138
#商品和服务支出	Expenditures on Goods and Services	438168	68321	181016	111532		77299
项目支出	Project Expenses	975025	138028	341530	331928		163539

17-11 主要年份图书、期刊和报纸总印数
TOTAL PRINTED COPIES OF BOOKS, MAGAZINES AND NEWSPAPERS IN MAJOR YEARS

年份 Year	图书 Books		期刊 Magazines		报纸 Newspapers	
	种数(种) Number of Kinds (kind)	总印数(万册) Total Printed Copies (10 000 copies)	种数(种) Number of Kinds (kind)	总印数(万份) Total Printed Copies (10 000 copies)	种数(种) Number of Kinds (kind)	总印数(万份) Total Printed Copies (10 000 copies)
1978	290	6422	16	598	14	17869
1980	361	9055	33	1905	10	17590
1985	550	9991	110	7981	72	55174
1990	989	12166	129	2815	39	54361
1991	1381	14079	130	3086	42	46872
1992	1782	14163	139	3589	49	70047
1993	2261	13058	151	4001	55	73240
1994	2108	12300	158	3948	56	62568
1995	1728	13919	164	3586	59	59254
1996	1783	14654	160	3119	59	58363
1997	1741	15109	158	3199	59	66262
1998	1639	14016	157	2792	56	71954
1999	2214	15487	152	2816	57	69108
2000	1532	10105	165	2657	62	58825
2001	1894	10105	165	2659	59	62815
2002	2177	11800	187	3030	66	101712
2003	2505	13264	195	4290	65	140950
2004	2560	11098	198	4208	67	160553
2005	1683	10081	200	5914	60	329713
2006	1813	9337	199	4441	60	206067
2007	1979	11764	199	5434	60	210541
2008	2586	10535	199	3950	77	163296
2009	2629	11187	200	3402	77	183273
2010	3032	13183	200	4000	77	206698
2011	3401	13887	200	3428	77	202664
2012	4002	14789	198	3733	77	208938
2013	4025	13452	198	3384	77	219694
2014	3458	12866	200	2930	60	214620

注：本表2008年至2013年报纸相关数据包含高校校报。

Note: Newspaper data from 2008 to 2013 include college newspaper.

17-12 体育局系统从业人员数(2014年)

EMPLOYEES OF SPORTS BUREAU(2014)

单位：人 (person)

类　别	Type	合　计 Total	行政机关职工合计 Staff and Workers of Administrative Agencies	运动项目管理部门 Administrative Departments of Sports Programmes	职业运动技术学院 Professional Sports Technique College	体育运动学　校 Physical Education and Sports Schools
总　计	**Total**	**1456**	**39**	**732**	**211**	
公务员	Civil Servants	39	39			
教练员	Coaches	130		127		
运动员	Athletes	377		363		
科研人员	Scientific and Technical Personnel	22				
医务人员	Medical Personnel	16		13		
文化教师	Teachers	177			151	
管理人员	Administrative Personnel	504		179	45	
工勤人员	Logistics Personnel	103		32	15	
其他人员	Others	88		18		

类　别	Type	业余体校 Sparetime Sports Schools	体　育场　馆 Stadiums and Gymnasiums	训　练基　地 Training Bases	科研所 Scientific Research Institutes	其　他 Others
总　计	**Total**		**153**	**103**	**29**	**189**
公务员	Civil Servants					
教练员	Coaches			3		
运动员	Athletes			14		
科研人员	Scientific and Technical Personnel				22	3
医务人员	Medical Personnel					
文化教师	Teachers					26
管理人员	Administrative Personnel		103	58	4	115
工勤人员	Logistics Personnel		27	23		6
其他人员	Others		23	5	3	39

17-13 体育场地情况(2014年)
STATISTICS ON SPORTS GROUND(2014)

单位：个 (unit)

项　目	Item	总　计 Total	体育系统 Sports System	教育系统 Education System	高等院校 Regular Institutions of Higher Education	中专中技 Specialized Secondary and Skilled Worker Schools	中小学 Regular Secondary and Primary Schools	其　他 Others	其他系统 Other System
总　计	**Total**	**26450**	**830**	**7618**	**724**	**327**	**6390**	**177**	**18002**
体育场	Sports Field	99	28	59	14	2	39	4	12
体育馆	Sports Gym	87	33	23	10	1	10	2	31
游泳馆	Natatorium	122	15	14	7		6	1	93
室内游泳池	Indoor Swimming Pool								
室外游泳池	Outdoor Swimming Pool	29	5						24
室内跳水池	Indoor Diving Pool								
室外跳水池	Outdoor Diving Pool								
有固定看台灯光球场	Illuminated Fields with Fixed Seat								
综合房馆	General Gym	324	23	39	12	1	22	4	262
田径房馆	Track and Field Gym	1	1						
篮球房馆	Basketball Gym	96	9	44	10	4	27	3	43
排球房馆	Valleyball Gym	4		4			4		
手球房馆	Handball Gym	2	1						1
体操房馆	Gymnastics Gym	9	2	4	2		2		3
羽毛球房馆	Badminton Gym	114	8	27	8		17	2	79
乒乓球房馆	Table Tennis Gym	716	28	147	12	7	112	16	541
武术房馆	Wushu Gym	25	4	11	2		5	4	10
摔跤柔道房馆	Wrestling and Judo Gym	43	14	3		1	1	1	26
举重房馆	Weightlifting Gym	6	4	2		1		1	
健身房馆	Body Buildings Gym	207	12	39	12	2	22	3	156
棋牌房馆	Chess and Card Gym	229	2	10	7		3		217
其他训练房馆	Other Training Gym								
保龄球房馆	Bowling Gym	3	1						2
台球房馆	Billiards Gym	295	22	6	4		2		267
田径场	Track and Field	356	11	317	40	20	248	9	28
小运动场	Small Sports Field	1743	8	1658	12	44	1577	25	77
手球场	Handball Field	3	3						
足球场	Football Field	62	1	54	7	3	43	1	7
室内网球场馆	Indoor Tennis Gym	10	6						4
室外网球场馆	Outdoor Tennis Gym	348	75	94	57	4	29	4	179
室内射击场	Indoor Shooting Range	7	4	2	1	1			1

注：2014年数据为第六次全国体育场地普查数据，普查时点为2013年12月31日，下表同。

Note: Data of 2014 are from the Sixth National Sport-site Investigation, with the census time on December 31, 2013. The same applies to the following tables.

17-13 续表 continued

单位：个 (unit)

项 目	Item	总 计 Total	体育系统 Sports System	教育系统 Educat-ion System	高等院校 Regular Institutions of Higher Education	中专中技 Specialized Secondary and Skilled Worker Schools	中小学 Regular Secondary and Primary Schools	其 他 Others	其他系统 Other System
室外射击场	Outdoor Shooting Range	2	2						
卡丁车场	Small Car Race Field	3							3
自行车赛车场	Cycling Field	2	1						1
天然游泳场	Natural Swimming Pool	1							1
航空运动机场	Flying Sports Airport	2	2						
室内轮滑场	Indoor Wheel Slide Field	3							3
室外轮滑场	Outdoor Wheel Slide Field	3							3
攀岩场	Climbing Cliff Field	7	2						5
地掷球场	Baseball Ground Ball Field	20	7						13
篮球场	Basketball Field	20593	425	4790	442	226	4029	93	15378
排球场	Valleyball Field	275	4	250	54	8	188		21
门球场	Croquet Field	599	67	21	11	2	4	4	511

17-14 主要年份体育场地数
STADIUMS AND GYMNASIUMS IN MAJOR YEARS

单位：个 (unit)

年 份 Year	体育场 Stadiums	体育馆 Gymnasiums	有看台的灯光球场 Illuminated Fields with Fixed Seating	运动场 Playgrounds	航空机场 Aviation Airporter	射击场 Shooting Range	游泳池 Swimming Pools
1978	16	3	100	61	3	7	30
1980	17	3	127	68	3	7	31
1985	20	2	169	85	3	12	46
1990	29	7	216	140	3	14	72
1995	38	7	239	131	3	15	75
2000	38	7	239	131	3	15	75
2005	104	34	201	189	3	13	142
2006	104	34	201	189	3	13	142
2007	104	34	201	189	3	13	142
2008	104	34	201	189	3	13	142
2009	104	34	201	189	3	13	142
2010	104	34	201	189	3	13	142
2011	104	34	201	189	3	13	142
2012	104	34	201	189	3	13	142
2013	104	34	201	189	3	13	142
2014	99	87	356	1743	2	9	151

17-15 分项目等级运动员发展人数(2014年)

CERTIFIED ATHLETES BY TYPE OF SPORTS(2014)

单位：人 (person)

运动项目	Item	人数合计 Number of Persons	国际级运动健将 Master of Sports in International Level	#女 Female	一级 First Grade	#女 Female	二级 Second Grade	#女 Female
总　计	**Total**	**1105**	**15**	**8**	**276**	**113**	**814**	**310**
田　径	Track and Field	194			12	4	182	56
游　泳	Swimming	33	1	1	9	4	23	12
水　球	Water Polo							
跳　水	Diving	1	1					
体　操	Gymnastics	1			1	1		
艺术体操	Artistic Gymnastics	4	1	1	3	3		
蹦　床	Trampoline	5	3	3	2	1		
举　重	Weightlifting	10	1	1	4	1	5	4
拳　击	Boxing	14			6		8	1
国际式摔跤	International Wrestling	35	2		16	5	17	5
中国式摔跤	Chinese-style Wrestling	29			16	9	13	5
柔　道	Judo	31			11	1	20	6
跆拳道	Kickboxing	28			16	7	12	7
自行车	Cycle Racing	6	1		5	1		
击　剑	Fencing	2	1		1			
射　击	Shooting	38			14	7	24	9
射　箭	Sport Archery	8			4	3	4	1
足　球	Football	35					35	16
篮　球	Basketball	167			33	14	134	63
排　球	Volleyball	91			49	26	42	15
乒乓球	Table Tennis	93			47	19	46	19
羽毛球	Badminton	12					12	6
网　球	Tennis	65					65	29
手　球	Handball	5					5	
曲棍球	Field Hockey							
棒　球	Baseball	2					2	
健美操	Bodybuilding Gymnastics	23			6	2	17	12
街　舞	Hip Hop							
软式网球	Soft Tennis							
武　术	Wushu	161	4	2	11	3	146	44
蹼　泳	Fin Swimming							
摩托艇	Motorboat							
围　棋	Weiqi	4			2	2	2	
国际象棋	International Chess							
中国象棋	Chinese Chess							
橄榄球	Rugby Football	7			7			
航空模型	Model Airplane	1			1			

17-16 分项目等级裁判员发展人数(2014年)

CERTIFIED REFEREES BY TYPE OF SPORTS(2014)

单位：人 (person)

运动项目	Item	人数合计 Number of Persons	一级 First Grade	#女 Female	二级 Second Grade	#女 Female
总　计	**Total**	**2514**	**468**	**153**	**2046**	**669**
田　径	Track and Field	595	128	39	467	152
游　泳	Swimming	49	19	6	30	13
跳　水	Diving					
水　球	Water Polo					
花样游泳	Synchronised Swimming					
体　操	Gymnastics	8	8	2		
艺术体操	Artistic Gymnastics					
蹦　床	Trampoline	4	4	1		
举　重	Weightlifting					
拳　击	Boxing	24	24	3		
国际式摔跤	International Wrestling	2			2	
中国式摔跤	Chinese-style Wrestling					
柔　道	Judo	8	2		6	4
跆拳道	Kickboxing	16	16	5		
自行车	Cycle Racing	5			5	
击　剑	Fencing					
马　术	Equestrian	2	2	1		
足　球	Football	68	4		64	7
篮　球	Basketball	610	5		605	141
排　球	Volleyball	44			44	11
乒乓球	Table Tennis	143	12	7	131	73
羽毛球	Badminton	286	29	16	257	101
网　球	Tennis	51	12	1	39	11
健美操	Bodybuilding Gymnastics	23	10	7	13	8
街　舞	Hip Hop					
软式网球	Soft Tennis					
武　术	Wushu	353	86	24	267	80
滑　水	Aquaplane					
潜　水	Dive					
蹼　泳	Fin Swimming					
摩托艇	Motorboat					
围　棋	Weiqi	31	18	6	13	2
国际象棋	International Chess	20	11	4	9	3
中国象棋	Chinese Chess	51	35	12	16	2
桥　牌	Bridge	8	6	2	2	1
台　球	Billiard	21	21	6		
门　球	Croquet	72			72	59
龙　舟	Dragon boat					
钓　鱼	Angling	1			1	
风　筝	Kite Flying					
体育舞蹈	Physical Dancing	19	16	11	3	1

17-17 主要年份运动员打破纪录情况
RECORDS BROKEN BY ATHLETES IN MAJOR YEARS

年 份 Year	打破世界纪录 World Records Chalked Up			打破全国纪录 National Records Chalked Up			打破省纪录 Provincial Records Chalked Up		
	项数(项) Number of Events (item)	次数(次) Number of Times (time)	人数(人) Number of Persons (person)	项数(项) Number of Events (item)	次数(次) Number of Times (time)	人数(人) Number of Persons (person)	项数(项) Number of Events (item)	次数(次) Number of Times (time)	人数(人) Number of Persons (person)
1978				15	21	10	118	260	95
1980				11	31	4	123	233	132
1985				2	2	2	48	64	35
1990	1	1	1	7	10	7	106	152	62
1995				2	2	5	60	89	84
2000				3	4	6	70	78	57
2001				2	4	3	57	64	52
2002				3	3	2	28	38	27
2003				1	1	1	22	23	18
2004				1	1	1	23	18	14
2005				2	2	2	17	17	25
2006							6	42	42
2007							27	27	17
2008							56	57	57
2009				1	1	1	15	15	9
2010				2	2	2	5	8	8
2011							3	3	3
2012				1	1	1	11	11	3
2013							13	13	18
2014							4	5	4

17-18 体育彩票、福利彩票发行情况
ISSUE OF SPORTS LOTTERY AND WELFARE LOTTERY

单位：万元 (10 000 yuan)

项 目	Item	2013	2014
体育电脑彩票销售点 (个)	Computer Sale Place of Sports Lottery Ticket (unit)	2948	3450
体育彩票销售收入	Sale Revenue of Sports Lottery Ticket	156171	189710
#用于兑奖金额	Value of Exchanging Awards	89704	111165
福利彩票销售点(个)	Sale Place of Welfare Lottery Ticket (unit)	3460	3800
福利彩票销售收入	Sale Revenue of Welfare Lottery Ticket	293196	408477

17-19 主要年份卫生机构数
HEALTH CARE INSTITUTIONS IN MAJOR YEARS

单位：个 (unit)

年 份 Year	总 计 Total	#医 院 Hospitals	#疗养院(所) Sanatoriums	#门诊部(所) Outpatient Departments	#专科疾病防治院（所、站） Specialized Disease Prevention and Treatment Centers
1978	4995	2302	10	2345	7
1980	5190	2346	11	2432	6
1985	5834	2468	15	2910	6
1990	6108	2573	15	3020	10
1995	5922	2590	13	2790	12
2000	3273	716	13	92	15
2005	3009	885	6	52	14
2006	2993	916	8	47	12
2007	10036	973	7	38	13
2008	9533	1048	9	40	13
2009	11804	1165	9	168	14
2010	11889	1201	9	106	15
2011	12004	1216	9	291	11
2012	11907	1215	8	317	10
2013	12040	1219	8	297	8
2014	12528	1234	8	284	8

年 份 Year	#疾病预防控制中心 Centers for Disease Control and Prevention	#妇幼保健院(所、站) Maternity and Child Care Centers	#医学科学研究机构 Research Institutes of Medical Science	#其他卫生机构 Other Institutions
1978	136	128	3	46
1980	137	129	12	89
1985	135	123	19	129
1990	141	123	23	136
1995	153	131	22	58
2000	148	136	23	61
2005	157	131	10	24
2006	147	133	8	29
2007	147	133	10	30
2008	137	133	8	40
2009	149	133	7	62
2010	147	133	6	67
2011	147	132	7	59
2012	135	132	7	59
2013	134	132	7	71
2014	134	133	7	51

注：2011年起，卫生机构数不包括村卫生室数，后同。

Note: Rural clinics aren't included in health care institutions from 2011. The same applies to the following.

17-20 主要年份卫生机构床位数
NUMBER OF BEDS IN HEALTH CARE INSTITUTIONS IN MAJOR YEARS

单位：张 (unit)

年 份 Year	总 计 Total	医 院 Hospitals	其他卫生机 构 Other Institutions	平均每千人口拥有医院床位数 Number of Hospital Beds Per 1000 Population
1978	65426	63293	2133	2.69
1980	71702	69141	2561	2.89
1985	87768	82076	5692	3.34
1990	105324	98142	7182	3.45
1995	110422	101936	8486	3.37
2000	111880	77300	34580	2.38
2005	107968	81150	26818	2.42
2006	112342	83739	28603	2.48
2007	110418	82269	28149	2.42
2008	129458	94018	35440	2.76
2009	144544	101757	42787	2.97
2010	155973	108333	47640	3.09
2011	158459	111335	47124	3.11
2012	165294	119856	45438	3.32
2013	172620	128294	44326	3.54
2014	177442	133957	43485	3.67

17-21 主要年份卫生技术人员数
NUMBER OF MEDICAL TECHNICAL PERSONNELS IN MAJOR YEARS

单位：人 (person)

年 份 Year	卫生技术人 员 Medical Technical Personnels	#执业(助理)医师 Licensed Assistant Doctors	#注册护士 Registered Nurses	平均每千人口拥有卫生技术人员数 Number of Medical Technical Personnel Per 1000 Population
1978	76475	35157	10775	3.16
1980	87815	40479	11561	3.54
1985	109596	48557	16488	4.17
1990	128465	60185	27956	4.52
1995	142239	68658	34907	5.68
2000	136224	64900	37057	4.19
2005	130955	58617	38117	3.90
2006	134647	60262	40943	3.99
2007	148659	66791	45523	4.38
2008	161531	73107	49256	4.74
2009	181573	80601	56577	5.29
2010	190917	85376	62251	5.45
2011	189283	82547	64793	5.27
2012	199601	87319	70337	5.54
2013	203385	88182	74849	5.62
2014	209491	89852	79055	5.63

17-22 卫生机构、床位、人员数(2014年)

INSTITUTIONS, BEDS AND PERSONNELS IN HEALTH CARE INSTITUTIONS(2014)

类别	Type	机构数(个) Institutions (unit)	床位数(张) Beds (unit)	人员合计(人) Personnel (person)	#卫生技术人员 Medical Technical Personnel
总计	**Total**	**12528**	**177442**	**245592**	**205254**
一、医院合计	**Total Number of Hospitals**	**1234**	**133957**	**164264**	**136298**
综合医院	General Hospitals	638	93445	120961	101558
中医医院	Hospitals of Chinese Medicine	188	14914	15876	13334
中西医结合医院	Hospitals for Chinese and Western Medicine	14	1959	2078	1802
民族医院	Nationality Hospitals				
专科医院	Special Hospitals	394	23639	25349	19604
口腔医院	Stomatological Hospitals	36	331	1355	1018
眼科医院	Ophthalmology Hospitals	26	1091	1511	1083
耳鼻喉科医院	Otolaryngology Hospitals	5	110	270	176
肿瘤医院	Tumor Hospitals	2	2398	1765	1482
心血管病医院	Cardiovascular Hospitals	12	1035	1443	1178
血液病医院	Hematological Hospitals	3	250	278	241
妇产(科)医院	Maternity Hospitals	42	1334	2305	1725
儿童医院	Children Hospitals	4	933	2122	1776
精神病医院	Mental Hospitals	27	4248	2695	1985
传染病院	Hospitals for Infections Diseases	8	2241	2529	2071
皮肤病医院	Dermatology Hospitals	11	235	230	160
结核病医院	Tuberculosis Hospitals	4	973	787	574
职业病医院	Occupational Disease Hospital	1	120	172	137
骨科医院	Orthopaedics Hospitals	49	2339	1816	1401
康复医院	Recovered Hospitals	18	1402	1022	720
整形外科医院	Plastics Hospitals	3	49	151	87
美容医院	Cosmetic Hospitals	3	53	91	68
其他专科医院	Other Specialized Hospitals	140	4497	4807	3722
二、疗养院	**Sanatoriums**	**8**	**1705**	**453**	**135**
三、社区卫生服务中心(站)	**Community Medical Service Centers and Stations**	**854**	**4312**	**11993**	**10546**
#社区卫生服务中心	Community Medical Service Centers	209	3170	6754	5883
四、卫生院合计	**Total Number Commune Hospitals**	**1652**	**33396**	**27276**	**23057**
街道卫生院	Urban Areas Neighbourhood Hospitals	451	4962	3693	3038
乡镇卫生院	Township Town Hospitals	1201	28434	23583	20019
中心卫生院	Centre Hospitals	441	13270	10401	8880
乡卫生院	Township Hospitals	760	15164	13182	11139
五、门诊部合计	**Total Number of Clinics**	**284**	**345**	**3374**	**2829**
综合门诊部	General Clinics	100	117	1461	1184
中医门诊部	Chinese Medicine Clinics	28	15	254	195
中西医结合门诊部	Chinese and Western Medicine Clinics	12	29	96	93
专科门诊部	Special Clinics	144	184	1563	1357

注：卫生机构、床位、人员数不包括村卫生室等数字；卫生机构床位数为实有数。

Note: The number of health care institutions,beds and personnel exclude rural clinics.The number of beds in health care institutions is an actual data.

17-22 续表1 continued

类　别	Type	机构数(个) Institutions (unit)	床位数(张) Beds (unit)	人员合计(人) Personnel (person)	#卫生技术人员 Medical Technical Personnel
六、诊所、卫生所、医务室	**Clinics, Health Centers and Infirmaries**	**7971**		**17050**	**16402**
诊　所	Clinics	7130		14211	13725
卫生所、医务室	Health Centres and Infirmaries	841		2839	2677
七、急救中心(站)	**First-aid Centers**	**9**	**15**	**583**	**435**
八、采供血机构	**Selection and Supplyment Blood Institutions**	**21**		**982**	**716**
九、妇幼保健院 (所、站)	**Maternity and Child Care Centers**	**133**	**3522**	**7321**	**5978**
1.省　属	Belong to Province	1			
省辖市(地区)属	Belong to City(prefecture) of Province	11	1064	2310	1892
地辖市属	Belong to City of Prefecture	35	584	1589	1279
县　属	Belong to County	84	1854	3379	2769
其　他	Others	2	20	43	38
2.妇幼保健院	Maternity and Child Care Hospitals	79	2881	5698	4674
妇幼保健所	Maternity and Child Care Institutes	6		92	70
妇幼保健站	Maternity and Child Care Stations	48	641	1531	1234
生殖保健中心	Reproduction Care Centers				
十、专科疾病防治院 (所、站)	**Special Prevention Institutions**	**8**	**190**	**439**	**314**
专科疾病防治院	Special Prevention Hospitals	1	150	205	145
结核病防治院	Tuberculosis Prevention Stations				
职业病防治院	Occupational Disease Preventivetion Stations	1	150	205	145
其　他	Others				
专科疾病防治所 (站、中心)	Special Prevention Institutes	7	40	234	169
口腔病防治所 (站、中心)	Stomatological Prevention Institutes	4		27	21
结核病防治所 (站、中心)	Tuberculosis Prevention Institutes				
职业病防治所 (站、中心)	Prevention Stations of Occupational Diseases	2	40	146	104
地方病防治所 (站、中心)	Endemic Diseases Prevention Stations	1		61	44
其　他	Others				
十一、疾病预防控制中心(防疫站)	**Diseases Prevention and Control Centre**	**134**		**5300**	**3750**
1.省　属	Belong to Province	1		229	172
省辖市(地区)属	Belong to City (prefecture) of Province	11		932	674
地辖市属	Belong to City of Prefecture	34		1252	934
县　属	Belong to County	85		2690	1818
其　他	Others	3		197	152
2.疾病预防控制中心	Diseases Prevention and Control Centers				
卫生防疫站	Sanitation and Antiepidemic Stations				
预防保健中心	Prevention and Care Centers				

17-22 续表2 continued

类 别	Type	机构数(个) Institutions (unit)	床位数(张) Beds (unit)	人员合计(人) Personnel (person)	#卫生技术人员 Medical Technical Personnel
十二、卫生监督所	**Sanitation Supervision Stations**	**131**		**4258**	**3452**
省 属	Belong to Province	1		109	101
省辖市(地区)属	Belong to City (prefecture) of Province	11		516	408
地辖市属	Belong to City of Prefecture	34		1037	819
县 属	Belong to County	85		2596	2124
其 他	Others				
十三、计划生育技术服务机构	**Family Planning Technical Service Institution**	**14**		**190**	**144**
十四、医学科学研究机构	**Research Institutes of Medical Sciences**	**7**		**156**	**125**
十五、医学在职培训机构	**Medical In-service Training Institutes**	**4**		**41**	**27**
十六、健康教育所(站、中心)	**Care Education Institutes**	**13**		**237**	**126**
十七、其他卫生机构	**Other Medical Institues**	**51**		**1675**	**920**
卫生监督检验(监测)机构	Sanitary Supervison and Inspection Institution	2		104	60
临床检验中心	Checking Clinic Centers	4		215	83
信息中心	Information Centers	2		20	1
其 他	Others	43		1336	776

17-23 卫生机构分类人员数

NUMBER OF PERSONNELS IN HEALTH CARE INSTITUTIONS BY CATEGORY

单位：人 (person)

人员分类	Type of Personnel	2005	2010	2014
一、各类人员总计	**Total Personnel**	**158186**	**227900**	**245592**
卫生技术人员	Medical Technical Personnel	130955	190917	205254
其他技术人员	Other Technical Personnel	8486	10473	11025
管理人员	Managerial Personnel	7593	11300	11269
工勤人员	Logistics Workers	11152	15199	18044
二、卫生技术人员	**Medical Technical Personnel**	**130955**	**190917**	**205254**
执业(助理)医师	Licensed Assistant Doctors	48310	85376	86027
#执业医师	Licensed Doctors	10307	69976	74352
注册护士	Registered Nurses	38117	62251	78643
药师(士)	Pharmacists	9606	10187	10045
技师(士)	Technicians	6610	10108	11127
其 他	Others	18005	23003	19412

注：本表不包括村卫生室人员。

Note: Data in the table does not include rural clinic personnel.

17-24 医疗机构医疗服务量情况(2014年)
SERVICES QUANTITY IN HEALTH CARE INSTITUTIONS(2014)

类　别	Item	总诊疗人次 (万人次) Total Diagnosis and Treatment (10 000 person-times)	出院人数 (万人) Discharged Patients (10 000 persons)
总　计	**Total**	**12795.33**	**388.24**
#医　院	Hospital	4797.88	324.88
#综合医院	General Hospitals	3553.42	249.11
中医医院	Hospitals of Chinese Medicine	603.77	29.60
专科医院	Special Hospitals	595.73	42.37
卫生院	Commune Hospitals	1733.77	47.19
#乡镇卫生院	Town and Township Hospitals	1502.73	41.18
门诊部	Clinics	105.27	0.94
妇幼保健院 (所、站)	Maternity and Child Care Centers	289.26	11.07
专科疾病防治院 (所、站)	Special Disease Prevention Institutions	5.65	0.33

17-25 公证工作和调解
STATISTICS ON NOTARIZATION AND MEDIATION

项　目		Item	2013	2014
公证工作		**Notarization**		
公证处	(个)	Number of Notarization Offices(unit)	112	112
公证员(含公证员助理)	(人)	Notaries (Assistant Notaries) (person)	888	892
办理国内公证	(件)	Handle Civil Affair Notarization (case)	107600	116112
办理涉外公证	(件)	Handle Foreign Nationals Notarization (case)	34304	40001
涉港澳台公证	(件)	Hongkong, Macao and Taiwan Notarization (case)	747	559
调解工作		**Mediation**		
专职司法助理员	(人)	Full-time Judicial Assistants (person)	2125	1843
人民调解委员会	(个)	Number of People Mediation Committees (unit)	35427	32087
调解人员	(人)	Number of Mediators (person)	132912	101731
调解各类纠纷	(件)	Mediation Various Quarrels (case)	292616	189142
防止民间纠纷引起自杀	(人)	Prevent Civil Quarrel Causing Committing Suicide (person)	216	255
防止民间纠纷转化为刑事案件	(件)	Prevent Civil Quarrel Turning to Criminal Case (case)	1246	1086

17-26 律师工作
STATISTICS ON LAWYERS

项　目	Item	2013	2014
律师事务所 (个)	Number of Law Offices (unit)	573	608
律师工作人员(注册) (人)	Number of Lawyers (person)	5540	6400
#专职律师	Full-time Lawyers	5075	5638
兼职律师	Part-time Lawyers	291	328
聘请常年法律顾问的单位 (个)	Number of Units with Permanent Legal Advisors (unit)	5645	5811
民事诉讼代理 (件)	Agent of Civil Cases (case)	29290	29946
行政诉讼代理 (件)	Agent of Administrative Action (case)	1807	1861
刑事辨护及代理 (件)	Agent and Defender of Criminal Cases (case)	16026	16182
非诉讼法律事务 (件)	Agent of Non-Litigious Legal Affairs (case)	31001	32527
解答法律咨询 (人次)	Advisory Services (person-time)	82475	86597
代写法律事务文书 (件)	Legal Documents Written on Behalf of Clients (case)	18707	19643

17-27 主要年份婚姻登记数
MARRIAGE REGISTRATION IN MAJOR YEARS

单位：对 (couple)

年份 Year	登记结婚数 Permitting Marriage Registration	#恢复结婚 Resuming Marriage	初婚数(人) First Marriage (person)	再婚数(人) Remarriage (person)	男 Male	女 Female	登记离婚数 Permitting Divorce Registration
1985	236206	1787	453433	18979	9400	9579	7615
1990	220581	1115	422721	18441	8770	9671	7471
1995	179300	1090	343561	15039	7566	7473	7100
2000	164639	981	313195	16083	8407	7676	7612
2001	146187	850	277117	15073	7876	7197	7248
2002	153709	817	292310	14970	7639	7331	7121
2003	145060	974	272546	17460	8736	8724	8782
2004	161520	900	302448	20400	9894	10506	14335
2005	189741	1222	354147	25563	12163	13400	17398
2006	202107	1527	377317	26897	13717	13180	18509
2007	238530	2365	443520	33540	16075	17465	20402
2008	287435	3161	528128	46742	25323	21419	20553
2009	343640	3341	632905	54375	30207	24168	25618
2010	360581	4481	675719	45443	24033	21410	26473
2011	339607	3330	633629	45585	21910	23675	31260
2012	362827	4102	677046	48608	22845	25763	35585
2013	384006	4725	710324	57688	26399	31289	41939
2014	350711	5216	637477	63945	29134	34811	47894

17-28 妇联组织状况
WOMEN'S FEDERATION ORGANIZATION

单位：个 (unit)

项　　目	Item	2013	2014
地市妇联数	Number of Women's Federation of Prefecture and City	11	11
县(市)妇联数	Number of Women's Federation of County and City	119	121
乡妇联数	Number of Women's Federation of Township	1250	1351
街妇联数	Number of Women's Federation for Subdistrict Office	220	262
基层妇代会数中	Number of Women's Congress of Basic Level		
城市 (社区妇联)	Urban Areas (Women's Federation of Community)	1331	1923
农村妇代会数	Rural Areas	23718	27899
非公有经济组织中妇女组织	Women's Federation in Non-Public Ownership Economic Organization	5595	12613
直属机关妇工委	Women's Council in Department Directly under Governments	6039	5012
高等院校妇女组织	Women's Orgaization in University	42	33
省级所属	Provincial Level	2	3
市级所属	City Level	38	21
民办高校	University Run by Private Insititutions	2	9
民主党派妇委会数	Number of Women's Federation in Democratic Party	15	15

17-29 全省工业企业“三废”排放与治理情况
DISCHARGE AND TREATMENT OF WASTE WATER, WASTE GAS AND SOLID WASTES BY INDUSTRIAL ENTERPRISES

项　　目	Item	2013	2014
废　水	**Waste Water**		
废水排放总量 (万吨)	Total Volume of Waste Water (10 000 tons)	47794.7	49250.2
化学需氧量排放量(吨)	Volume of COD (ton)	78806.9	72384.8
氨氮排放量(吨)	Volume of Ammonia Nitrogen (ton)	7618.5	6887.2
废　气	**Waste Gas**		
废气排放量 (亿标立方米)	Total Volume of Waste Gas Emission (100 million cu.m)	41276.0	36024.7
二氧化硫排放量 (吨)	Volume of Sulphur Dioxide Emission (ton)	1140835.4	1077990.4
氮氧化物排放量 (吨)	Volume of Nitrogen Dioxide Emission (ton)	863611.4	778224.0
固体废物	**Solid Wastes**		
固体废物产生量 (万吨)	Volume of Solid Wastes Produced (10 000 tons)	30540.0	30220.9
固体废物综合利用量 (万吨)	Volume of Solid Wastes Utilized (10 000 tons)	19828.8	19698.1
固体废物综合利用率 (%)	Percentage of Solid Wastes Utilized (%)	64.6	65.1
固体废物处置量 (万吨)	Volume of Solid Wastes Treated (10 000 tons)	8192.1	7721.2
固体废物贮存量 (万吨)	Volume of Solid Wastes Accumulated (10 000 tons)	2749.1	2867.6
污染治理	**Pollution Treatment**		
当年污染治理施工项目总数 (个)	Number of Projects for Pollution Treatment in the Year (unit)	323	280
污染治理项目本年完成投资额 (万元)	Investment of the Project for Pollution Treatment in the Year (10 000 yuan)	555609.5	311477.1
治理废水	Treatment of Waste Water	43014.5	34593.9
治理废气	Treatment of Waste Gas	416619.0	230645.8
治理固体废物	Treatment of Solid Wastes	22519.4	12667.2
治理噪声	Noise Abatement	593.3	180.0
治理其他	Others	72863.4	33390.3

主要统计指标解释

艺术表演团体 指从事戏曲、音乐、舞蹈、杂技等专业艺术表演，有独立帐户，实行单独核算的团体。不包括半工半艺、半农半艺的业余团体。

文化馆 指专门从事群众文化活动的群众文化场馆。不包括临时抽调人员组成、没有编制的农村和街道文化工作队、服务站等。

文化市场经营机构 指经文化市场行政部门审批或已申报登记并领取相关许可证的、从事文化经营和文化服务活动的机构。

图书馆 指各类图书馆的管理与服务（对文献和信息的搜集、整理、存储、利用和管理，向社会公众开放并提供科学、文化等各种知识普及教育）。包括公共图书馆和各类机构内部举办的或单独举办的图书馆的管理与服务。不包括部队系统以及文化馆（文化中心、群众艺术馆）、文化站内设的图书室。

文化艺术研究机构 指有明确的研究方向和任务，有一定水平的学术带头人和一定数量、质量的研究人员，有开展工作的基本条件，主要进行文化艺术研究（含科技）的机构。

博物馆 指为了研究、教育、欣赏的目的，收藏、保护、展示人类活动和自然环境的见证物，向公众开放，非营利性、永久性社会服务机构，包括以博物馆（院）、纪念馆（舍）、美术（艺术）馆、科技馆、陈列馆等专有名称开展活动的单位。

艺术表演观众人数 指售票、包场演出或民族地区免费演出艺术表演观众人次数。不包括彩排审查和内部观摩演出的观看人次数。

等级运动员人数 指经考核正式批准授予等级运动员称号的人数。运动员等级分为国际级运动健将、运动健将、一级运动员、二级运动员、三级运动员、少年级运动员。

等级裁判员人数 指经考核正式批准授予等级裁判员称号的人数。裁判员等级分为国际裁判、国家级裁判、一级裁判、二级裁判、三级裁判。

体育场 指有 400 米跑道（中心含足球场），有固定道牙，路道 6 条以上，并有固定看台的田径场。以看台容纳观众人数分：甲级 25000 人以上，乙级 15000–25000 人，丙级 5000–15000 人，丁级 5000 人以下。

体育馆 指有固定看台可供篮球、排球、羽毛球、乒乓球、体操等项目训练比赛活动用的室内场地。以看台容纳观众人数分：甲级 6000 人以上，乙级 4000–6000 人，丙级 2000–4000 人，丁级 2000 以下。

工业废水排放量 指经过企业厂区所有排放口排到企业外部的工业废水量。包括生产废水、外排的直接冷却水、超标排放的矿井地下水和与工业废水混排的厂区生活污水，不包括独立外排的间接冷却水(清浊不分流的间接冷却水应计算在内)。

工业废气排放量 指企业厂区内燃料燃烧和生产工艺过程中产生的各种排入空气中含有污染物的气体总量，按标准状态［273 K，101325Pa］计算。

工业二氧化硫排放量 指企业在燃料燃烧和生产工艺过程中排入大气的二氧化硫总质量。工业中二氧化硫主要来源于化石燃料（煤、石油等）的燃烧，还包括硫矿石的冶炼或含硫酸、磷肥等生产的工业废气排放。

工业固体废物产生量 指企业在生产过程中产生的固体状、半固体状和高浓度液体状废弃物的总量、包括危险废物、冶炼废渣、粉煤灰、炉渣、煤矸石、尾矿、放射性废物和其他废物等；不包括矿山开采的剥离废石和掘进废石(煤矸石和呈酸性或碱性的废石除外)。酸性或碱性废石指采掘的废石其流经水、雨淋水的 PH 值小于 4 或 PH 值大于 10.5 者。

工业固体废物贮存量 指以综合利用或处置为目的，将固体废物暂时贮存或堆存在专设的贮存设施或专设的集中堆存场所内的数量。专设的固体废物贮存场所或贮存设施必须有防扩散、防流失、防渗漏、防止污染大气、水体的措施。

工业固体废物处置量 指将固体废物焚烧或者最终置于符合环境保护规定要求的场所，并不再回取的工业固体废物量(包括当年处置往年的工业固体废物累计贮存量)。处置方法有填埋(其中危险废物应安全填埋)、焚烧、专业贮存场(库)封场处理、 深层灌注、回填矿井等。

Explanatory Notes on Main Statistical Indicators

Art Performance Troupes refer to the troupes which are engaged in drama, music, dance, acrobatics or other art performance, have independent accounts with banks and have self-supporting accounting system. Amateur troupes which are engaged partly in industrial or agricultural activities and partly in art performance are not included.

Culture Centers refer to mass cultural centers which specialize in mass cultural activities. They do not include rural and street cultural teams or service stations that comprise of temporary transferred staff or personnel who do not have a personnel quota.

Business Institutions of Cultural Market refer to the institutions dealing in culture and cultural services, which registered and permitted with the relative certificate by cultural market administration.

Libraries refer to management and services of all kinds of libraries, that is, collect, collate, store and manage literature and information, supply various popular knowledge and education of science and culture openly. They include management and service that are carried out internally and singly by public libraries and all kinds of agencies, but don't include library rooms of army and culture centers or stations.

Culture and Art Research Institutions refer to institutions that mainly do research on culture and art. These institutions own academic leaders to a certain degree and research personnel to a certain quantity and quality, have the basic condition to carry out work under definite research direction and task.

Museums refer to social service agencies which collect, protect, exhibit the evidence of human's activities and natural environment in an open, non-profit and permanent way. They include museum, memorial hall, art gallery, science museum, exhibition hall and so on.

Number of Spectators at Art Performance refers to the number of attendants at commercial shows completely booked shows or free shows given in minority national areas and does not include the number of spectators at rehearsals for examination and internal shows for study.

Number of Athletes in Grades refers to the number of athletes who have been given titles through examination. The titles of athletes include international masters of sports, masters of sports, first grade athletes, second grade athletes, third grade athletes and young athletes.

Number of Referees in Grades refers to the number of referees who have been given titles after examination. They are classified into international referees, national referees, first grade referees, second grade referees and third grade referees.

Stadiums refer to athletic field which have 400-meter track around football field, fixed kerbs, road way above six and fixed stands. Stadiums are classified into the following types according to seating capacity: Class A seating 25000 people, Class B 15000 to 25000 people, Class C 5000 to 15000 people and Class D fewer than 5000 people.

Gymnasiums refer to indoor sports grounds with fixed seats for the training or competition of basketball, volleyball, badminton, table tennis, gymnastics and other sports events. Gymnasiums are classified into the following types according to seating capacity: Class A seating over 6000 people, Class B 4000 to 6000 people, Class C 2000 to 4000 people and class D fewer than 2000 people.

Volume of Industrial Waste Water Discharged refers to the volume of industrial waste water discharged through all outlets to the outside of industrial enterprises including waste water produced, direct-cooling water, underground water from mines that does not meet the standard and the domestic sewage mixed up with industrial waste water, excluding indirect-cooling water discharged separately.

Volume of Industrial Waste Gas Emission refers to total emission volume of polluted gas enterprises discharge into atmosphere from fuels burning and production process in the factory. It is measured by standard atmospheric pressure of [273K, 101325Pa].

Volume of Industrial Sulphur Dioxide Emission refers to dioxide emission volume enterprises discharge into atmosphere from fuels burning and production process. Industrial sulphur dioxide is mainly from burning of fossil fuels (coal, petroleum and etc). It is also from the emission of industrial waste gas which is produced during the process of smelting sulphur ores, sulphur acid or phosphate fertilizer.

Volume of Industrial Solid Wastes Produced refers to the total volume of solid semi-solid or high concentration liquid residue produced by industrial enterprises in their production process including dangerous wastes residues, melting waste slag, coal ash, gangue chemical residues, tailings, radioactive residues and other residues, but excluding stripped or dug stones in mining except gangue and acid or alkali stones which are stones washed or soaked by water with PH value smaller than 4 or larger than 10.5.

Volume of Industrial Solid Wastes Accumulated refers to the volume of industrial solid wastes temporarily stored up or piled with special facilities or piled in the special sites for the purpose of utilization or treatment in future. The special facilities or special sites for storing up solid wastes should have the measures against spreading or being washed away to other places, permeating the soil causing air pollution or water contamination.

Volume of Industrial Solid Wastes Treated refers to solid wastes disposed of in a non—recoverable place that meet the requirement of environmental protection such as burying (dangerous wastes should be buried safely), burning, piling in designated sites, pouring water into the deep strata, filling of old mines, etc, (including treatment of solid wastes piled up in the previous years).

城市概况

GENERAL SURVEY OF CITIES

18

PAGE

575—592

资料整理人员

马金兰　李悦榕　杨　磊　李艳旭
韩春光　杨　敏　白鹏洲　田　丹

18-1 地级城市主要经济指标(2014年)

MAJOR ECONOMIC INDICATORS OF CITIES AT PREFECTURE LEVEL(2014)

指　　标	Item	太原市区 Taiyuan Urban District	大同市区 Datong Urban District	阳泉市区 Yangquan Urban District
总户数 (万户)	Number of Households (10 000 households)	82.94	59.23	24.79
常住人口 (万人)	Resident Population(10 000 persons)	350.89	177.53	73.26
#非农业人口	Non-agricultural Population	237.04	130.77	57.97
出生人数 (人)	Birth Population (person)	39922	25003	6750
死亡人数 (人)	Death Population (person)	9212	7072	3819
城镇从业人员期末人数(人)	Number of Urban Employees at the End of Period (person)	1024655	342249	180379
土地面积 (平方公里)	Area of Land (sq.km)	1500	2080	652
地区生产总值 (万元)	Gross Domestic Product (10 000 yuan)	23409457	8000129	3662600
第一产业	Primary Industry	158054	102767	24762
第二产业	Secondary Industry	9136455	3792753	1821499
第三产业	Tertiary Industry	14114948	4104609	1816339
工业经济指标	Industrial Indicators			
工业企业数 (个)	Number of Enterprises (unit)	294	84	67
内资企业	Domestic Capital	272	76	61
港澳台投资企业	Hong kong, Macao and Taiwan Investment	4		3
外商投资企业	Foreign Capital	18	8	3
流动资产合计 (万元)	Total Circulating Funds(10 000 yuan)	16699423	6291328	8654315
固定资产合计 (万元)	Total Fixed Assets (10 000 yuan)	14079585	11025736	6419657
主营业务收入 (万元)	Revenue of Major Business (10 000 yuan)	31143159	21381714	5712433
主营业务税金及附加 (万元)	Tax and Extra Charges of Major Business (10 000 yuan)	309765	76876	34996
本年应交增值税 (万元)	Value Added Tax Payable (10 000 yuan)	533881	400323	205128
利润总额 (万元)	Total Profits (10 000 yuan)	306413	139445	2764
固定电话用户数 (万户)	Number of Telephone Subscribers (10 000 subscribers)	121.03	39.13	20.28
年末移动电话用户数 (万户)	Number of Mobile Phone Subscribers (10 000 subscribers)	742.66	342.37	151.78
互联网宽带接入用户数 (万户)	Internet Subscriber (10 000 subscriber)	150.79	49.76	31.32

注：工业经济指标统计口径为年主营业务收入2000万元及以上的工业法人企业；总户数和总人口相关指标为公安年报数；固定电话、年末移动电话、互联网宽带接入用户数为全市口径。

Note: Statistical coverage of industry are enterprises with revenue of major business over 20 million yuan. Number of households and population are from public security department.The coverage of subscribers numbers of telephone, mobile phone and internet are all citywide.

18-1 续表1 continued

指 标	Item	太原市区 Taiyuan Urban District	大同市区 Datong Urban District	阳泉市区 Yangquan Urban District
全社会用电量 (万千瓦小时)	Total Electricity Consumption (10 000 kwh)	2058282	815256	655615
#工业用电	Industry	1389629	569453	460419
城乡居民生活用电	Resident Living	275957	98123	27697
固定资产投资 (不含农户)(万元)	Investment in Fixed Assets (Excluding Rural Household) (10 000 yuan)	15565304	5012125	2331267
#房地产开发投资	Investment in Real Estate	4555391	2030029	342389
#住 宅	Residential Buildings	3310404	1268366	299852
商品房屋销售面积 (万平方米)	Floor Space of Commercial Houses Sold (10 000 sq.m)	391.01	65.29	44.90
商品房屋销售额 (万元)	Sales of Commercial Houses (10 000 yuan)	3132472	319946	151665
社会消费品零售总额 (万元)	Total Retail Sales of Consumer Goods (10 000 yuan)	13490652	4244590	2008710
公共财政收入 (万元)	Public Finance Revenue (10 000 yuan)	2266106	891410	358620
公共财政支出 (万元)	Public Finance Expenditure (10 000 yuan)	2774659	1354103	555585
在校学生数	Student Enrollment			
高等学校 (人)	Institutions of Higher Education (person)	400915	29962	10303
高中阶段 (人)	Senior Middle Schools(person)	74664	55950	24642
中等职业学校 (人)	Vocational Secondary Schools (person)	98505	19663	7539
普通中学 (万人)	Regular Secondary Schools (10 000 persons)	17.56	9.46	3.96
小 学 (万人)	Primary Schools (10 000 persons)	20.81	11.12	4.11
科技活动人员 (人)	Technological Activities Personnel (person)	28781	12258	6038
医院、卫生院数 (个)	Number of Hospitals (unit)	178	99	37
医院、卫生院床位数 (张)	Number of Beds in Hospitals (bed)	31340	11295	5360
医生数 (人)	Number of Doctors (person)	17612	6740	2954
在岗职工平均人数 (万人)	Average Number of Fully Employed Staff and Workers (10 000 persons)	96.04	31.34	19.40
在岗职工工资总额 (万元)	Total Wages of Full Employed Staff and Workers (10 000 yuan)	5663909	1893864	1053393
居民储蓄存款余额 (万元)	Balance of Residents Savings Deposits (10 000 yuan)	30237653	11419713	4240535

18-1 续表2 continued

指 标	Item	长治市区 Changzhi Urban District	晋城市区 Jincheng Urban District	朔州市区 Shuozhou Urban District
总户数（万户）	Number of Households (10 000 households)	22.74	13.31	27.52
常住人口（万人）	Resident Population(10 000 persons)	79.15	48.84	72.50
#非农业人口	Non-agricultural Population	63.14	30.83	22.19
出生人数（人）	Birth Population (person)	10190	5150	8168
死亡人数（人）	Death Population (person)	3451	1321	3975
城镇从业人员期末人数(人)	Number of Urban Employees at the End of Period (person)	153653	185013	113923
土地面积（平方公里）	Area of Land (sq.km)	334	143	4107
地区生产总值（万元）	Gross Domestic Product (10 000 yuan)	3643301	2298829	5524586
第一产业	Primary Industry	35022	10635	210203
第二产业	Secondary Industry	1741375	845044	3129707
第三产业	Tertiary Industry	1866904	1443150	2184676
工业经济指标	Industrial Indicators			
工业企业数（个）	Number of Enterprises (unit)	59	44	88
内资企业	Domestic Capital	56	38	85
港澳台投资企业	Hong Kong, Macao and Taiwan Investment	2	1	1
外商投资企业	Foreign Capital	1	5	2
流动资产合计(万元)	Total Circulating Funds(10 000 yuan)	2092683	6406456	3323635
固定资产合计(万元)	Total Fixed Assets (10 000 yuan)	2346112	3684541	8914931
主营业务收入(万元)	Revenue of Major Business (10 000 yuan)	3750245	5052758	5886688
主营业务税金及附加(万元)	Tax and Extra Charges of Major Business (10 000 yuan)	16118	55937	108928
本年应交增值税（万元）	Value Added Tax Payable (10 000 yuan)	126578	217968	385470
利润总额（万元）	Total Profits (10 000 yuan)	73081	358388	164371
固定电话用户数(万户)	Number of Telephone Subscribers (10 000 subscribers)	41.68	39.40	17.39
年末移动电话用户数(万户)	Number of Mobile Phone Subscribers (10 000 subscribers)	298.78	224.70	182.06
互联网宽带接入用户数(万户)	Internet Subscriber (10 000 subscriber)	55.36	39.30	20.50

18-1 续表3 continued

指 标	Item	长治市区 Changzhi Urban District	晋城市区 Jincheng Urban District	朔州市区 Shuozhou Urban District
全社会用电量 (万千瓦小时)	Total Electricity Consumption (10 000 kwh)	366547	165109	581519
#工业用电	Industry	273251	115152	473097
城乡居民生活用电	Resident Living	49736	16564	10583
固定资产投资 (不含农户)(万元)	Investment in Fixed Assets (Excluding Rural Household) (10 000 yuan)	3152121	3315092	4549279
#房地产开发投资	Investment in Real Estate	426679	409019	579983
#住 宅	Residential Buildings	335602	327704	327174
商品房屋销售面积 (万平方米)	Floor Space of Commercial Houses Sold (10 000 sq.m)	122.70	57.37	101.34
商品房屋销售额 (万元)	Sales of Commercial Houses (10 000 yuan)	501584	271485	364437
社会消费品零售总额 (万元)	Total Retail Sales of Consumer Goods (10 000 yuan)	3148505	1799210	
公共财政收入 (万元)	Public Finance Revenue (10 000 yuan)	455840	489436	628363
公共财政支出 (万元)	Public Finance Expenditure (10 000 yuan)	750189	625200	809143
在校学生数	Student Enrollment			
高等学校 (人)	Institutions of Higher Education (person)	41161	6376	8916
高中阶段 (人)	Senior Middle Schools(person)	52391	30485	29379
中等职业学校 (人)	Vocational Secondary Schools (person)	10260	18651	5922
普通中学 (万人)	Regular Secondary Schools (10 000 persons)	6.34	4.08	4.80
小 学 (万人)	Primary Schools (10 000 persons)	5.59	3.61	5.80
科技活动人员 (人)	Technological Activities Personnel (person)	1499	4937	1041
医院、卫生院数 (个)	Number of Hospitals (unit)	110	36	52
医院、卫生院床位数 (张)	Number of Beds in Hospitals (bed)	7578	3431	3725
医生数 (人)	Number of Doctors (person)	4096	2387	1620
在岗职工平均人数 (万人)	Average Number of Fully Employed Staff and Workers (10 000 persons)	14.97	17.50	10.22
在岗职工工资总额 (万元)	Total Wages of Full Employed Staff and Workers (10 000 yuan)	621215	1099202	620791
居民储蓄存款余额 (万元)	Balance of Residents Savings Deposits (10 000 yuan)	5641388	4839572	4195977

18-1 续表4 continued

指　　标	Item	晋中市区 Jinzhong Urban District	运城市区 Yuncheng Urban District	忻州市区 Xinzhou Urban District
总户数 (万户)	Number of Households (10 000 households)	21.70	24.12	22.91
常住人口 (万人)	Resident Population(10 000 persons)	61.22	69.46	55.71
#非农业人口	Non-agricultural Population	31.27	24.66	20.70
出生人数 (人)	Birth Population (person)	8538	6928	6819
死亡人数 (人)	Death Population (person)	3160	2968	3961
城镇从业人员期末人数(人)	Number of Urban Employees at the End of Period (person)	110000	81900	76506
土地面积 (平方公里)	Area of Land (sq.km)	1318	1215	1987
地区生产总值 (万元)	Gross Domestic Product (10 000 yuan)	2082633	2044577	1111831
第一产业	Primary Industry	177229	126830	80696
第二产业	Secondary Industry	826663	633026	323976
第三产业	Tertiary Industry	1078741	1284721	707159
工业经济指标	Industrial Indicators			
工业企业数 (个)	Number of Enterprises (unit)	85	70	32
内资企业	Domestic Capital	77	69	32
港澳台投资企业	Hong Kong, Macao and Taiwan Investment	4		
外商投资企业	Foreign Capital	4	1	
流动资产合计 (万元)	Total Circulating Funds(10 000 yuan)	974800	1006878	931075
固定资产合计 (万元)	Total Fixed Assets (10 000 yuan)	1003118	729640	319459
主营业务收入 (万元)	Revenue of Major Business (10 000 yuan)	1396528	1234629	783500
主营业务税金及附加 (万元)	Tax and Extra Charges of Major Business (10 000 yuan)	7129	6934	1387
本年应交增值税 (万元)	Value Added Tax Payable (10 000 yuan)	38935	22518	17786
利润总额 (万元)	Total Profits (10 000 yuan)	-17255	-13599	47297
固定电话用户数 (万户)	Number of Telephone Subscribers (10 000 subscribers)	55.78	57.60	60.01
年末移动电话用户数 (万户)	Number of Mobile Phone Subscribers (10 000 subscribers)	296.29	425.70	270.50
互联网宽带接入用户数 (万户)	Internet Subscriber (10 000 subscriber)	51.14	72.40	36.50

18-1 续表5 continued

指　　标	Item	晋中市区 Jinzhong Urban District	运城市区 Yuncheng Urban District	忻州市区 Xinzhou Urban District
全社会用电量 (万千瓦小时)	Total Electricity Consumption (10 000 kwh)	308012	249151	139700
#工业用电	Industry	143200	103280	69400
城乡居民生活用电	Resident Living	31800	69868	14700
固定资产投资 (不含农户)(万元)	Investment in Fixed Assets (Excluding Rural Household) (10 000 yuan)	2297972	2524748	969950
#房地产开发投资	Investment in Real Estate	714781	701069	267172
#住　宅	Residential Buildings	407147	499550	193292
商品房屋销售面积 (万平方米)	Floor Space of Commercial Houses Sold (10 000 sq.m)	59.75	100.64	30.40
商品房屋销售额 (万元)	Sales of Commercial Houses (10 000 yuan)	337176	325115	90784
社会消费品零售总额 (万元)	Total Retail Sales of Consumer Goods (10 000 yuan)	833466	2015629	1080267
公共财政收入 (万元)	Public Finance Revenue (10 000 yuan)	112872	80873	50581
公共财政支出 (万元)	Public Finance Expenditure (10 000 yuan)	206586	229176	175693
在校学生数	Student Enrollment			
高等学校 (人)	Institutions of Higher Education (person)	98386	42914	16521
高中阶段 (人)	Senior Middle Schools(person)	10350	48457	19936
中等职业学校 (人)	Vocational Secondary Schools (person)	13515	18788	17010
普通中学 (万人)	Regular Secondary Schools (10 000 persons)	2.84	6.60	4.54
小　学　(万人)	Primary Schools (10 000 persons)	3.96	4.50	3.63
科技活动人员 (人)	Technological Activities Personnel (person)		2851	2951
医院、卫生院数 (个)	Number of Hospitals (unit)	33	72	140
医院、卫生院床位数 (张)	Number of Beds in Hospitals (bed)	3989	6475	3408
医生数 (人)	Number of Doctors (person)	2001	3678	3671
在岗职工平均人数 (万人)	Average Number of Fully Employed Staff and Workers (10 000 persons)	9.60	9.39	6.75
在岗职工工资总额 (万元)	Total Wages of Full Employed Staff and Workers (10 000 yuan)	296930	401992	245115
居民储蓄存款余额 (万元)	Balance of Residents Savings Deposits (10 000 yuan)	3925808	2254300	3307239

18-1 续表6 continued

指 标	Item	临汾市区 Linfen Urban District	吕梁市区 Lvliang Urban District
总户数 (万户)	Number of Households (10 000 households)	36.59	11.03
常住人口 (万人)	Resident Population(10 000 persons)	80.61	32.88
#非农业人口	Non-agricultural Population	35.46	17.00
出生人数 (人)	Birth Population (person)	11787	4115
死亡人数 (人)	Death Population (person)	2849	1919
城镇从业人员期末人数(人)	Number of Urban Employees at the End of Period (person)	92500	56572
土地面积 (平方公里)	Area of Land (sq.km)	1316	1339
地区生产总值 (万元)	Gross Domestic Product (10 000 yuan)	2494996	699081
第一产业	Primary Industry	99894	20292
第二产业	Secondary Industry	716450	217238
第三产业	Tertiary Industry	1678652	461551
工业经济指标	Industrial Indicators		
工业企业数 (个)	Number of Enterprises (unit)	50	24
内资企业	Domestic Capital	47	24
港澳台投资企业	Hong Kong, Macao and Taiwan Investment	2	
外商投资企业	Foreign Capital	1	
流动资产合计 (万元)	Total Circulating Funds(10 000 yuan)	1274003	1806155
固定资产合计 (万元)	Total Fixed Assets (10 000 yuan)	1309445	725357
主营业务收入 (万元)	Revenue of Major Business (10 000 yuan)	1570369	454598
主营业务税金及附加 (万元)	Tax and Extra Charges of Major Business (10 000 yuan)	8027	8972
本年应交增值税 (万元)	Value Added Tax Payable (10 000 yuan)	46339	38366
利润总额 (万元)	Total Profits (10 000 yuan)	-136467	-140384
固定电话用户数 (万户)	Number of Telephone Subscribers (10 000 subscribers)	52.52	38.00
年末移动电话用户数 (万户)	Number of Mobile Phone Subscribers (10 000 subscribers)	397.14	316.40
互联网宽带接入用户数 (万户)	Internet Subscriber (10 000 subscriber)	64.49	49.61

18-1 续表7 continued

指 标	Item	临汾市区 Linfen Urban District	吕梁市区 lvliang Urban District
全社会用电量(万千瓦小时)	Total Electricity Consumption (10 000 kwh)	297718	79600
#工业用电	Industry	171450	78500
城乡居民生活用电	Resident Living	59560	
固定资产投资(不含农户)(万元)	Investment in Fixed Assets (Excluding Rural Household) (10 000 yuan)	2675255	871072
#房地产开发投资	Investment in Real Estate	570658	65416
#住 宅	Residential Buildings	450443	51055
商品房屋销售面积(万平方米)	Floor Space of Commercial Houses Sold (10 000 sq.m)	103.54	14.22
商品房屋销售额(万元)	Sales of Commercial Houses (10 000 yuan)	459843	66808
社会消费品零售总额(万元)	Total Retail Sales of Consumer Goods (10 000 yuan)	2080113	601973
公共财政收入(万元)	Public Finance Revenue (10 000 yuan)	159573	130206
公共财政支出(万元)	Public Finance Expenditure (10 000 yuan)	337922	194608
在校学生数	Student Enrollment		
高等学校(人)	Institutions of Higher Education (person)	44305	21684
高中阶段(人)	Senior Middle Schools(person)	32831	27729
中等职业学校(人)	Vocational Secondary Schools (person)	14697	12020
普通中学(万人)	Regular Secondary Schools (10 000 persons)	7.18	3.44
小 学 (万人)	Primary Schools (10 000 persons)	6.06	3.59
科技活动人员(人)	Technological Activities Personnel (person)	620	
医院、卫生院数(个)	Number of Hospitals (unit)	73	64
医院、卫生院床位数(张)	Number of Beds in Hospitals (bed)	6162	1720
医生数(人)	Number of Doctors (person)	3096	815
在岗职工平均人数(万人)	Average Number of Fully Employed Staff and Workers (10 000 persons)	8.50	4.50
在岗职工工资总额(万元)	Total Wages of Full Employed Staff and Workers (10 000 yuan)	399479	206372
居民储蓄存款余额(万元)	Balance of Residents Savings Deposits (10 000 yuan)	4508144	1945500

18-2 地级城市公用事业及设施水平(2014年)
LEVEL OF PUBLIC FACILITIES IN CITIES AT PREFECTURE LEVEL(2014)

指　　标	Item	太原市区 Taiyuan Urban District	大同市区 Datong Urban District
供水综合生产能力 (万立方米/日)	Daily Production Capacity of Tap Water (10 000 cu.m/day)	217.10	59.00
城市供水总量 (万吨)	Total Volume of City Water Supply (10 000 tons)	34068	8621
#居民生活用水量	Residential Use	15223	3281
平均每人生活用水(吨)	Per Capita Consumption of Tap Water for Resiential Use (ton)	43.49	26.21
排水管道长度(公里)	Lenth of Drainage Pipelines (km)	2162	638
年末实有城市道路面积 (万平方米)	Actual Area of City Roads at the Year End (10 000 sq.m)	3941	2029
每人拥有城市道路面积 (平方米)	Per Capita Area of City Roads (sq.m)	16.63	15.52
供气总量 (人工、天然气)(万立方米)	Coal Gas Supply (Munufactured and Natural Gas) (10 000 cu.m)	77014	11794
#家庭用量	Residential Use	12789	3815
液化石油气供气总量 (吨)	Natural Gas Supply (ton)	30336	10772
#家庭用量	Residential Use	25490	3314
公共汽(电)车营运车辆数 (辆)	Number of Public Transportation Vehicles (unit)	3071	838
平均每万人拥有公共汽(电) 车数 (辆)	Number of Public Transportation Vehicles Per 10 000 Population (unit)	12.96	6.41
出租汽车数 (辆)	Number of Taxis (unit)	8719	4958
公共汽(电)车客运总量 (万人次)	Number of Passengers Carried by Public Transportation Vehicles (10 000 person-times)	51414	21379
绿地面积 (公顷)	Green Area (ha)	12804	4845
#公园绿地面积	Green Area of Parks	4093	1107
每万人拥有绿地面积 (公顷)	Green Area Per 10 000 Population (ha)	54.02	37.05
建成区绿化覆盖面积 (公顷)	Green Coverage of Completed Areas (ha)	14773	4845

18-2 续表1 continued

指 标	Item	阳泉市区 Yangquan Urban District	长治市区 Changzhi Urban District
供水综合生产能力 (万立方米/日)	Daily Production Capacity of Tap Water (10 000 cu.m/day)	20.48	28.81
城市供水总量 (万吨)	Total Volume of City Water Supply (10 000 tons)	5137	7517
#居民生活用水量	Residential Use	1456	4333
平均每人生活用水(吨)	Per Capita Consumption of Tap Water for Resiential Use (ton)	24.40	59.38
排水管道长度(公里)	Lenth of Drainage Pipelines (km)	352	457
年末实有城市道路面积 (万平方米)	Actual Area of City Roads at the Year End (10 000 sq.m)	620	658
每人拥有城市道路面积 (平方米)	Per Capita Area of City Roads (sq.m)	10.70	10.42
供气总量 (人工、天然气)(万立方米)	Coal Gas Supply (Munufactured and Natural Gas) (10 000 cu.m)	85499	5491
#家庭用量	Residential Use	14337	2004
液化石油气供气总量 (吨)	Natural Gas Supply (ton)	754	3774
#家庭用量	Residential Use	702	3774
公共汽(电)车营运车辆数 (辆)	Number of Public Transportation Vehicles (unit)	769	455
平均每万人拥有公共汽(电) 车数 (辆)	Number of Public Transportation Vehicles Per 10 000 Population (unit)	13.27	7.21
出租汽车数 (辆)	Number of Taxis (unit)	2236	1801
公共汽(电)车客运总量 (万人次)	Number of Passengers Carried by Public Transportation Vehicles (10 000 person-times)	17276	7862
绿地面积 (公顷)	Green Area (ha)	2262	2440
#公园绿地面积	Green Area of Parks	648	924
每万人拥有绿地面积 (公顷)	Green Area Per 10 000 Population (ha)	39.02	38.64
建成区绿化覆盖面积 (公顷)	Green Coverage of Completed Areas (ha)	2224	2719

18-2 续表2 continued

指 标	Item	晋城市区 Jincheng Urban District	朔州市区 Shuozhou Urban District
供水综合生产能力 (万立方米/日)	Daily Production Capacity of Tap Water (10 000 cu.m/day)	18.00	18.00
城市供水总量 (万吨)	Total Volume of City Water Supply (10 000 tons)	2964	2173
#居民生活用水量	Residential Use	1229	897
平均每人生活用水(吨)	Per Capita Consumption of Tap Water for Resiential Use (ton)	27.87	29.88
排水管道长度(公里)	Lenth of Drainage Pipelines (km)	363	417
年末实有城市道路面积 (万平方米)	Actual Area of City Roads at the Year End (10 000 sq.m)	572	530
每人拥有城市道路面积 (平方米)	Per Capita Area of City Roads (sq.m)	18.55	23.88
供气总量 (人工、天然气)(万立方米)	Coal Gas Supply (Munufactured and Natural Gas) (10 000 cu.m)	10792	4045
#家庭用量	Residential Use	2091	1238
液化石油气供气总量 (吨)	Natural Gas Supply (ton)	1540	1300
#家庭用量	Residential Use	1140	680
公共汽(电)车营运车辆数 (辆)	Number of Public Transportation Vehicles (unit)	459	243
平均每万人拥有公共汽(电) 车数 (辆)	Number of Public Transportation Vehicles Per 10 000 Population (unit)	14.89	10.95
出租汽车数 (辆)	Number of Taxis (unit)	1453	1273
公共汽(电)车客运总量 (万人次)	Number of Passengers Carried by Public Transportation Vehicles (10 000 person-times)	6545	1473
绿地面积 (公顷)	Green Area (ha)	1702	1961
#公园绿地面积	Green Area of Parks	561	434
每万人拥有绿地面积 (公顷)	Green Area Per 10 000 Population (ha)	55.21	88.37
建成区绿化覆盖面积 (公顷)	Green Coverage of Completed Areas (ha)	1805	2102

18-2 续表3 continued

指 标	Item	晋中市区 Jinzhong Urban District	运城市区 Yuncheng Urban District
供水综合生产能力 (万立方米/日)	Daily Production Capacity of Tap Water (10 000 cu.m/day)	16.04	16.00
城市供水总量 (万吨)	Total Volume of City Water Supply (10 000 tons)	3377	2356
#居民生活用水量	Residential Use	1318	792
平均每人生活用水(吨)	Per Capita Consumption of Tap Water for Resiential Use (ton)	26.95	19.59
排水管道长度(公里)	Lenth of Drainage Pipelines (km)	751	378
年末实有城市道路面积 (万平方米)	Actual Area of City Roads at the Year End (10 000 sq.m)	850	716
每人拥有城市道路面积 (平方米)	Per Capita Area of City Roads (sq.m)	27.18	29.03
供气总量 (人工、天然气)(万立方米)	Coal Gas Supply (Munufactured and Natural Gas) (10 000 cu.m)	8824	3315
#家庭用量	Residential Use	1913	2726
液化石油气供气总量 (吨)	Natural Gas Supply (ton)	2270	2851
#家庭用量	Residential Use	860	2207
公共汽(电)车营运车辆数 (辆)	Number of Public Transportation Vehicles (unit)	1330	909
平均每万人拥有公共汽(电) 车数 (辆)	Number of Public Transportation Vehicles Per 10 000 Population (unit)	42.53	36.86
出租汽车数 (辆)	Number of Taxis (unit)	513	1805
公共汽(电)车客运总量 (万人次)	Number of Passengers Carried by Public Transportation Vehicles (10 000 person-times)	6670	589
绿地面积 (公顷)	Green Area (ha)	1820	1688
#公园绿地面积	Green Area of Parks	702	452
每万人拥有绿地面积 (公顷)	Green Area Per 10 000 Population (ha)	58.20	68.45
建成区绿化覆盖面积 (公顷)	Green Coverage of Completed Areas (ha)	2010	1778

18-2 续表4 continued

指　　标	Item	忻州市区 Xinzhou Urban District	临汾市区 Linfen Urban District
供水综合生产能力 (万立方米/日)	Daily Production Capacity of Tap Water (10 000 cu.m/day)	6.55	12.30
城市供水总量 (万吨)	Total Volume of City Water Supply (10 000 tons)	2261	2467
#居民生活用水量	Residential Use	931	1502
平均每人生活用水(吨)	Per Capita Consumption of Tap Water for Resiential Use (ton)	31.98	34.29
排水管道长度(公里)	Lenth of Drainage Pipelines (km)	398	111
年末实有城市道路面积 (万平方米)	Actual Area of City Roads at the Year End (10 000 sq.m)	552	636
每人拥有城市道路面积 (平方米)	Per Capita Area of City Roads (sq.m)	26.67	17.94
供气总量 (人工、天然气)(万立方米)	Coal Gas Supply (Munufactured and Natural Gas) (10 000 cu.m)	7695	27593
#家庭用量	Residential Use	4217	4801
液化石油气供气总量 (吨)	Natural Gas Supply (ton)	4050	4075
#家庭用量	Residential Use	1660	3560
公共汽(电)车营运车辆数 (辆)	Number of Public Transportation Vehicles (unit)	112	287
平均每万人拥有公共汽(电) 车数 (辆)	Number of Public Transportation Vehicles Per 10 000 Population (unit)	5.41	8.09
出租汽车数 (辆)	Number of Taxis (unit)	713	1862
公共汽(电)车客运总量 (万人次)	Number of Passengers Carried by Public Transportation Vehicles (10 000 person-times)	2872	5492
绿地面积 (公顷)	Green Area (ha)	1006	1833
#公园绿地面积	Green Area of Parks	480	644
每万人拥有绿地面积 (公顷)	Green Area Per 10 000 Population (ha)	48.60	51.69
建成区绿化覆盖面积 (公顷)	Green Coverage of Completed Areas (ha)	1156	2018

18-2 续表5 continued

指 标	Item	吕梁市区 Lvliang Urban District
供水综合生产能力 (万立方米/日)	Daily Production Capacity of Tap Water (10 000 cu.m/day)	4.90
城市供水总量 (万吨)	Total Volume of City Water Supply (10 000 tons)	807
#居民生活用水量	Residential Use	496
平均每人生活用水(吨)	Per Capita Consumption of Tap Water for Resiential Use (ton)	19.29
排水管道长度(公里)	Lenth of Drainage Pipelines (km)	259
年末实有城市道路面积 (万平方米)	Actual Area of City Roads at the Year End (10 000 sq.m)	305
每人拥有城市道路面积 (平方米)	Per Capita Area of City Roads (sq.m)	17.94
供气总量 (人工、天然气)(万立方米)	Coal Gas Supply (Munufactured and Natural Gas) (10 000 cu.m)	1800
#家庭用量	Residential Use	1260
液化石油气供气总量 (吨)	Natural Gas Supply (ton)	
#家庭用量	Residential Use	
公共汽(电)车营运车辆数 (辆)	Number of Public Transportation Vehicles (unit)	116
平均每万人拥有公共汽(电) 车数 (辆)	Number of Public Transportation Vehicles Per 10 000 Population (unit)	6.82
出租汽车数 (辆)	Number of Taxis (unit)	450
公共汽(电)车客运总量 (万人次)	Number of Passengers Carried by Public Transportation Vehicles (10 000 person-times)	1740
绿地面积 (公顷)	Green Area (ha)	844
#公园绿地面积	Green Area of Parks	350
每万人拥有绿地面积 (公顷)	Green Area Per 10 000 Population (ha)	49.65
建成区绿化覆盖面积 (公顷)	Green Coverage of Completed Areas (ha)	957

主要统计指标解释

城乡居民生活用电　指市民住宅、集体宿舍、招待所、机关、商店、学校等照明用电。

城市供水总量　指报告期供水企业（单位）供出的全部水量，包括有效供水量和漏损水量，不包括开水直接利用量。

年末实有公共汽（电）车营运车辆数　是指城市公共交通企业可参加营运的全部车辆数。包括技术完好的、在修的、待修的、长期停驶的，以及拟报废尚未经上级主管部门批准报废的运营车辆数。不包括公交企业的油罐车、货车和其他专用车等非运营车，也不包括借入、租入的客运车辆。

全年公共汽（电）车客运总量　指运送乘客的总人数。包括普通票乘客人次，月票乘客人次和包车乘客人次。

供气总量（人工煤气、天然气）　指城市煤气企业向城市生产用户、家庭用户和其他用户供应的全部煤气量，包括外购及损失量。

居民生活用水量　指城市范围内所有居民家庭的日常生活用水。包括城市居民、农民家庭、公共供水站用水。

Explanatory Notes on Main Statistical Indicators

Consumption of Electricity for Residential Use refers to lighting consumption being used in residence, collective dormitory, rest house, department, store and school.

Total Volume of City Water Supply refers to total water volume supplied by waterworks (units) during the reference period. It includes both the effective water supply and loss during water supply, while it doesn't include volume of boil water directly used.

Number of Public Buses (Trolley Buses) Under Operation at Year-end refers to the total number of operational buses available, including the operational vehicles and vehicles in stock. Non-operational vehicles such as tank cars, machine shop cars, trucks and special vehicles and the borrowed passenger vehicles are excluded.

Number of Passengers Carried by Bus (Trolley Bus) in the Year refers to the total person-times of passengers carried by buses and trolley bus, including ordinary tickets passengers, monthly tickets passengers and group passengers.

Volume of (Manufactured and Natural) Gas Supply refers to the total volume of gas sold to city produce users, household users and other users by gas corporations, including volume purchased and loss.

Water Consumption for Residential Use refers to water consumption of total households for daily life in city, including water consumption of urban households, rural households and public water supply stations.

地市篇

CITIES AT PREFECTURE LEVEL

19

19-1 国民经济核算主要指标(2014年)
MAJOR INDICATORS OF NATIONAL ECONOMIC ACCOUNTING(2014)

单位：万元 (10 000 yuan)

市 名 City		总产出 Total Output	第一产业 Primary Industry	第二产业 Secondary Industry	#工 业 Industry	第三产业 Tertiary Industry	#交通运输、仓储和邮政业 Transportation, Storage and Post	#批发和零售业 Wholesale and Retail Trade
全 省	**Total**	**344239100**	**14469000**	**234937500**	**192852100**	**94832600**	**17490600**	**13357100**
太原市	Taiyuan	79135522	726667	47639725	24646480	30769130	3163031	6545536
大同市	Datong	27588990	1049323	14625406	13271194	11914261	3660426	2391303
阳泉市	Yangquan	13603170	213740	8433202	6957199	4956227	1062787	1226385
长治市	Changzhi	31707892	1019410	22151354	19939616	8537128	1214083	1420623
晋城市	Jincheng	20480537	780046	13104907	11833608	6595583	994899	898103
朔州市	Shuozhou	26641932	1295944	12324890	11701697	13021098	3211301	4817645
晋中市	Jinzhong	25839555	1757169	16572038	13431461	7510348	1964370	984885
运城市	Yuncheng	32822292	3714150	17672906	15991202	11435236	1905916	2714506
忻州市	Xinzhou	21473336	1152972	10712422	9787753	9607942	1285780	1100636
临汾市	Linfen	33873860	1793499	22252179	19243250	9828183	1743435	2541994
吕梁市	Lvliang	28991537	1249177	20393088	19304357	7349272	1154381	830422

市 名 City		地区生产总值 Gross Domestic Product	第一产业 Primary Industry	第二产业 Secondary Industry	#工 业 Industry	第三产业 Tertiary Industry	#交通运输、仓储和邮政业 Transportation, Storage and Post	#批发和零售业 Wholesale and Retail Trade
全 省	**Total**	**127614900**	**7888900**	**62939100**	**54710100**	**56786900**	**7971300**	**9900400**
太原市	Taiyuan	25310917	388627	10123118	7028126	14799172	1270083	3375684
大同市	Datong	10017256	570511	4454968	3780756	4991777	1085293	746416
阳泉市	Yangquan	6166154	110090	3369007	2942122	2687057	393940	484422
长治市	Changzhi	13311415	581833	7765112	7333891	4964470	729906	833906
晋城市	Jincheng	10358635	438377	6086174	5636646	3834085	641311	618821
朔州市	Shuozhou	10034100	614332	5427061	5171026	3992707	800597	711300
晋中市	Jinzhong	10423086	1049239	4935000	4275300	4438847	920000	740500
运城市	Yuncheng	12016220	1971921	4967326	4086152	5076973	854365	935826
忻州市	Xinzhou	6803394	662826	3221228	2857805	2919340	396860	352235
临汾市	Linfen	12132401	949345	6592018	5878601	4591038	794447	707437
吕梁市	Lvliang	11013462	687072	6847714	6614170	3478676	581629	531710

19-1 续表 continued

单位：万元 (10 000 yuan)

市 名 City	人均地区生产总值(元/人) Per Capita GDP (yuan/person)	资本形成总额 Gross Capital Formation	最终消费 Final Consumption Expenditure	居民总消费水平(元/人) Household Consumption Expenditure (yuan/person)	农村居民 Rural Households	城镇居民 Urban Households
全 省 Total	**35070**	**92497400**	**63655600**	**12622**	**7692**	**17189**
太原市 Taiyuan	59023	14096721	11313826	20695	9368	22823
大同市 Datong	29607	7736638	4651376	10376	5085	13973
阳泉市 Yangquan	44382	4798314	2243642	11491	7079	13921
长治市 Changzhi	39196	9257497	6759270	14668	8616	21312
晋城市 Jincheng	44945	6604983	4072998	11555	7973	14315
朔州市 Shuozhou	57368	5801357	3736363	14681	8582	20396
晋中市 Jinzhong	31465	6723195	5458796	11511	8282	14784
运城市 Yuncheng	22940	8891572	6465242	10032	6485	14591
忻州市 Xinzhou	21796	5160934	3270639	7796	5106	11240
临汾市 Linfen	27557	6825213	5570679	9547	6731	12799
吕梁市 Lvliang	28960	7675418	4695174	8436	5645	12002

19-2 国民经济核算主要指标指数(2014年)

INDICES OF MAJOR INDICATORS OF NATIONAL ECONOMIC ACCOUNTING(2014)

上年=100 (last year=100)

市 名 City	总产出 Total Output	第一产业 Primary Industry	第二产业 Secondary Industry	#工业 Industry	第三产业 Tertiay Industry	#交通运输、仓储和邮政业 Transportation, Storage and Post	#批发和零售业 Wholesale and Retail Trade
全 省 Total	**104.8**	**103.8**	**104.1**	**103.0**	**106.8**	**105.6**	**106.2**
太原市 Taiyuan	103.8	104.7	102.7	100.8	105.9	101.2	104.7
大同市 Datong	107.1	104.2	109.2	108.9	104.8	107.0	105.2
阳泉市 Yangquan	103.9	104.7	104.2	104.0	103.3	107.2	101.9
长治市 Changzhi	108.4	105.7	108.8	108.5	107.4	109.3	104.7
晋城市 Jincheng	117.4	119.6	124.0	124.7	105.2	109.2	104.5
朔州市 Shuozhou	96.3	105.8	87.9	87.4	107.2	121.0	102.4
晋中市 Jinzhong	107.6	105.0	108.3	107.2	106.1	112.0	100.1
运城市 Yuncheng	105.7	105.4	106.0	105.5	105.2	108.9	105.1
忻州市 Xinzhou	108.1	107.3	109.3	110.0	107.0	107.4	105.7
临汾市 Linfen	105.0	113.2	104.3	103.2	105.5	108.1	102.5
吕梁市 Lvliang	98.1	104.8	97.3	97.6	100.3	111.9	96.3

19-2 续表 continued

上年=100 (last year=100)

市 名 City	地区生产总值 Gross Domestic Product	第一产业 Primary Industry	第二产业 Secondary Industry	#工 业 Industry	第三产业 Tertiary Industry	#交通运输、仓储和邮政业 Transportation, Storage and Post	#批发和零售业 Wholesale and Retail Trade
全 省 Total	**104.9**	**104.7**	**103.6**	**103.2**	**107.1**	**108.6**	**105.5**
太原市 Taiyuan	103.3	104.3	101.0	100.8	105.1	101.1	103.0
大同市 Datong	107.4	104.1	110.8	110.3	104.2	112.0	104.1
阳泉市 Yangquan	103.2	104.8	103.5	104.0	102.7	109.7	104.5
长治市 Changzhi	105.1	104.6	105.4	105.1	104.8	108.1	99.6
晋城市 Jincheng	104.8	102.4	105.2	105.1	104.0	112.0	102.7
朔州市 Shuozhou	104.5	104.4	104.2	104.6	105.0	112.0	102.4
晋中市 Jinzhong	106.8	104.1	108.0	107.3	105.6	112.0	100.4
运城市 Yuncheng	105.0	104.8	105.9	104.3	104.1	110.9	105.0
忻州市 Xinzhou	105.4	108.8	106.9	106.7	102.7	102.9	103.9
临汾市 Linfen	104.6	104.4	104.1	103.2	105.5	108.6	102.5
吕梁市 Lvliang	98.0	104.1	96.7	96.8	100.6	112.0	94.7

市 名 City	资本形成总额 Gross Capital Formation	最终消费 Final Consumption Expenditure	居民总消费水平 Household Consumption Expenditure	农村居民 Rural Households	城镇居民 Urban Households
全 省 Total	**101.7**	**102.3**	**104.0**	**105.4**	**101.8**
太原市 Taiyuan	103.1	105.1	109.8	111.7	109.5
大同市 Datong	108.4	104.6	107.9	108.9	107.1
阳泉市 Yangquan	106.9	101.2	99.8	94.0	100.9
长治市 Changzhi	107.5	104.1	103.4	103.9	101.1
晋城市 Jincheng	108.9	110.6	112.2	112.8	111.5
朔州市 Shuozhou	96.8	99.9	103.0	106.3	100.6
晋中市 Jinzhong	106.7	105.5	106.6	106.1	105.4
运城市 Yuncheng	112.1	105.5	113.1	114.8	109.9
忻州市 Xinzhou	102.6	103.6	103.3	105.8	99.8
临汾市 Linfen	104.3	104.9	106.1	110.8	101.7
吕梁市 Lvliang	95.2	102.3	104.8	104.1	103.2

19-3 基本单位数(2013年)
NUMBER OF BASIC UNITS (2013)

单位：个 (unit)

市 名 City	法人单位数 Corporation Units			产业活动单位数 Active Units	
	合 计 Total	单产业法人 Single Industry	多产业法人 Multi-industry	合 计 Total	#多产业法人所属产业活动单位 Units Belong to Multi-industry Corporation
全 省 Total	**258920**	**236147**	**22773**	**345722**	**109575**
太原市 Taiyuan	42241	40214	2027	51733	11519
大同市 Datong	18661	17350	1311	24728	7378
阳泉市 Yangquan	9313	8212	1101	13326	5114
长治市 Changzhi	29832	26617	3215	39793	13176
晋城市 Jincheng	20395	17599	2796	27869	10270
朔州市 Shuozhou	13919	13207	712	17824	4617
晋中市 Jinzhong	24060	22308	1752	33232	10924
运城市 Yuncheng	27193	24804	2389	38087	13283
忻州市 Xinzhou	24879	23021	1858	31865	8844
临汾市 Linfen	28233	24101	4132	40225	16124
吕梁市 Lvliang	20194	18714	1480	27040	8326

19-4 基本单位数(2014年)
NUMBER OF BASIC UNITS (2014)

单位：个 (unit)

市 名 City	法人单位数 Corporation Units			产业活动单位数 Active Units	
	合 计 Total	单产业法人 Single Industry	多产业法人 Multi-industry	合 计 Total	#多产业法人所属产业活动单位 Units Belong to Multi-industry Corporation
全 省 Total	**304889**	**281160**	**23729**	**392428**	**111268**
太原市 Taiyuan	53831	51409	2422	63004	11595
大同市 Datong	20822	19457	1365	26984	7527
阳泉市 Yangquan	10991	9762	1229	15048	5286
长治市 Changzhi	32649	29381	3268	42740	13359
晋城市 Jincheng	24441	21591	2850	31976	10385
朔州市 Shuozhou	17694	16977	717	21576	4599
晋中市 Jinzhong	30742	28876	1866	40355	11479
运城市 Yuncheng	29345	26899	2446	40479	13580
忻州市 Xinzhou	27502	25621	1881	34497	8876
临汾市 Linfen	33184	28978	4206	45367	16389
吕梁市 Lvliang	23688	22209	1479	30402	8193

19-5 按登记注册类型划分基本单位数(2013年)

NUMBER OF BASIC UNITS BY REGISTRATION STATUS(2013)

单位：个 (unit)

市名 City	法人单位数 Corporation Units				产业活动单位数 Active Units			
	合计 Total	内资单位 Civil Funded Enterprises	港澳台商投资单位 Enterprises Funded by Hong Kong, Macao and Taiwan	外商投资单位 Foreign Funded Enterprises	合计 Total	内资单位 Civil Funded Enterprises	港澳台商投资单位 Enterprises Funded by Hong Kong, Macao and Taiwan	外商投资单位 Foreign Funded Enterprises
全 省 Total	**258920**	**258461**	**179**	**280**	**345722**	**344332**	**583**	**807**
太原市 Taiyuan	42241	42084	61	96	51733	51302	177	254
大同市 Datong	18661	18623	13	25	24728	24625	44	59
阳泉市 Yangquan	9313	9295	7	11	13326	13269	30	27
长治市 Changzhi	29832	29795	16	21	39793	39719	30	44
晋城市 Jincheng	20395	20363	9	23	27869	27803	17	49
朔州市 Shuozhou	13919	13906	3	10	17824	17804	7	13
晋中市 Jinzhong	24060	24000	28	32	33232	33108	56	68
运城市 Yuncheng	27193	27155	12	26	38087	37947	57	83
忻州市 Xinzhou	24879	24871	6	2	31865	31810	31	24
临汾市 Linfen	28233	28202	15	16	40225	39995	101	129
吕梁市 Lvliang	20194	20167	9	18	27040	26950	33	57

19-6 按登记注册类型划分基本单位数(2014年)

NUMBER OF BASIC UNITS BY REGISTRATION STATUS(2014)

单位：个 (unit)

市名 City	法人单位数 Corporation Units				产业活动单位数 Active Units			
	合计 Total	内资单位 Civil Funded Enterprises	港澳台商投资单位 Enterprises Funded by Hong Kong, Macao and Taiwan	外商投资单位 Foreign Funded Enterprises	合计 Total	内资单位 Civil Funded Enterprises	港澳台商投资单位 Enterprises Funded by Hong Kong, Macao and Taiwan	外商投资单位 Foreign Funded Enterprises
全 省 Total	**304889**	**304409**	**190**	**290**	**392428**	**390978**	**598**	**852**
太原市 Taiyuan	53831	53668	64	99	63004	62566	177	261
大同市 Datong	20822	20783	14	25	26984	26879	45	60
阳泉市 Yangquan	10991	10974	7	10	15048	14988	29	31
长治市 Changzhi	32649	32612	16	21	42740	42667	29	44
晋城市 Jincheng	24441	24404	10	27	31976	31902	21	53
朔州市 Shuozhou	17694	17680	3	11	21576	21554	7	15
晋中市 Jinzhong	30742	30684	27	31	40355	40225	55	75
运城市 Yuncheng	29345	29307	12	26	40479	40342	57	80
忻州市 Xinzhou	27502	27489	9	4	34497	34428	39	30
临汾市 Linfen	33184	33149	17	18	45367	45117	104	146
吕梁市 Lvliang	23688	23659	11	18	30402	30310	35	57

19-7 按产业分基本单位数及从业人数(2013年)
NUMBER OF BASIC UNITS AND EMPLOYEES BY INDUSTRY(2013)

市名 City	法人单位 Corporation Units							
	单位数(个) Number of Units (unit)	第一产业 Primary Industry	第二产业 Secondary Industry	第三产业 Tertiary Industry	从业人数(人) Employees (person)	第一产业 Primary Industry	第二产业 Secondary Industry	第三产业 Tertiary Industry
全　省 Total	**258920**	**51815**	**34178**	**172927**	**8251157**	**656942**	**3664436**	**3929779**
太原市 Taiyuan	42241	3116	6274	32851	1678856	28710	737897	912249
大同市 Datong	18661	3325	1842	13494	688185	36280	302331	349574
阳泉市 Yangquan	9313	1591	1387	6335	388983	20350	222390	146243
长治市 Changzhi	29832	8514	2978	18340	771991	84721	353964	333306
晋城市 Jincheng	20395	4112	2398	13885	648360	56362	306349	285649
朔州市 Shuozhou	13919	3265	1229	9425	397525	37018	152812	207695
晋中市 Jinzhong	24060	5687	3854	14519	746455	58772	367796	319887
运城市 Yuncheng	27193	6406	4470	16317	903141	128080	401125	373936
忻州市 Xinzhou	24879	4787	3088	17004	546882	52958	188072	305852
临汾市 Linfen	28233	6537	3457	18239	758059	83104	299722	375233
吕梁市 Lvliang	20194	4475	3201	12518	722720	70587	331978	320155

市名 City	产业活动单位 Active Units							
	单位数(个) Number of Units (unit)	第一产业 Primary Industry	第二产业 Secondary Industry	第三产业 Tertiary Industry	从业人数(人) Employees (person)	第一产业 Primary Industry	第二产业 Secondary Industry	第三产业 Tertiary Industry
全　省 Total	**345722**	**52001**	**38686**	**255035**	**8857244**	**659547**	**3742760**	**4454937**
太原市 Taiyuan	51733	3129	7203	41401	1833922	28899	816797	988226
大同市 Datong	24728	3339	2135	19254	773548	36404	319851	417293
阳泉市 Yangquan	13326	1604	1811	9911	404944	20464	204443	180037
长治市 Changzhi	39793	8529	3415	27849	814316	85032	350239	379045
晋城市 Jincheng	27869	4133	2792	20944	688704	56670	298179	333855
朔州市 Shuozhou	17824	3276	1425	13123	422096	37363	154799	229934
晋中市 Jinzhong	33232	5706	4350	23176	785369	58961	359224	367184
运城市 Yuncheng	38087	6424	4747	26916	946871	128354	405513	413004
忻州市 Xinzhou	31865	4796	3354	23715	588640	53091	197417	338132
临汾市 Linfen	40225	6579	3998	29648	835637	83585	300972	451080
吕梁市 Lvliang	27040	4486	3456	19098	763197	70724	335326	357147

19-8 按产业分基本单位数及从业人数(2014年)
NUMBER OF BASIC UNITS AND EMPLOYEES BY INDUSTRY(2014)

市名 City	法人单位 Corporation Units							
	单位数(个) Number of Units (unit)	第一产业 Primary Industry	第二产业 Secondary Industry	第三产业 Tertiary Industry	从业人数(人) Employees (person)	第一产业 Primary Industry	第二产业 Secondary Industry	第三产业 Tertiary Industry
全 省 Total	**304889**	**61120**	**39550**	**204219**	**8704183**	**739508**	**3696395**	**4268280**
太原市 Taiyuan	53831	3588	7423	42820	1805614	31145	738423	1036046
大同市 Datong	20822	4286	2134	14402	728101	41461	314435	372205
阳泉市 Yangquan	10991	1840	1591	7560	411354	23816	229487	158051
长治市 Changzhi	32649	9234	3269	20146	793603	92175	346355	355073
晋城市 Jincheng	24441	4885	2804	16752	700331	62496	320735	317100
朔州市 Shuozhou	17694	4812	1506	11376	434824	48394	159570	226860
晋中市 Jinzhong	30742	6712	4911	19119	801096	71044	378794	351258
运城市 Yuncheng	29345	6861	4774	17710	907346	132157	387180	388009
忻州市 Xinzhou	27502	5755	3466	18281	558499	57946	185760	314793
临汾市 Linfen	33184	7776	4007	21401	814021	100131	302905	410985
吕梁市 Lvliang	23688	5371	3665	14652	749394	78743	332751	337900

市名 City	产业活动单位 Active Units							
	单位数(个) Number of Units (unit)	第一产业 Primary Industry	第二产业 Secondary Industry	第三产业 Tertiary Industry	从业人数(人) Employees (person)	第一产业 Primary Industry	第二产业 Secondary Industry	第三产业 Tertiary Industry
全 省 Total	**392428**	**61371**	**43785**	**287272**	**9043567**	**742565**	**3701230**	**4599772**
太原市 Taiyuan	63004	3600	8276	51128	1816731	31310	783289	1002132
大同市 Datong	26984	4300	2422	20262	784848	41596	318292	424960
阳泉市 Yangquan	15048	1855	1887	11306	400283	24205	193677	182401
长治市 Changzhi	42740	9251	3698	29791	831852	92466	350006	389380
晋城市 Jincheng	31976	4905	3201	23870	737045	62708	319104	355233
朔州市 Shuozhou	21576	4827	1692	15057	451262	48755	161106	241401
晋中市 Jinzhong	40355	6739	5407	28209	839305	71591	373500	394214
运城市 Yuncheng	40479	6880	5048	28551	948207	132363	393121	422723
忻州市 Xinzhou	34497	5817	3718	24962	595008	58177	195099	341732
临汾市 Linfen	45367	7818	4557	32992	875890	100577	297682	477631
吕梁市 Lvliang	30402	5379	3879	21144	763136	78817	316354	367965

19-9 按行业分法人单位数(2013年)
NUMBER OF CORPORATION UNITS BY SECTOR(2013)

单位：个 (unit)

市名 City	合计 Total	农、林、牧、渔业 Farming, Forestry, Animal Husbandry and Fishery	采矿业 Ming	制造业 Manufacturing	电力、热力、燃气及水生产和供应业 Production and Supply of Electricity, Heat, Gas and Water
全　省　Total	**258920**	**56803**	**5567**	**21628**	**1211**
太原市　Taiyuan	42241	3243	385	3521	106
大同市　Datong	18661	3512	313	1084	72
阳泉市　Yangquan	9313	1690	158	946	68
长治市　Changzhi	29832	9168	505	1846	152
晋城市　Jincheng	20395	4535	313	1531	139
朔州市　Shuozhou	13919	3576	214	707	71
晋中市　Jinzhong	24060	6186	650	2590	131
运城市　Yuncheng	27193	7358	364	3605	111
忻州市　Xinzhou	24879	5363	891	1758	133
临汾市　Linfen	28233	7304	920	1995	119
吕梁市　Lvliang	20194	4868	854	2045	109

市名 City	建筑业 Construction	批发和零售业 Wholesale and Retail Trade	交通运输、仓储和邮政业 Transport, Storage and Post	住宿和餐饮业 Hotels and Catering Services	信息传输、软件和信息技术服务业 Information Transmission, Software and Information Technology Services
全　省　Total	**6192**	**45404**	**5328**	**3411**	**1744**
太原市　Taiyuan	2354	12720	811	930	1042
大同市　Datong	447	3412	330	347	66
阳泉市　Yangquan	233	1670	164	150	41
长治市　Changzhi	510	4562	430	270	90
晋城市　Jincheng	458	4006	365	252	85
朔州市　Shuozhou	246	2157	363	169	68
晋中市　Jinzhong	502	3343	614	312	59
运城市　Yuncheng	425	3799	681	257	75
忻州市　Xinzhou	323	3227	528	238	53
临汾市　Linfen	460	4424	601	319	100
吕梁市　Lvliang	234	2084	441	167	65

19-9 续表 continued

单位：个 (unit)

市 名 City	金融业 Financial Industry	房地产业 Real Estate	租赁和商务服务业 Lease and Business Affairs Services	科学研究和技术服务业 Scientific Reseach, and Technical Services	水利、环境和公共设施管理业 Water, Environmental Protection and Public Facility Management
全 省 Total	**1865**	**6747**	**12053**	**6911**	**2583**
太原市 Taiyuan	336	1921	3861	2129	339
大同市 Datong	143	516	1025	545	207
阳泉市 Yangquan	79	237	403	222	84
长治市 Changzhi	105	630	1007	737	327
晋城市 Jincheng	167	514	1064	466	276
朔州市 Shuozhou	137	306	435	303	128
晋中市 Jinzhong	124	533	856	516	253
运城市 Yuncheng	166	687	808	444	244
忻州市 Xinzhou	215	394	745	518	264
临汾市 Linfen	222	586	1345	660	253
吕梁市 Lvliang	171	423	504	371	208

市 名 City	居民服务、修理和其他服务业 Resident Services, Repair and Other Services	教 育 Education	卫生和社会工作 Health Care and Social Work	文化、体育和娱乐业 Culture, Sports and Recreation	公共管理、社会保障和社会组织 Public Management, Social Security and Social Organization
全 省 Total	**2801**	**10068**	**5321**	**5601**	**57682**
太原市 Taiyuan	780	1487	731	1002	4543
大同市 Datong	213	832	481	401	4715
阳泉市 Yangquan	118	345	177	256	2272
长治市 Changzhi	220	1049	646	647	6931
晋城市 Jincheng	314	710	316	387	4497
朔州市 Shuozhou	132	506	286	257	3858
晋中市 Jinzhong	244	989	435	588	5135
运城市 Yuncheng	183	1096	610	657	5623
忻州市 Xinzhou	194	876	507	456	8196
临汾市 Linfen	265	1207	695	580	6178
吕梁市 Lvliang	138	971	437	370	5734

19-10 按行业分法人单位数(2014年)

NUMBER OF CORPORATION UNITS BY SECTOR(2014)

单位：个 (unit)

市名 City	合计 Total	农、林、牧、渔业 Farming, Forestry, Animal Husbandry and Fishery	采矿业 Ming	制造业 Manufacturing	电力、热力、燃气及水生产和供应业 Production and Supply of Electricity, Heat, Gas and Water
全省 Total	**304889**	**66666**	**5938**	**23769**	**1552**
太原市 Taiyuan	53831	3752	403	3767	143
大同市 Datong	20822	4506	363	1240	110
阳泉市 Yangquan	10991	1944	160	1064	78
长治市 Changzhi	32649	9920	535	1954	178
晋城市 Jincheng	24441	5425	333	1677	174
朔州市 Shuozhou	17694	5193	237	796	98
晋中市 Jinzhong	30742	7289	702	3014	164
运城市 Yuncheng	29345	7819	386	3748	137
忻州市 Xinzhou	27502	6361	953	1963	176
临汾市 Linfen	33184	8662	958	2279	155
吕梁市 Lvliang	23688	5795	908	2267	139

市名 City	建筑业 Construction	批发和零售业 Wholesale and Retail Trade	交通运输、仓储和邮政业 Transport, Storage and Post	住宿和餐饮业 Hotels and Catering Services	信息传输、软件和信息技术服务业 Information Transmission, Software and Information Technology Services
全省 Total	**8750**	**62599**	**6731**	**3885**	**2955**
太原市 Taiyuan	3205	18230	1091	1098	1465
大同市 Datong	504	3974	389	355	90
阳泉市 Yangquan	317	2370	202	157	94
长治市 Changzhi	641	5673	482	305	130
晋城市 Jincheng	672	5775	418	265	210
朔州市 Shuozhou	387	3412	473	204	97
晋中市 Jinzhong	1049	5470	849	389	298
运城市 Yuncheng	548	4572	789	301	133
忻州市 Xinzhou	391	3916	629	251	79
临汾市 Linfen	653	5953	796	359	213
吕梁市 Lvliang	383	3254	613	201	146

19-10 续表 continued

单位：个 (unit)

市　名 City	金融业 Financial Industry	房地产业 Real Estate	租赁和商务服务业 Lease and Business Affairs Services	科学研究和技术服务业 Scientific Reseach, and Technical Services	水利、环境和公共设施管理业 Water, Environmental Protection and Public Facility Management
全　省 Total	**2133**	**8035**	**16412**	**7966**	**2705**
太原市 Taiyuan	361	2231	5683	2573	362
大同市 Datong	161	535	1070	534	211
阳泉市 Yangquan	95	289	571	287	91
长治市 Changzhi	119	729	1228	761	328
晋城市 Jincheng	189	583	1341	516	291
朔州市 Shuozhou	154	386	572	361	138
晋中市 Jinzhong	195	743	1517	777	275
运城市 Yuncheng	181	797	933	481	249
忻州市 Xinzhou	228	450	904	552	276
临汾市 Linfen	248	725	1774	716	279
吕梁市 Lvliang	202	567	819	408	205

市　名 City	居民服务、修理和其他服务业 Resident Services, Repair and Other Services	教　育 Education	卫生和社会工作 Health Care and Social Work	文化、体育和娱乐业 Culture, Sports and Recreation	公共管理、社会保障和社会组织 Public Management, Social Security and Social Organization
全　省 Total	**4778**	**10345**	**5487**	**6073**	**58110**
太原市 Taiyuan	1472	1536	734	1153	4572
大同市 Datong	272	850	481	400	4777
阳泉市 Yangquan	181	354	185	274	2278
长治市 Changzhi	346	1060	650	681	6929
晋城市 Jincheng	539	739	333	451	4510
朔州市 Shuozhou	247	515	290	276	3858
晋中市 Jinzhong	482	1058	469	675	5327
运城市 Yuncheng	265	1100	633	663	5610
忻州市 Xinzhou	276	883	522	474	8218
临汾市 Linfen	437	1304	727	645	6301
吕梁市 Lvliang	261	946	463	381	5730

19-11 总户数、常住人口数(2014年)
NUMBER OF HOUSEHOLDS AND RESIDENT POPULATION(2014)

单位：人 (person)

市 名 City		总户数(户) Number of Households (household)	常住人口 Resident Population	按性别分 by Sex		按城镇乡村分 by Residence	
				男 性 Male	女 性 Famle	城镇人口 Urban	乡村人口 Rural
全 省	**Total**	**13133548**	**36479599**	**18729697**	**17749902**	**19623157**	**16856442**
太原市	Taiyuan	1138957	4298900	2178098	2120802	3621821	677079
大同市	Datong	1281324	3391947	1732173	1659774	2036609	1355338
阳泉市	Yangquan	527906	1392674	717525	675149	904662	488012
长治市	Changzhi	1194914	3404434	1745894	1658540	1649796	1754638
晋城市	Jincheng	835548	2308946	1160489	1148457	1304291	1004655
朔州市	Shuozhou	687796	1753943	921703	832240	914605	839338
晋中市	Jinzhong	1317043	3320308	1712281	1608027	1675226	1645082
运城市	Yuncheng	1724203	5252258	2691955	2560303	2334465	2917793
忻州市	Xinzhou	1342692	3128460	1618036	1510424	1397179	1731281
临汾市	Linfen	1601402	4414596	2259249	2155347	2081037	2333559
吕梁市	Lvliang	1481763	3813133	1992294	1820839	1703466	2109667

注：本表总户数为公安年报数。
Note: Number of households in the table are obtained from public security department.

19-12 非农业人口增加来源(2014年)
INCREASE SOURCES OF NON-AGRICULTURAL POPULATION(2014)

单位：人 (person)

市 名 City		合 计 Total	出 生 Birth	非农业人口迁入 Movement of Non-agricultural Population	农业人口转非农人口 Transfering from Agricultural Population	港、澳、台和国外迁入 Movement from Hong Kong, Macao, Taiwan and Abroad	复员转业 Demobilized From the Army	其 他 Others
全 省	**Total**	**461765**	**173843**	**178521**	**79696**	**31**	**2644**	**27030**
太原市	Taiyuan	79903	33897	31353	9001	11	821	4820
大同市	Datong	53821	26469	16152	7913	2	847	2438
阳泉市	Yangquan	26023	8736	7321	3108		36	6822
长治市	Changzhi	42883	15079	19628	6869		181	1126
晋城市	Jincheng	24106	7846	14535	1646		78	1
朔州市	Shuozhou	18247	7939	8647	812	2	147	700
晋中市	Jinzhong	57160	13855	20109	22150		224	822
运城市	Yuncheng	43300	13876	22614	5838	4	116	852
忻州市	Xinzhou	29271	12002	14236	2263	1	105	664
临汾市	Linfen	40755	16872	12548	5051	7	52	6225
吕梁市	Lvliang	46296	17272	11378	15045	4	37	2560

注：本表为公安年报数。
Note: Data of the table are obtained from public security department.

19-13 非私营单位从业人员(2014年)
NUMBER OF EMPLOYEES IN NON-PRIVATE UNITS(2014)

单位：人 (person)

市名 City	总计 Total	#女性 Female	在岗职工 Fully Employed	其他从业人员 Others
全省 Total	**4520946**	**1526578**	**4347200**	**173746**
太原市 Taiyuan	1078240	339611	1044983	33257
大同市 Datong	419697	128882	396322	23375
阳泉市 Yangquan	285390	91947	277950	7440
长治市 Changzhi	444742	149749	431863	12879
晋城市 Jincheng	377019	129474	364668	12351
朔州市 Shuozhou	202244	63230	195575	6669
晋中市 Jinzhong	352346	122193	331294	21052
运城市 Yuncheng	376021	150770	359996	16025
忻州市 Xinzhou	253964	85785	244438	9526
临汾市 Linfen	358764	139467	346518	12246
吕梁市 Lvliang	372519	125470	353593	18926

市名 City	#国有单位 State-owned Units	#城镇集体单位 Collective-owned Units	#港澳台投资经济 Enterprises with Investment From Hong Kong, Macao and Taiwan	#外商投资经济 Enterprises with Foreign Investment
全省 Total	**2060208**	**195633**	**111182**	**102906**
太原市 Taiyuan	482200	35641	46390	40652
大同市 Datong	172479	17462	2952	8523
阳泉市 Yangquan	86775	19006	1228	2642
长治市 Changzhi	181523	13366	1744	10297
晋城市 Jincheng	108929	15066	36735	12694
朔州市 Shuozhou	106287	8766	217	3420
晋中市 Jinzhong	158946	15177	8899	7843
运城市 Yuncheng	215795	16937	4777	3357
忻州市 Xinzhou	166514	17481		
临汾市 Linfen	204987	12076	2477	2667
吕梁市 Lvliang	175773	24655	5763	10811

19-14 非私营单位从业人员劳动报酬(2014年)
REWARD OF EMPLOYEES IN NON-PRIVATE UNITS(2014)

单位：万元 (10 000 yuan)

市　名 City	从业人员平均人数(人) Average Employees (person)	在岗职工 Fully Employed	其他从业人员 Others	从业人员劳动报酬 Reward of Employees	在岗职工工资总额 Total Wages of Fully Employed	其他从业人员劳动报酬 Reward of Others	在岗职工平均工资(元) Average Wage of Fully Employed (yuan)
全　省 Total	**4535369**	**4361514**	**173855**	**22209172**	**21800387**	**408785**	**49984**
太原市 Taiyuan	1090686	1057162	33524	6121856	6013680	108176	56885
大同市 Datong	422916	397890	25026	2264486	2207790	56696	55487
阳泉市 Yangquan	286357	278770	7587	1317883	1302650	15232	46728
长治市 Changzhi	443978	431473	12505	2094727	2073842	20885	48064
晋城市 Jincheng	377323	365285	12038	2046239	2018634	27605	55262
朔州市 Shuozhou	203563	196767	6796	1014668	1001920	12749	50919
晋中市 Jinzhong	354305	333390	20915	1625773	1574740	51033	47234
运城市 Yuncheng	370240	354909	15331	1446251	1413078	33173	39815
忻州市 Xinzhou	254304	245105	9199	1009156	989349	19807	40364
临汾市 Linfen	359776	347739	12037	1461091	1435918	25173	41293
吕梁市 Lvliang	371921	353024	18897	1807043	1768786	38256	50104

19-15 国有单位从业人员(2014年)
NUMBER OF EMPLOYEES IN STATE-OWNED UNITS(2014)

单位：人 (person)

市　名 City	从业人员 Employees	#女　性 Female	在岗职工 Fully Employed	其他从业人员 Others
全　省 Total	**2060208**	**860662**	**1973188**	**87020**
太原市 Taiyuan	482200	176397	467512	14688
大同市 Datong	172479	68265	156460	16019
阳泉市 Yangquan	86775	39005	84026	2749
长治市 Changzhi	181523	78373	175139	6384
晋城市 Jincheng	108929	46074	105800	3129
朔州市 Shuozhou	106287	38584	102152	4135
晋中市 Jinzhong	158946	72401	152970	5976
运城市 Yuncheng	215795	100291	206474	9321
忻州市 Xinzhou	166514	63009	160960	5554
临汾市 Linfen	204987	96382	200466	4521
吕梁市 Lvliang	175773	81881	161229	14544

19-16 国有单位从业人员劳动报酬(2014年)
REWARD OF EMPLOYEES IN STATE-OWNED UNITS(2014)

单位：万元 (10 000 yuan)

市名 City		从业人员平均人数(人) Average Employees (person)	在岗职工 Fully Employed	其他从业人员 Others	从业人员劳动报酬 Reward of Employees	在岗职工工资总额 Total Wages of Fully Employed	其他从业人员劳动报酬 Reward of Others	在岗职工平均工资(元) Average Wage of Fully Employed (yuan)
全省	**Total**	**2051347**	**1965372**	**85975**	**9403907**	**9237384**	**166524**	**47001**
太原市	Taiyuan	480389	465253	15136	2922503	2885596	36907	62022
大同市	Datong	172443	156369	16074	684486	654022	30464	41826
阳泉市	Yangquan	86794	83989	2805	385308	380481	4827	45301
长治市	Changzhi	181652	175305	6347	782260	773583	8677	44128
晋城市	Jincheng	108271	105231	3040	494251	487052	7199	46284
朔州市	Shuozhou	107256	103032	4224	464659	457491	7168	44403
晋中市	Jinzhong	158453	152850	5603	673590	662625	10965	43351
运城市	Yuncheng	210335	201710	8625	834835	818422	16413	40574
忻州市	Xinzhou	166339	161221	5118	634403	625010	9393	38767
临汾市	Linfen	204555	200036	4519	772758	764178	8579	38202
吕梁市	Lvliang	174860	160376	14484	754855	728924	25930	45451

19-17 集体单位从业人员(2014年)
NUMBER OF EMPLOYEES IN COLLECTIVE-OWNED UNITS(2014)

单位：人 (person)

市名 City		从业人员 Employees	#女性 Female	在岗职工 Fully Employed	其他从业人员 Others
全省	**Total**	**195633**	**82251**	**186125**	**9508**
太原市	Taiyuan	35641	13794	33654	1987
大同市	Datong	17462	9850	16925	537
阳泉市	Yangquan	19006	9575	18795	211
长治市	Changzhi	13366	5529	12457	909
晋城市	Jincheng	15066	6291	14363	703
朔州市	Shuozhou	8766	2725	8711	55
晋中市	Jinzhong	15177	6703	14031	1146
运城市	Yuncheng	16937	7315	15485	1452
忻州市	Xinzhou	17481	6339	16143	1338
临汾市	Linfen	12076	5590	11692	384
吕梁市	Lvliang	24655	8540	23869	786

19-18 集体单位从业人员劳动报酬(2014年)
REWARD OF EMPLOYEES IN COLLECTIVE-OWNED UNITS(2014)

单位：万元 (10 000 yuan)

市名 City	从业人员平均人数(人) Average Employees (person)	在岗职工 Fully Employed	其他从业人员 Others	从业人员劳动报酬 Reward of Employees	在岗职工工资总额 Total Wages of Fully Employed	其他从业人员劳动报酬 Reward of Others	在岗职工平均工资(元) Average Wage of Fully Employed (yuan)
全省 Total	**194902**	**184836**	**10066**	**757018**	**737260**	**19759**	**39887**
太原市 Taiyuan	35987	33978	2009	122102	118093	4008	34756
大同市 Datong	17967	16964	1003	57196	54986	2210	32413
阳泉市 Yangquan	18730	18499	231	70431	69878	553	37774
长治市 Changzhi	13082	12145	937	53293	51774	1519	42630
晋城市 Jincheng	15157	14471	686	63341	62286	1055	43042
朔州市 Shuozhou	8718	8663	55	28363	28200	163	32552
晋中市 Jinzhong	14220	12985	1235	62611	59340	3271	45699
运城市 Yuncheng	16815	15371	1444	66319	63844	2475	41536
忻州市 Xinzhou	17717	16396	1321	47496	45338	2158	27652
临汾市 Linfen	12053	11679	374	65185	64408	777	55149
吕梁市 Lvliang	24456	23685	771	120683	119114	1569	50291

19-19 其他单位从业人员(2014年)
NUMBER OF EMPLOYEES IN OTHER-OWNED UNITS(2014)

单位：人 (person)

市名 City	从业人员 Employees	#女性 Female	在岗职工 Fully Employed	其他从业人员 Others
全省 Total	**2265105**	**583665**	**2187887**	**77218**
太原市 Taiyuan	560399	149420	543817	16582
大同市 Datong	229756	50767	222937	6819
阳泉市 Yangquan	179609	43367	175129	4480
长治市 Changzhi	249853	65847	244267	5586
晋城市 Jincheng	253024	77109	244505	8519
朔州市 Shuozhou	87191	21921	84712	2479
晋中市 Jinzhong	178223	43089	164293	13930
运城市 Yuncheng	143289	43164	138037	5252
忻州市 Xinzhou	69969	16437	67335	2634
临汾市 Linfen	141701	37495	134360	7341
吕梁市 Lvliang	172091	35049	168495	3596

19-20 其他单位从业人员劳动报酬(2014年)
REWARD OF EMPLOYEES IN OTHER-OWNED UNITS(2014)

单位：万元 (10 000 yuan)

市名 City		从业人员平均人数(人) Average Employees (person)	在岗职工 Fully Employed	其他从业人员 Others	从业人员劳动报酬 Reward of Employmees	在岗职工工资总额 Total Wages of Fully Employed	其他从业人员劳动报酬 Reward of Others	在岗职工平均工资(元) Average Wage of Fully Employed (yuan)
全　省	**Total**	**2289120**	**2211306**	**77814**	**12048247**	**11825744**	**222503**	**53479**
太原市	Taiyuan	574310	557931	16379	3077251	3009991	67260	53949
大同市	Datong	232506	224557	7949	1522804	1498782	24021	66744
阳泉市	Yangquan	180833	176282	4551	862144	852292	9852	48348
长治市	Changzhi	249244	244023	5221	1259175	1248485	10690	51163
晋城市	Jincheng	253895	245583	8312	1488648	1469297	19351	59829
朔州市	Shuozhou	87589	85072	2517	521647	516229	5418	60681
晋中市	Jinzhong	181632	167555	14077	889571	852775	36797	50895
运城市	Yuncheng	143090	137828	5262	545096	530811	14285	38513
忻州市	Xinzhou	70248	67488	2760	327257	319002	8255	47268
临汾市	Linfen	143168	136024	7144	623149	607332	15817	44649
吕梁市	Lvliang	172605	168963	3642	931505	920748	10757	54494

19-21 私营单位从业人员和劳动报酬(2014年)
NUMBER AND REWARD OF EMPLOYEES IN PRIVATE UNITS(2014)

单位：人 (person)

市名 City		从业人员 Employees	劳动报酬总额(万元) Total Reward of Employees (10 000 yuan)	平均劳动报酬(元) Average Reward of Employees (yuan)
全　省	**Total**	**2056704**	**6079793**	**29203**
太原市	Taiyuan	419792	1308697	30985
大同市	Datong	131526	366693	28556
阳泉市	Yangquan	49151	122443	24615
长治市	Changzhi	236003	608338	26617
晋城市	Jincheng	159890	414454	25921
朔州市	Shuozhou	103020	314735	30530
晋中市	Jinzhong	214435	686267	32529
运城市	Yuncheng	235252	697077	29358
忻州市	Xinzhou	128784	321806	23665
临汾市	Linfen	151539	461155	30120
吕梁市	Lvliang	227313	778127	30541

19-22 居民家庭生活基本情况(2013年)
BASIC LIVING CONDITIONS OF HOUSEHOLDS(2013)

单位：元 (yuan)

市 名 City		居民人均可支配收入 Per Capita Disposable Income of Households	城镇居民人均可支配收入 Per Capita Disposable Income of Urban Households	城镇居民人均生活消费支出 Per Capita Living Expenditure of Urban Households	农村居民人均可支配收入 Per Capita Disposable Income of Rural Households	农村居民人均生活消费支出 Per Capita Living Expenditure of Rural Households
全 省	**Total**	**15120**	**22258**	**13763**	**7949**	**6458**
太原市	Taiyuan	21801	23873	13584	11425	8743
大同市	Datong	14844	21316	9803	6441	4993
阳泉市	Yangquan	17911	23115	11477	9760	7175
长治市	Changzhi	15072	22682	12483	9229	7309
晋城市	Jincheng	16515	23126	14057	9135	7609
朔州市	Shuozhou	16204	23886	13347	9149	6940
晋中市	Jinzhong	15727	23589	11826	9100	6332
运城市	Yuncheng	12470	20408	11869	7285	5651
忻州市	Xinzhou	11272	20016	9893	5491	5949
临汾市	Linfen	13779	21820	10506	7862	5113
吕梁市	Lvliang	11557	20005	11052	6140	4912

19-23 居民家庭生活基本情况(2014年)
BASIC LIVING CONDITIONS OF HOUSEHOLDS(2014)

单位：元 (yuan)

市 名 City		居民人均可支配收入 Per Capita Disposable Income of Households	城镇居民人均可支配收入 Per Capita Disposable Income of Urban Households	城镇居民人均生活消费支出 Per Capita Living Expenditure of Urban Households	农村居民人均可支配收入 Per Capita Disposable Income of Rural Households	农村居民人均生活消费支出 Per Capita Living Expenditure of Rural Households
全 省	**Total**	**16538**	**24069**	**14637**	**8809**	**6992**
太原市	Taiyuan	23579	25768	14430	12616	9444
大同市	Datong	16122	23043	10494	7137	5454
阳泉市	Yangquan	19419	24825	12941	10742	7468
长治市	Changzhi	16501	24565	13319	10311	7996
晋城市	Jincheng	17905	24907	14315	10087	7973
朔州市	Shuozhou	17599	25725	13633	10137	6431
晋中市	Jinzhong	17213	25652	12689	10100	6851
运城市	Yuncheng	13697	22226	13273	8125	6216
忻州市	Xinzhou	12325	21735	10317	6104	6412
临汾市	Linfen	15052	23610	10523	8755	6009
吕梁市	Lvliang	12623	21485	12246	6754	5403

19-24 财政收支总额(2014年)
FINANCIAL REVENUE AND EXPENDITURE(2014)

单位: 万元 (10 000 yuan)

市 名 City	公共财政收入 Public Finance Revenue	#增值税 Value-added Taxes	#营业税 Operation Taxes	#企业所得税 Enterprises Income Taxes
地区合计 Total	**12317782**	**1640209**	**2162474**	**1111531**
太原市 Taiyuan	2588527	327030	684585	281816
大同市 Datong	1049451	158683	185953	153456
阳泉市 Yangquan	470477	78050	89314	45640
长治市 Changzhi	1363251	159784	168335	115458
晋城市 Jincheng	980305	139040	165952	129741
朔州市 Shuozhou	865898	157108	110896	55402
晋中市 Jinzhong	1175159	135576	198431	65836
运城市 Yuncheng	527871	88302	100082	22255
忻州市 Xinzhou	808126	111870	150985	70127
临汾市 Linfen	1182629	119245	161820	72331
吕梁市 Lvliang	1306088	165521	146121	99469

市 名 City	公共财政支出 Public Finance Expenditure	#一般公共服务 Public Services	#教育事业费 Education Expenses	#社会保障和就业 Social Security and Employment
地区合计 Total	**23962431**	**1854629**	**4289149**	**3105667**
太原市 Taiyuan	3226934	206292	527157	410154
大同市 Datong	2217880	175442	386969	298892
阳泉市 Yangquan	869075	76153	192937	95810
长治市 Changzhi	2440202	178712	392001	393759
晋城市 Jincheng	1617219	117856	322069	203802
朔州市 Shuozhou	1430634	125794	232389	122788
晋中市 Jinzhong	2164411	163079	407156	274343
运城市 Yuncheng	2387663	187050	517383	344427
忻州市 Xinzhou	2139521	201038	369184	305759
临汾市 Linfen	2830807	203957	416684	402035
吕梁市 Lvliang	2638085	219256	525220	253898

19-25 金融机构本外币各项存款和贷款余额(2014年)
BALANCE OF DEPOSITS AND LOANS IN FINANCIAL INSTITUTIONS(2014)

单位：亿元 (100 million yuan)

市名 City		各项存款 Balance of Deposits	#单位存款 Corporate Deposits	#个人存款 Personal Depostis	#储蓄存款 Saving Deposits
全省	**Total**	**26942.93**	**10979.18**	**14493.80**	**14193.85**
太原市	Taiyuan	10144.00	5855.20	3532.68	3355.62
大同市	Datong	2282.37	657.07	1494.33	1479.38
阳泉市	Yangquan	1154.15	442.08	698.06	685.11
长治市	Changzhi	1945.94	639.47	1216.06	1196.07
晋城市	Jincheng	1812.62	839.14	879.76	870.62
朔州市	Shuozhou	1121.34	325.36	743.14	736.25
晋中市	Jinzhong	1909.80	546.04	1325.23	1312.47
运城市	Yuncheng	1595.01	398.21	1109.73	1105.00
忻州市	Xinzhou	1545.63	388.73	1114.90	1109.99
临汾市	Linfen	1853.62	508.71	1276.49	1252.69
吕梁市	Lvliang	1578.45	379.17	1103.41	1090.64

市名 City		各项贷款 Balance of Loans	#短期贷款 Short term	#中长期贷款 Medium and Long Term	#个人消费贷款 Personal Consumption
全省	**Total**	**16559.41**	**6479.08**	**8774.58**	**1038.49**
太原市	Taiyuan	8054.64	2567.59	4921.63	544.65
大同市	Datong	1032.79	319.24	603.81	52.49
阳泉市	Yangquan	649.38	254.91	359.02	24.48
长治市	Changzhi	1016.93	486.73	423.50	37.47
晋城市	Jincheng	922.08	423.24	447.75	42.37
朔州市	Shuozhou	512.93	204.76	244.89	21.27
晋中市	Jinzhong	1028.02	583.18	385.88	64.30
运城市	Yuncheng	895.29	500.47	330.70	89.57
忻州市	Xinzhou	644.36	298.17	325.01	26.25
临汾市	Linfen	943.40	466.91	378.44	78.74
吕梁市	Lvliang	859.60	373.88	353.95	56.92

19-26 原保险保费收入(2014年)
PREMIUM OF PRIMARY INSURANCE(2014)

单位：万元 (10 000 yuan)

市 名 City		合 计 Total	财产险 Property Insurance	寿 险 Life Insurance	意外险 Accident Insurance	健康险 Health Insurace
全 省	**Total**	**4653746**	**1560274**	**2719221**	**87207**	**287043**
本 级	Provincial	177		133	11	32
太原市	Taiyuan	1139432	407665	628729	27555	75482
大同市	Datong	399116	160563	207088	6628	24837
阳泉市	Yangquan	242571	70814	153807	2890	15060
长治市	Changzhi	372134	126817	211042	4639	29636
晋城市	Jincheng	342061	113662	205885	5430	17084
朔州市	Shuozhou	138763	64003	66971	2957	4834
晋中市	Jinzhong	452788	133552	292517	7622	19097
运城市	Yuncheng	527736	156348	323595	9089	38704
忻州市	Xinzhou	276749	95522	158822	6758	15646
临汾市	Linfen	434691	128249	267100	7620	31722
吕梁市	Lvliang	327528	103078	203532	6009	14909

19-27 单位地区生产总值能源消耗(等价值)情况
ENERGY CONSUMPTION PER UNIT OF GDP(EQUIVALENT VALUE)

单位：吨标准煤/万元 (ton of SCE/10 000 yuan)

市 名 City		2011	2012	2013	2014	2014年比上年增长(%) Increase by Percent over Last Year(%)
全 省	**Total**	**1.76**	**1.69**	**1.58**	**1.52**	**–4.18**
太原市	Taiyuan	1.35	1.28	1.08	1.05	–2.71
大同市	Datong	1.42	1.35	1.53	1.48	–3.52
阳泉市	Yangquan	1.53	1.46	1.54	1.45	–5.63
长治市	Changzhi	1.85	1.78	1.74	1.68	–3.57
晋城市	Jincheng	1.45	1.40	1.30	1.26	–3.41
朔州市	Shuozhou	1.19	1.15	1.93	1.86	–3.65
晋中市	Jinzhong	1.93	1.86	1.60	1.54	–3.89
运城市	Yuncheng	2.48	2.36	2.01	1.89	–5.28
忻州市	Xinzhou	1.78	1.71	1.43	1.36	–4.29
临汾市	Linfen	2.89	2.78	2.43	2.31	–4.89
吕梁市	Lvliang	2.09	1.99	1.72	1.67	–2.28

19-28 固定资产投资主要指标(2014年)
MAJOR INDICATORS OF INVESTMENT IN FIXED ASSETS(2014)

单位：万元 (10 000 yuan)

市 名 City		施工项目(个) Projects Under Construction(unit)	#本年新开工 Newly Started This Year	本年投产项目(个) Number of Projects Completed and Put into Use This Year(unit)	本年新增固定资产 Newly Increased Fixed Assets This Year
全 省	**Total**	**12818**	**8444**	**9173**	**88257466**
太原市	Taiyuan	1046	434	507	11672800
大同市	Datong	922	640	760	8877483
阳泉市	Yangquan	515	338	368	3384313
长治市	Changzhi	1334	863	955	7174391
晋城市	Jincheng	1194	891	872	6358673
朔州市	Shuozhou	790	471	612	3785928
晋中市	Jinzhong	1352	744	925	9107672
运城市	Yuncheng	1465	1145	1122	9039287
忻州市	Xinzhou	1390	969	977	6957740
临汾市	Linfen	1806	1426	1415	9817494
吕梁市	Lvliang	993	523	658	10221289

市 名 City		本年完成投资 Investment Completed This Year	#住 宅 Residential Buildings	建筑工程 Construction Projects	安装工程 Installation Projects
全 省	**Total**	**120354560**	**17909781**	**73770724**	**11974035**
太原市	Taiyuan	17460868	5090015	9768988	1695492
大同市	Datong	10724080	1645090	7233061	1460720
阳泉市	Yangquan	5173685	884381	3177234	925508
长治市	Changzhi	12456466	2112822	8661326	568885
晋城市	Jincheng	9747818	1204037	5999111	831996
朔州市	Shuozhou	8152983	651829	3600585	1421005
晋中市	Jinzhong	11060072	1137001	6503183	1388051
运城市	Yuncheng	12027349	977602	6644812	1266015
忻州市	Xinzhou	9654225	592484	6843320	563888
临汾市	Linfen	12294284	1786925	8493330	657771
吕梁市	Lvliang	10169695	1827595	5622593	1183576

19–28 续表 continued

单位：万元 (10 000 yuan)

市 名 City	设备工器具购置 Purchase of Equipment and Instruments	其 他 Others	新 建 New Construction	扩 建 Expansion	改建和技术改造 Reconstruction	其 他 Others
全 省 Total	**22491166**	**12118635**	**70523151**	**17415761**	**10912238**	**7467861**
太原市 Taiyuan	1917719	4078669	9067685	787943	1982873	790074
大同市 Datong	1472713	557586	5580640	1604724	638497	526974
阳泉市 Yangquan	862424	208519	3511305	686226	446776	2370
长治市 Changzhi	2310472	915783	8204727	1144277	683412	1671719
晋城市 Jincheng	1956263	960448	6764570	1433412	722810	245206
朔州市 Shuozhou	2517258	614135	5944143	740062	606567	90511
晋中市 Jinzhong	2036825	1132013	7691063	767187	1022438	450358
运城市 Yuncheng	3373551	742971	8111527	2065159	635493	37948
忻州市 Xinzhou	1292361	954656	7416315	1097969	387444	135121
临汾市 Linfen	2123738	1019445	4109109	2911597	2595750	1835817
吕梁市 Lvliang	2594988	768538	2689032	4177205	1190178	1681763

注：本表新建项目投资中不含房地产投资。

Note: New construction investment in this table does not include real estate investment.

19–29 固定资产投资房屋面积及价值(2014年)

FLOOR SPACE AND VALUE OF BUILDINGS UNDER INVESTMENT IN FIXED ASSETS(2014)

单位：平方米 (sq.m)

市 名 City	本年施工房屋面积 Floor Space of Buildings under Construction	#住 宅 Residential Buildings	本年竣工房屋面积 Floor Space of Buildings Completed	#住 宅 Residential Buildings	本年竣工房屋价值(万元) Value of Buildings Completed (10 000 yuan)	#住 宅 Residential Buildings
全 省 Total	**297724537**	**170626723**	**57401767**	**34151435**	**13830380**	**8612507**
太原市 Taiyuan	71058811	45694613	9391599	6253583	3551788	2594315
大同市 Datong	26326915	16331479	6518893	3627568	1466869	825174
阳泉市 Yangquan	11181025	7970833	1761996	1470723	396512	320819
长治市 Changzhi	30937146	18668538	8286448	5499373	1544836	1019038
晋城市 Jincheng	15707182	9512364	5881668	2832922	1629592	659079
朔州市 Shuozhou	14823020	8344602	1921963	725409	375535	168561
晋中市 Jinzhong	20246773	11739954	2439708	1765189	620710	433657
运城市 Yuncheng	46226804	15319020	5944393	2295326	963883	445453
忻州市 Xinzhou	15605348	8133452	2613220	1199344	516981	233037
临汾市 Linfen	22847976	13039096	4959059	2502311	1092659	604783
吕梁市 Lvliang	22763537	15872772	7682820	5979687	1671015	1308591

19-30 海关进出口情况
IMPORTS AND EXPORTS OF CUSTOMS

单位：万美元 (USD 10 000)

市 名 City	2013			2014		
	进出口总额 Total	出口 Exports	进口 Imports	进出口总额 Total	出口 Exports	进口 Imports
全 省 Total	**1579785**	**799649**	**780136**	**1624852**	**894222**	**730631**
太原市 Taiyuan	916349	529482	386867	1067105	656967	410138
大同市 Datong	47815	21493	26322	48172	30235	17937
阳泉市 Yangquan	21338	12024	9314	19567	14922	4645
长治市 Changzhi	105457	83741	21716	68297	36449	31847
晋城市 Jincheng	91855	25890	65965	109785	28899	80886
朔州市 Shuozhou	11698	2074	9624	9266	2728	6537
晋中市 Jinzhong	44405	24703	19702	35963	18824	17139
运城市 Yuncheng	174567	48257	126310	149813	48038	101775
忻州市 Xinzhou	19751	19379	372	20799	20149	651
临汾市 Linfen	71704	16213	55491	39949	17601	22348
吕梁市 Lvliang	74846	16393	58452	56136	19409	36728

19-31 利用外商直接投资额
UTILIZATION OF FOREIGN DIRECT INVESTMENT

单位：万美元 (USD 10 000)

市 名 City	2013		2014	
	合同金额 Contract Value	实际使用金额 Actual Value	合同金额 Contract Value	实际使用金额 Actual Value
全 省 Total	**96152**	**280667**	**96785**	**295186**
太原市 Taiyuan	17808	94426	29621	110672
大同市 Datong	3821	16455	14	18159
阳泉市 Yangquan	15562	26500	14105	27600
长治市 Changzhi	1126	31262	11054	34400
晋城市 Jincheng	19732	28400	4254	28429
朔州市 Shuozhou		15420	8182	15423
晋中市 Jinzhong	5389	18406	8370	35303
运城市 Yuncheng	8703	1351	2948	1658
忻州市 Xinzhou	4327	2306	5832	4320
临汾市 Linfen	3675	13880	12162	14913
吕梁市 Lvliang	16009	32260	243	4309

19-32 乡村基本情况(2014年)
BASIC CONDITIONS OF RURAL AREAS (2014)

市 名 City		乡镇政府(个) Number of Township and Town Governments (unit)	#镇政府 Number of Town Governments	村民委员会(个) Number of Villager's Committees (unit)	乡村户数(户) Number of Rural Households (household)	乡村人口(人) Rural Population (person)
全 省	**Total**	**1196**	**564**	**28207**	**8208193**	**24350440**
太原市	Taiyuan	52	21	932	365223	1045172
大同市	Datong	99	33	1969	652815	1714735
阳泉市	Yangquan	32	20	960	297273	715732
长治市	Changzhi	132	68	3454	797476	2476600
晋城市	Jincheng	74	48	2282	586585	1634892
朔州市	Shuozhou	69	19	1687	403101	1153975
晋中市	Jinzhong	118	59	2747	931886	2388663
运城市	Yuncheng	136	81	3197	1175482	4241020
忻州市	Xinzhou	185	59	4888	944323	2450854
临汾市	Linfen	151	75	2967	965980	3333973
吕梁市	Lvliang	148	81	3124	1088049	3194824

市 名 City		乡村从业人员(人) Number of Rural Laborers (person)	农、林、牧、渔业 Farming, Forestry, Animal Husbandry and Fishery	工 业 Industry	建筑业 Construction	其他行业 Others
全 省	**Total**	**11600023**	**6561113**	**1508724**	**955474**	**2574712**
太原市	Taiyuan	493271	234729	78886	24262	155394
大同市	Datong	739921	429444	57602	59672	193203
阳泉市	Yangquan	326216	144676	72218	21312	88010
长治市	Changzhi	1192141	651287	172294	117769	250791
晋城市	Jincheng	830816	426893	140157	69667	194099
朔州市	Shuozhou	525600	341460	43392	33447	107301
晋中市	Jinzhong	1163266	617505	197661	98908	249192
运城市	Yuncheng	2205855	1387948	250794	144412	422701
忻州市	Xinzhou	1099826	688753	93721	116340	201012
临汾市	Linfen	1588667	871980	199471	138595	378621
吕梁市	Lvliang	1434444	766438	202528	131090	334388

19-33 农林牧渔业总产值(2014年)
GROSS OUTPUT VALUE OF FARMING, FORESTRY, ANIMAL HUSBANDRY AND FISHERY(2014)

按当年价格计算 (at current price)

市名 City	农林牧渔业总产值(万元) Total (10 000 yuan)	农业 Farming	林业 Forestry	牧业 Animal Husbandry	渔业 Fishery	农林牧渔服务业 Farming, Forestry, Animal Husbandry and Fishery Service
全省 Total	**15304785**	**9840281**	**984743**	**3545724**	**98243**	**835794**
太原市 Taiyuan	760400	450781	76362	196441	3083	33733
大同市 Datong	1078606	491771	57802	498785	965	29283
阳泉市 Yangquan	218180	119870	23715	67682	2473	4440
长治市 Changzhi	1060892	674249	40226	300116	4818	41482
晋城市 Jinchen	798268	340040	40843	394811	4352	18221
朔州市 Shuozhou	1323941	700018	116793	476977	2156	27997
晋中市 Jinzhong	1790012	1143409	55115	555619	3029	32841
运城市 Yuncheng	3969150	3046146	70047	569469	28488	255000
忻州市 Xinzhou	1184572	639229	70645	439377	3720	31600
临汾市 Linfen	1826412	1303583	88459	387447	14010	32913
吕梁市 Lvliang	1265677	733033	57417	455438	3289	16500

19-34 农林牧渔业中间消耗(2014年)
INTERMEDIATE CONSUMPTION OF FARMING, FORESTRY, ANIMAL HUSBANDRY AND FISHERY(2014)

按当年价格计算 (at current price)

市名 City	农林牧渔业中间消耗(万元) Total (10 000 yuan)	农业 Farming	林业 Forestry	牧业 Animal Husbandry	渔业 Fishery	农林牧渔服务业 Farming, Forestry, Animal Husbandry and Fishery Service
全省 Total	**7022820**	**4223613**	**565142**	**1747170**	**44152**	**442743**
太原市 Taiyuan	355934	175762	38181	122659	1438	17894
大同市 Datong	495408	215881	31117	231375	439	16597
阳泉市 Yangquan	105955	57498	12980	31897	1276	2305
长治市 Changzhi	457924	262346	20111	152663	2457	20347
晋城市 Jinchen	350835	129831	21901	188030	1907	9166
朔州市 Shuozhou	694314	359279	64467	256541	1324	12702
晋中市 Jinzhong	725224	349879	37324	319410	1320	17292
运城市 Yuncheng	1861929	1381602	41951	301798	16878	119700
忻州市 Xinzhou	505595	238445	35389	214717	1594	15450
临汾市 Linfen	860981	611768	44163	181650	6573	16827
吕梁市 Lvliang	570705	303561	26811	230274	1459	8600

19-35 粮食播种面积
SOWN AREAS OF GRAIN

单位：公顷 (ha)

市名 City	粮食 Grain		#小麦 Wheat		#玉米 Corn	
	2013	2014	2013	2014	2013	2014
全省 Total	**3274300**	**3286380**	**677470**	**673870**	**1670040**	**1676530**
太原市 Taiyuan	80482	76122	348	149	55061	52913
大同市 Datong	279462	279363			161224	161719
阳泉市 Yangquan	56857	56787	118	1	47466	48060
长治市 Changzhi	250310	247780	11503	9267	205905	206281
晋城市 Jincheng	197254	178191	58583	44298	89633	93837
朔州市 Shuozhou	273497	275898			147702	154099
晋中市 Jinzhong	273058	265670	14165	9660	215779	217782
运城市 Yuncheng	686446	660275	342633	338172	302477	283408
忻州市 Xinzhou	427211	425881	221	192	252030	242804
临汾市 Linfen	512809	519843	226860	228421	229195	242201
吕梁市 Lvliang	352751	357639	4196	2911	169286	173792

19-36 油料和棉花播种面积
SOWN AREAS OF OIL-BEARING CROPS AND COTTON

单位：公顷 (ha)

市名 City	油料 Oil-bearing Crops		#向日葵 Sunflower		棉花 Cotton	
	2013	2014	2013	2014	2013	2014
全省 Total	**140322**	**129701**	**32707**	**30940**	**23439**	**18719**
太原市 Taiyuan	2502	2503	1028	873	40	13
大同市 Datong	15676	15255	3391	3874		
阳泉市 Yangquan	166	111	129	76		
长治市 Changzhi	1485	1159	732	497	38	46
晋城市 Jincheng	2978	2405	956	865	261	221
朔州市 Shuozhou	28382	28970	2267	2720		
晋中市 Jinzhong	3435	2477	1095	634	142	99
运城市 Yuncheng	11199	9428	4314	4425	21439	17598
忻州市 Xinzhou	30864	30459	4559	4233		
临汾市 Linfen	10611	8930	6396	5236	1312	591
吕梁市 Lvliang	33023	28006	7843	7506	207	151

19-37 粮食产量
OUTPUT OF GRAIN

单位：吨 (ton)

市名 City	粮食 Grain		#小麦 Wheat		#玉米 Corn	
	2013	2014	2013	2014	2013	2014
全　省 Total	**13128000**	**13307800**	**2307200**	**2591100**	**9554700**	**9381100**
太原市 Taiyuan	327786	338981	2045	877	286894	295622
大同市 Datong	1025489	1040249			817828	857131
阳泉市 Yangquan	290880	293584	614	7	269191	274652
长治市 Changzhi	1608205	1621917	37513	38002	1471335	1481252
晋城市 Jincheng	904836	730049	176517	167476	616085	474446
朔州市 Shuozhou	1176414	1281062			961488	1041210
晋中市 Jinzhong	1823924	1921863	59320	43771	1645342	1742759
运城市 Yuncheng	3103922	3155048	1309197	1460183	1696423	1588437
忻州市 Xinzhou	1695677	1770212	1079	814	1325385	1375793
临汾市 Linfen	2323478	2757526	838786	1061231	1356431	1574183
吕梁市 Lvliang	1158550	1260469	14135	12621	887140	952168

19-38 油料和棉花产量
OUTPUT OF OIL-BEARING CROPS AND COTTON

单位：吨 (ton)

市名 City	油料 Oil-bearing Crops		#向日葵 Sunflower		棉花 Cotton	
	2013	2014	2013	2014	2013	2014
全　省 Total	**194660**	**173246**	**53850**	**48376**	**30634**	**23565**
太原市 Taiyuan	3056	3087	1502	1277	52	22
大同市 Datong	16076	14219	3979	4009		
阳泉市 Yangquan	314	216	271	164		
长治市 Changzhi	3044	2214	1732	899	29	26
晋城市 Jincheng	5893	4094	1824	1294	264	193
朔州市 Shuozhou	34341	31830	4151	5712		
晋中市 Jinzhong	6205	4195	1953	824	140	104
运城市 Yuncheng	21265	18499	9385	9325	28544	22610
忻州市 Xinzhou	46875	48321	8024	7163		
临汾市 Linfen	19864	15871	12734	9752	1513	564
吕梁市 Lvliang	37727	30699	8295	7958	92	45

19-39 水果、林业及渔业生产情况(2014年)

OUTPUT OF FRUITS, FORESTRY AND FISHERY(2014)

市名 City	全年水果产量(吨) Annual Output of Fruits (ton)	#苹果 Apples	年末果园面积(公顷) Area of Orchards (ha)
全省 Total	**6825198**	**4172543**	**360333**
太原市 Taiyuan	75826	12320	9966
大同市 Datong	28791	1984	6789
阳泉市 Yangquan	9275	5953	1510
长治市 Changzhi	36161	20103	4290
晋城市 Jincheng	62794	25209	3826
朔州市 Shuozhou	6368	1696	2548
晋中市 Jinzhong	396147	174526	30496
运城市 Yuncheng	5300300	3326132	166547
忻州市 Xinzhou	125335	31817	18808
临汾市 Linfen	671961	549843	55796
吕梁市 Lvliang	112240	22960	59757

市名 City	当年造林面积(公顷) Afforestation Area (ha)	全年水产品总产量(吨) Annual Aquatic Products (ton)	淡水养殖面积(公顷) Fishery Breeding Area (ha)
全省 Total	**307992**	**51248**	**15814**
太原市 Taiyuan	16737	2696	1549
大同市 Datong	30362	1092	1139
阳泉市 Yangquan	8425	810	52
长治市 Changzhi	20468	5185	4375
晋城市 Jincheng	6183	1838	380
朔州市 Shuozhou	19097	848	451
晋中市 Jinzhong	18347	3184	1440
运城市 Yuncheng	27380	23725	3030
忻州市 Xinzhou	45859	2729	1120
临汾市 Linfen	30677	7363	1046
吕梁市 Lvliang	42002	1778	1232

注：本表造林面积不包括省属九大林局数据。

Note: Coverage of afforestation area in this table doesn't include nine provincal forestry administration data.

19-40 畜牧业生产情况(2014年)

NUMBER OF LIVESTOCK AND LIVESTOCK PRODUCTS(2014)

市名 City	大牲畜年末存栏(头) Large Animals (head)	#牛 Cattle	猪年末存栏(头) Hogs (head)	羊年末存栏(只) Sheep and Goats (head)	禽年末存栏(万只) Poultry (10 000 heads)	奶类总产量(吨) Output of Milk (ton)	#牛奶 Cow Milk
全省 Total	**1238721**	**1009000**	**5147383**	**9227423**	**9462**	**971920**	**962015**
太原市 Taiyuan	44180	38638	323953	496917	364	99631	99396
大同市 Datong	248749	168587	632864	1647674	417	237879	236895
阳泉市 Yangquan	7899	5448	142524	138207	232	6518	6518
长治市 Changzhi	74189	59072	697008	779819	1351	17203	17162
晋城市 Jincheng	19773	19306	1065876	571505	885	538	538
朔州市 Shuozhou	216516	188019	253362	1988419	174	519143	519143
晋中市 Jinzhong	109925	103288	1034590	918348	1446	116084	115316
运城市 Yuncheng	51860	50906	1132510	868017	2392	48897	48777
忻州市 Xinzhou	195189	128645	495848	3496003	612	55121	55121
临汾市 Linfen	87918	78858	885462	897690	1223	47793	40321
吕梁市 Lvliang	180058	165768	589038	1111055	1940	28230	27945

市名 City	肉类总产量(吨) Output of Meat (ton)	#猪肉 Pork	#牛肉 Beef	#羊肉 Mutton	#禽肉 Poultry	羊毛总产量(吨) Output of Wool (ton)	禽蛋产量(吨) Output of Poultry Eggs (ton)
全省 Total	**874794**	**641649**	**58000**	**67000**	**94188**	**10045**	**837467**
太原市 Taiyuan	53466	37807	2438	5196	7823	416	29011
大同市 Datong	136579	96322	10136	21920	5281	1601	45837
阳泉市 Yangquan	19751	15276	161	623	3513	62	27800
长治市 Changzhi	102713	72192	5916	5756	17420	896	130790
晋城市 Jincheng	158446	138513	1422	5860	12042	696	81596
朔州市 Shuozhou	89644	29555	8621	48965	1541	2013	17980
晋中市 Jinzhong	183208	119956	13234	14062	34761	634	142253
运城市 Yuncheng	173217	120894	2977	7654	40351	796	252250
忻州市 Xinzhou	116730	58485	7500	43386	5884	1828	64899
临汾市 Linfen	132057	99003	6197	7469	16182	578	111582
吕梁市 Lvliang	216209	70372	14168	12255	118974	523	100119

19-41 农业生产条件(2014年)
CONDITIONS OF AGRICULTURAL PRODUCTION(2014)

市 名 City	农业机械总动力(千瓦) Total Power of Agricultural Machinery (kw)	大中型农用拖拉机(台) Large and Medium Tractors for Agriculture (unit)	小型农用拖拉机(台) Mini-tractors for Agriculture (unit)	农用排灌动力机械(台) Drainage and Irrigation Machinery (unit)
全 省 Total	**32861999**	**119046**	**355306**	**172846**
太原市 Taiyuan	1379008	4329	5527	5002
大同市 Datong	1927927	11964	11634	9206
阳泉市 Yangquan	1364798	1451	7781	14617
长治市 Changzhi	2170775	11558	23107	12113
晋城市 Jincheng	2483885	3901	47871	5620
朔州市 Shuozhou	2413760	12872	18171	16887
晋中市 Jinzhong	3746922	11326	53908	21782
运城市 Yuncheng	7084798	23502	96114	39774
忻州市 Xinzhou	2597030	15108	34745	12465
临汾市 Linfen	4730607	15811	45119	20841
吕梁市 Lvliang	2962489	7224	11329	14539

市 名 City	农用运输车(辆) Conveyance Vehicle for Agriculture (unit)	灌溉机电井(眼) Electromechanical Well for Irrigation (unit)	农村用电量(万千瓦小时) Electricity Consumption in Rural Areas (10 000 kwh)	农用化肥施用量(折纯量,吨) Agricultural Consumption of Chemical Fertilizers (ton)
全 省 Total	**985234**	**91350**	**970811**	**1196138**
太原市 Taiyuan	25820	2808	54916	29037
大同市 Datong	45038	8670	33984	87989
阳泉市 Yangquan	22814	134	61829	13854
长治市 Changzhi	57403	9302	79064	125645
晋城市 Jincheng	72438	627	80751	66517
朔州市 Shuozhou	56905	8160	25819	86285
晋中市 Jinzhong	106681	8602	138846	103368
运城市 Yuncheng	294904	25784	262130	289270
忻州市 Xinzhou	47481	7647	54172	124025
临汾市 Linfen	170902	13724	86758	182814
吕梁市 Lvliang	84848	5892	92542	87333

19–42 规模以上主要工业产品产量(2014年)

OUTPUT OF MAJOR INDUSTRIAL PRODUCTS OF ENTERPRISES ABOVE DESIGNATED SIZE(2014)

市 名 City	原 煤 (万吨) Coal (10 000 tons)	发电量 (亿千瓦小时) Electricity (100 million kwh)	粗 钢 (万吨) Crude Steel (10 000 tons)	钢 材 (万吨) Steel Products (10 000 tons)	生 铁 (万吨) Pig Iron (10 000 tons)
全 省 Total	**92665.7**	**2630.2**	**4325.4**	**4701.0**	**4052.0**
太原市 Taiyuan	3645.1	256.6	1144.6	1084.9	852.7
大同市 Datong	11453.0	404.9	53.0	0.9	61.6
阳泉市 Yangquan	6212.4	107.7			
长治市 Changzhi	11617.3	335.9	699.8	698.2	551.6
晋城市 Jincheng	7927.4	233.1	303.7	299.0	372.4
朔州市 Shuozhou	20254.9	309.9		0.2	
晋中市 Jinzhong	8979.0	204.8	152.6	213.5	17.8
运城市 Yuncheng	721.1	197.9	533.1	631.0	534.0
忻州市 Xinzhou	5237.7	260.6		91.3	
临汾市 Linfen	5011.1	206.3	1035.4	1312.9	1214.1
吕梁市 Lvliang	11606.8	112.6	403.2	369.1	447.8

市 名 City	焦 炭 (万吨) Coke (10 000 tons)	水 泥 (万吨) Cement (10 000 tons)	平板玻璃 (万重量箱) Plate Glass (10 000–weightcases)	硫 酸 (万吨) Sulfuric Acid (10 000 tons)	化学肥料 (万吨) Chemical Fertilizer (10 000 tons)
全 省 Total	**8722.3**	**4537.9**	**1758.9**	**41.8**	**461.3**
太原市 Taiyuan	1078.6	484.9			
大同市 Datong	13.2	468.9			
阳泉市 Yangquan	70.8	364.6			
长治市 Changzhi	1523.3	489.9	755.5		37.5
晋城市 Jincheng	53.7	253.0			261.4
朔州市 Shuozhou		251.1			3.2
晋中市 Jinzhong	1119.9	391.1			67.4
运城市 Yuncheng	936.7	637.3		27.2	46.9
忻州市 Xinzhou	192.3	166.8			31.9
临汾市 Linfen	1892.4	364.2		14.6	2.9
吕梁市 Lvliang	1841.3	666.1	1003.4		10.0

19-42 续表 Continued

市 名 City	电 石 (万吨) Calcium Carbide (10 000 tons)	工业锅炉 (蒸发量吨) Industrial Boiler (Evaporate Capacity tons)	交流电动机 (万千瓦) Alternating Current Motors (10 000 kw)	变压器 (万千伏安) Transformer (10 000 kva)	泵(台) Pump (unit)
全 省 Total	**45.4**	**17931**	**1218.0**	**231.8**	**139016**
太原市 Taiyuan		330	94.4	8.7	6391
大同市 Datong				0.1	
阳泉市 Yangquan		31		61.6	3048
长治市 Changzhi	13.2				5422
晋城市 Jincheng					
朔州市 Shuozhou		434			
晋中市 Jinzhong	32.2				15050
运城市 Yuncheng			1123.7	161.4	109105
忻州市 Xinzhou		17136			
临汾市 Linfen					
吕梁市 Lvliang					

市 名 City	纱(吨) Yarn(ton)	布(万米) Cloth (10 000 m)	白 酒(千升) Alcoholic Drink (kiloliter)	啤 酒(千升) Beer (kiloliter)	机制纸及纸板(外购原纸加工除外)(吨) Machine-made Paper and Paperboard(ton)
全 省 Total	**55124.7**	**5267.6**	**93597.1**	**421519.1**	**258722**
太原市 Taiyuan	2588.3		2719.0	132104.5	50478
大同市 Datong				23471.1	
阳泉市 Yangquan					
长治市 Changzhi					14300
晋城市 Jincheng	4362.0	914.0			
朔州市 Shuozhou			8997.0	40975.0	
晋中市 Jinzhong	1518.0	101.0	14564.0	101829.0	137680
运城市 Yuncheng	44115.0	3618.0		120039.6	56264
忻州市 Xinzhou					
临汾市 Linfen	2541.4	634.6	1956.5		
吕梁市 Lvliang			65360.6	3100.0	

19-43 工业企业主要经济指标(2014年)
MAIN ECONOMIC INDICATORS OF INDUSTRIAL ENTERPRISES(2014)

单位：亿元 (100 million yuan)

市名 City	单位数(个) Number of Enterprises (unit)	#亏损企业 Loss-making Enterprises	工业销售产值 Industrial Sales Output Value	出口交货值 Value of Export Delivery	资产总计 Total Assets
全省 Total	**3906**	**1542**	**15213.51**	**684.68**	**30574.37**
省直报 Direct Report	2		842.34		696.96
太原市 Taiyuan	404	149	2374.68	525.91	4457.06
大同市 Datong	173	67	911.01	15.77	2084.88
阳泉市 Yangquan	144	77	599.60	9.57	2075.18
长治市 Changzhi	344	137	1739.89	0.49	3060.69
晋城市 Jincheng	244	109	912.18	61.85	2908.73
朔州市 Shuozhou	280	88	1130.19	1.24	2413.07
晋中市 Jinzhong	529	264	1184.24	18.38	2594.44
运城市 Yuncheng	500	139	1552.96	17.83	2175.22
忻州市 Xinzhou	355	105	684.21	7.85	1510.51
临汾市 Linfen	364	145	1661.73	16.15	2386.25
吕梁市 Lvliang	567	262	1620.50	9.65	4211.39

市名 City	流动资产合计 Total Circul-ating Funds	固定资产合计 Total Fixed Assets	固定资产原价 Original Value of Fixed Assets	累计折旧 Total Depreciation	流动负债 Liquid Liabilites
全省 Total	**12097.77**	**12611.50**	**16882.79**	**6623.65**	**15286.72**
省直报 Direct Report	59.39	614.10	988.39	453.97	332.64
太原市 Taiyuan	1948.98	1547.84	2421.88	1035.83	2245.99
大同市 Datong	720.74	1254.65	1210.81	550.31	635.58
阳泉市 Yangquan	1001.13	804.42	1285.57	555.43	994.53
长治市 Changzhi	1329.26	1170.99	1609.64	654.65	1498.99
晋城市 Jincheng	1168.26	1008.28	1368.29	599.82	1269.59
朔州市 Shuozhou	653.26	1281.99	1450.59	454.13	1029.36
晋中市 Jinzhong	998.79	1034.77	1215.64	345.28	1626.78
运城市 Yuncheng	973.77	836.94	1374.82	614.30	1070.70
忻州市 Xinzhou	552.69	670.23	860.92	251.29	745.71
临汾市 Linfen	990.12	866.90	1304.65	523.40	1300.04
吕梁市 Lvliang	1701.37	1520.38	1791.58	585.24	2536.82

19-43 续表1 continued

单位：亿元 (100 million yuan)

市 名 City		负债合计 Total Liabilities	年末所有者权益 Creditors' Equity at Year-end	主营业务收入 Revenue of Major Business	主营业务成本 Costs of Major Business	主营业务税金及附加 Tax and Extra Charges of Major Business
全 省	**Total**	**22514.07**	**7975.81**	**17801.12**	**15274.88**	**149.86**
省直报	Direct Report	477.17	219.79	913.98	818.55	2.97
太原市	Taiyuan	3260.99	1192.07	3375.77	2952.71	32.01
大同市	Datong	1589.53	491.93	2241.14	2018.30	8.50
阳泉市	Yangquan	1604.84	469.01	792.56	692.92	6.84
长治市	Changzhi	2151.35	893.25	1540.18	1291.93	11.42
晋城市	Jincheng	1896.77	1010.53	1094.49	880.08	10.68
朔州市	Shuozhou	1661.47	741.84	1064.54	744.20	17.40
晋中市	Jinzhong	2141.06	451.90	1160.43	1011.35	11.30
运城市	Yuncheng	1467.86	678.54	1616.09	1444.66	5.41
忻州市	Xinzhou	1087.22	418.10	624.30	504.01	7.60
临汾市	Linfen	1856.82	524.82	1644.86	1507.71	11.46
吕梁市	Lvliang	3318.99	884.02	1732.78	1408.46	24.28

市 名 City		营业费用 Costs of Business	管理费用 Costs of Administration	财务费用 Costs of Finance	#利息支出 Interest Expenditure	利润总额 Total Profits
全 省	**Total**	**572.70**	**918.98**	**621.36**	**606.00**	**256.31**
省直报	Direct Report	2.16	4.93	12.43	11.91	25.60
太原市	Taiyuan	62.36	170.32	71.49	78.74	21.76
大同市	Datong	78.84	76.68	48.96	49.30	10.72
阳泉市	Yangquan	12.00	60.03	34.70	47.13	-2.34
长治市	Changzhi	32.37	121.19	52.25	51.42	44.63
晋城市	Jincheng	19.08	108.54	65.46	66.93	56.02
朔州市	Shuozhou	137.47	52.95	38.32	37.54	61.23
晋中市	Jinzhong	48.01	66.29	55.32	51.52	-22.51
运城市	Yuncheng	36.14	49.95	48.44	43.65	41.13
忻州市	Xinzhou	16.26	37.20	30.36	29.41	36.03
临汾市	Linfen	35.54	68.83	52.22	44.11	-6.26
吕梁市	Lvliang	92.46	102.07	111.41	94.35	-9.69

19-43 续表2 continued

单位：亿元 (100 million yuan)

市名 City	亏损企业亏损额 Loss of Loss-making Enterprises	利税总额 Total Pre-tax Profits	应付薪酬总额 Total Wages Payable	应交增值税 Value Added Taxes Payable
全省 Total	**462.17**	**1032.18**	**1401.72**	**617.45**
省直报 Direct Report		59.00	64.71	30.33
太原市 Taiyuan	49.81	112.62	245.03	58.34
大同市 Datong	32.23	64.34	141.97	43.74
阳泉市 Yangquan	13.52	35.56	99.02	27.56
长治市 Changzhi	53.88	122.53	144.80	65.45
晋城市 Jincheng	30.99	124.81	173.99	57.99
朔州市 Shuozhou	24.44	156.91	73.71	78.00
晋中市 Jinzhong	59.85	35.46	111.69	46.41
运城市 Yuncheng	36.55	82.46	78.96	35.49
忻州市 Xinzhou	16.49	79.49	47.11	35.47
临汾市 Linfen	50.21	63.60	84.40	58.02
吕梁市 Lvliang	94.20	95.41	136.35	80.53

市名 City	总资产贡献率(%) Ratio of Profits, Taxes and Interests to Average Assets (%)	资产负债率(%) Ratio of Debts to Assets (%)	成本费用利润率(%) Ratio of Profits to Total Costs (%)	产品销售率 (%) Ratio of Sales to Gross Output Value (%)
全省 Total	**5.19**	**73.64**	**1.44**	**94.77**
省直报 Direct Report	10.15	68.46	3.00	100.00
太原市 Taiyuan	4.05	73.16	0.66	97.68
大同市 Datong	5.33	76.24	0.47	84.27
阳泉市 Yangquan	3.33	77.34	-0.27	91.28
长治市 Changzhi	5.46	70.29	2.83	92.62
晋城市 Jincheng	6.46	65.21	5.12	98.59
朔州市 Shuozhou	8.03	68.85	6.19	97.49
晋中市 Jinzhong	3.23	82.52	-1.82	94.45
运城市 Yuncheng	5.65	67.48	2.53	94.00
忻州市 Xinzhou	7.19	71.98	5.98	89.69
临汾市 Linfen	4.38	77.81	-0.37	96.17
吕梁市 Lvliang	4.45	78.81	-0.55	96.37

19-44 国有控股工业企业主要经济指标(2014年)
MAIN ECONOMIC INDICATORS OF STATE-HOLDING INDUSTRIAL ENTERPRISES(2014)

单位：亿元 (100 million yuan)

市 名 City	单位数(个) Number of Enterprises (unit)	#亏损企业 Loss-making Enterprises	工业销售产值 Industrial Sales Output Value	出口交货值 Value of Export Delivery	资产总计 Total Assets
全 省 Total	**757**	**358**	**7432.41**	**183.33**	**19419.96**
省直报 Direct Report	2		842.34		696.96
太原市 Taiyuan	88	34	1467.63	157.37	3359.62
大同市 Datong	43	12	768.48	14.65	1817.51
阳泉市 Yangquan	35	24	398.45	2.36	1857.83
长治市 Changzhi	85	34	792.99	0.14	1850.60
晋城市 Jincheng	105	50	553.78	0.54	2272.69
朔州市 Shuozhou	72	31	693.60	0.48	1838.16
晋中市 Jinzhong	88	49	350.00	2.08	1090.70
运城市 Yuncheng	50	30	374.43	1.48	818.89
忻州市 Xinzhou	60	24	292.22	0.34	1086.49
临汾市 Linfen	74	40	497.65	3.24	1386.72
吕梁市 Lvliang	55	30	400.83	0.66	1343.77

市 名 City	流动资产合计 Total Circul-ating Funds	固定资产合计 Total Fixed Assets	固定资产原价 Original Value of Fixed Assets	累计折旧 Total Depreciation	流动负债 Liquid Liabilites
全 省 Total	**6559.54**	**8976.95**	**12095.93**	**4940.45**	**8869.66**
省直报 Direct Report	59.39	614.10	988.39	453.97	332.64
太原市 Taiyuan	1229.24	1300.28	2038.22	887.39	1535.74
大同市 Datong	590.23	1158.67	1085.89	510.32	490.11
阳泉市 Yangquan	881.31	723.09	1182.42	523.55	856.84
长治市 Changzhi	729.96	825.43	1111.79	443.32	858.25
晋城市 Jincheng	875.84	758.01	1038.05	491.67	955.79
朔州市 Shuozhou	434.88	1033.72	1170.13	390.08	771.32
晋中市 Jinzhong	245.65	541.09	641.62	180.07	696.13
运城市 Yuncheng	294.04	375.16	646.69	279.60	428.88
忻州市 Xinzhou	337.10	525.66	693.79	201.83	530.36
临汾市 Linfen	514.43	524.55	801.63	332.14	728.41
吕梁市 Lvliang	367.48	597.18	697.31	246.51	685.20

19-44 续表1 continued

单位：亿元 (100 million yuan)

市 名 City	负债合计 Total Liabilities	年末所有者权益 Creditors' Equity at Year-end	主营业务收入 Revenue of Major Business	主营业务成本 Costs of Major Business	主营业务税金及附加 Tax and Extra Charges of Major Business
全 省 Total	**14388.54**	**5006.90**	**10329.39**	**8791.34**	**105.60**
省直报 Direct Report	477.17	219.79	913.98	818.55	2.97
太原市 Taiyuan	2441.70	917.75	2446.45	2188.22	27.90
大同市 Datong	1405.59	408.73	2084.50	1889.26	7.31
阳泉市 Yangquan	1439.64	417.87	620.35	542.59	3.73
长治市 Changzhi	1323.13	522.73	731.70	587.48	7.45
晋城市 Jincheng	1540.06	732.63	735.69	568.60	9.00
朔州市 Shuozhou	1290.06	544.21	619.97	394.83	14.15
晋中市 Jinzhong	940.86	149.15	368.02	314.23	5.50
运城市 Yuncheng	624.93	189.06	422.27	372.03	2.76
忻州市 Xinzhou	826.32	259.29	294.72	221.11	4.07
临汾市 Linfen	1096.03	289.57	569.26	510.76	6.74
吕梁市 Lvliang	983.06	356.12	522.49	383.68	14.02

市 名 City	营业费用 Costs of Business	管理费用 Costs of Administration	财务费用 Costs of Finance	#利息支出 Interest Expenditure	利润总额 Total Profits
全 省 Total	**358.24**	**621.01**	**388.48**	**403.33**	**113.17**
省直报 Direct Report	2.16	4.93	12.43	11.91	25.60
太原市 Taiyuan	40.52	132.71	60.32	66.27	2.84
大同市 Datong	72.27	64.48	44.56	45.51	7.70
阳泉市 Yangquan	4.82	51.28	28.34	41.27	0.13
长治市 Changzhi	9.79	78.98	31.57	31.20	23.13
晋城市 Jincheng	13.48	86.12	57.17	58.47	43.63
朔州市 Shuozhou	126.94	38.07	28.59	28.04	13.12
晋中市 Jinzhong	12.78	30.86	19.45	19.59	-12.21
运城市 Yuncheng	7.59	20.45	23.99	22.61	-2.63
忻州市 Xinzhou	6.43	21.89	24.25	24.10	22.90
临汾市 Linfen	12.80	45.00	30.41	27.04	-15.49
吕梁市 Lvliang	48.66	46.24	27.39	27.33	4.45

19-44 续表2 continued

单位：亿元 (100 million yuan)

市　名 City	亏损企业亏损额 Loss of Loss-making Enterprises	利税总额 Total Pre-tax Profits	应付薪酬总额 Total Wages Payable	应交增值税 Value Added Taxes Payable
全　省 Total	**259.43**	**618.72**	**1029.83**	**392.45**
省直报 Direct Report		59.00	64.71	30.33
太原市 Taiyuan	34.16	71.86	182.17	40.72
大同市 Datong	23.68	54.38	130.54	38.01
阳泉市 Yangquan	8.10	30.11	90.80	22.75
长治市 Changzhi	30.62	75.21	112.40	43.65
晋城市 Jincheng	24.34	97.67	129.98	44.94
朔州市 Shuozhou	17.06	75.54	54.46	48.14
晋中市 Jinzhong	31.12	15.99	63.36	22.62
运城市 Yuncheng	25.11	18.19	37.23	18.04
忻州市 Xinzhou	9.15	51.15	32.48	23.81
临汾市 Linfen	33.97	16.08	56.08	24.45
吕梁市 Lvliang	22.13	53.55	75.60	35.00

市　名 City	总资产贡献率(%) Ratio of Profits, Taxes and Interests to Average Assets (%)	资产负债率(%) Ratio of Debts to Assets (%)	成本费用利润率(%) Ratio of Profits to Total Costs(%)	产品销售率(%) Ratio of Sales to Gross Output Value(%)
全　省 Total	**5.07**	**74.09**	**1.08**	**94.30**
省直报 Direct Report	10.15	68.46	3.00	100.00
太原市 Taiyuan	3.86	72.68	0.12	97.91
大同市 Datong	5.37	77.34	0.36	82.35
阳泉市 Yangquan	3.11	77.49	0.02	90.21
长治市 Changzhi	5.60	71.50	3.05	91.91
晋城市 Jincheng	6.75	67.76	5.85	98.99
朔州市 Shuozhou	5.60	70.18	2.21	99.07
晋中市 Jinzhong	3.19	86.26	-3.12	95.27
运城市 Yuncheng	4.77	76.31	-0.59	92.20
忻州市 Xinzhou	6.90	76.05	7.98	86.86
临汾市 Linfen	2.96	79.04	-2.51	95.25
吕梁市 Lvliang	5.94	73.16	0.86	97.58

19-45 外商投资和港澳台投资工业企业主要经济指标(2014)
MAIN INDICATORS OF INDUSTRIAL ENTERPRISES WITH HONG KONG, MACAO, TAIWAN AND FOREIGN FUNDS(2014)

单位：亿元 (100 million yuan)

市名 City	单位数(个) Number of Enterprises (unit)	#亏损企业 Loss-making Enterprises	工业销售产值 Industrial Sales Output Value	出口交货值 Value of Export Delivery	资产总计 Total Assets
全省 Total	**148**	**57**	**1229.47**	**448.61**	**1938.07**
太原市 Taiyuan	24	9	555.75	367.79	470.45
大同市 Datong	12	3	70.05	13.64	121.54
阳泉市 Yangquan	8	2	17.07	1.26	31.93
长治市 Changzhi	12	6	76.22		178.32
晋城市 Jincheng	17	5	200.61	56.82	382.21
朔州市 Shuozhou	5	2	33.00	0.05	80.63
晋中市 Jinzhong	28	11	86.13	2.87	173.11
运城市 Yuncheng	16	8	26.47	0.57	42.37
忻州市 Xinzhou	1		0.93	0.82	0.63
临汾市 Linfen	12	5	18.16	2.45	82.02
吕梁市 Lvliang	13	6	145.09	2.34	374.87

市名 City	流动资产合计 Total Circulating Funds	固定资产合计 Total Fixed Assets	固定资产原价 Original Value of Fixed Assets	累计折旧 Total Depreciation	流动负债 Liquid Liabilites
全省 Total	**853.97**	**832.96**	**1307.16**	**519.17**	**1032.19**
太原市 Taiyuan	327.08	123.50	194.46	73.62	335.64
大同市 Datong	38.61	53.03	65.01	14.43	43.44
阳泉市 Yangquan	9.25	10.00	20.28	10.35	13.40
长治市 Changzhi	56.49	69.48	135.35	65.87	100.48
晋城市 Jincheng	163.30	170.52	326.27	173.81	152.33
朔州市 Shuozhou	13.38	65.83	76.48	14.58	26.07
晋中市 Jinzhong	52.44	106.81	158.64	52.71	89.60
运城市 Yuncheng	21.48	19.30	33.80	14.69	21.54
忻州市 Xinzhou	0.31	0.31	0.44	0.14	0.30
临汾市 Linfen	15.43	61.99	92.44	30.70	31.16
吕梁市 Lvliang	156.21	152.21	203.98	68.27	218.24

19-45 续表1 continued

单位：亿元 (100 million yuan)

市 名 City	负债合计 Total Liabilities	年末所有者权益 Creditors' Equity at Year-end	主营业务收入 Revenue of Major Business	主营业务成本 Costs of Major Business	主营业务税金及附加 Tax and Extra Charges of Major Business
全 省 Total	**1312.50**	**623.76**	**1278.70**	**1004.13**	**6.50**
太原市 Taiyuan	340.96	128.80	563.84	440.19	1.49
大同市 Datong	85.09	36.45	70.26	56.54	0.35
阳泉市 Yangquan	16.40	14.85	17.46	14.27	0.43
长治市 Changzhi	113.65	64.66	84.70	69.03	0.87
晋城市 Jincheng	179.01	203.20	202.17	156.45	1.44
朔州市 Shuozhou	55.99	24.25	33.37	25.11	0.17
晋中市 Jinzhong	146.27	26.79	88.02	67.89	0.77
运城市 Yuncheng	22.35	20.02	31.11	26.62	0.05
忻州市 Xinzhou	0.40	0.23	0.94	0.87	
临汾市 Linfen	71.16	10.86	43.33	33.06	0.05
吕梁市 Lvliang	281.22	93.65	143.51	114.10	0.89

市 名 City	营业费用 Costs of Business	管理费用 Costs of Administration	财务费用 Costs of Finance	#利息支出 Interest Expenditure	利润总额 Total Profits
全 省 Total	**25.48**	**53.75**	**31.45**	**32.95**	**80.42**
太原市 Taiyuan	5.32	16.97	0.43	2.91	22.52
大同市 Datong	2.33	3.18	2.76	3.18	5.16
阳泉市 Yangquan	1.05	0.93	0.66	0.48	0.32
长治市 Changzhi	3.16	5.89	4.02	3.25	2.30
晋城市 Jincheng	1.45	13.34	3.51	3.92	26.88
朔州市 Shuozhou	0.09	0.37	2.98	2.98	4.81
晋中市 Jinzhong	5.36	4.97	5.64	5.61	3.28
运城市 Yuncheng	0.95	1.66	1.04	1.18	0.85
忻州市 Xinzhou	0.06	0.04		0.01	
临汾市 Linfen	1.08	1.48	3.70	3.51	4.03
吕梁市 Lvliang	4.63	4.92	6.71	5.93	10.27

19-45 续表2 continued

单位：亿元 (100 million yuan)

市 名 City	亏损企业亏损额 Loss of Loss-making Enterprises	利税总额 Total Pre-tax Profits	应付薪酬总额 Total Wages Payable	应交增值税 Value Added Taxes Payable
全 省 Total	**17.26**	**127.67**	**111.07**	**40.44**
太原市 Taiyuan	2.03	33.71	44.12	9.69
大同市 Datong	0.41	7.10	4.02	1.59
阳泉市 Yangquan	0.52	1.25	1.55	0.51
长治市 Changzhi	2.60	8.09	7.12	4.92
晋城市 Jincheng	1.81	36.37	32.34	8.05
朔州市 Shuozhou	0.04	6.05	4.04	1.07
晋中市 Jinzhong	2.62	8.74	7.82	4.69
运城市 Yuncheng	0.63	1.72	1.97	0.82
忻州市 Xinzhou			0.09	
临汾市 Linfen	0.93	6.78	1.30	2.42
吕梁市 Lvliang	5.68	17.84	6.70	6.68

市 名 City	总资产贡献率(%) Ratio of Profits, Taxes and Interests to Average Assets (%)	资产负债率(%) Ratio of Debts to Assets (%)	成本费用利润率(%) Ratio of Profits to Total Costs(%)	产品销售率(%) Ratio of Sales to Gross Output Value(%)
全 省 Total	**8.07**	**67.72**	**7.15**	**94.24**
太原市 Taiyuan	7.33	72.48	4.83	97.75
大同市 Datong	7.85	70.01	7.57	93.13
阳泉市 Yangquan	5.54	51.37	1.88	95.59
长治市 Changzhi	6.35	63.74	2.80	88.58
晋城市 Jincheng	10.32	46.84	15.37	97.47
朔州市 Shuozhou	11.17	69.45	16.56	95.50
晋中市 Jinzhong	8.21	84.50	3.84	97.02
运城市 Yuncheng	6.62	52.76	2.73	77.55
忻州市 Xinzhou	1.37	63.39	0.02	74.60
临汾市 Linfen	12.50	86.76	10.24	40.93
吕梁市 Lvliang	6.28	75.02	7.82	97.95

19-46 大中型工业企业主要经济指标(2014年)
MAIN ECONOMIC INDICATORS OF LARGE AND MEDIUM-SIZE INDUSTRIAL ENTERPRISES(2014)

单位：亿元 (100 million yuan)

市名 City	单位数(个) Number of Enterprises (unit)	#亏损企业 Loss-making Enterprises	工业销售产值 Industrial Sales Output Value	出口交货值 Value of Export Delivery	资产总计 Total Assets
全省 Total	**1144**	**518**	**11660.16**	**654.61**	**25680.99**
省直报 Direct Report	2		842.34		696.96
太原市 Taiyuan	102	35	2115.81	524.59	4039.29
大同市 Datong	52	20	816.13	15.39	1866.99
阳泉市 Yangquan	44	27	448.37	5.45	1971.53
长治市 Changzhi	132	58	1372.57	0.42	2651.99
晋城市 Jincheng	115	53	813.90	61.17	2604.30
朔州市 Shuozhou	82	29	696.28	0.30	1819.60
晋中市 Jinzhong	154	82	727.49	13.99	1919.85
运城市 Yuncheng	127	46	1070.53	16.25	1540.36
忻州市 Xinzhou	60	22	431.09	0.81	993.02
临汾市 Linfen	123	61	1155.60	9.95	2117.75
吕梁市 Lvliang	151	85	1170.05	6.29	3459.36

市名 City	流动资产合计 Total Circul-ating Funds	固定资产合计 Total Fixed Assets	固定资产原价 Original Value of Fixed Assets	累计折旧 Total Depreciation	流动负债 Liquid Liabilites
全省 Total	**9955.88**	**10657.13**	**14534.03**	**5989.57**	**12797.70**
省直报 Direct Report	59.39	614.10	988.39	453.97	332.64
太原市 Taiyuan	1708.85	1432.81	2268.36	986.60	2019.92
大同市 Datong	637.16	1144.80	1079.76	523.80	541.04
阳泉市 Yangquan	944.26	763.49	1228.66	541.50	925.67
长治市 Changzhi	1128.55	1048.27	1453.61	609.94	1277.32
晋城市 Jincheng	1071.22	849.01	1242.98	574.76	1122.03
朔州市 Shuozhou	500.51	960.23	1074.97	361.83	766.86
晋中市 Jinzhong	659.21	779.67	939.85	278.51	1209.69
运城市 Yuncheng	668.79	658.71	1122.45	527.15	861.29
忻州市 Xinzhou	386.51	393.91	505.10	155.46	517.13
临汾市 Linfen	867.66	745.56	1132.60	464.40	1143.71
吕梁市 Lvliang	1323.75	1266.58	1497.30	511.66	2080.39

19-46 续表1 continued

单位：亿元 (100 million yuan)

市 名 City		负债合计 Total Liabilities	年末所有者权益 Creditors' Equity at Year-end	主营业务收入 Revenue of Major Business	主营业务成本 Cost of Major Business	主营业务税金及附加 Tax and Extra Charges of Major Business
全 省	**Total**	**18984.50**	**6661.25**	**14370.40**	**12269.34**	**129.95**
省直报	Direct Report	477.17	219.79	913.98	818.55	2.97
太原市	Taiyuan	2991.24	1047.22	3094.71	2704.46	29.97
大同市	Datong	1437.30	426.75	2145.09	1937.94	8.04
阳泉市	Yangquan	1522.81	448.64	658.43	568.03	6.23
长治市	Changzhi	1834.71	809.57	1198.27	992.87	10.19
晋城市	Jincheng	1680.90	922.30	988.70	789.23	10.32
朔州市	Shuozhou	1240.67	578.04	688.95	463.25	15.08
晋中市	Jinzhong	1588.21	329.97	707.52	610.22	9.52
运城市	Yuncheng	1083.32	445.75	1141.57	1016.77	4.20
忻州市	Xinzhou	731.70	259.53	382.11	298.53	3.91
临汾市	Linfen	1649.07	467.08	1168.66	1067.38	8.90
吕梁市	Lvliang	2747.41	706.59	1282.40	1002.10	20.62

市 名 City		营业费用 Costs of Business	管理费用 Costs of Administration	财务费用 Costs of Finance	#利息支出 Interest Expenditure	利润总额 Total Profits
全 省	**Total**	**473.40**	**810.77**	**531.25**	**525.96**	**145.01**
省直报	Direct Report	2.16	4.93	12.43	11.91	25.60
太原市	Taiyuan	53.72	154.03	67.43	75.56	16.96
大同市	Datong	75.25	71.58	44.00	44.97	9.03
阳泉市	Yangquan	8.39	56.92	32.58	45.42	-2.90
长治市	Changzhi	24.70	110.17	44.78	44.51	28.30
晋城市	Jincheng	16.11	101.10	59.43	61.52	55.78
朔州市	Shuozhou	123.37	45.00	27.41	26.87	10.59
晋中市	Jinzhong	27.58	53.06	41.24	38.53	-27.90
运城市	Yuncheng	26.63	39.20	37.18	33.62	25.82
忻州市	Xinzhou	10.88	26.09	20.31	18.95	28.83
临汾市	Linfen	26.78	60.79	46.69	40.20	-17.07
吕梁市	Lvliang	77.83	87.91	97.78	83.92	-8.03

19-46 续表2 continued

单位：亿元 (100 million yuan)

市 名 City	亏损企业亏损额 Loss of Loss-making Enterprises	利税总额 Total Pre-tax Profits	应付薪酬总额 Total Wages Payable	应交增值税 Value Added Taxes Payable
全 省 Total	**380.55**	**794.87**	**1292.41**	**512.20**
省直报 Direct Report		59.00	64.71	30.33
太原市 Taiyuan	43.18	100.49	230.98	53.15
大同市 Datong	27.22	59.71	137.14	41.27
阳泉市 Yangquan	12.05	32.53	96.00	25.69
长治市 Changzhi	47.24	99.73	136.89	60.21
晋城市 Jincheng	24.90	121.28	165.19	55.06
朔州市 Shuozhou	15.33	72.94	63.18	47.16
晋中市 Jinzhong	46.99	16.64	96.23	34.80
运城市 Yuncheng	32.30	59.10	66.08	29.05
忻州市 Xinzhou	8.17	58.57	36.69	25.53
临汾市 Linfen	44.04	31.39	75.03	39.18
吕梁市 Lvliang	79.14	83.49	124.30	70.78

市 名 City	总资产贡献率(%) Ratio of Profits, Taxes and Interests to Average Assets(%)	资产负债率(%) Ratio of Debts to Assets (%)	成本费用利润率(%) Ratio of Profits to Total Costs (%)	产品销售率(%) Ratio of Sales to Gross Output Value(%)
全 省 Total	**4.95**	**73.92**	**1.00**	**94.37**
省直报 Direct Report	10.15	68.46	3.00	100.00
太原市 Taiyuan	4.10	74.05	0.56	97.81
大同市 Datong	5.49	76.98	0.42	83.03
阳泉市 Yangquan	3.26	77.24	-0.39	89.71
长治市 Changzhi	5.18	69.18	2.27	91.56
晋城市 Jincheng	6.88	64.54	5.66	98.58
朔州市 Shuozhou	5.45	68.18	1.59	96.48
晋中市 Jinzhong	2.71	82.73	-3.56	94.29
运城市 Yuncheng	5.84	70.33	2.22	94.30
忻州市 Xinzhou	7.78	73.68	7.81	89.43
临汾市 Linfen	3.23	77.87	-1.40	95.46
吕梁市 Lvliang	4.77	79.42	-0.62	95.77

19-47 建筑业企业总产值和竣工产值(2014年)
GROSS OUTPUT VALUE AND COMPLETED VALUE OF CONSTRUCTION ENTERPRISES(2014)

单位：万元 (10 000 yuan)

市 名 City		总产值 Gross Output Value	#建筑工程 Construction	#安装工程 Installation	竣工产值 Completed Value
全 省	**Total**	**31035027**	**26659314**	**3425216**	**13569969**
太原市	Taiyuan	20409780	17426298	2346386	7777350
大同市	Datong	1354212	1183066	137216	847157
阳泉市	Yangquan	1000195	857110	119579	490788
长治市	Changzhi	1450600	1307525	121071	872483
晋城市	Jincheng	735209	652048	56990	584939
朔州市	Shuozhou	623193	408912	171844	373396
晋中市	Jinzhong	2001268	1811589	147756	693190
运城市	Yuncheng	1309108	1107635	141755	766131
忻州市	Xinzhou	685878	607396	60430	483322
临汾市	Linfen	910758	814050	76073	429684
吕梁市	Lvliang	554825	483685	46117	251531

19-48 按主要用途分的房屋建筑竣工面积(2014年)
FLOOR SPACE OF BUILDINGS COMPLETED BY MAJOR USE(2014)

单位：平方米 (sq.m)

市 名 City		总 计 Total	#住宅房屋 Residential Buildings	#商业及服务用房屋 Commercial and Service Buildings	#办公用房 Oiffice Buildings	#科研、教育、医疗用房屋 Scientific Research, Education and Healthcare Buildings
全 省	**Total**	**39400393**	**28518254**	**2175620**	**2014112**	**2297136**
太原市	Taiyuan	17933634	12472221	876099	974574	1357325
大同市	Datong	3651988	2688876	386621	69715	147819
阳泉市	Yangquan	1052862	814602	76363		3299
长治市	Changzhi	3170228	2282928	164783	134382	195735
晋城市	Jincheng	1339343	879667	112144	76308	4276
朔州市	Shuozhou	984144	862839	11704	21428	40980
晋中市	Jinzhong	2515893	1878678	76662	134552	120509
运城市	Yuncheng	4080540	2935984	314880	204920	274679
忻州市	Xinzhou	2136501	1867627	57211	39706	63070
临汾市	Linfen	1362858	1082215	25104	98622	68509
吕梁市	Lvliang	1172402	752617	74049	259905	20935

19-49 按主要用途分的房屋建筑竣工价值(2014年)
VALUE OF BUILDINGS COMPLETED BY MAJOR USE(2014)

单位：万元 (10 000 yuan)

市名 City		总计 Total	#住宅房屋 Residential Buildings	#商业及服务用房屋 Commercial and Service Buildings	#办公用房 Oiffice Buildings	#科研、教育、医疗用房屋 Scientific Research, Education and Healthcare Buildings
全 省	**Total**	**5965376**	**3963619**	**369179**	**385363**	**473684**
太原市	Taiyuan	3046707	1859993	194347	208553	313648
大同市	Datong	476081	359683	42717	12744	23873
阳泉市	Yangquan	173576	118736	14558		469
长治市	Changzhi	521977	340041	24890	30696	42596
晋城市	Jincheng	170122	107335	18416	16951	778
朔州市	Shuozhou	125718	103598	2418	3961	8162
晋中市	Jinzhong	343294	253431	13175	23392	21029
运城市	Yuncheng	529264	371973	38709	39696	39984
忻州市	Xinzhou	264669	223443	7884	5882	8767
临汾市	Linfen	166788	130618	2387	13335	11191
吕梁市	Lvliang	147180	94768	9680	30154	3187

19-50 建筑业企业房屋建筑面积(2014年)
FLOOR SPACE OF BUILDINGS CONSTRUCTED BY CONSTRUCTION ENTERPRISES(2014)

单位：平方米 (sq.m)

市名 City		房屋建筑施工面积 Floor Space of Buildings Under Construction	#本年新开工面积 Floor Space Started This Year	#投标承包的面积 Floor Space of Enter a Bid Contract
全 省	**Total**	**139285301**	**55283396**	**117014433**
太原市	Taiyuan	86730287	28559649	80376021
大同市	Datong	7637190	4335426	4695011
阳泉市	Yangquan	3879290	1318172	2564952
长治市	Changzhi	9950146	4098297	7926758
晋城市	Jincheng	3544441	1174475	2247937
朔州市	Shuozhou	1447160	1027997	785728
晋中市	Jinzhong	7329883	3625917	4939832
运城市	Yuncheng	8638707	5229011	6732732
忻州市	Xinzhou	3500371	2322658	2115626
临汾市	Linfen	3057654	1859929	2220923
吕梁市	Lvliang	3570172	1731865	2408913

19-51 建筑业企业机械设备情况(2014年)

MACHINARY AND EQUIPMENT OF CONSTRUCTION ENTERPRISES(2014)

市　名 City	自有机械设备年末总台数(台) Number of Machinery and Equipment Owned (unit)	自有机械设备年末总功率(千瓦) Total Power of Machinery and Equipment Owned (kw)	自有机械设备净值(万元) Net Value of Machinery and Equipment Owned (10 000 yuan)
全　省 Total	**229285**	**6942547**	**1438000**
太原市 Taiyuan	88441	4012232	758073
大同市 Datong	7738	139105	42490
阳泉市 Yangquan	7918	280197	38409
长治市 Changzhi	9097	152407	52756
晋城市 Jincheng	17487	212662	37930
朔州市 Shuozhou	10206	214091	59921
晋中市 Jinzhong	17964	555654	133187
运城市 Yuncheng	21056	357383	98211
忻州市 Xinzhou	15606	299265	84833
临汾市 Linfen	15265	324483	75285
吕梁市 Lvliang	18507	395068	56906

19-52 建筑业企业劳动生产率(2014年)

LABOR PRODUCTIVITY OF CONSTRUCTION ENTERPRISES(2014)

单位：元/人 (yuan/person)

市　名 City	企业个数(个) Number of Enterprises (unit)	从事建筑业活动的从业人员平均人数(人) Average Number of Employees Engaged in Construction Activities (person)	按总产值计算的劳动生产率 Overall Labor Productivity in Terms of Total Output Value	人均竣工产值 Per Capita Output Value of Completed
全　省 Total	**2358**	**1065283**	**291331**	**127384**
太原市 Taiyuan	956	621336	328482	125171
大同市 Datong	208	59574	227316	142202
阳泉市 Yangquan	90	44905	222736	109295
长治市 Changzhi	154	44773	323990	194868
晋城市 Jincheng	103	34661	212114	168760
朔州市 Shuozhou	117	33702	184913	110793
晋中市 Jinzhong	169	60615	330161	114359
运城市 Yuncheng	157	66161	197867	115798
忻州市 Xinzhou	139	32310	212281	149589
临汾市 Linfen	165	40974	222277	104867
吕梁市 Lvliang	100	26272	211185	95741

19-53 建筑业企业负债及所有者权益(2014年)
LIABILITIES AND CREDITORS' EQUITY OF CONSTRUCTION ENTERPRISES(2014)

单位：万元 (10 000 yuan)

市名 City	负债合计 Total Liabilities	#流动负债 Liquid Liabilities	#非流动负债合计 Illiquid Liabilities	所有者权益合计 Total Creditors' Equity
全省 Total	**28455485**	**26031612**	**2139596**	**9484450**
太原市 Taiyuan	19502712	17594313	1808832	5150771
大同市 Datong	1234623	1144834	75919	445306
阳泉市 Yangquan	1677614	1504170	142051	700569
长治市 Changzhi	1026075	1004932	12237	523248
晋城市 Jincheng	754156	740417	4125	341248
朔州市 Shuozhou	514163	464791	17331	157487
晋中市 Jinzhong	1662546	1634701	25568	567837
运城市 Yuncheng	612723	564919	19441	477311
忻州市 Xinzhou	365319	350843	3555	385850
临汾市 Linfen	572907	542344	3256	404120
吕梁市 Lvliang	532646	485348	27282	330705

19-54 建筑业企业收入及成本情况(2014年)
REVENUE AND COST OF CONSTRUCTION ENTERPRISES(2014)

单位：万元 (10 000 yuan)

市名 City	营业收入 Revenue of Business	#主营业务收入 Revenue of Major Business	主营业务成本 Cost of Major Business
全省 Total	**31735569**	**31103988**	**27536183**
太原市 Taiyuan	21109207	20834545	18620050
大同市 Datong	1308077	1265356	1125586
阳泉市 Yangquan	1048180	1039430	898681
长治市 Changzhi	1527609	1519776	1348674
晋城市 Jincheng	782296	762815	640099
朔州市 Shuozhou	610273	604134	528367
晋中市 Jinzhong	1947571	1763927	1536556
运城市 Yuncheng	1251518	1228313	1069066
忻州市 Xinzhou	689106	665684	580266
临汾市 Linfen	879800	857675	727221
吕梁市 Lvliang	581933	562334	461619

19-55 建筑业企业资产(2014年)
ASSETS OF CONSTRUCTION ENTERPRISES(2014)

单位：万元 (10 000 yuan)

市名 City		资产总计 Total Assets	#流动资产合计 Total Circulating Assets	#固定资产合计 Total Fixed Assets
全省	**Total**	**37939935**	**30888128**	**2982145**
太原市	Taiyuan	24653483	20155164	1394367
大同市	Datong	1679929	1441152	149284
阳泉市	Yangquan	2378183	1882111	149517
长治市	Changzhi	1549323	1313010	156978
晋城市	Jincheng	1095405	896384	116108
朔州市	Shuozhou	671649	539148	89653
晋中市	Jinzhong	2230383	1929262	244823
运城市	Yuncheng	1090034	818292	197459
忻州市	Xinzhou	751169	491679	174684
临汾市	Linfen	977026	767211	149411
吕梁市	Lvliang	863351	654714	159861

市名 City		固定资产原价 Original Value of Fixed Assets	本年折旧 Depreciation This Year	实收资本 Capitals Hold
全省	**Total**	**4571574**	**308027**	**5888900**
太原市	Taiyuan	2342255	180327	3129051
大同市	Datong	184696	9842	364529
阳泉市	Yangquan	253624	12481	227742
长治市	Changzhi	211203	11005	363125
晋城市	Jincheng	168211	8339	229508
朔州市	Shuozhou	133112	6780	157119
晋中市	Jinzhong	377863	25548	389091
运城市	Yuncheng	267377	14678	307059
忻州市	Xinzhou	210874	13062	221605
临汾市	Linfen	223282	14525	269755
吕梁市	Lvliang	199078	11442	230317

19-56 建筑业企业费用情况(2014年)
EXPENSES OF CONSTRUCTION ENTERPRISES(2014)

单位：万元 (10 000 yuan)

市 名 City	销售费用 Sales Expenses	管理费用 Administrative Expenses	财务费用 Financial Expenses	营业外支出 Non-operating Expenses
全 省 Total	**99716**	**1377907**	**221186**	**25994**
太原市 Taiyuan	36895	888942	121678	17901
大同市 Datong	9643	69468	15158	1431
阳泉市 Yangquan	3356	38933	31216	718
长治市 Changzhi	6493	57639	9001	1013
晋城市 Jincheng	3585	46035	6307	978
朔州市 Shuozhou	8221	30691	2890	377
晋中市 Jinzhong	2863	87936	13509	1589
运城市 Yuncheng	8365	62800	8496	606
忻州市 Xinzhou	10183	24066	4784	522
临汾市 Linfen	7085	50733	4750	740
吕梁市 Lvliang	3029	20665	3397	119

19-57 建筑业企业薪酬及利润情况(2014年)
REMUNERTION AND PROFITS OF CONSTRUCTION ENTERPRISES(2014)

单位：万元 (10 000 yuan)

市 名 City	应付职工薪酬 Remuneration Payable	营业利润 Business Profits	其他业务利润 Profits of Other Business
全 省 Total	**2482395**	**922442**	**49999**
太原市 Taiyuan	1260812	563592	33883
大同市 Datong	229476	19416	5860
阳泉市 Yangquan	98288	38488	796
长治市 Changzhi	123778	51204	2029
晋城市 Jincheng	131855	63472	2211
朔州市 Shuozhou	78197	6944	580
晋中市 Jinzhong	150209	48188	-1655
运城市 Yuncheng	167690	44749	3044
忻州市 Xinzhou	86101	25729	821
临汾市 Linfen	96755	31576	2340
吕梁市 Lvliang	59236	29085	91

19-58 建筑业企业利润及税金情况(2014年)
PROFITS AND TAXES OF CONSTRUCTION ENTERPRISES(2014)

单位：万元 (10 000 yuan)

市 名 City		利润总额 Total Profits	税金总额 Total Taxes	主营业务税金及附加 Taxes and Extra Charges of Major Business	管理费用中的税金 Taxes in Costs of Administration
全 省	**Total**	**939166**	**981661**	**947599**	**34062**
太原市	Taiyuan	571162	628875	614803	14071
大同市	Datong	19219	44704	42723	1981
阳泉市	Yangquan	38464	32177	30287	1890
长治市	Changzhi	52040	51481	47847	3634
晋城市	Jincheng	64581	21971	20389	1583
朔州市	Shuozhou	7024	23560	21517	2043
晋中市	Jinzhong	50735	61175	58559	2617
运城市	Yuncheng	46373	41662	39537	2125
忻州市	Xinzhou	26522	24561	23373	1187
临汾市	Linfen	32429	31247	29185	2062
吕梁市	Lvliang	30618	20249	19379	870

19-59 房地产开发投资(2014年)
INVESTMENT IN REAL ESTATE DEVELOPMENT(2014)

单位：万元 (10 000 yuan)

市 名 City		本年完成投资 Investment Completed This Yesr	#住 宅 Residential Buildings	建筑工程 Construction Projects	安装工程 Installation Projects	设备工器具购置 Purchase of Equipment and Instruments	其他费用 Others Expenses
全 省	**Total**	**14035549**	**10106901**	**9468744**	**1960307**	**228140**	**2378358**
太原市	Taiyuan	4832293	3526689	2853392	599803	60857	1318241
大同市	Datong	2373245	1516049	1551496	436346	54695	330708
阳泉市	Yangquan	527008	433968	403180	72215	8691	42922
长治市	Changzhi	752331	581678	627249	63391	18117	43574
晋城市	Jincheng	581820	440804	457105	56367	2811	65537
朔州市	Shuozhou	771700	556112	526388	162451	27561	55300
晋中市	Jinzhong	1129026	743509	837050	167097	12862	112017
运城市	Yuncheng	1177222	867190	902293	144543	7268	123118
忻州市	Xinzhou	617376	489402	463941	58980	5585	88870
临汾市	Linfen	842011	649271	563760	130076	21299	126876
吕梁市	Lvliang	431517	302229	282890	69038	8394	71195

19-60 房地产开发房屋销售额(2014年)
SALES OF BUILDINGS IN REAL ESTATE DEVELOPMENT(2014)

单位：万元 (10 000 yuan)

市 名 City	商品房销售额 Sales of Commercial Buildings	住 宅 Residential Buildings	#90平方米及以下住房 90 sq.m and Below	#144平方米以上住房 Above 144 sq.m
全 省 Total	**7461404**	**6398253**	**972948**	**1980598**
太原市 Taiyuan	3259538	2853424	327842	1272571
大同市 Datong	367814	285229	40180	37465
阳泉市 Yangquan	232600	222305	41564	36496
长治市 Changzhi	693220	587983	66324	214992
晋城市 Jincheng	340809	291839	65504	41831
朔州市 Shuozhou	455594	332944	170337	66306
晋中市 Jinzhong	571567	491333	86186	94187
运城市 Yuncheng	571901	519709	56111	73830
忻州市 Xinzhou	181718	150687	32599	16609
临汾市 Linfen	596964	486451	69980	82321
吕梁市 Lvliang	189679	176349	16321	43990

市 名 City	#别墅、高档公寓 Villas and High-grade Apartment Buildings	办公楼 Office Buildings	商业营业用房 Buildings for Business Operation	其 他 Other Buildings
全 省 Total	**154560**	**315800**	**612291**	**135060**
太原市 Taiyuan	146079	210371	161481	34262
大同市 Datong		43380	33316	5889
阳泉市 Yangquan			10050	245
长治市 Changzhi		23270	68378	13589
晋城市 Jincheng	3455	6818	24273	17879
朔州市 Shuozhou			106144	16506
晋中市 Jinzhong		1290	71067	7877
运城市 Yuncheng	3978	377	42368	9447
忻州市 Xinzhou		3362	22634	5035
临汾市 Linfen	1048	26932	61066	22515
吕梁市 Lvliang			11514	1816

19-61 房地产开发房屋销售面积(2014年)
FLOOR SPACE OF BUILDINGS SOLD IN REAL ESTATE DEVELOPMENT(2014)

单位：平方米 (sq.m)

市名 City	商品房销售面积 Floor Space of Commercial Buildings Sold	住宅 Residential Buildings	#90平方米及以下住房 90 sq.m and Below	#144平方米以上住房 Above 144 sq.m
全省 Total	**15762660**	**14339080**	**2561560**	**3256799**
太原市 Taiyuan	4280295	4010398	593879	1528465
大同市 Datong	816811	712377	129257	86278
阳泉市 Yangquan	736674	715207	149001	96602
长治市 Changzhi	1848501	1687459	187938	595726
晋城市 Jincheng	753987	675654	141117	83530
朔州市 Shuozhou	1321589	1078201	554013	177922
晋中市 Jinzhong	1369156	1236626	195206	162465
运城市 Yuncheng	1979700	1850929	234818	207428
忻州市 Xinzhou	630304	550704	122515	46078
临汾市 Linfen	1498649	1323252	202261	168022
吕梁市 Lvliang	526994	498273	51555	104283

市名 City	#别墅、高档公寓 Villas and High-grade Apartment Buildings	办公楼 Office Buildings	商业营业用房 Buildings for Business Operation	其他 Other Buildings
全省 Total	**134795**	**238884**	**811090**	**373606**
太原市 Taiyuan	122745	141514	98951	29432
大同市 Datong		24516	56012	23906
阳泉市 Yangquan			20567	900
长治市 Changzhi		19745	84829	56468
晋城市 Jincheng	3984	7706	30557	40070
朔州市 Shuozhou			160728	82660
晋中市 Jinzhong		4666	103808	24056
运城市 Yuncheng	6525	1983	94181	32607
忻州市 Xinzhou		1646	66153	11801
临汾市 Linfen	1541	37108	75361	62928
吕梁市 Lvliang			19943	8778

19-62 房地产开发施工、竣工面积及价值(2014年)
FLOOR SPACE AND VALUE OF BUILDINGS UNDER CONSTRUCTION AND COMPLETED IN REAL ESTATE DEVELOPMENT(2014)

单位：平方米 (sq.m)

市名 City	房屋施工面积 Floor Space of Buildings Under Construction	#住宅 Residential Buildings	房屋竣工面积 Floor Space of Buildings Completed	#住宅 Residential Buildings	房屋竣工价值(万元) Value of Buildings Completed (10 000 yuan)	#住宅 Residential Buildings
全省 Total	**154768857**	**114717670**	**21824825**	**17016427**	**6553049**	**5077121**
太原市 Taiyuan	48372266	36449912	6020950	5040182	2834150	2415703
大同市 Datong	21918456	14935625	4165597	3070524	1172286	745635
阳泉市 Yangquan	6725751	5325510	786298	693190	190720	165437
长治市 Changzhi	10969293	8147160	2511521	1999020	518985	432490
晋城市 Jincheng	6822345	4975701	698060	483006	182019	115497
朔州市 Shuozhou	8414321	6080967	894068	707409	207832	164166
晋中市 Jinzhong	11508271	8799247	1328549	1048389	293689	220691
运城市 Yuncheng	16292818	12395473	2800479	2112626	554314	395720
忻州市 Xinzhou	8674840	6453805	808366	525992	192595	113117
临汾市 Linfen	8507649	6127926	965299	662167	247247	173872
吕梁市 Lvliang	6562847	5026344	845638	673922	159212	134793

19-63 社会消费品零售总额(2014年)
TOTAL RETAIL SALES OF CONSUMER GOODS(2014)

单位：万元 (10 000 yuan)

市名 City	社会消费品零售总额 Total Retail Sales of Consumer Goods	城镇 Town	乡村 Village
全省 Total	**57178881**	**46617895**	**10560986**
太原市 Taiyuan	14501658	13477069	1024590
大同市 Datong	5414288	4271815	1142473
阳泉市 Yangquan	2762979	2461757	301222
长治市 Changzhi	4945040	4017270	927770
晋城市 Jincheng	3412124	2978982	433141
朔州市 Shuozhou	2583039	1841498	741541
晋中市 Jinzhong	5006518	3281168	1725350
运城市 Yuncheng	6262424	4948671	1313753
忻州市 Xinzhou	2953993	2086401	867592
临汾市 Linfen	5450084	4346937	1103146
吕梁市 Lvliang	3886735	2906327	980408

19-64 旅游事业发展情况(2014年)
DEVELOPMENT OF TOURISM(2014)

市名 City		接待入境过夜游客人数(人次) Inbound Overnight Tourists (person-time)	旅游外汇收入(万美元) Foreign Exchange Earnings from Tourism (USD 10 000)	接待国内游客人数(万人次) Domestic Tourists (10 000 person-times)	国内旅游收入(亿元) Revenue from Domestic Tourism (100 million yuan)
全　省	**Total**	**564770**	**28072.7**	**29951.1**	**2829.3**
太原市	Taiyuan	140476	7666.0	4175.2	495.3
大同市	Datong	61822	3519.8	2751.8	236.5
阳泉市	Yangquan	3995	87.3	1816.8	149.2
长治市	Changzhi	23051	1413.2	2691.2	263.8
晋城市	Jincheng	11552	633.7	2715.0	242.0
朔州市	Shuozhou	5895	200.2	1148.2	109.2
晋中市	Jinzhong	200572	10539.2	4003.9	401.7
运城市	Yuncheng	28932	773.6	3464.8	268.3
忻州市	Xinzhou	49189	1616.0	2407.5	240.3
临汾市	Linfen	34228	1430.2	2626.7	241.4
吕梁市	Lvliang	5058	193.6	2150.1	181.5

19-65 公路通车里程(2014年)
LENGTH OF HIGHWAYS(2014)

单位：公里　　(km)

市名 City		公路通车里程 Length of Highways	在通车里程中 In Length of Highways					
			国道 State Class	省道 Province Class	县公路 County Class	乡公路 Township Class	专用公路 Special Purpose	村道 Village Class
全　省	**Total**	**140436**	**5308**	**11778**	**20391**	**48854**	**577**	**53529**
太原市	Taiyuan	7348	385	467	1013	1709	102	3672
大同市	Datong	12541	473	1045	2010	5390	4	3618
阳泉市	Yangquan	5648	291	400	799	879	4	3276
长治市	Changzhi	11346	554	966	1739	3832	47	4208
晋城市	Jincheng	8961	223	731	1219	3454	28	3306
朔州市	Shuozhou	10163	426	778	1374	4139	36	3410
晋中市	Jinzhong	15839	687	1191	2228	6598	63	5071
运城市	Yuncheng	15984	289	1456	2784	6253	84	5117
忻州市	Xinzhou	17340	533	2052	2125	6505	125	6001
临汾市	Linfen	18114	813	1221	2513	5510	60	7996
吕梁市	Lvliang	17153	633	1472	2587	4583	23	7855

19-66 公路等级里程(2014年)
LENGTH OF HIGHWAYS BY CLASS(2014)

单位：公里 (km)

市 名 City	等级里程 Expressway and Class I to IV Expressways	高 速 Express -way	一 级 First Class	二 级 Second Class	三 级 Third Class	四 级 Fourth Class	等外里程 Highway Below class IV	等级里程占总里程的百分比 Percentage to Total Length of Highways
全 省 Total	**137094**	**5011**	**2472**	**15164**	**18574**	**95873**	**3342**	**97.6**
太原市 Taiyuan	7221	287	206	947	1243	4537	127	98.3
大同市 Datong	12458	549	131	1059	2077	8642	83	99.3
阳泉市 Yangquan	5648	278	98	434	581	4257		100.0
长治市 Changzhi	10840	300	116	1337	1354	7734	506	95.5
晋城市 Jincheng	8724	319	155	661	1503	6087	237	97.4
朔州市 Shuozhou	10051	389	202	1036	1356	7069	111	98.9
晋中市 Jinzhong	15757	562	516	2213	1469	10997	81	99.5
运城市 Yuncheng	15958	596	322	1804	2049	11187	26	99.8
忻州市 Xinzhou	16727	734	40	1759	1804	12390	613	96.5
临汾市 Linfen	17541	464	357	1898	2950	11870	573	96.8
吕梁市 Lvliang	16169	534	328	2016	2188	11103	984	94.3

19-67 公路路面里程(2014年)
LENGTH OF PAVED HIGHWAYS(2014)

单位：公里 (km)

市 名 City	有铺装路面里程 Length of Paved Highways	占总里程(%) Percentage to Total Length of Highways	简易铺装路面里程 Length of Simply Paved Highways	占总里程(%) Percentage to Total Length of Highways	未铺装路面里程 Length of Non-paved Highways
全 省 Total	**98484**	**70.1**	**23085**	**16.4**	**18867**
太原市 Taiyuan	5691	77.4	761	10.4	897
大同市 Datong	10394	82.9	435	3.5	1712
阳泉市 Yangquan	5216	92.3	202	3.6	231
长治市 Changzhi	7848	69.2	2534	22.3	964
晋城市 Jincheng	8039	89.7	623	6.9	299
朔州市 Shuozhou	7064	69.5	1051	10.3	2049
晋中市 Jinzhong	9921	62.6	2231	14.1	3687
运城市 Yuncheng	9170	57.4	6653	41.6	160
忻州市 Xinzhou	13001	75.0	1659	9.6	2679
临汾市 Linfen	9875	54.5	4579	25.3	3660
吕梁市 Lvliang	12265	71.5	2358	13.7	2529

19-68 公路绿化里程(2014年)
LENGTH OF AFFOREST HIGHWAYS(2014)

单位：公里 (km)

市名 City		绿化里程 Length of Afforest Highways	占总里程(%) Percentage	在绿化里程中 In Length of Afforest Highways					
				国道 State Class	省道 Province Class	县公路 County Class	乡公路 Township Class	专用公路 Special Purpose	村道 Village Class
全省	**Total**	**59900.7**	**42.7**	**4132.8**	**8178.4**	**14270.4**	**20579.9**	**276.5**	**12462.7**
太原市	Taiyuan	2253.3	30.7	293.8	337.5	676.2	615.4	86.4	244.2
大同市	Datong	4017.4	32.0	314.6	617.4	1269.3	1445.7		370.5
阳泉市	Yangquan	1552.8	27.5	181.6	247.5	601.4	248.6	3.5	270.1
长治市	Changzhi	5730.2	50.5	454.2	770.6	1180.6	1747.5	13.7	1563.6
晋城市	Jincheng	2676.5	29.9	168.8	543.9	540.1	822.8	17.6	583.4
朔州市	Shuozhou	4237.8	41.7	377.0	603.2	930.4	1700.4	20.8	606.0
晋中市	Jinzhong	8224.2	51.9	601.9	944.3	1942.5	3100.8	34.6	1600.1
运城市	Yuncheng	14720.8	92.1	225.2	1181.5	2667.9	5993.2	21.3	4631.8
忻州市	Xinzhou	4654.4	26.8	432.0	1253.9	1240.4	1589.8	38.9	99.4
临汾市	Linfen	7749.5	42.8	641.0	922.6	2102.2	2633.8	17.1	1432.8
吕梁市	Lvliang	4083.8	23.8	442.7	756.0	1119.5	682.0	22.8	1060.9

19-69 公路客货运输量(2014年)
HIGHWAY PASSENGER AND FREIGHT TRAFFIC(2014)

市名 City		客运量(万人) Passenger Traffic (10 000 persons)	旅客周转量(万人公里) Passenger-kilometers (10 000 person-km)	货运量(万吨) Freight Traffic (10 000 tons)	货物周转量(万吨公里) Freight Ton-kilometers (10 000 ton-km)
全省	**Total**	**27091**	**1819920**	**88491**	**13631956**
太原市	Taiyuan	1027	298430	14206	1674411
大同市	Datong	2795	215498	8622	1071187
阳泉市	Yangquan	2042	61355	4489	367123
长治市	Changzhi	3431	211761	8085	1078624
晋城市	Jincheng	1983	171108	5042	434051
朔州市	Shuozhou	1928	98294	2253	422267
晋中市	Jinzhong	2397	108541	9911	1900652
运城市	Yuncheng	3784	159949	8857	2336118
忻州市	Xinzhou	1750	108824	7431	1491821
临汾市	Linfen	3886	237807	12877	1845916
吕梁市	Lvliang	2067	148353	6717	1009788

19-70 镇(乡)村通公路、通油路情况(2014年)
TRAFFIC CONNECTION OF TOWNS, TOWNSHIPS AND VILLAGES(2014)

单位：个 (unit)

市名 City	乡、镇总数 Number of Townships and Towns	#通油路数 Connect With Asphalt Highways	镇总数 Number of Towns	#通油路数 Connect With Asphalt Highways	#占镇总数的比例(%) Percentage(%)	乡总数 Number of Townships	#通油路数 Connect With Asphalt Highways	#占乡总数的比例(%) Percentage (%)
全省 Total	**1196**	**1196**	**563**	**563**	**100.0**	**633**	**633**	**100.0**
太原市 Taiyuan	52	52	21	21	100.0	31	31	100.0
大同市 Datong	99	99	33	33	100.0	66	66	100.0
阳泉市 Yangquan	32	32	20	20	100.0	12	12	100.0
长治市 Changzhi	132	132	68	68	100.0	64	64	100.0
晋城市 Jincheng	74	74	48	48	100.0	26	26	100.0
朔州市 Shuozhou	69	69	18	18	100.0	51	51	100.0
晋中市 Jinzhong	118	118	59	59	100.0	59	59	100.0
运城市 Yuncheng	136	136	81	81	100.0	55	55	100.0
忻州市 Xinzhou	185	185	59	59	100.0	126	126	100.0
临汾市 Linfen	151	151	75	75	100.0	76	76	100.0
吕梁市 Lvliang	148	148	81	81	100.0	67	67	100.0

市名 City	行政村 Administration Villages					
	总数 Total	通公路 Connect with Highways	#通油路 Connect with Asphalt Highways	通公路村比重(%) Percentage of Connect with Highways	通油路村比重(%) Percentage of Connect with Asphalt Highways	不通公路 Non-connect with Highways
全省 Total	**28132**	**28110**	**27965**	**99.92**	**99.41**	**22**
太原市 Taiyuan	951	951	949	100.00	99.79	
大同市 Datong	1961	1961	1954	100.00	99.64	
阳泉市 Yangquan	960	960	957	100.00	99.69	
长治市 Changzhi	3454	3452	3452	99.94	99.94	2
晋城市 Jincheng	2213	2212	2212	99.95	99.95	1
朔州市 Shuozhou	1688	1688	1683	100.00	99.70	
晋中市 Jinzhong	2747	2747	2742	100.00	99.82	
运城市 Yuncheng	3194	3194	3194	100.00	100.00	
忻州市 Xinzhou	4888	4869	4746	99.61	97.09	19
临汾市 Linfen	2968	2968	2968	100.00	100.00	
吕梁市 Lvliang	3108	3108	3108	100.00	100.00	

19-71 邮电业务总量及电话数(2014年)
BUSINESS VOLUME OF POST AND TELECOMMUNICATION SERVICES AND NUMBER OF TELEPHONE SUBSCRIBERS(2014)

单位：万元 (10 000 yuan)

市名 City		邮电业务总量 Business Volume of Post and Telecommunication Services	邮政 Post	电信 Telecommunication Services	电话数(万户) Number of Telephone Subscribers (10 000 subscribers)	固定 Fixed Telephone	移动 Mobile Telephone
全省	**Total**	**4311921**	**365570**	**3946351**	**3887**	**554**	**3332**
太原市	Taiyuan	1055642	122932	932710	784	124	660
大同市	Datong	396998	33803	363195	351	47	305
阳泉市	Yangquan	172516	14985	157531	160	22	138
长治市	Changzhi	325837	22594	303242	341	48	294
晋城市	Jincheng	234335	15167	219168	253	35	218
朔州市	Shuozhou	183691	12209	171482	175	20	154
晋中市	Jinzhong	364712	25264	339447	350	61	290
运城市	Yuncheng	461625	35338	426288	450	64	386
忻州市	Xinzhou	296330	27375	268955	280	34	245
临汾市	Linfen	448904	31891	417013	410	57	354
吕梁市	Lvliang	361886	24012	337874	332	42	290

注：本表邮政分市数据中不含民营业务量；全省电信业务量包括省公司部分。

Note: Post data of 11 cities doesn't contain volume of private enterprises. Business volume of telecommunication services of the whole provice contains the data of provincial telecom company.

19-72 小学基本情况(2014年)
BASIC STATISTICS ON PRIMARY SCHOOLS(2014)

单位：人 (person)

市名 City		学校数(所) Number of Schools (unit)	毕业生数 Number of Graduates	招生数 Number of New Students Enrollment	在校学生数 Number of Students Enrollment	专任教师数 Number of Full-time Teachers
全省	**Total**	**6885**	**388125**	**347419**	**2245019**	**176840**
太原市	Taiyuan	423	42558	48128	261282	16691
大同市	Datong	461	35094	32877	196789	18189
阳泉市	Yangquan	255	13416	13458	83680	5732
长治市	Changzhi	659	36111	26890	204940	15928
晋城市	Jincheng	545	25267	16466	128102	10313
朔州市	Shuozhou	268	24897	20891	131832	9711
晋中市	Jinzhong	673	33934	39829	227358	14950
运城市	Yuncheng	842	51483	39495	287453	26523
忻州市	Xinzhou	841	35676	26460	189428	16568
临汾市	Linfen	1051	46690	41020	274218	21426
吕梁市	Lvliang	867	42999	41905	259937	20809

注：本表专任教师数不包括九年一贯制学制学校和十二年一贯制学校。

Note: Primary full-time teachers in the table don't include teachers who work in 9-year system or 12-year system schools.

19-73 普通中学基本情况(2014年)
BASIC STATISTICS ON REGULAR SECONDARY SCHOOLS(2014)

单位：人 (person)

市名 City	学校数(所) Number of Schools (unit)				毕业生数 Number of Graduates		
	合计 Total	#初级中学 Junior	#高级中学 Senior	#完全中学 Junior and Senior	合计 Total	初中 Junior	高中 Senior
全 省 Total	**2418**	**1446**	**242**	**218**	**722196**	**448689**	**273507**
太原市 Taiyuan	228	110	18	68	75429	45599	29830
大同市 Datong	219	99	14	29	62002	37014	24988
阳泉市 Yangquan	81	52	7	7	27562	17683	9879
长治市 Changzhi	218	121	13	29	68869	43405	25464
晋城市 Jincheng	157	117	20	12	55739	32812	22927
朔州市 Shuozhou	96	58	14	8	51014	29772	21242
晋中市 Jinzhong	221	157	21	8	54576	35756	18820
运城市 Yuncheng	337	197	50	10	101027	61378	39649
忻州市 Xinzhou	281	157	27	8	59588	38990	20598
临汾市 Linfen	288	179	25	28	84654	54577	30077
吕梁市 Lvliang	292	199	33	11	81736	51703	30033

市名 City	招生数 New Students Enrollment			在校学生数 Number of Students Enrollment		
	合计 Total	初中 Junior	高中 Senior	合计 Total	初中 Junior	高中 Senior
全 省 Total	**634452**	**378867**	**255585**	**2046773**	**1218952**	**827821**
太原市 Taiyuan	68942	41981	26961	217920	131483	86437
大同市 Datong	54071	33379	20692	174639	105131	69508
阳泉市 Yangquan	23111	13332	9779	72557	42472	30085
长治市 Changzhi	59235	35293	23942	196374	115391	80983
晋城市 Jincheng	43763	23823	19940	147689	80902	66787
朔州市 Shuozhou	43434	25557	17877	140855	81394	59461
晋中市 Jinzhong	52908	34347	18561	161672	104763	56909
运城市 Yuncheng	87939	52448	35491	299884	172926	126958
忻州市 Xinzhou	53436	31917	21519	166516	103148	63368
临汾市 Linfen	76581	45255	31326	242825	146178	96647
吕梁市 Lvliang	71032	41535	29497	225842	135164	90678

19-73 续表 continued

单位：人 (person)

市 名 City	专任教师数 Number of Full-time Teachers		
	合 计 Total	初 中 Junior	高 中 Senior
全 省 Total	**176853**	**115922**	**60931**
太原市 Taiyuan	18477	11470	7007
大同市 Datong	16221	11328	4893
阳泉市 Yangquan	5864	3945	1919
长治市 Changzhi	15767	10141	5626
晋城市 Jincheng	11439	7255	4184
朔州市 Shuozhou	10819	6335	4484
晋中市 Jinzhong	15075	10239	4836
运城市 Yuncheng	27392	17538	9854
忻州市 Xinzhou	14845	10235	4610
临汾市 Linfen	21480	14211	7269
吕梁市 Lvliang	19474	13225	6249

19-74 村卫生室情况(2014年)
MAIN INDICATORS OF RURAL CLINICS (2014)

单位：人 (person)

市 名 City	机构数(个) Institutions (unit)	执业(助理)医师 Licensed (Assistant) Doctors	注册护士 Registered Nurses	乡村医生 Rural Doctors	卫生员 Health Workers
全 省 Total	**28248**	**3825**	**412**	**36543**	**2907**
太原市 Taiyuan	950	220	13	1323	65
大同市 Datong	1817	218	3	2374	115
阳泉市 Yangquan	906	113	12	1328	135
长治市 Changzhi	3909	325	21	4085	318
晋城市 Jincheng	2251	485	15	2670	259
朔州市 Shuozhou	1681	46	5	1738	64
晋中市 Jinzhong	2613	300	46	4064	209
运城市 Yuncheng	3561	628	59	5182	494
忻州市 Xinzhou	4321	369	45	5478	421
临汾市 Linfen	3127	672	63	4132	386
吕梁市 Lvliang	3112	449	130	4169	441

19-75 卫生机构数(2014年)
HEALTH CARE INSTITUTIONS(2014)

单位：个 (unit)

市　名 City		总　计 Total	#医　院 Hospitals	#疾病预防控制中心 Diseases Prevention and Control Centre	#妇幼保健院(所、站) Maternity and Child Care Centres
全　省	**Total**	**12528**	**1234**	**134**	**133**
太原市	Taiyuan	2660	178	14	12
大同市	Datong	1284	110	13	13
阳泉市	Yangquan	533	48	6	6
长治市	Changzhi	861	96	14	15
晋城市	Jincheng	818	77	7	7
朔州市	Shuozhou	436	60	7	7
晋中市	Jinzhong	1082	100	12	12
运城市	Yuncheng	2008	239	14	14
忻州市	Xinzhou	867	90	15	15
临汾市	Linfen	1192	168	18	18
吕梁市	Lvliang	787	68	14	14

19-76 卫生机构床位数和人员情况(2014年)
BEDS AND PERSONNELS IN HEALTH CARE INSTITUTIONS(2014)

单位：人 (person)

市　名 City		卫生机构床位数(张) Beds (unit)	卫生技术人员 Medical Technical Personnels	#执业(助理)医师 Licensed (Assistant) Doctors	#注册护士 Registered Nurses
全　省	**Total**	**177442**	**209491**	**89852**	**79055**
太原市	Taiyuan	36209	49062	19304	22158
大同市	Datong	17368	20142	8992	7391
阳泉市	Yangquan	7354	9305	3946	3813
长治市	Changzhi	16067	17688	7296	6946
晋城市	Jincheng	10095	12609	5781	4307
朔州市	Shuozhou	7025	6439	3143	2001
晋中市	Jinzhong	14246	16731	6991	6218
运城市	Yuncheng	26714	26776	11968	9049
忻州市	Xinzhou	12278	13401	6118	4230
临汾市	Linfen	18964	23302	9831	8211
吕梁市	Lvliang	11122	14036	6482	4731

19-77 主要城市空气质量情况(2014年)
AIR QUALITY IN MAJOR CITIES(2014)

市　名 City	二氧化硫年平均浓度 (μg/m³) Annual Average Concentration of SO_2	二氧化氮年平均浓度 (μg/m³) Annual Average Concentration of NO_2	可吸入颗粒物(PM_{10})年平均浓度 (μg/m³) Annual Average Concentration of PM_{10}	一氧化碳日均值超标率 (%) Daily Average Exceeding Rate of CO
全　省 Total	**65**	**35**	**114**	**3.1**
太原市 Taiyuan	73	36	138	0.5
大同市 Datong	46	32	96	2.7
阳泉市 Yangquan	91	46	164	2.0
长治市 Changzhi	38	39	117	2.8
晋城市 Jincheng	69	39	128	3.3
朔州市 Shuozhou	76	37	95	1.4
晋中市 Jinzhong	65	34	114	0.8
运城市 Yuncheng	59	26	113	3.2
忻州市 Xinzhou	57	28	101	10.2
临汾市 Linfen	60	32	94	5.8
吕梁市 Lvliang	80	35	98	1.9

市　名 City	臭氧(O_3)日最大8小时日均值超标率(%) Daily Maximum 8 Hours Average Exceeding Rate of O_3	细颗粒物($PM_{2.5}$)年平均浓度 (μg/m³) Annual Average Concentration of $PM_{2.5}$	空气质量达标天数(天) Days Reach the Standard of Air Quality (day)
全　省 Total	**1.3**	**64**	**222**
太原市 Taiyuan	4.1	72	197
大同市 Datong	1.1	43	300
阳泉市 Yangquan	1.8	80	96
长治市 Changzhi	0.3	67	235
晋城市 Jincheng	0.3	64	208
朔州市 Shuozhou	0.3	59	232
晋中市 Jinzhong	0.8	64	241
运城市 Yuncheng	2.9	68	209
忻州市 Xinzhou	1.9	72	225
临汾市 Linfen	0.0	63	240
吕梁市 Lvliang	1.7	51	255

县（市、区）篇

COUNTIES, CITIES AND DISTRICTS AT COUNTY LEVEL

20

PAGE

659—738

20-1 常住人口数(2014年)
RESIDENT POPULATION(2014)

单位：人 (person)

县 市	Region	总户数(户) Number of Households (household)	常住人口 Resident Population	按性别分 by Sex		按城镇、乡村分 by Residence	
				男 Male	女 Female	城镇人口 Urban	乡村人口 Rural
太原市	**Taiyuan**						
小店区	Xiaodian	167034	824726	425497	399229	754675	70051
迎泽区	Yingze	152389	603941	294394	309547	586744	17197
杏花岭区	Xinghualing	176126	656962	321237	335725	632495	24467
尖草坪区	Jiancaoping	108753	426087	217670	208417	399967	26120
万柏林区	Wanbailin	157541	769889	396986	372903	750988	18901
晋源区	Jinyuan	64235	227289	114869	112420	148298	78991
清徐县	Qingxu	121275	349620	178027	171593	110997	238623
阳曲县	Yangqu	60979	121882	63632	58250	40952	80930
娄烦县	Loufan	49704	107903	56225	51678	41770	66133
古交市	Gujiao	80921	210601	109561	101040	154935	55666
大同市	**Datong**						
城 区	Chengqu	249861	739398	366745	372653	739398	
矿 区	Kuangqu	164505	509830	259503	250327	509830	
南郊区	Nanjiao	128105	415685	211937	203748	178944	236741
新荣区	Xinrong	49785	110405	57558	52847	33893	76512
阳高县	Yanggao	123441	278132	141799	136333	104466	173666
天镇县	Tianzhen	96614	210928	108875	102053	78443	132485
广灵县	Guangling	80802	186911	98338	88573	48708	138203
灵丘县	Lingqiu	105193	239304	127267	112037	67148	172156
浑源县	Hunyuan	134739	351190	178869	172321	130748	220442
左云县	Zuoyun	64998	159935	82475	77460	73506	86429
大同县	Datongxian	83281	190229	98807	91422	71525	118704
阳泉市	**Yangquan**						
城 区	Chengqu	60644	196241	97186	99055	196241	
矿 区	Kuangqu	75329	247848	127127	120721	247848	
郊 区	Jiaoqu	111965	288589	150017	138572	206297	82292
平定县	Pingding	144937	341434	178180	163254	131707	209727
盂 县	Yuxian	135031	318562	165015	153547	122569	195993
长治市	**Changzhi**						
城 区	Chengqu	120929	505473	251421	254052	505473	
郊 区	Jiaoqu	103055	286064	147140	138924	190496	95568
长治县	Changzhixian	121506	348415	175564	172851	121734	226681
襄垣县	Xiangyuan	88086	276273	143474	132799	123635	152638
屯留县	Tunliu	98805	269770	138466	131304	98250	171520
平顺县	Pingshun	57728	150854	77095	73759	42428	108426
黎城县	Licheng	68188	161042	82647	78395	63114	97928
壶关县	Huguan	116087	296088	150464	145624	84110	211978
长子县	Zhangzi	130863	359177	185190	173987	103945	255232
武乡县	Wuxiang	76843	183272	97756	85516	58606	124666
沁 县	Qinxian	68446	174620	92709	81911	66242	108378
沁源县	Qinyuan	63353	161129	85360	75769	66087	95042
潞城市	Lucheng	81025	232257	118608	113649	125676	106581

注：本表总户数为公安年报数。

Note: Number of households are obtained from public security department.

20-1 续表1 continued

单位：人 (person)

县 市	Region	总户数(户) Number of Households (household)	常住人口 Resident Population	按性别分 by Sex 男 Male	女 Female	按城镇、乡村分 by Residence 城镇人口 Urban	乡村人口 Rural
晋城市	**Jincheng**						
城 区	Chengqu	133142	488377	245263	243114	488377	
沁水县	Qinshui	82438	215091	109953	105138	85692	129399
阳城县	Yangcheng	175397	390796	196434	194362	174059	216737
陵川县	Lingchuan	91408	234337	120482	113855	89941	144396
泽州县	Zezhou	189840	489898	244111	245787	216123	273775
高平市	Gaoping	163323	490447	244246	246201	250099	240348
朔州市	**Shuozhou**						
朔城区	Shuocheng	187589	516996	272761	244235	321104	195892
平鲁区	Pinglu	87579	207975	108714	99261	106252	101723
山阴县	Shanyin	106543	244608	129161	115447	123871	120737
应 县	Yingxian	130223	335820	177219	158601	118635	217185
右玉县	Youyu	49905	114652	60020	54632	58309	56343
怀仁县	Huairen	125957	333892	173828	160064	186434	147458
晋中市	**Jinzhong**						
榆次区	Yuci	217221	651895	327023	324872	488804	163091
榆社县	Yushe	57969	138041	72644	65397	49885	88156
左权县	Zuoquan	69463	164565	84362	80203	68935	95630
和顺县	Heshun	56495	146790	76791	69999	64829	81961
昔阳县	Xiyang	104640	230501	122477	108024	77578	152923
寿阳县	Shouyang	88016	213386	115462	97924	78206	135180
太谷县	Taigu	118895	306013	155217	150796	135747	170266
祁 县	Qixian	113150	270747	139679	131068	100584	170163
平遥县	Pingyao	213682	514123	269050	245073	213000	301123
灵石县	Lingshi	107780	268664	140442	128222	134760	133904
介休市	Jiexiu	169732	415583	209134	206449	262898	152685
运城市	**Yuncheng**						
盐湖区	Yanhu	238006	694645	347955	346690	479200	215445
临猗县	Linyi	174812	585026	296850	288176	228273	356753
万荣县	Wanrong	141694	449218	231209	218009	122634	326584
闻喜县	Wenxi	134277	413290	214243	199047	188625	224665
稷山县	Jishan	117420	355808	181788	174020	126967	228841
新绛县	Xinjiang	100025	340786	173656	167130	137569	203217
绛 县	Jiangxian	87886	288138	147641	140497	147264	140874
垣曲县	Yuanqu	88829	236619	120146	116473	110222	126397
夏 县	Xiaxian	111609	360811	188754	172057	106856	253955
平陆县	Pinglu	98373	263847	138037	125810	78836	185011
芮城县	Ruicheng	151719	404402	207406	196996	183259	221143
永济市	Yongji	144097	454407	230572	223835	216337	238070
河津市	Hejin	135456	405261	213698	191563	208423	196838
忻州市	**Xinzhou**						
忻府区	Xinfu	229088	557101	280603	276498	322996	234105
定襄县	Dingxiang	103404	222324	112764	109560	81761	140563
五台县	Wutai	142518	303409	154320	149089	102674	200735
代 县	Daixian	98048	218794	112407	106387	90556	128238

20-1 续表2 continued

单位：人 (person)

县 市	Region	总户数(户) Number of Households (household)	常住人口 Resident Population	按性别分 by Sex		按城镇、乡村分 by Residence	
				男 Male	女 Female	城镇人口 Urban	乡村人口 Rural
繁峙县	Fanshi	115300	273124	144917	128207	114301	158823
宁武县	Ningwu	71044	163642	86612	77030	76666	86976
静乐县	Jingle	59401	159640	85085	74555	57661	101979
神池县	Shenchi	47204	108059	57884	50175	38996	69063
五寨县	Wuzhai	55745	109934	55911	54023	47812	62122
岢岚县	Kelan	36847	86124	46152	39972	39462	46662
河曲县	Hequ	67746	148091	77335	70756	69571	78520
保德县	Baode	67244	163624	87602	76022	63092	100532
偏关县	Pianguan	47906	114518	58818	55700	51445	63073
原平市	Yuanping	201197	500076	257626	242450	240186	259890
临 汾 市	**Linfen**						
尧都区	Yaodu	365866	965815	484279	481536	643233	322582
曲沃县	Quwo	65080	242889	123035	119854	90019	152870
翼城县	Yicheng	104399	317911	162662	155249	112769	205142
襄汾县	Xiangfen	172608	453517	230296	223221	170275	283242
洪洞县	Hongtong	260872	748858	383864	364994	293767	455091
古 县	Guxian	35351	94155	48653	45502	36259	57896
安泽县	Anze	34923	84011	44070	39941	32163	51848
浮山县	Fushan	48260	130057	66699	63358	46687	83370
吉 县	Jixian	40734	108947	57721	51226	35985	72962
乡宁县	Xiangning	80168	238814	125699	113115	81529	157285
大宁县	Daning	25315	66117	36053	30064	27841	38276
隰 县	Xixian	40798	106151	55034	51117	44115	62036
永和县	Yonghe	24373	65129	33452	31677	25513	39616
蒲 县	Puxian	36655	109928	58817	51111	48058	61870
汾西县	Fenxi	54554	147851	77085	70766	61709	86142
侯马市	Houma	83808	245332	124144	121188	154231	91101
霍州市	Huozhou	127638	289114	147686	141428	176884	112230
吕 梁 市	**Lvliang**						
离石区	Lishi	110271	328752	169719	159033	269124	59628
文水县	Wenshui	171541	430862	221820	209042	143657	287205
交城县	Jiaocheng	89070	235216	122823	112393	117947	117269
兴 县	Xingxian	107553	285795	150311	135484	103572	182223
临 县	Linxian	244481	593372	311572	281800	170168	423204
柳林县	Liulin	128871	326963	173119	153844	124997	201966
石楼县	Shilou	43413	114620	60422	54198	46771	67849
岚 县	Lanxian	70272	178225	94275	83950	57224	121001
方山县	Fangshan	62752	146593	78161	68432	47376	99217
中阳县	Zhongyang	56569	144531	77329	67202	87599	56932
交口县	Jiaokou	46673	122713	63163	59550	47450	75263
孝义市	Xiaoyi	184267	478765	249097	229668	304924	173841
汾阳市	Fenyang	166030	426726	220483	206243	182657	244069

20-2 非私营单位从业人员和在岗职工工资(2014年)

单位：人

县 市	Region	从业人员 Employees	在岗职工 Fully Employed	国有单位 State-owned Units	城镇集体单位 Urban Collective -owned Units
太 原 市	**Taiyuan**				
市 辖	Jurisdiction of the City	106302	104193	4511	30
小店区	Xiaodian	193974	187137	80166	921
迎泽区	Yingze	170508	163598	98216	9688
杏花岭区	Xinhualing	268821	259509	202647	6598
尖草坪区	Jiancaoping	69167	67623	8994	10728
万柏林区	Wanbailin	201874	198268	34491	3106
晋源区	Jinyuan	14009	12202	5416	506
清徐县	Qingxu	22108	21681	12202	493
阳曲县	Yanqu	8318	8270	5250	434
娄烦县	Loufan	6407	6127	5226	489
古交市	Gujiao	16752	16375	10393	661
大 同 市	**Datong**				
市 辖	Jurisdiction of the City	143847	143777	1611	11118
城 区	Chengqu	120573	105682	53750	3094
矿 区	Kuangqu	13757	13215	10527	458
南郊区	Nanjiao	46066	42143	25373	952
新荣区	Xinrong	8957	8591	6459	23
阳高县	Yanggao	10204	10204	7862	
天镇县	Tianzhen	6710	6710	6240	
广灵县	Guangling	9747	8322	6411	388
灵丘县	Lingqiu	13197	12017	8319	39
浑源县	Hunyuan	12840	12671	11775	52
左云县	Zuoyun	14990	14884	9889	239
大同县	Datongxian	18809	18106	8244	562
阳 泉 市	**Yangquan**				
市 辖	Jurisdiction of the City	3616	3203	2464	
城 区	Chengqu	54614	53444	32118	1039
矿 区	Kuangqu	122149	120458	8820	11870
郊 区	Jiaoqu	31809	31449	17536	1686
平定县	Pingding	26122	23968	10022	1861
盂 县	Yuxian	47080	45428	13066	2339
长 治 市	**Changzhi**				
市 辖	Jurisdiction of the City	587	580		
城 区	Chengqu	110087	105227	67262	1134
郊 区	Jiaoqu	43566	42454	9201	2100
长治县	Changzhixian	38716	38243	11525	803
襄垣县	Xiangyuan	74574	73329	9299	1379
屯留县	Tunliu	28209	26746	7901	591
平顺县	Pingshun	8951	7986	6576	729
黎城县	Licheng	8028	7994	5104	312
壶关县	Huguan	22279	21983	8297	1243
长子县	Zhangzi	26449	25967	16684	1160
武乡县	Wuxiang	17688	17640	9781	1388
沁 县	Qinxian	6425	6350	5357	385

NUMBER OF EMPLOYEES AND WAGE OF FULLY EMPLOYED STAFF AND WORKERS IN NON–PRIVATE UNITS(2014)

(person)

其他单位 Other Units	其他从业人员 Other Employees	在岗职工工资总额（千元） Total Wages of Fully Employed (1 000 yuan)	#国有单位 State–owned Units	#城镇集体单位 Urban Collective –owned Units	在岗职工平均工资（元） Average Wages of Fully Employed (yuan)
99652	2109	5152948	215489	903	49745
106050	6837	9437448	4306690	22820	47755
55694	6910	9210636	5532177	542652	57155
50264	9312	18102684	15052118	156349	68790
47901	1544	3749322	462145	311734	55397
160671	3606	12073151	1820573	75115	60951
6280	1807	567624	286506	14473	43721
8986	427	680330	377962	13200	31339
2586	48	315777	222950	12203	37089
412	280	233152	200061	14293	37923
5321	377	613732	379289	17191	37133
131048	70	11106370	71445	365743	73203
48838	14891	4901944	2463106	115777	45843
2230	542	579175	493209	9216	43659
15818	3923	1968278	1003936	25714	46163
2109	366	343148	212099	308	39767
2342		426365	310780		39899
470		224023	206812		33218
1523	1425	317822	267565	7856	38333
3659	1180	403759	300253	881	33624
844	169	606843	567350	699	46370
4756	106	517391	327879	4826	34907
9300	703	682785	315784	18841	38208
739	413	125159	103105		39088
20287	1170	2484401	1582334	19243	45903
99768	1691	6321412	340176	426392	52570
12227	360	1498601	862976	86683	46918
12085	2154	950634	409746	87809	39683
30023	1652	1646295	506472	78648	36342
	7	21075			36211
36831	4860	4402049	2844385	25385	41791
31153	1112	1810100	364120	98678	42731
25915	473	2247276	633099	47628	60745
62651	1245	4510139	372364	57919	61290
18254	1463	1467265	299528	38051	53351
681	965	286383	244010	24401	36005
2578	34	276889	174856	24904	34585
12443	296	671743	290088	35449	31049
8123	482	1772623	1165986	52940	67173
6471	48	785697	446481	53176	44731
608	75	266214	230387	20658	41937

20-2 续表1

单位：人

县 市	Region	从业人员 Employees	在岗职工 Fully Employed	国有单位 State-owned Units	城镇集体单位 Urban Collective -owned Units
沁源县	Qinyuan	27694	26145	8438	1141
潞城市	Lucheng	31489	31219	9714	92
晋城市	**Jincheng**				
市 辖	Jurisdiction of the City	116565	111737	2184	1331
城 区	Chengqu	68448	66737	36289	4061
沁水县	Qingshui	34241	32625	12485	1081
阳城县	Yangcheng	46986	46038	14042	3179
陵川县	Lingchuan	13740	12957	8844	938
泽州县	Zezhou	44419	43516	17398	2328
高平市	Gaoping	52620	51058	14558	1445
朔州市	**Shuozhou**				
市 辖	Jurisdiction of the City	7097	6917	2290	
朔城区	Shuocheng	70761	69499	41274	4808
平鲁区	Pinglu	36065	35954	11114	173
山阴县	Shanyin	22775	21637	12912	573
应 县	Yingxian	13483	12215	8226	87
右玉县	Yuoyu	10801	10593	7408	102
怀仁县	Huairen	41262	38760	18928	2968
晋中市	**Jinzhong**				
榆次区	Yuci	109705	94428	50649	1684
榆社县	Yushe	11652	11521	6237	230
左权县	Zuoquan	16777	16543	7712	342
和顺县	Heshun	19011	18378	7581	562
昔阳县	Xiyang	22862	22427	7877	784
寿阳县	Shouyang	33418	32759	8441	1100
太谷县	Taigu	19504	18718	14674	856
祁 县	Qixian	17351	17231	10255	3343
平遥县	Pingyao	20220	18853	15501	611
灵石县	Lingshi	31954	31545	11304	70
介休市	Jiexiu	49760	48759	12739	4449
运城市	**Yuncheng**				
盐湖区	Yanhu	105067	98704	52068	3853
临猗县	Linyi	35664	35658	21897	1591
万荣县	Wanrong	13162	13090	12417	524
闻喜县	Wenxi	20987	19870	10765	2242
稷山县	Jishan	15207	14703	11837	398
新绛县	Xinjiang	12531	11950	8602	986
绛 县	Jiangxian	16967	16582	13535	326
垣曲县	Yuanqu	24801	23877	9581	286
夏 县	Xiaxian	13453	12828	9413	508
平陆县	Pinglu	12318	11651	8299	902
芮城县	Ruicheng	19681	19213	10979	821
永济市	Yongji	28841	27993	15593	2153
河津市	Hejin	57247	53782	21393	895

continued

(person)

其他单位 Other Units	其他从业人员 Other Employmees	在岗职工工资总额（千元） Total Wages of Fully Employed (1 000 yuan)	#国有单位 State-owned Units	#城镇集体单位 Urban Collective -owned Units	在岗职工平均工资（元） Average Wages of Fully Employed (yuan)
16566	1549	1096512	319919	36426	43240
21413	270	1124455	350609	2127	35298
108222	4828	7859680	163654	64541	69730
26387	1711	3282186	1731085	190956	49074
19059	1616	1744113	523168	45218	53561
28817	948	2111552	598189	139731	45911
3175	783	525026	385958	24228	39673
23790	903	2015794	850713	84251	46853
35055	1562	2647990	617748	73930	51922
4627	180	463061	106031		66658
23417	1262	3082728	1974089	168929	44067
24667	111	2662125	420726	4437	74022
8152	1138	1054995	553185	22708	48640
3902	1268	417113	306211	2289	31371
3083	208	559155	409994	2454	53217
16864	2502	1780018	804671	81181	46252
42095	15277	4551090	2481534	39064	47431
5054	131	508998	275247	16141	44346
8489	234	699094	270382	42204	42218
10235	633	869257	305616	39531	45755
13766	435	1139763	316531	40237	50281
23218	659	1904525	344481	48936	57346
3188	786	793464	654845	50557	42305
3633	120	616496	403369	75146	37887
2741	1367	813732	621963	40999	41792
20171	409	1453448	445764	2198	46491
31571	1001	2392832	506521	198383	49205
42783	6363	4289273	2599384	186416	43418
12170	6	1105280	658724	73144	36253
149	72	463747	438037	19734	35234
6863	1117	745317	423338	66395	36840
2468	504	527973	449529	19741	36264
2362	581	453298	321227	40902	37920
2721	385	561742	442740	19258	33922
14010	924	919890	331269	15352	38489
2907	625	465299	353090	31052	36800
2450	667	409137	301762	32025	35924
7413	468	839435	433911	23633	43216
10247	848	1199426	578039	90608	42630
31494	3465	2148867	851077	20184	40108

20-2 续表2

单位：人

县 市	Region	从业人员 Employees	在岗职工 Fully Employed	国有单位 State-owned Units	城镇集体单位 Urban Collective -owned Units
忻州市	**Xinzhou**				
忻府区	Xinfu	76506	71295	47079	3884
定襄县	Dingxiang	9514	8611	7085	613
五台县	Wutai	17716	17710	14308	1974
代 县	Daixian	8972	8755	7311	1024
繁峙县	Fanshi	14297	13869	10911	2397
宁武县	Ningwu	22138	22138	10302	420
静乐县	Jingle	13800	13399	8576	382
神池县	Shenchi	6516	5747	4919	168
五寨县	Wuzhai	6193	6151	5437	380
岢岚县	Kelan	5081	4950	4330	565
河曲县	Hequ	12778	12618	7544	227
保德县	Baode	14748	14514	10680	436
偏关县	Pianguan	7883	7227	5663	705
原平市	Yuanping	37822	37454	16815	2968
临汾市	**Linfeng**				
尧都区	Yaodu	92645	89534	54490	3841
曲沃县	Quwo	11111	10966	9170	590
翼城县	Yicheng	19314	18742	12234	538
襄汾县	Xiangfen	13452	12484	10502	808
洪洞县	Hongtong	47776	47717	21136	1751
古 县	Guxian	12105	11857	6531	268
安泽县	Anze	9132	8577	6095	241
浮山县	Fushan	8723	7866	5719	579
吉 县	Jixian	7981	7807	5713	274
乡宁县	Xiangning	24189	24070	11004	535
大宁县	Daning	5474	5403	5184	201
隰 县	Xixian	7843	7472	6900	315
永和县	Yonghe	4156	4040	3667	171
蒲 县	Puxian	15024	14925	8970	516
汾西县	Fenxi	6686	6686	6353	154
侯马市	Houma	29768	28897	16449	315
霍州市	Huozhou	43385	39475	10349	595
吕梁市	**Lvliang**				
离石区	Lishi	56572	48539	33644	1250
文水县	Wenshui	24185	22598	14246	1368
交城县	Jiaocheng	33032	32906	8963	2141
兴 县	Xingxian	20846	19888	11869	1065
临 县	Linxian	21705	21618	13554	741
柳林县	Liulin	47025	45743	10668	8219
石楼县	Shilou	5863	5525	4865	495
岚 县	Lanxian	12124	12096	7025	251
方山县	Fangshan	11764	11163	4958	226
中阳县	Zhongyang	23768	23654	8196	423
交口县	Jiaokou	9342	8423	5905	202
孝义市	Xiaoyi	68507	65281	23393	2801
汾阳市	Fenyang	37786	36159	13943	4687

continued

(person)

其他单位 Other Units	其他从业人员 Other Employmees	在岗职工工资总额(千元) Total Wages of Fully Employed (1 000 yuan)	#国有单位 State-owned Units	#城镇集体单位 Urban Collective -owned Units	在岗职工平均工资(元) Average Wages of Fully Employed (yuan)
20332	5211	2609150	1810821	123079	36300
913	903	286569	235124	26715	33287
1428	6	618086	495624	58807	34426
420	217	329606	277615	27891	36754
561	428	456296	389683	38086	32350
11416		979668	402912	9273	44411
4441	401	482908	305265	9851	36973
660	769	244445	212597	11770	42542
334	42	249883	229296	11424	40245
55	131	187673	169309	16962	38864
4847	160	714326	349139	12738	56282
3398	234	821231	583947	14506	56680
859	656	267145	209051	10047	36924
17671	368	1646506	579714	82227	44177
31203	3111	4239175	2519738	290381	46694
1206	145	406742	327722	35862	37071
5970	572	626836	387615	25737	33456
1174	968	532022	440434	51857	42548
24830	59	1806952	699995	83285	37310
5058	248	503890	244642	12956	42663
2241	555	358052	210320	18434	43612
1568	857	289963	226035	18806	40430
1820	174	328401	207968	16127	41696
12531	119	904056	367572	17139	38136
18	71	185016	178235	6483	34364
257	371	263255	242963	16159	35199
202	116	151246	141655	6391	37605
5439	99	609943	274089	15110	39759
179		217308	205351	1278	30811
12133	871	1007369	576055	8915	35038
28531	3910	1928953	391393	19162	48828
13645	8033	2218773	1479600	64006	45701
6984	1587	874368	600330	52811	39586
21802	126	1454075	376706	90711	44123
6954	958	1188913	545417	7652	60323
7323	87	1095805	596595	35080	51677
26856	1282	2705892	512952	601607	60544
165	338	235305	213493	16141	42321
4820	28	561467	277079	14228	46151
5979	601	594255	216426	7843	53407
15035	114	1170797	402991	22306	48797
2316	919	436089	218651	14934	44072
39087	3226	3461918	1170959	113565	52128
17529	1627	1690206	678045	150251	48750

20-3 地区生产总值(2014年)
GROSS DOMESTIC PRODUCT(2014)

单位：万元 (10 000 yuan)

县 市	Region	地区生产总值 Gross Domestic Product	第一产业 Primary Industry	第二产业 Secondary Industry	第三产业 Tertiary Industry	人均地区生产总值（元） Per Capita GDP (yuan)
太原市	**Taiyuan**					
小店区	Xiaodian	5975892	78901	3035330	2861661	72667
迎泽区	Yingze	4986022	4203	727177	4254642	82752
杏花岭区	Xinghualing	4295962	6642	831289	3458031	65546
尖草坪区	Jiancaoping	2556328	29362	1639840	887126	60122
万柏林区	Wanbailin	3311570	7379	1997269	1306922	43124
晋源区	Jinyuan	481137	37014	173910	270213	21236
清徐县	Qingxu	1130755	142498	616309	371948	32399
阳曲县	Yangqu	373684	49849	235295	88540	30721
娄烦县	Loufan	161049	19306	60008	81735	14958
古交市	Gujiao	235972	18920	75051	142001	11237
大同市	**Datong**					
城 区	Chengqu	1400434		560698	839736	
矿 区	Kuangqu	224629		25319	199310	
南郊区	Nanjiao	4205524	81094	3235580	888850	101171
新荣区	Xinrong	281366	41907	153221	86238	25579
阳高县	Yanggao	270460	105339	47655	117466	9743
天镇县	Tianzhen	205893	60632	58798	86463	9761
广灵县	Guangling	207464	54811	65873	86780	11279
灵丘县	Lingqiu	317178	34037	150363	132778	13355
浑源县	Hunyuan	381086	107908	121461	151717	10882
左云县	Zuoyun	385379	26678	162031	196670	24162
大同县	Datongxian	249667	76239	56034	117394	14105
阳泉市	**Yangquan**					
城 区	Chengqu	1480447		221723	1258724	75649
矿 区	Kuangqu	1370983		1119421	251562	55439
郊 区	Jiaoqu	811170	24762	480355	306053	34054
平定县	Pingding	857930	45315	468015	344600	25193
盂 县	Yuxian	1302247	40014	831259	430974	41003
长治市	**Changzhi**					
城 区	Chengqu	1771226	5627	366569	1399030	35132
郊 区	Jiaoqu	1872075	29250	1374806	468019	65615
长治县	Changzhixiar	1511250	55801	969068	486381	43500
襄垣县	Xiangyuan	1735108	67259	1220279	447570	62960
屯留县	Tunliu	1152272	63534	878447	210291	42832
平顺县	Pingshun	219252	21044	101017	97191	14561
黎城县	Licheng	366278	32530	167854	165894	22780
壶关县	Huguan	496237	48629	260801	186807	16794
长子县	Zhangzi	1008639	109695	639546	259398	28151
武乡县	Wuxiang	612073	31245	375836	204992	33467
沁 县	Qinxian	195024	48969	26298	119757	11192
沁源县	Qinyuan	949718	24229	675007	250482	59198
潞城市	Lucheng	985167	43929	689480	251758	42533
晋城市	**Jincheng**					
城 区	Chengqu	2299184	11003	845044	1443137	47226
沁水县	Qinshui	1723349	54186	1264656	404507	80216

注：由于部分市属区尚未实行在地GDP统计，所以有的区的GDP数据不完整，有的区人均GDP数据空缺。

Notes: Some districts haven't implemented statistical investigation of GDP by the regional statistics. Therefore, the data of GDP in some districts are inperfect and the data of per capita GDP in some districts are vacancy.

20-3 续表1 continued

单位：万元 (10 000 yuan)

县 市	Region	地区生产总值 Gross Domestic Product	第一产业 Primary Industry	第二产业 Secondary Industry	第三产业 Tertiary Industry	人均地区生产总值(元) Per Capita GDP (yuan)
阳城县	Yangcheng	1667015	91321	999269	576425	42711
陵川县	Lingchuan	333341	45188	106673	181480	14244
泽州县	Zezhou	2179343	110467	1470031	598845	44563
高平市	Gaoping	2149949	126213	1445700	578036	43907
朔州市	**Shuozhou**					
朔城区	Shuocheng	2760392	160103	1036194	1564095	53561
平鲁区	Pinglu	2388971	46158	1883332	459481	115130
山阴县	Shanyin	1509004	142317	684058	682629	61884
应 县	Yingxian	640122	130069	225104	284949	19112
右玉县	Youyu	527434	53385	262744	211305	46129
怀仁县	Huairen	1992879	93660	1164093	735126	59833
晋中市	**Jinzhong**					
榆次区	Yuci	2241525	189527	830221	1221777	34491
榆社县	Yushe	251430	43027	106453	101950	18273
左权县	Zuoquan	407706	38210	199226	170270	24815
和顺县	Heshun	435068	27598	238747	168723	29677
昔阳县	Xiyang	519232	46466	269309	203457	22546
寿阳县	Shouyang	953699	119175	527618	306906	44733
太谷县	Taigu	730138	171119	187765	371254	23927
祁 县	Qixian	628526	158795	166157	303574	23268
平遥县	Pingyao	951160	152853	345955	452352	18539
灵石县	Lingshi	1856208	47643	1230587	577978	69313
介休市	Jiexiu	1413641	54826	825255	533560	34102
运城市	**Yuncheng**					
盐湖区	Yanhu	2044440	126693	633026	1284721	29634
临猗县	Linyi	1283327	438280	377297	467750	22104
万荣县	Wanrong	618199	166515	214444	237240	13778
闻喜县	Wenxi	646119	103252	230091	312776	15544
稷山县	Jishan	730133	119645	299870	310618	20552
新绛县	Xinjiang	767767	161667	359768	246332	22384
绛 县	Jiangxian	624840	88227	290433	246180	21671
垣曲县	Yuanqu	477885	39704	249448	188733	20258
夏 县	Xiaxian	449477	170813	116989	161675	12473
平陆县	Pinglu	344206	91645	117032	135529	13122
芮城县	Ruicheng	776481	235051	253525	287905	19258
永济市	Yongji	1339947	213316	722406	404225	29545
河津市	Hejin	1891567	78356	1212918	600293	46742
忻州市	**Xinzhou**					
忻府区	Xinfu	1111831	92015	312657	707159	20009
定襄县	Dingxiang	378644	42799	180196	155649	17070
五台县	Wutai	393184	53951	109433	229800	12981
代 县	Daixian	527731	29863	315128	182740	24175

20-3 续表2 continued

单位：万元 (10 000 yuan)

县 市	Region	地区生产总值 Gross Domestic Product	第一产业 Primary Industry	第二产业 Secondary Industry	第三产业 Tertiary Industry	人均地区生产总值(元) Per Capita GDP (yuan)
繁峙县	Fanshi	531822	44929	327093	159800	19524
宁武县	Ningwu	404588	19782	243902	140904	24724
静乐县	Jingle	211595	31582	81048	98965	13278
神池县	Shenchi	177526	71103	18947	87476	16452
五寨县	Wuzhai	194574	52068	17279	125227	17745
岢岚县	Kelan	187357	37097	40254	110006	21754
河曲县	Hequ	700547	35084	467401	198062	47414
保德县	Baode	627537	39371	457593	130573	38422
偏关县	Pianguan	260488	44263	83849	132376	22799
原平市	Yuanping	1092828	121511	491827	479490	21905
临汾市	**Linfen**					
尧都区	Yaodu	2494996	99894	716450	1678652	25909
曲沃县	Quwo	872658	125277	528371	219010	36045
翼城县	Yicheng	687928	85714	300599	301615	21693
襄汾县	Xiangfen	1222367	141359	681111	399897	27032
洪洞县	Hongtong	1656033	118808	1057499	479726	22163
古　县	Guxian	449994	24699	337118	88177	47939
安泽县	Anze	462685	40786	354534	67366	55262
浮山县	Fushan	469589	45286	334020	90283	36149
吉　县	Jixian	187165	54944	85418	46803	17224
乡宁县	Xiangning	834249	27382	627477	179390	35038
大宁县	Daning	47780	15624	4810	27346	7250
隰　县	Xixian	126454	35030	20055	71369	11963
永和县	Yonghe	65494	24871	6931	33692	10085
蒲　县	Puxian	524864	19763	409836	95265	47860
汾西县	Fenxi	188965	30003	63950	95012	12808
侯马市	Houma	852101	32966	249968	569167	34831
霍州市	Huozhou	890268	37337	645210	207721	30880
吕梁市	**Lvliang**					
离石区	Lishi	699081	20292	217238	461551	21336
文水县	Wenshui	560216	118311	295866	146039	13039
交城县	Jiaocheng	597858	32241	393156	172461	25444
兴　县	Xingxian	622860	44521	460454	117885	21992
临　县	Linxian	444683	95141	144489	205053	7516
柳林县	Liulin	1702582	22731	1297754	382097	52217
石楼县	Shilou	86991	27207	7455	52329	7613
岚　县	Lanxian	320022	29305	199476	91241	18004
方山县	Fangshan	275166	15320	178035	81811	18773
中阳县	Zhongyang	611286	14415	459708	137163	42418
交口县	Jiaokou	353765	18736	260649	74380	28915
孝义市	Xiaoyi	3828682	137863	2570812	1120007	80186
汾阳市	Fenyang	913072	109134	398345	405593	21454

20-4 城乡居民收入(2014年)
INCOME OF URBAN AND RURAL HOUSEHOLDS(2014)

单位：元 (yuan)

县 市	Region	居民人均可支配收入 Per Capita Disposable Income of Residents	城镇居民人均可支配收入 Per Capita Disposable Income of Urban Households	农村居民人均可支配收入 Per Capita Disposible Income of Rural Households
太 原 市	**Taiyuan**			
小店区	Xiaodian	25409	26200	17097
迎泽区	Yingze	25929	26212	16709
杏花岭区	Xinghualing	25862	26312	14644
尖草坪区	Jiancaoping	25147	26035	11994
万柏林区	Wanbailin	25602	25820	17358
晋源区	Jinyuan	20701	25772	11591
清徐县	Qingxu	16735	24886	14529
阳曲县	Yangqu	10099	18786	6512
娄烦县	Loufan	9023	16295	5082
古交市	Gujiao	20883	24093	12233
大 同 市	**Datong**			
城 区	Chengqu	25254	25254	
矿 区	Kuangqu	25087	25087	
南郊区	Nanjiao	15021	20688	11687
新荣区	Xinrong	10186	19224	7063
阳高县	Yanggao	9489	16905	5748
天镇县	Tianzhen	9278	17421	5235
广灵县	Guangling	8022	17397	5553
灵丘县	Lingqiu	9360	21046	5804
浑源县	Hunyuan	9826	17774	5758
左云县	Zuoyun	14356	21171	9343
大同县	Datongxian	9912	15763	7081
阳 泉 市	**Yangquan**			
城 区	Chengqu	25840	25840	
矿 区	Kuangqu	25520	25520	
郊 区	Jiaoqu	17937	20860	11320
平定县	Pingding	14699	22845	10212
盂 县	Yuxian	15676	24677	10801
长 治 市	**Changzhi**			
城 区	Chengqu	26416	26416	
郊 区	Jiaoqu	24593	30752	14008
长治县	Changzhixian	16747	24921	13100
襄垣县	Xiangyuan	18344	27521	11900
屯留县	Tunliu	15010	21068	12041
平顺县	Pingshun	7884	18023	4678
黎城县	Licheng	9670	14719	6868
壶关县	Huguan	7747	17904	4462
长子县	Zhangzi	13904	22635	10963
武乡县	Wuxiang	8866	18473	5052
沁 县	Qinxian	8396	15149	4865
沁源县	Qinyuan	16841	26691	10952
潞城市	Lucheng	16703	22503	10753

20-4 续表1 continued

单位：元 (yuan)

县 市	Region	居民人均可支配收入 Per Capita Disposable Income of Residents	城镇居民人均可支配收入 Per Capita Disposable Income of Urban Households	农村居民人均可支配收入 Per Capita Disposible Income of Rural Households
晋城市	**Jincheng**			
城　区	Chengqu	26696	26696	
沁水县	Qinshui	13721	21939	8816
阳城县	Yangcheng	15429	22968	9978
陵川县	Lingchuan	9836	15260	6824
泽州县	Zezhou	17211	25662	11257
高平市	Gaoping	17777	25134	10714
朔州市	**Shuozhou**			
朔城区	Shuocheng	20763	26824	11543
平鲁区	Pinglu	13751	19913	7795
山阴县	Shanyin	19469	27069	12565
应　县	Yingxian	11853	19360	8190
右玉县	Youyu	12063	18608	5809
怀仁县	Huairen	20519	27402	12416
晋中市	**Jinzhong**			
榆次区	Yuci	23281	26866	13528
榆社县	Yushe	8665	17836	4171
左权县	Zuoquan	10768	20954	4142
和顺县	Heshun	10848	19159	4875
昔阳县	Xiyang	10735	19966	6776
寿阳县	Shouyang	16007	27213	10430
太谷县	Taigu	18024	23720	14027
祁　县	Qixian	17028	24998	12926
平遥县	Pingyao	14975	23778	9706
灵石县	Lingshi	20747	29556	13222
介休市	Jiexiu	20649	26974	10921
运城市	**Yuncheng**			
盐湖区	Yanhu	18958	23799	9349
临猗县	Linyi	14274	22062	9908
万荣县	Wanrong	10071	19528	7098
闻喜县	Wenxi	13686	22053	7451
稷山县	Jishan	12471	20564	8488
新绛县	Xinjiang	13672	21830	8860
绛　县	Jiangxian	13522	20189	7339
垣曲县	Yuanqu	11873	20266	5342
夏　县	Xiaxian	9689	20104	5979
平陆县	Pinglu	8804	18352	5365
芮城县	Ruicheng	14619	22807	8605
永济市	Yongji	15940	23135	10205
河津市	Hejin	16504	22737	10686
忻州市	**Xinzhou**			
忻府区	Xinfu	16235	23341	7821
定襄县	Dingxiang	14087	23440	9948
五台县	Wutai	9533	20636	5034
代　县	Daixian	10851	20726	4562

20-4 续表2 continued

单位：元 (yuan)

县 市	Region	居民人均可支配收入 Per Capita Disposable Income of Residents	城镇居民人均可支配收入 Per Capita Disposable Income of Urban Households	农村居民人均可支配收入 Per Capita Disposible Income of Rural Households
繁峙县	Fanshi	12590	22967	6012
宁武县	Ningwu	10735	18949	4205
静乐县	Jingle	9214	17906	5138
神池县	Shenchi	9686	18190	5893
五寨县	Wuzhai	11024	18820	5752
岢岚县	Kelan	11885	20775	5073
河曲县	Hequ	12247	21187	5091
保德县	Baode	11553	23018	5644
偏关县	Pianguan	10365	17473	5275
原平市	Yuanping	14912	23661	8123
临 汾 市	**Linfen**			
尧都区	Yaodu	20826	26258	11306
曲沃县	Quwo	15711	24287	11361
翼城县	Yicheng	13663	23541	8975
襄汾县	Xiangfen	15111	24190	10391
洪洞县	Hongtong	13747	21615	9294
古 县	Guxian	13806	24450	7991
安泽县	Anze	12500	22050	7300
浮山县	Fushan	12256	23063	6993
吉 县	Jixian	7472	15842	3978
乡宁县	Xiangning	12275	22865	7611
大宁县	Daning	7667	15466	2541
隰 县	Xixian	9882	18368	4432
永和县	Yonghe	7792	16589	2761
蒲 县	Puxian	12995	21606	6959
汾西县	Fenxi	9626	20219	2952
侯马市	Houma	18423	22791	11823
霍州市	Huozhou	18312	23594	10868
吕 梁 市	**Lvliang**			
离石区	Lishi	20187	23539	4842
文水县	Wenshui	10602	17159	7886
交城县	Jiaocheng	12442	17625	7654
兴 县	Xingxian	7893	16997	3546
临 县	Linxian	6408	14216	3885
柳林县	Liulin	15052	25432	9418
石楼县	Shilou	6093	11767	2586
岚 县	Lanxian	7405	15914	4100
方山县	Fangshan	7485	17011	3673
中阳县	Zhongyang	12733	17732	5422
交口县	Jiaokou	9734	16285	6064
孝义市	Xiaoyi	22036	27465	13495
汾阳市	Fenyang	13846	18730	10863

20-5 财政收支情况(2014年)
FINANCIAL REVENUE AND EXPENDITURE(2014)

单位：万元 (10 000 yuan)

县 市	Region	公共财政收入 Public Finance Revenue	#增值税 Value-added Taxes	#营业税 Operation Taxes	#企 业 所得税 Enterprises Income Taxes	公共财政支出 Public Finance Expenditure
太 原 市	**Taiyuan**					
小店区	Xiaodian	233782	28839	80541	8033	178215
迎泽区	Yingze	150414	21553	55334	5739	177465
杏花岭区	Xinghualing	157262	20086	58956	5760	172115
尖草坪区	Jiancaoping	78009	15131	25168	1745	111288
万柏林区	Wanbailin	120029	14481	49683	3668	151020
晋源区	Jinyuan	69148	4836	32397	1076	95033
清徐县	Qingxu	59008	14511	13031	4105	115972
阳曲县	Yangqu	39695	2719	11351	1133	87925
娄烦县	Loufan	38571	6928	4945	1142	130123
古交市	Gujiao	58588	5042	10178	2089	118255
高新区	High-tech Zone	134457	17504	45966	5976	136330
经济区	Economic Zone	123573	28823	22113	5632	123510
民营区	Private Zone	37362	4583	17395	1131	36682
大 同 市	**Datong**					
城　区	Chengqu	42038	5281	10704	3556	120945
矿　区	Kuangqu	11642	1671	2575	623	119579
南郊区	Nanjiao	94328	13209	11504	10313	132335
新荣区	Xinrong	15033	3607	1641	632	60701
阳高县	Yanggao	14217	909	3366	615	125993
天镇县	Tianzhen	10327	535	2491	396	119822
广灵县	Guangling	10302	655	2645	628	114780
灵丘县	Lingqiu	18713	1981	3040	1371	129212
浑源县	Hunyuan	28415	993	3688	447	159493
左云县	Zuoyun	53340	5049	7496	3667	110807
大同县	Datongxian	22727	2449	5320	606	103670
开发区	Development Zone	38603	3295	12635	2892	32505
阳 泉 市	**Yangquan**					
城　区	Chengqu	28377	2596	9777	3125	45773
矿　区	Kuangqu	31203	5240	9210	4640	60573
郊　区	Jiaoqu	47867	6420	12269	2099	118632
平定县	Pingding	42654	6656	9023	3173	156318
盂　县	Yuxian	69203	7077	10939	3775	157172
开发区	Development Zone	29314	1671	14120	1494	30570
长 治 市	**Changzhi**					
城　区	Chengqu	51788	2841	8357	2763	90679
郊　区	Jiaoqu	71851	3430	3179	1520	123869
长治县	Changzhi	157031	21415	10008	17517	232451
襄垣县	Xiangyuan	231861	10786	20410	7118	285234
屯留县	Tunliu	67001	10129	9224	12020	135032
平顺县	Pingshun	7485	536	2966	435	112950
黎城县	Licheng	16965	3331	4540	674	86379
壶关县	Huguan	23001	1215	3861	1351	143685
长子县	Zhangzi	101441	14266	8749	12508	166928
武乡县	Wuxiang	45511	4093	3905	2612	158370
沁　县	Qinxian	7550	401	1693	254	101488
沁源县	Qinyuan	107955	8428	6969	6250	155622
潞城市	Lucheng	52610	6725	6591	4844	111874
高新区	High-tech Zone	23769	4985	2043	2114	14579

20-5 续表1 continued

单位：万元 (10 000 yuan)

县 市	Region	公共财政收入 Public Finance Revenue	#增值税 Value-added Taxes	#营业税 Operation Taxes	#企业所得税 Enterprises Income Taxes	公共财政支出 Public Finance Expenditure
晋城市	**Jincheng**					
城 区	Chengqu	104596	5116	14660	10189	213068
沁水县	Qinshui	115409	21222	19005	10715	189933
阳城县	Yangcheng	110885	20483	14873	22567	207400
陵川县	Lingchuan	19381	1515	4183	1292	144888
泽州县	Zezhou	123829	20389	15473	8805	233232
高平市	Gaoping	121365	18649	14082	9560	216566
开发区	Development Zone	31619	2236	2461	3183	28285
朔州市	**Shuozhou**					
朔城区	Shuocheng	130338	15910	24927	7644	220690
平鲁区	Pinglu	151483	12060	17872	7740	207732
山阴县	Shanyin	89326	10897	9770	5095	164734
应 县	Yingxian	18966	1179	4511	1267	151864
右玉县	Youyu	43015	4788	8505	1249	114150
怀仁县	Huairen	86228	9917	10111	5813	190743
开发区	Development Zone	29669	2945	4059	1411	31193
晋中市	**Jinzhong**					
榆次区	Yuci	112872	10339	37824	8237	206586
榆社县	Yushe	20799	2711	3387	641	98794
左权县	Zuoquan	54357	1670	9948	3337	133420
和顺县	Heshun	63603	6100	10032	1455	107848
昔阳县	Xiyang	64738	8098	10624	1504	136721
寿阳县	Shouyang	72072	12438	10572	6151	138901
太谷县	Taigu	43217	4164	8999	1531	134833
祁 县	Qixian	29686	4065	4469	731	122120
平遥县	Pingyao	48869	4968	7225	2811	187469
灵石县	Lingshi	136179	15893	14100	7981	204641
介休市	Jiexiu	122674	21138	14306	4543	192811
开发区	Development Zone	51406	3450	9448	3615	61293
运城市	**Yuncheng**					
盐湖区	Yanhu	93038	8663	17456	3211	242896
临猗县	Linyi	20109	2644	4196	906	207309
万荣县	Wanrong	13509	2196	2724	986	157057
闻喜县	Wenxi	18822	3104	2479	669	151312
稷山县	Jishan	15019	2515	2510	673	132993
新绛县	Xinjiang	20039	4756	3049	525	137112
绛 县	Jiangxian	9448	1675	1880	392	120928
垣曲县	Yuanqu	20697	2826	5593	1004	142495
夏 县	Xiaxian	11752	1187	2354	560	149154
平陆县	Pinglu	18194	1468	4586	351	138498
芮城县	Ruicheng	16694	3418	2880	712	166798
永济市	Yongji	32826	7401	4296	1015	180840
河津市	Hejin	71549	17799	8412	3501	174235
经济开发区	Ecnomic Development Zone	16057	1155	3403	613	13759
风陵渡开发区	Fenglingdu Development Zone	6906	1596	458	92	7563
华信开发区	Huaxin Development Zone	1616	289	114	48	7962
忻州市	**Xinzhou**					
忻府区	Xinfu	50581	4023	13069	3732	175693

20-5 续表2 continued

单位：万元 (10 000 yuan)

县 市	Region	公共财政收入 Public Finance Revenue	#增值税 Value-added Taxes	#营业税 Operation Taxes	#企 业 所得税 Enterprises Income Taxes	公共财政支出 Public Finance Expenditure
定襄县	Dingxiang	15380	2643	2616	542	91576
五台县	Wutai	37344	3240	7849	2421	185547
代 县	Daixian	61000	5682	3961	2854	132849
繁峙县	Fanshi	42461	4816	6855	3750	157658
宁武县	Ningwu	56382	6353	9159	4906	104397
静乐县	Jingle	27921	949	5341	614	115296
神池县	Shenchi	20215	2186	5544	1848	91820
五寨县	Wuzhai	18789	4696	2682	737	99400
岢岚县	Kelan	14425	1192	4548	404	108356
河曲县	Hequ	60582	10958	7097	9362	111486
保德县	Baode	63028	5706	9334	1796	121437
偏关县	Pianguan	20090	1240	2785	1396	97890
原平市	Yuanping	76863	12622	12008	3290	167640
开发区	Development Zone	21326	2758	6431	462	14874
临 汾 市	**Linfen**					
尧都区	Yaodu	159573	11523	30337	10118	337922
曲沃县	Quwo	30159	5326	3114	729	115464
翼城县	Yicheng	45008	2394	3331	2136	147800
襄汾县	Xiangfen	74660	7878	6423	1798	204301
洪洞县	Hongtong	114732	11395	11460	5218	302807
古 县	Guxian	47800	3940	3230	1803	94815
安泽县	Anze	48827	4961	2259	490	91180
浮山县	Fushan	19833	1616	1995	281	86001
吉 县	Jixian	12021	1029	3375	927	92250
乡宁县	Xiangning	129216	9755	8488	7730	184834
大宁县	Daning	3518	119	1112	331	73307
隰 县	Xixian	9300	320	3451	506	104396
永和县	Yonghe	4405	560	2235	161	71305
蒲 县	Puxian	100031	4679	6510	11374	154869
汾西县	Fenxi	14058	295	2059	133	94071
侯马市	Houma	43826	10550	7592	2267	122353
霍州市	Huozhou	72053	9985	7186	4311	148592
临汾开发区	Linfen Development Zone	23926	1219	6248	1416	33445
侯马开发区	Houma Development Zone	12541	997	2196	565	13171
吕 梁 市	**Lvliang**					
离石区	Lishi	130206	10948	24538	5160	194608
文水县	Wenshui	30868	3943	5773	916	158799
交城县	Jiaocheng	37923	5633	5392	1567	120604
兴 县	Xingxian	80212	13580	8260	11260	184442
临 县	Linxian	59665	4502	10428	2877	242564
柳林县	Liulin	210194	26394	14409	18874	275040
石楼县	Shilou	5888	273	1675	217	94754
岚 县	Lanxian	52368	1612	5406	3401	130687
方山县	Fangshan	37591	6737	3629	2972	104637
中阳县	Zhongyang	70386	5648	4279	5559	128910
交口县	Jiaokou	68671	8322	3315	1810	119832
孝义市	Xiaoyi	217419	33089	19308	13556	316115
汾阳市	Fenyang	73873	9371	8397	9985	174578

20-6 固定资产投资
INVESTMENT IN FIXED ASSETS

单位：万元 (10 000 yuan)

县 市	Region	2010	2011	2012	2013	2014
太 原 市	**Taiyuan**					
小店区	Xiaodian	2749028	2112015	2852251	3228904	1908681
迎泽区	Yingze	715257	792897	1121913	1387901	1530465
杏花岭区	Xinghualing	971884	1156028	1582201	1799379	1493174
尖草坪区	Jiancaoping	597998	805138	1220648	1646793	1291150
万柏林区	Wanbailin	1210265	1473400	2030999	2466003	3124845
晋源区	Jinyuan	481773	588930	785204	882779	1353999
清徐县	Qingxu	515213	606322	851799	699579	730611
阳曲县	Yangqu	126913	158222	254501	357220	457242
娄烦县	Loufan	33560	44774	87705	136310	194905
古交市	Gujiao	366726	391828	543044	693493	512806
大 同 市	**Datong**					
城　区	Chengqu	1019292	2001231	1920335	2172000	1512084
矿　区	Kuangqu	13348	27881	44458	202706	172550
南郊区	Nanjiao	413856	1260833	1332086	1594588	2101129
新荣区	Xinrong	41190	193041	315290	497389	596162
阳高县	Yanggao	172802	257352	392935	576567	715798
天镇县	Tianzhen	150839	263238	315521	487387	621167
广灵县	Guangling	114367	262684	304298	488148	592308
灵丘县	Lingqiu	119924	287312	492732	697709	822225
浑源县	Hunyuan	102455	284078	467577	803720	981693
左云县	Zuoyun	300521	589126	984107	1187296	1228367
大同县	Datongxian	216059	616975	907380	1214027	1380597
阳 泉 市	**Yangquan**					
城　区	Chengqu	600115	734146	556862	669382	316675
矿　区	Kuangqu	855080	793474	781843	938212	941027
郊　区	Jiaoqu	479069	589411	783104	986793	1073565
平定县	Pingding	519084	650716	891025	1123635	1360752
盂　县	Yuxian	530369	650978	900045	1137428	1481666
长 治 市	**Changzhi**					
城　区	Chengqu	707138	861641	1087962	1345088	1550785
郊　区	Jiaoqu	644994	900692	1148811	1502468	1601336
长治县	Changzhixian	437963	604494	834196	1085775	1250506
襄垣县	Xiangyuan	926393	1027357	1050479	1513797	1756094
屯留县	Tunliu	484338	601248	764527	992216	1150371
平顺县	Pingshun	130651	162275	205132	269514	313931
黎城县	Licheng	168513	229520	299137	400505	481029
壶关县	Huguan	166052	228313	291940	382000	458182
长子县	Zhangzi	451114	522798	652285	883470	1053782
武乡县	Wuxiang	250927	310972	396007	200258	252086
沁　县	Qinxian	154714	223481	292548	388527	329759
沁源县	Qinyuan	357132	456635	583277	771547	909282
潞城市	Lucheng	456404	566630	810581	1085976	1288055

注：各县(市、区)投资不含跨省、市项目投资和农村农户投资。
Note: Investment in city and county doesn't include investment across provinces and cities, aparting from investment of rural pesant household.

20-6 续表1 continued

单位：万元 (10 000 yuan)

县 市	Region	2010	2011	2012	2013	2014
晋城市	**Jincheng**					
城 区	Chengqu	1212384	1464040	2001736	2642932	3315092
沁水县	Qinshui	569763	728094	968038	1094989	1363300
阳城县	Yangcheng	572953	682214	908764	1190421	1406627
陵川县	Lingchuan	138158	173051	228419	299758	329968
泽州县	Zezhou	816666	976645	1270980	1437999	1833898
高平市	Gaoping	663776	784524	1047032	1381702	1262073
朔州市	**Shuozhou**					
朔城区	Shuocheng	1431931	1427991	1662074	2257179	2280870
平鲁区	Pinglu	727692	1011809	1299322	1507644	1715612
山阴县	Shanyin	470610	533636	950941	1213229	834106
应 县	Yingxian	231900	280007	359007	482110	551369
右玉县	Youyu	337837	458630	587567	658768	800680
怀仁县	Huairen	539538	662680	869061	1124742	1365549
晋中市	**Jinzhong**					
榆次区	Yuci	939335	881683	1505611	1999982	2599942
榆社县	Yushe	61711	65385	75049	98876	124096
左权县	Zuoquan	364695	470663	579462	769838	800634
和顺县	Heshun	246025	325264	450006	511343	539850
昔阳县	Xiyang	330293	438038	596043	818132	939491
寿阳县	Shouyang	429553	572458	789016	844757	975024
太谷县	Taigu	206800	255558	350212	483734	650049
祁 县	Qixian	216233	243174	330370	446502	563030
平遥县	Pingyao	361321	420408	510457	682960	860659
灵石县	Lingshi	825200	895853	1016290	1329720	1583696
介休市	Jiexiu	658345	552770	758290	1000213	1192200
运城市	**Yuncheng**					
盐湖区	Yanhu	1410243	1410116	1801033	2198362	2524748
临猗县	Linyi	363875	394740	603271	775311	940202
万荣县	Wanrong	128030	286061	432610	542976	680546
闻喜县	Wenxi	406605	594006	732119	903665	730199
稷山县	Jishan	361214	338064	433753	531918	651594
新绛县	Xinjiang	327231	367699	470067	582059	720481
绛 县	Jiangxian	318185	447053	532828	631319	791451
垣曲县	Yuanqu	154240	214997	301446	406954	520300
夏 县	Xiaxian	207217	270896	342394	419872	544354
平陆县	Pinglu	228473	270861	340802	411975	575197
芮城县	Ruicheng	223429	299019	402926	515243	697890
永济市	Yongji	326225	471495	632651	816671	1015754
河津市	Hejin	984643	1043720	976512	1227982	1486567
忻州市	**Xinzhou**					
忻府区	Xinfu	480458	605026	830209	953564	1055163
定襄县	Dingxiang	128067	167279	224997	296173	356331
五台县	Wutai	154032	208192	260229	349317	486448
代 县	Daixian	118171	154643	210464	335944	456537

20-6 续表2 continued

单位：万元 (10 000 yuan)

县 市	Region	2010	2011	2012	2013	2014
繁峙县	Fanshi	293674	375195	460201	588927	742006
宁武县	Ningwu	224228	310010	407988	553757	722511
静乐县	Jingle	234037	305474	379891	528176	652513
神池县	Shenchi	116264	147609	194966	272422	314604
五寨县	Wuzhai	94771	125589	158650	233201	269699
岢岚县	Kelan	136780	172918	244871	332497	397812
河曲县	Hequ	480839	538808	600468	813395	1163157
保德县	Baode	320444	470700	581214	796069	1039753
偏关县	Pianguan	78147	101693	130073	193459	225793
原平市	Yuanping	687250	909904	1146229	1345878	1400926
临汾市	**Linfen**					
尧都区	Yaodu	1133700	1262891	1786611	2390728	2675255
曲沃县	Quwo	277479	315626	423866	571272	728178
翼城县	Yicheng	240094	282649	406024	545450	689293
襄汾县	Xiangfen	358615	447096	618613	833563	1051813
洪洞县	Hongtong	650416	780616	1014008	1389402	1411611
古　县	Guxian	191889	218473	280236	394625	502385
安泽县	Anze	199873	224507	308203	416447	527786
浮山县	Fushan	163058	165650	224646	299759	380241
吉　县	Jixian	103511	118017	166116	224898	290660
乡宁县	Xiangning	228812	276041	382002	509870	607431
大宁县	Daning	34800	42585	59694	80593	104018
隰　县	Xixian	65958	77305	114923	169200	221997
永和县	Yonghe	30790	42225	65183	70654	109624
蒲　县	Puxian	120530	160647	250022	367574	504001
汾西县	Fenxi	107955	107768	150885	209366	269942
侯马市	Houma	280504	334878	404073	460766	689802
霍州市	Huozhou	548633	644623	891003	1194852	1516723
吕梁市	**Lvliang**					
离石区	Lishi	358142	452437	753499	664875	871072
文水县	Wenshui	227661	229040	143453	199838	439832
交城县	Jiaocheng	177832	252444	303591	399058	531000
兴　县	Xingxian	242317	302819	363546	484582	620114
临　县	Linxian	195216	238736	281374	407407	556611
柳林县	Liulin	625226	796887	929911	1166411	1483730
石楼县	Shilou	47226	60423	71613	72671	80523
岚　县	Lanxian	198648	471969	605347	530122	284678
方山县	Fangshan	135355	171799	146164	142164	167466
中阳县	Zhongyang	168058	214297	282511	375864	529114
交口县	Jiaokou	82752	185448	243020	322295	443320
孝义市	Xiaoyi	1302806	1701961	2212497	2801624	3230706
汾阳市	Fenyang	249132	359228	457550	530259	640309

20-7 乡村基本情况(2014年)

县 市	Region	乡镇政府(个) Number of Township and Town Governments (unit)	#镇政府 Number of Town Governments	村民委员会(个) Number of Villager Committees (unit)	乡村户数(户) Number of Rural Households (household)
太 原 市	**Taiyuan**				
小店区	Xiaodian	3	1	61	39780
迎泽区	Yingze	1	1	28	9905
杏花岭区	Xinghualing	2		32	9000
尖草坪区	Jiancaoping	5	2	85	35011
万柏林区	Wanbailin	1		44	13066
晋源区	Jinyuan	3	3	89	44258
清徐县	Qingxu	9	4	188	96962
阳曲县	Yangqu	10	4	117	45845
娄烦县	Loufan	8	3	142	33715
古交市	Gujiao	10	3	146	37681
大 同 市	**Datong**				
南郊区	Nanjiao	10	3	189	113102
新荣区	Xinrong	7	1	140	39731
阳高县	Yanggao	13	7	262	87586
天镇县	Tianzhen	11	5	222	58810
广灵县	Guangling	9	2	180	59868
灵丘县	Lingqiu	12	3	255	76252
浑源县	Hunyuan	18	6	315	107700
左云县	Zuoyun	9	3	228	43968
大同县	Datongxian	10	3	175	61349
开发区	Development Zone			3	4449
阳 泉 市	**Yangquan**				
郊　区	Jiaoqu	8	4	184	81737
平定县	Pingding	10	8	318	111362
盂　县	Yuxian	14	8	453	99867
开发区	Development Zone			5	4307
长 治 市	**Changzhi**				
城　区	Chengqu			28	18221
郊　区	Jiaoqu	6	5	122	49549
长治县	Changzhixian	11	6	254	90261
襄垣县	Xiangyuan	11	8	323	62930
屯留县	Tunliu	11	7	294	74410
平顺县	Pingshun	12	5	262	46917
黎城县	Licheng	9	5	250	48495
壶关县	Huguan	12	5	390	95054
长子县	Zhangzi	12	7	399	95938
武乡县	Wuxiang	14	5	377	62097
沁　县	Qinxian	13	6	306	45085
沁源县	Qinyuan	14	5	254	48322
潞城市	Lucheng	7	4	191	57244
高新区	High-tech zone			4	2953

BASIC CONDITIONS OF RURAL AREAS(2014)

乡村人口 (人) Rural Population (person)	乡村从业人员 (人) Number of Rural Employees (person)	农林牧渔业 Farming, Forestry, Animal Husbandry and Fishery	工 业 Industry	建筑业 Construction	其他行业 Others
122500	63750	33500	7950	2810	19490
26106	13326	1294	1788	729	9515
25403	13820	2447	4092	1054	6227
108853	53498	16466	6918	2936	27178
35545	17178	3970	1197	816	11195
138975	69499	29005	12000	5065	23429
261746	122706	67693	23748	4755	26510
109525	50930	28249	6968	2485	13228
109420	51894	33251	5109	2838	10696
107099	36670	18854	9116	774	7926
274965	134186	46264	13225	9727	64970
88899	43067	22128	7989	882	12068
251504	91967	62967	4443	7814	16743
182311	69921	51974	2518	4816	10613
155298	57379	41916	2355	4078	9030
205465	98135	63306	6439	11214	17176
298467	133975	69108	9915	14617	40335
105889	48938	31751	6200	1964	9023
141071	56481	38412	3488	3881	10700
10866	5872	1618	1030	679	2545
201952	88090	18936	34037	3413	31704
259473	116472	50324	20255	11655	34238
243168	117752	75416	16995	5815	19526
11139	3902		931	429	2542
62148	33235	4284	4555	1557	22839
169851	83177	25856	25424	6694	25203
305286	153499	71907	31022	16219	34351
190775	84782	50729	11469	3228	19356
233663	112061	66952	11402	13718	19989
135699	66585	36963	6456	11606	11560
141081	67517	36872	9666	6240	14739
269542	138634	74442	15207	23684	25301
322080	164600	112051	14065	11370	27114
177660	79784	54212	5337	7064	13171
138640	55531	36952	4230	4851	9498
138225	58528	32072	12794	2972	10690
180074	87424	46939	19624	7831	13030
11876	6784	1056	1043	735	3950

20-7 续表1

县 市	Region	乡镇政府(个) Number of Township and Town Governments (unit)	#镇政府 Number of Town Governments	村民委员会(个) Number of Villager Committees (unit)	乡村户数(户) Number of Rural Households (household)
晋城市	**Jincheng**				
城　区	Chengqu	1	1	98	26488
沁水县	Qinshui	14	7	251	62213
阳城县	Yangcheng	17	10	469	138762
陵川县	Lingchuan	12	7	378	75444
泽州县	Zezhou	17	14	627	151550
高平市	Gaoping	13	9	445	126333
开发区	Development Zone			14	5795
朔州市	**Shuozhou**				
朔城区	Shuocheng	11	2	299	92314
平鲁区	Pinglu	13	2	349	45371
山阴县	Shanyin	13	4	257	59881
应　县	Yingxian	12	3	298	96932
右玉县	Youyu	10	4	321	29617
怀仁县	Huairen	10	4	162	77013
开发区	Development Zone			1	1973
晋中市	**Jinzhong**				
榆次区	Yuci	10	6	272	104398
榆社县	Yushe	9	4	271	44760
左权县	Zuoquan	10	5	203	51771
和顺县	Heshun	10	5	294	41650
昔阳县	Xiyang	12	5	335	81458
寿阳县	Shouyang	14	7	206	63264
太谷县	Taigu	9	3	198	92177
祁　县	Qixian	8	6	156	86666
平遥县	Pingyao	14	5	273	162796
灵石县	Lingshi	12	6	291	73495
介休市	Jiexiu	10	7	231	113973
开发区	Development Zone			17	15478
运城市	**Yuncheng**				
盐湖区	Yanhu	13	7	314	124568
临猗县	Linyi	14	9	375	129339
万荣县	Wanrong	14	4	281	105326
闻喜县	Wenxi	13	7	343	91676
稷山县	Jishan	7	5	200	84269
新绛县	Xinjiang	9	8	220	72671
绛　县	Jiangxian	10	8	205	63683
垣曲县	Yuanqu	11	5	189	51130
夏　县	Xiaxian	11	6	257	87577
平陆县	Pinglu	10	6	228	78699
芮城县	Ruicheng	10	7	172	112955
永济市	Yongji	7	7	265	94003
河津市	Hejin	7	2	148	79586

continued

乡村人口 (人) Rural Population (person)	乡村从业人员 (人) Number of Rural Employees (person)	农林牧渔业 Farming, Forestry, Animal Husbandry and Fishery	工业 Industry	建筑业 Construction	其他行业 Others
64882	37236	8955	5159	2440	20682
169860	90281	55752	9452	5940	19137
315318	167621	83936	34378	15310	33997
228076	110609	54824	15202	12120	28463
437025	208034	114039	37561	11641	44793
404777	211516	108837	37158	21709	43812
14954	5519	550	1247	507	3215
278560	133768	89342	6416	8274	29736
162160	75601	43298	12119	2579	17605
164548	66724	48487	5209	3615	9413
259004	121157	86942	5239	9443	19533
91537	40433	25437	3498	2287	9211
193198	87503	47879	10871	7244	21509
4968	414	75	40	5	294
259965	129986	79486	13418	7924	29158
117758	55253	33880	3037	6600	11736
136608	63062	40092	5426	5602	11942
110135	55762	34644	7149	3395	10574
197758	97883	62650	8721	6883	19629
170043	82257	56955	7950	2284	15068
223829	110823	57063	23077	9085	21598
212791	107732	54977	22037	9223	21495
436814	202358	97851	39175	22236	43096
188009	91037	38986	23830	3877	24344
294714	144229	53050	37889	20260	33030
40239	22884	7871	5952	1539	7522
413083	222195	143661	16253	11778	50503
500085	249808	175397	18915	11079	44417
409271	177156	121064	13654	13115	29323
348110	179369	84197	56295	10248	28629
318832	161611	97364	30659	10444	23144
285841	151036	98011	18070	10599	24356
240163	137892	89801	14351	9086	24654
164657	78126	42372	8529	7501	19724
326610	192603	136804	15486	14586	25727
220154	111938	75808	8606	5675	21849
350715	191902	123735	13799	14917	39451
355631	206516	128619	10414	8424	59059
307868	145703	71115	25763	16960	31865

20-7 续表2

县 市	Region	乡镇政府(个) Number of Township and Town Governments (unit)	#镇政府 Number of Town Governments	村民委员会(个) Number of Villager Committees (unit)	乡村户数(户) Number of Rural Households (household)
忻州市	**Xinzhou**				
忻府区	Xinfu	17	6	394	140246
定襄县	Dingxiang	9	3	155	78240
五台县	Wutai	19	6	573	112278
代 县	Daixian	11	6	377	71353
繁峙县	Fanshi	13	3	402	91549
宁武县	Ningwu	14	4	464	53921
静乐县	Jingle	14	4	381	40678
神池县	Shenchi	10	3	241	29196
五寨县	Wuzhai	12	3	250	34063
岢岚县	Kelan	12	2	202	22131
河曲县	Hequ	13	4	340	47229
保德县	Baode	13	4	341	49939
偏关县	Pianguan	10	4	248	32767
原平市	Yuanping	18	7	520	140733
临汾市	**Linfen**				
尧都区	Yaodu	16	10	372	130652
曲沃县	Quwo	7	5	158	49706
翼城县	Yicheng	10	6	212	74332
襄汾县	Xiangfen	13	7	348	131573
洪洞县	Hongtong	16	9	463	192672
古 县	Guxian	7	4	111	24896
安泽县	Anze	7	4	103	20573
浮山县	Fushan	9	2	185	33205
吉 县	Jixian	8	3	79	31583
乡宁县	Xiangning	10	5	182	60539
大宁县	Daning	6	2	84	17379
隰 县	Xixian	8	3	97	29790
永和县	Yonghe	7	2	79	12836
蒲 县	Puxian	9	4	93	25619
汾西县	Fenxi	8	5	126	38630
侯马市	Houma	3		76	32037
霍州市	Huozhou	7	4	199	59958
吕梁市	**Lvliang**				
离石区	Lishi	5	2	187	58102
文水县	Wenshui	12	7	199	139828
交城县	Jiaocheng	10	6	148	66193
兴 县	Xingxian	17	7	376	82260
临 县	Linxian	23	13	631	210889
柳林县	Liulin	15	8	257	99906
石楼县	Shilou	9	4	134	28008
岚 县	Lanxian	12	4	167	55290
方山县	Fangshan	7	5	169	46466
中阳县	Zhongyang	7	5	93	34459
交口县	Jiaokou	7	4	95	31153
孝义市	Xiaoyi	12	7	379	115133
汾阳市	Fenyang	12	9	289	120362

continued

乡村人口（人）Rural Population (person)	乡村从业人员（人）Number of Rural Employees (person)	农林牧渔业 Farming, Forestry, Animal Husbandry and Fishery	工业 Industry	建筑业 Construction	其他行业 Others
351293	173808	99118	11552	27145	35993
180569	97921	54075	18337	10146	15363
274504	111875	69086	6039	20263	16487
168177	79742	59671	6122	6104	7845
247657	93748	68319	6322	5716	13391
120896	59640	38410	3951	2480	14799
141945	59578	30616	4865	7012	17085
85619	31482	25454	1366	760	3902
93969	44933	35333	1184	2180	6236
66312	32583	22571	3034	2999	3979
122795	47950	32148	4233	3642	7927
145886	66392	37775	8897	6660	13060
94840	40186	24479	2918	4942	7847
356392	159988	91698	14901	16291	37098
478978	249306	113360	33292	23053	79601
195267	107417	60579	14849	11017	20972
269642	119989	58930	28000	12741	20318
446582	227835	131008	33133	15035	48659
666847	341857	171012	40866	35917	94062
74930	24301	15341	3569	940	4451
66502	23928	16241	1788	818	5081
109806	39303	22122	3587	2875	10719
96918	36376	25307	1844	3041	6184
203526	86211	59098	8723	4672	13718
55960	27026	19051	528	1869	5578
89022	37919	28443	956	2994	5526
49783	19251	14726	611	985	2929
87193	41268	26994	4707	1875	7692
130331	60853	38650	5046	3455	13702
113798	56353	19991	8270	9904	18188
198888	89474	51127	9702	7404	21241
166820	74774	33015	6587	10350	24822
400458	200892	106840	31939	12521	49592
189603	85071	30372	30524	6238	17937
261474	114901	70942	10456	12109	21394
599050	255066	165493	12368	29374	47831
295163	122900	54124	19732	11040	38004
97555	41580	29113	1679	1712	9076
187729	83783	46378	7402	5411	24592
129585	56621	40282	3877	5085	7377
115070	47755	21020	9713	5691	11331
97777	45124	30384	4584	1038	9118
318093	140901	51756	43104	10649	35392
336447	165076	86719	20563	19872	37922

20-8 农林牧渔业总产值(2014年)
GROSS OUTPUT VALUE OF FARMING, FORESTRY, ANIMAL HUSBANDRY AND FISHERY(2014)

按当年价格计算 (at current price)

县 市	Region	农林牧渔业总产值(万元) Total (10 000 yuan)	农业产值 Farming	林业产值 Forestry	牧业产值 Animal Husbandry	渔业产值 Fishery	农林牧渔服务业产值 Farming, Forestry, Animal Husbandry and Fishery Service
太原市	**Taiyuan**						
小店区	Xiaodian	147449	98672	9018	35504	55	4200
迎泽区	Yingze	9014	211	7478	1239	56	31
杏花岭区	Xinghualing	14075	3138	6448	4489		
尖草坪区	Jiancaoping	56643	30324	9407	15971	242	700
万柏林区	Wanbailin	15619	1291	10201	2553	24	1550
晋源区	Jinyuan	71062	43674	6002	19815	521	1050
清徐县	Qingxu	271031	185601	6163	68779	1889	8600
阳曲县	Yangqu	94198	46058	7367	38217	56	2500
娄烦县	Loufan	39295	17769	7138	12280	508	1600
古交市	Gujiao	42683	15041	9349	14009	84	4200
大同市	**Datong**						
南郊区	Nanjiao	121742	53142	1995	61777	28	4800
新荣区	Xinrong	70935	25307	9393	33015	60	3160
阳高县	Yanggao	216846	109253	2983	99006	104	5500
天镇县	Tianzhen	110705	53684	1951	54773		298
广灵县	Guangling	113827	59494	6239	42591	109	5395
灵丘县	Lingqiu	73213	29446	5506	36344	168	1750
浑源县	Hunyuan	177705	76964	8788	88749	55	3150
左云县	Zuoyun	53720	20356	9731	22548		1085
大同县	Datongxian	136090	64127	7394	59983	442	4145
阳泉市	**Yangquan**						
郊 区	Jiaoqu	48022	22815	5881	18463	12	850
平定县	Pingding	89089	47888	8714	29688	1840	960
盂 县	Yuxian	81070	49167	9120	19533	621	2630
长治市	**Changzhi**						
城 区	Chengqu	10442	5255	795	4082		310
郊 区	Jiaoqu	53732	26701	1238	22798	415	2580
长治县	Changzhixian	113139	52574	2335	55332	107	2792
襄垣县	Xiangyuan	123031	98463	1775	15920	343	6530
屯留县	Tunliu	118708	83899	2474	24635	600	7100
平顺县	Pingshun	48243	24349	3809	12555	390	7140
黎城县	Licheng	55147	30684	7362	15844	177	1080
壶关县	Huguan	87331	55503	2568	28412	111	738
长子县	Zhangzi	189784	124336	3137	59607	899	1805
武乡县	Wuxiang	57622	42307	2171	10852	441	1850
沁 县	Qinxian	81858	57592	2987	18672	918	1690
沁源县	Qinyuan	44156	28339	4884	5778	120	5035
潞城市	Lucheng	77700	43522	5688	26358	331	1800

20-8 续表1 continued

按当年价格计算 (at current price)

县 市	Region	农林牧渔业总产值(万元) Total (10 000 yuan)	农业产值 Farming	林业产值 Forestry	牧业产值 Animal Husbandry	渔业产值 Fishery	农林牧渔服务业产值 Farming, Forestry, Animal Husbandry and Fishery Service
晋城市	**Jincheng**						
城　区	Chengqu	20249	11418	3512	4362	128	830
沁水县	Qinshui	97309	43855	9783	39920	1536	2215
阳城县	Yangcheng	157604	60931	7467	84980	346	3880
陵川县	Lingchuan	81300	38659	5323	34500	538	2280
泽州县	Zezhou	213203	86707	7113	113248	1536	4600
高平市	Gaoping	228602	98471	7645	117801	269	4416
朔州市	**Shuozhou**						
朔城区	Shuocheng	285528	180200	24476	70254	1077	9522
平鲁区	Pinglu	99776	56769	23020	13997	61	5930
山阴县	Shanyin	295303	125135	12499	155685	397	1587
应　县	Yingxian	293991	195687	11126	80955	268	5956
右玉县	Youyu	119573	30708	29889	57063	133	1780
怀仁县	Huairen	220628	109307	15785	92454	221	2862
晋中市	**Jinzhong**						
榆次区	Yuci	298219	212565	6626	71509	219	7300
榆社县	Yushe	65648	41562	4318	16641	828	2300
左权县	Zuoquan	64820	46696	2793	13608	426	1297
和顺县	Heshun	48938	30948	1585	15070		1336
昔阳县	Xiyang	84059	57830	2587	22547	165	930
寿阳县	Shouyang	204487	173063	4700	23463	77	3185
太谷县	Taigu	305520	177581	4753	119740	172	3275
祁　县	Qixian	255715	164660	4707	81088	461	4800
平遥县	Pingyao	266257	146553	8433	106877	474	3920
灵石县	Lingshi	88023	44506	7716	34908	43	850
介休市	Jiexiu	108327	47447	6898	50171	164	3648
运城市	**Yuncheng**						
盐湖区	Yanhu	238970	188055	6068	26908	939	17000
临猗县	Linyi	873408	761331	5735	33276	65	73000
万荣县	Wanrong	354415	272360	6043	51731	6281	18000
闻喜县	Wenxi	232289	173867	9760	40181	81	8400
稷山县	Jishan	232053	127788	2353	90455	56	11400
新绛县	Xinjiang	345645	249216	3600	74663	167	18000
绛　县	Jiangxian	174357	113815	18092	31088	62	11300
垣曲县	Yuanqu	88298	46382	9978	24113	1925	5900
夏　县	Xiaxian	342191	279018	5377	31628	168	26000
平陆县	Pinglu	177619	132652	4614	29301	52	11000
芮城县	Ruicheng	445844	356222	6007	54269	1346	28000
永济市	Yongji	418064	322836	5780	48974	15974	24500
河津市	Hejin	152252	103385	5317	28938	612	14000

20-8 续表2 continued

按当年价格计算 (at current price)

县 市	Region	农林牧渔业总产值(万元) Total (10 000 yuan)	农业产值 Farming	林业产值 Forestry	牧业产值 Animal Husbandry	渔业产值 Fishery	农林牧渔服务业产值 Farming, Forestry, Animal Husbandry and Fishery Service
忻 州 市	**Xinzhou**						
忻府区	Xinfu	146393	96217	6213	37858	370	5735
定襄县	Dingxiang	69756	52667	3029	12037	372	1650
五台县	Wutai	98432	45880	6353	41498	1200	3500
代 县	Daixian	56113	34143	2806	16519	445	2200
繁峙县	Fanshi	81716	26980	7697	43731	496	2812
宁武县	Ningwu	36696	14425	1634	19604	173	860
静乐县	Jingle	55247	24199	7497	22418	53	1080
神池县	Shenchi	118856	59295	1777	55733		2050
五寨县	Wuzhai	86243	58716	4958	20564	135	1870
岢岚县	Kelan	63502	27762	2697	31179	5	1860
河曲县	Hequ	64080	38506	5770	17222	282	2300
保德县	Baode	68479	36984	5064	25004	137	1290
偏关县	Pianguan	82862	26951	6248	47609	54	2000
原平市	Yuanping	220945	118803	3999	92498	645	5000
临 汾 市	**Linfen**						
尧都区	Yaodu	196180	148471	9148	32929	3763	1870
曲沃县	Quwo	222858	176592	3428	38336	2767	1735
翼城县	Yicheng	163001	99761	3769	56655	1027	1790
襄汾县	Xiangfen	269687	214018	4605	44221	2193	4650
洪洞县	Hongtong	229127	145043	7123	71951	2719	2290
古 县	Guxian	46208	35732	3361	6568	1	546
安泽县	Anze	73698	52341	6471	12784	2	2100
浮山县	Fushan	80890	59936	5734	13761	10	1450
吉 县	Jixian	99693	82539	4678	8210	4	4263
乡宁县	Xiangning	56528	32191	3719	19415	4	1200
大宁县	Daning	28992	21616	2729	3378	3	1265
隰 县	Xixian	75238	61208	3711	8099		2221
永和县	Yonghe	53525	38096	4802	9227		1400
蒲 县	Puxian	43994	29582	4655	8421	11	1325
汾西县	Fenxi	59925	33500	3007	22438		980
侯马市	Houma	61570	43540	4179	10881	1170	1800
霍州市	Huozhou	68387	40817	4579	22433	68	490
吕 梁 市	**Lvliang**						
离石区	Lishi	35753	17217	2760	14795	84	897
文水县	Wenshui	215414	89317	1684	120615	1030	2768
交城县	Jiaocheng	61948	24111	1921	35193	176	547
兴 县	Xingxian	80849	49134	9763	20675	77	1200
临 县	Linxian	161696	103954	3593	51973	227	1950
柳林县	Liulin	39253	21743	2895	13403	113	1100
石楼县	Shilou	46556	32519	2918	10575	75	470
岚 县	Lanxian	51096	34984	4487	9868	328	1430
方山县	Fangshan	29211	16678	3718	7978	237	600
中阳县	Zhongyang	26940	17916	1362	7279	116	267
交口县	Jiaokou	35724	21022	1573	12944		185
孝义市	Xiaoyi	246512	129668	7914	99655	274	9000
汾阳市	Fenyang	193149	104070	4499	78573	408	5600

20-9 农林牧渔业中间消耗(2014年)

INTERMEDIATE CONSUMPTION OF FARMING, FORESTRY, ANIMAL HUSBANDRY AND FISHERY(2014)

按当年价格计算 (at current price)

县 市	Region	农林牧渔业中间消耗(万元) Total (10 000 yuan)	农 业 Farming	林 业 Forestry	牧 业 Animal Husbandry	渔 业 Fishery	农林牧渔服务业 Farming, Forestry, Animal Husbandry and Fishery Service
太原市	**Taiyuan**						
小店区	Xiaodian	66398	39262	4909	20149	29	2050
迎泽区	Yingze	4805	92	3840	820	29	24
杏花岭区	Xinghualing	7432	1321	3254	2858		
尖草坪区	Jiancaoping	26942	12030	4887	9524	140	360
万柏林区	Wanbailin	7540	494	4650	1535	11	850
晋源区	Jinyuan	33538	17229	3047	12436	285	540
清徐县	Qingxu	124643	76501	3400	39009	1024	4710
阳曲县	Yangqu	43089	16043	3503	22272	30	1240
娄烦县	Loufan	19219	6740	3482	7896	271	830
古交市	Gujiao	21854	6050	4609	8860	45	2290
大同市	**Datong**						
南郊区	Nanjiao	40648	23067	312	14758	12	2500
新荣区	Xinrong	29027	8260	3158	15021	48	2540
阳高县	Yanggao	111507	54804	1618	51604	54	3427
天镇县	Tianzhen	50073	23877	1341	24762		93
广灵县	Guangling	57992	20366	4461	30773	83	2310
灵丘县	Lingqiu	39197	15845	3877	18406	18	1050
浑源县	Hunyuan	67697	30820	3681	32103	44	1050
左云县	Zuoyun	27042	9582	5876	11105		479
大同县	Datongxian	62519	27004	4529	28657	181	2148
阳泉市	**Yangquan**						
郊 区	Jiaoqu	22840	11949	2973	7480	8	430
平定县	Pingding	43279	22456	4123	15320	915	465
盂 县	Yuxian	39836	23093	5883	9097	353	1410
长治市	**Changzhi**						
城 区	Chengqu	4670	2035	611	1859		165
郊 区	Jiaoqu	23105	12449	617	8606	230	1203
长治县	Changzhixian	55766	23860	1381	29259	47	1220
襄垣县	Xiangyuan	52752	38943	1094	9060	146	3510
屯留县	Tunliu	51624	33970	1365	12449	291	3550
平顺县	Pingshun	22804	10623	2379	6842	216	2745
黎城县	Licheng	22082	11313	3174	6975	75	545
壶关县	Huguan	38309	20905	1407	15588	65	345
长子县	Zhangzi	79064	45466	1674	30752	392	781
武乡县	Wuxiang	25432	16514	1448	6338	227	905
沁 县	Qinxian	32072	18416	1533	10825	426	873
沁源县	Qinyuan	17377	9603	1505	3715	69	2485
潞城市	Lucheng	32865	14848	1893	15070	160	895

20-9 续表1 continued

按当年价格计算 (at current price)

县 市	Region	农林牧渔业中间消耗(万元) Total (10 000 yuan)	农 业 Farming	林 业 Forestry	牧 业 Animal Husbandry	渔 业 Fishery	农林牧渔服务业 Farming, Forestry, Animal Husbandry and Fishery Service
晋城市	**Jincheng**						
城 区	Chengqu	8832	4563	1274	2502	77	415
沁水县	Qinshui	42020	17751	5415	17177	566	1113
阳城县	Yangcheng	64343	23932	4352	33945	175	1940
陵川县	Lingchuan	34972	14780	3224	15623	206	1140
泽州县	Zezhou	100436	36097	3719	57600	720	2300
高平市	Gaoping	100232	32710	3918	61183	164	2258
朔州市	**Shuozhou**						
朔城区	Shuocheng	125425	80524	9650	30142	690	4419
平鲁区	Pinglu	53619	30425	11958	9119	39	2078
山阴县	Shanyin	152986	55154	6348	90522	279	683
应 县	Yingxian	163922	111091	6459	43396	136	2840
右玉县	Youyu	66188	15926	19968	29331	71	892
怀仁县	Huairen	126968	65015	10084	50204	111	1554
晋中市	**Jinzhong**						
榆次区	Yuci	105472	65365	5084	30858	84	4080
榆社县	Yushe	21514	9687	2975	7448	211	1193
左权县	Zuoquan	26183	14405	2548	8074	287	870
和顺县	Heshun	20555	9482	1578	8944		550
昔阳县	Xiyang	37212	21394	1510	13708	50	550
寿阳县	Shouyang	83328	65435	4033	12616	44	1200
太谷县	Taigu	132491	39006	2174	89856	90	1365
祁 县	Qixian	95120	41655	4494	45733	238	3000
平遥县	Pingyao	111561	53432	4109	51722	221	2078
灵石县	Lingshi	39930	12476	5909	21126	19	400
介休市	Jiexiu	51859	17541	2910	29326	76	2006
运城市	**Yuncheng**						
盐湖区	Yanhu	103276	77560	3193	13967	557	8000
临猗县	Linyi	394248	340139	3643	18313	34	32120
万荣县	Wanrong	178180	135985	3323	27076	3516	8280
闻喜县	Wenxi	124766	93338	6197	21054	48	4130
稷山县	Jishan	106023	52071	1415	47491	30	5016
新绛县	Xinjiang	174879	124435	2271	39176	97	8900
绛 县	Jiangxian	80311	47523	11348	15923	37	5480
垣曲县	Yuanqu	45237	22702	5939	13252	801	2543
夏 县	Xiaxian	158477	125069	3351	16859	98	13100
平陆县	Pinglu	80173	55463	2825	16654	32	5200
芮城县	Ruicheng	196393	147663	3533	30813	785	13600
永济市	Yongji	192099	142266	3221	25295	9467	11851
河津市	Hejin	66475	40735	3188	15579	394	6580

20-9 续表2 continued

按当年价格计算 (at current price)

县 市	Region	农林牧渔业中间消耗(万元) Total (10 000 yuan)	农 业 Farming	林 业 Forestry	牧 业 Animal Husbandry	渔 业 Fishery	农林牧渔服务业 Farming, Forestry, Animal Husbandry and Fishery Service
忻州市	**Xinzhou**						
忻府区	Xinfu	51023	30111	3807	14656	69	2380
定襄县	Dingxiang	26160	19130	1305	4726	147	852
五台县	Wutai	42531	12230	1647	26680	424	1550
代 县	Daixian	24799	16338	1360	6152	199	750
繁峙县	Fanshi	35251	10523	4544	18685	223	1275
宁武县	Ningwu	16389	6707	1059	8253	35	336
静乐县	Jingle	23224	9210	5514	7842	19	639
神池县	Shenchi	46623	20596	1796	23310		920
五寨县	Wuzhai	33074	19992	2197	10061	55	769
岢岚县	Kelan	25405	11428	1521	11597		860
河曲县	Hequ	27796	16108	2709	7751	129	1100
保德县	Baode	28400	12817	2399	12540	62	582
偏关县	Pianguan	37609	12798	2133	21640	27	1010
原平市	Yuanping	96934	51069	2630	40450	285	2500
临汾市	**Linfen**						
尧都区	Yaodu	95325	73056	5013	14512	1834	910
曲沃县	Quwo	96738	75515	1602	17448	1281	892
翼城县	Yicheng	76346	45078	1822	28083	513	849
襄汾县	Xiangfen	126014	97549	2373	22797	958	2336
洪洞县	Hongtong	109160	72457	3275	31114	1182	1132
古 县	Guxian	21217	16456	1669	2837	0	254
安泽县	Anze	31911	22379	3227	5206	1	1099
浮山县	Fushan	34921	24714	2732	6704	5	767
吉 县	Jixian	42684	35043	1922	3518	2	2199
乡宁县	Xiangning	28509	17687	1815	8443	2	562
大宁县	Daning	12733	9306	1350	1446	1	630
隰 县	Xixian	39073	32517	1936	3534		1086
永和县	Yonghe	27934	20515	2517	4222		680
蒲 县	Puxian	23548	15981	2552	4368	6	642
汾西县	Fenxi	29427	16928	1325	10689		485
侯马市	Houma	27661	19053	2022	5189	540	857
霍州市	Huozhou	30792	17159	2528	10839	34	232
吕梁市	**Lvliang**						
离石区	Lishi	14975	6704	1473	6345	43	411
文水县	Wenshui	95720	30597	864	62363	512	1384
交城县	Jiaocheng	29412	9605	1033	18426	96	251
兴 县	Xingxian	35709	19645	4945	10501	37	580
临 县	Linxian	65557	36482	1633	26369	123	950
柳林县	Liulin	15937	7306	1462	6599	56	515
石楼县	Shilou	19104	12015	1549	5281	33	225
岚 县	Lanxian	21054	12751	2460	4997	153	693
方山县	Fangshan	13581	7157	1981	4034	120	290
中阳县	Zhongyang	12383	7688	684	3828	58	125
交口县	Jiaokou	16890	9257	841	6705		88
孝义市	Xiaoyi	104198	44636	3634	51247	132	4550
汾阳市	Fenyang	81015	35702	2461	40072	180	2600

20-10 农业生产条件(2014年)

县 市	Region	农业机械总动力(千瓦) Total Power of Agricultural Machinery (kw)	大中型农用拖拉机(台) Large and Medium Tractors for Agriculture (unit)	小型农用拖拉机(台) Mini-tractors for Agriculture (unit)
太原市	**Taiyuan**			
小店区	Xiaodian	190547	599	401
迎泽区	Yingze	10786	17	3
杏花岭区	Xinghualing	15440	71	94
尖草坪区	Jiancaoping	41701	219	243
万柏林区	Wanbailin	41032	90	
晋源区	Jinyuan	174065	170	180
清徐县	Qingxu	372509	1104	777
阳曲县	Yangqu	209352	923	2644
娄烦县	Loufan	108568	779	732
古交市	Gujiao	215008	357	453
大同市	**Datong**			
南郊区	Nanjiao	358412	1342	933
新荣区	Xinrong	197798	3394	29
阳高县	Yanggao	267071	1245	2281
天镇县	Tianzhen	186717	1002	1238
广灵县	Guangling	150114	637	1247
灵丘县	Lingqiu	230440	534	534
浑源县	Hunyuan	193518	724	1522
左云县	Zuoyun	123938	979	1990
大同县	Datongxian	219919	2107	1860
开发区	Development Zone			
阳泉市	**Yangquan**			
郊 区	Jiaoqu	214722	147	387
平定县	Pingding	568130	408	1737
盂 县	Yuxian	581946	896	5657
开发区	Development Zone			
长治市	**Changzhi**			
城 区	Chengqu	12480	100	108
郊 区	Jiaoqu	126083	586	707
长治县	Changzhixian	207156	434	1094
襄垣县	Xiangyuan	222346	2016	1010
屯留县	Tunliu	286029	2073	5485
平顺县	Pingshun	122000	203	647
黎城县	Licheng	133000	441	7826
壶关县	Huguan	145043	394	429
长子县	Zhangzi	251010	863	1715
武乡县	Wuxiang	186422	1229	2140
沁 县	Qinxian	118995	1697	538
沁源县	Qinyuan	106210	421	674
潞城市	Lucheng	254001	1101	734

CONDITIONS OF AGRICULTURAL PRODUCTION(2014)

农用排灌动力机械(台) Drainage and Irrigation Machinery (unit)	农用运输车(辆) Conveyance Vehicle for Agriculture (unit)	灌溉机电井(眼) Electromechanical Well for Irrigation (unit)	农村用电量(万千瓦小时) Electricity Consumption in Rural Areas (10 000 kwh)	农用化肥施用量(折纯量，吨) Agricultural Consumption of Chemical Fertilizers (ton)
474	5071	378	5380	3321
	105		3114	3
1	390	2	4405	36
241	1130	184	7200	1161
80	1560	44	2350	64
698	1795	325	4785	1147
2168	5552	1388	19702	13049
710	6237	301	3910	8515
223	1274	37	680	968
407	2706	149	3391	773
1160	5685	1018	10186	3312
570	2929	388	846	1427
1545	4272	2298	3569	22719
2346	5203	1472	2668	15929
669	3350	480	2887	8249
406	11182	367	4073	11645
1379	5310	1240	4384	15644
278	1927	168	1589	1609
853	5180	1239	3486	7284
			296	170
966	3390	44	42576	876
11974	7615	8	11079	3182
1677	11809	82	7939	9795
			236	
40		199	2936	299
1146	3025	741	14970	5240
2171	7530	1525	13355	14928
2386	5359	405	6633	11768
1882	7570	2380	7091	26736
510	3409	7	2650	3928
731	1619	104	2798	5938
362	4644		5947	8222
1310	6763	3523	7893	21368
698	5595	88	3219	7630
605	2858	46	2163	8100
91	3677	72	3527	2149
181	5354	212	5882	9339

20-10 续表1

县 市	Region	农业机械总动力(千瓦) Total Power of Agricultural Machinery (kw)	大中型农用拖拉机(台) Large and Medium Tractors for Agriculture (unit)	小型农用拖拉机(台) Mini-tractors for Agriculture (unit)
晋城市	**Jincheng**			
城 区	Chengqu	62900	231	95
沁水县	Qinshui	353970	482	13589
阳城县	Yangcheng	436680	723	18803
陵川县	Lingchuan	320398	493	2640
泽州县	Zezhou	756029	1269	6160
高平市	Gaoping	553908	703	6584
开发区	Development Zone			
朔州市	**Shuozhou**			
朔城区	Shuocheng	494220	2602	4750
平鲁区	Pinglu	265544	1290	2916
山阴县	Shanyin	474133	2588	4059
应 县	Yingxian	455760	3258	880
右玉县	Youyu	228085	1255	3804
怀仁县	Huairen	496018	1879	1762
开发区	Development Zone			
晋中市	**Jinzhong**			
榆次区	Yuci	682344	1549	4720
榆社县	Yushe	136160	472	3383
左权县	Zuoquan	176212	304	7020
和顺县	Heshun	172500	426	7036
昔阳县	Xiyang	253249	528	7512
寿阳县	Shouyang	364602	3062	4205
太谷县	Taigu	514502	1276	8507
祁 县	Qixian	421600	979	3845
平遥县	Pingyao	302527	1045	3483
灵石县	Lingshi	394622	778	2268
介休市	Jiexiu	328604	907	1929
开发区	Development Zone			
运城市	**Yuncheng**			
盐湖区	Yanhu	639148	2187	14401
临猗县	Linyi	1007800	2465	14370
万荣县	Wanrong	900923	1920	4706
闻喜县	Wenxi	418114	1573	3494
稷山县	Jishan	548448	1656	3027
新绛县	Xinjiang	355847	1632	925
绛 县	Jiangxian	307011	984	3037
垣曲县	Yuanqu	308867	1554	2782
夏 县	Xiaxian	391070	1849	4332
平陆县	Pinglu	541628	1990	12515
芮城县	Ruicheng	585862	1919	23770
永济市	Yongji	640800	2848	7741
河津市	Hejin	439280	925	1014

contiuned

农用排灌动力机械(台) Drainage and Irrigation Machinery (unit)	农用运输车(辆) Conveyance Vehicle for Agriculture (unit)	灌溉机电井(眼) Electromechanical Well for Irrigation (unit)	农村用电量(万千瓦小时) Electricity Consumption in Rural Areas (10 000 kwh)	农用化肥施用量(折纯量，吨) Agricultural Consumption of Chemical Fertilizers (ton)
337	484	20	5165	718
767	7490	54	4505	9016
968	7821	372	28358	13208
78	13660	32	5697	13136
3470	14840	130	18475	10478
	28143		18374	19927
		19	177	34
4573	11145	1297	3856	19595
1910	5175	25	724	5240
2713	9135	1376	3686	15879
3984	12606	3317	8719	29806
928	5520	160	983	2251
2779	13324	1985	7299	13389
			553	126
2651	27156	2562	19049	13678
744	2397	91	956	3266
1814	4250	233	4443	2626
85	2824	77	2101	2651
520	2721	48	3970	5071
1737	15321		4837	18636
4448	12934	2873	13382	17460
2526	17552	2134	18346	15835
3998	6902		12032	15056
1108	7503	49	9413	2058
2151	7121		47584	6727
		535	2734	305
6666	20631	3620	14149	26610
3936	68229	3140	32224	56960
2400	49091	1048	37620	14284
2702	11184	1366	30039	25714
3006	26910	1470	38456	15157
2408	15161	1788	18443	22594
1613	9465	795	5491	28866
624	8031	276	3571	5598
1595	13290	4142	15728	23289
1752	14309	572	7048	17716
4162	13700	1911	13955	26334
5663	34075	4406	17801	14793
3247	10828	1250	27606	11356

20-10 续表2

县 市	Region	农业机械总动力(千瓦) Total Power of Agricultural Machinery (kw)	大中型农用拖拉机(台) Large and Medium Tractors for Agriculture (unit)	小型农用拖拉机(台) Mini-tractors for Agriculture (unit)
忻州市	**Xinzhou**			
忻府区	Xinfu	355552	1878	3429
定襄县	Dingxiang	138250	1054	2581
五台县	Wutai	149410	757	4193
代 县	Daixian	204059	619	3287
繁峙县	Fanshi	215120	929	2645
宁武县	Ningwu	83980	303	1791
静乐县	Jingle	93280	246	1362
神池县	Shenchi	191450	1330	3814
五寨县	Wuzhai	173801	3415	3317
岢岚县	Kelan	128706	1081	705
河曲县	Hequ	103627	471	1221
保德县	Baode	162142	212	188
偏关县	Pianguan	158115	517	2806
原平市	Yuanping	439538	2296	3406
临汾市	**Linfen**			
尧都区	Yaodu	665011	1708	4728
曲沃县	Quwo	378845	1512	1121
翼城县	Yicheng	375637	1537	4670
襄汾县	Xiangfen	585719	2171	1768
洪洞县	Hongtong	1102715	2050	7953
古 县	Guxian	120283	1007	1651
安泽县	Anze	150587	441	3432
浮山县	Fushan	183538	544	1447
吉 县	Jixian	105403	368	4454
乡宁县	Xiangning	302385	836	2501
大宁县	Daning	56284	250	1349
隰 县	Xixian	112027	464	3982
永和县	Yonghe	44837	265	694
蒲 县	Puxian	53918	504	1066
汾西县	Fenxi	105910	765	1059
侯马市	Houma	194210	794	598
霍州市	Huozhou	193298	595	2646
吕梁市	**Lvliang**			
离石区	Lishi	245135	224	871
文水县	Wenshui	370930	1020	997
交城县	Jiaocheng	217546	442	817
兴 县	Xingxian	145251	297	286
临 县	Linxian	194263	707	563
柳林县	Liulin	241474	306	376
石楼县	Shilou	59785	127	144
岚 县	Lanxian	100236	694	2212
方山县	Fangshan	119291	155	907
中阳县	Zhongyang	126848	161	927
交口县	Jiaokou	149985	665	316
孝义市	Xiaoyi	470063	941	730
汾阳市	Fenyang	521681	1485	2183

contiuned

农用排灌动力机械(台) Drainage and Irrigation Machinery (unit)	农用运输车(辆) Conveyance Vehicle for Agriculture (unit)	灌溉机电井(眼) Electromechanical Well for Irrigation (unit)	农村用电量(万千瓦小时) Electricity Consumption in Rural Areas (10 000 kwh)	农用化肥施用量(折纯量，吨) Agricultural Consumption of Chemical Fertilizers (ton)
2004	7615	2710	8767	18828
1336	795	1166	12869	9274
981	1380	166	4488	7448
1456	4637	792	2872	7068
1703	2298	596	5672	8119
634	782	12	1626	877
28	2309	129	1277	5091
61	3380	86	588	11819
166	3181	120	976	10887
568	2325	47	450	5675
553	2500	145	1438	5769
905	4444	114	6086	3484
365	1263	36	1008	5955
1705	10572	1528	6055	23731
3979	23394	4049	12072	22752
2322	10211	1216	10667	14101
1310	10043	1937	4921	13153
4833	22458	3836	25150	26985
2352	50176	1638	12619	36423
489	4787		1175	5319
338	6505	15	483	7351
2560	8799	61	3074	6980
13	2823		301	6596
442	11148	8	3270	9132
235	1777		275	3344
459	2620		691	7531
39	985	3	354	3166
116	1008		2228	5053
117	2535	6	1550	1396
906	5179	747	4737	8765
331	6454	208	3192	4767
560	11541	20	4289	3343
4135	9786	1958	19318	13871
1099	6997	534	15505	3504
607	4186	131	3198	4877
1260	3330	178	5738	21206
1769	3840	181	3542	4708
246	1858	14	933	4966
485	1570	288	2247	6439
549	4691	43	1992	4405
420	7011	18	7039	1432
260	5442		8493	956
649	5677	543	10730	8377
2500	18919	1984	9517	9249

20-11 主要粮食作物播种面积(2014年)

单位：公顷

县 市	Region	粮食作物播种面积 Sown Area of Grain Crops	秋粮食作物 Sown Area of Autumn Grain Crops	谷 物 Cereal	#小 麦 Wheat	#玉 米 Corn	#谷 子 Millet
太原市	**Taiyuan**						
小店区	Xiaodian	8390	8302	8349	88	8250	
迎泽区	Yingze	157	157	101		78	14
杏花岭区	Xinghualing	623	623	397		316	33
尖草坪区	Jiancaoping	4534	4534	4100		3635	306
万柏林区	Wanbailin	492	492	393		312	42
晋源区	Jinyuan	3100	3100	3058		2830	
清徐县	Qingxu	20488	20427	20158	61	19488	11
阳曲县	Yangqu	20741	20741	19183		14840	2879
娄烦县	Loufan	10076	10076	4805		1694	1505
古交市	Gujiao	7521	7521	3529		1470	883
大同市	**Datong**						
南郊区	Nanjiao	15314	15314	13464		10694	810
新荣区	Xinrong	21033	20956	13781		4273	1225
阳高县	Yanggao	52028	52028	46999		36896	4124
天镇县	Tianzhen	38028	38028	29916		25152	2419
广灵县	Guangling	27113	27113	23806		17595	2189
灵丘县	Lingqiu	31465	31465	24893		17527	3556
浑源县	Hunyuan	34978	34554	27532		21684	1848
左云县	Zuoyun	22061	22061	10828		2044	1318
大同县	Datongxian	37343	37343	31026		25854	1734
阳泉市	**Yangquan**						
郊 区	Jiaoqu	6375	6375	6004		5541	452
平定县	Pingding	21583	21581	20327	1	18747	1463
盂 县	Yuxian	28829	28522	26397		23772	2300
长治市	**Changzhi**						
城 区	Chengqu	219	219	219		219	
郊 区	Jiaoqu	8189	8163	7902	26	7858	15
长治县	Changzhixian	19526	18990	18666	536	17617	392
襄垣县	Xiangyuan	30092	29627	29341	465	27153	1660
屯留县	Tunliu	34390	33260	32350	1130	30587	493
平顺县	Pingshun	10244	9028	9253	1216	7218	809
黎城县	Licheng	15243	13470	13879	1773	11269	528
壶关县	Huguan	15826	15719	15305	107	14855	309
长子县	Zhangzi	29570	28470	29140	1100	27910	130
武乡县	Wuxiang	27276	26757	23976	519	16965	5546
沁 县	Qinxian	24650	24140	23960	510	20874	2136
沁源县	Qinyuan	14796	14796	10653		8592	1120
潞城市	Lucheng	17760	15875	17434	1885	15164	324

SOWN AREAS OF MAJOR GRAIN CROPS(2014)

(ha)

#高　粱 Sorghum	#燕　麦 Oats	#荞　麦 Buckwheat	豆　类 Beans	#大　豆 Soybean	薯　类 Tubers	#马铃薯 Potato
11			41	41		
3		6	11	6	45	45
14		14	193	182	33	28
53		52	316	306	118	93
			6		93	93
66		3	16	16	26	20
578			217	209	113	5
145		667	1254	872	304	299
198	105	525	1878	1466	3393	3393
13	373	171	1941	1338	2051	2050
363	51	302	1248	276	602	602
1268	1581	1436	3020	2590	4232	4232
502			2829	967	2200	2200
388	261	510	2253	803	5859	5859
42	514	1152	1400	176	1907	1907
5	1011	186	4031	2633	2541	2534
3	1471		4371	1237	3075	3048
100	4321	1600	4341	1776	6892	6892
223			4657	1083	1660	1660
1			116	36	255	82
47			639	607	617	174
36			755	311	1677	1616
3			244	239	43	42
			243	166	617	608
			304	223	447	258
100			1040	360	1000	630
			152	118	839	791
308			1235	1232	129	104
			73	70	448	442
			100	70	330	270
657		29	811	740	2489	2319
440			320	240	370	250
4	352	196	988	428	3155	3098
61			226	216	100	48

20-11 续表1

单位：公顷

县 市	Region	粮食作物播种面积 Sown Area of Grain Crops	秋粮食作物 Sown Area of Autumn Grain Crops	谷物 Cereal	#小麦 Wheat	#玉米 Corn	#谷子 Millet
晋城市	**Jincheng**						
城 区	Chengqu	2745	994	2287	1751	468	68
沁水县	Qinshui	27898	23425	25337	4473	19013	1567
阳城县	Yangcheng	33555	25063	32281	8492	20838	2875
陵川县	Lingchuan	20366	20204	18610	162	17316	1073
泽州县	Zezhou	62932	34442	39168	28490	8707	1821
高平市	Gaoping	30695	29765	29238	930	27495	802
朔州市	**Shuozhou**						
朔城区	Shuocheng	59327	57677	49352		41483	910
平鲁区	Pinglu	44280	34794	20157		4385	1618
山阴县	Shanyin	49874	48089	43597		34348	1422
应 县	Yingxian	49466	49466	44061		38626	2113
右玉县	Youyu	31306	28528	17461		4490	764
怀仁县	Huairen	41645	41645	36633		30767	1336
晋中市	**Jinzhong**						
榆次区	Yuci	31649	31439	30297	210	27581	1609
榆社县	Yushe	16083	16080	13673	3	9907	2878
左权县	Zuoquan	11550	11520	10244	30	8206	1811
和顺县	Heshun	12278	12278	9952		8074	1078
昔阳县	Xiyang	22149	22149	21351		20056	1035
寿阳县	Shouyang	43838	43838	41708		39690	1486
太谷县	Taigu	26151	24202	23600	1949	20245	1004
祁 县	Qixian	25759	24245	24160	1514	22278	303
平遥县	Pingyao	37796	37592	36018	184	34663	738
灵石县	Lingshi	14803	11915	13795	2888	9762	599
介休市	Jiexiu	23614	20732	20637	2882	17320	231
运城市	**Yuncheng**						
盐湖区	Yanhu	53233	31269	47872	21965	25908	
临猗县	Linyi	60466	32919	53910	27547	26363	
万荣县	Wanrong	58008	26968	52372	31040	21233	89
闻喜县	Wenxi	68657	24930	66446	43726	20768	140
稷山县	Jishan	52828	25314	50573	27514	23009	27
新绛县	Xinjiang	45380	19655	44882	25725	19092	31
绛 县	Jiangxian	39099	18361	38102	20738	16963	35
垣曲县	Yuanqu	27105	11242	26078	15863	9579	491
夏 县	Xiaxian	53137	30292	52878	22845	29820	45
平陆县	Pinglu	34773	16221	32066	18552	13468	36
芮城县	Ruicheng	62274	29510	57060	32765	24151	95
永济市	Yongji	73323	39885	72150	33438	38308	6
河津市	Hejin	31992	15538	31299	16454	14745	

continued

(ha)

#高　梁 Sorghum	#燕　麦 Oats	#荞　麦 Buckwheat	豆　类 Beans	#大　豆 Soybean	薯　类 Tubers	#马铃薯 Potato
			414	410	44	12
284			2021	1703	540	285
			1124	783	150	69
			235	149	1521	1500
150			23367	23365	397	172
9			1093	1093	364	18
255	2049	123	5849	738	4126	4126
	9464	3331	12994	1016	11129	11129
412	2865	1303	4151	1863	2126	2126
455			1459	448	3946	3946
4	7615	3583	6577	3698	7268	7268
511			4289	1409	723	723
448	1	243	1147	900	205	87
676	3	78	2085	1849	325	252
35	79	79	631	621	675	654
34	24	203	962	891	1364	1364
27	3	21	363	343	435	378
174		305	220	208	1910	1907
337			2073	2030	478	311
65			1270	1237	329	123
184	115	30	902	817	876	593
235	24	173	639	535	369	217
116		16	2547	2474	430	189
			4939	790	422	
			4555	1670	2001	
10			4292	571	1344	
1812			1481	569	729	75
23			1970	772	285	3
34			451	133	47	4
366			810	450	187	34
145			653	511	374	44
168			179	162	80	10
10			1517	1178	1190	226
49			4587	2488	627	9
399			858	813	315	
99			583	118	111	

20-11 续表2

单位：公顷

县 市	Region	粮食作物播种面积 Sown Area of Grain Crops	秋粮食作物 Sown Area of Autumn Grain Crops	谷 物 Cereal	#小 麦 Wheat	#玉 米 Corn	#谷 子 Millet
忻 州 市	**Xinzhou**						
忻府区	Xinfu	49570	49570	49170		47430	1490
定襄县	Dingxiang	24837	24837	23951		21847	1653
五台县	Wutai	27967	27967	23499		19127	2709
代 县	Daixian	22164	22164	20324		17726	1036
繁峙县	Fanshi	35389	35389	28778		19352	3503
宁武县	Ningwu	16344	16344	7668		1410	260
静乐县	Jingle	23208	23208	11301		2456	2808
神池县	Shenchi	38082	38082	23390		15678	1260
五寨县	Wuzhai	36832	36832	32357		25634	6029
岢岚县	Kelan	25718	25718	11610		6488	3000
河曲县	Hequ	22744	22744	16415		7593	5536
保德县	Baode	21926	21926	13222		4940	3919
偏关县	Pianguan	25059	25059	17017		5357	7222
原平市	Yuanping	56041	55849	52504	192	47766	2315
临 汾 市	**Linfen**						
尧都区	Yaodu	52371	22023	51531	30348	20737	170
曲沃县	Quwo	35098	18300	34548	16798	17747	
翼城县	Yicheng	45493	22354	44967	23139	21359	434
襄汾县	Xiangfen	81721	40003	79730	41718	37308	680
洪洞县	Hongtong	75764	33391	73748	42373	31019	200
古 县	Guxian	14669	8668	13357	6001	6911	396
安泽县	Anze	23486	22149	22987	1337	20933	628
浮山县	Fushan	26435	10935	24774	15500	8571	607
吉 县	Jixian	10991	7700	8970	3291	5171	217
乡宁县	Xiangning	27360	13634	23379	13726	7258	1112
大宁县	Daning	11360	9493	9667	1867	6646	1062
隰 县	Xixian	21146	21012	19127	134	16746	1480
永和县	Yonghe	22530	21904	17295	626	12074	3644
蒲 县	Puxian	13668	13628	11408	40	10065	531
汾西县	Fenxi	24019	12667	22430	11352	8069	1081
侯马市	Houma	15054	7321	15015	7733	7282	
霍州市	Huozhou	18678	6240	17130	12438	4305	310
吕 梁 市	**Lvliang**						
离石区	Lishi	14386	14386	7623		5022	1642
文水县	Wenshui	32071	31975	30882	96	30548	226
交城县	Jiaocheng	9481	9441	7696	40	6927	330
兴 县	Xingxian	48328	48328	25836		12437	8813
临 县	Linxian	76497	76497	47802		33587	11116
柳林县	Liulin	20535	20535	11935		5732	3897
石楼县	Shilou	25848	25474	19768	374	10273	5383
岚 县	Lanxian	29709	29709	17278		9738	3525
方山县	Fangshan	14205	14205	7274		5660	1025
中阳县	Zhongyang	9252	9252	4320		2418	1243
交口县	Jiaokou	9827	9816	7438	11	5396	1029
孝义市	Xiaoyi	28028	25695	16783	2333	11271	1636
汾阳市	Fenyang	39472	39415	37389	57	34783	1760

continued

(ha)

#高　粱 Sorghum	#燕　麦 Oats	#荞　麦 Buckwheat	豆　类 Beans	#大　豆 Soybean	薯　类 Tubers	#马铃薯 Potato
180		70	260	170	140	60
212		17	515	284	371	233
141	494	9	1513	1178	2955	2891
195	236		1268	286	572	519
	1062	1	3935	3507	2676	2666
	3257	64	5980	834	2696	2696
243	3099	10	6069	3442	5838	5838
7	6426	19	7740	4330	6952	6952
3	145	59	1663	648	2812	2812
	637	370	7621	347	6487	6487
24			2445	1340	3884	3863
298			3609	1587	5095	4983
	707	460	2900	1830	5142	5142
294	509		1947	768	1590	1548
30			552	516	288	153
3			192	47	358	
35			457	455	69	51
6			1438	745	553	14
11			996	847	1020	48
2	34		1087	750	225	210
89			235	209	264	141
31			1295	900	366	137
			1547	331	474	414
			2818	1073	1163	1079
52			1403	868	290	188
14		216	738	447	1281	1246
383			4250	1275	985	638
15	235	175	383	363	1877	1877
86		240	648	410	941	486
			21	16	18	
77			1018	951	530	249
55	38		4615	3155	2148	2121
12			827	359	362	299
			934	314	851	845
995	88	83	14555	11087	7937	7544
262			13991	11023	14704	13730
392			6737	6477	1863	1709
527	287	222	4139	2913	1941	1459
2241	938		4962	557	7469	7469
67			2688	1099	4243	4208
262	274	48	3339	2384	1593	1539
15	386	174	1393	1072	996	876
60	343	1138	9746	9632	1499	929
190	57	39	1429	1274	654	530

20-12 主要粮食作物产量(2014年)

单位：吨

县 市	Region	粮 食 总产量 Output of Grain	秋粮产量 Output of Autumn Grain	谷 物 Cereal	#小 麦 Wheat	#玉 米 Corn	#谷 子 Millet
太 原 市	**Taiyuan**						
小店区	Xiaodian	72810	72303	72749	507	72146	
迎泽区	Yingze	374	374	268		223	27
杏花岭区	Xinghualing	889	889	625		518	41
尖草坪区	Jiancaoping	14973	14973	14334		13380	666
万柏林区	Wanbailin	1632	1632	1223		1054	113
晋源区	Jinyuan	23100	23100	22923		21514	1
清徐县	Qingxu	129407	129037	128577	370	124410	33
阳曲县	Yangqu	68509	68509	65070		56133	6689
娄烦县	Loufan	15997	15997	6766		3455	1753
古交市	Gujiao	11290	11290	4540		2789	950
大 同 市	**Datong**						
南郊区	Nanjiao	63559	63559	60833		55284	1996
新荣区	Xinrong	50474	50428	35673		17830	2725
阳高县	Yanggao	246368	246368	238913		224143	6109
天镇县	Tianzhen	161143	161143	149285		140990	3556
广灵县	Guangling	150741	150741	144679		135724	4008
灵丘县	Lingqiu	81802	81802	72744		62008	6740
浑源县	Hunyuan	156729	156233	141679		133426	2859
左云县	Zuoyun	33859	33859	15828		6700	2011
大同县	Datongxian	95574	95574	88670		81026	2718
阳 泉 市	**Yangquan**						
郊 区	Jiaoqu	29965	29965	29300		28057	1229
平定县	Pingding	126583	126576	122451	7	118841	3314
盂 县	Yuxian	137036	136233	133065		127753	5034
长 治 市	**Changzhi**						
城 区	Chengqu	1756	1756	1756		1756	
郊 区	Jiaoqu	54051	53902	53017	149	52810	49
长治县	Changzhixian	134923	131789	130469	3134	124993	1716
襄垣县	Xiangyuan	194151	192722	191553	1429	184506	5475
屯留县	Tunliu	250173	245957	240421	4216	233121	2517
平顺县	Pingshun	51760	45586	48077	6175	39902	1973
黎城县	Licheng	75409	69452	72577	5957	64272	1481
壶关县	Huguan	124118	123665	121471	453	119741	1210
长子县	Zhangzi	237958	231061	235610	6897	228192	522
武乡县	Wuxiang	124010	122696	116989	1314	94273	18483
沁 县	Qinxian	182578	181050	181317	1528	170953	6800
沁源县	Qinyuan	78570	78570	67473		63389	3299
潞城市	Lucheng	112460	105710	111491	6750	103345	1078

OUTPUT OF MAJOR GRAIN CROPS(2014)

(ton)

#高　粱 Sorghum	#燕　麦 Oats	#荞　麦 Buckwheat	豆　类 Beans	#大　豆 Soybean	薯　类 Tubers	#马铃薯 Potato
96			61	61		
6		12	19	6	87	87
23		14	175	159	89	82
145		77	469	455	170	128
			7		402	402
354		16	25	25	152	123
3690			369	357	461	15
396		785	1911	1409	1528	1508
163	73	398	2768	2169	6463	6463
50	242	82	2224	1789	4526	4516
1056	48	189	1220	272	1506	1506
3984	1264	1744	2669	2306	12132	12132
1640			2744	1479	4711	4711
1833	117	199	1650	518	10208	10208
128	511	1026	1626	267	4436	4436
4	1742	196	4088	2751	4970	4942
14	1741		5835	1243	9215	9091
196	4030	1481	3256	1381	14775	14775
333			3866	858	3038	3038
2			121	49	545	147
133			1157	1036	2976	696
15			484	221	3487	3359
9			779	765	255	251
			715	548	3739	3693
1			604	445	1994	996
400			3692	1632	6060	4223
			356	293	3327	3159
864			2077	2071	754	608
			203	197	2444	2425
			258	190	2090	1742
2535		22	1165	1098	5856	5376
2036			744	576	517	354
12	290	162	1813	889	9284	9121
318			502	482	467	246

20-12 续表1

单位：吨

县 市	Region	粮 食 总产量 Output of Grain	秋粮产量 Output of Autumn Grain	谷 物 Cereal	#小 麦 Wheat	#玉 米 Corn	#谷 子 Millet
晋城市	**Jincheng**						
城 区	Chengqu	9169	3686	8113	5483	2449	180
沁水县	Qinshui	113869	99876	108123	13993	88622	4222
阳城县	Yangcheng	140715	106331	138506	34384	95334	8622
陵川县	Lingchuan	91600	90958	84209	642	80952	2533
泽州县	Zezhou	206912	97353	166792	109559	49637	6528
高平市	Gaoping	167784	164369	163697	3415	157452	2759
朔州市	**Shuozhou**						
朔城区	Shuocheng	336053	334420	301220		282224	2692
平鲁区	Pinglu	92291	84249	33271		15190	4050
山阴县	Shanyin	279060	278036	269170		253229	3977
应 县	Yingxian	330000	330000	307256		290933	8107
右玉县	Youyu	33639	31939	18666		9833	686
怀仁县	Huairen	210019	210019	203581		189801	4945
晋中市	**Jinzhong**						
榆次区	Yuci	218717	217476	215707	1241	206000	4869
榆社县	Yushe	75449	75437	66213	12	49590	11348
左权县	Zuoquan	59643	59534	55494	109	49755	5289
和顺县	Heshun	65949	65949	58921		53828	3481
昔阳县	Xiyang	178378	178378	175784		171367	3535
寿阳县	Shouyang	351632	351632	343572		334017	7424
太谷县	Taigu	229227	217888	220103	11339	203085	3161
祁 县	Qixian	236157	226842	231406	9315	220552	1092
平遥县	Pingyao	289627	287948	281427	1369	276017	2564
灵石县	Lingshi	68435	60240	64014	8195	51071	2298
介休市	Jiexiu	148649	136458	141071	12191	127477	489
运城市	**Yuncheng**						
盐湖区	Yanhu	236849	148606	229053	88243	140810	
临猗县	Linyi	331561	201152	306243	130409	175834	
万荣县	Wanrong	192161	93842	180148	98319	81718	94
闻喜县	Wenxi	289191	138247	279788	150944	124608	159
稷山县	Jishan	259626	128177	254851	131449	123282	52
新绛县	Xinjiang	234306	116467	233348	117839	115237	132
绛 县	Jiangxian	178923	108919	175408	70004	103567	95
垣曲县	Yuanqu	91770	44136	85915	47634	36943	993
夏 县	Xiaxian	279323	161723	278408	117600	160456	122
平陆县	Pinglu	114556	59398	104685	55158	49385	104
芮城县	Ruicheng	317258	163501	307562	153757	153381	219
永济市	Yongji	448377	239934	444660	208443	233889	19
河津市	Hejin	181146	90763	180135	90383	89326	

continued

(ton)

#高　粱 Sorghum	#燕　麦 Oats	#荞　麦 Buckwheat	豆　类 Beans	#大　豆 Soybean	薯　类 Tubers	#马铃薯 Potato
1			626	622	430	102
1286			2949	2516	2797	1507
			1395	922	814	334
			687	537	6704	6646
1068			37275	37273	2845	1141
56			2327	2327	1760	95
1012	4609	224	10863	1183	23970	23970
	9424	2699	10921	1194	48099	48099
971	3004	1301	3660	2038	6230	6230
1542			3348	1234	19396	19396
8	4574	2740	4827	3050	10146	10146
1502			4172	1725	2266	2266
2820	3	393	2083	1774	927	317
4910	5	102	6809	6044	2427	1879
86	121	125	1331	1313	2818	2774
167	19	323	1671	1567	5357	5357
100	4	62	878	826	1716	1518
1113		840	393	372	7667	7659
2404			4960	4883	4164	2716
447			2663	2612	2088	557
1011	133	99	1509	1432	6691	5063
1515	61	570	2383	2103	2038	1004
686		33	4860	4743	2718	1032
			5422	1971	2374	
			11511	5446	13807	
17			3948	599	8065	
4077			2171	802	7232	572
69			2596	1786	2178	17
140			731	263	227	17
1742			1313	839	2202	350
345			2317	2135	3538	158
230			447	409	468	48
38			2428	2134	7443	1403
205			6881	3732	2815	35
2310			1800	1739	1917	
426			541	176	470	

20-12 续表2

单位：吨

县 市	Region	粮 食 总产量 Output of Grain	秋粮产量 Output of Autumn Grain	谷 物 Cereal	#小 麦 Wheat	#玉 米 Corn	#谷 子 Millet
忻 州 市	**Xinzhou**						
忻府区	Xinfu	324953	324953	324109		318707	4544
定襄县	Dingxiang	167070	167070	164711		157009	6013
五台县	Wutai	107535	107535	96364		86153	6560
代 县	Daixian	75500	75500	71480		65182	2297
繁峙县	Fanshi	79971	79971	71947		61112	5373
宁武县	Ningwu	29727	29727	13802		7166	788
静乐县	Jingle	50465	50465	25531		10042	6534
神池县	Shenchi	144828	144828	113679		89365	7182
五寨县	Wuzhai	200728	200728	188509		158710	27682
岢岚县	Kelan	58541	58541	33047		24357	7400
河曲县	Hequ	65155	65155	52096		28018	16608
保德县	Baode	47563	47563	28351		14820	7642
偏关县	Pianguan	51776	51776	36830		12302	16840
原平市	Yuanping	366400	365586	355807	814	342850	5899
临 汾 市	**Linfen**						
尧都区	Yaodu	277466	134498	274307	142968	129444	655
曲沃县	Quwo	214189	123572	210605	90617	119961	
翼城县	Yicheng	247439	139602	246253	107837	136944	1315
襄汾县	Xiangfen	517343	290277	510047	227066	279338	3575
洪洞县	Hongtong	470644	242102	462235	228542	232742	598
古 县	Guxian	71417	50828	67685	20589	46043	979
安泽县	Anze	147775	143545	145980	4230	140073	1275
浮山县	Fushan	114902	65180	110787	49722	58344	2331
吉 县	Jixian	42683	32646	39031	10037	28044	456
乡宁县	Xiangning	91169	48939	83815	42230	36324	3165
大宁县	Daning	53273	47288	50021	5985	41350	2543
隰 县	Xixian	102882	102456	95987	426	89599	4862
永和县	Yonghe	74480	72322	67822	2158	57556	6862
蒲 县	Puxian	73600	73468	66538	132	63219	1382
汾西县	Fenxi	90695	55727	86464	34968	46650	2461
侯马市	Houma	91596	44154	91421	47442	43979	
霍州市	Huozhou	75973	29691	72076	46282	24573	968
吕 梁 市	**Lvliang**						
离石区	Lishi	32123	32123	25207		21568	2465
文水县	Wenshui	291136	290563	287490	573	286232	635
交城县	Jiaocheng	50187	49917	44849	270	42913	936
兴 县	Xingxian	93851	93851	64160		35720	22092
临 县	Linxian	135160	135160	108960		91969	12967
柳林县	Liulin	47729	47729	34210		22146	8698
石楼县	Shilou	57143	56610	49550	533	33865	10347
岚 县	Lanxian	83739	83739	61736		46020	6908
方山县	Fangshan	41437	41437	30227		27652	1548
中阳县	Zhongyang	25085	25085	18270		12694	3509
交口县	Jiaokou	30751	30735	26525	16	23832	1681
孝义市	Xiaoyi	139107	128083	106052	11024	86301	4871
汾阳市	Fenyang	233021	232816	227149	205	221256	3993

continued

(ton)

#高 粱 Sorghum	#燕 麦 Oats	#荞 麦 Buckwheat	豆 类 Beans	#大 豆 Soybean	薯 类 Tubers	#马铃薯 Potato
807		50	203	125	640	261
1027		13	965	598	1394	686
603	693	32	2649	1947	8522	8314
884	161		1722	473	2298	2060
	776	1	3109	2843	4915	4896
	3176	66	5651	865	10274	10274
815	3728	21	6364	3525	18570	18570
33	17061	38	13734	7677	17415	17415
7	240	118	3446	1309	8773	8773
	821	469	6484	530	19010	19010
130			2869	1709	10190	10140
463			5039	1877	14173	13946
	660	676	3183	1884	11763	11763
1864	844		3882	1508	6711	6471
217			1999	1912	1160	520
27			325	72	3259	
157			870	868	316	252
43			4134	2799	3162	61
45			1748	1404	6661	163
3	40		1890	1325	1842	1741
402			534	455	1261	645
184			2024	1525	2091	724
			2092	958	1560	1360
			3808	1955	3546	3235
88			2333	1596	919	703
67		275	1255	957	5640	5516
811			3720	1274	2938	2087
93	658	540	612	581	6450	6450
198		224	824	520	3407	1589
			51	45	124	
253			2152	2090	1745	805
57	23		3705	2800	3211	3188
50			1952	957	1694	1296
			1799	418	3539	3512
2060	90	69	15195	12300	14496	14015
545			9136	7356	17064	15858
1202			7465	7246	6054	5666
861	401	254	5148	3721	2445	1813
6457	1150		5367	588	16636	16636
128			2785	1136	8425	8359
1644	267	46	3756	2544	3059	2929
27	262	116	1560	1287	2666	2052
340	475	2561	26358	26160	6697	4482
1083	39	22	1828	1659	4044	3171

20-13 棉花生产基本情况(2014年)
BASIC STATISTICS ON COTTON PRODUCTION(2014)

县 市	Region	播种面积 (公顷) Sown Area (ha)	总产量 (吨) Total Output (ton)	每公顷产量 (公斤) Output per ha (kg)
太原市	**Taiyuan**			
清徐县	Qingxu	13	22	1682
长治市	**Changzhi**			
黎城县	Licheng	15	7	474
潞城市	Lucheng	31	19	617
晋城市	**Jincheng**			
沁水县	Qinshui	164	157	960
阳城县	Yangcheng	51	32	624
泽州县	Zezhou	7	4	567
晋中市	**Jinzhong**			
榆次区	Yuci	22	11	482
太谷县	Taigu	62	81	1299
祁县	Qixian	8	7	920
平遥县	Pingyao	7	6	818
运城市	**Yuncheng**			
盐湖区	Yanhu	2649	2244	848
临猗县	Linyi	7872	12439	1580
万荣县	Wanrong	634	501	789
闻喜县	Wenxi	229	246	1074
稷山县	Jishan	47	69	1455
新绛县	Xinjiang	234	162	690
绛县	Jiangxian	139	114	821
垣曲县	Yuanqu	343	369	1076
夏县	Xiaxian	1181	1179	999
平陆县	Pinglu	267	309	1157

20-13　续表　continued

县　市	Region	播种面积 (公顷) Sown Area (ha)	总产量 (吨) Total Output (ton)	每公顷产量 (公斤) Output per ha (kg)
芮城县	Ruicheng	828	1284	1551
永济市	Yongji	3164	3685	1164
河津市	Hejin	11	12	1046
临汾市	**Linfen**			
尧都区	Yaodu	15	14	929
曲沃县	Quwo	180	183	1019
襄汾县	Xiangfen	85	113	1334
洪洞县	Hongtong	1	1	701
浮山县	Fushan	25	49	1961
大宁县	Daning	20	27	1332
永和县	Yonghe	220	146	663
汾西县	Fenxi	10	9	897
侯马市	Houma	8	8	963
霍州市	Huozhou	27	15	549
吕梁市	**Lvliang**			
文水县	Wenshui	6	3	459
临　县	Linxian	34	9	261
柳林县	Liulin	83	17	209
石楼县	Shilou	20	7	350
中阳县	Zhongyang	3	2	516
汾阳市	Fenyang	5	7	1553

20-14 油料生产基本情况(2014年)
BASIC STATISTICS ON OIL-BEARING CROPS(2014)

县 市	Region	油料合计 Oil-bearing Crops		胡麻籽 Benne		向日葵 Sunflower	
		播种面积(公顷) Sown Area (ha)	总产量(吨) Total Output (ton)	播种面积(公顷) Sown Area (ha)	总产量(吨) Total Output (ton)	播种面积(公顷) Sown Area (ha)	总产量(吨) Total Output (ton)
太原市	**Taiyuan**						
小店区	Xiaodian						
迎泽区	Yingze	1	1			1	1
杏花岭区	Xinghualing	3	3	1	1	1	1
尖草坪区	Jiancaoping	42	49			42	49
万柏林区	Wanbailin						
晋源区	Jinyuan						
清徐县	Qingxu	30	51			17	29
阳曲县	Yangqu	532	709	172	171	219	288
娄烦县	Loufan	1152	1432	760	775	299	516
古交市	Gujiao	744	842	307	372	295	393
大同市	**Datong**						
南郊区	Nanjiao	706	519	638	473	21	22
新荣区	Xinrong	2742	2589	2742	2589		
阳高县	Yanggao	1639	1574			1421	1452
天镇县	Tianzhen	985	1371	109	99	571	876
广灵县	Guangling	2138	2165	985	1156	823	777
灵丘县	Lingqiu	2028	1385	860	467	832	608
浑源县	Hunyuan	1291	2293	706	1300	174	250
左云县	Zuoyun	3553	2207	3544	2201		
大同县	Datongxian	172	117	3	3	33	25
阳泉市	**Yangquan**						
郊 区	Jiaoqu						
平定县	Pingding	43	95			33	87
盂 县	Yuxian	68	121	1	1	43	77
长治市	**Changzhi**						
长治县	Changzhixian	52	137				
襄垣县	Xiangyuan	168	286			132	210
屯留县	Tunliu	3	7			2	4
平顺县	Pingshun	41	85			7	15
黎城县	Licheng	104	158			89	141
壶关县	Huguan	40	49			4	5
长子县	Zhangzi	13	56				
武乡县	Wuxiang	315	591			114	245
沁 县	Qinxian	18	96			1	2
沁源县	Qinyuan	313	583	3	5	138	256
潞城市	Lucheng	91	166			10	21

20-14 续表1 continued

县 市	Region	油料合计 Oil-bearing Crops 播种面积（公顷）Sown Area (ha)	总产量（吨）Total Output (ton)	胡麻籽 Benne 播种面积（公顷）Sown Area (ha)	总产量（吨）Total Output (ton)	向日葵 Sunflower 播种面积（公顷）Sown Area (ha)	总产量（吨）Total Output (ton)
晋城市	**Jincheng**						
城　区	Chengqu						
沁水县	Qinshui	760	1209			337	572
阳城县	Yangcheng	404	539	2	1	46	84
陵川县	Lingchuan	205	775			3	5
泽州县	Zezhou	1036	1572			480	633
高平市	Gaoping						
朔州市	**Shuozhou**						
朔城区	Shuocheng	2709	5234	2145	4160	564	1074
平鲁区	Pinglu	11895	11922	10321	10331	34	111
山阴县	Shanyin	3917	4209	2512	1864	1125	1991
应　县	Yingxian	1245	3969	107	522	895	2432
右玉县	Youyu	8954	6234	8910	6181	34	37
怀仁县	Huairen	251	263	10	11	70	67
晋中市	**Jinzhong**						
榆次区	Yuci	165	238			143	203
榆社县	Yushe	159	307			3	10
左权县	Zuoquan	219	401			65	85
和顺县	Heshun	689	913	478	727	10	15
昔阳县	Xiyang	78	176	10	46	67	127
寿阳县	Shouyang	11	19	1	1	11	18
太谷县	Taigu	5	7				
祁　县	Qixian	47	134			11	28
平遥县	Pingyao	836	1763			268	278
灵石县	Lingshi	249	191	23	14	54	55
介休市	Jiexiu	20	46			3	7
运城市	**Yuncheng**						
盐湖区	Yanhu	484	1057			231	628
临猗县	Linyi	1396	3703			1149	2990
万荣县	Wanrong	1543	2707			536	743
闻喜县	Wenxi	745	1344	1	1	625	1003
稷山县	Jishan	551	1111			417	816
新绛县	Xinjiang	338	681			253	541
绛　县	Jiangxian	303	644			136	270
垣曲县	Yuanqu	357	881			36	131
夏　县	Xiaxian	456	723			92	279
平陆县	Pinglu	1052	981			150	174
芮城县	Ruicheng	1447	3042			393	810
永济市	Yongji	424	968			295	685
河津市	Hejin	331	657			113	255

20-14 续表2 continued

县 市	Region	油料合计 Oil-bearing Crops		胡麻籽 Benne		向日葵 Sunflower	
		播种面积 (公顷) Sown Area (ha)	总产量 (吨) Total Output (ton)	播种面积 (公顷) Sown Area (ha)	总产量 (吨) Total Output (ton)	播种面积 (公顷) Sown Area (ha)	总产量 (吨) Total Output (ton)
忻州市	**Xinzhou**						
忻府区	Xinfu	173	304	1	1	136	263
定襄县	Dingxiang	564	1293			276	628
五台县	Wutai	149	201	41	49	40	79
代县	Daixian	725	1333	195	337	287	525
繁峙县	Fanshi	2104	2126	983	1019	741	814
宁武县	Ningwu	3345	5196	3345	5196		
静乐县	Jingle	4451	5478	3832	4539	293	520
神池县	Shenchi	6778	11692	6041	10421	737	1271
五寨县	Wuzhai	99	209	55	92	43	117
岢岚县	Kelan	4506	9641	3998	8345	508	1296
河曲县	Hequ	2853	5076			426	482
保德县	Baode	609	1124			220	401
偏关县	Pianguan	3183	3330	2023	2011	325	503
原平市	Yuanping	922	1320	658	940	201	263
临汾市	**Linfen**						
尧都区	Yaodu	74	160			33	75
曲沃县	Quwo	273	747			246	681
翼城县	Yicheng	186	404	23	70	147	287
襄汾县	Xiangfen	701	1588			348	693
洪洞县	Hongtong	118	358			42	158
古县	Guxian	312	583			298	553
安泽县	Anze	230	622			100	285
浮山县	Fushan	498	1565			408	1241
吉县	Jixian	1299	2368			1030	1939
乡宁县	Xiangning	980	1918			582	968
大宁县	Daning	290	452			132	213
隰县	Xixian	312	528			247	450
永和县	Yonghe	2204	3010			1013	1388
蒲县	Puxian	491	591	195	216	209	268
汾西县	Fenxi	577	353	140	42	119	90
侯马市	Houma	245	426			237	411
霍州市	Huozhou	140	199			47	53
吕梁市	**Lvliang**						
离石区	Lishi	804	643	39	21	187	187
文水县	Wenshui	575	1648			99	204
交城县	Jiaocheng	86	214	30	37		
兴县	Xingxian	12017	14158	930	711	3953	4439
临县	Linxian	6435	4996	13	2	2201	1825
柳林县	Liulin	1321	1467	13	19	438	520
石楼县	Shilou	1959	2423	44	58	218	243
岚县	Lanxian	1973	2277	1505	1637	154	187
方山县	Fangshan	771	935	4	4	122	153
中阳县	Zhongyang	357	239	206	100	24	24
交口县	Jiaokou	1139	839	603	484		
孝义市	Xiaoyi	488	621	33	25	97	146
汾阳市	Fenyang	80	239			14	30

20-15 药材、蔬菜、瓜果生产情况(2014年)
PRODUCTION OF MEDICINAL MATERIALS, VEGETABLES AND MELONS(2014)

县 市	Region	药材类 Medicinal Materials		蔬 菜 Vegetables		瓜果类 Melons	
		播种面积 (公顷) Sown Area (ha)	总产量 (吨) Total Output (ton)	播种面积 (公顷) Sown Area (ha)	总产量 (吨) Total Output (ton)	播种面积 (公顷) Sown Area (ha)	总产量 (吨) Total Output (ton)
太原市	**Taiyuan**						
小店区	Xiaodian			4971	274117	11	73
迎泽区	Yingze			7	261		1
杏花岭区	Xinghualing			80	2087		
尖草坪区	Jiancaoping	2		990	65241	35	978
万柏林区	Wanbailin	2	100	41	1374		
晋源区	Jinyuan			2229	160978		
清徐县	Qingxu	25	217	9612	634435	65	1590
阳曲县	Yangqu	407	3102	2941	93835	41	569
娄烦县	Loufan	6	150	263	9615	61	1174
古交市	Gujiao	270	128	545	39833	6	41
大同市	**Datong**						
南郊区	Nanjiao			2115	128890	156	8787
新荣区	Xinrong			473	18920	280	7308
阳高县	Yanggao	8	5	5240	259319	452	16650
天镇县	Tianzhen	108	1336	1056	58510	341	7420
广灵县	Guangling	3	83	1805	50115	99	3439
灵丘县	Lingqiu	49		235	11188	60	2180
浑源县	Hunyuan	2015	582	2824	131025	72	3558
左云县	Zuoyun	119	109	227	10289	87	1736
大同县	Datongxian	3	5	4758	139040	1239	34397
阳泉市	**Yangquan**						
郊 区	Jiaoqu	140	60	563	45488	3	36
平定县	Pingding	209	33	508	24891		64
盂 县	Yuxian	217	480	533	22456	18	275
长治市	**Changzhi**						
城 区	Chengqu			268	26237		
郊 区	Jiaoqu	324	1268	614	46638	19	7
长治县	Changzhixian	69	79	2301	132716		
襄垣县	Xiangyuan	31	113	1990	124052	267	12679
屯留县	Tunliu	329	9653	1660	81999	80	2788
平顺县	Pingshun	784	1165	596	12370	3	54
黎城县	Licheng	142	191	641	10982	30	1373
壶关县	Huguan	217	388	1197	110210	2	
长子县	Zhangzi	132	1165	6602	385711	2	40
武乡县	Wuxiang	83	10	1064	23113	233	4715
沁 县	Qinxian	162	1002	799	25401	48	1164
沁源县	Qinyuan	1074	769	663	17110	51	1022
潞城市	Lucheng	33		1343	68729	8	202

20-15 续表1 continued

县 市	Region	药材类 Medicinal Materials		蔬 菜 Vegetables		瓜果类 Melons	
		播种面积 (公顷) Sown Area (ha)	总产量 (吨) Total Output (ton)	播种面积 (公顷) Sown Area (ha)	总产量 (吨) Total Output (ton)	播种面积 (公顷) Sown Area (ha)	总产量 (吨) Total Output (ton)
晋城市	**Jincheng**						
城　区	Chengqu	7	300	555	41190	2	112
沁水县	Qinshui	175	1229	1121	53266	47	2112
阳城县	Yangcheng	148	2169	1026	57112	4	56
陵川县	Lingchuan	1039	4398	899	38948		18
泽州县	Zezhou	350	1495	1685	77220	27	225
高平市	Gaoping	211	1463	2067	188604	38	1263
朔州市	**Shuozhou**						
朔城区	Shuocheng			7365	280400	823	17566
平鲁区	Pinglu			600	6025	6	802
山阴县	Shanyin			2270	93545	440	12218
应　县	Yingxian	113	198	10918	477799	4261	150386
右玉县	Youyu	10	1	121	7522	66	2403
怀仁县	Huairen			4124	199060	2123	64535
晋中市	**Jinzhong**						
榆次区	Yuci	185	1368	13808	959015	450	20881
榆社县	Yushe	15	61	894	44535	39	2939
左权县	Zuoquan	231	224	601	22974	1	10
和顺县	Heshun	276	2	505	23660	1	4
昔阳县	Xiyang			1257	59075	1	20
寿阳县	Shouyang			8480	883453	43	3440
太谷县	Taigu			6317	521813	413	24774
祁　县	Qixian	69	166	4480	322552	95	5784
平遥县	Pingyao	419	188	3683	142243	180	3278
灵石县	Lingshi	21	32	1201	38975	15	428
介休市	Jiexiu	13	22	266	17684	8	268
运城市	**Yuncheng**						
盐湖区	Yanhu	431	1467	2290	132406	602	33174
临猗县	Linyi	257	5593	3407	177516	612	28548
万荣县	Wanrong	3001	27269	3517	185064	400	8672
闻喜县	Wenxi	3700	69814	7298	302365	396	10966
稷山县	Jishan	1651	40823	998	58425	26	407
新绛县	Xinjiang	1233	5871	11722	721407	14	540
绛　县	Jiangxian	1858	30127	1109	58672	280	9418
垣曲县	Yuanqu	450	389	1369	51338	234	14171
夏　县	Xiaxian	2243	16147	13861	709568	703	38134
平陆县	Pinglu	40	114	2073	104333	209	6144
芮城县	Ruicheng	1105	9730	5633	200830	637	24308
永济市	Yongji	105	1776	2798	88441	2095	76009
河津市	Hejin	597	11545	2469	95841	122	2946

20-15 续表2 continued

县 市	Region	药材类 Medicinal Materials 播种面积(公顷) Sown Area (ha)	药材类 Medicinal Materials 总产量(吨) Total Output (ton)	蔬菜 Vegetables 播种面积(公顷) Sown Area (ha)	蔬菜 Vegetables 总产量(吨) Total Output (ton)	瓜果类 Melons 播种面积(公顷) Sown Area (ha)	瓜果类 Melons 总产量(吨) Total Output (ton)
忻州市	**Xinzhou**						
忻府区	Xinfu	9	5	1390	55221	530	14266
定襄县	Dingxiang		2	1242	37094	1026	38991
五台县	Wutai	59	525	407	19033	22	640
代县	Daixian	51	79	385	16644	338	12750
繁峙县	Fanshi			292	13810	269	9103
宁武县	Ningwu	33	150	133	5482		
静乐县	Jingle	443	149	635	8444	45	1073
神池县	Shenchi			2113	47122	101	1684
五寨县	Wuzhai	31	95	91	5172	4	125
岢岚县	Kelan			205	6224	2	40
河曲县	Hequ			543	18841	255	9084
保德县	Baode	1	1	741	12224	191	4020
偏关县	Pianguan			78	2519	33	634
原平市	Yuanping	74	135	716	63549	97	8450
临汾市	**Linfen**						
尧都区	Yaodu	227	7048	2387	192826	188	6630
曲沃县	Quwo	664	7901	5775	378131	190	7449
翼城县	Yicheng	93	2671	637	35340	108	4313
襄汾县	Xiangfen	1472	18811	6273	315154	38	1561
洪洞县	Hongtong	855	7779	1984	86728	81	2634
古县	Guxian	412	4103	332	10507	91	2447
安泽县	Anze	606	3832	783	30307	60	2663
浮山县	Fushan	185	7494	1156	50361	453	28599
吉县	Jixian	72	1613	405	11853	198	6052
乡宁县	Xiangning			553	2895	33	330
大宁县	Daning	64	349	352	8381	327	6406
隰县	Xixian	18	42	268	5139	156	3189
永和县	Yonghe	523	3853	375	14888	130	3283
蒲县	Puxian	20	335	234	16332	5	121
汾西县	Fenxi	270	1151	420	14743	17	702
侯马市	Houma	90	1381	680	49753	108	6320
霍州市	Huozhou			1004	70748	96	2160
吕梁市	**Lvliang**						
离石区	Lishi	68	30	472	6443	28	563
文水县	Wenshui	33		942	54935	109	2922
交城县	Jiaocheng	20	60	426	23544	10	434
兴县	Xingxian	5		185	3315	74	1383
临县	Linxian	10	8	3385	46694	120	3238
柳林县	Liulin			1156	15072	180	3724
石楼县	Shilou			455	4566	105	1418
岚县	Lanxian	2		166	3421	11	184
方山县	Fangshan	63	147	473	10613	42	1347
中阳县	Zhongyang	349	111	352	7281	1	25
交口县	Jiaokou	352	299	595	2880		
孝义市	Xiaoyi	363	5696	2469	214532		
汾阳市	Fenyang	31	14	393	17483	11	238

20-16 畜牧业生产情况(2014年)

县 市	Region	大牲畜年末存栏(头) Large Animals at Year-end (head)	#牛 Cattle and Buffaloes	猪年末存栏(头) Hogs at Year-end (head)	羊年末存栏(只) Sheep and Goats at Year-end (head)	禽年末存栏(只) Poultry at Year-end (head)
太原市	**Taiyuan**					
小店区	Xiaodian	7615	7580	19800	18000	568000
迎泽区	Yingze	10	10	3713	3502	15840
杏花岭区	Xinghualing	104	58	16802	8327	82838
尖草坪区	Jiancaoping	4971	4898	30087	20197	171595
万柏林区	Wanbailin	121	121	8534	300	66570
晋源区	Jinyuan	3383	3301	32639	17384	601268
清徐县	Qingxu	9904	9769	138987	94362	1010022
阳曲县	Yangqu	8947	6988	40176	198319	568043
娄烦县	Loufan	5563	3563	11000	64793	93200
古交市	Gujiao	3562	2350	22215	71733	465485
大同市	**Datong**					
南郊区	Nanjiao	16231	15434	42643	88784	783200
新荣区	Xinrong	16432	14153	16235	115074	136137
阳高县	Yanggao	49320	36665	256614	213522	426570
天镇县	Tianzhen	36737	17074	97150	158354	311343
广灵县	Guangling	25435	12957	49830	268687	382072
灵丘县	Lingqiu	39933	25981	48716	243870	350127
浑源县	Hunyuan	27394	17815	63083	190722	350303
左云县	Zuoyun	15896	13622	21013	251760	111858
大同县	Datongxian	21371	14886	37580	116901	1319500
阳泉市	**Yangquan**					
郊 区	Jiaoqu	860	716	32525	8153	753026
平定县	Pingding	2546	913	50533	27469	945565
盂 县	Yuxian	4493	3819	59466	102585	616877
长治市	**Changzhi**					
城 区	Chengqu	1482	1435	10837	2475	99050
郊 区	Jiaoqu	2533	2383	40261	13915	916080
长治县	Changzhixian	2136	1927	162902	37871	2271500
襄垣县	Xiangyuan	3513	2655	33787	53328	871604
屯留县	Tunliu	6106	5831	63991	99701	1180209
平顺县	Pingshun	4963	2430	39115	22845	297444
黎城县	Licheng	5575	4351	53631	55380	402379
壶关县	Huguan	582	496	74354	22751	1061560
长子县	Zhangzi	7075	6775	82692	65218	2999455
武乡县	Wuxiang	10482	8161	26120	108000	1176436
沁 县	Qinxian	18412	16300	17289	60566	1553868
沁源县	Qinyuan	5265	3405	8633	197732	300370
潞城市	Lucheng	6065	2923	83396	40037	375551

NUMBER OF LIVESTOCK AND LIVESTOCK PRODUCTS(2014)

奶类总产量（吨）Output of Milk (ton)	#牛奶 Cow Milk	肉类总产量（吨）Output of Meat (ton)	#猪肉 Pork	#牛肉 Beef	#羊肉 Mutton	禽蛋产量（吨）Poultry Eggs (ton)
42000	42000	4500	2150	300	150	4800
34	34	453	394		33	193
65	65	1741	1533	3	104	411
9938	9928	4674	4119	50	216	1950
320	320	916	856	9	1	480
11341	11341	3946	2812	46	158	4592
16633	16510	23050	17350	1203	1473	6500
19150	19048	7563	4922	487	1548	6220
		2304	1131	175	763	415
150	150	4319	2540	165	750	3450
65920	65890	10152	7234	1004	932	9926
10592	10556	5230	2207	929	1609	1715
50822	50822	42069	37842	982	2408	3112
30454	30391	16464	12402	759	2458	4585
14306	13536	11374	7109	604	2798	2946
5482	5420	11298	6430	1431	2242	4400
23089	23066	22458	14720	2331	4478	4034
5800	5800	5898	1958	455	3198	1530
31414	31414	11635	6420	1641	1797	13589
3334	3334	4449	3478	15	70	9786
3179	3179	9740	7248	31	138	10731
5	5	5562	4550	115	415	7283
2690	2668	1075	816	42	26	1009
4839	4820	5815	4710	96	183	9360
2205	2205	19758	16567	85	398	29050
43	43	5209	3279	241	418	4994
85	85	7932	6100	318	516	10853
		4320	3542	172	186	3445
1300	1300	5353	4690	74	275	4288
529	529	10320	9058	73	206	10235
200	200	14643	9935	465	763	40595
604	604	5308	1529	335	673	1206
693	693	12467	4084	3780	1033	10315
1860	1860	1503	320	163	570	1470
2155	2155	9010	7562	72	509	3970

20-16 续表1

县市	Region	大牲畜年末存栏(头) Large Animals at Year-end (head)	#牛 Cattle and Buffaloes	猪年末存栏(头) Hogs at Year-end (head)	羊年末存栏(只) Sheep and Goats at Year-end (head)	禽年末存栏(只) Poultry at Year-end (head)
晋城市	**Jincheng**					
城区	Chengqu	1013	1013	18472	9863	143820
沁水县	Qinshui	2820	2428	51262	208136	1060861
阳城县	Yangcheng	3564	3539	156889	93477	3095605
陵川县	Lingchuan	789	753	105533	68413	899794
泽州县	Zezhou	10756	10756	329768	150305	2257314
高平市	Gaoping	831	817	403952	41311	1387720
朔州市	**Shuozhou**					
朔城区	Shuocheng	29638	21448	22908	208728	302035
平鲁区	Pinglu	8359	3070	26503	115960	92906
山阴县	Shanyin	93950	89025	58458	207524	512983
应县	Yingxian	39872	36753	68926	297349	187546
右玉县	Youyu	27880	22631	26945	341279	122223
怀仁县	Huairen	16817	15092	49622	817579	520314
晋中市	**Jinzhong**					
榆次区	Yuci	12642	11750	124511	142197	1160000
榆社县	Yushe	4498	4325	13010	113181	500000
左权县	Zuoquan	3426	2829	16882	72814	399072
和顺县	Heshun	23000	22140	10790	2014	370000
昔阳县	Xiyang	4930	3264	75020	64302	190000
寿阳县	Shouyang	3340	2639	47493	67219	590000
太谷县	Taigu	7693	7287	393666	111208	3700000
祁县	Qixian	33195	32836	76035	86614	1654000
平遥县	Pingyao	13860	13550	99634	143270	3790000
灵石县	Lingshi	827	545	85864	47246	940000
介休市	Jiexiu	2514	2123	91685	68283	1170000
运城市	**Yuncheng**					
盐湖区	Yanhu	3713	3706	73009	112118	873795
临猗县	Linyi	1325	1284	109386	91414	1600000
万荣县	Wanrong	3859	3707	106496	41688	2323000
闻喜县	Wenxi	3302	3193	80826	71457	2901000
稷山县	Jishan	1379	1135	69972	51239	4710000
新绛县	Xinjiang	9389	9233	119399	54652	4102460
绛县	Jiangxian	6108	6098	66796	57870	669000
垣曲县	Yuanqu	4972	4972	65525	92076	407350
夏县	Xiaxian	3088	3021	58349	45702	998000
平陆县	Pinglu	4137	4137	73447	71757	374000
芮城县	Ruicheng	3589	3535	131235	67673	910000
永济市	Yongji	4682	4682	105069	59238	2957000
河津市	Hejin	2317	2203	73001	51133	1094000

continued

奶类总产量（吨）Output of Milk (ton)	#牛奶 Cow Milk	肉类总产量（吨）Output of Meat (ton)	#猪肉 Pork	#牛肉 Beef	#羊肉 Mutton	禽蛋产量（吨）Poultry Eggs (ton)
		1575	1262	96	91	1140
		10941	4894	110	2096	4326
12	12	23291	18194	316	872	28359
		14351	12618	29	495	8300
484	484	48380	43756	801	1915	26540
42	42	59909	57789	70	391	12931
108354	108354	6787	3614	792	1703	1790
4700	4700	4658	3507	215	770	360
276997	276997	12151	7188	2850	1605	7204
92186	92186	12221	5142	1832	5032	1470
18370	18370	10963	1869	2220	6548	1454
18536	18536	42865	8235	712	33307	5702
44656	44656	19384	13958	657	2599	11994
		4070	1334	449	984	4348
		4326	2401	387	764	4315
		4216	1067	2474	57	3652
4081	4081	9930	8847	358	516	2200
941	941	6721	4551	193	1478	5793
5822	5822	53465	38609	779	1915	27489
34750	34733	22025	10886	5659	1953	19146
18575	18575	23777	12732	1752	2022	48219
360	360	15169	11212	125	782	4679
6148	6148	20125	14359	401	992	10418
9891	9891	9973	5498	95	788	4371
3589	3498	14580	11486	40	625	8725
1711	1711	15278	11672	215	411	20289
577	577	18121	8591	279	337	38084
944	944	12432	8181	125	988	82848
7458	7458	17220	14338	366	306	47860
634	634	7984	5665	469	660	4655
130	130	8318	5635	202	1142	2411
51	51	7004	5033	179	383	17806
4580	4580	11062	8813	544	568	2910
4404	4404	20035	17579	238	698	5125
12733	12733	22463	11270	139	413	9448
2166	2166	8748	7133	86	335	7718

20-16 续表2

县 市	Region	大牲畜年末存栏(头) Large Animals at Year-end (head)	#牛 Cattle and Buffaloes	猪年末存栏(头) Hogs at Year-end (head)	羊年末存栏(只) Sheep and Goats at Year-end (head)	禽年末存栏(只) Poultry at Year-end (head)
忻州市	**Xinzhou**					
忻府区	Xinfu	13550	12054	50742	195213	623123
定襄县	Dingxiang	5848	3791	41994	84378	72086
五台县	Wutai	22470	20010	30106	217590	343307
代　县	Daixian	25090	22107	14856	139512	549360
繁峙县	Fanshi	25880	17147	72200	330100	814876
宁武县	Ningwu	20534	10253	7759	207679	306350
静乐县	Jingle	15314	5699	12264	317023	100711
神池县	Shenchi	12101	5324	28572	516000	104400
五寨县	Wuzhai	8707	4505	10142	244252	99360
岢岚县	Kelan	12659	8609	19427	383180	108118
河曲县	Hequ	8890	4143	17027	112910	338211
保德县	Baode	1670	1353	33878	90384	241067
偏关县	Pianguan	6666	2925	8503	328145	70673
原平市	Yuanping	15807	10725	148378	329637	2344108
临汾市	**Linfen**					
尧都区	Yaodu	5249	5008	118378	64349	1970100
曲沃县	Quwo	4413	4222	78785	63163	1255349
翼城县	Yicheng	8692	8399	139838	98002	1158106
襄汾县	Xiangfen	4459	4047	157364	75883	1697300
洪洞县	Hongtong	8434	7857	153556	111046	2273550
古　县	Guxian	6531	6138	12818	26653	184000
安泽县	Anze	4860	4744	9636	59917	299200
浮山县	Fushan	4945	4388	19264	61160	225300
吉　县	Jixian	5248	3798	25510	7275	139200
乡宁县	Xiangning	8478	8319	40837	76118	331520
大宁县	Daning	2427	1450	3881	10462	77828
隰　县	Xixian	1764	1436	17077	25856	199767
永和县	Yonghe	5630	3200	13932	78391	163255
蒲　县	Puxian	7052	6956	20829	5939	141884
汾西县	Fenxi	3732	3728	19417	70874	1402116
侯马市	Houma	2020	2020	20783	21528	231000
霍州市	Huozhou	3984	3148	33557	41074	479600
吕梁市	**Lvliang**					
离石区	Lishi	5026	4965	53133	58569	719637
文水县	Wenshui	80633	80548	46081	95547	5045942
交城县	Jiaocheng	21278	20492	37534	98813	816069
兴　县	Xingxian	8271	7493	26280	172928	288170
临　县	Linxian	2717	2612	89354	239093	1322717
柳林县	Liulin	1757	1486	37343	43922	350926
石楼县	Shilou	4790	3808	30625	8037	255772
岚　县	Lanxian	15576	6588	17367	97768	100895
方山县	Fangshan	11489	10948	13153	29960	534659
中阳县	Zhongyang	4947	4800	21617	13963	314980
交口县	Jiaokou	4440	4397	20612	63825	460798
孝义市	Xiaoyi	7636	6483	90096	94939	6301617
汾阳市	Fenyang	11498	11148	105843	93691	2889479

continued

奶类总产量(吨) Output of Milk (ton)	#牛奶 Cow Milk	肉类总产量(吨) Output of Meat (ton)	#猪肉 Pork	#牛肉 Beef	#羊肉 Mutton	禽蛋产量(吨) Poultry Eggs (ton)
32604	32604	7158	5277	328	962	7216
2786	2786	5504	4545	137	739	626
6	6	10897	5395	1725	3432	3645
92	92	4495	1552	531	1123	2666
9246	9246	13094	9119	306	3271	4512
24	24	3868	1043	638	1587	1530
75	75	4854	1177	397	2853	1004
32	32	13950	2950	1550	9009	421
33	33	5336	990	240	3908	318
145	145	5404	1386	461	3355	798
2915	2915	3028	1634	36	1068	3182
163	163	6419	3856	49	2334	3205
		9039	3002	450	5378	576
7000	7000	23682	16559	652	4367	35200
8166	8160	9248	6972	186	472	15600
6185	6145	12531	8206	366	536	11221
13626	13626	23048	21278	470	577	11984
1180	1180	19268	16524	198	592	18885
10677	4277	20551	15789	961	1282	25897
142	16	1674	1022	235	192	1834
117	117	2070	873	402	266	3158
685	480	4187	2748	575	444	3220
		3076	2261	415	131	1720
1520	1520	6555	4895	644	545	3384
20	20	884	379	110	266	540
332	322	2198	1597	91	215	2762
90	90	2683	1699	183	584	1800
37	37	3309	2229	721	120	768
13		8578	2418	446	560	2622
2310	2310	3457	2866	60	178	2870
2692	2021	8740	7247	134	509	3317
470	470	27706	5025	148	373	4501
3917	3856	44486	6423	8350	3106	29376
949	949	9912	3837	2592	1055	5820
75	75	5495	3364	262	1639	2377
3588	3588	14121	10312	106	2045	13227
1128	1128	5722	4900	135	387	4250
140	140	4275	3835	147	65	2050
28	28	2937	2069	93	606	844
216	216	1726	717	260	145	2823
45	45	2656	1716	160	88	2050
40	40	4200	2693	201	519	1836
8409	8208	60772	10947	473	1068	13560
9225	9202	32203	14534	1241	1159	17406

20-17 水果、林业及渔业生产情况(2014年)
PRODUCTION OF FRUITS, FORESTRY AND FISHERY(2014)

县 市	Region	全年水果产量(吨) Annual Output of Fruits (ton)	#苹 果 Apples	年末果园面积(公顷) Area of Orchards at Year-end (ha)	当年造林面积(公顷) Afforestation Area in the Year (ha)	全年水产品总产量(吨) Annual Aquatic Products(ton)	年末养殖面积(公顷) Fishery-breeding Area at Year-end (ha)
太原市	**Taiyuan**						
小店区	Xiaodian	1050	260	450	180	42	22
迎泽区	Yingze	60		53	206	50	167
杏花岭区	Xinghualing	1045	548	685	706		
尖草坪区	Jiancaoping	19914	5840	1352	516	220	320
万柏林区	Wanbailin	461	20	81	1846	20	11
晋源区	Jinyuan	2752	1048	483	706	230	77
清徐县	Qingxu	45239	1776	2739	1400	1406	319
阳曲县	Yangqu	3764	2277	3117	2387	40	37
娄烦县	Loufan	905	267	242	4664	462	50
古交市	Gujiao	636	284	765	4026	140	20
大同市	**Datong**						
南郊区	Nanjiao	7955	26	418	2987	50	13
新荣区	Xinrong	207	100	482	1427	46	10
阳高县	Yanggao	5763	63	2670	3220	208	66
天镇县	Tianzhen	1558	424	700	3400		
广灵县	Guangling	432	10	120	4794	136	85
灵丘县	Lingqiu	2961	684	628	3388	140	41
浑源县	Hunyuan	936	542	360	3042	42	8
左云县	Zuoyun	100	30	20	2771		
大同县	Datongxian	8879	105	1391	3333	470	916
阳泉市	**Yangquan**						
郊 区	Jiaoqu	3588	2550	1010	1640	5	1
平定县	Pingding	2058	1031	261	3499	575	9
盂 县	Yuxian	3629	2372	239	2819	230	42
长治市	**Changzhi**						
城 区	Chengqu	487	408	127		1885	1900
郊 区	Jiaoqu	2012	1616	240	119	237	103
长治县	Changzhixian	609	358	107	374	89	12
襄垣县	Xiangyuan	3178	1260	350	987	245	454
屯留县	Tunliu	945	623	65	767	500	416
平顺县	Pingshun	5893	2767	180	3441	130	27
黎城县	Licheng	4444	3006	279	2707	68	24
壶关县	Huguan	2427	1162	413	1612	37	1
长子县	Zhangzi	6176	2879	552	1807	700	460
武乡县	Wuxiang	2045	921	1253	2477	315	423
沁 县	Qinxian	2717	888	249	2372	765	525
沁源县	Qinyuan	356	258	45	1938	30	5
潞城市	Lucheng	4872	3957	430	1867	184	25

注：本表造林面积不包括省属九大林局、市直单位数据；渔业生产情况不包括市直单位数据。

Note: The coverage of afforestation area in this table doesn't include data of nine privincial forestry administration and municipal units. Fishery production indicators don't include municipal units data.

20-17 续表1 continued

县 市	Region	全年水果产量(吨) Annual Output of Fruits (ton)	#苹 果 Apples	年末果园面积(公顷) Area of Orchards at Year-end (ha)	当年造林面积(公顷) Afforestation Area in the Year (ha)	全年水产品总产量(吨) Annual Aquatic Products(ton)	年末养殖面积(公顷) Fishery-breeding Area at Year-end (ha)
晋城市	**Jincheng**						
城 区	Chengqu	791	82	69		50	3
沁水县	Qinshui	5455	3977	416	1042	639	44
阳城县	Yangcheng	4882	375	301	1131	138	63
陵川县	Lingchuan	2940	2402	314	1634	304	30
泽州县	Zezhou	16938	4900	598	1162	600	184
高平市	Gaoping	31788	13473	2128	1214	107	56
朔州市	**Shuozhou**						
朔城区	Shuocheng	88	28	146	4614	389	53
平鲁区	Pinglu				5193	15	
山阴县	Shanyin	1273	157	269	2593	13	13
应 县	Yingxian	1352	1066	473	2568	200	32
右玉县	Youyu				2728	41	24
怀仁县	Huairen	3655	445	1660	1401	30	20
晋中市	**Jinzhong**						
榆次区	Yuci	59715	47338	7267	1313	497	34
榆社县	Yushe	2929	194	228	3085	704	471
左权县	Zuoquan	527	133	35	2047	295	208
和顺县	Heshun	24	8	1	2133	92	61
昔阳县	Xiyang	7771	7088	919	1360	94	36
寿阳县	Shouyang	4843	1214	696	900	193	33
太谷县	Taigu	65453	19429	4339	1608	342	280
祁 县	Qixian	121544	46169	9174	1334	402	168
平遥县	Pingyao	121249	44877	6630	1620	407	142
灵石县	Lingshi	6171	4429	663	2500	49	3
介休市	Jiexiu	3318	2049	287	447	109	4
运城市	**Yuncheng**						
盐湖区	Yanhu	385973	93194	14183	1873	610	1289
临猗县	Linyi	2206384	1594595	58919	1907	35	16
万荣县	Wanrong	611738	509279	23231	1660	5206	400
闻喜县	Wenxi	19824	7842	1345	2993	60	5
稷山县	Jishan	115125	42280	11241	1747	40	5
新绛县	Xinjiang	109038	15273	2675	1233	115	23
绛 县	Jiangxian	97057	31515	3237	2687	46	15
垣曲县	Yuanqu	25196	11982	452	2500	1414	46
夏 县	Xiaxian	219021	61611	7279	2000	140	10
平陆县	Pinglu	349468	254623	9585	3093	37	23
芮城县	Ruicheng	611450	556665	16946	1987	1092	256
永济市	Yongji	506796	136895	15851	1587	14522	908
河津市	Hejin	43230	10378	1604	2113	408	34

20-17 续表2 continued

县 市	Region	全年水果产量(吨) Annual Output of Fruits (ton)	#苹 果 Apples	年末果园面积(公顷) Area of Orchards at Year-end (ha)	当年造林面积(公顷) Afforestation Area in the Year (ha)	全年水产品总产量(吨) Annual Aquatic Products(ton)	年末养殖面积(公顷) Fishery-breeding Area at Year-end (ha)
忻州市	**Xinzhou**						
忻府区	Xinfu	11994	5649	1434	2726	365	109
定襄县	Dingxiang	10851	3847	683	1173	342	64
五台县	Wutai	2314	441	781	1267	565	133
代 县	Daixian	15860	5815	1747	2667	266	66
繁峙县	Fanshi	1681	756	280	3526	210	272
宁武县	Ningwu				1567	47	75
静乐县	Jingle	282	123	264	2827	132	50
神池县	Shenchi				3800	2	4
五寨县	Wuzhai				4000	95	60
岢岚县	Kelan	890	462	150	4000	4	27
河曲县	Hequ	2831	350	2109	4967	100	18
保德县	Baode	24640	551	5690	4000	96	14
偏关县	Pianguan	221	42	812	5153	45	
原平市	Yuanping	53771	13781	4859	3253	460	228
临汾市	**Linfen**						
尧都区	Yaodu	63879	39727	2908	4060	1540	226
曲沃县	Quwo	55509	31630	2369	200	1805	337
翼城县	Yicheng	104610	97918	5602	567	590	92
襄汾县	Xiangfen	113712	95087	3842	1836	1290	155
洪洞县	Hongtong	11513	6863	948	1374	1283	108
古 县	Guxian	1128	603	142	1046	1	1
安泽县	Anze	2253	1137	190	2834	1	1
浮山县	Fushan	13229	10721	550	2447	8	8
吉 县	Jixian	190338	189258	11015	3267	3	3
乡宁县	Xiangning	14337	10829	1573	1819	2	10
大宁县	Daning	5920	4442	6088	1780	3	3
隰 县	Xixian	60791	34822	8220	1920		
永和县	Yonghe	7014	4951	10041	3253		
蒲 县	Puxian	1653	1377	545	1794	7	3
汾西县	Fenxi	3323	2417	528	1593		
侯马市	Houma	7398	3467	389	247	780	91
霍州市	Huozhou	15354	14594	845	640	50	8
吕梁市	**Lvliang**						
离石区	Lishi	1563	952	467	2398	56	52
文水县	Wenshui	21063	522	4147	1240	98	98
交城县	Jiaocheng	9331	1188	492	1846	792	316
兴 县	Xingxian	16088	2306	8927	5048	55	14
临 县	Linxian	39604	5336	27875	5492	155	95
柳林县	Liulin	3308	1902	5493	3161	61	13
石楼县	Shilou	4135	907	10423	4934	50	20
岚 县	Lanxian	13	4	18	3740	91	63
方山县	Fangshan	1729	1157	192	5438	160	453
中阳县	Zhongyang	661	442	280	1774	77	40
交口县	Jiaokou	121	113	39	1687		
孝义市	Xiaoyi	4229	2177	991	3453	98	44
汾阳市	Fenyang	10395	5954	413	1791	85	24

20-18 社会消费品零售总额(2014年)
TOTAL RETAIL SALES OF CONSUMER GOODS(2014)

单位：万元 (10 000 yuan)

县 市	Region	社会消费品零售总额 Total Retail Sales of Consumer Goods	城 镇 Town	乡 村 Village
太 原 市	**Taiyuan**			
小店区	Xiaodian	4183227	4160366	22861
迎泽区	Yingze	3589307	3589307	
杏花岭区	Xinghualing	1679705	1676365	3340
尖草坪区	Jiancaoping	759492	658340	101152
万柏林区	Wanbailin	2131398	2131398	
晋源区	Jinyuan	262925	205875	57050
清徐县	Qingxu	457799	234915	222884
阳曲县	Yangquan	104841	61413	43428
娄烦县	Loufan	39825	14899	24927
古交市	Gujiao	408541	341205	67336
高新区	High-Tech Zone	369805	369805	
经济区	Economic Zone	228464	228464	
民营区	Private Zone	286328	286328	
大 同 市	**Datong**			
城 区	Chengqu	2145950	2145950	
矿 区	Kuangqu	845472	845472	
南郊区	Nanjiao	947283	608224	339059
新荣区	Xinrong	90662	39977	50685
阳高县	Yanggao	100649	74931	25718
天镇县	Tianzhen	85122	48254	36867
广灵县	Guangling	87866	32414	55452
灵丘县	Lingqiu	265106	112997	152109
浑源县	Hunyuan	282244	142547	139698
左云县	Zuoyun	205728	105975	99752
大同县	Datongxian	142983	34711	108272
开发区	Development Zone	215224	80363	134861
阳 泉 市	**Yangquan**			
城 区	Chengqu	1521436	1521436	
矿 区	Kuangqu	209081	209081	
郊 区	Jiaoqu	143293	45386	97907
平定县	Pingding	314619	229793	84827
盂 县	Yuxian	439650	321161	118488
开发区	Development Zone	134901	134901	
长 治 市	**Changzhi**			
城 区	Chengqu	2846436	2846436	
郊 区	Jiaoqu	418378	354459	63919
长治县	Changzhixian	253820	99244	154577
襄垣县	Xiangyuan	233861	174506	59354
屯留县	Tunliu	136269	61408	74861
平顺县	Pingshun	75941	35398	40543
黎城县	Licheng	118296	58836	59460
壶关县	Huguan	160717	55451	105266
长子县	Zhangzi	160047	59572	100475
武乡县	Wuxiang	115917	59901	56016
沁 县	Qinxian	86870	31029	55841
沁源县	Qinyuan	203744	99760	103984
潞城市	Lucheng	134744	81272	53472

20-18 续表1 continued

单位：万元 (10 000 yuan)

县 市	Region	社会消费品零售总额 Total Retail Sales of Consumer Goods	城 镇 Town	乡 村 Village
晋城市	**Jincheng**			
城 区	Chengqu	1799210	1799210	
沁水县	Qinshui	197704	134612	63093
阳城县	Yangcheng	383993	284873	99120
陵川县	Lingchuan	157167	102961	54207
泽州县	Zezhou	342540	258552	83988
高平市	Gaoping	531509	398774	132734
朔州市	**Shuozhou**			
朔城区	Shuocheng	970651	691768	278883
平鲁区	Pinglu	288216	204612	83604
山阴县	Shanyin	333082	236742	96340
应 县	Yingxian	262083	188468	73614
右玉县	Youyu	139262	99563	39700
怀仁县	Huairen	589745	420344	169400
晋中市	**Jinzhong**			
榆次区	Yuci	1582133	1103925	478208
榆社县	Yushe	107003	70233	36770
左权县	Zuoquan	127496	82156	45340
和顺县	Heshun	126397	82024	44373
昔阳县	Xiyang	219946	142163	77783
寿阳县	Shouyang	233157	154552	78605
太谷县	Taigu	315524	210932	104592
祁 县	Qixian	355592	211282	144310
平遥县	Pingyao	517996	309710	208286
灵石县	Lingshi	623880	363797	260082
介休市	Jiexiu	797395	550393	247003
运城市	**Yuncheng**			
盐湖区	Yanhu	2015629	1592783	422846
临猗县	Linyi	556458	439722	116736
万荣县	Wanrong	275639	217814	57824
闻喜县	Wenxi	370912	293101	77811
稷山县	Jishan	250872	198243	52629
新降县	Xinjiang	372401	294277	78124
绛 县	Jiangxian	211210	166902	44308
垣曲县	Yuanqu	209218	165328	43891
夏 县	Xiaxian	231815	183184	48631
平陆县	Pinglu	239556	189301	50255
芮城县	Ruicheng	282364	223129	59235
永济市	Yongji	509028	402242	106786
河津市	Hejin	737322	582644	154678
忻州市	**Xinzhou**			
忻府区	Xinfu	1159805	819169	340636
定襄县	Dingxiang	169107	119440	49667
五台县	Wutai	209568	148018	61550
代 县	Daixian	89829	63446	26383

20-18 续表2 continued

单位：万元 (10 000 yuan)

县 市	Region	社会消费品零售总额 Total Retail Sales of Consumer Goods	城 镇 Town	乡 村 Village
繁峙县	Fanshi	110698	78186	32512
宁武县	Ningwu	81668	57682	23986
静乐县	Jingle	64900	45839	19061
神池县	Shenchi	63522	44865	18656
五寨县	Wuzhai	64523	45573	18951
岢岚县	Kelan	71502	50502	21000
河曲县	Hequ	112362	79361	33001
保德县	Baode	135843	95945	39897
偏关县	Pianguan	76058	53720	22338
原平市	Yuanping	544608	384656	159952
临 汾 市	**Linfen**			
尧都区	Yaodu	2159626	1766957	392669
曲沃县	Quwo	193416	128854	64562
翼城县	Yicheng	357583	254291	103292
襄汾县	Xiangfen	384792	327376	57417
洪洞县	Hongdong	504795	301112	203684
古 县	Guxian	86998	57977	29021
安泽县	Anze	79094	60415	18678
浮山县	Fushan	76706	45792	30914
吉 县	Jixian	63289	42821	20468
乡宁县	Xiangning	176886	145051	31835
大宁县	Daning	28349	23328	5022
隰 县	Xixian	85666	70073	15593
永和县	Yonghe	41262	33424	7838
蒲 县	Puxian	68790	55794	12996
汾西县	Fenxi	102643	79306	23338
侯马市	Houma	743491	702977	40515
霍州市	Huozhou	296697	251390	45307
吕 梁 市	**Lvliang**			
离石区	Lishi	599223	426612	172611
文水县	Wenshui	182603	123873	58730
交城县	Jiaocheng	162423	108823	53599
兴 县	Xingxian	133957	99464	34493
临 县	Linxian	373851	287749	86103
柳林县	Liulin	341458	253949	87510
石楼县	Shilou	27826	18087	9739
岚 县	Lanxian	97723	65871	31852
方山县	Fangshan	81710	49026	32684
中阳县	Zhongyang	117670	81151	36519
交口县	Jiaokou	68895	51663	17232
孝义市	Xiaoyi	1165144	903952	261192
汾阳市	Fenyang	534251	436108	98144

20-19 工业主要指标(2014年)

单位：万元

县 市	Region	单位数（个） Number of Enterprises (unit)	工业销售产值 Industrial Sales Output Value	资产总计 Total Assets
太 原 市	**Taiyuan**			
小店区	Xiaodian	47	576985	622255
迎泽区	Yingze	11	623584	1305603
杏花岭区	Xinhualing	35	436082	1559353
尖草坪区	Jiancaoping	56	8351729	14457264
万柏林区	Wanbailin	24	3676395	10871586
晋源区	Jingyuan	18	301646	1302727
清徐县	Qingxu	58	1630155	3306756
阳曲县	Yangqu	20	685710	616283
娄烦县	Loufan	15	174081	232509
古交市	Gujiao	17	132571	1881136
高新区	High-tech Zone	46	1384781	2625817
开发区	Development Zone	48	5719182	5687825
民营区	Private Zone	9	53908	101444
大 同 市	**Datong**			
市 直	Jurisdiction Area	2	4965162	13196692
城 区	Chengqu	18	974820	1217972
矿 区	Kuangqu	9	37204	50729
南郊区	Nanjiao	29	1252410	2101192
新荣区	Xinrong	13	177964	358685
阳高县	Yanggao	8	167559	400826
天镇县	Tianzhen	10	92046	277769
广灵县	Guangling	10	110150	370762
灵丘县	Lingqiu	25	186695	708867
浑源县	Hunyuan	10	196804	314083
左云县	Zuoyun	8	159089	453802
大同县	Datongxian	18	212386	288020
开发区	Development Zone	13	577770	1109383
阳 泉 市	**Yangquan**			
城 区	Chengqu	7	167669	562261
矿 区	Kuangqu	4	2611483	14976495
郊 区	Jiaoqu	43	472164	1278515
平定县	Pingding	45	926201	1435825
盂 县	Yuxian	32	1648227	2222961
开发区	Development Zone	13	170253	275711
长 治 市	**Changzhi**			
城 区	Chengqu	26	514578	932007
郊 区	Jiaoqu	40	4307487	4299752
长治县	Changzhixian	53	1376467	4253182
襄垣县	Xiangyuan	48	2488005	6537954
屯留县	Tunliu	24	1646663	2838888
平顺县	Pingshun	13	233795	195224
黎城县	Licheng	11	1075463	307903
壶关县	Huguan	18	1042516	844297
长子县	Zhangzi	25	914025	2250847
武乡县	Wuxiang	14	626068	1192426
沁 县	Qinxian	5	53456	143989
沁源县	Qinyuan	18	1214663	3515845
潞城市	Lucheng	49	1905685	3294590

MAJOR INDUSTRIAL INDICATORS(2014)

(10 000 yuan)

主营业务收入 Revenue of Major Business	利税总额 Total Pre-tax Profits	利润总额 Total Profits	应交增值税 Value Added Taxes Payable
578729	22479	13810	7327
646609	316604	67440	55812
512874	-4939	-19607	11854
14972248	271109	144949	104527
6324886	68353	-194337	209066
721585	-53240	-72107	12431
1755751	-12100	-48994	32226
593185	2167	-4477	5434
99481	4938	-5653	6605
166081	-23401	-29709	5295
1457209	173279	130465	28055
5867813	353984	229645	104409
61207	6922	6154	400
18297152	151880	-168203	251161
1015225	80593	46717	29620
44370	3135	1599	1146
1286004	322393	214826	94996
164471	14230	2350	9858
167308	-10556	-14683	3703
91770	10170	8097	1791
96629	1709	-1603	3068
187170	-5368	-15695	7287
166680	15108	3996	10137
98088	-13044	-22960	8054
222047	14937	10609	3004
574492	58230	42156	13542
212158	1684	-21451	19549
4880211	236573	34267	147272
450101	34915	-8741	36346
843436	42161	5791	32398
1369775	36234	-31997	38057
169963	4049	-1311	1962
471757	47973	24629	20830
3380329	174086	46733	112278
1380828	265397	111975	129796
2474626	189832	44064	120973
1508814	79603	46701	24835
224297	18454	10186	5297
632057	2364	-6453	7948
1001375	45031	29416	11468
875158	166943	62282	87480
602966	103694	69583	27858
50714	-9910	-10765	783
849816	89109	25719	51194
1949062	52672	-7819	53733

20-19 续表1

单位：万元

县 市	Region	单位数 (个) Number of Enterprises (unit)	工业销售产值 Industrial Sales Output Value
晋 城 市	**Jincheng**		
市 直	Jurisdiction Area	5	1848332
城 区	Chengqu	24	420773
沁水县	Qinshui	33	827519
阳城县	Yangcheng	51	1364269
陵川县	Lingchuan	13	93312
泽州县	Zezhou	49	2036168
高平市	Gaoping	54	1414261
开发区	Development Zone	15	1117120
朔 州 市	**Shuozhou**		
朔城区	Shuochengqu	41	2107602
平鲁区	Pinglu	36	3801213
山阴县	Shanyin	56	1332172
应 县	Yingxian	41	694763
右玉县	Youyu	20	416544
怀仁县	Huairen	75	2406631
经济开发区	Economic Development Zone	11	542934
晋 中 市	**Jinzhong**		
榆次区	Yuci	85	1771631
榆社县	Yushe	7	343908
左权县	Zuoquan	24	363729
和顺县	Heshun	14	362712
昔阳县	Xiyang	15	519093
寿阳县	Shouyang	35	780853
太谷县	Taigu	53	559128
祁 县	Qixian	30	492814
平遥县	Pingyao	45	934626
灵石县	Lingshi	108	2676763
介休市	Jiexiu	77	2687275
开发区	Development Zone	36	349867
运 城 市	**Yuncheng**		
盐湖区	Yanhu	90	2196610
临猗县	Linyi	47	979576
万荣县	Wanrong	25	336238
闻喜县	Wenxi	30	768405
稷山县	Jishan	27	752190
新绛县	Xinjiang	36	1368793
绛 县	Jiangxian	40	1060298
垣曲县	Yuanqu	13	377291
夏 县	Xiaxian	23	200452
平陆县	Pinglu	21	338452
芮城县	Ruicheng	26	556838
永济市	Yongji	48	2597283
河津市	Hejin	74	3997210
运城经济开发区	Yuncheng Economic Dcvelopment Zone	11	493858
风陵渡经济开发区	Fenglingdu Economic Dcvelopment Zone	7	373936
绛县经济开发区	Jiangxian Economic Dcvelopment Zone	15	304846
空港经济开发区	Konggan Economic Dcvelopment Zone	9	436602

continued

(10 000 yuan)

资产总计 Total Assets	主营业务收入 Revenue of Major Business	利税总额 Total Pre-tax Profits	利润总额 Total Profits	应交增值税 Value Added Taxes Payable
11668672	3501127	555878	307113	198071
1369338	419205	31874	15929	14043
4133622	835832	189332	105406	71566
3333666	1377479	283362	164247	104850
265299	98179	299	-6669	5837
3128301	2149625	149803	45515	95951
3634106	1431002	-7933	-106690	83741
1554267	1132426	45453	35347	5854
2925851	1566816	176793	67322	89179
10382908	3803011	412083	58419	272073
5150560	1323552	97297	-16658	79260
410915	670233	37174	23098	6249
1808356	410989	83861	43796	32901
2200648	2353911	690611	397681	277253
1251481	516861	71324	38630	24218
2399091	1396528	29879	-17255	38935
404792	344067	24511	8374	14370
2230544	331162	32670	5952	24495
1277825	363571	-13488	-57015	31232
1885383	513683	37614	-30475	57404
2451650	816563	97779	9104	73131
496489	558519	38583	13445	22025
395087	502133	54487	35600	11534
1568942	915615	14320	-17070	27291
5436609	2684399	27442	-90275	86531
7004291	2850039	-26943	-107993	64099
393737	327986	37762	22532	13049
3641208	2595751	59134	-928	45843
1192304	932119	56053	44138	11021
334269	266859	22106	12229	8763
2406707	748701	20619	13151	6481
502938	760022	19233	8010	9878
1284696	1359374	90530	70957	17114
1122857	1147208	108768	93202	14093
1647031	489602	33628	7943	22402
280219	182373	8892	5489	2411
774006	322586	21573	15468	5666
852093	581049	58649	24429	30765
2136852	2589512	145960	94825	44166
5576990	4185779	179459	22373	136306
1258679	920235	15477	-5021	13328
694961	421062	50340	19668	27718
330552	358728	37121	27843	8755
301806	440887	27802	17693	9998

20-19 续表2

单位：万元

县 市	Region	单位数（个）Number of Enterprises (unit)	工业销售产值 Industrial Sales Output Value	资产总计 Total Assets
忻州市	**Xinzhou**			
忻府区	Xinfu	32	904210	931075
定襄县	Dingxiang	43	434389	362058
五台县	Wutai	17	245222	905848
代　县	Daixian	75	566457	1028229
繁峙县	Fanshi	56	1121865	1080767
宁武县	Ningwu	22	301579	2293557
静乐县	Jingle	11	148871	747010
神池县	Shenchi	4	50100	356671
五寨县	Wuzhai	8	71550	60248
岢岚县	Kelan	11	171288	134373
河曲县	Hequ	16	768439	1616270
保德县	Baode	17	560532	1337744
偏关县	Pianguan	6	150368	647990
原平市	Yuanping	37	1347221	3603252
临汾市	**Linfen**			
尧都区	Yaodu	50	1517971	3170233
曲沃县	Quwo	23	2545244	2203690
翼城县	Yicheng	28	1178230	678588
襄汾县	Xiangfen	33	2365816	1822174
洪洞县	Hongtong	54	2894111	3835721
古　县	Guxian	27	789378	1370978
安泽县	Anze	9	706513	921414
浮山县	Fushan	24	650430	139798
吉　县	Jixian	3	73919	109292
乡宁县	Xiangning	26	667310	1773137
大宁县	Daning	1	4134	7435
隰　县	Xixian			
永和县	Yonghe	2		28916
蒲　县	Puxian	28	776446	2515450
汾西县	Fenxi	8	147898	23530
侯马市	Houma	29	1101378	1450299
霍州市	Huozhu	19	1198538	3811814
吕梁市	**Lvliang**			
离石区	Lishi	24	473765	3640673
文水县	Wenshui	29	1260195	1484990
交城县	Jiaocheng	55	1216323	2895785
兴　县	Xingxian	24	1032185	3293703
临　县	Linxian	15	224757	1650054
柳林县	Liulin	50	2419340	10028855
石楼县	Shilou	5	23671	93765
岚　县	Lanxian	13	574635	1679333
方山县	Fangshan	10	368084	877037
中阳县	Zhongyang	34	1332517	3563864
交口县	Jiaokou	44	1000540	1832570
孝义市	Xiaoyi	214	5294764	8870199
汾阳市	Fenyang	50	984191	2203098

continued

(10 000 yuan)

主营业务收入 Revenue of Major Business	利税总额 Total Pre-tax Profits	利润总额 Total Profits	应交增值税 Value Added Taxes Payable
783500	66469	47297	17786
391010	13554	4682	8093
228954	46426	21525	18724
518546	48541	11279	23517
813601	113131	49881	48562
317883	24167	-6021	22972
150690	-27530	-30689	2655
46800	11270	11255	3
65691	1319	738	431
151889	20650	10132	8996
670360	213328	124453	79191
449421	59874	9255	41302
125423	29986	20395	7376
1529202	173765	86135	75138
1570369	-81126	-136467	46339
2187224	66382	31249	31526
1150860	-12148	-24024	10662
2107236	82517	15405	60672
3280115	197933	1984	173265
757435	-7390	-37299	22518
566013	50202	8078	32005
566133	76190	64323	10820
64320	11946	4087	6327
648746	61794	2951	36154
4097	216	-26	218
27778	1379	1340	
728960	39061	-49772	72241
125713	813	81	416
989104	14232	1420	11160
1674524	134001	54037	65923
454598	-92995	-140384	38366
1262881	103026	83827	18250
1220892	-55650	-87242	26530
1045031	118650	29116	68753
177002	-22872	-38702	7325
2952392	184110	-72917	210393
26348	-1396	-1677	245
642391	91878	32353	56945
486102	48829	2275	37060
1331949	75406	22665	43218
1034098	83066	10721	63918
4886799	262742	38807	172171
1807343	159282	24284	62151

中国统计出版社最新图书简目

(仅供参考,以实际出版为准)

统计资料

中国统计年鉴 中国统计摘要 中国发展报告
中国经济普查年鉴2013 国际统计年鉴 金砖国家联合统计手册
中国-东盟国家统计手册 中国区域经济统计年鉴 中国县域统计年鉴
中国城市统计年鉴 中国农村统计年鉴 中国地区经济监测报告
中国贸易外经统计年鉴 中国对外直接投资统计公报 中国商品交易市场统计年鉴
大中型批发零售和住宿餐饮企业统计年鉴 中国零售和餐饮连锁企业统计年鉴 中国住户调查年鉴
中国价格统计年鉴 中国农产品价格调查年鉴 全国农产品成本收益资料汇编
中国环境统计年鉴 中国能源统计年鉴 国外资源、能源和环境统计资料汇编
中国工业统计年鉴 中国建筑业统计年鉴 中国房地产统计年鉴
中国城市建设统计年鉴 中国城乡建设统计年鉴 中国第三产业统计年鉴
中国证券期货统计年鉴 中国科技统计年鉴 中国高技术产业统计年鉴
工业企业科技活动资料 中国劳动统计年鉴 中国人口和就业统计年鉴
中国人才资源统计报告 中国社会统计年鉴 中国文化及相关产业统计年鉴
文化及相关产业统计概览 中国教育经费统计年鉴 中国民政统计年鉴
中国民族统计年鉴 中国工会统计年鉴 中国残疾人事业统计年鉴
中国妇女儿童状况统计资料（英） 中国乡镇街道行政区域简册

省级综合统计年鉴系列

北京 天津 河北 山西 内蒙古 辽宁 吉林 黑龙江 上海 江苏 浙江 安徽 福建 江西 山东 河南 湖北 湖南
广东 广西 海南 重庆 四川 贵州 云南 西藏 陕西 甘肃 青海 宁夏 新疆 新疆生产建设兵团

市(县)级综合统计年鉴系列

天津滨海新区 石家庄 唐山 邯郸 保定 沧州 邢台 廊坊 承德 衡水 秦皇岛 张家口 太原 大同 阳泉 长治 晋城
朔州 晋中 运城 忻州 临汾 呼和浩特 呼和浩特新城区 鄂尔多斯 包头 沈阳 大连 长春 四平 哈尔滨 齐齐哈尔
黑龙江垦区 上海浦东新区 南京 无锡 徐州 常州 苏州 南通 连云港 淮安 盐城 扬州 镇江 泰州 宿迁 江阴
丹阳 杭州 宁波 温州 嘉兴 绍兴 金华 衢州 舟山 台州 丽水 合肥 安庆 马鞍山 福州 厦门 宁德 南昌 九江
上饶 新余 抚州 济南 青岛 枣庄 滕州 郑州 洛阳 平顶山 三门峡 南阳 商丘 济源 武汉 十堰 荆州 宜昌 荆门
咸宁 长沙 广州 深圳 惠州 东莞 南宁 柳州 桂林 来宾 海口 三亚 成都 贵阳 昆明 西安 兰州 庆阳 银川
乌鲁木齐 兵团一师 兵团十师

调查年鉴系列

天津 山西 内蒙古 辽宁 吉林 上海 福建 河南 湖北 湖南 广西 重庆 四川 云南 甘肃 宁夏 新疆

“十二五”规划教材

统计学（经济管理类专业本科适用，单薇 等） 抽样调查理论与方法（冯士雍 等）
贝叶斯统计（茆诗松 等） 统计学（黄良文 等） 试验设计（茆诗松 等）
统计学：从数据到结论（吴喜之） 医学统计学（于浩） 统计学（经济、管理类专业基础教材，张小斐）
概率论与数理统计三十三讲（魏振军） 概率论与数理统计三十三：学习指导与习题解答（魏振军）
非参数统计（吴喜之 等） 统计学：经济与管理中的数据分析（李慧云 等）
卫生管理统计学（新编医学院校基础课教材，尚磊） 医院统计学（新编医学院校基础课教材，徐天和 等）
社会统计学（蒋萍 等） 现代金融投资统计分析（李腊生 等）
国民经济核算初级教程（经济类、统计类、管理类专业适用，蒋萍 等）

重点图书

图解中国经济2015 新编英汉汉英统计大词典 中华医学统计百科全书
挑大学选专业2016—考研择校指南 挑大学选专业2015—高考志愿填报指南